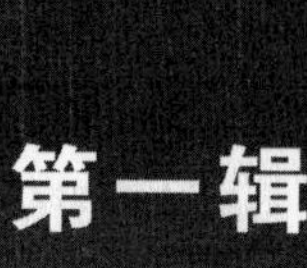

比较管理前沿问题研究

主　编　高　闯　沈志渔

副主编　杨世伟　关　鑫

RESEARCH ON FRONTIERS OF COMPARATIVE MANAGEMENT

图书在版编目（CIP）数据

比较管理前沿问题研究（第一辑）/高闯，沈志渔主编. —北京：经济管理出版社，2011.4

ISBN 978-7-5096-1355-9

Ⅰ. ①比… Ⅱ. ①高… ②沈… Ⅲ. ①比较管理学—研究 Ⅳ. ①C93-03

中国版本图书馆 CIP 数据核字（2011）第 057691 号

出版发行：经济管理出版社
北京市海淀区北蜂窝 8 号中雅大厦 11 层
电话：(010)51915602　　邮编：100038

印刷：北京交通印务实业公司　　经销：新华书店

责任编辑：张永美
责任印制：杨国强
责任校对：陈　颖

787mm×1092mm/16　　28.5 印张　　730 千字
2011 年 7 月第 1 版　　2011 年 7 月第 1 次印刷

定价：78.00 元

书号：ISBN 978-7-5096-1355-9

目 录

比较管理理论的丛林 …… 1

比较管理学的春天

——比较管理学的研究方法、理论模式及对我国的现实意义 …… 11

比较管理学与中国特色企业管理理论创新 …… 19

我国比较管理研究的学科发展问题 …… 27

比较营销的基本范畴、研究现状与发展方向 …… 38

管制理论的跨文化研究：源起、争论与启示 …… 47

比较管理学研究中的“文化”与其他解释变量 …… 55

从多维视角看管理与领导研究 …… 62

基于制度文明的跨文化比较管理学新分析框架 …… 67

比较管理的研究对象与边界 …… 81

比较管理：共时与历时、说明与理解 …… 93

管理思想的学派之争和比较研究 …… 98

比较管理研究的演化分析方法：范畴、意义及应用路径 …… 103

经典比较管理分析范式及其整合框架 …… 114

“法默—里奇曼”比较管理研究框架修正

——基于 AMR 相关文献的分析 …… 125

探寻美日管理模式交融的经典著作

——《Z 理论》评析 …… 136

中国管理本土研究：理念定义及范式设计 …… 151

中国本土管理研究的进路 …… 163

中西互为体用：论中国传统管理思想的批判性继承与创造性发展 …… 172

再议“中国式管理”研究领域的研究方法问题

——一个研究方法体系的建构 …… 182

超越集体与个体主义之争
——基于社会网理论对中国组织文化的分析 …… 200
圈子理论
——以社会网的视角分析中国人的组织行为 …… 212
面子预期、自己人感知对组织成员合作倾向的影响研究 …… 225
鞍钢宪法的批判与解放意蕴 …… 233
管理移植与创新的演化分析
——基于鞍钢宪法的研究 …… 246
东亚企业文化比较研究中的缺失 …… 256
日、韩企业创新管理的比较分析 …… 264
中、日、韩企业社会责任发展的比较研究
——基于三国全球契约成员企业的问卷调查分析 …… 280
中美组织沟通开放性的比较研究 …… 291
福特和盖茨的管理比较 …… 300
企业员工人力资源实践、组织承诺、职业承诺和离职行为
——日、韩比较 …… 323
基于制度视角的中德家族企业治理结构的对比分析 …… 332
传统文化与公司治理：中、日、韩企业模式的比较分析 …… 342
裁员与雇佣：对日本企业员工心理的影响分析 …… 353
管理理论范式的比较分析 …… 368
管理学方法论的辨析 …… 381
管理层次论 …… 393
知识管理的东西方理论流派的比较 …… 398
公司治理模式：一个比较制度分析的视角 …… 407
基于资本来源差异的创业比较研究 …… 419
“上位解”与“下位解”的比较管理 …… 431
辩证经济组织
——嵌入式企业与科层制企业的范式比较 …… 434
产学研合作创新与企业间合作创新的比较研究 …… 443

比较管理理论的丛林

众多的比较管理理论的出现，使人们能够及时地从不同角度对其进行综述、分析、评估和分类，并研究其产生的不同根源，进而提出一个综合性的框架。

有关企业管理系统的、综合性的理念是相对较新的。对“管理演化理论”进行研究的学者，一般要追溯到由1911年出版的费雷德里克·W.泰罗（Frederick W. Taylor）的《科学管理原理》（*Principles of Scientific Management*）引起的“科学管理运动”。自此，在企业管理这一领域吸引了一大批卓越的思想家，他们致力于研究管理的系统分类、特点并将其用于实践，进而奠定了更为牢固的理论基础。然而，由于研究方法、理论倾向、关注侧重点以及研究结论的不同，逐渐演变成不同的管理学派。哈罗德·孔茨（Harold Koontz）教授在其著名的《管理理论论丛》（*The Management Theory Jungle*）一文中阐述并分析了这一状况，他试图按照思想家们对管理学的不同贡献分为六个研究方向（学派）：管理过程学派（The Management Process School）、经验学派（The Empirical School）、人类行为学派（The Human Behavior School）、社会系统学派（The Social System School）、决策理论学派（The Decision Theory School）和数理学派（The Mathematical school）。但是不论它们根源如何、研究方法和角度怎样不同，它们至少有一个共同的特点，即在它们所涉及的范围内，各个不同的研究现象都具有普适性。例如，管理过程学派指出了一些基本的管理活动，并对此提出了相应的解决问题的管理规则，其中管理者应该根据他们管理职责来有效履行他们的职责。同样，行为学派强调某些“常量”，例如，组织目标与个人目标之间存在的不一致性，管理行为学派为管理规定了一种行为模式，该行为模式会将这种不一致的负面效果最小化。

有人认为这些具有普适性的管理理论，无论是观点明确的还是模糊的，在一定程度上延缓了比较管理理论的出现。作为一个独立的与众不同的学科，这一理论自20世纪60年代出现以来，得到了飞速的发展，吸引了越来越多的学者的注意，许多学者正试图通过提供一个框架结构对其进行进一步的研究，为之构筑理论基础。

尽管比较管理学作为一个单独的研究领域和学科还比较新，但是从不同的方面对这一学科的理论研究已有很多。所以现在很有必要对比较管理理论论丛进行一个系统的归纳。这就是这篇文章的目的：对比较管理学理论的根源进行回顾，指出各种不同研究方法的优缺点，并进一步综合提炼。

一、比较管理学的社会—经济方法

该研究方法产生的前提是，管理被认为是影响经济成就的最重要的因素。例如，弗雷德里克·哈比森（Frederick Harbison）和查理斯·A.梅耶斯（Charles A. Myers）把经理人看做

“工业化进程中的催化剂，即在一定社会和经济环境下，他的行为与反应带来了经济的改变”。因此，管理作为一个改变因素，被看做是一个特定社会经济系统中不可或缺的一部分。比较管理学的社会—经济方法，强调特定的社会经济条件与管理方式之间是相互关联和相互影响的。支持该种比较管理学方法的学者们，通过调查不同国家制约与支配管理活动的社会因素及管理的发达程度与水平，划分出那些影响管理的，能够加强或削弱一个国家的经济实力的社会经济因素，并用这些因素来解释和评价该国的经济成就，以便为促进该国的工业化和经济体制完善，摸索出一套带有普遍性的规律。

社会—经济方法是比较管理学的第一种综合方法，是由弗雷德里克·哈比森（F. Harbison）和查理斯·A.梅耶斯（C.A.Myers）在他们的《工业世界的管理——国际分析》一书中提出的。作者的基本论述是，经济进步和工业化——“一项所有国家都在进行着的全球化目标”——依赖于经理人，即“创造并控制着现代工业化所需要组织机构中的人为因素”，他们建立并管理着企业，这些企业为了达到生产目标而把自然资源、技术和人力都结合起来。然后，Harbison 和 Myers 提议从两个方面来观察管理：首先，分析管理活动或管理任务；其次，分析管理人员本身。对于第一个方面，哈比森和梅耶斯遵循着传统的管理理论，这些理论通常强调管理功能，比如，承担风险，随机应变，制订计划，团队合作，行政监督和调控。在分析管理人员本身方面，他们提出了三个角度：①作为经济资源的管理；②作为权力关系系统的管理；③作为一个精英阶层的管理。在第一个角度，一方面在定量导向上记录管理者相关的管理功效，另一方面同时定性分析了管理与劳动生产率、管理与企业低效率之间的关系。这类低效率通常是由管理行为的功能失调引起，比如嫉妒、埋怨、偏见、特立独行、任人唯亲等。第二个角度专注于管理权威。即在一个特定社会（环境）中，上下级之间的关系。在文章中，Harbison 和 Myers 主要阐述的问题是关于权威是如何产生、行使和维持的。第三个角度强调结构分析，即针对在一个特定社会中，管理层的构成，如何进入管理层，以及管理层的相对威信和权力。已经有十几个国家将该模型作为描述和分析管理状况的指南。这些研究的结果广泛地肯定了 Harbison 和 Myers 的假设，即经济活动与成就的相对水平，是社会经济状况的一种功能。在社会中，这种状况能使自身在相应强度中凸显出来，相应强度包括管理利用，获得（管理）的特点，执行和保持管理权威以及管理的相对威信和权力。

采用社会—经济方法的学者们，如 David McClelland 教授和 Everett Hagen，主要研究经济发展和工业化条件。这种方法的好处在于，它能依赖于先进的分析工具来检验那些管理或强烈影响管理行为模式的经济状况和社会规范。但是，该方法的结果通常含混不清，也不能检验之前的预测，但至少能得出规范性的说明。例如，Harbison 与 Myers 在书中，对英国、法国和德国的管理形势进行分析后，显示出两国在社会学方面存在着很大的差异。但是从经济偏好的角度来说，没有清晰的结论可以解释该显著差异所带来的影响。社会—经济方法的另一项缺陷是它的宏观性，即在一个特定的社会中，它没有对管理行为中的个体差异给予同样的关注。然后，最大的批评是这种方法的关注非常有限，从环境差异的广阔范围来说，该方法主要专注于那些社会学家和文化人类学者们主要关心的问题。尤其是后一缺点，它导致了比较管理学理论的第二种主要导向，有人可能使用“生态法”这个名词。

二、比较管理的生态方法

传统的管理理论在很大程度上具有局限性，它主要侧重于对生产要素、组织结构和管理效率过程的描述和评估。因此，它强调了企业管理的“内在环境”，忽略了外在环境，并将其排斥在企业管理理论的领域之外。看起来，放弃这个观点并关注于企业内部管理条件和过程以及它的外部环境（即使用生态方法）之间的相互依赖和因果关系更加符合逻辑。这种比较管理学的方法试图忽略外部环境变量，而恰恰是这些变量导致了不同国家的管理效率的相似或者相异。企业组织被看做是生态系统的一部分，在这个系统中，外在因素在管理效率方面起着决定性的影响，而管理效率又决定了企业的效率，最终，影响着整个经济效能。强调企业组织及其环境的相互作用需要区分不同的生态因素，比如一个国家的社会、政治和经济特色，而这些因素被看做是管理效率的强制性因素。

法默（Richard Farmer）和巴里·里奇曼（Barry Richman）是最早发展并检验比较管理学生态法的两位学者。他们的主要假设为：①外部环境对企业的制约条件影响着管理效率；②管理效率决定企业效率；③各企业组织效率的总和决定一国的经济综合效率。法默和里奇曼将企业外部环境制约因素归纳为四类：①教育特色——指在特定国家内，教育的性质和质量以及社会对教育的态度；②社会文化特色——指主流社会人群的态度、价值观、信仰以及这些因素对人的经济行为和工作态度的影响；③国家的政治、意识形态和法律等；④该国经济发展状况和基础设施等。Farmer 和 Richman 认为跨国公司属于第五项环境制约因素，而“国际制约因素”则又可下分为社会、文化、法律、政治和经济因素等。

另一位使用生态方法对比较管理理论做出突出贡献的是 Roy Blough。他宣称，“与国内外的企业界和政界人物的会谈让我相信，国内外企业的差异主要是由于企业所处的环境条件不同；其次，不论何种学派，都对环境因素产生了极大的兴趣。”Blough 着重研究对企业决策有重要影响的三种环境因素：政府政策、文化特征和经济发展的阶段。他强调，在应对不停变化的环境条件时，企业组织需要相应地采取一些适应性的行为。

然而，Blough 把政府决策看做是管理活动中的主要影响因素，忽略了文化经济因素的影响。在 Edward T. Hall 的《沉默的语言》中，专注于研究文化和社会环境条件以及它们对于跨国管理的影响。区别于这种有趣的跨文化差异的划分，Hall 没有针对比较管理学专门研究和设计一种广泛的理论模式；但是，他的分析仍然是生态方法应用于比较管理学的一个很好的例子，即尝试分离出主要的环境因素，来检验它们对于管理效率和经济成果的相互影响。

大量实证研究证明了该方法在概念上的合理性，但同样也有些不能忽视的缺点：①过度强调环境因素，将企业看做是这些外在“限制”条件的被动接受者。结果会导致过度强调企业对环境的适应，把环境因素对管理效率的作用看得过于直接，反而忽略了企业和管理层面对自我挑战的应变能力和积极作用。换言之，这种生态方法通常忽略了企业管理层作为变革促进者的角色作用。这并不是说，像 Blough，Richman 和 Farmer 这样的学者未察觉到管理对于环境制约的积极影响，而是至少是在短期内，他们忽视了管理者成为变革者的潜力。②对于比较管理学理论，生态法另一个被强调的缺点是，它不能应对这样一个事实，即所有的环境因素都是相互联系的，尽管它们对企业经营的影响并不是累加的或统一的。从理论上来说，这可能给读者留下了一个严谨有秩序的印象——罗列出外部环境因素的清单，并把它们进行分类和归纳，诸如文化、社会因素等。然而，只凭经验来评估上述各种制约因素对企业内部管理方式和管理效率所产生的影响是不可能的。因此，作为实践研究的基础，比较管理学理论的生态方法研究在操作上是有缺陷的，它在评估外在环境因素以及它们对于管理活动的影响这个问题上过于审慎。

三、比较管理理论的行为法

目前在企业管理领域，行为法得到越来越多的推崇。因此，在比较管理学研究领域，使用行为方法就毫不稀奇了。首先，行为法系统地阐述了概念并解释了动态的组织体系中人的行为；其次，运用科学方法对人际现象的因果关系进行数据分析和信息阐述。使用比较管理理论行为法的学者们注重研究在不同文化背景下管理人员的行为特征，管理动机、态度，以及为了追求组织目标而必须与之打交道的个人或团队的关系。

Anant R. Negandhi 和 Bernard D. Estafen 提出了一套行为科学的概念，并进行了基础性研究。该模型包含三大块：①管理功能，即规划、组织、安置员工、控制和指导以及领导力；②管理效能，通过盈利能力、利润和销售的改变、员工士气和企业的公共形象等几项指标来表达；③管理哲学，Negandhi 和 Estafen 把其归纳为："企业对其外在和内在因素表达或者暗示的态度或关系，如企业对消费者的态度与关系；企业参与社会活动的程度；企业与地方，州以及联邦政府的关系，企业与工会及工会领导人的态度和关系，企业与雇员的关系，企业与供货商和经销商的关系。"

该模型所表达的基本观点是，管理效率取决于管理方式，管理方式取决于管理行为特征，而管理行为特征又表现为管理哲学。这些理论概念很容易被批评缺乏深度，或者该模型中选择的可变因素过于片面，过度关注显现的管理行为，因为这些管理行为能够在随机选择的内在和外在行为组别中体现出来。

Negandhi-Estafen 模型还可能受到一些批评，比如没有表达出其与一种特定行为原因间的关联。然后，在像比较管理学这样的复杂领域，在强调 Negandhi-Estafen 行为法的缺陷的同时，一些优点也浮现出来：①仅集中于几项很大程度上可控的变量帮助这个模型应用于实证调查；②专注于个人公司内部的管理活动和行为，即相比于强烈的宏观导向方法，更严格关注微观经济方面。

值得一提的是，Mason Haire，Edwin Ghiselli 和 Lyman Porter 完成了另一项关于管理行为、态度和满意度的比较研究。他们的研究发现来自于 14 个国家 3600 名经理人的问卷调查。该研究的主要结论是，在不同国家中，管理行为有着极大的相似性。但是，该研究还表明，在管理态度上，有 25%的差异是由国家和文化差异导致的。该项特别的研究清楚地显示出进行大规模的比较调查的难度：为了降低研究成本，研究人员仅仅使用了问卷。对于像管理行为这么宽泛的课题来说，问卷过于简短，所以，在不同国家的管理行为和态度的动机方面，缺乏具体的信息。另外，相当一部分所谓"实事求是"的答案的可靠性是值得商榷的，比如关于一个特定管理职位的权威性。

比较管理学还有另外一种很有前途也很有趣的行为方法。目前，在 Bernard M. Bass 教授的带领下对该方法进行检验。Bass 教授已经针对管理及组织心理学研制出了一套有着十个案例的联系。每一个练习都集中于一个具体的管理或行为问题，如监管、组织结构、沟通、行业谈判、经历的个人生活目标，抑或是把经理人的工作看做是一个整体，而不是一些具体的实例。所有的练习都要求个人或者团队决策。Bass 教授的跨文化实证研究专注于决策过程及在此过程中所展示的行为特性。现在，一个欧洲研究小组和一个拉丁美洲管理研究小组都在不同执行发展项目的框架中资助使用 Bass 教授的模拟练习。受过训练的观察员记录下执行官是如何应对这些练习，以及他们达成什么样的决议。他们如何修改决议。通过这种方法，人们试图获得一个大规模的、被经验证明了的、客观和具有可比性的不同文化管理的行为数据。该研究项目也应该能够得出一些在达成商业目标上不同行为模式所带来的影响。

尽管这项研究的经验结果还没有出版，但从方法论的观点看来，这种以行为为导向的方法，如同 Bass 教授和他的合作者宣扬的，是非常新颖和有前途的。可以预见的是，不同国家的管理执行人员有着不同的传统和价值观体系，对他们如何考虑并解决一般管理问题的方法进行汇总，会不断丰富比较管理学的研究领域。

另外值得一提的是，以行为为导向的概念结构模型，该模型由 Howard Perlmutter 教授提出，随后 Hans Thorelli 教授对此模型进行了拓展。两者都专注于跨国公司可采用的清晰的管理哲学。

管理哲学		主要行为特色
以种族（本国）为中心	⟶	监督管理，有优越感
多中心主义	⟶	包容
以全球为中心（世界中心）	⟶	合作

图 1　以行为为导向的概念结构模型

对于跨国企业，以种族（本国）为中心的管理哲学意味着，不论环境差异，母公司要求其在各国的子公司推行统一的价值观、经营方针和方法。其结果是，遵循该管理哲学的国外子公司都缺乏独立性。它们的运营同母公司一样，采用的是同样的准则。多中心主义的管理哲学反映出企业管理者对环境差异的察觉，他们的每一项国外决策都尽可能与当地一样。因此，独立部门的经营也会遵照当地的标准和环境条件。以全球为中心的管理哲学是真正意义上的世界大同，企业意识到环境差异，认同子公司应与各自的环境建立关系，奉行跨国企业各附属公司之间的协作关系。

Perlmutter 教授和 Thorelli 教授提出的这个模型，试图通过对这三种管理哲学成因的分析，梳理出它们对跨国企业的管理效能和组织效率方面产生的影响。两位学者都假设，以种族（本国）为中心的管理哲学，如同多中心主义的管理哲学一样，都会引起大量的冲突，而这些冲突都会对管理效能产生不利影响，而以全球为中心的哲学则会好很多。

有许多模型都提倡对比较管理学使用行为方法，并从广度和深度上进行了描述。该方法的优势有二：一是它只专注于对不同文化背景下的管理行为和态度的研究。二是有大量的行为科学理论和方法可供借鉴，其研究和调查方法比较实际。然而，我们也该意识到一些问题：首先，该模型可能过度关注社会与心理的关系；其次，大量千篇一律信息的产生，或不同国家在管理行为上的差异，可能会忽略了比较管理学自身的理论建设。

四、比较管理的折中—经验方法

到目前为止，对比较管理做出最大贡献的当属折中—经验方法。称之为折中是因为至今还没有人提出并尝试使用过一种全方位的比较管理概念，而这些领域的学者更多地采用的是一种有助于实际调查这一广阔领域的某些方面的框架结构。这方面取得的所有成就都是基于经验调查的某种形式，并描述了不同国家的管理态度和实践的各个方面。很显然，作为比较管理的一个较新的正处于发展阶段的准则，折中—经验方法存在几个优势，其中一个主要的优势是它可以相对快速地存储许多研究者所贡献的经验性知识，并可以根据所存储的知识进行概括归纳，这样反过来也能够为以后的研究提供指导方针。

尽管目前关于折中—经验范畴的杰出贡献有很多，但其中只有一些可以当作是这种特殊方法的原型。大卫·格兰尼克（David Granick）教授所著的《欧洲行政》（*The European Executive*）一书是有关这种方法的一项很有深度的研究。在此书中，大卫·格兰尼克调查并分析了英国、法国、比利时和德国的管理角色。特别是对欧洲工业的结构特征以及管理人员的态度、管理方法和劳工关系的作用进行了比较分析，进而阐述了各国管理模式的异同。值得一提的是，格兰尼克教授关于苏维埃和美国在管理方面的比较，在此项研究中，巴里·里奇曼教授增加了大量令人印象深刻的经验信息。阿伯特·劳特巴克（Albert Lauterbach）侧重于对拉美国家经济发展的管理态度的比较研究，展现了管理作为经济发展过程中的一个因素本身所存在的必要性和局限性。另一项类似的研究是由西奥多·盖格（Theodore Geiger）和威弗列德·阿姆斯特朗（Winfred Armstrong）所做的关于非洲国家管理方式的研究。该研究反映了要实现高效的本土化管理，会受到各种各样的外在限制。还有一些可以归为此类的研究，但这些研究都只涉及了一个特定国家的管理方式，如海因兹·哈特曼（Heinz Hartman）、Sayigh Yusif、科克伦（Cochran）和雷纳（Reina）所从事的研究。这些研究的重要性在于它们基本上都对某一特定国家的管理方式进行了深入的分析。唯一的不足是其中的大多数研究都侧重于不同的特征，这给比较带来了困难。

五、不同方法的根源

通过概述和分析比较管理的四种主要方法或取向，明显地可以看出，这些方法在关注点和重点方面存在着显著的差异，也存在着基本的相似之处。然而，令人感到惊讶的是，它们之间并不存在较高程度的共性。探究这些差异存在的原因，显然，其中有一些同哈罗德·孔茨的《管理理论丛林》出现的原因相同，即在把管理理论定义为一个知识体时存在严格的语义差异，学者们不能或不愿意相互理解，由此产生了误解。很明显，语义差异必然会出现在这一领域，因为在该领域中，对于诸如管理、管理哲学、权威关系和环境限制等某些关键术语的定义并不是被普遍接受的。然而，比定义术语更困难的是，对于到底什么属于比较管理学领域什么又不属于比较管理学领域的划分并不清晰，更为紧迫的是对国际商务的划分。由于比较管理研究是由出身于社会学、政治科学、文化人类学和商务管理等各个不同学科的学者所做的研究，而每个学科都有自己的术语和特定的兴趣，因此也就进一步加深了这一“划界冲突”。

除了以上这些基本原因之外，“比较管理理论丛林”中还提到了一些其他较为特定的原因：①把管理活动和管理行为集中在一国之内。从事比较管理的多数学者明确地或含糊地把特定一个国家管理行为中存在的高度同质性和环境条件中存在的相对统一性当作第一假设。但在大多数国家，情况通常不是如此。这一点可以很容易地得到证明。结果是，基于国家同质性这一假设而建立起来的比较管理研究很容易就会导致扭曲结果的出现，原因就在于它容易忽视一个国家内各个地区之间经常存在的显著差异。②任何一个国家内的管理层也存在着很大的异质性：专业管理者、所有者管理者、大型组织和小型组织的管理者等的教育背景存在着显著差异，他们并不全都接受传统准则，对环境条件的反应也不一样。这种多样性通常可以很容易地得到研究者所提出的各种假设的支持。简言之，发现被倡导的任何一种比较研究方法的代表性经验证据并不是一件难事。例如，一个使用行为方法研究法国管理的研究者会观察到绝大多数的法国公司是小型的、家庭所有的，并且完全是通过非竞争性协议组织起来的。在这种情形下，他会发现一套强调安全、保护、稳定、坚持独立和维系家庭地位的价值体系。他还会注意到这些准则会抵触充满动力的经济环境和充满进取性的市场行为，这样他就会找到造成管理无效的行为因素。另外，具有折中取向的研究者会迅速地意识到法国国家经济计划对大型企业决策产生的巨大影响。他会观察到规划当局的官僚者与大型组织的技术官僚之间的紧密关系。他还会发现对于经济活动整体水平的影响，少数一些技术官僚（他们的行为与许多小型企业的大多数行政人员截然不同）更为理性的决策比绝大多数家庭企业管理者的特殊态度具有更大的影响。在这种情形下，行为方法和折中方法都将会发现双方并不容易相互妥协，但却又能得到具有代表性的经验证据的支持。概括来说，“比较管理理论丛林”在一定程度上是研究目标不同的结果，这样的研究目标可以为各种类型的概念取向提供经验证据。

六、解开纠结的问题：综合结构

可以肯定地说，比较管理领域的不同取向都是健康发展的标志。不同的观点都有助于对相关现象进行全面的分析，并且对各种方法的经验验证的尝试增加了知识的存储，根据这些存储的知识，可以时时进行高度抽象与综合。因此，唯一一种似乎可行的解开纠结的办法就是对各种方法所得出的经验性验证知识进行一系列的归整和综合。在这种精神下，可以尝试构建一个包括并综合了被倡导的各种取向的比较管理结构。

通常认为一个理论的逻辑结构和一种合理质疑的逻辑结构包括以下三个步骤：描述相关现象并给予适当的解释，运用某些标准化客观的措施来评估已观察到的现象，形成具有预测属性的概括。

以上的模式指出了分析与评估的主要元素，它是比较管理理论所依赖的平台。如果这一模式可以用经验性验证信息来证明的话，就有可能从中得出具有预测属性的概括来。例如，与管理价值结构的某些变化相对应的管理效率提高的程度。然而，当提及源于经验性概括的预测属性时，必须谨记它们要屈从于两个主要的限制：第一，由于这些概括源于历史数据，那么新出现的管理行为模式或新的环境条件就会降低它们的预测价值。第二，偶然事件也可能经常发生，从而会修改发展过程，致使预测受到威胁。指出这一点的原因是要说明比较管理理论本身经常具有试验性的本质特征，需要不断地进行经验性的验证，当新的证据出现时，也需要做出改变。基于此点来看，“比较管理理论丛林”的扩散是这一学科健康发展的标志。

表1　比较管理元素

Ⅰ. 比较管理元素：描述和解释的焦点	调查的特定元素
1. 专业管理者	(1) 绝对术语和相对术语的管理者数目，他们的年龄分布 (2) 对管理者社会背景、家庭背景以及教育类型的分析 (3) 对管理者典型职业特征的分析，例如要求的证书，典型的提升程序，强调的个人品质，薪水 (4) 管理者的流动性（公司间的人才流动） (5) 管理作为一种职业的地位 (6) 管理、教育和发展的范畴
2. 管理规范与价值观念	(1) 联系经济、政治、宗教、审美、社会和伦理规范，对管理者的个人价值观念所进行的分析 (2) 对管理者人生目标的分析，例如声望、权力、安全、识别、独立、自我实现，服务、领导才能和快乐的相对重要性 (3) 对管理者所做出的商务目标的分析，即对以下目标的相对主导性进行分析：满意获利、增长、遇到竞争对手并处于领先地位、提高信誉、为社会提供服务和为员工提供福利
3. 管理行为与决策	(1) 对规划、组织、指导和控制所行使的各种职能加以分析，并对解除这些职能责任的技术或方法进行分析 (2) 对任务优先权进行分析 (3) 对指导活动进行分析，例如每天用于通勤、电话、讨论、读写报告和规划将来活动上的平均时间 (4) 对决策过程进行分析：是谁会干预主要策略和管理决策，这些决策是如何达成的
4. 管理态度	(1) 对某些态度的相对主导性进行分析，例如对授权的态度，对人员使用的态度，对使用金钱奖励和非金钱奖励的态度 (2) 对领导者才能主流模式的分析
5. 管理冲突和解决冲突	(1) 对组织中人际冲突的频率进行分析 (2) 对冲突的主要根源进行分析 (3) 解决冲突的手段
6. 一个组织内部的管理关系结构	(1) 对管理者与上级、同级以及下级的关系结构进行分析 (2) 对管理职权的范围和限制进行分析，即对行使职权时的组织限制进行分析 (3) 对个体管理者与组织之间的相互作用进行分析
7. 管理作为一个体系与外部环境的相互作用	(1) 对外部限制类型进行分析，例如对环境的地球物理特征、社会文化特征、法律政治特征、经济特征以及技术特征进行分析 (2) 对外部关系的结构进行分析，尤其是对和消费者、供应商、竞争者、工会以及政府当局的外部关系之结构进行分析 (3) 对较大团体内的权力核心与权力分配及其对商业运行的影响进行分析

续表

Ⅱ. 比较管理元素：评估的焦点	调查的特定元素
1. 管理决策的合理性	考虑到合理性的界限，调查的重点应该包括： (1) 对已确定的优先职能（目标）和相关决策之间的一致性进行分析 (2) 对“健全管理实践”的意识和应用进行分析。这方面的标准必须是最先进的，即经过经验测试的功能管理原则
2. 管理效率	既然管理决策要在理性的界限之内，管理效率相对而言只能通过比较一个公司同另一个公司的业绩，同工业平均标准的业绩，同整个经济体系成就的业绩来决定。为了确定管理效率，不得不尽可能地消除那些影响公司业绩水平的因素，但这些因素又是处于管理之外的。决定管理效率相对程度的选择性量化指标有： (1) 生产准则 每个员工的有用产出 缺陷产出：整个产出 预料之外的设备毁坏 设备利用率 库存：整个产出 加工的货物：整个产出 (2) 市场准则 销售量和市场占有率的增长率 未发货订单：整个产出或销售 退货：销售 销售：库存 营销成本和配送成本：销售 (3) 金融准则 毛利润与净利润：净值 投资回报 流动比率，债务：股权 现金周转 (4) 人事准则 缺勤率 人员流动 意外伤亡事故频率与流失的工作时间
3. 企业效率	企业效率是通过同另一个公司的业绩，同工业平均标准的业绩，同整个经济体系成就的业绩相比较而得出的相对业绩表现程度。企业效率是管理效率以及处于直接管理控制之外的外部因素的一个功能。企业效率的主要指标有： (1) 组织生产率（输入/输出关系） (2) 利润率 (3) 公司生存和增长潜力的加强
4. 总经济效率	总经济效率涉及一个国家或地区经济成就的比较程度。总效率的主要指标有： (1) GNP 的增长率 (2) 人均收入及其增长率 (3) 投资效率（真正的 GNP 平均增长率比率除以国内整体投资到 GNP 的比率） (4) 生产因素的应用比率 (5) 整个劳动生产率

七、结　论

这篇论文的目的是要回顾、分析、评估和划分各种各样的概念和理论的框架。这些框架是在 20 年前提倡起来并用于发展比较管理理论的。本文意在作一个盘点，是过去几年随着比较管理的演变对其知识进行整合的第一步。这一努力促进了更为全面的比较管理模式的发展，而比较管理模式的发展则有助于对比较管理方法目前的经验性发现进行系统的归类。这样整合或统一的好处是促进了知识的累积增长，同时也指出了需要投入更多研究的特定领域。这一模式也有助于最大限度地减少各种比较管理取向的现存偏见，并为今后的研究提供指导作用。

（首都经济贸易大学　解晓娟）

比较管理学的春天

——比较管理学的研究方法、理论模式及对我国的现实意义

在管理学知识的大观园中，比较管理学是一朵奇葩。从理论上看，比较管理理论在“管理理论丛林”中很少被提及，但有着完整的理论体系；从学科上看，比较管理学远不及国际管理或者跨国公司管理等分支被广泛关注，但却是理论性更强的学科；从方法论上看，比较研究方法虽然不及管理科学学派推崇的数学研究方法那样高深复杂，但是具有更为广泛的应用领域和同样的科学性。

如果说，1959年哈宾森与迈耶斯《工业世界中的管理：国际分析》的出版，标志着比较管理学的诞生，那么比较管理学已经整整经历了50年的发展历程。与管理学的发展存在“管理理论丛林”相似，比较管理经过50年的发展，从经济发展学派到生态学派，再到行为方法学派，进而到权变管理学派的提出，再到20世纪80年代的文化学派和20世纪90年代制度学派相继兴起和繁荣，最终也形成了“比较管理理论丛林”。比较管理学的研究重点从最初的“揭示工业增长过程和管理间的密切联系”，着重分析环境因素和管理过程诸要素、管理效果、企业效率之间的相互影响和相互制约的关系，到关注管理哲学对管理实践的影响，进一步发展到研究重点为努力寻求环境和组织的最佳匹配关系，再到20世纪80年代“管理新潮流的四重奏”掀起了企业文化比较研究的热潮，而到21世纪比较制度分析又赋予了比较管理学新的研究热点。现在一般认为，比较管理学是建立在比较分析基础上对管理现象进行研究的一门管理学分支。它采用比较分析的方法，旨在分析不同国家之间的经济、政治、文化、社会等环境差异情况对管理理论和实践的影响，并探索管理发展的模式和管理知识在不同国家的适用性。但是，迄今为止，还没有一本公认的比较管理学教材能够囊括不断变化发展的比较管理研究的内容。之所以这样，一方面在于比较管理学学科方法——比较方法的广泛应用；另一方面在于比较管理理论随着管理实践的深入而不断完善和发展。本文试图对比较管理学的研究方法和理论模式提出一些看法，并进一步分析当前比较管理学对我国的现实意义。

一、比较管理学研究方法——对比较方法的再认识

比较管理学发展中，由于比较方法被过于简单化和经验化的应用，使得比较管理学的科学性受到一定影响。虽然一般要求进行比较研究，要坚持系统性、全面性和中立性的思维原则，避免表面现象的比较、片面比较、带有主观色彩的比较，但是由于对比较方法科学本质认识不够、缺少对比较方法应用程序的严格遵守，使得比较方法在管理问题分析中广泛应

用，但相应的研究结论不具有可累积性。

实际上，作为一门学科的基础研究方法，比较方法并不仅仅是确定异同关系的思维过程和方法。它应是指为了一定目的而选择对象、收集资料和科学事实，互相对比并加工整理这些资料，包括其异同点推演结论在内的全部过程和方法。具体地说，一个完成的比较研究过程应首先明确比较研究目的，继而在一定理论指导下，选择比较研究对象，明确比较对象的具体比较特性指标，然后系统收集有关不同时间和不同环境中的事实资料进行对比，寻找异同点，揭示事物的因果关系，发现规律，证实或者证伪相应的理论或者结论，达到最初研究目的，如图 1 所示。

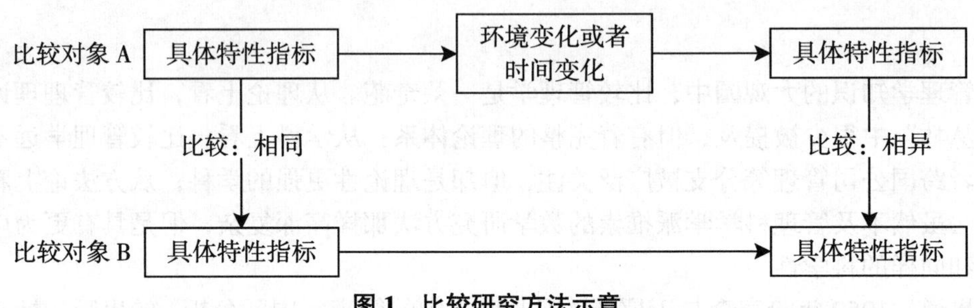

图 1　比较研究方法示意

其实，这与自然科学中的受控实验法十分相似。如图 2 所示，受控实验方法是指在一定理论指导下，通过严格控制条件下的实验手段，人为地系统观察、变革、控制客观对象，以获取科学事实并加以对比，揭示事物间本质联系。二者的区别仅在于比较方法不能通过实验获取资料，只能系统地收集不同条件下研究对象的现有资料，而实验方法是在受控条件下通过有目的的实验得到相应的资料。因此，比较方法的实质是受控实验方法的推广，它可以应用到不做实验的领域中。也就是说，比较研究方法可以认为是自然科学的受控实验方法的原理在社会科学中的推广。

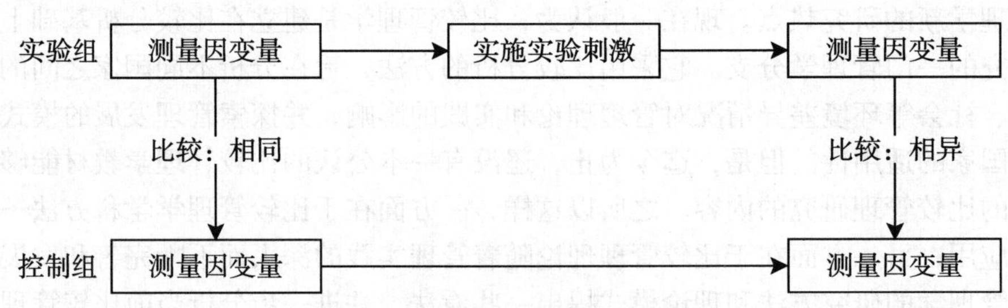

图 2　受控实验研究方法示意

进行受控实验，应事先确定受控实验对象有哪些相关因素和特性，这如同进行比较应先明确比较对象的特性指标一样。但由于实验过程中相关因素众多，逐一观察、控制、改变，全面进行比较是不可能的。所以，实验者在一定理论指导下，大胆略去那些理论上认为不相关或者相关程度不大的因素，只系统地改变几个变量，相应地观察其实验结果，并与理论假设或者推论进行比较。其实，实验是根据理论要求设计并在理论指导下进行的。理论具有预见性，实验的功能在于对于理论假设或者理论推论进行验证。如果实验结果与理论假设一致，也从一方面证实了理论假设或者推论；反之，则理论假设被证伪，但又为新的理论假设或者推论准备了新的素材。受控实验方法就是通过这个“理论—实验—理论”的反复过程，逐步逼近真理。

与受控实验研究方法一样，进行比较管理研究也必须在一定的管理理论指导下，在相应的理论指导下，提出相应的研究假设或者推论，确定比较研究对象和相应的比较指标，然后通过收集相应的数据和资料，比较这些资料从而验证相应的理论假设或者推论。如果比较结果与理论假设一致，也从一方面证实了管理理论假设或者推论；反之，则管理理论假设或者推论被证伪，但又为新的理论假设或者推论准备了新的素材。比较管理研究也是通过“管理理论—比较—管理理论”循环来逐步逼近真理。

从更为具体的研究程序看，一个完整的比较管理研究应遵循这样的步骤：一是确定比较管理研究框架的理论模式。该模式应该明确具体的比较研究目标、比较对象，并寻找理论支撑；二是充分获取与研究对象有关的概念性、理论性和实证性的知识，并加以分类，具体到相应的比较指标；三是比较样本设计，目的是规范样本选择方法，保证比较管理研究的有效性，把样本选择过程看做一个在成本和解释性之间、随机性和普遍性之间的权衡过程；四是进行工具设计，可以用现成有效的量表，也可视需要开发新量表；五是数据收集；六是数据比较分析；七是数据解释。解释是以理论为基础的，同时验证理论的相应的推论，证实与证伪相应理论推论。

虽然实验方法更多的是在自然科学中使用，但在管理学研究中实验方法也被广泛使用：泰罗最早采用实验方法研究如何提高管理效率，梅奥则通过“霍桑实验”创建了人际关系学派，现在管理实验研究方法已经成为管理科学化进程的重要推动力量，形成了实验管理学分支。但是，与实验方法相比，比较研究在管理学中引用更为广泛，比较管理学内容也因此更为庞杂。

二、比较管理学的理论模式与学科理论体系

比较研究方法需要在一定理论指导下进行，同样，比较管理研究也需要相应的管理理论指导。而且，对于比较管理学科而言，学科的发展也需要相应的学科理论来推动。比较管理理论模式就起到了这样一个作用。所谓理论模式，是一种严谨的理论，它通过一系列表现事物本质特征的概念体系体现出来，它是认识过程中主体所特有的认识功能，是带有创造性和超前性的一种思维。比较管理学的理论模式旨在从理论上指导各种管理现象的比较，使得比较管理从直观现象对比上升到科学的管理研究。

有关比较管理理论模式研究，仁者见仁，智者见智，如图 3、图 4、图 5 所示，为几个代表性的比较管理学理论模式。图 3 由比较管理学的两个先驱者法默（R.N. Farmer）和里奇曼（Barry M. Richman）在其《比较管理与经济发展》中提出。在这个模式中，他们首先明确管理效果的概念及普遍使用的衡量方法，继而对管理过程、外部环境的因素进行了详细的分析、归类。这些工作都极富开拓性，对比较管理学的发展起了很大的推动作用。这个模式给人们提供了比较管理研究所需要的概念体系，也是用以理解不同文化、地域之间管理效果差异的很好手段。但是，这个模式是不全面的，它过分强调外部环境因素对管理和组织行为的影响，而忽略了管理的内部因素。

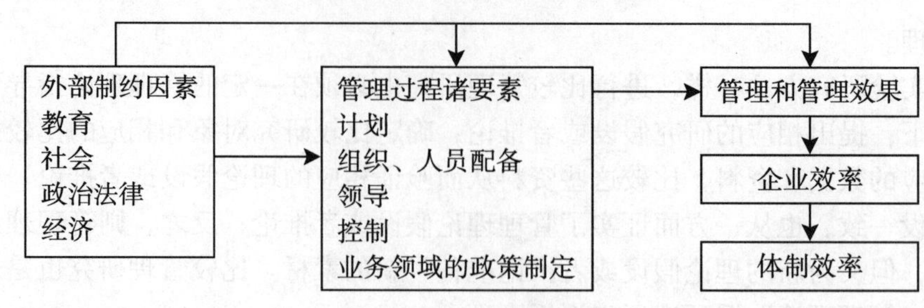

图 3 法默—里奇曼模式

图 4 是由尼根西（A.R. Negandhi）和埃斯塔芬（B.D.Estafen）于 1965 年 12 月提出的。他们强调了管理哲学的重要性，他们认为管理哲学和环境是自变量，中间变量是管理实践，从属变量是管理效果。这里的管理哲学是指企业管理人员对企业内外相关因素所持有的明确或者隐含的态度。该模式考虑到了企业内部的管理哲学的作用，但对企业的其他因素并没有涉及。

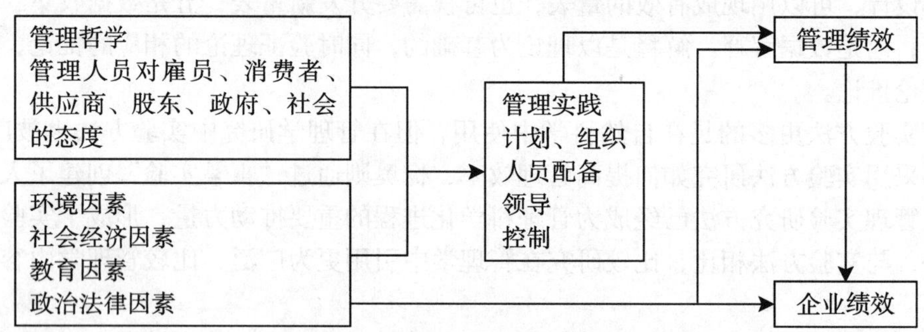

图 4 尼根西—埃斯塔芬模式

图 5 是美国著名管理学家孔茨（Horald Koontze）于 1969 年 12 月在其名著《管理学》第 6 版中提出的。在该模式中，孔茨把管理科学原理和管理实务分开，并明确指出研究比较管理

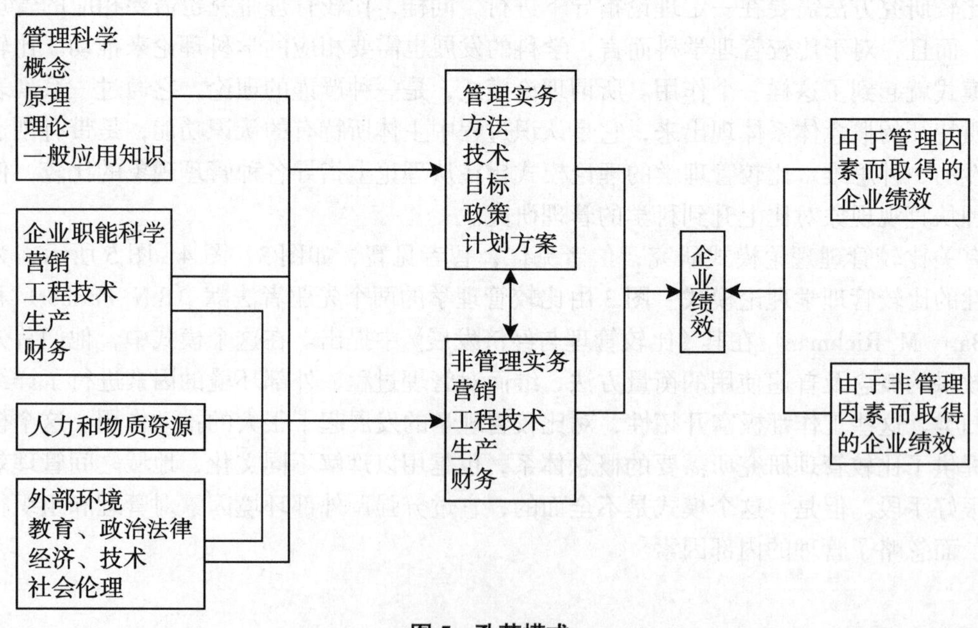

图 5 孔茨模式

的目的不仅在于研究管理科学的普遍性和特殊性，更重要的是研究管理知识的移植问题；在研究范围上，该模式把企业活动分为管理实务和非管理实务，明确提出企业的绩效应该包括管理因素取得的绩效和非管理因素取得的绩效两部分。这些划分对于明确比较管理的研究对象和具体比较指标具有重要的指导作用。但是，孔茨并没有给出具体的区分方法和具体比较指标。

综观上述诸模式，可以看出，比较管理理论模式旨在表明管理绩效取决于哪些因素，进而指出比较管理研究的比较对象应该是什么。从总体上看，影响管理绩效的因素有很多，如果是针对企业管理绩效，企业组织和企业环境是相互作用、相互影响的，最终影响管理绩效和企业绩效。如图6所示，是本文提出的一个更为综合的比较管理理论模式。

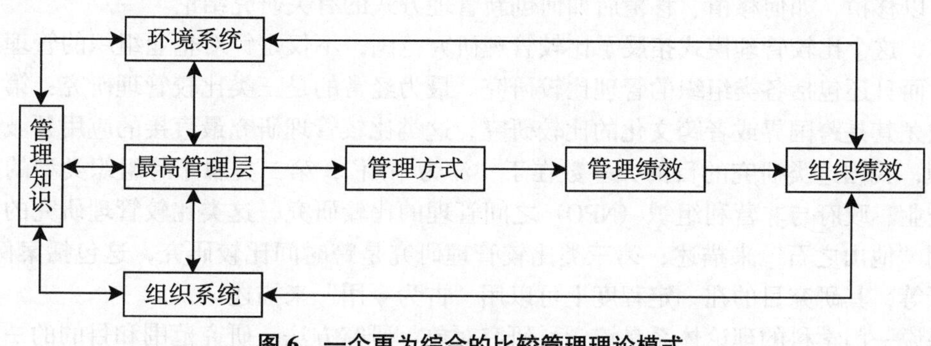

图6　一个更为综合的比较管理理论模式

该模式综合了上述几个比较管理模式的观点，以系统和权变管理为分析问题的基本方法，并假定组织的最高管理层是组织能动主体，对企业外部环境、内部条件和管理知识具有整合能力。这个更为综合的比较管理理论模式具有以下几个特点：

第一，本模式引入一个核心概念——管理方式，并认为比较管理研究的对象是各类组织的管理方式。虽然“管理方式”一词常常被使用，但还缺少严格的界定。这里所谓的管理方式是指在某种特定环境和组织内部条件下，组织管理部门和人员履行其管理职能的方式，也可以理解为管理系统的运行方式，包括执行管理职能的观念、价值标准、方法、分析技术等内容。任何组织在任何环境下，管理部门都必须以某种方式来执行其管理职能，只是在不同的环境下执行管理职能的方法、观念、技术不同。这说明管理方式是可比的。每个组织都有自己的管理方式，一个组织的管理方式与另一个组织的管理方式不会完全相同。舍小异，求大同，一个国家的企业会有一个国家企业的管理方式，这就是所谓的美国管理方式、日本管理方式等。从图6可以看出，管理方式具有承上启下的作用，一方面，管理方式是最高管理层基于自己的价值观体系、组织目标和整合能力，综合考虑到组织系统、环境系统以及管理知识存量的影响后的理性选择，并经组织上下长期协调磨合后形成的；另一方面，管理方式决定管理绩效，进而影响组织绩效。因此，基于此模式，比较管理研究的研究对象就是管理方式，这正如比较经济学的研究对象是比较经济体制一样。一般认为，比较管理学的研究对象是管理理论及过程、管理思想，或者任何值得注意的管理现象，显然这种观点不具有科学性，会导致大量非积累性的研究成果的产生，从而不利于比较管理学学科的发展。而本模式提出比较管理研究对象是管理方式，这对比较管理学的发展具有重要意义。

第二，由于管理知识的移植和创新是组织建立有效管理方式的途径，因此，本模式把管理知识单独列出，并认为比较管理学的研究的目的在于探索关于管理知识移植和创新的规律，具体研究在特定环境和组织系统中产生的有效的管理知识能否和如何移植到其他环境和组织系统中，以及移植后如何创新从而进一步形成有效的管理方式等问题。一般认为，从移植角度看，管理知识应该包括三类：一是与情境无关的管理知识，这类管理知识适用于任何社会、文化和政治背景，是一种通用的管理知识，具有很好的移植性；二是情境嵌入型管理知识，这类管理知识将情境作为自变量或调节变量，移植这类管理知识必须同时将相应的情境一同移植，这类管理知识移植的困难性相对大一些，必须考虑“嵌入”这类管理知识的情境因素（变量）是否能够移植；三是情境依赖型管理知识，这类管理知识只适用于产生这类知识的情境，属本土化的管理知识，很难移植到新的情境中。比较管理研究的目的就在于分析哪些管理知识是与情境无关的，哪些是情境嵌入的，哪些是情境依赖的，从而形成管理知识是否可以移植、如何移植、移植后如何创新管理方式的有关研究结论。

第三，这个比较管理模式拓展了比较管理研究范围，不仅是针对企业组织的管理进行比较研究，而且还包括各类组织的管理比较研究。最为经常的是三类比较管理研究：第一类属于跨区域尤其是跨国界或者跨文化的比较研究，这类比较管理研究最直接的应用领域是国际企业管理，我国这类研究的目的大多数在于“洋为中用”；第二类属于跨组织类型的比较研究，如企业、政府与非营利组织（NPO）之间管理的比较研究，这类比较管理研究的目的大体可以用“他山之石”来描述；第三类比较管理研究是跨时间比较研究，这包括案例研究、历史分析等，其研究目的在一定程度上可以用“古为今用”来描述。

如果说一门学科的理论体系是该学科研究对象、研究方法、研究范围和目的的一系列相关命题组织的，我们可以将比较管理学的学科理论表述为：比较管理学的对象是管理方式，其研究范围可以是跨地区、跨文化、跨组织类型、跨时间的组织管理方式；比较管理学的研究方法是比较研究方法，比较研究方法需要相应的理论模式的指导；比较管理学研究的最终目标是形成有关管理知识移植的相关命题，这些命题形成管理移植理论。这样，“比较管理理论模式—比较研究方法—管理移植理论”形成了比较管理学的学科理论体系。而且，这也是比较管理学的知识积累和发展过程，以理论模式指导比较研究，通过比较研究证实或者证伪相应的管理知识移植相关命题，这样大大小小无数个比较管理研究重复着这个过程，从而不断推进管理知识移植和创新，促进有效的管理方式建立，比较管理学也就不断地发展。

三、现阶段我国开展比较管理研究的重要意义

应该说，我国理论界对比较管理学的关注，相对于其他管理学分支而言，是比较超前的。20 世纪 80 年代，我国就有比较管理学的教材，[①] 尤其是在 80 年代，我国为了研究学习移植国外先进的企业管理方式，提高企业管理现代化水平，对日、美管理异同和特点的研究给予了充分的关注，对当时国际管理学术界流行的《日本的管理艺术》、《Z 理论——美国企业如何迎接日本企业的挑战》、《日本和西方管理的比价》、《寻求优势》、《企业文化》等著作进行了及时的翻译介绍和引入，甚至还存在“是学习移植日本的管理方式还是美国的管理方式”之争。尤其是进入 20 世纪 90 年代以后，随着我国外资企业的大量进入，在跨国经营和国际企业管理领域中出现了大量的研究成果，这客观上丰富了比较管理理论的应用成果。但

① 杨海涛. 比较管理学导论. 南昌：江西人民出版社，1988.

是，总体而言，我国比较管理学研究并没有自己突破性的贡献，基本上处于引进应用阶段，这在一定程度上与我国整体上还没有形成自己的管理方式和管理理论有关。当管理学界还没有给出一个大家可以接受的“中国管理方式”描述，我们就无法将中国企业管理方式与美国、日本等国的企业管理方式进行系统的比较研究。

现阶段我国开展比较管理研究、推进比较管理学在我国的发展具有重要意义。经过改革开放以来中国经济的快速发展，中国创造了“中国经验”，中国已经步入工业化中期的后半阶段，在这种背景下，管理学界需要回答是否存在或形成“中国管理方式”，需要寻求中国经济快速发展的企业管理基础是什么，需要探寻“‘中国经验’的管理内涵”，如上所述，在这方面比较管理学提供有效的工具正是大有用武之地。

从理论上看，比较管理学最初产生的背景就是要揭示管理因素对一个国家工业化和经济发展的贡献和影响。哈宾森与迈耶斯在《工业世界中的管理：国际分析》一书中认为，管理者是工业化过程中的催化剂，是促进工业化进程的组织和机构的创作者和控制者，进行比较管理研究，要从国际视角比较分析工业化进程中管理者的活动、任务和管理者角色本身，进一步探求管理哲学、理论和原则在不同国家工业化进程中的通用性。从上述比较管理学的理论模式和比较管理学的学科理论体系内容也可以看出，构建比较管理理论模式，对中国管理方式进行比较研究，探讨我国管理知识移植和创新的规律，将成为未来比较管理学发展的一个重要趋势。

从历史经验看，一个大国实现工业化和经济发展的过程，必然是以自己企业管理创新与发展为基础的。日本在第二次世界大战以后，推进了快速的工业化进程，在20世纪七八十年代跨入了发达国家的行列。而日本管理方式的形成，也正是20世纪80年代伴随着一系列比较管理研究成果被世界管理学界认可的。日本的看板管理、全面质量管理、零库存管理、企业文化（Z理论）、一个流的生产方式等，都是第二次世界大战后以日本快速工业化进程和经济发展为背景的。

从我国工业化进程看，经过多年的经济高速发展，现在中国已经进入到工业化中期的后半阶段，而且，中国工业化进程的区域差别比较大，一些地区已经跨入发达地区的行列，如果我们不考虑美元币值的变化，上海在2000年、北京和天津在2004年和2006年都已经达到了日本20世纪80年代、“亚洲四小龙”20世纪90年代的发展水平，进入发达地区行列。到2007年，上海、北京已经进入后工业化社会，天津、广东处于工业化后期的后半阶段，浙江、江苏、山东进入工业化后期的前半阶段。在这种背景下，研究工业化进程中的企业管理创新与发展，再从国际视角分析中国经济快速发展的经验背后的管理内涵，研究中国管理方式或者“中国式管理”，研究中国管理知识的移植和创新问题，时机已经成熟。

从我国的企业发展情况看，一方面，这些年来，伴随着经济的发展，我国的企业管理不断创新，已经产生了很多好的管理实践经验。如表1所示，从我国国家级企业管理现代化创新成果奖获奖项目数量中可以看出，自1990年第一届开始，到2008年第十五届，我国国家级企业管理现代化创新成果项目总数达到1274项，其中一等奖276项，二等奖943项，三等奖55项。总体来看，管理现代化创新成果数量呈逐年递增的趋势。这不仅说明我国企业管理创新日益得到重视，而且从某种意义上说，大量的企业管理创新成果，为我们研究我国企业管理发展现状、研究中国管理方式提供了相应的现实基础。另一方面，随着我国企业的发展和壮大，我国大量企业开始实施“走出去”战略，中国管理方式的国际适用性和可移植性如何，在国外的中国企业如何建立适合当地国情的管理方式，这为比较管理学的发展提出了新的研究课题。

表 1　历届国家级企业管理现代化创新成果奖

届	一	二	三	四	五	六	七	八	九	十	十一	十二	十三	十四	十五	合计
年份	1990	1992	1994	1996	1998	1999	2000	2001	2002	2003	2004	2005	2006	2007	2008	
成果数	28	24	39	43	48	45	61	73	83	117	124	126	159	149	155	1274
一等奖数	4	2	6	7	7	9	13+2	19	25	24	32	30	34	34	28	276
二等奖数	26	22	33	36	41	32	36	50	53	82	84	88	120	115	127	943
三等奖数	0	0	0	0	0	4	10	4	5	11	8	8	5	0	0	55

资料来源：根据中国企业联合会网站资料整理。

从我国管理学发展看，改革开放以来，我国管理学取得了巨大的发展，管理学术研究、管理学教育也呈现出前所未有的繁荣状态。迄今为止，管理学已经发展成为具有众多分支学科领域、庞大的知识体系的学科。1996 年，国家自然科学基金委员会管理科学部成立，管理科学取得了与数学、物理、化学等自然科学一样的学科地位；1998 年，国务院学位委员会首次将管理学作为一级学科列入学科专业目录，1999 年我国首次授予管理学学位。迄今为止，我国的管理学研究已经取得了长足的发展，尤其是已经培养了一大批管理学的专业研究队伍，他们分布在科研机构、高等院校、政府机构和企业中，这些研究人员都具有很好的学术背景和研究能力。这实际上已经为我国通过比较管理研究我国的管理方式问题提供了很好的研究条件。

总之，从国际和历史视角来研究和探讨中国管理方式，已经成为我国的管理学家义不容辞的职责。什么是中国式管理？中国是否具有自己的独立的管理方式？与国外相比，我国对管理学和管理知识大厦有着什么样的贡献？在这样的问题上，比较管理大有作为，从这个意义上说，在中国，比较管理学的春天的确到来了。

［参考文献］

［1］陈佳贵，黄群慧等. 中国工业化进程报告［M］. 北京：社会科学文献出版社，2007.

［2］黄群慧. 比较管理学学科理论体系构思［J］. 社会科学，1993（2）.

［3］黄群慧. 比较管理理论模式研究［J］. 外国经济与管理，1991（1）.

［4］闫进宏. 比较管理和跨文化管理研究方法述要［J］. 学术研究，2008（5）.

［5］杨海涛. 比较管理学导论［M］. 南昌：江西人民出版社，1988.

［6］袁治平. 多重比较管理研究方法论及其应用［J］. 西安交通大学学报，1997（6）.

［7］A.R. Negandi and S.B. Prasad. Comparative Management［M］. Appleton Century Crofts，1971.

［8］Richman，B.A and Farmer，R.N. Comparative Management and Economic Progress［M］. Richard.D. Irwing，1965.

（中国社会科学院科研局/学部工作局　黄群慧）

比较管理学与中国特色企业管理理论创新

比较管理学是运用比较研究的方法，探讨世界各国企业管理理论与实践的异同、联系和相互影响，揭示企业管理发展的一般规律和特殊规律的一门管理学分支。通常认为，1959年，哈宾森（Harbinson）与迈耶斯（Myers）合著的《工业世界中的管理：国际分析》一书面世，标志着比较管理学的诞生。半个世纪以来，比较管理学的研究经历了从现象描述到规律探索，从宏观要素归纳到微观因素分析，从单学科研究到多学科交叉融合的发展历程。在当前环境下，再次强调比较管理学及比较管理研究的重要意义，有利于我国在学习、借鉴的基础上，形成符合中国实际、有中国特色的企业管理理论。

一、比较管理学的发展及其学科意义

（一）20世纪60~80年代：以历史经验主义为主的比较研究

与管理学基础理论以及其他管理学分支一样，比较管理学从诞生的那天起就处于理论纷争的丛林之中。汉斯·斯科哈莫尔（Hans Schollhammer，1969）将比较管理理论分为四大流派：社会—经济方法派、生态学方法派、行为方法派、折中—经验方法派。实际上，从具体的研究方法来看，早期的比较管理研究基本上属于归纳方法基础上的经验描述。例如，考克斯（Cox，1965）、巴特尔斯（Bartels，1963；1968）和鲍德温（Boddewyn，1969；1981）等人分析了营销管理的不同维度在不同国家的差异及其影响因素，他们的研究为企业海外市场的拓展提供了有益的启示，但对比较管理概念及研究框架的推进贡献不大。

在这一时期，对后来的研究起到重大推动作用的当属霍夫斯坦德（Hofstede，1980）的文化四维理论。该理论模型成为后来跨文化研究的重要理论工具。不过，在比较管理的制度分析文献中，文化也仅仅是制度的一个因素而已。

应该说，在这一时期，对外国管理模式和管理经验的介绍是比较管理学的主要使命。普拉萨德（Prasad，1989）主编的《国际比较管理的发展》一书，比较了中、日战略管理的差异，介绍了日本管理模式的经验，分析了阿拉伯国家企业管理理念的差异。20世纪70~80年代是日本经济崛起的时期，也是日本对外投资迅速兴起的时期，日本企业的跨国经营经验受到了理论界的关注。随着日本一跃成为世界第二经济大国，在世界范围内掀起了对日本管理方式的研究浪潮，在美国更掀起了美、日比较管理研究热潮。这一时期美国管理理论界代表新潮流的所谓“四重奏”——《日本的管理艺术》、《Z理论——美国企业如何迎接日本企业的挑战》、《寻求优势》、《企业文化》四大畅销书，都是比较管理学著作，充分反映了比较管理学的蓬勃发展(拓向阳，1985)。

虽然我们将这一时期界定为经验主义占主流的时期，但经验主义研究在比较管理学的发展过程中是一直都存在的，而且，这类研究能够为人们提供很好的借鉴。例如，M.提嘉顿等人（Mary B. Teagarden et al.，1995）通过案例对跨国人力资源管理进行的比较研究，就具有较强的现实意义。

比较管理研究在这一时期逐渐发展、升温，但研究方法还没有得到发展，大部分研究仍停留于经验性对比和描述，科学的理论体系远未形成。尽管如此，比较管理学的发展成为管理理论和管理模式迅速传播的重要动力，相互学习、相互借鉴成为各国管理实践和管理理论发展的主要推动力量，一些经验获得了普遍性的推广，这使得管理学在实践创新过程中也获得了理论提升。从管理学的早期发展来看，相互借鉴、相互学习、相互融合是比较管理学研究的目标之一，可以说，管理理论移植是比较管理研究的初衷。

（二）20 世纪 90 年代以来：历史制度主义分析方法是主流

历史制度主义作为新制度主义的主要流派之一，在比较管理学研究中得到了充分的应用。历史制度主义关注宏观，采取的主要方法是归纳法。这类研究的主要区别就在于作者选取的制度因素不同。

科迪亚等人（Ben L. Kedia et al.，1992）应用霍夫斯坦德（1980）的文化四维理论，实证检验了文化因素对奥地利、比利时、芬兰和瑞典这四个北欧国家研发效率的影响。

20 世纪 90 年代，随着东欧国家体制转轨的实施，一些企业产生了将研发机构转移到匈牙利、波兰等国家的意愿。大量高素质的科学家及工程师的存在以及较低的工资水平是吸引这些企业的主要因素。然而，对于这些国家其他方面存在的管理风险却较少有人研究，凯勒等人（Keller et al.，1995）的经验研究旨在考察体制因素是否影响研发团队的生产效率。通过对专利、论文、专著的产出效率等指标的比较，他们发现东欧国家的研发效率并不比西欧国家低。他们认为，考虑到较高的劳动生产率、较低的劳动力成本和靠近当地市场三方面因素的存在，西欧国家将研发组织搬迁到东欧国家是一个不错的选择。

卡洛里等人（Roland Calori et al.，1997）遵循权变的逻辑思路和历史制度主义的分析方法，建构了一个造成英、法两国管理方式差异的影响因素模型。在该模型中，教育体系被选为主要变量。作者认为，管理理念和管理方式对教育体系存在路径依赖。

阿恩特（Arndt，1981）和艾耶（Gopalkrishnan R. Iye，1997）利用比较制度分析的方法，研究了跨国公司的营销管理战略在不同国家的适应性问题。G.杰克逊和 R.狄戈（Gregory Jackson 和 Richard Deeg，2008）运用案例研究方法，比较了制度因素对企业商务活动的影响，其研究是比较制度方法的延伸。

在文化和体制上有渊源关系的两个国家是否存在管理方面的差异，是比较管理学关注的一个重要内容。巴鲁赤和布德瓦（Baruch 和 Budhwar，2005）对英国和印度的员工职业生涯管理进行了比较研究。他们通过问卷调查，实证检验了两国在员工职业生涯管理方面存在差异性的假设。研究认为，印度在人力资源的职业生涯管理方面是英国的追随者，在政策和手段运用方面，两国有许多相似之处，但由于文化和社会环境的差异，仍然有一些方面表现出不同。

从学科意义来看，20 世纪 90 年代以来，世界经济形势迅速变化、跨国公司快速发展，为适应国际经营环境的变化，跨国公司必须做出战略和职能管理的调整，可以看出，这些研究在为企业国际化提供经验借鉴和理论支撑的同时，也为管理学的发展提供了更为广阔的研究领域，那就是制度性的权变因素如何影响管理方式。不过，这一时期以制度分析为主的研究，基本上属于比较管理中的应用性研究，理论框架的拓展收效甚微。正如高登·瑞丁（S. Gordon Redding，1994）所言，这一时期比较管理研究囿于大量的无甚意义的报告式重复，理论研究匮乏，缺乏明确的研究方向。

（三）2005 年以来：研究视角的多元化与微观化

虽然早在 1994 年，彼彻勒和杨（Schon Beechler 和 John Zhuang Yang）已经把资源依赖观应用到日本跨国公司如何将人力资源管理经验移植到美国的子公司的研究中，但在此后相当长的时期内，宏观的制度分析仍然是比较管理的主流方法。这种状况在 2005 年以后才有了根本的改变。

随着一些新的研究范式在社会科学领域的兴起，比较管理研究的视角也开始走向多元化和微观化。例如，维拉和斯伽普（Eugenia Roldán Vera 和 Thomas Schupp，2005）将社会网络分析方法拓展到比较社会科学研究中，他们认为这种方法在经济领域同样适用。阿圭莱拉等人（Ruth V. Aguilera，2008）从开放的系统观出发，运用组织方法比较研究了各种公司治理模式的成本、可能的伴随事件和互补性，指出了公司治理原则应随环境变化而调整的规律。

在研究内容方面，比较管理不断拓展到更多实际应用领域。泰德·贝克尔等人（Ted Baker et al.，2005）建立了一个针对创新过程的比较研究框架，他们运用了组织行为学的领导特质理论和社会学中的社会分层理论，研究了为何不同国家的企业家在发现、评估和利用市场机会方面存在差异。在他们的文章里，宏观和微观的视角得到了很好的结合。罗门·比奥米等人（Romain Beaume et al.，2009）通过建立企业创新生命周期的概念模型，比较了欧洲、美国和日本汽车外包企业在创新生命周期各个阶段的特征，对比了各国家汽车企业的创新绩效，得出了关于创新过程管理的结论。他们的研究已经深入到了企业生产经营的具体组织过程的差异。

可以看出，近年来，比较管理学的研究已经从宏观的历史制度视角逐渐延伸到更为微观的组织视角，研究的内容也从单一的职能管理扩展到具体的创新和治理问题。虽然其基本的变量仍然是国际环境因素，但通过引入“组织”这一中间变量，比较研究的结论对企业的指导性更强，对于企业而言，这样的研究不仅能够如制度分析方法那样帮助企业适应不同的环境，而且能够指导企业参照自己的组织特征或通过改变组织因素来寻求最优的管理方式和治理方式。反观企业管理实践，受到企业国际化浪潮的影响，避免“管理僵化”和“移植失效”成为近几年比较管理研究的重要目标，尤其是国际金融危机爆发以后，一些以美国模式为标杆的企业治理及管理方式受到挑战，探索与环境相适应的“和谐管理方式”成为许多研究的直接目标。

二、比较管理学研究方法论

作为一个独立的学科分支，必须具备相对独立的“研究王国”，也就是要具备相对明确的研究范畴和研究方法。比较管理学之所以能够发展成为一个管理学分支，在于其特定的认识论基础、研究范畴以及在此基础上发展起来的研究方法。

(一) 比较管理学的认识论基础

与传统管理理论相比，比较管理学是预设了"非普适性"和"差异性"的管理理论。这就引出一个问题：所有的被称为"科学"的学科，必定能够形成在某一领域具有一般性规律的理论。那么，承认"差异性"是否就将管理学置于"非科学性"的境地呢？虽然之前已经有许多关于管理学"科学性"与"艺术性"二重性的解释，但从管理学的研究对象来看，在一定限制变量范围内寻求相对普适性的规律，正是管理学"科学性"的反映，"艺术性"是从属于"科学性"的。管理学的使命，就是要在尊重基本事实的前提下，寻求可适用于现实世界的基本规律。管理学不能忽视现实世界的"不确定性"，而经济学的前提假设恰恰是要消除这些"不确定性"，这也是管理学与经济学的根本差异所在。这种差异的集中体现就是，经济学中的"人"都是同质的，而管理学要面对的是"千差万别的人"，这些人受到特定历史文化的影响，因此，比较研究就是在不断检验和调适"特殊"与"一般"的对立统一关系。在此意义上，比较管理学是在传统管理理论基础上，进一步强化现实因素在实践中作用的科学，是与现实应用更加贴近的管理学分支。

(二) 比较管理学的研究范畴与研究模式

从比较管理学的发展历程来看，比较管理研究并没有突破管理学基本原理和管理过程的基本原则，例如关于"社会人"的假设，关于管理的效率原则，关于计划、组织、领导、控制的管理过程，比较管理学仍然是在管理学的理论框架内讨论问题。但比较管理的突出特点在于"比较"，而且这种比较的对象是跨国、跨文化的比较。"权变"是比较管理学的基本思想，主要的权变变量是制度与文化。按照这样一种逻辑思维，管理学的基本原则是可以移植的，但受到价值观、文化习俗、社会结构等因素的影响，这些原则在不同国家和民族中的应用应该视具体情况而予以调整。同时，企业在跨国经营中，存在不同的战略目标，如获得市场、获得人力资源、获得关键知识等，管理过程和管理手段必须从属于这些战略目标。因此，比较管理研究的主要范畴是处于不同的经济、社会和文化系统中的管理哲学、管理方式和企业制度。

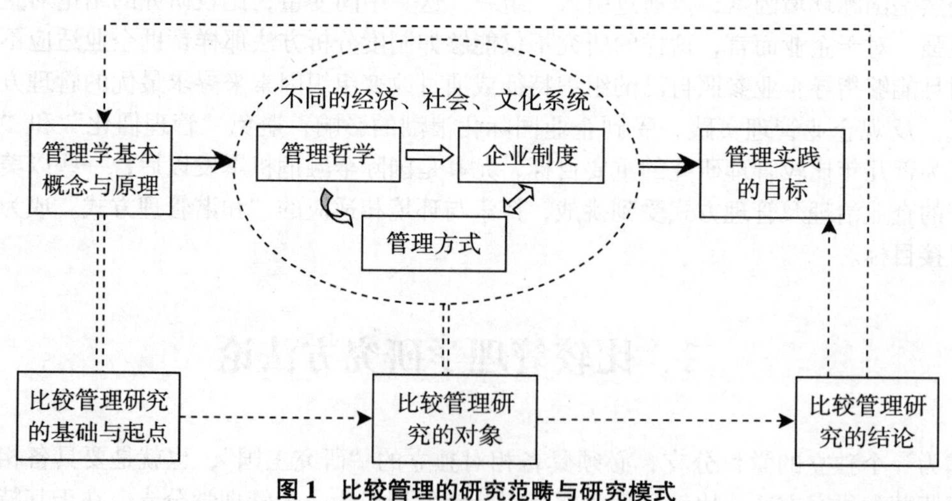

图 1 比较管理的研究范畴与研究模式

在特定的研究范畴内，比较管理研究遵循的基本模式是，以管理学基本概念和原理为逻辑基础与起点，对所选定的比较对象进行实证研究或规范研究，其结论大致有两类：一类是经验性的描述或检验的结果，它的主要意义在于为管理实践提供借鉴或为管理方式提供调适的依据；另一类是通过规范或实证性研究进行理论建构，回归到原理学的基本内核，为特定领域的比较管理提供进一步研究的基础。从文献回顾来看，第一类的研究占多数，比较管理学的理论构建仍有待发展。

（三）比较管理学的研究方法及其内容分类

在逻辑推理层面，比较研究是认识研究对象间的相同点、相异点及其相互联系的一种推理手段和方法，可与归纳和演绎相并列，当然，比较方法也可以与归纳和演绎相融合；而在具体的研究过程层面，比较研究可以是实证性的，也可以是规范性的。

实际上，我们过去在学习、借鉴外国企业管理理论与实践时，已经根据某些需要自发地、随机地将外国企业管理进行了比较，但都是属于“非自觉意识”的（杨海涛，1985）。这种“非自觉”的比较，在方法上通常是欠缺的。从比较管理学的研究对象来看，实证研究和规范研究都是适用的。实证研究主要回答“是什么”的问题，在具体比较管理领域，主要回答企业管理方式与外部制度因素之间存在什么样的关系。一些案例研究经常应用于实证研究过程中。规范研究解决“应该是什么，应当怎么样”的问题，在管理效率原则之下，各国企业管理人员如何进行公司制度安排、如何进行组织结构重构、如何进行管理风格选择，这些都可以作为规范研究的对象。此外，在逻辑推理的基础上进行理论框架的建立也属于规范研究的范畴。

从比较对象来划分，比较研究可以分为对比研究和类比研究。前者是从具有根本差异或相反属性的某一类因素来考察不同国家之间的管理实践，例如，对比资本主义体制和社会主义体制下的企业管理，对比发达国家和欠发达国家的企业管理；或者从相异的管理属性出发，探求导致这种差异的影响因素，是一种归因的研究。后者是从具有相近属性的某一因素出发来考察不同国家之间的管理实践，以期总结、归纳出具有相对一般性的管理学规律，例如，对中国、日本、韩国受儒家思想影响明显的东方国家的企业管理进行类比，总结一般性规律；对经济体制、发展水平、生活习惯相近的北欧国家的企业管理进行类比，以得出符合特定环境约束的企业管理规律。

从比较的内容来划分，比较研究可以分为综合比较和专题比较。综合比较是从世界各国管理理论与实践的整体角度出发，探索管理学的发展现状、未来趋势及其规律等根本问题。专题比较是就企业管理的某个要素或某个理论进行单项比较研究，如人力资源管理的比较、营销管理的比较、企业文化的比较，等等。

（四）比较管理学的研究过程

不管比较管理采取哪种具体的研究方法，其研究过程都可以划分为四个步骤：一是确定要研究的问题。即便没有一般性的假设，也需要有相对具体的理论问题。例如，发达市场经济国家公司治理的一般原则在体制转轨国家的适用问题。二是选定比较研究的对象，包括选择国家和具体的企业，对研究对象进行定性的描述。三是确定研究的维度，比较管理研究不可能穷尽所有的变量和管理因素，因此，抽象出确定性的研究变量，清晰地界定研究范畴就显得非常重要。四是进行实证研究或规范性推理。若是实证研究，通常需要提出研究假说，运用一定的定量研究方法，通过计量结果检验假说的真伪，从而得出“是什么”的确定性结论。若是规范研究，则需要通过归纳或演绎的方式，推理出一定的结论。

三、比较管理与中国特色企业管理理论的形成

从文献搜索来看，进入20世纪90年代以来，我国比较管理学的研究和运用很明显地归于沉寂。研究方法的无意识化表明了一种异化的心态。在市场经济转轨过程中，我国现代企业管理创新的过程首先是学习、吸收、借鉴的过程。同时，我们对国外管理学理论的借鉴从来没有停止过，从公司治理理论到组织重构理论，从人力资源管理理论到生产管理理论，“理论移植”在我国不断发生。可以说，中国的管理学研究就是比较管理研究的过程。在这一背景下，有人认为，强调“比较”似乎就没有意义了。这只能说明我国比较管理研究不是中断了，而是逐渐滑向了一个极端。举例而言，当把美国的公司治理模式作为标杆研究我国公司治理问题时，就已经失去了比较管理学的逻辑基础，但目前有大量关于管理学的文章却是“照葫芦画瓢”的结果。忽视我国特殊的国情和社会经济系统，将国外的理论照搬照抄，奉行“拿来主义”，实际上已经脱离了比较管理学的研究模式。当前，我们强调“比较管理”的重要性，就是要突出在学习、借鉴的基础上，通过融合创新形成具有中国特色的企业管理理论。

现代企业管理以及管理学在中国的发展过程其实是一个广泛研究、学习、借鉴国外企业管理与管理学理论，并与中国企业管理及管理学理论相结合，与中国的国情相结合，最终形成本国企业管理与管理学理论特色的过程，也是一个不同企业之间在企业管理方法、经验上互相比较、学习的过程。现代企业管理与管理学在中国的发展过程本身就是一个比较管理研究的过程。改革开放以前，我们全面学习苏联的企业管理与管理学理论，同时，也积累了自己企业管理的经验，形成了一定的企业管理理论，比如，提出了“两参一改三结合”。改革开放以后，在如何对待、如何认识国外企业管理及管理学理论、方法、经验等问题上，曾经出现过怀疑、全盘否定和不顾中国国情照抄照搬、“拿来主义”的现象，在企业管理与管理学领域，当时也存在着到底是“中学为体，西学为用”，还是“西学为体，中学为用”的疑惑。1983年1月7日，在原中国企业管理协会召开的一次借鉴外国企业管理经验座谈会上，袁宝华同志提出了建立中国企业管理理论和模式“以我为主，博采众长，融合提炼，自成一家”的十六字方针。这一方针的提出，对建立、研究具有中国特色的企业管理和管理学理论确定了正确的方向，也是我们进行比较管理研究的任务和目的之一。我们在比较管理研究中，要以开放的眼光，立足于中国的国情，广泛学习、借鉴外国企业管理的经验和管理学理论，要集百家之长，为我所用，并形成具有中国特色的、符合中国国情的管理学与企业管理理论。

比较管理研究的过程是学习的过程，是融合提炼的过程，更是一个创新的过程。

首先，比较管理研究的过程是一个学习的过程。进行比较管理研究，首先要充分了解、学习其他国家的管理学与企业管理或其他方面管理的理论、经验与方法，也要充分了解我们自己的管理学、企业管理及其他方面管理的理论、经验与方法，这是比较管理研究的基础，是“博采众长”的基础。改革开放初期，我们积极学习、引进了国外的先进管理理论、方法和经验，比如，早在改革开放初期，为学习和借鉴发达国家的管理理论、方法与经验，我们

就选派了大量的工程技术人员和管理人员出国对口培训学习。1980 年与美国合作举办的中国工业科技管理大连培训中心 MBA 班，为中国培育了不少管理人员与企业管理的教师。改革开放以来，我们大力引进、学习国际上的先进管理理论、方法，缩短了我们在企业管理上与国际先进水平的差距，为中国经济的持续、稳定发展做出了重要贡献。同时，随着改革开放的深入，我们的管理学与企业管理的研究、教学也取得了飞速的进步与发展，这为我们开展比较管理的研究打下了良好的学术基础。

其次，比较管理研究过程是一个融合提炼的过程。管理学与企业管理的理论、方法与经验不同于自然科学和技术科学学科，不能采取“拿来主义”，因为它具有鲜明的社会属性，与一个国家的文化、历史、体制等密切相关，也与国情、民情密切相关。管理学与企业管理理论、方法与经验的应用，也与企业的不同历史、文化、员工结构等密切相关，照抄照搬必然会失败。管理学与企业管理的理论、方法及经验随着时间、空间的变化，其运用也要根据时间与空间的变化而有所变化。《晏子春秋》说：“橘生淮南则为橘，生于淮北则为枳。叶徒相似，其实味不同。所以然者何？水土异也。”这是我们在比较管理研究过程中要充分注意的一个问题。所以，根据中国的国情、民情，在管理学与企业管理理论、方法、经验上博采众长，分析哪些是可以为我们所用的，进行融合提炼，是比较管理研究领域的重要内容与重要任务。

最后，比较管理的研究过程是一个创新的过程。无论是博采众长，还是融合提炼，自成一家是研究的最终目的，也是比较管理研究的最终目的之一，也就是要形成具有中国特色、中国气派的管理理论。每个国家都有不同的文化、历史、传统、体制等，各个国家的企业管理都会自觉或不自觉地受这种文化、历史、传统、体制等的影响，从而在管理学与企业管理的理论、实践上表现出来。从这个意义上说，每个国家的企业管理及管理模式都是具有该国特色的企业管理及管理模式。相应地，当然也存在着中国式管理与中国式企业管理模式。比较管理研究的重大任务之一就是要运用一定的方法，分析比较各个国家或不同企业之间在管理理论、方法、经验等方面的特点以及相同或不同之处，分析这种理论、方法与经验的应用条件，在博采众长、融合提炼的基础上，为管理学界研究和形成具有中国特色的自成一家的管理学理论、方法创造条件。

目前，管理学界照抄照搬国外的管理理论、思想、方法、经验的风气盛行，论文写作中的“八股风”、为写论文而写论文、非问题导向、以方法定问题、脱离现实等现象比比皆是。毛泽东（1930）在《反对本本主义》中提出“没有调查，就没有发言权”、“从实际出发”的思想，认为“中国革命的胜利要靠中国同志了解中国情况”，同理，中国式管理模式的提炼和总结要靠中国的学者了解中国企业管理的实际。毛泽东在延安整风时针对当时党内照抄照搬马克思列宁主义的现象，提出了“要改造我们的学习”。现在，针对管理学界照抄照搬、有方法无问题、以方法定问题、脱离实际等问题，应该提出“改造我们的研究”。这个问题在比较管理研究中也同样要引起重视。唯有如此，我们企业管理理论研究才不会成为无源之水、无本之木。

〔参考文献〕

[1] Ben L. Kedia, Robert T. Keller, Scott D. Julian. Dimensions of National Culture and the Productivity of R&D Units [J]. High Technology Management Research, Vol. 3, No. 1, 1992: 1-18.

[2] Eugenia Roldán Vera & Thomas Schupp. Network Analysis in Comparative Social Sciences [J].

Comparative Education, Vol. 42, No. 3, Special Issue (32), 2006: 405-429.

[3] Gregory Jackson and Richard Deeg. Comparing Capitalisms: Understanding Institutional Diversity and Its Implications for International Business [J]. Journal of International Business Studies, Vol. 39, No. 4, Institutions and International Business, Jun., 2008: 540-561.

[4] Hans Schollhammer. The Comparative Management Theory Jungle [J]. The Academy of Management Journal, Vol. 12, No. 1, 1969: 81-97.

[5] Jean J. Boddewyn. Comparative Marketing: The First Twenty-Five Years [J]. Journal of International Business Studies, Vol. 12, No. 1, Tenth Anniversary Special Issue, Spring-Summer, 1981: 61-79.

[6] Mary B. Teagarden, Mary Ann Von Glinow, et al., Toward a Theory of Comparative Management Research: An Idiographic Case Study of the Best International Human Resources Management Projects [J]. The Academy of Management Journal, Vol. 38, No. 5 Oct., 1995: 1261-1287.

[7] Robert Keller, Ben Kedia & Scott Julian. R&D Team Productivity in Eastern and Western European Countriess [J]. European Management Journal, Vol. 13, No. 3, 1995: 316-321.

[8] Romain Beaume, Remi Maniak, Christophe Midler. Crossing Innovation and Product Projects Management: A Comparative Analysis in the Automotive Industrys [J]. International Journal of Project Management, 27, 2009: 166-174.

[9] Ruth V. Aguilera, Igor Filatotchev, Howard Gospel and Gregory Jackson. An Organizational Approach to Comparative Corporate Governance: Costs, Contingencies, and Complementaritiess [J]. Organization Science, Vol. 19, No. 3, Corporate Governance (May-Jun., 2008): 475-492.

[10] S. Benjamin Prasad (ed.). Advances in International Comparative Managements [M]. Vol. 4, JAI Press, 1989.

[11] S. Gordon Redding. Comparative Management Theory: Jungle, Zoo or Fossil Bed? [M]. Organization Studies, Vol.15, 1994: 323-359.

[12] Ted Baker, Eric Gedajlovic, Michael Lubatkin. A Framework for Comparing Entrepreneurship Processes across Nations [J]. Journal of International Business Studies, Vol. 36, No. 5 , 2005: 492-504.

[13] Yehuda Baruch & Pawan S. Budhwar. A Comparative Study of Career Practices for Management Staff in Britain and India [J]. International Business Review , 15, 2006 : 84-101.

[14] 毛泽东. 反对本本主义（1930）. 毛泽东选集，第 1 卷，人民出版社，1991.

[15] 拓向阳. 国外比较管理学的发展与流派 [J]. 外国经济与管理，1985（7）.

[16] 杨海涛. 比较管理学方法论初探 [J]. 贵州社会科学，1985（4）.

（中国社会科学院工业经济研究所　黄速建　刘建丽　傅咏梅）

我国比较管理研究的学科发展问题

管理的比较研究是管理学研究的重要组成部分，同时也是管理学学科发展的一条有效途径。我国管理学者目前正在大力推进的比较管理研究，是我国管理学界与国外管理学界的对话与融通，发挥着催生中国管理学或者管理学的中国学派的重要作用。高闯教授在论及我国比较管理研究的学科发展时，提出要力图形成自己的特定分析范式、专业话语、品位和风格，同时又符合国际通行的学术规范（高闯，2009）。本文认为，这是我国管理学者追求中国管理学以及我国比较管理研究的独立学术地位的宣言。

以下，本文就我国比较管理研究的学科发展问题，提出个人的粗浅看法，就教于大方之家。

一、比较管理研究的学科基本特征

一门独立学科存在的必要条件是这门学科要有区别于其他学科甚至是相邻学科的基本特征。要使我国的比较管理研究成为一门独立的学科，就应首先明确比较管理研究的基本学科特征。

比较管理研究，简单地说，是用比较的方法进行本域的管理与异域的管理研究，这是比较管理研究不同于其他类型的管理研究的地方。要形成比较，或者说要使比较具有学理意义，一定是将两个或两个以上的处于不同情境（Context）中的主体加以对比考察。或者说，一定是将两个或两个以上的“相对独立而特色鲜明的地方性知识系统”（郭毅，2010）加以探索的活动（后文简化为两两比较）。就中国的比较管理研究而言，一定是将中国情境中的管理思想与实践和中国情境以外的异域管理思想与实践加以对比考察的研究活动。

本文以为，比较管理研究作为一门独立学科的基本特征主要体现在两个方面：一是跨越性，二是对比性。

比较管理研究的跨越性即研究者的视阈，必须超越两个独立情境的界限，展开对比较对象的本质、内涵与活动规律的探索。跨越性主要表现为空间的跨越与时间的跨越。空间的跨越意味着研究者以自我认同（余为国，2009）为基础，以自我为中心，将不同文化、不同民族—国家、不同区域、不同语言、不同制度和不同人种的管理思想和实践拿来与自己的同等物进行同步对比，因而这种比较是从空间定位的，是自我与他者的共时性对比。时间的跨越指的是，研究者同样以自我认同为基础，以自我为中心，从历时性出发，将自我与“他者”进行历史的比对。这是因为，任何管理的实践、管理的理论，都是管理历史发展的一个阶段、过程与环节，都是历史事实与现实发展的连续统一。比较管理研究就是从同步性或历史性两个焦点切入，跨越本域与异域的管理展开研究活动，因此，我们说，跨越性是比较管理研究的基本学科特征。

其实，跨越性不仅是比较管理研究的基本学科特征，而且是任何比较研究学科的基本学科特征。这可以从比较文学与比较哲学中得到证明。比较文学学者曹顺庆（2006）指出，比较文学就是不同文学性的跨越性研究。比较哲学学者余为国（2009）认为，哲学比较就是不同哲学之间的历史和现实的对话与融通，是异质哲学之间的对比。如果说跨越性是比较文学和比较哲学通过跨越时空去进行不同文学与哲学的研究的话，那么，比较管理研究就是跨越时空的不同管理的研究。

坚持比较管理研究的跨越性可以有如下好处：其一，能给比较管理研究打开无限宽阔的研究空间。比较管理研究可以是跨文明、跨国家、跨民族、跨民族—国家、跨语言、跨制度、跨区域、跨学科、跨时代等的管理理论与管理实践的研究。其二，能给比较管理研究标志鲜明的学科特征。任何管理研究，如果没有跨越性，就不是比较管理研究。相反，只要管理研究包含着跨越性，就属于比较管理研究。其三，有助于解决比较管理学科内部目前存在的诸如比较管理是跨文化管理研究还是跨制度管理研究的这类争论。众多“跨什么”的分歧，就可统一在跨越性的框架之内。只要高举比较管理研究的跨越性特征这面大旗，各种理论流派就可按照自己的旨趣从事研究，不再强求非要“跨什么”才有正当性了。

比较管理研究的第二个基本学科特征是对比。一谈到对比，常规的思维是首先考虑比较双方的可比性问题。一般的说法是，只有具有相同性的事物才能比较，没有相同性的事物是不能比较的，结果形成“可比”与“不可比”的“比较悖论”（余为国，2009；黄启祥，2006）。如果两个被对比的事物无差异，就没有比较的必要；反过来，如果两个对比的事物完全无共通之处，就无法进行比较。为了解决这个悖论，比较者只好在完全不同与完全相同的两个极端之间折中，提出相似性才是比较研究的基础。所谓的相似性，指的是对比的事物有相同之处但同时又存在差异（黄启祥，2006）。殊不知，相似性、可比性和不可比性无不是比较的结果。也就是说，在确定正式的比较对象之前，研究者实际上已经进行了一次初步的、隐性的比较。如果没有这种比较，有谁知道有无相似性、可比性和不可比性？由此可知，对比存在于比较的始终。先有隐性的预先对比，判断诸如相似性、可比性一类的问题，后有显性的后续对比，即在相似性或可比性的基础上开展深入的比较研究（余为国，2009）。

强调对比是比较管理研究的第二个学科特征，就超越和解决了可比性与否这个悖论。我们指的对比，是对比本身这个行为，描述的是对比本身的意义（余为国，2009），在对比双方的关系中构建、阐发新的意义。也就是说，对比本身就生成着意义，通过对比，孕育出积极的有生发力的结果。这种结果本身能进一步开启新的视阈，使我们看到两种不同形态的趋近、参照、竞争、交接，最后产生出在两个形态里都不能产生的新东西的过程，实现两种视阈的交融（余为国，2009）。

由此可知，这种被称为生成比较观（黄启祥，2006）的对比，是对比的真义，是一种新知与新的视阈扩大的过程。这是本文强调对比性应是比较管理研究的第二个学科特征的实质，即对比是产生新的学科知识的过程。通过对比，我们才能实现比较管理研究对各种不同文化制度领域中的管理思想、技术、时尚与结果的借鉴、学习、扬弃、批判、继承和传播，从而共同推进人类的管理进步。

对比性加上前面的跨越性特征，不但区分了管理研究中一般性的比较与严格学科意义上的比较研究的差别，更重要的是，它们树立了比较管理研究的学科理论意识与学科界限，使比较管理研究与管理学其他领域的研究泾渭分明。

二、我国比较管理研究的基本问题

涂尔干（1991/2002）指出，一门学科只有形成自己独特的个性，才能让人视为达到了最后的独立，因为只有其他学科没有研究的那类事实成为它的研究对象时，它才有理由独立存在。学科的独特个性可以理解为学科的独特范式，库恩（1970/2003）的表述是，如果一门学科没有形成自己的研究范式，它就不能成为一门学科。独特的范式来自学科研究的问题，与别的学科不同，这就需要确立这个学科要研究的基本问题或者核心问题（后文统一为基本问题）。

循此逻辑，比较管理研究要形成自己独特的研究范式，需要明确其研究的基本问题。唯有如此，研究者才能建立统一的理论体系，使用共同的学科概念与分析框架，以免学科研究过于分散，变得"领域游离"（Wilkins，1997；Peng，2004）和"无范式"（Preparadigm）（Peng，2004）。

在全国第二次比较管理研讨会上，组织者从比较管理学科体系、比较管理的研究方法、企业管理模式的国际比较以及是否存在一个中国企业管理模式四个方面提出了 28 个问题。毫无疑问，这些问题都十分重要，十分有价值，值得比较管理研究者认真对待与深刻思考。然而，组织者却没有明确提出我国比较管理应该研究的基本问题供研究者探讨，这令人感到些许遗憾。

学科研究的基本问题其实就是学科要论证的普适性命题。确立学科研究的基本问题是社会科学与自然科学各学科研究的通例。例如，比较管理研究的相邻学科 International Business（IB）研究的学者便把"What determines the international success or failure of firms"视为过去甚至在 21 世纪指引 IB 研究的主导性问题（Peng，2004）。那么，我国比较管理研究的基本问题应是什么呢？

本文认为，"是何种文化与制度因素决定了中国企业与外国企业管理的异同"，可以考虑成为我国比较管理研究的基本问题的一个选项。我们的理由如下：

首先是文化的重要性。早在 19 世纪 70 年代，人类学家 Edward Tylor（1871）就把文化定义为包括了知识、信仰、艺术、道德、法律、习俗以及其他社会成员获取各种能力的复杂的整体。Hofstede（1984）将文化看成是区别一个群体与另一个群体的思想的集体编制（Collective Programming），文化包括了各种价值观体系。社会学家 Zvi Namenwirth 和 Robert Weber（1987）则认为文化是观念体系，构成了我们的生存方式（Design of Living）。本文赞同将文化作为观念体系同时作为生存方式的定义，因为它不仅概括了文化的精神与物质两大层面，同时还指出了文化的功能。

关于制度，本文采纳诺斯（1990/2008）的定义："制度是一个社会的博弈规则，或者更规范地说，它是一些人为设计的、型塑人们互动关系的约束。""制度界定并限制了人们的选择集合。"按照诺斯的理论，制度作为人类设计的以型塑人们相互交往的所有约束，有正式与非正式之分。正式的制度或规则，包括宪法、法律、财产权利等规制，并由相应的机构或其他第三方来监督这些社会契约条款的执行。另一类为非正式的制度，包括禁忌、习俗、传统以及社会谴责与行为规范（诺斯，1990/2008）。

通过学习以上文化与制度学家的相关论述，我们发现，文化与制度并非两个独立的形态，而是在许多方面交互与重叠。制度之中包含文化，文化中间包含制度。由于文化与制度的这种“跨越性”或交叉性，本文在表述中把文化与制度视为同一物。

本文提出“是何种文化与制度因素决定了中国企业与外国企业管理的异同”作为比较管理研究的基本问题的理由是：第一，文化与制度共同构成了我们包括管理在内的全部社会生活与经济活动的背景、空间、方式甚至内容；第二，它们共同界定与限制了我们包括管理在内的全部选择；第三，我们的选择又反过来影响了文化与制度的演化与变迁；第四，中国的文化与制度，迥然不同于国外的文化与制度。集五千年曲折发展的历史积淀加上当代复杂的、快速的动态演进，这就为比较管理研究开拓了巨大的研究空间，提供了异常丰富的文化与制度的动态、静态对比内容，以及在文化与制度约束下管理活动的方式与结果。

文化与制度对于企业管理具有决定性的作用。正如Peng（2009）所指出的那样，企业的战略选择和绩效不仅由产业条件和企业能力所驱动，而且是经理们面对的具体制度框架中正式和非正式约束的反映（Khanna & Palepu，2000；Lee，Peng & Barney，2005；Peng，2009），因而，“制度直接决定企业在制定和实施战略、创造竞争优势时应该箭射何方”（Ingram & Silverman，2002；Peng，2009）。

Peng（2009）特别指出了制度在新兴经济体中的重要性，强调对包括中国在内的新兴经济体进行研究时，要将制度放在显著位置。为此，他将制度作为产业和资源基础因素之外的战略研究三角的第三个支柱，对企业的战略管理研究做出了开拓性的理论贡献（Peng，2009）。

汪丁丁（2005）在讨论“中国特色”时，更是认为“中国特色”产生于中国文化的、社会的和政治的“三重转型”。汪丁丁认为，正是这一“三重转型”，形成中国社会特有的或者说唯一的特征。如果要说什么是中国特色，最具中国特色的就是由这三重转型所引发的一切行为模式。中国人的行为，包括经济行为，不可避免的是与上述三重转型紧密联系在一起的。

根据以上思想，我们可以说，中国企业的管理是与中国的文化与制度因素紧密镶嵌的，文化与制度和企业组织之间的关系密不可分。一方面，中国的制度与文化从根本上制约、影响甚至决定着中国企业的管理者做出管理决策与实施管理；另一方面，由中国文化与制度所塑造的中国企业管理者，又推进着中国文化与制度的中国式演变，形成中国当代独特的文化与制度模式。如果中国的企业管理如此，外国的企业管理何尝不是如此？因此，从文化与制度的层面切入比较管理研究，我们可以分析中外文化与制度的异与同，全面洞悉不同文化与制度因素对中外企业管理产生的方方面面的影响，细致观察影响的类型与结果，深入刻画中外企业在不同的文化与制度的情境下做出的相同与相异的管理反应。一句话，可以抓住比较管理研究的各种问题的基础与根本，探索研究各种问题的终极解释。

将“是何种文化与制度因素决定了中国企业与外国企业管理的异同”作为我国比较管理研究的基本问题，区别了别的学科与比较管理研究的问题与范围，高度凝练了比较管理研究这个学科的基本假设、主要研究方面和重点。由于问题的宏大，有利于研究者从各个不同的理论视角剖析问题，因此能够吸引不同学科的学者加入到研究队伍中，使研究呈现繁荣局面，取得有意义的研究成果。由于问题的复杂性与难度，不可能一蹴而就，需要持续开展研究，这就能使研究者长期专注于本学科，通过持续地努力，增加比较管理研究成果的历史积累。当然，由于问题的新颖性，因此总是能激起研究兴趣，使研究者保持高昂的研究热情。

总而言之，只有当研究的问题是重大的、独特的并具有深刻的学理意义时，理论才可能成为范式，并形成一种主导话语。这种主导话语界定了理论研究的议程，而围绕这种主导话语也就形成了“话语联盟”或理论学派（秦亚青，2005）。“是何种文化与制度因素决定了中国企业与外国企业管理的异同”作为我国比较管理研究的基本问题，具备上述条件，不仅有助于我国比较管理研究形成独立的学科，而且有助于富有中国特色的我国管理学的生成与发展。

三、比较管理研究的分析层次

由于比较管理研究涉及的因素非常多，因而区分明确的分析层次（分析单位）极为重要。巴比（2005）指出，分析层次就是研究什么和研究谁。分析层次有助于观察单位用来考察和总结同类事物特征，解释其中的差异。明确的分析层次同时有助于防止区位谬误（巴比，2005），这也就是李怀祖（2004）所说的避免出现错位。

本文借助 Enright（2000a，2002b）为国际商务比较分析所构建的分析层次来确立比较管理研究的分析层次，提出比较管理研究的大的分析层次可以有企业层次、产业层次、区域/企业集群层次、国家层次和超国家层次这五个层面。按照本文的观点，企业层次的意义最为重要。

一般来讲，分析层次的多少并无一个硬性的规定，研究者可以根据要研究的问题自行确定。就上面五个层次中的任一层次而言，研究者可以根据分析的需要进行进一步的细化。本文之所以要划分比较管理研究的分析层次，目的是想要强调对比较管理研究的各种因素进行分类，使比较管理研究有一个进行比较的清晰的尺度与范围，统一比较的单位，实现比较的对称性。这样，比较者就能从不同层次清晰地界定被比较的双方在哪些方面存在异同。

四、比较管理研究的基本方法

比较管理研究的基本方法总是与比较管理研究的主要理论流派相关联。一般来讲，有什么样的比较管理流派，就有相应的基本研究方法。由于比较管理研究的理论流派是一个“理论丛林”，因而研究方法也是百花齐放。

众所周知，美国管理学者孔茨（1961）曾把管理学理论以及研究方法的“理论丛林”归纳为六大学派，分别是管理过程学派、管理经验学派、行为学派、社会系统学派、决策学派以及数理学派。孔茨认为，造成理论学派与研究方法的“理论丛林”是管理理论在思想上的混淆，源自管理学家在语义、管理知识体系定义以及原理上的误解，还包括管理学家不愿意相互理解（孔茨，1961）。显然，孔茨的目的在于对“理论丛林”进行“清理”，而不是提倡各自为政。

无独有偶，美国比较管理研究学者 Schollhammer 也在 1969 年发表了“*The Comparative Management Theory Jungle*”一文。① 该文使我们看到，比较管理研究也同样面临管理学“理论丛林”的复杂局面。

Schollhammer（1969）归纳出了四种比较管理研究的理论与方法，分别是“比较管理研究的社会—经济方法”（The Socio–Economic Approach to Comparative Management）、“比较管理

① 这是继孔茨 1961 年在相同期刊 *The Academy of Management Journal* 上发表了“The Management Theory Jungle”后又一篇讨论管理学“理论丛林”的著名论文。

研究的生态学方法”（The Ecological Approach to Comparative Management）、“比较管理研究的行为方法”（The Behavioral Approach to Comparative Management）和“比较管理研究的折中—经验方法”（The Eclectic-Empirical Approach to Comparative Management）。

Schollhammer 认为，造成比较管理研究“理论丛林”的原因：一是研究的侧重点各不相同，因而对什么是比较管理存在语义定义的差异；二是从事比较管理研究的学者，不仅来自管理学，还来自社会学、政治学、文化人类学和经济学等学科，由于每个研究者都坚持自己的学术边界与学术兴趣，因而难求统一；三是 Schollhammer 强调指出，研究者出现误解，甚至是不愿意、无能力去相互理解，则是形成比较管理研究“理论丛林”的重要因素。显然，比较管理研究“理论丛林”的出现，与孔茨归纳的管理学“理论丛林”的形成原因十分近似。

Schollhammer 指出，比较管理“理论丛林”有利于透彻地分析问题，但不利于积累学科知识。应该对这些经验证过的知识进行更高程度的融合，形成抽象度更高的、能包容主要研究重点与方向的分析框架。

Schollhammer 构建的分析框架包括两个层次：一是比较管理描述与解释的七个要素，二是比较管理评价的四个要素。前者的要素为作为专业人士的管理者、管理规范与价值观、管理行为与决策、管理态度、管理冲突与化解、组织内的管理关系与结构和管理系统与外界环境的交互作用。对这一层面的调查指标，Schollhammer 提出了 26 个。后一层次的要素分别是管理决策的理性程度、管理的有效性、企业效率和总体经济效率。对于这个层次的具体调查与评价指标，Schollhammer 提出了 14 个。

Schollhammer 认为，这一框架基本涵盖了现今比较管理分析的主要重点与方面，可以形成当今主要比较管理理论的平台，在此基础上实现理论抽象与概括。

我国当前比较管理研究的理论学派与研究方法也是“理论丛林”。举其要者有：黄群慧（2009）的比较管理研究的跨区域尤其是跨国界或跨文化的比较研究、跨组织类型的比较研究和跨时间的比较研究；罗珉（2009）的结构性理论范式、诠释性理论范式和行为性理论范式；杜娟（2010）的语用、句法、语义的分析框架以及整合了国外学者研究框架的 P-S-S-P 综合模型；蔡立新（2010）的演化分析方法等。此外，还有比较管理研究的制度分析方法、案例分析方法、实验研究方法等，可谓不胜枚举。毫无疑问，上述研究方法都具有其合理性与实用性，都在其各自的参照系或信奉这些方法的研究者中具有“普适性”。但是，如果从我国比较管理的整个学科体系来看，这些方法则未具备全局的统率性。也就是说，它们的抽象度还不太高，囊括其他研究方法的容量还不足。

本文认为，要想从比较管理学本身解决比较管理的理论与研究方法的丛林问题十分困难，我们的任何努力可能只会起到在丛林中再种植下一棵大树的作用。然而“他山之石，可以攻玉”，为何不能借助其他更为成熟的比较学科的研究方法来为比较管理研究所用呢？

本文认为，滥觞于 19 世纪的比较文学研究经过百余年的努力所建立的比较文学学科研究方法体系，能够成为建立比较管理学研究方法体系的借鉴。大多数研究者将比较文学的法国学派的影响研究与美国学派的平行研究和跨学科研究结合起来，形成一套基本成型的比较文学学科理论模式与研究方法体系（曹顺庆，2006）。简单地说，比较文学的主要研究方法可以归纳为三大类型：一是影响研究，二是平行研究，三是跨学科研究。

所谓影响研究，指的是文学注重国别影响，也就是研究不同国家、不同民族的文学影响，通过具体的文本分析来印证有关“影响”的假设，凸显作家作品之间的精神联系（曹顺庆，2006）。

所谓平行研究，指的是文学跨国界的“共时性”研究，是将那些相似、类似、卓然可比，但是并没有直接关系的两个民族（或几个民族）的文学、两个（或多个）不同民族的作家、两部（或多部）属于不同民族文学的作品加以比较，研究其异同，并导出有益的结论。平行研究以文学作品为中心，对那些没有事实联系和影响的文学现象进行跨文化的对比研究，将不同的文学现象贯穿起来，揭示它们之间的逻辑和理论联系，以探索世界文学创作的共通规律（曹顺庆，2006）。

所谓跨学科研究，指的是把文学和人类所表达的其他领域相比较（雷马克，2008；曹顺庆，2006），即文学和人类其他一切学科领域都可以进行跨越学科领域的比较研究。只有当文学和其他学科领域的知识体系进行系统性比较的时候，比较文学的研究视野才得以全面拓展（曹顺庆，2006）。

从以上比较文学的三大基本研究方法的梳理中可以看出，它们具有极强的抽象性、概括性和包容性。将它们借来作为比较管理研究的基本方法，可以部分实现消减比较管理研究方法“丛林”的目的，因为比较文学研究与比较管理研究在不少地方具有相通性。

大量的比较管理研究着眼于欧、美、日等国的管理理论、理念、技术、方法在我国企业的运用，以及它们对中国管理学发展的启示与影响［当然也有一定数量的研究，讨论的是中国的《孙子兵法》、孔孟之道、道家思想的管理元素在国外企业管理中的作用以及对外国管理学的影响（如雷恩，1994）］。无论用什么具体方法来讨论东西方管理思想与方法的交融，都可列入影响研究的范围。近年来有不少中国管理学者，在中国传统文化中发掘管理思想，或者依据独特的中国文化，发展中国管理学的理论范式，当然也有外国学者从古埃及文明、希伯来文明、古罗马希腊文明等方面，探讨外国管理学的理论渊源及其演变。这些就属于典型的平行研究，因为古代的那些哲人，在发展他们的管理思想时，是从来没有联系与交流的。跨学科的研究则表现为研究者们用经济学方法、数学方法、工程学方法、社会学方法、历史学方法、语言学方法、文学方法和心理学方法等来研究企业管理，利用不同学科的智慧来求得管理的真解。

从以上的简短分析可以看出，影响研究、平行研究和跨学科研究包容了比较管理研究的主要方法与类型，概括了比较管理研究的具体实现途径，在一定程度上有效地勾勒了比较管理研究的总体轮廓，具有极高的抽象性，这就是本文为何认为比较文学的基本研究方法可以当作比较管理研究的基本方法的缘由。

通过辨识比较管理研究的学科特征、划定比较管理研究的五个分析层次、确立比较管理研究的三大主要方法，围绕“是何种文化与制度因素决定了中国企业与外国企业管理的异同”这个基本问题，本文提出我国比较管理研究的学科体系，如图 1 所示。

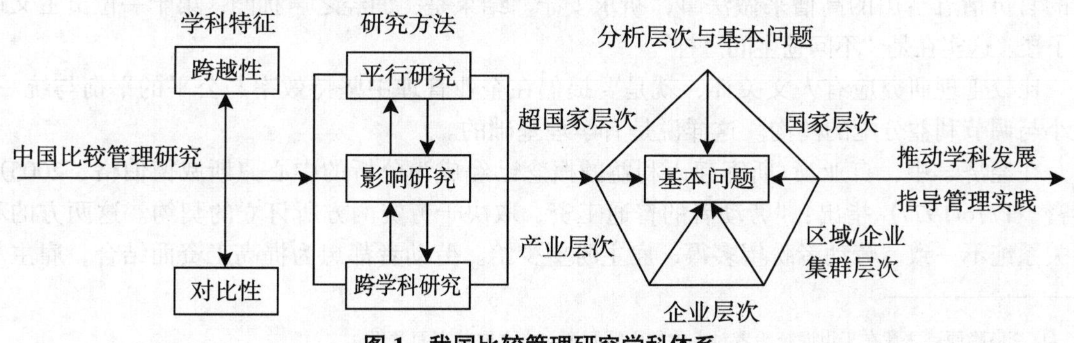

图 1 我国比较管理研究学科体系

五、比较管理研究的人文关怀

提出比较管理研究应有人文关怀肯定会是一个备受争议的话题。人文关怀界定为企业管理研究者在致力于企业提高管理效率的同时，应分外关注社会公平。具体地讲，就是要伸张企业工人的利益。

我们知道，管理学是应市场经济的需求，特别是大型企业组织的需求而出现的，而市场经济又总是由拥有资本的人决定对稀缺资源的掌控和利用，对物质产品与服务的生产、交换和消费，对社会财富的分配与再分配的话语权。在实际的管理研究中，我们是以提高企业家或企业管理者（即业主、股东、高管等这些资方或资方的代表）的效率为指向的，是以最大限度地提高管理者对被管理者的管理效率为目的的。因此，管理学尤其是企业管理学，从其诞生开始，就是为企业管理者服务的。

笃信自由市场经济以及坚持发展不外乎就是资本的积累以及资源配置效率提高的人（斯蒂格利茨，2007），可能难以看到比较管理研究的人文关怀的重要性，或者不承认比较管理研究应有人文关怀而片面强调"价值中立"。然而在学术界，看到市场经济的负面效应从而强调社会公平的声音从来就不绝于耳。在英国，波兰尼揭穿了自由市场的神话，认为它是彻头彻尾的乌托邦（波兰尼，1944/2007）；斯蒂格利茨（2007）更是认为，在今天，任何有声望的知识分子都不会去支持这样一种看法，即市场本身就是有效率的，而不必去考虑它在公平上产生的后果（2007）。也就是说，倡导社会公平的人文关怀，应该是管理学者的道德选择。

提出比较管理研究的人文关怀在今天的中国具有极强的现实意义。长期以来，我们坚信提高效率会促进增长，增长会使社会的每一个成员受益。然而，大量的事实证明，增长可能导致贫困的加剧（斯蒂格利茨，2007）。在社会公平分配机制还未有效建立的时刻，利益的分化特别会导致相对贫困的加剧。简言之，市场经济产生的某种程度的同构效应，使以前被认为只有在西方国家才会发生的事情或现象，我们今天也开始不同程度地面临（景跃进，2007）。毋庸讳言，当前中国严重的贫富分化、社会冲突以及频发的极端事件，已经到了威胁整个社会稳定的地步。在企业内部，漠视工人权益的情况司空见惯，典型例子是深圳的富士康公司近段时间接连出现的员工跳楼自杀事件。在第十位员工跳楼后，管理层不是去认真查清员工跳楼的原因，反思企业管理制度，反思员工的基本权利是否得到了保障，工作压力是否得到缓解，企业文化是否健康，从而采取措施防止这种不幸事件再次发生，而是通过山西的官员请五台山的高僧来做法事，祈求安宁。结果是，诵经之声犹闻，第十一位员工又跳下了楼。这实在是"不问苍生问鬼神"。[①]

比较管理研究应有人文关怀，就是要提倡在企业管理中坚持效率与公平的平衡与统一，缩小与调节利益分配的鸿沟。这样说是有学理基础的。

在经济学中，自亚当·斯密起，利益的概念已经成为分析的中心（斯威德伯格，2005）。斯密（1776/1977）指出："劳动者的普通工资，取决于劳资两方所订立的契约。这两方的利害关系绝不一致。劳动者盼望多得，雇主盼望少给。劳动者都想为提高工资而结合，雇主却

① 李商隐原诗之意在于讥讽统治者对人才的虚情假意，本文取其字面意思。

想为减低工资而联合。”从这些句子中，我们读到了雇员与雇主的利益对立。事实上，《国富论》有相当长的篇幅都在讨论这个问题。马克思的政治经济学对劳资阶级的利益对抗所做的深刻分析，更是鞭辟入里，令人耳熟能详。

管理学素来也有重视社会公平的传统。现代管理学的奠基人泰罗 1912 年 1 月 12 日在美国众议院特别委员会就工厂管理制度的听证会上作证说，科学管理不是管理技术，不是提高效率或保证效率的措施与方法，而是调节管理者与被管理者源起于盈余分配不公的对立状况的思想革命。科学管理将劳资双方从关注盈余分配转移到增加盈余之上，双方便没有必要再为如何分配而争吵。由此我们可知，泰罗看到了分配不公导致的劳资对立，想用科学管理来增加盈余以平息这种对立。泰罗赞成社会公平，对劳动者表现了他的人文关怀。

当前，国外的管理学者在研究中是十分注意人文关怀的。早在 21 世纪初，一批著名战略学者，例如 Hart 和 Christensen（2002），Prahalad 和 Hart（2002），Ricart，Enright，Ghemawat，Hart 和 Khanna（2004）等，就猛烈批评国际战略研究“弃贫逐富”的倾向。他们指出，国际战略管理研究明显地只关注“经济金字塔顶端”的那 10 亿左右的人，而忽视了大多数被全球化所绕开甚至伤害了的位于“经济金字塔底部”（Bottom of the Economic Pyramid，BOP）的 40 亿~50 亿人。大多数 MNC 的新兴市场战略无一例外地集中于精英阶级和中产阶级，其余的人则被视为太穷而不能成为重要的消费者（De Soto，2000）。Prahalad 和 Hart（2002）甚至认为，MNC 的这种做法是一种“大公司帝国主义”。

为了纠正学界忽视“经济金字塔底部”的人们诉求的做法，美国北卡罗莱娜大学 Kenan-Flagler 商学院设立了一个“BOP 学习试验室”，开展针对“经济金字塔底部”的人们的战略研究，并获得了美国科学基金会的资助，最终取得了一系列的研究成果。他们甚至认为，关注 BOP 是战略研究的最前沿（Ricart，Enright，Ghemawat，Hart，Khanna，2004）。

无论何种类型的市场经济，它们带给社会关系的最显著变化是形成雇主、雇员二元的雇佣关系。当今中国的市场经济已经有了长足的进展，雇佣关系已经成为我国的一种基本社会关系（曹德骏，2006）。当前中国企业的雇佣关系的现状很受国际学界的关注。著名经济社会学家弗雷格斯坦（2008）基于西方的经验总结出一个观点，即赋予工人以保护自身职业健康和安全的权利，无疑会迫使经理人做出正确的投资选择。收入的再分配会创造出一个更大的消费者市场，从而进一步推动经济的增长。花费在保健和教育上的开支不但能够培育出技术水平和生产率更高的劳动力，而且会使得民众的幸福感得到增强。收入不平等的快速增长及环境和劳动条件的恶化，已经成为经济增长的代价。弗雷格斯坦认为这对中国的经济发展具有明显的启发意义。

本文试图说明的是，社会公平应该也必须是比较管理研究的重要内容。作为中国的管理研究学者，必须认识到雇佣关系紧张的灾难性社会后果。至少在企业内部，如果雇佣关系到了剑拔弩张的地步，一切旨在提高管理效率的努力最终都是无效的。在习惯性地关注资源稀缺条件下追求效用最大化的形式理性的同时，我们也应该关注诸如公平正义、神圣价值观这一类精神准则的实质理性，从而为弥合雇佣双方的紧张关系做出自己的贡献。这是我们作为管理研究学者的重大社会责任。

六、总　结

本文从我国比较管理研究学科发展的角度，将跨越性与对比性视为比较管理的学科特征，提出我国比较管理研究的基本问题是何种文化与制度因素决定了中国企业与外国企业管理异同的观点，确立了比较管理研究对象从企业层次到超国家层次的五个分析层次，将比较文学的影响研究、平行研究和跨学科研究三种基本研究方法借用为比较管理研究的基本方法，以消减比较管理研究方法的"理论丛林"。通过融合上述方面，勾勒了一个简单的比较管理的学科体系。本文最后强调了比较管理研究要重视对被管理者的人文关怀，着力构建公平和谐的雇佣关系是我国管理研究学者的重大社会责任。

法国著名比较社会学者杜甘（2010）说过，人类的思想在本质上是比较的，我们通过参照系来获得知识。这与托克维尔所说的"不做比较，心灵就不知道如何前进"一样，告诉了我们进行比较研究的重要性。我们相信，我们所从事和推进的比较管理研究是一项意义特别重大的事业，借用杜甘的话来说，我们现在已经到了用中国学者的观点来解释世界的时候了。

〔参考文献〕

[1] E.B. Tylor. Primitive Culture（London：Murray）. Charles Hill，International Business-Competing in the Global Marketplace 5th ed.［M］. McGraw-Hill，2005：91.

[2] Enright，M.J. Globalization，Regionalization，and the Knowledge-based Economy in Hong Kong，In J. H. Dunning（ed.）Regions，Globalization，and the Knowledge-Based Economy［M］. Oxford University Press：Oxford，2000a：381-406.

[3] Enright，M. J. Regional Clusters and Multinational Enterprise：Independence，dependence，or Interdependence?［J］. International Studies of Management and Organization，2000b，30（2）：114-138.

[4] Geert Hofsted. Culture's Consequences：International Differences in Work Related Values［M］. Beverly Hills，CA：Sage Publications，1984：21.

[5] Hart，S.& Christensen，C. The Great Leap：Driving Innovation from the Base of the Pyramid，Sloan Management Review［J］. 2002，44（1）：51-56.

[6] J. Z. Namenwirth and R.B. Weber，Dynamics of Culture［M］. Boston：Allen & Unwin，1987：8.

[7] Peng，M. W. 2004 Identifying the Big Question in International Business Research. Journal of International Business Studies［J］. Vol. 35，No.2，2004：99-108.

[8] Prahalad，C.K. & Hart，S. The Fortune at the Bottom of the Pyramid，Strategy and Business［J］. 2002（26）：2-14.

[9] Ricart，J.E.，Enright，M.J.，Ghemawat，P.，Hart，S.L.，& Khanna，T. New Frontiers in International Strategy. Journal of International Business Studies［J］. 2004（35）：75-200.

[10] Schollhammer，H. The Comparative Management Theory Jungle［J］. The Academy of Management Journal，Vol. 12，No. 1，1969：81-97.

[11] Wilkins，M. The Conceptual Domain of International Business，in B. Toyne and D. Nigh（eds.）. International Business：An Emerging Vision［M］. University of South Carolina Press：Columbia，31-50.

[12] 艾尔·巴比. 社会研究方法［M］. 邱泽奇译. 北京：华夏出版社，2005.

[13] 蔡立新. 比较管理研究的演化分析方法：范畴、意义及应用路径. 比较管理［J］. 2010（1）.

[14] 曹德骏等. 雇佣关系研究：演进与启示［J］. 财经科学，2006（10）.

[15] 曹顺庆. 建构比较文学学科研究新范式 [J]. 外国文学研究，2006 (2).

[16] 丹尼尔·A.雷恩：管理思想的演变 [J]. 赵睿等译. 北京：中国社会科学出版社，2000：14–23.

[17] 道格拉斯·诺斯. 制度、制度变迁与经济绩效 [M]. 杭行译. 韦森译审. 上海：格致出版社，上海三联书店，上海人民出版社，2008.

[18] 杜娟. 比较管理研究框架解读——基于管理学国际顶尖期刊 AMR 的分析. 全国第二届比较管理研讨会论文集 [C]. 2010.

[19] 高闯. 主编寄语 [J]. 比较管理，2009 (1).

[20] 郭毅. 地方性知识：通往学术自主性的自由之路——"管理学在中国之我见" [J]. 管理学报，2010 (4).

[21] 黄启祥. 比较即生成——中西哲学比较方法论初探 [J]. 江苏社会科学，2006 (5).

[22] 黄群慧. 比较管理学的春天——比较管理学的研究方法、理论模式及对我国的现实意义 [J]. 比较管理，2009 (2).

[23] 景跃进. 政治与社会译丛第一辑总序 [M]. 大转型：我们时代的政治与经济起源. 杭州：浙江人民出版社，2007.

[24] 卡尔·波兰尼. 大转型：我们时代的政治与经济起源 [M]. 冯钢等译. 杭州：浙江人民出版社，2007.

[25] 孔茨. 管理理论丛林 [M]. 载石含英，王荣祯主编：世界管理经典著作精选. 北京：企业管理出版社，1995.

[26] 李怀祖. 管理研究方法论 [M]. 西安：西安交通大学出版社，2004.

[27] 理查德·斯威德伯格. 经济社会学原理 [M]. 周长城译. 北京：中国人民大学出版社，2005.

[28] 罗珉. 管理理论范式的比较分析 [J]. 比较管理，2009 (2).

[29] 马太·杜甘. 国家的比较 [M]. 文强译. 北京：社会科学文献出版社，2010：1–7.

[30] 尼尔·弗雷格斯坦. 市场的结构——21 世纪资本主义社会的经济社会学中文版序言 [M]. 甄志宏译. 上海：上海人民出版社，2008.

[31] 彭维刚. 从中国战略到全球战略 [J]. 战略管理，2009 (1).

[32] 秦亚青. 国际关系理论的核心问题与中国学派的生成 [J]. 中国社会科学，2005 (5).

[33] 涂尔干. 社会学方法的准则 [M]. 狄玉明译. 北京：商务印书馆，2002.

[34] 托马斯· 库恩. 科学革命的结构 [M]. 金吾能等译. 北京：北京大学出版社，2003.

[35] 汪丁丁. 制度分析基础讲义 [M]. 上海：上海人民出版社，2005.

[36] 亚当·斯密. 国民财富的性质和原因的研究 [M]. 上卷. 郭大力，王亚南译. 北京：商务印书馆，1977：60–61.

[37] 余为国. 关于当前中西哲学比较研究中的几个问题 [J]. 江西社会科学，2009 (5).

[38] 约瑟夫·斯蒂格利茨. 大转型：我们时代的政治与经济起源前言 [M]. 冯钢等译. 杭州：浙江人民出版社，2007.

（西南财经大学国际商学院　曹德骏　张林超　傅善平）

比较营销的基本范畴、研究现状与发展方向

一、比较营销研究产生的基础

比较研究是经济学研究的常用方法，特别是比较经济体制和经济发展比较研究十分流行。从微观上讲，市场营销是企业以某一市场为背景开展的经营活动，如果该市场是具有相同政治、社会、文化特征和属性的一个国家，那么比较营销是不需要的。但是，如果企业以外国市场为背景，特别是在考虑参与多国市场竞争的情况下，进行比较营销研究就是不可缺少的了。因此，可以说，比较营销研究是采用比较研究法对国际营销活动以及与国际营销有关因素进行的专门研究，是营销学发展的重要分支，它是从国际营销研究中派生出来的，作为国际营销研究的一个领域，比较营销主要关注的是国际企业的市场战略问题。从宏观上讲，一国的营销系统（流通系统）是构成该国经济系统的重要组成部分，是经济差异性的基本表现，因此，比较流通研究也是发展经济学十分关注的课题之一。

营销理论于20世纪初在美国开始生成，营销理论毫无疑问是以美国的政治、经济、社会和文化为背景的，企业营销战略也是以美国消费者行为为对象制定的。随着美国企业海外投资和经营国际化，美国式的营销是否能够解决国际营销问题，这套理论是否适合其他国家受到质疑。美国跨国公司向外国投资，涉及许多发达国家和发展中国家，即使出口营销是当地市场提出的要求，营销活动也有不少的差异性。在这种情况下，随着国际营销研究的深入，比较营销作为一个研究领域形成了。

比较营销的概念是Bartels在1963年出版的著作中率先提出来的（Bartels，1963）。在美国企业国际营销不断发展期间，Bartels提出美国营销实务知识未必会被其他市场环境所接受，他强调“营销是在某种环境下的活动”这一观点。Bartels指出：“营销中假定的普遍原理之所以要理解为是相对的，是因为随着世界空间的不断缩小，人们认识到了作为社会构造的营销系统具有固有特性。关于世界各市场以及营销的比较应该成为今后营销思想发展的主题。”

Bartels站在营销思想的新领域，将20世纪60年代以来发展的营销思想进行了总结并提出了新的概念。在以往的概念中，所谓营销就是指经济生产物从某个流通单位向其他流通单位的移动，而且这些流通单位的活动是单独的、非依存的。这是在早期营销学家中很流行的观点，就连Robert Bartels本人在以往的论文中也强调指出：“流通系统的经济任务就是把营销活动从属于国家的政治的意识形态中独立出来”，他进一步提出：“比较研究法必须从环境研究中区别开来，即在环境研究中强调的东西是为说明环境的独立变数”（Bartels，1963）。

在国际营销不断发展，比较营销提出以后，Bartels对营销概念进行了新的认识，他认为

"营销系统发挥着整体的机能，不是无关部分的集合，因此，营销活动是在全体关联或相互依存关系中进行的"。Bartels 的新概念是在对"营销环境"重新认识基础上提出的，关于对"环境"认识的变化，主要发生在这样几个方面：

（1）外国市场不是发育程度很高的高级市场（相对于美国市场而言），而且有的市场是卖方市场，因此，国际营销的初期就必须进行独立的市场环境分析。

（2）随着政府经济管制的增加，政治的或法律的环境开始受到关注，这些方面与美国市场有很大差异。

（3）营销的成功不只取决于产品与营销战略，而且要明白外国市场环境的特殊性和独立性。

Bartels 的营销理论坚持了"环境主义"，他反复论述环境对营销系统和组织发展的作用，特别是论述了环境与营销实务之间的关系。在 Bartels 研究的诱导下，开始陆续发表关于各国营销实务和制度特性等方面的论文。虽然早期涉及领域和课题是有限的，而且几乎都是表面的观察，但是对以往世界共同承认的营销中的许多理论和指标差异性的讨论越来越丰富了。

由此可见，比较营销研究的产生是由于在美国发展起来的营销概念不能直接适用于其他国家而导致的。这项研究最早可以追溯到 20 世纪 50 年代美国营销协会任命一个委员会专门规划该研究计划（Bartels，1963），至今已有半个世纪的发展历史了。

二、比较营销研究的状况

Bartels 思想的变化对其后"国际营销战略"和"营销关联指标的国际比较"等方面的研究产生了很大影响。Bartels 最早对比较营销的研究状况进行了概括（Bartels，1963，1976），到 20 世纪 80 年代中期，田村正纪、Barksdale and Anderson 等学者也进行了概括（Barksdale and Anderson，1982，1984；田村正纪，1986）。根据他们的概括，比较营销研究主要涉及以下五个问题的领域。

（一）营销制度与活动

该领域研究的焦点是关于国家间营销制度和活动的类似性与差异性问题，主要进行实证分析。现有的比较突出的成果是关于各国营销系统关联指标的比较分析，该领域取得成绩的代表性人物有 Samli、Hollander、渡边达郎、铃木谅一、铃木武等。

Hall，Knapp and Winsten（1961）分析了英国、加拿大和美国的分销结构，采用三国的统计数据比较其批发和零售的生产销售率状况（Sale-productivity）；Hollander（1970）研究了跨国零售组织存在的问题及其对所经营国经济发展的贡献；Samli（1978）对东欧七国的营销系统进行了概括分析；渡边达郎（1988）进行了环太平洋地区流通机构的比较；铃木谅一（1996）对几个主要国家的批发、零售业进行了国际比较；铃木武则对日本和德国流通业从结构、竞争、政策等方面进行了比较分析。从代表性研究成果来看，国家间营销制度和活动的差异明显，而且研究认为营销制度和活动与国家经济发展状况相关。

（二）环境条件

国际营销面对不同的环境条件，该领域是比较营销研究的重点内容之一。很多学者讨论了环境条件与营销过程之间的关系，探讨了各种环境条件与营销的关联性，这些讨论主要集中在营销活动与经济发展的关系，以及分析营销活动对经济增长和经济发展的贡献。

早在 1958 年的一篇经典文章中，Drucker 就指出营销对经济的增长起到了关键的作用 (Drucker，1958)。按照 Drucker 的观点，营销活动产生了可能的经济整合，带来了国家所拥有的生产能力的充分利用，而且营销超越了制造和建设的经济活动，为发展中国家带来了最大的挑战和回报（Drucker，1958）。McMarthy（1963）提出经济发展能从一个阶段进步到另一个阶段，有效的营销制度是必需的，而且这种营销制度对经济发展是完全必要的。也有学者认为营销和经济发展的关系非常复杂，单纯认为营销对经济增长的主导作用是有争议的。尽管营销对经济增长的影响方面有不同的观点，普遍的观点认为营销是经济增长中的一个重要的要素，但在经济发展计划中却没有得到足够的重视。

营销和经济发展关系的实证研究也得到了比较复杂的结论。Wadinambiarachi（1965）发现一国的营销制度和渠道结构反映了该国的社会和经济条件，通过八个国家有关社会的、文化的和经济条件的分析，试图找出经济发展不同水平下的各国分销方式的特点。Arndt (1972) 选取在社会政治方面相对同质的 16 个国家，对其零售业的研究发现支持了以往的观点，即零售结构是所选取的环境因素的函数。美国营销科学研究院曾经按照选定的环境特征对大量的环境变量和一些划定类型的国家进行了分析。Douglas（1971）运用营销科学研究院的这些数据来验证一国的营销系统与该国发展水平强相关的假设，从研究结果看，Douglas 发现"营销与一国社会的、经济的、技术的特征是相对应的"观点难以获得支持。也就是说，营销结构的发展水平是独立于经济发展水平的，因为渠道结构更多地依赖渠道中的公司规模而不是经济发展水平。此外，学者们还建立了多种分析营销和经济发展关系的模型，如 Slater（1978，1979）和他的同事设计了一种需求驱动的市场体系的一般模型，运用营销观念、营销组合、消费者行为等理论研究了不同的营销战略对发展中国家的影响，这一思路和方法对后续的研究产生了很大的影响。Hosely 和 Wee（1988）综合了营销和经济发展的研究模式，总结出三个最普遍适用的形式，即现代化（modernization，体现经济从不发达到发达等的阶段）、制度模式（institutional，体现管理交易的社会制度）和激进模式（radical，强调对他国的依赖），Taylor 和 Omura（1994）运用六个评估标准具体分析这三种模式中营销的作用。

从以上内容来看，尽管环境条件的内容有多方面，研究却主要围绕经济条件与营销之间的关系展开。而营销活动与经济发展的关系存在两类观点：一类称为决定性因素类，将营销看成是导致经济发展的决定性因素；另一类称为活动类，认为营销是经济发展的刺激因素 (Taylor and Omura，1994)。两者都承认营销对经济发展的作用，但具体作用力并没有形成一致的认识，而且营销促进经济发展的方式、营销和其他的环境条件之间的关系都值得进一步挖掘。

（三）消费者行为

各国消费者购买心理、购买方式等具有差异性，因此，该领域的中心是对国家间消费者意识和购买行为的类似性与差异性进行理论与实证研究。这种研究从 20 世纪 60 年代已经开始，半个世纪以来的研究成果也比较丰富，典型的表现有以下几个方面。

社会和文化因素是影响不同国家消费者行为的重要方面，许多学者进行了这方面的研究。Sommers 和 Kernan（1967）认为在跨国或国际化背景下的营销者应该从基于特定市场的消费者的视角来创造产品，他们分析了文化价值对消费者购买行为的影响，认为一国的文化价值观能够用于预测产品是否成功以及为营销战略的制定和实施提供线索。Douglas et al.（1977）也检验了消费者行为与文化变量的关系，证实了文化对购买行为和营销战略的影响。Douglas 还对法国和美国的就业和非就业妇女的购买行为进行了分析，发现跨文化差异能够更多地解释两国间这个群体间的差异，即购买行为的不同更多地来自于国家间差异，而不是来自于工作和不工作之间的差异。此外，他们还发现人口统计的细分，比如年龄和职业，在不同国家间可能不会表现出相似的行为模式。概括地说，他们的研究认为跨文化的购买行为的差异比国内的购买行为差异更大。但也有研究反映了不同国家间消费者行为有趋于一致的地方，如 Dawar 和 Parker（1995）为了研究跨国营销的普遍性问题，对 38 个国家的消费者在产品价格、质量、零售商声誉、品牌名称等方面的差异反应研究，认为消费者在这些方面的认知差异不大，反映跨国营销中尽管需要本地化，也存在普遍适用性的一面，尤其是在产品重要属性设计方面。

消费者购买行为的差异可以从多角度加以分析，尤其是在跨国度、跨文化分析中，为了使跨文化的消费行为研究得到的结论更加可靠，学者们尝试在跨国的背景下努力应用消费者行为模型，并且探索这些模型的应用效果。Sheth 和 Sethi（1977）比较早地开发出一个跨文化消费者行为模型，尝试把来自人类学和扩散理论整合起来，从而用于跨文化消费者行为的研究，目标是以此描述和解释生活在不同文化下的消费者是怎样感知、评价和选用跨国公司提供的产品和服务的。1989 年，Berry 提出了跨国家研究的三个步骤，包括构造解释购买行为的理论模型、区分模型中购买行为因素的关键特征、证明或检测。Bowman、Farley 和 Schmittlein（2000）运用该程序分析了跨国别的服务购买行为，对比美国、英国、德国和加拿大四国的服务购买行为的国间差异，发现在影响供应商的选择的主要因素中，竞争力和可以确认的制度因素是与购买者反应关联性最强的因素。此外，随着信息技术对人们生活方式影响的深入，跨国消费者行为的研究又延伸到互联网背景下的国家间消费者行为的差异。如 Fong 和 Burton（2006）比较了网络对中国和美国消费者的购买行为的影响程度，发现中国消费者的集体主义文化背景、美国消费者个人主义的文化背景，以及两国不同的市场特征，网络口碑对于中国消费者的影响比美国的消费者更大。

从以上分析来看，国家间消费者行为的差异既反映在一国购买力水平的差距，也体现在非经济因素的消费文化上的差异，其差异的影响因素包括收入水平、经济发展阶段等经济因素以及社会文化、风俗、政策因素等非经济因素方面，加上消费行为的主体和客体包含多个层面的内容，如存在个体消费者和组织消费者之分，消费对象既可以是有形商品，也可以是无形服务；消费环境也存在动态变化性，如存在传统消费环境和网络消费环境之分，比较营销的消费行为分析是一项长期而复杂的内容，尽管已有的研究越来越深入和丰富，但要全面了解各国间消费行为的异同，还需要深入的消费者信息和分析方法。

（四）方法论研究

比较研究面对多种差异问题，从研究结果上看，差异包括由研究方法不同导致的差异和真正的差异，为了减少或消除由于研究方法导致的差异，开发比较研究方法就显得十分重要，科学的比较研究方法首先应该能够分离研究现象，抽出真正的差异。这方面在数据库中可以查到的资料不多。Green 和 White（1976）提出在跨国研究中应将对等（equivalence）作为基本的研究方法，并讨论了功能上的对等和概念上的对等问题，解释了比较研究中文化特殊性方法和文化普遍性方法的使用以及翻译和样本选择的问题。Wind 和 Douglas（1980）强调了比较研究中方法论的重要性，指出比较研究需要特定的研究设计，并提出了跨国研究的六阶段程序。当然，其他学科在跨国研究或进行全球视野研究中的方法论也是比较营销可以借鉴的方面。

（五）构筑比较营销研究的概念框架

比较营销学者十分强调比较研究的概念框架，Bartels 最早分析了比较营销概念框架问题。Bartels（1963）发展了第一个正式引导比较研究的框架，他把营销看做是一种社会过程，认为只有环境条件的差异性才是比较研究的重要要素。在此基础上，他开发了比较研究应该包含的环境因素的详细目录，国家的环境条件决定着营销体系，对构成分析框架的环境条件的详细分析可以明确环境与营销的关系。此后，Bartels 坚持比较营销应该坚持环境与营销关系的研究，以此解释一国与他国的异同性。Boddewyn（1969）认为，Bartels 过分强调了环境条件，尽管营销系统会受到所在环境的影响，但营销系统的比较并不一定要对环境进行详细分析。他认为比较研究应该集中在营销系统的研究方面，他还提出了营销的五个维度，包括功能、结构、过程、从事营销者和环境，比较研究应该主要关注这些维度或它们之间的关系对比，或是这些要素或关系随时间的变化。Fisk（1967）提出了比较研究的普遍化的系统框架，强调比较研究应该集中在目标、组织、生产力和不同政治经济下的主要约束。Fisk 认为无论在发达国家还是发展中国家，政府作为机构对营销的影响最大，并认为比较营销的目的应该是引导公众和私人的购买决策。Fisk 指出比较研究的系统框架应与不同比较分析方法相适应，他分辨出两种基本的营销系统：发展阶段和政治经济组织。从发展阶段来看，Fisk 认为生产力的比较仅对那些发展水平大致相当的国家有意义；从政治经济组织来看，应关注计划的和直接的营销系统之间的差异。此外，比较营销还存在一种循环方式的研究框架，最早由 Cox 在 1965 年提出，但当时没有解释它如何运用的问题。1976 年 Jaffe 在对以色列营销进行研究后，再次提出了将循环方式作为比较营销研究框架的观点，并提出了由六大因素构成的营销系统模型：输入—处理—输出—目标—约束—反馈。该模型中，比较营销研究的关键点应该是营销处理和相关的营销环节，如所有权、拥有物、沟通、金融和风险。Jaffe 强调这种循环是所有的分销渠道和营销系统必不可少的部分（Jaffe，1976）。

从比较营销的概念框架的简单梳理来看，概念框架的发展对于引导该领域的研究是非常重要的，因为它能起到让人“先想到森林而不是只看到树木”。比较营销的发展速度偏慢，现有的概念框架有待进一步地研究检验其应用性，并不断丰富其内容。

尽管 Barksdale 和 Anderson 等人提出的比较营销的上述研究领域都有了一定的研究成果，有的领域甚至是比较丰富的成果，但是在关于比较营销的研究领域上还存在不同意见，而且关于问题的概念构成也没有取得一致意见。存在不同争论的主要原因是关于各国营销体系应当如何构筑的研究没有随着比较营销所表现出的内容的复杂性与变动性而有所进展。营销体系比较研究的发展之所以落后，可以归结于这样几个原因：①从环境分析入手的研究方法过分强调环境条件，轻视了对营销过程的评价；②研究经费不足限制了研究调查范围，许多研究调查项目的计划和实施受到制约；③许多课题不是纯粹学术性的，往往服从于企业的要求，个别和特殊性研究较多；④比较营销不是营销理论的主流，在营销学中地位不高（黑田重雄，1997）。

如上所述，比较营销产生于各国营销实践的差异性，比较营销的研究内容也与认识这种差异性有关，因此，差异性研究是比较营销研究的核心内容之一。Bartels 认为市场（国家）的特殊性可以通过“环境”与“流通系统”的相互依存性得以表现。图 1 是 Bartels 以两个市场（国家）为比较对象就环境与营销系统的关联性提出的三种差异，即环境条件的差异性、营销系统的差异性和市场的差异性。

环境条件的差异性如图 1A 所示。这种情况下市场 1 与市场 2 的差异主要是两个市场的环境条件不同所导致的，在两个市场中，营销系统和环境条件是相互独立的，营销系统与环境条件无关，执行着相同的功能，对环境与经济发展发挥一般的作用，即流通系统相同，环境不同。在实际中，表现为某些国家政治、经济、社会和文化条件不同，但具有相似的营销系统，市场的差异是由环境条件决定的。除了 Bartels 之外，意识到环境差异性的代表性学者是 Kaynak，他探讨了经济发展与营销的关联性问题，他提出了只有营销才能促进经济发展的假说。他还尝试将一国营销系统与经济发展程度结合起来并纳入一个完整模型加以实证研究，但是他没有深究营销功能伴随经济发展而展开这一问题（Kaynak，1986）。

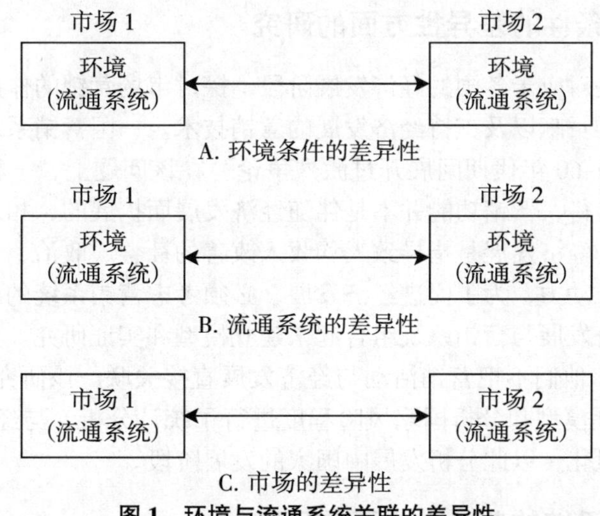

图 1 环境与流通系统关联的差异性

流通系统的差异性如图 1B 所示。在这里，市场 1 与市场 2 的差异是由营销系统的差异导致的，即在两个市场中，环境条件相似，比如两国经济发展阶段相同，但由于营销系统与环境条件相互独立，因此各国营销系统可能并不相同。对流通系统差异的研究主要是借助于“营销系统关联性指标”的比较分析进行的，这方面已经取得了很多成果。营销系统关联性指标是描述两国差异的一种工具，但是田村正纪等人也提出了不同市场间营销系统关联性指标的确定比较困难这一问题，而且即使确定了指标，这些指标对每一个国家的重要程度也不同。为了探索不同市场营销系统的差异性，近年来试图建立能够比较不同国家总体营销系统的“一般分析框架”的研究十分盛行。然而，也有人对开发比较分析框架的可能性提出疑问，主要是实证研究比较困难，原因是：①收集和处理比较国的数据困难；②难以说明比较国营销系统产生差异的原因等。田村正纪（1986）提出了一套独特的比较营销理论，20 世纪 80 年代美、日两国围绕日本流通系统是否现代的问题展开争论。为了回答该问题，田村正纪对日本与美国流通系统进行了比较，比较过程采用了部分动态比较分析法。该方法的意义是：“明确某国经济成长中的流通构造的发展模型（动态比较），将由此看出的特殊性与处于类似发展阶段的其他国家进行比较。”这种方法的好处是克服了“比较内容不清”和“建立一般分析框架不可能”这两个问题。

市场的差异性如图 1C 所示。在这里，环境条件与营销系统相互结合（营销系统只是环境的一部分），市场与环境是统一的，其差异性是环境条件和营销系统差异共同作用的结果。以这种角度进行的比较研究也取得了不少成果，比如消费者行为的国家间比较、营销战略的异文化间比较和市场的国际比较等。

三、比较营销研究的发展方向

根据比较营销对差异性的划分，比较营销的研究方向根本上是从环境与营销系统关联中导出的“三个差异性”，即环境条件的差异性、流通体系的差异性、市场的差异性等方面推进的。比较营销研究包括三个重点领域（黑田重雄，1997）。

（一）关于环境条件的差异性方面的研究

该研究方向主要是对应于各国的经济发展阶段，探讨市场营销的作用，中心问题是明确市场营销对经济发展的贡献以及支持经济发展的营销技术。一国营销系统对该国经济发展的贡献问题在 20 世纪 50~60 年代期间展开过激烈争论。在该问题上，一种观点是将经济发展与营销体系关联起来看待，营销功能并不是伴随经济发展而扩展的，相反只有营销才能促进经济发展。这里所讲的经济发展是指导致人均收入改善的社会、政治、经济的变化过程，营销活动是经济发展的推动力，为了促进经济发展，必须考虑营销系统的改善。该方面的研究主要致力于将一国经济发展与营销系统组合起来建立模型和实证研究。另一种观点以日本亚洲经济研究所为代表，他们不把营销活动与经济发展直接关联。该研究所在 1981 年为了构建发展中国家经济发展模型和分析国家风险程度进行了统计分析，与经济因素一样将政治、社会和文化因素也数量化，以此分析发展中国家的发展阶段。

（二）关于营销系统的差异性方面的研究

这一方面的研究主要是进行营销系统关联性指标分析，研究的目的是考察如何利用各国的国情构建可以国际比较的营销系统。各国间营销系统的比较不能缺少一般的比较方法，因此，该领域很重视研究用于营销系统比较的概念、方法和分析框架。着眼点是站在国家间比较的立场，同时从营销的观点看待利用各国的条件重新构筑适当的营销系统。Barksdale 和 Anderson（1984）提出了一种分析框架，该方法是将一国经济体制划分为产权方式（公有或私有）和决策方式（中央集权或分权），然后加上经济发展阶段（发达国家或发展中国家），由此建立起三维分析框架。这种分析方法以产权与决策方式作为基本变量和比较基准，主要困难和局限性是缺乏动态性。除此之外，还有人提出了“三特性构成”分析框架，它将比较营销的概念和方法分为实用性较强的三个方面，即比较营销的一般概念、营销系统比较分析的可操作概念和一般的相互依存概念。该方法曾在七个国家的烟草营销比较上应用过，但是该方法的主要问题是各变数对各国的重要程度不同而难以测定。

（三）关于市场的差异性方面的研究

关于市场间比较的研究，大多数成果集中在市场的国际比较上，包括消费者行为的国际比较、营销战略的异文化间比较、国际市场细分化分析等。20世纪80年代至90年代中期，关于市场识别与营销调整的关系等方面的研究不断增加。在以往的研究中，虽然围绕市场差异性的测定提出了不少分析方法，比如将本国的营销环境、流通体制、竞争条件等与其他国家进行比较，但是迄今为止，还没有根本上找到测定市场差异性的有效方法。今后，随着研究的进展，对各国市场差异性的把握不能只借助于个别比较因素，必须开发从总体上比较国家或地区差异性的分析框架。迄今为止，关于市场的国际比较分析主要集中在一国状况的分析或少数几个国家之间的比较分析，实际上，随着经济全球化和企业经营全球化，有必要以所有的国家为对象进行比较研究，只有更广泛的比较研究才能为企业的国际市场组合战略的制定发挥作用。

比较营销研究的课题随着国际营销活动的扩展而呈现出不断延伸的特点，例如，市场细分化方法通常在本国市场应用比较普遍，现在对国际市场也广泛地进行细分。随着经济全球化的发展，各国企业都在大力开拓国际市场，比较营销对于企业选择目标市场和制定市场开拓战略日益重要，但是，目前这方面的研究并没有取得显著的成果。今后，比较营销研究需要进一步明确研究内容，突出研究主题，加强理论研究与实证研究的结合。

四、结 语

比较营销研究经历了半个世纪的发展，在各国的营销制度与活动、环境条件、消费者行为的比较分析以及比较营销的方法论及其概念框架等领域的研究都取得了不少的进展。但该领域的研究仍滞后于全社会发展的需要，经济的全球化和信息技术的发展为比较营销研究提供了良好的发展机遇和新的研究命题，这会推动营销学术界对此予以更多的关注。中国国内的比较营销研究几乎还是一片处女地，随着中国经济融入世界经济程度的加深，比较营销研究也许会引发更多学者的兴趣。

〔参考文献〕

[1] Arndt, J. Temporal Lags in Comparative Retailing [J]. Journal of Marketing, 1972, 36.

[2] Barksdale, H.C. and Anderson, M.L. Comparative Marketing: A Review of the Literature[J]. Journal of Macro-marketing, 1982, 2 (1).

[3] Barksdale, H.C. and Anderson, M.L. Toward a Conceptual Framework for Comparative Marketing, Comparative Marketing Systems [M]. Edited by Erdener Kaynak and Ronaid Savitt, Praeger Publishers, 1984.

[4] Bartels, R. Comparative Marketing: Wholesaling in Fifteen Countries [M]. Homewood: Richard D. Irwin 1963.

[5] Bartels, R. The History of Marketing Thought [M]. 2nd ed., Grid Publishing, Inc., 1976.

[6] Boddewyn, Jean, J. Comparative Management and Marketing [M]. Glenview: Scott, Foresman and Company, 1969.

[7] Bowman, D., Farley, J. and Schmittlein D. Cross -National Empirical Generalization in Business Services Buying Behavior [J]. Journal of International Business Studies, 2000, 31 (4).

[8] Dawar, N. and Parker, P. Marketing Universal: Consumer's Use of Brand Name, Price, Physical Appearance, and Retailer Reputation as Signals of Product Quality [J]. Journal of Marketing, 1995, 58 (2).

[9] Douglas Susan, P. Patterns and Parallels of Marketing Structures in Several Countries [J]. MSU Business

Topics, 1971, 19 (Spring).

[10] Drucker, P. F. Marketing and Economic Development [J]. Journal of Marketing, 1958, 22 (January).

[11] Fisk, G. Marketing System: An Introductory Analysis [M]. New York: Harper and Row, 1967.

[12] Wadinambiarachi, G. Channels of Distribution in Developing Economics [J]. Business Quarterly, 1965, 30 (Winter).

[13] Fong, J. and Butron, S. Electronic Word-of-mouth: A Comparison of Stated And Revealed Behavior on Electronic Discussion Boards [J]. Journal of Interactive Advertising, 2006, 6 (2).

[14] Green, R.T. and White, P.D. Methodological Considerations in Cross-national Consumer Research [J]. Journal of International Business Studies, 1976 (April).

[15] Hall, Margaret, Knapp, J. and Christopher, W. Distribution in Great Britain and North America [M]. London: Oxford University Press, 1961.

[16] Hosely, S. and Wee, C.H. Marketing And Economic Development: Focusing on the Less Developed Countries [J]. Journal of Macromarketing, 1988, 8 (1).

[17] Jaffe, E.D. Comparative Marketing Revisited [J]. Marquette Business Review. 1976, 20 (Winter).

[18] Kaynak, E. Marketing and Economic Development [M]. Praeger Publishers, 1986.

[19] McCarthy, E. J. Effective Marketing Institutions for Economic Development [M]. In Toward Scientific Marketing, Stephen Cresyser ed., Chicago AMA , 1963.

[20] Samli, A. C. Marketing And Distribution Systems in Eastern Europe [M]. New York: Close Email This Record, 1978.

[21] Sheth, J. N. and Sethi, S. P. A Theory of Cross-Cultural Buyer Behavior, in Consumer and Industrial Buying Behavior, Arch G. Woodside [M]. New York: North Holland, 1977.

[22] Sommers, M. and Kernam, J. Why Products Flourish Here and Fizzle There? [J]. Columbia Journal of World Business. 1967, 2 (March-April).

[23] Taylor, C.R. and Omura, G.S. A Comparison of Alternative Paradigms for Describing Economic Development [J]. Journal of Macromarketing, 1994, 14 (2).

[24] Wind, Y. and Douglas, S. P. Comparative Methodology and Marketing Theory, in Theoretical Developmengs in Marketing [M]. Chicago: American Marketing Association, 1980.

[25] 田村正纪. 日本型流通体系 [M]. 千仓书房, 1986.

[26] 渡边达郎. 环太平洋地区流通机构的比较 [J]. 流通情报, 1988 (7).

[27] 黑田重雄. 关于比较营销研究方向的考察 [J]. 北海道大学经济学研究, 1997, 47 (2).

[28] 铃木谅一. 各国批发、零售业的国际比较 [J]. 营销杂志季刊, 1996 (36).

(东华大学旭日工商管理学院 孙明贵 张 莹)

管制理论的跨文化研究：源起、争论与启示

一、问题的源起

政府管制（Regulation）一直是经济学研究的主流领域，凯恩斯主义和新古典主义对此观点不同（茅铭晨，2007）。自20世纪80年代开始，"新自由主义"占据主导地位，该领域涌现出很多诺贝尔经济学奖得主，放松管制（Deregulation）和自主管制（Self-regulation）成为社会（特别是美国社会）的主流思想（Reich，1984）。当前，随着全球金融危机的爆发，对于"新自由主义"的批评日渐增多，在反思之后我们需要以新的思维逻辑和理论视角重新认识管制问题。

经济学的管制理论包括三个代表性学派：①公共利益（Public Interests）理论，认为政府管制可以控制企业的价格垄断或者对消费者和劳工滥用权力，管制行为符合帕累托最优原则，有利于社会福利；②俘获（Capture）理论，认为管制是出于行业利益保护需要，政府的管制政策往往成为行业集团追逐利益的俘获者并为其服务；③收费站（Tollbooth）理论，认为政府通过管制给自己创造出更多的审批与分配权力，从而为政客或官僚体系的寻租和腐败行为创造条件。后两者统称为公共选择（Public Choice）理论。

Djankov，La Porta，Lopez-De-Silanes和Shleifer等学者（2002）调查了85个国家/地区的企业创立时政府的管制程度，并通过三个指标来衡量，即在中等城市创办一家新企业需要的手续、时间和费用。各国对新企业创办的管制程度相差很大。例如，在澳大利亚新办一家企业平均只需2天，只需2道手续；在美国则费用很低，只需150美元；在俄罗斯需要20道手续，57天和449美元；在我国平均需要12道手续，92天和111美元。

为了探索和验证管制行为的起因，他们将腐败程度作为解释变量，具体度量指标采用德国透明国际公司发布的腐败感知指数（Corruption Perceptions Index，CPI）。腐败感知指数是感知主体做出的对某个国家/地区腐败水平的主观评价，评价专家大多是企业管理者，基础数据来源于著名调查机构，如盖洛普国际组织（Gallup International，GI）、政治与经济风险组织（Political & Economic Risk Consulting，PERC）、世界经济论坛（World Economic Forum，WEF）等。目前，该指数是最流行、最普遍的腐败衡量指标，具有很高的信度和效度。借助OLS回归分析，他们发现"……严格的政府管制总是很明显地与高的腐败水平相关，从而导致社会上大量的非官方交易"（Djankov et al.，2002）。管制程度、经济发展水平等变量可以

［基金项目］ 国家自然科学基金项目（70872017）、教育部新世纪优秀人才支持计划（NCET-06-0804）和教育部聘请外籍教师重点项目。

解释腐败水平因变量80%的变异，因此，他们推论“这样的证据与公共利益理论相悖，却有力地支持了收费站理论，证明管制的确能给政客和官僚体系带来好处”（Djankov et al.，2002）。他们的研究结论发表在 *Quarterly Journal of Economics* 期刊上，成为研究管制问题的一篇经典文献。

二、跨文化视角的解释

以上研究思路很精妙，但结论也存在值得推敲之处。例如：①与现有数据不吻合。国际金融公司（IFC）在世界范围内资助进行“企业如何看待政府”的调查，结果公布在《世界发展报告》（*World Development Report*）里。调查问卷里有一道关于新企业创建时管制约束的题目，结果回答采用 Likert 量表，从“1. 没有任何约束”到“6. 约束很大”（Brunetti et al.，1997）。直觉猜想，IFC 数据和 Djankov 等的新企业管制数据（简称 Djankov 数据）相关性应该很高。事实上，两组数据间却没有相关性。例如，俄罗斯企业家面临的行政审批手续很烦琐（20 道，Djankov 数据），但他们却认为本国政府的管制约束很少（IFC 数据）；美国企业家面临的审批手续很少（3 道，Djankov 数据），但他们却认为本国政府的管制约束很重（IFC 数据）。究其原因，在于 Djankov 等学者调查的是管制手续、时间、成本等客观数据，而 IFC 测量的是管制程度感知的主观认识。美国社会权力距离较小而个体主义较强，主流经济思想长期崇尚“小政府、大社会”模式，尽管实际管制约束很少，但企业家依然不满意；俄罗斯的情境则刚好相反。②没有进行因果关系检验。Djankov 推论腐败动机导致管制加重，需要验证两者间的因果关系，但依据却是腐败数据和管制数据之间的相关性。这点是不够的。因为要证明因果关系，除满足相关性外，必须同时满足方向性、独立性等要求（Scheines，1997）。

我们进一步发现，当 Djankov 数据与 Hofstede（2001）文化维度数据放在同一散点图时，呈现出很强的关联性。这启示我们从跨文化的视角上对数据重新进行分析，从而揭示出文化观念在解释管制行为时的重要作用。

为了便于比较，研究的基础数据采用 Djankov 的管制数据和腐败数据，分析方法采用结构方程建模，以便理清因果关系和模型结构。在管制程度变量（RGU）和腐败水平变量（CRP）之外，新增文化观念变量（CVal）和经济发展水平变量（ECO），前期研究表明后两者与前两者之间存在很多关联。重新收集和整理数据之后，我们在 LISREL 8.3 软件上建模并进行模型竞争。最终确定的模型结构如图 1 所示。图中线条旁边的数据是标准化后的负载系数，数据上的星号表示显著性水平(p)（具体而言，** 表示 $p<1\%$，* 表示 $p<5\%$）。如图 1 所示，分析结果表明，Djankov 等学者描述的只是管制变量和腐败变量之间的相关关系而非因果关系。加入文化观念的影响后，管制和腐败之间的因果关系被拒绝，而文化对管制变量和腐败变量的影响同时得到验证。

2004 年 2 月，本文第一作者与合作者 John L. Graham 教授完成以上成果，并决定开始投稿。此时，我们才发现其实研究不是已经结束，而是刚刚开始，一场更激烈更有趣的学术争论将接踵而来。这场争论很大程度上来自于对跨文化研究领域里的理论基础、学术规范和分析逻辑方面的讨论。

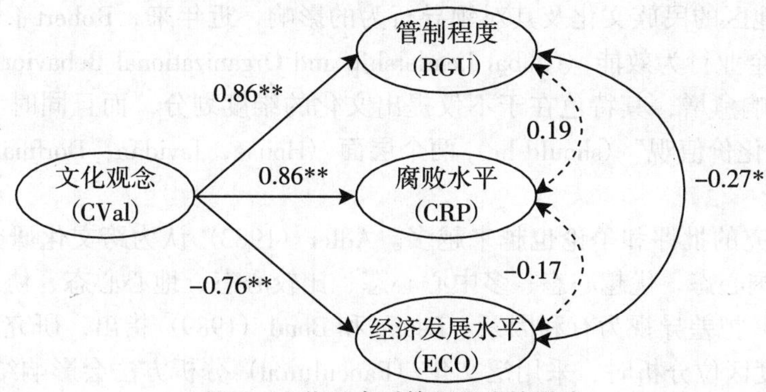

图 1　文化观念对管制程度的影响

注：** 表示 P < 1%，* 表示 P < 5%。

三、研究领域里的争论

所有科学理论都是建立在隐含或明显的前提假设基础上，社会科学研究突破的途径之一就是努力在现有理论假设之外开辟出新的领域（Whetten，2002）。比较管理研究通常使用“国别/地区”作为分类变量，对比不同国家/地区管理思维、行为或者实践的差异，并借助其他概念或理论进行解释（Schollhammer，1969）。Harbison 和 Myer（1959）最先从国家层面对管理实践进行比较，并将各国不同的管理风格归因于不同的经济发展阶段。就实质而言，该研究属于比较管理研究，但不属于跨文化研究（Cross-cultural Research），因为其解释变量不是文化。除文化理论用以比较国家层面管理行为的差异外，经济学、心理学和社会学都可以作为解释的理论框架（Ajiferuke and Boddewyn，1970）。管理行为和文化理论结合在一起，其实很不容易。20 世纪 60 年代以前，文化理论是社会学/人类学的研究范畴，而在美国持有文化概念最多的是那些长发披肩的艺术家；而当时，从事管理教育和研究的学者则以西装革履的职业精神为导向。很难想象这两类人群会有什么共同兴趣和话题。终于 Edward T. Hall 教授的研究将两者结合起来，1960 年他在《哈佛商业评论》上发表的论文 *The Silent Language* 成为跨文化研究兴起的标志（Hall，1960）。

20 世纪 70 年代，基于对 IBM 公司全球各国分支机构员工的调查结果，Hofstede（1980）提出区别民族文化的权力距离、不确定性规避、个体主义/集体主义、阳刚文华/阴柔文化四个文化维度。此后，结合 Michael H. Bond 等的研究成果，Hofstede 补充了第五个文化维度，即长期/短期时间导向（Hofstede and Bond，1984）。以上文化维度理论虽然比较抽象，但概括性强，较全面地反映和测度了文化的基本特征，成为该领域迄今为止最权威的理论框架；Hofstede 也成为社会科学引文数据库（SSCI）上引用率最高的非美国裔学者。

Trompenaars 和 Hampden-Turner（1997）以 Talcott Parsons 的价值观取向/关系取向理论为基础，提出民族文化的七个维度：普遍主义或特殊主义；个体主义或集体主义；中性化或情绪化；关系特定或关系散漫；个人成就或社会等级；长期导向或短期导向；人与自然的关系。Schwartz（1992）开发出“Schwartz 价值观调查”（Schwartz Values Survey，SVS），要求被调查者对 57 种价值观的重要度排序，并将“价值观类型”和“价值观维度”相区别，期望建立世界范围内的价值观地形图。此外，Kluckhohn 和 Strodtbeck（1961），Triandis（1995），Ralston，Gustafson，Cheung 和 Terpstra（1993）等人的研究也很有影响。通过调查和比较 62 个国家/地区的民族文化及其对领导行为的影响，近年来，Robert J. House 教授负责的全球领导力和企业行为效能（Global Leadership and Organizational Behavior Effectiveness，GLOBE）研究的影响愈增，其特色在于不仅提出文化的维度划分，而且同时考虑“文化现实”（as is）和“文化价值观”（should be）两个层面（House，Javidan，Dorfman and Hanges，2004）。

对于跨文化研究的批评和争论也越来越多。Adler（1983）认为跨文化研究受到价值取向的影响，例如母国心态、优越心态、多中心心态、比较心态、地心心态、协同心态等，正确取向是承认差异并把差异视为有利因素。Leung 和 Bond（1989）指出，研究者在进行类似 Hofstede 的文化维度区位分析时，采用泛文化（Pancultural）分析方法会影响结论的科学性。Singh（1995），Cavusgil 和 Das（1997）分别总结了跨文化研究时普遍遇到的测度问题和方法论问题。Li 和 Tsui（2002）在对中国管理研究的文献进行综述时发现，跨文化研究成果引用率不高，原因在于缺乏理论解释框架。Tung（2008）认为在社会多元化和经济全球化的推动下，国内差异与跨国差异对于文化价值观研究而言变得同等重要。闫进宏（2008）认为当前国内跨文化研究存在很多问题：一般性的比较与描述较多，过于简单化和经验化，方法论开发薄弱。

在这些讨论中，围绕 Hofstede 的争论最多，也最具代表性。例如，Brendan McSweeney 认为，尽管 Hofstede 的理论框架是基于 IBM 公司在全球范围内的 117000 份问卷调查而得出的，但结果其实是不可靠的，这是因为：①问卷设计的目的不是辨识民族文化差异而是 IBM 公司为了找出士气下降的原因，调查组织缺乏独立性；②调查对象是针对营销部和销售部的员工，没有包括蓝领工人更没有包括其他社会阶层，存在抽样偏差；③调查者错误地认为各国/地区的被调查者所受到的组织文化和职业文化影响相同，进而可以忽略其影响；这样的假设不成立，调查混淆了组织文化、职业文化和民族文化等层次的问题；④假定一个国家/地区只有一种民族文化的前提过于简化和机械，而且调查只是在特定区域的特定人群进行，用其作为整体代表缺乏合理性；等等。针对 McSweeney 的批评，Hofstede 以学术化的态度进行了回应，双方在 *Human Relations* 上发表的三篇论文集中反映了这场争论的核心（McSweeney，2002a，2002b；Hofstede，2002）。此外，Hofstede（2006）对 GLOBE 项目的分析结果也提出质疑，认为其划分的 18 个文化维度大部分已经内含在原有的五维度模型中，调查者的思路并没能被调查对象所接受。

四、没有结束的结局

最终，以上争论很多都反映在了我们论文的评审过程中。2004 年 2 月，我们决定将论文投稿给 *Quarterly Journal of Economics* 期刊，期望引起经济学者的注意，但该期刊很快回复并拒绝安排评审，因为“论文应该深入揭示文化观念后的机制问题，而且研究方法不符合经济学研究范式”。2004 年 8 月，我们继续投稿 *Journal of Political Economics*。该期刊认真组织了专家评审，评审过程历时约 11 个月，最终形成长达 13 页的评审意见。虽然评审者和主编仍然拒稿，但他们的评审意见成为论文修改和完善的真知灼见，例如：①前期研究认为经济发展水平与文化观念互为因果，此外文化观念还受到宗教信仰、语言谱系、法律体系来源等影响；忽略这些因素后，文化观念成为唯一的外生变量。②虽然引用率很高，但关于

Hofstede 文化维度的争议也很多，建议采用世界价值观调查（World Value Survey，WVS）或 Schwartz（1992）等其他来源的调查数据，对结论进行交叉验证。③如果把基于调查的文化观念作为解释变量，会导致模型系数在包含实测效应的同时，受到干扰调查质量的其他因素影响（Bertrand and Mullainathan，2001）等。显然，这些问题都是在进行跨文化研究时遇到的普遍问题。

根据以上评审意见，我们仔细对论文进行修改。例如，通过 Robert V. Levine 教授的文化观念数据对结论进行交叉验证。Levine（1997）曾经调查了 31 个国家/地区人们对于时间重要性的认识。他通过三个指标来测度：闹市区人们步行 60 英尺的时间、邮局职员出售一次邮票花费的时间、公共场所里时钟行走的准确程度；然后，对三项指标进行排序和综合，排名越靠前表示对时间重要性的认识越高。我们用 Levine 的时间观念数据与 Djankov 管制数据进行了相关分析，结果表明时间观念与管制程度的关联性都很显著，特别是对管制花费时间的影响最强（Spearman 相关系数 R=−0.602），这说明一个国家/地区人们对于时间的重要性认识越强，管制的时间效率越高。因此，政府的审批效率与马路上人们步行速度有关，非同源的调查数据进一步证明了文化观念对于政府管制行为的影响。这点很难用腐败动机来解释，正如前述 Adler（1983）的观点，Djankov 等学者的结论具有明显的母国价值取向。

我们决定转投管理学期刊 *Journal of Business Ethics*。该期刊是 *Financial Times* 认定的 40 种经济学/管理学国际权威期刊之一，也是商业伦理与价值观领域的领先期刊。经过 6 个月评审和修改后，最终获得录用并于 2008 年发表（Jing and Graham，2008）。

由于数据限制，以上研究无法对评审专家关于文化内生性和调查数据作为解释变量等问题进行回答。为此，基于 Coleman（1990）建立的宗教—观念—行为的三层解释模型，我们建立了如图 2 所示的模型，分析影响文化观念的社会环境因素，验证文化观念对于管制程度的影响。这项新的研究是对全球银行业的跨文化比较，银行业的基础数据来自《Bankscope：全球银行与金融机构分析数据库》，宏观数据来自《CountryData：各国宏观经济指标宝典》等其他来源（例如：Demirgüç-Kunt，Laeven and Levine，2004），所有数据经过重新编码和整理。分析结果验证了宗教信仰、全民受教育水平等社会环境因素对文化观念的影响，也进一步验证文化观念的确对于银行业的管制程度具有显著影响（Jing and Li，2008）。同时，我们也发现银行业管制行为与经营业绩之间的确存在关联性，部分回应了当前金融危机时期银行

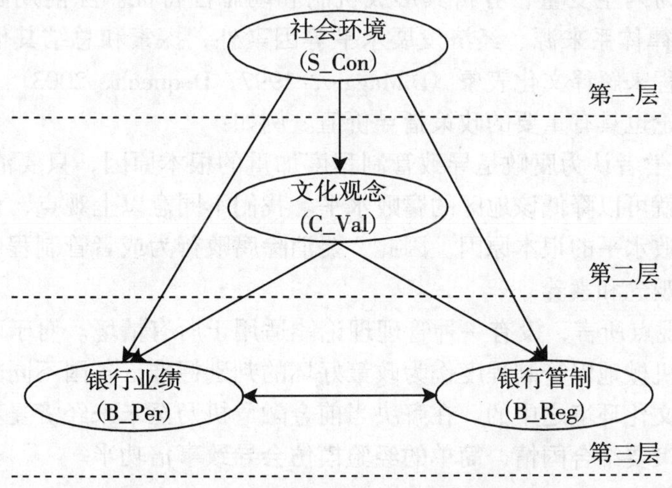

图 2 文化观念作为内生变量的模型结构

业监管政策的调整思路。

然而，这场漫长而有趣的学术争论并没有就此结束，John Graham 教授将分析结论改编成为政策研究报告，依然在不断地递送给经济学领域的一些知名学者和世界银行的经济学家。Graham 是国际商务领域的知名学者，从他的辩驳意识和学术热情那里，我感受和学到了科学研究的快乐。我相信，这样的执著绝非要证明孰对孰错，而是提醒陷于群思（Groupthink）的经济学界对于现实另一面认识的关注，即使这样的认识可能是片面和单薄的。这里，我体会到后现代主义强调的开放的知识和真理观，认识到现实世界里不会只有一种真理，而学术探索的乐趣就在于从多个方面去触摸一种真理。我也相信，在此次金融危机爆发之后，这样的争论会变得更有价值。

五、启示与展望

在当前市场全球化和企业国际化的背景下，特别是伴随着我国加入世界贸易组织后国内企业经营环境的改变，跨文化研究具有越来越重要的理论价值和现实意义。跨文化研究可以增强管理理论的情景适应性，从而对我国企业的管理实践提供更有效的理论指导。同时，跨文化研究有助于建立具有“中国情景”的管理科学理论，实现国家自然科学基金委管理学部所倡导的“顶天立地”的研究目标（张维、李帅、熊熊，2005）。然而，当前从事跨文化研究也会遇到很多困难与问题。为此，我们提出以下的建议：

（1）慎重对待文化比较的理论基础，采用多样化的数据渠道对结论进行交叉验证。除普遍采用的 Hofstede 文化维度理论外，世界价值观调查（WVS）、Schwartz 价值观调查（SVS）、全球领导力和企业行为效能调查（GLOBE）、Levine 的时间观念调查等渠道都可以采用。

（2）重视“情境嵌入”的本土化研究，对跨文化研究结论进行更深层次的理论解释。如前所述，目前针对中国企业与员工行为的跨文化比较研究成果引用率不高。要得到更高质量的研究成果，建议将跨文化研究和本土化研究的视角相结合（Morris，Leung，Ames and Lickel，1999），从研究对象所依赖的文化根基和政治经济制度入手提出假设，同时将分析结论根植于丰富的社会情境。

（3）将文化作为内生变量，分析其形成机制和动态性特征。除前期研究关注的宗教信仰、语言谱系、法律体系来源、经济发展水平等因素外，探索和总结其他的机制因素。例如，从心理认知过程来解释文化表象（DiMaggio，1997；Dequech，2003）。

本文的研究结论也具有重要的政策指导价值。例如：

（1）Djankov 等学者认为腐败是导致管制程度加重的根本原因，只要消除一个国家/地区政府的管制行为，就可以降低该地区的腐败水平。我们不同意以上观点，认为文化观念才是影响管制程度和腐败水平的根本原因。因此，要消除腐败行为或者管制程度，有效途径是改善社会民众的整体观念和素养。

（2）正如权变观点所言，没有一种管理理论能适用于所有情境。对于政府管制的认识也应如此，不能简单机械地以管制程度作为政策好坏的判别标准，各国不同的管制模式是根植于其深层次的社会文化环境之中的。在解决当前金融危机乃至未来经济复苏问题时，各国政府的管制和调控政策要结合国情，简单的经验模仿会导致事倍功半。

〔参考文献〕

[1] Adler, N. A. Typology of Management Studies Involving Culture [J]. Journal of International Business Studies, 1983, 14 (2): 29–47.

[2] Ajiferuke, M., & Boddewyn, J. Culture and Other Explanatory Variables in Comparative Management Studies [J]. Academy of Management Journal, 1970, 13 (1): 153–163.

[3] Bertrand, M. and S. Mullainathan. Do People Mean What They Say? Implications for Subjective Survey Data[J]. American Economic Review, 2001, 91 (2): 67–72.

[4] Brunetti, A., G. Kisunko and B. Weder. How Businesses See Government: Responses from Private Sector Surveys in 69 Countries [M]. Washington DC: The World Bank, 1997.

[5] Cavusgil, T.S. and Das, A. Methodological Issues in Empirical Cross–cultural Research: A Survey of the Management Literature and A Framework [J]. Management International Review, 1997, 37 (1): 71–96.

[6] Coleman, J.S. Foundations of Social Theory[M]. Cambridge, MA: Harvard University Press, 1990.

[7] Demirgüç–Kunt, A., Laeven, L. & Levine, R. Regulations, Market Structure, Institutions, and the Cost of Financial Intermediation [J]. Journal of Money Credit and Banking, 2004, 36 (3): 593–622.

[8] Dequech, D. Cognitive and Cultural Embeddedness: Combining Institutional. Economics and Economic Sociology [J]. Journal of Economic Issues, 2003, 37 (2): 461–470.

[9] DiMaggio, P. Culture and cognition [J]. Annual Review of Sociology, 1997, 23: 263–287.

[10] Djankov, S., R. La Porta, F. Lopez–De–Silanes and A. Shleifer. The Regulation of Entry [J]. Quarterly Journal of Economics, 2002, 117 (1): 1–37.

[11] Farmer, R. N. and Richman, B. M. Comparative Management and Economic Progress [M]. Homewood: Richard D. Irwin, 1965.

[12] Haire, M., Ghiselli, E. E., and Porter, L. W. Managerial thinking: An international study [M]. New York: John Wiley & Sons, 1966.

[13] Hall, E.T. The Silent Language [J]. Harvard Business Review, 1960, May–June: 87–96.

[14] Harbison, F.H., and C.A. Meyers. Management in the Industrial World: An International Analysis [M]. New York: McGraw–Hill, 1959.

[15] Hofstede, G. & Bond, M. Hofstede's Culture Dimensions [J]. Journal of Cross–Cultural Psychology, 1984, 15, 417–433.

[16] Hofstede, G. Culture's Consequences, International Differences in Work–Related Values [M]. Newbury Park, CA: Sage, 1980.

[17] Hofstede, G. Culture's Consequences, Comparing Values, Behaviors, Institutions, and Organizations across Nations [M]. Thousand Oaks CA: Sage Publications, 2001.

[18] Hofstede, G. Dimensions Do Not Exist—A Reply to Brendan McSweeney [J]. Human Relations, 2002, 55 (11): 1–7.

[19] Hofstede, G. What Did GLOBE Really Measure? Researchers' Minds Versus Respondents' Minds [J]. Journal of International Business Studies, 2006, 37 (6): 882–896.

[20] House, R.J., M. Javidan, P. Dorfman and P. Hanges. Culture, Leadership, and Organizations: The GLOBE Study of 62 Societies [M]. Thousand Oaks, California: SAGE Publications, 2004.

[21] Jing, R. and J.L. Graham. Values Versus Regulations: How Culture Plays Its Role [J]. Journal of Business Ethics, 2008, 80 (4): 791–806.

[22] Jing, R. and Y. Li. Which Works Better: Public Choice or Social Choice [J]. The Service Industry Journal. Accepted, 2008.

[23] Kluckhohn, F.R. & Strodtbeck, F.L. Variations in Value Orientations [M]. Evanston, IL: Row,

Peterson, 1961: 1-32.

[24] Leung, K., & Bond, M.H. On the Empirical Identification of Dimensions for Cross-cultural Comparisons [J]. Journal of Cross-Cultural Psychology, 1989, 20 (2): 133-151.

[25] Levine, R. The Pace of Life in 31 countries [J]. American Demographics, 1997, 19: 20-29.

[26] Li, J.T. and Tsui, A.S. A Citation Analysis of Management and Organization Research in the Chinese Context: 1984-1999 [J]. Asia Pacific Journal of Management, 2002, 19: 87-107.

[27] McSweeney, B. Hofstede's Model of National Cultural Differences and Their Consequences: A Triumph of Faith-A Failure of Analysis [J]. Human Relations, 2002a, 55 (1): 89-118.

[28] McSweeney, B. The Essentials of Scholarship: A Reply to Hofstede's [J]. Human Relations, 2002b, 55 (11): 1363-1372.

[29] Morris, M. W., Leung, K., Ames, D., & Lickel, B. Incorporating Perspectives from Inside and Outside: Synergy between Emic and Etic Research on Culture and Justice [J]. Academy of Management Review, 1999, 24: 781-796.

[30] Ralston, D.A., Gustafson, D.J., Cheung, F. & Terpstra, R.H. Differences in Managerial Values: A Study of U.S., Hong Kong and PRC Managers[J]. Journal of International Business Studies, 1993, 24: 249-275.

[31] Reich, N. The Regulatory Crisis: Does It Exist and Can It Be Solved? Some Comparative Remarks on the Situation of Social Regulation in the USA and in the European Economic Community, Environment and Planning C: Government and Policy Ⅱ, 1984, 177-197.

[32] Scheines, R. An Introduction to Causal Inference. Causality in Crisis? Statistical Methods and the Search for Causal Knowledge in the Social Science [M]. V. R. Mckim and S. P. Turner, eds. Notre Dame: University of Notre Dame Press, 1997, 185-199.

[33] Schollhammer, H. The Comparative Management Theory Jungle [J]. Academy of Management Journal, 1969, 12 (1): 81-97.

[34] Schwartz, S.H. Universals in the Content and Structure of Values: Theoretical Advances and Empirical Tests in 20 Countries [J]. in M. Zanna (ed.). Advances in Experimental Social Psychology, 1992, 25: 1-65.

[35] Singh, J. Measurement Issues in Cross-national research [J]. Journal of International Business Studies, 1995, 26 (3): 597-619.

[36] Triandis, H.C. Individualism & Collectivism [M]. Boulder, CO: Westview Press, 1995.

[37] Trompenaars A. and Hampden-Turner C. Riding the Waves of Culture: Understanding Cultural Diversity in Business [M]. London: Nicholas Brealey, 1997.

[38] Tung, R.L. The Cross-cultural Research Imperative: The Need to Balance Cross-national and Intra-national Diversity, 2008, 39 (1): 41-46.

[39] Whetten, D.A. Modelling as Theorizing: A Systematic Methodology for Theory Development [J]. In Partington., D. (ed.). Essential Skills for Management Research. London: Sage, 2002.

[40] 茅铭晨. 政府管制理论研究综述 [J]. 管理世界, 2007 (2): 137-150.

[41] 闫进宏. 比较管理和跨文化管理研究方法述要 [J]. 学术研究, 2008 (5): 97-98.

[42] 张维，李帅，熊熊. 我国工商管理学科发展战略与优先领域遴选的专家问卷调查研究 [J]. 南开管理评论, 2005 (6): 102-108.

（电子科技大学经济与管理学院　井润田　周家贵）

比较管理学研究中的"文化"与其他解释变量

自从比较企业管理学作为一个独立的研究领域出现以来，该领域短时间内涌现出大量研究成果。据统计，迄今为止已经有大约300多篇相关文献。这些研究在水平上不尽相同，同时在研究方法、概念和理论导向方面更是存在明显区别。此外，并不是所有研究者都努力探寻和解释比较管理学的核心——管理的相同和不同之处，他们对管理的文化提出了大量的解释变量，这有时在一定程度上使读者感到困惑。

本文的主要目的是从不同解释变量的角度评估33份比较管理学相关文献。这些文献的选取遵循以下两个原则：首先，它们通常对理解一些国家管理或企业行为的某些方面做出了重要的贡献。其次，它们对多个国家的情况进行了公平明确的分析。这些研究的选取既不是随机的，也不是仅仅选取一个有代表性的样本。由于研究结果必然受到研究方法的影响，本文也会对这些研究方法逐一进行分析。在这33篇文献中，有22篇从社会和文化的角度对比较企业管理学加以解释，7篇从经济学角度进行了解释，4篇提供了心理学的解释。当然，其中一些文章可能从多个方面进行了分析。

一、文化角度的比较管理学研究

（一）概念界定

文化本身并没有一个准确的定义，不同的研究者往往给出不同的定义方式。因此，那些从文化角度对管理不同之处进行研究的文章得出的结论也往往存在很大差异。不能将这些研究观点的不同简单地归结为研究者方向和背景的不同。尽管这可能是一个重要的影响因素。真正的问题在于"文化"这一概念本身。人类学家创造了"文化"一词，但并没有给出一个统一确切的定义，他们根据研究目的的不同，创造出了许多不同的概念。

在22篇对文化进行解释的文章中，只有两篇对文化进行了清晰的定义。其他文章都仅仅提到了文化定义不清这一问题，并希望读者能在接下来的阅读中对其有所了解。这不仅要求读者在阅读中深入思考文化的定义，也给读者理解作者的逻辑结构及研究结论造成了一定的困难。

（二）观点

下面就从给出定义的两篇文章开始分析。

在对美国和墨西哥高管人员进行分析时，Fayerweather（1959）将文化定义为"社会的态度、信仰和价值观"。虽然这种枚举式的文化定义不可能面面俱到，但它还是有一定作用的。因为这种定义至少能够识别出文化中的某种特定元素。因此，当作者谈到文化差异是导致墨西哥和美国企业管理方法不同（如集权管理和民主管理）的原因时，我们至少知道它考虑的是以上三个方面。

与上述定义不同，Whitehill（1964）提出一个更为一般的文化定义。他认为文化是一个社会在发展的某一特定阶段所具有的与众不同的鲜明特征。这个定义虽然广泛，但却强调了在特定的时间点上文化所具有的内在活力。这点非常重要，因为大多数学者，不管他们是否对文化进行定义，都认为文化是静止和不变的，而事实上，文化是不停地发展变化的。

其他 20 份研究都没有对文化进行明确的界定，仅在文中进行了隐晦的描述。大部分人使用了人类学中文化的定义，将文化等同于传统、社会习俗、态度、价值观、宗教、语言，或上述任何元素的组合。Nowotny（1964）的研究就是这样一个例子。在研究中，Nowotny 将美国和欧洲的管理理念进行对比，认为社会文化（价值观和文化）以及环境（必然性和丰度）等因素是造成这两个地区管理理念不同的主要原因。

与此相反，一些研究将"文化"一词定义为一个社会的文化、政治、经济、教育环境等各个方面。然而，这种太过笼统的定义很难应用于分析当中。很明显，以这种方式定义的文化在国与国之间存在着很大的差异，这也使得研究结论只能是文化的差异导致管理方式的不同。Megginson 和 Mccann（1965）在他们将管理原则应用于发展中国家的研究中表明了这种观点。他们发现管理的原则和功能是普遍的，但应用的过程则受到文化的制约，因此他们把文化（习俗、法律等）看做是影响管理有效性的重要因素。

（三）研究方法

上述研究主要使用两种不同的方法：实证法和非实证法。实证法研究主要指那些基于直接系统的观察或第一手资料所进行的研究。这些方法可能会包含访谈、数据收集等。非实证法研究主要指那些通过对以往的资料进行比较分析，进而得出结论的研究方法。

最著名的实证研究是 Haire，Ghiselli 和 Porter 的《管理思想》一文。该文衡量了不同国家管理的态度、动机和满意程度，目的在于解释这些国家管理上的相同和不同之处。这篇文章通过对 14 个国家的高管进行问卷调查，收集数据等方法，将定量分析引入研究当中。作者发现，不考虑各国的产业化程度，大多数国家都能被归到以社会文化为标准进行划分的某种群组当中。特例则存在于印度、阿根廷、智利等发展中国家当中，这些国家以工业化等级进行划分，而不是文化差异。因此，作者断言，文化差异对企业管理的影响是存在且广泛的，但并不是造成企业管理方式不同的最主要影响。

迄今为止，大部分相关的实证研究来自于罗切斯特大学（原匹兹堡大学）的管理研究中心。这些研究通过问卷调查、角色扮演、小组讨论等形式得到研究结果。比如，Bass（1968）在六种文化中分别参与管理，进行研究，并发现不同文化中的管理方式符合该文化的特定模式和条件。

虽然实证研究在本文所列举的 33 篇文章中占了大部分（27 篇），但仍然有很多非实证研究的文章对当前的研究做出了巨大的贡献。比如，Nowotny 的研究虽然仅仅使用了一个纯粹的记录方法，却也得出了对管理差异有说服力的解释。

二、经济学角度的比较管理学研究

（一）概念界定

管理的相同或不同与经济发展，尤其是工业化进程有关。当代社会四个主要的特征能对这种现象加以解释：①解释现代科学思想和技术在工业中的应用；②人均实际产品的快速增长通常与高的人口增长率相结合；③产业结构的快速转移，尤其是工人、资本和企业家从农业领域向制造业和服务业转移；④跨国交流的出现，因为工业化从未在一个与外界隔离的地区出现。

这部分的七篇文章是如何定义工业化的呢？没有一篇文章对这一术语进行确切的定义，尽管他们都将其等同于经济的发展，Kerr 等（1964）将工业化定义为先前的农业和商业社会向工业社会转变的实际过程。Harbison 和 Myers（1959）则将它描述为工业基地的扩张。

（二）观点

这些研究者认为管理实践和工业化进程是密切相关的。他们认为由于现代社会必须要服从工业化的逻辑和规则，经济发展水平也就相应成为各国管理方法和实践存在差异的重要的原因。这些学者并不否认文化对管理的影响，但他们认为，与工业进程对管理的影响相比，文化的影响并不非常重要。由于工业化会创造出一个普遍的"工作文化"，管理人员也往往会根据这种"工作文化"采取行动，而不考虑国家自身。因此，正如 Kerr 等（1964）研究中写到的，处于相同经济环境的管理人员往往会采取一致行动，而不同经济环境中的管理人员行动则不一致。

总的来说，这些作者都是普遍主义者，他们相信，不同国家在管理中的差异会随着世界各国"接轨"和工业化发展水平的一致而消失。各地的管理者也会在管理上逐渐采取相同的方法。这种观点与社会文化学家的观点有很大不同，后者认为只要世界各国在文化上存在差异，管理上的差异就会永久存在。

（三）研究方法

这部分的研究方法与文化部分的研究方法基本相同，均包括实证和非实证的研究方法，其中一些研究以他人的国别研究为基础（如 Harbison and Myers，1959），另一些则通过发放调查问卷获取数据得出结论（如 Ramsey and Smith，1960）。但总的来说，他们还是基于主观分析的印象派研究人员。

三、心理学角度的比较管理学研究

（一）概念界定

这些研究强调，与其他因素相比，个性品质如成就动机和自卑情结等对管理方法有更大的影响。有两篇文章（McClelland，1961；Hagen，1967）还将经济发展的原因和对经济的比较考虑进来，而不是单纯地考虑比较管理学。因此，他们更加注重人格特质和经济增长之间的关系，但实际上他们的观点基本上不能应用于管理学研究中，因为经济学中的企业家和创新者概念与管理者之间存在巨大的区别。

Haire 等和 Barrett-Ryterband 认为，因为个性品质会受到文化的影响，心理学的解释可以看做对文化解释的延伸。虽然文化的确会对个人的特质产生影响，其他环境因素，如政治、经济等也会影响个体特性的形成。除非人们将这些环境因素也包含在文化的定义当中，但正如上文所说的，这样的话会导致文化的定义太过宽泛，没有办法进行更多的分析。人格特质最鲜明的特点是，它是一个人相对整体环境而言所具有的自己独特的经历，因此个性品质在一个社会之中有所不同，在社会与社会之间也有所不同。

（二）观点

从心理学角度对比较管理学进行的研究均假设心理学因素与国家经济变量和管理者行为相关联。这些研究还处于初级阶段。事实上，直到 1961 年 McClelland 突破性的研究出现，这一领域才开始被重视。在这份严格的实证研究当中，McClelland 主要分析了五个国家经济发展和成就动机之间的关系。他发现在这些国家当中，成就需要与企业家的努力有很大关系。因此，他认为成就动机的差异是国内外经济有效性不同的重要原因。

自 McClelland 的研究问世以来，更多研究也逐渐出现。例如，Hagen（1967）的《论社会变迁理论》也研究了不同国家中的经济发展过程以及促进经济增长的相关因素。他研究了社会学、人类学和心理学的相关因素，发现心理学因素是促进传统社会向经济社会转变的最重要因素。他认为，个体和社会存在相互作用，这一作用更为清晰地解释了没有个体特性的转变，社会结构也不会发生转变。他指出，“创新者”是个性改变的带领者，同时他指出管理人员存在于创新者之中，因此他提出个性因素，如自卑情结，是造成不同国家管理方法不同的重要因素。

以上两篇文章均间接地解释了心理学因素和经济行为之间的关系。除此之外，其他相关文章都着重研究了管理态度的不同，如 Barrett 和 Ryterband（Barrett-Ryterband，1968；Vansina，1968）研究了如专业知识、领导力、财富和威望等 11 个因素。McClelland 试图用心理因素（成就需求）来解释影响经济发展和管理行为的因素，而 Barrett 和 Ryterband 则简单罗列了不同文化中管理者心理学因素的不同，却没有把这些心理学因素与管理行为相联系。相同地，Vansina 也只比较了不同文化中不同的个体特性。他发现不同的文化会形成不同的个性模式，这些个性或多或少都会对组织中不同层级的管理者的成功产生一定影响。

（三）研究方法

这一领域中的四篇文章均使用了实证分析。研究方法包括问卷调查和实地研究。在实地研究过程中，研究人员需要经常到要被比较的国家中去，获取真实的研究信息。McClelland 使用了后一种方法。另外，Hagen 在他要研究的国家中生活和工作了许多年，这也通常被称为“观察员—参与者法”。

四、社会学角度的比较管理学研究

人们可能会认为，上述 33 篇文章中的某一些也包含了社会学的研究方法。因为有些问题通过提出管理者的背景（如社会层次、教育水平、种族、年龄等）来解释管理方法和态度。如 Granick（1964）和 Harbison and Myers 将管理者看做"上等人或精英"。这种解释也比较接近文化和心理学的解释，因为社会学与文化和心理学本身就存在一定交集。

五、总　结

我们常常用经济、文化和心理学因素解释管理上的相同和不同。强调经济因素的研究认为，工业化的水平和发展速度与经济系统的本质一起更好地解释了不同国家管理上的相同和不同。文化学研究者则认为语言、宗教、传统等文化因素对管理有着更大的影响。最后，其他研究者认为激励因素如成就动机等为管理上的不同提供了更好的解释。参考心理和文化等因素，一些研究者则强调了社会某一方面对管理者行为的影响。

正如表 1 所示，大多数的比较管理学研究都从文化的角度对管理的异同进行分析。我们该如何解释这种现象呢？

表 1　比较企业管理学研究分类

主要研究因素	研究		定量研究	非定量研究
	数量	百分比（%）		
文化	22	67	9	13
经济	7	21	3	4
心理学	4	12	4	0
总计	33	100	16	17

对这一现象最简单的解释是，研究者经常将比较管理学研究等同于不同文化中的管理学研究。由于文化在不同国家之间或多或少地存在不同之处，很容易理解这些不同之处将在任何现象（包括管理）中加以反映。此外，由于文化的定义是隐含且不确定的，非定量的方法能够很容易应用到这些研究当中。22 篇从文化角度进行解释的文章中有 13 篇约（59%）使用了非定量的研究方法。相反，4 篇从心理学角度进行的研究均使用了定量的分析方法。因此，有人认为非定量方法占多数的主要原因与文化定义本身的不确定性有关。

因此，我们认为：①大部分从文化角度对比较管理学研究的文章基于推测而不是事实；②我们应该重新审视我们对文化角度相关研究的习惯性依赖。

在做出与文化重要性有关的结论时，Haire 等（1966）显得非常小心，他们指出：在所有可以观察到的变量中，28%与国家集团有关，个体存在的差异约为国家之间差异的 2.5 倍。

总的来说，虽然比较管理学的研究使我们观察到了一定的管理方法，也使我们对一贯坚持的不合格管理原则提出质疑，我们也必须注意到这些转变中出现新的陷阱。几年前，Farmer 和 Richman 提出了关于管理学研究的"黑箱理论"。他们提出，许多管理学的研究都只局限在一个叫做"管理"的"黑箱"之中，而没有考虑影响管理的外部环境。如果外部环境对所有公司的影响都是一样的，那么这种研究方法就是有效的。然而，由于企业面临的环境存在着很大不同，故当前得到的理论还不足以解释管理效率的不同。不幸的是，从文化角度进行分析的研究在这个问题上犯了相同的错误。这些研究把自己限定在了一个名为"文化"的"黑箱"之中，而文化通常用来指代许多不确定的影响。

同时，人们应该记住，在解释某种社会现象（如管理学）时，不存在一个最完美的解释方法。人们只能论证如文化、经济、社会等某一方面，某种解释可能比另一种解释好些，但每一种解释都只能是必要的，而非充分的。因为管理学是一个受很多环境因素影响，又反过来影响这些环境因素的复杂现象。

〔参考文献〕

[1] Bass, Bernard M., A Preliminary Report on Preferences in Six Cultures for Participative Management [J]. Technical Report #21, Rochester: The Management Research Center of the University of Rochester, June 1968.

[2] Chewning, David L., "The Transference of Management Techniques", international Handbook of Management, ed. Kari Ettinger, New York: McGraw-Hill Book Company, inc., 1965.

[3] Crozier, Michel. The Bureaucratic Phenomenon, Chicago: The University of Chicago Press, 1964.

[4] Fayerweather, John, T/ie Executive Overseas, Syracuse: Syracuse University Press, 1959.

[5] Gonzaiez, Richard, F. and Claude McMillan, Jr. The Universality of American Management Philosophy, Academy of Management Journai, Vol. Ⅳ, No. 1, April 1961.

[6] Granick, David. The European Executive, New York, Doubleday & Company, Inc., Anchor Books ed. 1964.

[7] Haire, Mason, Edwin, E. Ghiselli, and Lyman, W. Porter. Managerial Thinking: An international Study, New York: John Wiley & Sons, Inc., 1966.

[8] Harbison, Frederick and Eugene W. Burgess. Modern Management in Western Europe. The American Journal of Sociology, Vol. 60, No. 1, July 1954.

[9] Harbison, Frederick, H., Ernst Kochling, Frank H. Cassell and Heinrich C. Ruebmann, Steel Management on Two Continents. Comparative Studies in Administration, eds.James D. Thompson et al. Pittsburgh: University of Pittsburg Press, 1959.

[10] Hoekstra, M. H. R. Corporate Objectives: A Cross-cultural Study of Simulated Managerial Behavior. Rochester: The Management Research Center of the University of Rochester, November 1968.

[11] Humblet, J. E. A Comparative Study of Management in Three European Countries: Preliminary Findings. The Sociological Review, Vol. Ⅸ, No. 3, November 1961.

[12] Kast, Fremont, E. Management Concepts and Practices-European Style. Business Horizons, Vol. Ⅶ, No. 4, Winter 1964.

[13] Lauter, Geza Peter. Sociological-Cultural and Legal Factors Impeding Decentralization of Authority in Developing Countries. Academy of Management Journal, Vol. Ⅻ, No.3, September 1969.

[14] Lauterbach, Albert. Management Aims and Development Needs in Latin America. Business History Re-view, Vol. 39, No. 4, Winter 1965.

[15] McCann, Eugene, C. An Aspect of Management Philosophy In the United States and Latin America. Academy of Management Journal, Vol. Ⅶ, No. 2, June 1964.

[16] Megginson, Leon, C. and Eugene, C. McCann. Applicability of Management Principles in Underdeveloped Economies. International Handbook of Management, Karl Ettinger (ed.). New York, McGraw-

Hill Book Company, Inc., 1965.

[17] Nowotny, Otto, H., American vs. European Management Philosophy. Harvard Business Review, Vol. 42, No. 2, March/Aprii 1964.

[18] Oberg, Winston. Cross-Cultural Perspectives on Management Principles. Academy of Management Journal, Vol. Ⅵ, No. 2, June 1963.

[19] Thiagarajan, K. M., and M. Bass. Differential Preferences for Long vs. Short-term Payoffs in india and the United States. Rochester, The Management Research Center of the University of Rochester, February 1968.

[20] Waterman, M. H., Business Education in Europe. Michigan Business Review, Vol. Ⅻ, No.4, July, 1960.

[21] Whitehill, Jr., Arthur M. Cultural Values and Employee Attitudes: United States and Japan. Journal of Applied Psychology, Vol. 48, No. 1, February 1964.

[22] Whyte, W. F. and Lawrence K. Williams. Supervisory Leadership. international Management Congress, Proceedings CIOS Ⅻ. New York: Progress in Management (U.S.A.), .inc., 1963.

[23] Berliner, Joseph, Managerial Incentives and Decision-Making: A Comparison of the United States and Soviet Union. Management in International Perspective, ed., S. B. Prased, New York: Appleton-Century-Crofts, 1957.

[24] Harbison, Frederick and Charles A. Myers. Management in the Industrial World: An International Analysis. New York: McGraw-Hill Book Company, Inc., 1959.

[25] Inkeles, Alex and Peter H. Rossi. National Comparison of Occupational Prestige. The American Journal of Sociology, Vol. 61, No. 4, January 1956.

[26] Kerr, Clark, John T. Dunlop, Frederick Harbison and Charles A. Myers. Industrialism and Industrial Man. 2nd. ed. New York: Oxford University Press, 1954.

[27] Ramsey, Charles, E., and Robert, J. Smith. Japanese and American Perceptions of Occupations. The American Journal of Sociology, Vol. 65, No. 5, March 1960.

[28] Ryterband, E. C, and K. M. Thiagarajan. Managerial Attitudes toward Salaries as a Function' of Social and Economic Development. Technical Report #24, Rochester: The Management Research Center of the University of Rochester, December 1968.

[29] Wikstrom, Walter S. Developing Better Managers: An Eight-nation Study. New York: National Industrial Conference Board, Inc., 1961.

[30] Barrett, G. V., and E. C. Ryterband. Life Goals of United States and European Managers. Rochester: The Management Research Center of the University of Rochester, October 1968.

[31] Hagen, Everett, E. The Theory of Social Change, Homewood, lllinois: The Dorsey Press, Inc., 1967.

[32] McClelland, David C. The Achieving Society, Princeton, N. J., D. Van Nostrand Company, Inc., 1961.

[33] Vansina, L. S. Cultural issues Within Multinational Organizations. Rochester: The Management Research Center of the University of Rochester, November 1968.

（首都经济贸易大学 邸燕茹）

从多维视角看管理与领导研究

一、管理理论和管理实践的比较

比较管理研究的核心是比较，我认为更多是跨国、跨文化和跨情景的管理比较，实际上，这里还有另外一种比较——理论和实践之间的比较，大家都知道，在管理研究中经常会看到很多问题，理论家所谈的问题和实践家所谈的问题之间有很大的不同。明茨伯格先生认为，“管理的教学和研究者经常在山的一侧，而管理的实践者在山的另外一侧，等到两个队伍都走到山顶时，才发现管理原来是一回事儿。”这很遗憾，我们在爬山的时候，都是各爬各的山，管理实践中存在一大堆的管理问题，而管理学者有一大堆理论不能应用到实践中去。

1. 基于情景的视角进行管理的比较

我们有东方的情景和西方的情景，这两种情景区别很大，所以产生了很多问题。东西方背景下的管理、领导和实践的不同，导致了西方管理研究者和东方管理研究者也存在着很大的不同。西方管理研究者看世界时，运用逻辑和分析哲学的方法；东方管理研究者经常运用整体论中的方法分析。

那么，西方管理实践者和东方管理实践者也不相同。我印象很深的是：刚到西交利物浦大学上班时的某一天，突然一个教授气冲冲地闯进我的办公室，就说“Professor Xi，我知道不应该进你的办公室，但是我遇到一个麻烦。因为我知道中国的文化，在中国做事儿很难从底下朝上做事儿，很容易从上朝下做事儿，所以我就直接来找你说明情况”。It is easy from top to down，it is difficult from bottom to up，这是他的感觉。后来我问他什么事儿，他说学校可以用 IT 来支持办公室的更换，若换办公室，电话不用更换只是把电话号码进行调整即可，但由于 IT 工作人员是中国人，中国人就对他讲“我一会儿就给你换好”，这样他就把这句话理解为西方语境中的 few minutes，但是在中国文化下，“一会儿”可能表示一小时、一天，也可能表示两天。他是中午 11 点向 IT 人员反映的情况，结果到 12 点还没换好，他很恼火，就打电话过去，然后那个人还跟他说等“一会儿”，到了下午 1 点钟，他已经非常生气了，才跑到我的办公室去说“为什么两个小时过去了还没换好”。从这个案例可以看出东西方在管理的情景、文化和理念方面都不相同。

2. 基于管理方法论视角进行比较管理研究

近几年来，在管理学研究中，徐淑英教授归纳出一套朴实的、中国情景的、中国专用的研究理论，但实际上管理的差异不仅仅来源于情景的不同，更多是由于管理者具有不同的分析视角和思维方式，有时后者是起绝对作用的，这样就不能只将情景作为调节变量，但是我们有很多做实证研究的学者恰恰忽视了这个问题。举一个很简单的例子，比如中国的大学把学生看做孩子，学校对学生的一切负责，由于最近社会上发生了一些事情，学生产生不稳定的情绪，致使大学校长一天要开好几个会，我昨天刚从国内一所著名的大学回来，他们说一天开三个会，并且一些会经常半夜十二点钟开以此表示对这些问题的重视；那么西方人怎么看学生呢？学生是成人，学校是给学生提供服务的，学生和学校间的关系就是消费者和服务员间的关系，学生对自己的学习生活负责，学校只负责提供课程，对学习效果的好坏不承担责任。上述案例就说明管理的不同不仅是由于情景不同而已，更多的是由于管理的分析视角和思维方式造成的，在做实证分析时只考虑一个情景变量是不对的。

通过管理方法论分析比较管理问题，如中国大学校长管理方式和西方大学校长管理方式的比较。西方大学校长经费较少，他们的预算经常被砍掉20%~30%，而中国大学校长的经费很多。中国大学校长比西方大学校长累，因为他们对管理对象的看法和观点是不同的，西方认为学生是消费者，学校和学生只是合同关系，当学生家长找校长了解学生的学习情况，校长可以拒绝，因为校长和家长之间没有合同关系，可以认为谈话是非法的，只能找学生谈；在中国，家长、社会统统都可以找校长来谈，这是校长的责任。

3. 管理实践和管理理论的比较研究

从这点来看，我现在在英国兼任大学副校长，了解一些国外的管理实践，而且在此之前也积累了一定的中国管理实践经验，所以我既有管理实践，又对管理理论有所研究；既是理论研究者，又是一个实践者；既对西方管理有所了解，又对中国管理有所了解，在山的两边都跑，对山看得更清楚一点，所以谈一点自己的想法。

我把管理研究区分为学者型和实践型。在座的各位大部分都是学者型，也有一部分实践型，在实践岗位里工作的学者，他们在看待管理学的观点是完全不同的，例如，明茨伯格就是偏学者型，德鲁克应该是偏向实践的。

（1）从管理实践角度去看管理和领导。实际上，从实践中去看领导和管理时，有很多问题是难以研究的，比如说领导，我们经常会问什么样的领导才是好领导。我认为首先要问的是领导是否清楚自己的任务，能否清晰地表达自己的看法。我经常和企业界的人谈管理，经常会问他“你能否对TMT（高层管理团队）清晰地表达你的看法，你的员工是否明白，你的沟通怎么样，你的员工明白了，他是否愿意干，你的制度化怎么样，你的平台建设怎么样”等。当让员工干一件事儿的时候，一定要给员工一个理由——我为什么要让你干这件事情；当员工提出希望建议时，也要给领导一个理由——我为什么要支持你。领导的视野直接影响到制度的设计，如果员工愿意干，那么需要考虑员工有没有能力去干，有没有条件去干，这又是人力资源问题；公司制度运行过程是否具有应变性，即运行过程是否有序，实际上是应变和调控问题……所以从管理实践的角度来看，一个管理的真正实现，每个环节都具有不确定性，每个环节的不确定性都会导致一个管理实践的失败。

（2）从管理理论角度来看管理和领导。如果将不确定性作为纵轴，时间作为横轴来研究人、人与人、小群体、大群体、组织科层制度，人与人之间的互动，人与机器的互动，组织的行为结构和位置因素等问题。我们发现在环境、战略、组织结构、制度运行机制和预期效果等方面都会产生差距，这都来自于不确定性。由于不确定性使得我们所有的理论构想和管理实践之间存在差距，在现实世界里，不确定性日益增加，我们处于不确定性的世界里面，便产生了管理研究和管理实践之间的差异问题。我在西安做了一个报告说“我们习惯说的居安思危，现在应该把它反过来，作为一个领导者应该居危思安”，领导者应该能够在危险的情景下保证相对稳定来实现目标，管理和领导最重要的是对不确定性的认知和控制。

我在西交利物浦大学的管理实践就是让这个组织（组织内进行分工协作，但实际上每个组织部位都不清楚归属于什么）有机地工作。若使每个部门的人都清晰知道自己是哪个部门的，如是人事部的，是总经理办公室的或者是财务部的等，但又都忘记了协调合作，单位内存在着大量的不协作、不协调。怎么让组织协调起来？我在实践中制作了一套方法，先做情景分析，然后做 vision mission，接着是 straight，战略管理后要形成机制，机制要结合每一时期的主题，其包含有两个方面：一方面是制度和流程；另一方面是人文。人文是可以形成一种环境的，这刚好是我过去做的——和谐管理理论，然后进行耦合形成了一种运行平台，让所有人在平台上有效运作，领导就做协调和服务，这是我在西交利物浦这几年的一个实践。

4. 从管理实践和管理理论相结合中得到的启示

（1）从理论来看实践，最大的感受有六点。

第一，懂不懂管理大不一样，懂管理理论的人做实践和不懂管理理论的人做实践不一样，最大的不一样就是有套路，懂管理理论的人在实践中会使用套路，我在中国的大学做了十年的副校长，在西交利物浦大学才做了几年，通过我对大学的思考，包括它的组织管理以及它文化和教育模式的形成，形成了一套体系。在我与国外大学校长交流后比较发现，他们虽然对教育也有很深的感悟，但是很难形成一套有机的体系，原因就是他们都不是管理学教授，我觉得学管理，懂管理理论的实践家会有体系、有套路地去做一些事情。

第二，理论给予了实践过程中思想的启示，不要指望管理理论对实践有多大的套用价值，实际上仅仅是一种启示。

第三，理论和技术对管理过程具有参考意义。

第四，实践经常比理论复杂，能够给予理论研究很多启示。

第五，管理永远随情景变化而不断变化，理论的指导可以促进其不断地提升。

第六，理论和经验相吻合时，会强化理论的指导作用，例如管理咨询和管理实践的结合，首先你要信任一个管理的理论，信任后可以从内心中和实践结合，发挥理论的指导作用；其次若不信任则就不会将理论与实践结合。

（2）管理实践对理论研究的感悟和启示。

第一，大背景社会氛围影响重大决策，如果从领导和管理的角度来讲，不论做什么研究，一定不能忽视研究对象（或现象）所处的大背景和社会氛围，特别是在做实证研究的时候不能简单抽取几个变量，而忽视了背景的现象。

第二，情景、情绪、某个突发事件给很多决策造成很大影响，但由于没有历史记录，我们在研究中经常忽视了这些特殊事件，比如说董事会重大决策，我们只能从董事会纪要里看到，而实际上有些重大决策的影响因素在纪要里面是看不出来的，可能是某个领导的一个眼神或一句话就有可能影响了这次重大决策。但是我看到国际上在研究中国文化时，做了大量的实证研究，最后得出的结论没有考虑关系在其中的影响作用，也就是说文化的调查问卷包含许多方面，但实际上忽视了本质的东西。

第三，人际关系和亲情会影响管理行为，比如说熟人和陌生人不一样。在理性的西方社会里面，"business is business"，但也存在相似现象，只是说中国在这点上影响更大。

第四，个人认知、个性、阅历会影响管理的决策。

第五，即时启示和理论分析会影响判断和决策。即时启示就是本来你已经想好怎么做了，突然有人跟你说了一句话，这句话就可能影响你的决策，影响走的路线，可能走上不同的道路，这在理论研究上经常是看不到的。

第六，管理的规律和特征可从个性、行为方式长时间地在实践中去观察。这对我们管理研究，特别是比较管理研究提出了一个挑战，不能简单地以一个时间的断面去分析，它忽视了很多的东西。

二、东方管理和西方管理的比较

实际上东西方管理和领导的差异非常多，我结合这几年和外国人的接触，根据一些实践经验谈谈我的四点体会。

第一，西方管理是计划，东方管理是多变。比如说开董事会，英方和美方在一年前就商定，几月几日几点钟、开多长时间、在什么位置开会；对于中国人，有些重大的会议请西方的人来，他们会在两个星期前就问哪个领导参加，但是中国人不会告知，直到最后一刻他们才知道，这是因为中国领导只有在短期内才能确定自己的时间，我在当“863”专家时，短信发给你说明天开会，你就坐飞机来了，西方人都说他们的事情都是半年前确定的，能不能半年前就把事情确定下来。在西方，时间是越早越容易确定，在东方是时间越晚越容易确定，这个现象说明了背后的一个文化差异。

第二，西方是清晰具体，东方是模糊笼统。很明显就是到当地办学，政府说以优惠价成本价给地建房子，西方人马上就问“什么叫做优惠，怎么算、每亩地多少、现在值多少，以后能卖多少”，都要写到合同里，通过律师过目和签字；东方人不会将合同写得很清楚，可以说但不能写，可以做但不能说，西方人认为既然不能说，怎么能敢做呢？但是，恰恰都是他不说到最后都做到了。西方人很不理解东方人总是将一个没有说出来没有写出来的东西拿出来说服他们。

第三，西方对责权利界定得非常清楚，东方是无限延伸。像大学与学生和父母之间的关系，东方社会里大学承担无限责任，出什么事儿都需要校长负责，所以为了不让学生出去把校门封起来；西方是法理情，法是第一位的，理和人情都是在后面补充的，西方也讲人情，但是法是第一位的，中国人办什么事儿都是情第一，理是其次，最后没有办法才选择法。

第四，西方重分析，东方重整体。西方经常分析哲学小题大做；中国人做事虎头蛇尾，总是从大的做起。

这些区别是由于思维方式不同，并不是简单的情景问题。比如说研究领导，有荣耀领导如张瑞敏、柳传志等，还有一些领导已经退出了这个舞台如黄光裕等，这些领导有什么差别，这些领导和西方的领导有什么不同，他们是怎样成为领导的，和员工之间是怎么互动的，管理在西方的运用有什么不一样，受文化什么影响，是如何被社会塑造的，又是如何选择组织方向和战略结构的，这些实际上你现在无法用传统的教科书去回答，西方有很多文献去研究领导，20 世纪 80 年代每天平均有 5 篇领导方面的文献产生，到了 20 世纪 90 年代 10 篇，到 90 年代末期就有 2000 多本有关领导的书，领导理论目不暇接，其中最重要的是跨文化、本土化的研究，要描述分析领导，只看中国的不行，只看西方的也不行，我们需要一个全新的思路来看，现有的理论都难以理解、深入、剖析和揭示这些行为区别，我们一定要考虑到文化的差异、情景的差异，包括思维方式的差异才有可能找到在中国背景下可以使用的新范式。

在比较研究中，中国的情景有什么可以关注的呢？比如先有大情景，如社会转型、经济转型、文化转型，管理学家很难把这个事情讲清楚，所以需要去了解历史学家怎么看、经济学家怎么看、社会学家怎么看，对这个情景有深入认识后才能上升为理论；小情景也有很多，当然也都不是非常小的情景，大多是我们周围生活的情景，但不是抽象出来的情景，单靠实证得到的情景是不能完全刻画的，需要可见可查的组织真相，即组织中真正能发挥作用的规则和机制，而不是被测量出来的组织表象或漂亮的文本，有时我们从漂亮的文本中得不到真实的东西，就像我们很多成功的企业总结的经验一样广为传说，实际上那些都是事后诸葛亮，当时并不是那样形成的，只是回过头来说时，领导才把自己的过程说得非常伟大和聪明，实际上是演化或是演化与实际共同做出来的。像徐淑英对情景量化的情况下得出情景对于中国管理的作用很大，但是我们关注的不是简单的、类似文本的那种情景，更多关注的是嵌入性的、隐含知识的有些是需要现场参与的、实践的、用于洞察反思的、只有观察才有可能揭示出来的情景来得出关于领导的理论研究。

解读领导问题有很多困难的地方，特别是在中国情景下，比如说中国是捂在盖子里的社会，总是言行不一，就算跟领导人访谈也不见得是真实的，经常把不好的掩盖，同时将好的放大，那么得到的理论肯定是假的，领导自身依然也说不清楚，领导有时缺乏记录，我要从比较的角度上去理解领导人。

实际上，解读中国体制改革上也有许多问题，比如说领导的冒险精神和创新行为受市场机制的激发，并受旧体制和机制的约束，领导的认知行为受一系列重大事件的影响，还受传统文化和地方性亚文化的影响，如领导方式体现出东方文化的烙印，不同地方的领导，具有不同的地方烙印，例如在选拔干部时主要参考“德能勤绩良”，其中“德”是第一位的。

我们常将西方理论套用于中国实践，西方理论也有自身问题，其理论和时间也有隔膜，现在更多的是跟踪型地研究西方理论，忽视了中国的很多复杂的状态，在这个情况下需要一种新的范式，大家可以看到实证研究分为四个层次，即测量、观测、猜想、验证；有四个层面，即变量层、情景层、基质层、真理层；包括实证主义的研究历程，现实主义的研究历程，后现代主义的研究历程。有很多是真理无法揭示的，需要用新的范式去解释，需要挑战实证主义，比如还原主义曾遭受过动态复杂主义的挑战，有些情景铺设和情景导向在深邃复杂的管理问题面前总显得苍白无力，管理研究的普适性受到置疑，所以在管理研究中不得不去思考管理现实，其不仅有人的设计还具有共同演化的特点。最后一点就是领导和管理研究需要历史和现象导向，需要历史和情景依赖，研究方法论需要多元化，需要总体论，既见树木又见山林，需要关注主题、人物和事件。

三、结　论

通过以上分析得出如下结论：研究范式要来源于实践，要从实践中去发现问题，通过观察，反思和实地研究问题，然后通过规范、案例、仿真和实验，再回到实践中去学习和深化，这样才能形成一个完整的研究。

综合得出，好实践是有理论的实践，好理论是有实践的理论，好研究是历史互动的研究，好方法是种多元范式。这就是我要和大家分享的东西。

（西安交通大学　席酉民）

（本文由郭斌根据录音整理，未经本人审阅）

基于制度文明的跨文化比较管理学新分析框架

随着全球化的逐步推进，跨文化经营管理的有效性被提到议事日程。为节省跨文化交易费用，引发了跨文化比较管理学。该学科是20世纪50年代后期在美国逐步形成和发展起来的一门新兴的交叉科学，研究的目的是如何在跨文化背景下识别、协和，进行有效管理的问题。它探讨不同文化之间的共通性与差异性，区分真实的文化差异和表层印象，以及分析如何在管理中避免由于文化差异导致的误解和冲突，并充分利用多元化的文化资源推动组织的合作和创新等问题（梁觉等人，2008）。

一、跨文化比较管理分析框架沿革

（一）克拉克洪—斯乔贝克框架

在分析文化差异时，最早的方法之一就是人类学家克拉克洪和斯乔贝克（Kluckhohn & Strodtbeck，1961）根据全人类面临的问题基本假设，所提出的解释相似性和文化差异的分析框架。这一框架确定了六项基本的文化维度：与环境的关系（Relation to Nature）、人的本质（Basic Human Nature）、活动导向（Activity Orientation）、人际关系（Relationships Among People）、时间取向（Time Orientation）、空间概念（Space Orientation），并在此基础上分别取其两端和折中情况，将各类世界管理类型一分为三。

（二）爱德华·霍尔框架

在试图分析一个美国公司的美国总部与其所在日本的分支机构之间的营销沟通失败的根源时，美国著名的人类学家爱德华·霍尔（E.T.Hall，1976）根据沟通是“明示”还是“暗示”，提出了著名的高低“背景—内容”文化说。在高背景—低内容文化（High Context-Low Content）中，信息之间存在着高度的前后关系，或隐含在个体特性之中，信息的传递与沟通是通过体语、上下文联系、场景（沉默/停顿）、关系等进行的；高内容—低背景文化（High Content-Low Context）中，大多数信息是由清晰的符号如语言、文字等表达的。从“高背景—低内容”到“高内容—低背景”依次分别为：日本人、中国人、阿拉伯人、希腊人、墨西哥人、西班牙人、意大利人、法国人、法裔加拿大人、英国人、英裔加拿大人、美国人、斯堪的纳维亚人、日耳曼人、瑞士日耳曼人等。

［基金项目］国家社科基金项目（07BTQ021）及上海外国语大学07一般规划项目阶段成果。

（三）泰普斯特框架

美国学者泰普斯特（Vern Terpstra，1978）提出了“国际经营的文化环境图式”，共涉及8个方面55个因素。其所涉及的方面分别是：①语言（Language）；②宗教（Religion）；③价值观（Values and Attitudes）；④法律（Law）；⑤教育（Education）；⑥政治（Politics）；⑦科学技术与物质文化（Technology and Material Culture）；⑧社会构成（Social Organization）。跨国经营须关注上述各文化因素，但泰普斯特没有在此基础上对世界管理模式进行分类。

（四）霍夫斯坦德框架

荷兰文化协作研究所所长霍夫斯坦德教授（G.Hofstede，1980；2001）在一个大型跨国公司任职期间，采用标准的问卷，对40个国家中的工作人员（从没有技能的工人到博士和高层管理人员）用多种语言，收集了他们的态度和价值观方面的数据。他在对问卷数据进行系统分析的基础上，通过因子分析及聚类分析，提出了5个分析维度：①大与小权力距离（Power Distance）；②强与弱风险避让（Uncertainty Avoidance）；③个人主义与集体主义（Individualism vs. Collectivism）；④男性化与女性化（Masculinity vs. Femininity）；⑤长期与短期（Long vs. Short Term）。由此，霍夫斯坦德给出了一个国际实证比较，得出了国家文化数据模型。这个模型已成为目前最为著名、被引用最多的框架模型。

（五）大内框架

“二战”结束以后，日本作为一个战败国，竟在战争的废墟之上，仅用了二三十年时间，就实现了经济腾飞，迅速崛起而成为经济大国，成为创造经济奇迹的故乡，也成了美国的主要市场竞争对手，从而引起了经济学家、管理学家和社会学家的深度关注，都在认真研究、探讨日本经济迅速崛起的原因。他们公认是日本的企业文化对日本的经济发展发挥了重大影响。其中最早提出企业文化概念的美国管理学家威廉·大内，于1981年出版了《Z理论——美国企业如何迎接日本企业的挑战》（Ouchi，1981），在此书中，他采用比较研究方法，将美国企业的A型组织管理同日本企业的J型组织管理从7个方面（雇佣、决策、负责、提升、控制、职业发展、员工关心）进行对比，提出其著名的“Z理论”。大内认为日本的经营管理方式一般较美国的效率更高，美国企业应向日本企业管理方式学习。认为一切企业的成功都离不开信任、敏感与亲密，主张以坦诚、开放、沟通作为基本原则来实行“民主管理”。

（六）罗兰和申卡框架

罗兰和申卡（S. Renen & O.Shenkarl，1985）提出了“文化饼”理论。根据1966~1980年发表的8种问卷的研究成果综合而成。他们师徒通过一种被称作最小空间分析法（Smallest Space Analysis，SSA）的多元非参数的数学分析法将这些国家进行分群。文化饼图的切片将国家切分为9类：①远东国家；②阿拉伯国家；③近东国家；④北欧日耳曼国家；⑤日耳曼国家；⑥盎格鲁—撒克逊国家；⑦拉丁欧洲国家；⑧拉丁美洲国家；⑨不归于以上八类的独立型国家（以色列等）。每一类内部各国之间文化差异甚小，而不同类国家之间文化差异较大。大致说来，权力距离相对较低且倾向于个人主义的文化位于图的左边，即北欧国家、日耳曼及盎格鲁—撒克逊国家的文化；右边则是距离相对较高且具有集体主义特质的文化，涵盖阿拉伯、亚洲及广义的发展中国家；拉丁民族位于底部，其中欧洲人偏向左侧，南美洲人靠近右边，中欧及东欧人位于图的上方。

（七）奈斯框架

美国学者奈斯（Raghu Nath，1988）偏向于经济发展框架，建立了一个综合的开放系统框架。该框架包含两个相互影响的基本系统：环境系统和企业管理系统。环境系统被细分为7个子系统：文化环境、社会政治环境、经济环境、法律环境、技术环境、通信与交通方式和产业结构；企业管理系统被分成8个子系统：管理哲学、组织结构、组织管理过程、人力资源管理、其他政策、关系管理、工会和其他利益相关者。在此基础上，他剖析了北美、日本、欧洲、中国、非洲、拉丁美洲6个国家（地区）管理的异同。

（八）特罗普纳框架

跨文化管理专家特罗普纳（F.Trompenaars，1993）通过对50个国家的1.5万余名员工做了调研后，提出了5维世界商务文化图景：①通用主义与特殊主义（Universalism vs. Particularism）；②个人主义与集体主义（Individualism vs. Collectivism）；③中立与感情导向（Neutral or Emotional）；④具体与扩散导向（Specific vs. Diffuse）；⑤成就地位与因袭地位（Achievement vs. Ascription）。他认为，每一维度代表一个方面的价值观，都有处于对立状态的两种极端价值观，但具体的文化很少会处于极端状态，而是处于某个过渡状态，向某一极端做一定程度的倾斜。

（九）孔茨—韦里克框架

美国哈罗德·孔茨和海因茨·韦里克（Harold Koontz & Heinz Weihrich，1993）所撰写的现代管理学经典教科书《管理学》（第10版）的全球化管理理论与实践章节中，从管理的计划、组织、人事、领导、控制5种管理的基本职能出发，对日本、美国、中国三种管理模式进行了归纳。

（十）卡路里—屋特框架

欧洲企业家圆桌会议（ERT）发起的，经由40个国际企业、51名高层领导参与的研究（Roland Calori & Philippe De. Woot，1994），概括了美国、日本、欧盟三种管理模式：①美国模式（以短期利润为导向、具有竞争性、注重专业化、追求个人主义）；②日本模式（以长期发展为导向、追求质量、强调整体性、追求共识）；③欧盟模式（以人为导向、通过调和妥协避免出现极端行为、善于对国际多元化进行管理、注重内部谈判合作）。每种管理模式分别概括了4个方面的要点，但没有明确交代具体的思考维度（按笔者理解，或许可能是时间取向、价值追求导向、关注领域意识、人际关系等），所以很难进行对比分析。

（十一）吉伦框架

莫罗·吉伦（Mauro Gullen，1994）的《管理模式》是对20世纪美国、英国、德国和西班牙所进行的一项历史性的比较研究。它描述了这4个工业国在不同时期采用不同的管理思想及方法的范例：由泰勒及其他一些人所创造的科学管理在20世纪早期盛行于美国与德国，但英国、西班牙并没有接受这种思想体系及方法；作为和科学管理相悖的人际关系学派在美国、英国和西班牙大受欢迎，但德国的社会价值观不支持这一学派的观点，因此就没有采纳；继科学管理、人际关系学派之后出现的以为组织寻找最佳方法为驱动力而提出来的结构分析学派，随着复杂的跨国公司的出现，这种思想逐渐形成并被采用，至20世纪60年代，其在美、英、德非常盛行，而西班牙并没有接受它。究其原因，吉伦得出一个结论：除了政治和社会因素会对管理思想及管理方法有影响外，作为文化的重要成分之一的宗教信仰对管理模型的采用也有显著影响：天主教常常强调团体精神、自我实现、家长作风和组织的整体性，而新教则信奉个人主义、协助精神、独立性、契约主义。在德国，新教教徒构成的管理层的知识体系，通常会支持科学管理模式，而天主教教徒则赞成人际关系学派；在西班牙，居主导地位的天主教思想在接受美国学者倡导的人际关系学派以适应本地环境的过程中扮演了重要的角色；而在英国，新教教徒的人文思想促使管理者接受人际关系学派。

（十二）文迪·霍尔框架

美国管理专家文迪·霍尔（Wendy Hall，1995）用决断力（Assertive，指一个公司的行为被别的公司看做是有力的或直接的程度）与反应力（Responsive，指一个公司的行为在情感上被表达的程度）两维度形成一个矩阵，由此组合成四种企业文化类型：北方型（低决断力、低反应力）、南方型（高决断力、高反应力）、东方型（低决断力、高反应力）和西方型（高决断力、低反应力）。每种文化类型都反映了公司处理事务的独特方式，世界上的公司都可以在其中找到自己的位置。

（十三）利普托特框架

全球商务咨询委员会主席，国际商务领域公认的权威——美国的利普托特（N. Leaptrott，1996）将世界文化分为3种类型：部落主义型（Tribal Cultures）、集体主义型（Collective Cultures）和多元主义型（Pluralist Cultures）。大部分文化属于3种文化类型之一，另一些则是混合型。

（十四）沃纳框架

英国剑桥大学权威的管理学教授沃纳（Malcolm Warner，1996；2002）主持编著的《国际工商管理百科全书》中"各国和地区管理"章节描述了世界各国和地区的管理，从会计学、银行业、企业文化、人力资源管理、劳资关系等方面，考察世界各国的管理模式。由于该百科全书邀请世界60多个国家（地区）当地专家分别撰写，所以体例不够统一，分析维度不一，难以进行比较分析。

（十五）盖斯特兰德框架

国际商务谈判专家、全球化管理有限公司创始人盖斯特兰德（R. R.Gesteland，2003），从4个维度（即生意导向型和关系导向型、商务风格中的正式文化和非正式文化、恪守时间和灵活时间文化、情感外向和情感保守）的组合出发，概括了跨文化商业行为的8种模式。

二、15种跨文化比较管理分析框架评述

以上按照时间顺序分别列举了15种跨文化比较管理框架。本文之所以选择此15种分析

方式，主要是考虑其权威性与影响性。表1归纳了各自的理论要点和方法视角。

表1 15种跨文化比较管理框架要点一览表

代表人物	框架名称	分析维度或要点	方法视角
1. Kluckhohn-Strodtbeck（1961）	文化价值观维度	与环境的关系、人的本质、活动取向、人际关系、时间取向、空间概念	基本的文化倾向
2. E.T.Hall（1976）	高低背景—内容文化说	背景、内容	沟通的明示性与暗示性
3. Terpstra（1978）	国际经营文化环境图式	语言、宗教、价值观、法律、教育、政治、科学技术与物质文化、社会构成	文化环境
4. Hofstede（1980，1991）	国家文化模型	权力距离、险避让、个人主义与集体主义、男性化与女性化、长期与短期	因子分析
5. Ouchi（1980）	Z理论	雇佣、决策、负责、提升、控制、职业发展、员工关心	日美比较
6. Renen-Shenkarl（1985）	文化饼、文化群	远东、阿拉伯、近东、北欧日耳曼、日耳曼、盎格鲁、拉丁欧洲、拉丁美洲、独立地区	最小空间分析法
7. Nath（1988）	开放系统框架	环境7因素、管理8方面	环境—管理矩阵
8. Trompenaars（1993）	世界商务文化维度	通用与特殊主义、个人与集体主义、中立与感情导向、具体与扩散导向、成就与因袭地位	商务环境调研
9. Koontz-Weihrich（1993）	全球化职能管理基础	计划、组织、人事、领导、控制领域美中日比较	管理职能
10. Calori-Woot（1994）	美日欧管理模式	不详，可能是时间取向、价值追求导向、关注领域意识、人际关系等	综合分析
11. Gullen（1994）	宗教—管理模式	美英德西宗教因素对其管理的影响	历史比较 认知系统
12. W.Hall（1995）	文化罗盘	北方型、南方型、东方型、西方型	决断力—反应力矩阵
13. Leaptrott（1996）	世界文化地图	部落主义型文化、集体主义型文化、多元主义型文化	人际关系考察
14. Warner（1996，2002）	世界各国和地区的管理	会计学、银行业、企业文化、人力资源管理、劳资关系等	百科全书式
15. Gesteland（2003）	世界商务风格	生意导向—关系导向、正式—非正式文化、恪守时间—灵活时间、情感外向—保守	国际商务惯例

关于其学术贡献、局限与建议分析如下：

（一）关于"What"方面的命题

综观现有跨文化比较管理分析框架，提出了一些在实施跨文化管理时可加以关注的参考维度，这样便可得以认识一种管理模式。但各种维度众说纷纭，莫衷一是。有的维度晦涩、不易理解（如Trompenaars中的一些维度等），有的还互为矛盾（如W.Hall，文化罗盘与Renen-Shenkarl文化饼图式等）。这可能是由于分析维度的差异所引发的困惑：或者过细，或者过泛。

即使最权威的霍夫斯坦德框架也遭到了诸多质疑。霍尔特（D.H. Holt，1988）认为，霍夫斯坦德的分析仍然是基于欧美价值观的，为弥补此缺陷，霍夫斯坦德曾引入"儒教动力论”（长期与短期维度），但由于儒家文化中的许多独特概念，于是缺乏了与欧美的可比性。蔡安迪斯（Triandis，1995）也指出了霍夫斯坦德关于“个人—集体主义”的笼统维度的缺陷，并进一步提出了水平—垂直个人主义（Horizontal-vertical Individualism）、水平—垂直集体主义（Horizontal-vertical Collectivism）细分观念。所谓水平个人主义指的是该文化中的个体追求个人利益最大化，但他们并不在乎自己是否比别人得到更多，并不追求自己高于别人；垂直个人主义者不仅追求个人利益最大化，而且要求自己好过他人；所谓水平集体主义则指该文化中的个体追求内群体利益的最大化，但并不关心自己的群体是否高过其他群体；而垂直集体主义者既关心内群体利益最大化，还追求自己的群体好过其他的群体。这样就可解释，虽同为个人主义文化，但美国与澳洲并不相同：美国人强调竞争，澳洲人却更为悠闲自如；还有虽同为集体主义，但中国与以色列的“科布兹”也很不同：中国人爱攀比，喜欢“出人头地”，而科布兹人更喜欢群体之间平等友好（陈晓萍，2009）。

事实上，所谓“管理模式”，指的是建立在相应制度文明基础上的反映管理理论与实践的知识体系。一种管理模式的分析维度可以从多角度加以剖析，但从管理知识角度划分，管理知识体系一般拥有三种最基本的表现形式（范徵，2007）：

1. 超我—控制知识（Superego-Controlling Knowledge）

控制管理的核心，涉及超我知识的转换。超我知识相当于显性知识的那一部分（如产品平台或信息平台），它可以独立于知识主体而存在，是组织知识中最易于转换和共享的那一部分，它易于编码和文本化。只有实现了编码和文本化，控制管理才有了依据。

2. 自我—组织知识（Ego-organizing Knowledge）

组织管理的核心，涉及自我知识的转换。自我知识相对于若隐若现的那一部分知识（如组织结构或工序流程），它是个人或组织在工作和学习过程中不断积累的经验和技能，不易被编码和模仿，需要选择恰当的渠道和方式来实现它的转换，它不能独立于知识主体而存在，不易编码和被模仿。

3. 本我—企划知识（Id-Planning Knowledge）

企划管理的核心，涉及本我知识的转换。本我知识是比自我知识更深层次的内容，它是知识主体在长期学习和工作过程中逐渐形成的潜在知识（如心智模式等）。是一种不可言传而只能意会的知识，也可能是一种与生俱来的天生的才能，不易被模仿和转移，只能通过长期的潜移默化的形式实现在知识主体间的影响。企业价值创造主要来源于两个方面：经营理念和商业模式。此两者都有赖于基于企业家心智模式本我知识的创造和创新。

上述企划、组织和控制是管理的基本职能；而企业“领导者”就是综合运用本、自、超我管理知识，通过企划、组织和控制职能以实现组织目标的人——这样，关于基于一种文明体系的管理模式特质的探讨方面的命题，就转换为对建立在该种制度文明基础上的反映管理理论与实践的本我—企划知识、自我—组织知识、超我—控制知识三种知识体系的特质的探寻。这个分析模式与上文孔茨—韦里克（Koontz & Weihrich，1993）的分析框架接近，但比其简洁并更富有逻辑性。

接着，我们要问，作为建立在相应制度文明基础上的反映管理理论与实践的知识体系，共有多少种？这就涉及对世界文明体系方面的认知。汤因比（Toynbee，1956）认为，文明是若干同类民族国家构成的社会整体，其中文化是文明的核心，而文化中最基本的东西是宗教。即宗教成为一种目的，文明仅限这一目的的手段或工具。无独有偶，亨廷顿在《文明的冲突与国际秩序的重建》中对“文明”与“文化”的内涵及其两者关系也做出了类似的概括

(Huntington，1997)：“首先，文明和文化都涉及一个民族全面的生活方式，文明是放大了的文化。文明是对人最高的文化归类，是人们文化认同的最广范围，人类以此与其他物种相区别。文明既根据一些共同的客观因素来界定，如语言、历史、宗教、习俗、体制，也根据人们主观的自我认同来界定。”其次，亨廷顿继续说道：“正如雅典人所强调的，在所有界定文明的客观因素中，最重要的通常是宗教。”人类历史上的主要文明在很大程度上被基本等同于世界上的伟大宗教。

这样，文明是一种思维和信仰的样式、一种存在形态、一种生活模式，也是一种风格、一种体制、一种包括了这些要素但也包括地理气候因素在内的时空连续体（阮炜，2008）。关于历史上曾经存在的文明体系总数，各路学者各执一词，但人们对主要文明的身份都没有争议。至少在下述看法上存在着共识：至少有 12 种文明，其中 7 种已不复存在（美索不达米亚文明、埃及文明、克里特文明、古典文明、拜占庭文明、中美洲文明、安第斯文明），5 种仍然存在（中国文明、日本文明、印度文明、伊斯兰文明、西方文明）。一些学者还加上了东正教文明，作为区别于其母文明拜占庭文明和西方基督教文明的独立文明。亨廷顿（Huntington，1997）认为，除上述几种文明外，还应加上拉丁美洲文明和非洲文明。这样，本文将西方文明再细分为美国文明与西欧文明两种，再增加基督教与伊斯兰教共同源头的犹太文明，这样共涉及世界 10 大文明体系（见图 1），其文明源头均来源于宗教（见表 2）。

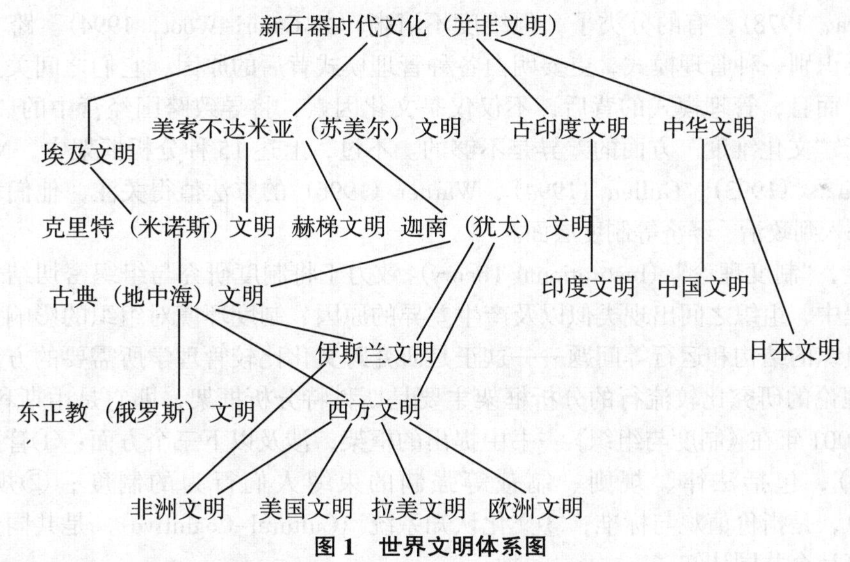

图 1　世界文明体系图

资料来源：根据 Huntington（1997）改制。

表 2　世界主要文明及其宗教来源

类别	犹太教	新教	天主教	东正教	儒教	佛教	伊斯兰教	印度教
美国文明		□	●					
西欧文明		□	●					
日本文明					●	□		
中国文明					●	□		
伊斯兰文明							●	
东正教文明				●				

续表

类别	犹太教	新教	天主教	东正教	儒教	佛教	伊斯兰教	印度教
印度文明								●
拉美文明		□	●					
非洲文明		□					●	
犹太文明	●							

注：●为当地所受的主要宗教影响；□为当地所受的次要宗教影响。

（二）关于“Why”方面的命题

一些跨文化比较管理分析框架，还进一步分析了各种文化差异维度背后的原因。Hofstede（1980，1991）、Renen（1985）、Trompenaars（1993）等人的研究运用了因子分析、最小空间分析法等定量研究方法。但从数据到数据，缺乏足够的理论因果关系和内涵逻辑方面的交代，规范理论分析方面显得苍白。

其他各种定性研究方法，基本采用的是归纳式建立理论方法。但除了 E.T.Hall（1976）、W. Hall（1995）、Gesteland（2003）拥有富有逻辑性的两维坐标推理外，其他像 Leaptrott（1996）的三维度、Calori-Woot（1994）四维度、Kluckhohn-Strodtbeck（1961）六维度、Terpstra（1978）八维度等林林总总，有的是基于比较维度的分类；有的只提出维度，不分类（Terpstra，1978）；有的分类了，但维度不清晰（如 Calori-Woot，1994）。跨文化比较管理学不仅要识别一种管理模式，更要明白各种管理模式背后的原因，它们之间关系应该是互为因果的。而且，管理模式的背后，不仅仅是文化因素，将导致跨国经营中的“水土不服”问题归咎于“文化维度”方面的差异是不够的。不过，上述 15 种分析框架中，Nath（1988）和 Trompenaars（1993）、Gullen（1994）、Warner（1996）的方法值得关注，他们均已超越文化层面，深入到政治、经济等制度层面。

事实上，“制度理论”（Institutional Theory）致力于将制度研究与组织密切结合，研究在制度化过程中，组织之间出现类似以及产生差异的原因、制度环境对组织的影响、制度环境如何影响组织的结构和运行等问题——这正是研究跨文化比较管理学所需要的方法。当今学界对制度理论的研究比较流行的分析框架主要是斯科特分析框架，即它是由斯科特（Scott，2001）于 2001 年在《制度与组织》一书中提出的框架，涉及以下三个方面：①管控制性系统（Regulative），包括法律、规则、制裁等强制的束缚人们行为的制度；②规范性系统（Normative），是指价值观与标准；③文化认知系统（Cultural-Cognitive），是共同信仰、共同行为逻辑等社会共同认知。

斯科特认为，这三种要素制度的重要组成部分，形成了一种制度文明的基础，并称其为制度的三个支柱。通过对制度的管控性、制度的规范性和国家文化的认知性三个角度来研究制度产生的迫使力量，进而对一个企业的管理模式以及管理特质产生影响。不同国家间在制度文明方面的差异性造成了企业跨国经营中面临的重要问题。新制度主义中认为，所有的社会系统和组织都存在于一个制度背景中，这个制度环境定义了一个社会现实。该理论不仅可以用于研究制度本身的特征，塑造组织结构，还可用来检测制度的决定因素，研究决定制度的文明所具有的特征。

这样，探寻一种管理模式赖以产生的制度文明渊源，可以借鉴斯科特框架。上述 Nath（1988）和 Trompenaars（1993）、Gullen（1994）、Warner（1996）的方法已不自觉地涉及了新制度主义的分析方法，有的已深入到认知层面，如 Trompenaars（1993）的具体与扩散的思维模式、Gullen（1994）的宗教认知之于管理影响的分析等。但 Nath（1988）和 Warner（1996）对管理模式的概括显得非常烦琐，而 Gullen（1994）又太简单了，只归因于宗教因素。就管理模式而言，宗教认知是源头因素，但不是唯一因素。

有人说，新制度主义是个框，什么都可往里装——确实不假，斯科特的三层面所涵盖的内容太丰富了。如何来概述一种管理模式赖以生存的环境？尽管斯科特理论中的新制度主义研究框架已经接近成熟，但还是缺乏一个可资操作的简单形象的直观分析工具。参考斯科特（2001）、范徽（2007）构架体系，本研究构建了如图 2 所示的立体式的“冰河模型”，用以形象描述一种管理模式赖以生存的文明环境以及基于一种制度文明的管理模式——依次分别是显露于外的“积雪层”；若隐若现的“冰冻层”；隐藏于内深不可测的“河水层”。各层之间也不绝对是铁板一块，而是犬牙交错，就像冰雪融化般相互渗透；文明、模式间也促存有相互渗透、排斥或强加作用。

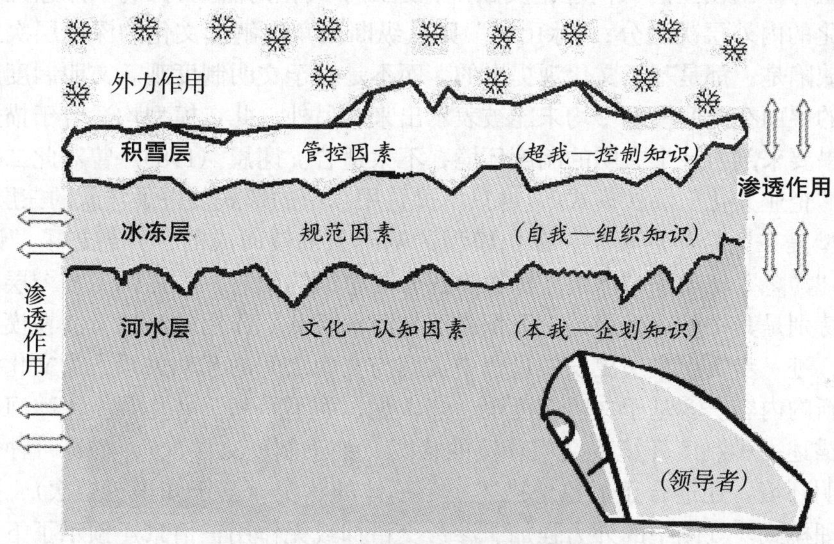

图 2 基于制度与知识的冰河模型

注：图中正体楷体文字描述制度环境三层次；括号中斜体楷体文字表示管理模式三层次；航船中斜体文字表示基于该种文明管理模式的领导者特征。

1. 积雪层—显性层面

白色的部分是模型的最上层，即积雪层。这个层面与外力相互接触、相互作用的程度最大，具有一系列显露在外的特征。它往往是一个国家的管理控制体系，是可鉴别的结构性特征（如地理因素），主要涉及国家的政治体制和经济制度，通常是可以通过一定的法律条文、制度规范明确指出的结构性特征。

2. 冰冻层—若隐若现层面

浅灰色的部分是模型的中间层，即冰冻层，它介于积雪层和河水层之间。冰冻层一方面受到外力和积雪层的作用，凝聚河水冻结成冰；另一方面，它的本源还是河水，源自河水层，只是隐藏得比较浅显，易被人们发觉罢了。这一层次主要指的是社会文化中那一部分有时可以作为某些行为、言论等被人们感知，而有时则化身为意识、思想、道德底线等很难被人们察觉的“价值观”方面的内容。

3. 河水层—隐性层面

深灰色的部分是模型的底层，是隐藏在深处、很难触及的特征，即河水层。它位于积雪层和冰冻层之下，一般情况下很难被发觉。另外，水又是冰冻层和积雪层的物质来源。这一层次主要指的是文明的本源，是一种文明有别于另一种文明的根本表现，它是一种文明思想形成和发展的“哲学基础”和对世界认知的“基本假设”。这些哲学思想和基本假设是形成一个社会基本的价值观念和道德规范的基础。

需要指出的是，冰河模型不同于以往的洋葱模型和冰山模型。洋葱模型将文化分为三层：表层（指我们平时能观察到的东西）、中层（指的是一个社会的规范和价值观）、核心层（指一个社会共同的关于为什么存在的假设，它触及该社会中人们最根深蒂固不容置疑的东西）；冰山模型把文化看做是两个部分：显性部分（浮在水上可以看见的部分）、隐性部分（隐藏在水下看不见的部分）。文化的水下部分要比水面上的部分大很多。也就是说，我们平时在观察文化状态时，文化的表象只是冰山一角，真正造成表象不同的部分都隐藏在水下。

洋葱模型与冰山模型的共同理论贡献是：道出了文化的隐显特征。“洋葱说”从横断面角度解读文化的内外层次之分；“冰山说”则从纵断面角度解读文化的深浅层次之分。它们共同的理论缺陷是：都是基于文化观提出的，而不是基于文明制度观。文明制度观中拥有一些相互渗透的层面在此两模型中均未能被表示出来。另外，此二模型均适合于描述一个单体的状况，如果要来剖析一个文明的制度环境，不太适合。谢恩（1985）曾对此二模式进行改进，提出了“企业文化三层次模式”，也只不过是用冰山的形式装进了洋葱的三层内容罢了。

冰河模型是在整合洋葱模型、冰山模型的基础上发展而成的，并超越了“谢恩模式”：①它在继承“洋葱”比喻和“冰山”比喻中的分层思维的同时，还强调了各个层次之间相互渗透关系。特别是其中的冰冻层是上下积雪层与河水层共同作用的结果。②在模型中增加了外力的作用，进一步突出在历史发展过程中文明与文明之间的互动关系，为文化层次理论模型填充进了新的内容。③基于文明制度观、知识观，而不是基于文化观。④冰河模型不仅适合于形象地描述一种制度环境或文明环境的状况（基于制度三层次），解释一种管理模式赖以产生的文明环境，还适合于形象地描述一个单体的状况（基于知识三层次），用来形象地表示一种管理模式。⑤图中的外力强加、渗透交错抑或无作用三情景还预示了下文的两种文明或管理模式之间的三种跨文化作用关系（强加、渗透、平行）。

（三）关于“How”方面的命题

这样，从新制度主义出发，结合冰河模型与世界文明体系，便可提出“基于世界文明体系的全球管理模式分析框架”（见表3）。

1. 基于美国文明的美国管理模式

基于基督教及盎格鲁—撒克逊裔民族性格，崇尚自由企业、民主政治和实用主义，追求短期利润优先、组织硬管理和企业家精神。领导者的人格特征为“英雄”。

2. 基于西欧文明的欧盟管理模式

基于基督教和欧盟一体化，崇尚文艺复兴的精神、理性和民主精神，追求以人为本、中道管理和管理国际多样化。领导者的人格特征为“教练”。

3. 基于日本文明的日本管理模式

基于岛国情结和武士道、神道教，崇尚大和理念、耻感伦理和公司资本主义，追求质量控制、根茎组织和命运共同体。领导者的人格特征为“教父”。

表 3 基于世界文明体系的全球管理模式分析框架

管理模式	文明基础			管理模式			领导者
	积雪层	河水层	冰冻层	外显特质	隐现特质	内隐特质	
美国管理	自由企业 民主政治	盎格鲁—撒克逊裔民族性格 印第安土著人	实用主义 美国精神	短期利润优先	组织硬管理	企业家精神	英雄
欧盟管理	欧盟一体化	基督教 古希腊 古罗马	精神性 理性 民主	管理国际多样化	中道管理	以人为本	教练
日本管理	岛国情结 美国接管	神道教、武士道绳纹文化 中国儒教	大和理念 耻感伦理 公司资本主义	质量控制	根茎组织	命运共同体	教父
中国管理	转型经济 社会主义	儒释道法管 马克思主义 毛泽东思想	中庸 官本 关系	和谐管理	差序格局	太极管理	儒商
阿拉伯管理	阿拉伯同心圆 中东石油经济	伊斯兰教 贝都因人 原教旨主义	和平 中正 自由	外部责任	伯特结构	忠诚胜于效率	酋长
俄罗斯管理	大国情结 薄弱帝国 社会制度突变	东正教 拜占庭 斯拉夫主义	亚欧两重性 西方精神 东方情结	产业报国	公社模式	极端管理	斗士
印度管理	半社会主义 英国殖民	印度教 雅利安文明 英文思维	矛盾心理 平和包容 保守安分	内部控制	外包并购模式	利他主义	职业买家
拉美管理	两极嬗变	天主教 印第安文明 拉丁文化	多元、矛盾价值观	个人渗透	部落制度	摇摆理念	独裁家长
非洲管理	落后 混乱 公有经济	多样性与非洲宗教	非洲个性 村社概念 自然和谐	对人不对事	部族关系	传统信仰和管理文化	政客
犹太管理	边际迦南 流浪生涯	犹太教 哈比如基因 叙利亚文明	危机意识 学习意识	简洁高效 掌控自我 守约诚信	参与性结构 合作性结构	创新能力 应变能力	世界商人

4. 基于中华文明的中国管理模式

基于儒释道法管、转型经济和社会主义，崇尚中庸、官本和关系理念，追求和谐管理、差序格局和太极管理。领导者的人格特征为“儒商”。

5. 基于伊斯兰文明的阿拉伯管理模式

基于伊斯兰教和中东石油经济，崇尚和平、中正和自由，追求忠诚、外部责任和伯特结构。领导者的人格特征为“酋长”。

6. 基于东正教文明的俄罗斯管理模式

基于亚欧斯拉夫民族、东正教及俄罗斯薄弱帝国的大国情结，崇尚两重性和极端思维，追求产业报国、公社模式和极端管理。领导者的人格特征为“斗士”。

7. 基于印度文明的印度管理模式

基于印度教和种姓制度，崇尚平和包容、保守安分，追求内部控制、外包购并和利他主义。领导者的人格特征为“职业买家”。

8. 基于拉美文明的拉美管理模式

基于印第安文化及西方天主教、拉丁文化影响，崇尚两极嬗变及多元、矛盾价值观，追求个人渗透、部落制度和摇摆理念。领导者的人格特征为“独裁家长”。

9. 基于非洲文明的非洲管理模式

基于非洲宗教影响，崇尚公有经济和非洲个性，追求“对人不对事”、部族关系及传统信仰和管理文化。领导者的人格特征为“政客”。

10. 基于犹太文明的犹太管理模式

基于犹太教迦南基因，崇尚危机意识、学习意识，追求掌控自我、参与性结构和创新、应变能力。领导者的人格特征为“世界商人”。

另外，需指出的是，比较不是目的，跨文化比较管理学的真正目的应是提高跨文化管理的有效性，解决“如何做”方面的连贯命题。前文15种跨文化比较管理框架，有的提出了“是什么”命题，一些随即分析了“为什么”命题，但很少有同时解决了“如何做”命题。其他跨文化管理研究者如哈里斯和莫兰等的著作（Harris & Moran 1982；1987；2000），基本是教科书式的，也只是将这些经典的观点加以综合。倒是施耐德和巴尔索克斯（Schneider & Barsoux 1997）的研究提出了一个“处理文化差异的战略方法”，但他们没有对管理模式的鉴别做系统研究。事实上，跨文化比较管理学呼唤连贯、简约、明了型分析框架的整合与创新。

如前文所述，不同文明或管理模式之间存有三种关系：互相排斥、渗透或强加。这样，跨文化管理有三种基本方式，即平行/并存、渗透/融合以及强加/覆盖三种跨文化解决方案（范徵，2004）：①“平行/并存”即“地方本土化”战略。指跨国公司将全球视为异质性市场，根据各细分市场的特征和消费者需求，设计和生产不同的产品或提供不同的服务。②“强加/覆盖”即“全球标准化”战略。意味着跨国公司将全球视为一个同质性的市场，在全球范围内生产与销售标准化的产品与服务，追求规模经济的竞争优势。③“渗透/融合”即全球地方化战略。通常指跨国企业在海外进行投资，与当地社会文化融合创新，运用双方都能接受的文化进行管理。

在这里，还需指出的是，制度因素三要素、管理模式三层面、跨文化管理三方法之间是有机联系的（见图3）。适用强加战略的“行业—企业”因素组合情况是：最好是战略性文化差异小的公司间的收购，强势文化压倒弱势文化，它更多地体现为管理的超我知识层面，本身是一种强制性的管控方法；适用平行战略的公司特质大致是一种控股公司的结构，或其海外业务部门一般在跨国公司中都占有重要地位，让其适应东道国的情况自主经营，它要求更多地考虑组织的自我知识方面的因素，需要相互尊重的伦理规范支持；而当跨国公司价值链中的竞争优势主要来源于企业的下游活动并面临着较高的全球化压力，或者其竞争优势来源于企业的上游活动并且面临着较高的地方化压力，跨国公司则应兼顾全球化和地方化的双重战略即渗透战略，它涉及对本我层次隐含管理知识方面的认知与融合。适合此战略的公司特质一般是联盟企业，许多合资的联盟方式采取了此种融合式的跨文化管理方式。

Ⅰ. 制度要素基础（Why）		
管控性基础 如经济体制、外来影响	规范性基础 如政治制度、意识形态	认知性基础 如宗教信仰、哲学思潮
⇩	⇩	⇩
Ⅱ. 管理模式要点（What）		
管理的超我层面 如超我控制方式	管理的自我层面 如自我组织方式	管理的本我层面 如本我企划方式
⇩	⇩	⇩
Ⅲ. 跨文化管理方法（How）		
“强加/覆盖”战略 即“全球标准化”	“平行/并存”战略 即“地方本土化”	“渗透/融合”战略 即“全球地方化”

图3 基于制度理论的跨文化管理分析框架

三、总 结

本文追述了关于跨文化比较管理已有的15种分析框架，分析了各自的理论要点和方法视角，并综述了其学术贡献与局限。在此基础上，引入新制度主义方法，提出了“基于制度与知识的冰河模型”、“基于世界文明体系的全球管理模式”和“基于制度理论的跨文化管理”三个崭新的分析框架。基于最基本的逻辑，本文不仅富有理论价值，还兼备现实的可操作性：通过管控、规范、认知三要素来导出一种管理模式的制度文明基础；通过超我、自我、本我三层面来剖析一种管理模式基本形态；通过强加、渗透、平行三种方法来把握跨文化管理有效性。

〔参考文献〕

［1］Calori Roland and Woot，P. De. A European Management Model. New York：Prentice Hall，1994.

［2］Gesteland R. Cross Cultural Business Behavior，Copenhagen：Copenhagen Business School Press，2003.

［3］Gullen，M. Models of Management：Work，Authority，and Organization in a Comparative Perspective. Chicago：University of Chicago Press，1994.

［4］Hall，W. Managing Cultures：Making Strategic Relationships Work，England：John Wiley & Sons Ltd.，1995.

［5］Hall，E.T. How Cultures Collide. Psychology Today，1976（7）.

［6］Harris，P.，Moran，R.T. Managing Cultural Differences，Houston：Gulf Publishing Company，1987，2000.

［7］Harris，P.，Moran，R.T. Managing Cultural Synergy，Houston：Gulf Publishing Company，1982.

［8］Hofestede，G. Culture's Consequences：Comparing Values，Behaviors，Institutions，and Organizations across Nations. London：Sage Publications，1980，2001.

［9］Huntington，S.P. The Clash of Civilizations and the Remarking of Word Order. New York：Georges Borchardt，Inc.，1996.

[10] Kluckhohn, A. and Strodtbeck, F. Variations in Value Orientations, Westport, CT: Greenwood Press, 1961.

[11] Koontz, Harold and Weihrich, Heinz. Management. New York: McGraw-Hill, Inc., 1993.

[12] Leaptrott, N. Rules of the Game: Global Business Protocol. New York: Thomson Executive Press, 1996.

[13] Makino. Analysis of Within-and Between-Country Variations: Implications for International Business Research, 2008.

[14] Nath Raghu. Comparative Management: A Regional View. New York: Ballinger Publishing Company, 1988.

[15] Ouchi, W.G. Theory, Z: How American Business Can Meet the Japanese Challenge. Free Press, 1981.

[16] Renen, S. and Shenkar, O. Clustering Countries on Attitudinal Dimension: A Review and Synthesis, Academy of management Review, 1985, 10 (3).

[17] Schien Edgar, H. Organizational Culture and Leadership. San Francisco: Jossey-Bass Inc., 1992.

[18] Scott, W. Richard. Institutions and Organizations, Thousand Okks: Sage Publications, 2001.

[19] Schneider Suan, C. and Barsoux Jean-Louis. Managing Across Cultures. Paris: Prentice Hall Europe, 1978.

[20] Terpstra Vern. The Cultural Environment of International Business. Cincinnati: South -Western Publishing Co., 1978.

[21] Triandis, H.C. Individualism and Collectivism. Boulder, CO: Westview Press, 1995.

[22] Toynebb Arnold, J. A Study of History, Oxford: Oxford University Press, 1956.

[23] Trompenaars Fons Riding the Waves of Culture: Understanding Cultural Diversity in Business, London: Nicholas Brealey Publishing Ltd., 1993.

[24] Warner Malcolm. International Encyclopedia of Business & Management, Singapore: Thomson Learning, 1996, 2002.

[25] 范徵. 跨文化管理：全球化与地方化的平衡 [M]. 上海：上海外语教育出版社，2004.

[26] 范徵. 人力资本与组织资本互动的管理学体系 [J]. 经济管理，2007 (3)：75-81.

[27] 范徵. 管理学：人力资本与组织资本的互动 [M]. 上海：上海外语教育出版社，2007.

[28] 梁觉，周帆. 跨文化研究方法. 引自陈晓萍，徐淑英等. 组织与管理研究的实证方法 [M]. 北京：北京大学出版社，2008.

（上海外国语大学　范　徵　曹姝婧　王风华）

比较管理的研究对象与边界

一、问题的提出

哈宾森和梅耶斯（Harbison & Meyers，1959）的奠基性著作《工业世界的管理：国际分析》正式拉开了比较管理研究的序幕。作为管理学的一个重要分支，比较管理学引起了学者们的极大兴趣，并得到了快速发展，取得了丰硕的理论成果。20世纪60~70年代，出现了“比较管理理论丛林”，并形成了社会—经济研究法（the socio-economic approach）、生态学研究法（the ecological approach）、行为研究法（the behavioral approach）和折中—经验研究法（the eclectic-empirical approach）四大学派（Schollhammer，1969）。进入80年代后，在探究日本企业成功秘诀的过程中，学界一度掀起了美日比较管理研究热潮，出现了“管理新潮流的四重奏”——《日本的管理艺术》、《Z理论》、《寻求优势》和《企业文化》。90年代以后，作为新制度主义的一个主要流派，历史制度主义进入比较管理研究领地，并显示出其特有的学术魅力，涌现出《比较制度分析》等经典之作。

通过这些经典文献可以发现，与其他学科研究所不同，比较管理研究在其形成和发展之初就没有对研究对象和边界问题进行清晰的界定，这种先天不足对后续研究造成了严重的不良影响。君不见，比较管理研究在近40年的时间里曾一度被广大研究者们所追捧和热议，然而，从90年代后期至今，却逐渐归于沉寂，经典著作和学术论文更是少之又少。特别是在我国，比较管理学趋于“边缘化”，规范的研究成果寥寥无几。取而代之的是跨文化管理研究的日益繁荣。伴随全球经济一体化趋势的不断加剧和跨国公司的快速发展，诸多学者纷纷加入到跨文化管理研究的大军当中，甚至还出现过很多将跨文化管理与比较管理混为一谈的有趣现象。一个重要的原因，就是由于比较管理的研究对象和边界模糊，使相关学科间缺乏明确的分工和清晰的边界，自身的学科体系和分析范式也难以形成，最终酿成了比较管理研究停滞不前的尴尬局面。由此，我们深刻地认识到，作为研究基点，比较管理的研究对象和边界的清晰界定，不仅对比较管理学的学科建设、完善和发展具有重要的理论价值，而且对“中国模式”中管理元素的发掘以及“中国管理学派”的形成具有重要的现实意义。

基于此，本文首先尝试从比较的主体、活动域① 和核心问题三个维度来界定比较管理的

［基金项目］国家自然科学基金项目“社会资本视角下上市公司终极股东控制与剥夺问题研究”（批准号 71072072）；国家自然科学基金项目“面向中国低收入群体的商业模式创新”（批准号 71072141）。

① 这里之所以选择使用“活动域”这个名词，是因为在企业所处的环境系统中，微观环境、中观环境和宏观环境分别从不同的方面、以不同的形式限定了企业内、外部的各种活动，即约定了企业的活动边界。因此，活动域可以分为微观活动域、中观活动域和宏观活动域。

研究对象，然后讨论比较管理研究的概念边界（比较管理的概念内涵，即什么类型的研究属于比较管理范畴）和理论边界（比较管理的理论体系，即什么样的理论解释适合用于比较管理研究），试图为推进比较管理研究廓清方向，奠定理论基石。

二、理论分析框架的构建

（一）对比较管理研究对象四种认识的解析

综合现有文献，可以将学者们对比较管理研究对象的认识与诠释分为以下四类：①重合说。顾名思义，这种观点认为，比较管理的研究对象与管理学的研究对象一致，都是研究管理活动的基本原理、方法与实务。所不同的只是在研究这些问题时比较管理学采用了比较分析方法。②管理现象说。持这种观点的学者认为，比较管理学主要研究不同国家（和地区）之间“管理现象”的异同点、模式及其效果，并且研究这些管理现象与文化地域环境因素的关系（杨海涛，1988）。③管理思想与实践说。这种观点认为，比较管理是用比较的方法对本域的管理思想与实践与异域的管理思想与实践的比较研究，是将两个或两个以上处于不同情境中的主体加以对比考察（曹德骏，2010）。④管理方式说。这种观点认为，比较管理的研究对象是各类组织的管理方式[①]（黄群慧）。

重合说实质上是简单地把“比较分析”嵌入到管理理论层面，混淆了管理理论与管理实践这两个层面之间的区别。比较管理学比较不同情境中管理实践层面的活动。管理现象说、管理思想与实践说、管理方式说在相当程度上受到“法默—里奇曼模式”、“尼希根—埃斯塔芬模式”和“孔茨模式”的影响，致使研究者仅仅看到了管理系统表层现象化的要素，而忽视了深藏其中的管理机理。比较管理学比较不同情境中管理实践层面的活动，但不等于比较管理的研究对象就是管理实践。比较管理学究竟研究什么？通常，在科学研究中，具有统计学意义的质量特征值或“典型化事实”才能成为具有规律性的元素，才具有研究意义。以上认识中提及的“活动”、“现象”、“实践”、“方式”的总量中包含着许多不具有统计学意义的零散的、碎片式的元素，不具有研究意义。假定这些范畴具有研究意义，也只是我们从事研究工作的入手之处，因为我们停留在这些范畴上的认知只能是表面化或表层化的，很难进入事物的本质。比较而言，支配管理行为和方式的管理机制或管理机理更接近“具有统计学意义的质量特征值”范畴，似应成为比较管理的研究对象。

以上四种认识之间的不一致，造成了学术界对比较管理研究对象认识更加模糊，并导致在探讨比较管理研究边界的过程中难以找到入手之处。因此，从学科发展的角度来看，当前急需明确对比较管理研究对象的认识，进而界定比较管理研究边界。

尽管这四种认识存在着局限性，但还是带给我们一些重要启示。不论是管理活动、管理现象、管理实践，还是管理方式，都是对不同层面、不同形式的管理模式或其组合的认识，如被誉为日本企业管理中三大法宝的终身雇用、年功序列和企业工会，实际上就是企业整个人力资源管理模式中的某些局部管理模式及其组合，它可以部分地表述日本企业管理模式的

---

① 这里的管理方式是指在某种特定的环境和组织内部条件下，组织管理部门和人员履行管理职能的方式，也可以理解为管理系统的运行方式，包括执行管理职能的观念、价值标准、方法、分析技术等内容（黄群慧，2009）。

特征。管理模式是比较管理研究关注的重点，是容易使学界接受并最终达成共识的基础。对管理模式进行逐层透析会发现，最内一层是价值活动的基本单位——价值单元，由此自内而外，分别是构成价值模块的价值单元局部组合、价值模块、构成基本管理模式的价值模块局部组合、基本管理模式、构成职能管理模式的基本管理模式局部组合、企业各职能管理模式，各职能管理模式再按照一定界面规则进行有效组合就构成了显示在最外一层作为整体的企业商业模式。由此，我们得到了一种启示：难道不可以从企业商业模式的框架之中去寻找比较管理的研究对象和边界吗?！作为企业内外部环境交互作用的结果，企业商业模式不仅清晰地呈现出企业全部活动的优化整合，而且还展现出微观、中观和宏观三层界面连接规则，更有意义的是，一种企业商业模式的形成和演进的背后总是蕴藏着一种深刻的具有支配力量的机理。因此，从企业商业模式入手，可以使我们方便地观察甚至触摸到比较管理的研究对象与边界。

（二）构建理论分析框架的基本思路

高闯和关鑫（2006）从价值链创新的理论视角创造性地重新诠释了企业商业模式的概念，即在明确的外部假设条件、内部资源和能力（企业被界定在某一产业内）前提下，企业商业模式是企业价值链的一个函数，并可以将其看作是一种基于价值链创新的企业价值活动及对这些价值活动所涉及的全体利益方进行优化整合以实现企业超额利润的有效的制度安排的集合。企业商业模式涵盖了从原材料供应、新产品和新技术开发、企业融资、公司治理、生产运作、人力资源管理、物流管理到市场营销和结算管理等企业的所有价值活动，而这些价值活动在嵌入企业价值系统的过程中，由于同时受到企业内外部环境的影响，最终以一种具有较为明确的战略意图和可以获取持续竞争优势的结构与制度安排集合方式有机地组合在一起。企业商业模式在本质上就是对企业整个价值系统的有效整合，是企业内外部环境交互作用所形成的一种相对的均衡状态。

企业商业模式研究的本质是什么？让我们分别从研究的主体、活动域和核心问题三个方面加以考察。

（1）以企业作为研究的主体。顾名思义，企业商业模式研究的主体自然是企业，这就将其他营利组织（私营性质的医疗机构等）、非营利组织（如行业协会、慈善机构及其他各种形式的协会组织等）和政府机构直接排除在外。企业作为现代经济系统中最具活力的因子，其经营理念、运作模式、投资策略、企业文化和社会责任等受到广大研究者的极大关注，有关企业商业模式的研究成为一大热点。同样，比较管理研究所关注的焦点也是企业，而非其他类型和性质的组织。

（2）同时考察企业主体的三大活动域。企业商业模式研究同时关注了由企业所处的微观环境、中观环境和宏观环境所构成的环境系统，并将企业商业模式视为内外环境交互作用下形成的一种相对的均衡状态。其中，企业的微观环境主要是指企业内部所拥有的资源（各种有形和无形的资源）、能力和企业文化等，这些实际上构成了企业内部环境系统，为企业的各项管理活动提供了必要的基础保障；中观环境则是指企业所处的产业环境，包括了产业吸引力、产业集中度、产业竞争力、进入与退出壁垒和产业生命周期等主要影响因素；宏观环境是指企业外部的政治、经济、文化和技术等大环境。斯科特（Scott，2001）又将前三种宏观环境概括成三种制度因素，或称制度分析的三个维度，即强制性制度环境、规范性制度环境和文化—认知性制度环境。大量研究表明，企业的环境战略屈从于制度约束，企业与制度之间的交互作用是一个动态过程，而且还是一个不稳定的力量均衡。因此，外部大环境的变化必然会影响到企业商业模式的选择与重塑，而且从长期来看，还会使企业商业模式处于一种不断调适的动态演化过程中。

(3) 概念模型与研究的核心问题。根据企业商业模式的概念，可以将其视为是在企业价值导向的驱动下，在三大环境系统共同作用和影响下，企业最基本的价值活动——价值单元按照某些特定规则进行组合形成价值模块，这些价值模块再通过一定的界面规则相互连接，最终组成企业价值系统（见图 1）。从企业整体来看，由于不同价值模块的功能不同，它们之间存在着极强的战略互补性，而所谓将不同价值模块进行无缝对接的界面规则，就是这种战略互补性的最好说明。在动态演进过程中，新的效率更高的价值模块会替代原有的效率较低的价值模块，从而实现与其他价值模块的新组合。

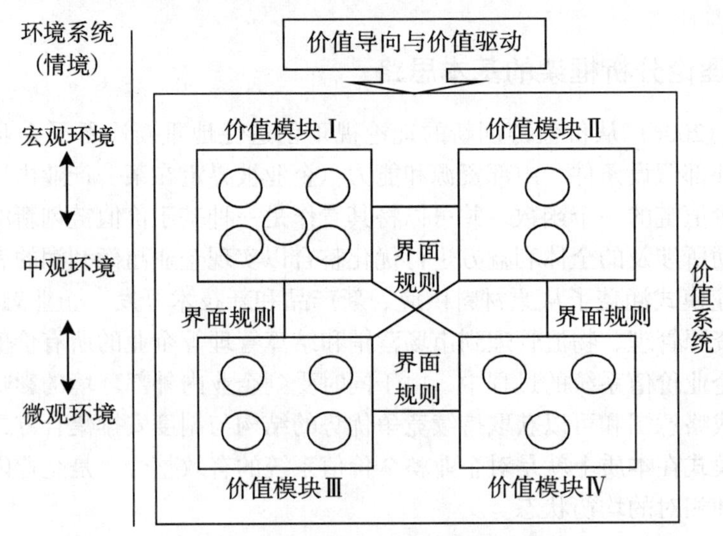

图 1　企业商业模式概念的逻辑抽象图

注：◯ 代表企业价值活动中最小单位，即价值单元。

从企业商业模式的概念模型来看，价值模块进行连接后形成一个庞大的价值系统，在这一过程中，所体现的实际上正是企业不同层面上最基本管理模式（包括了制度和结构两个方面），这些管理模式再有效地黏合在一起，所呈现出来的就是企业商业模式。因此，企业商业模式研究所关注的核心问题不是简单的商业模式形态，而是这种企业商业模式形成与演进背后所蕴藏的机理。只有揭示出这种深藏其中的机理，才能够对企业商业模式的生成与演进，造成不同企业商业模式间差异的根源，以及企业商业模式移植等问题有更为深刻和系统的认知与解释。

企业商业模式的生成与演进显示出来的不仅仅是一种直观的现象，更重要的是现象背后的深刻机理。企业商业模式可能在一段时间内保持相对稳定，但在经济租金的驱动下，在外部经济、政治、文化和技术环境及产业环境的影响下，在企业内部资源和能力等条件的约束下，会不断地发生动态演进。由此可见，在企业商业模式形成与演进的过程中，研究者们更为关注的并非企业由一种商业模式向另一种商业模式的简单转变，也不是哪种商业模式更成功，而是究竟哪些关键影响因素影响和决定了企业商业模式的转变，它们对企业商业模式的作用机制如何，它们决定了企业商业模式怎样的演进方向，为何将一家企业成功的商业模式应用到另一家企业就会失灵（企业商业模式的移植问题）。而这些恰恰就是隐藏在企业商业模式背后所谓的生成与演进机理。

从比较管理的理论模式来看，不论是“法默—里奇曼模式”、“尼希根—埃斯塔芬模式”，还是“孔茨模式”，其分析重点都在于企业内外部环境及管理要素对企业实践或管理实践及现实绩效的影响，而这恰恰与企业商业模式的概念模型和理论框架有着极高的相似性。如图2所示，本文尝试从企业商业模式的概念模型及其研究的本质入手，通过同质性归纳的方法，对比较管理的研究对象进行清晰的界定，亦即从比较的主体、情境约束（环境系统或三个层面的活动域）和研究的核心问题三大方面明晰比较管理的研究对象。并在企业商业模式的概念模型下，通过对多重环境要素约束下企业的基本管理模式及其组合的有限列举，框定比较管理研究的概念边界和理论边界。在对前两者进行清晰界定的基础上，还对比较管理研究的性质加以简要说明。

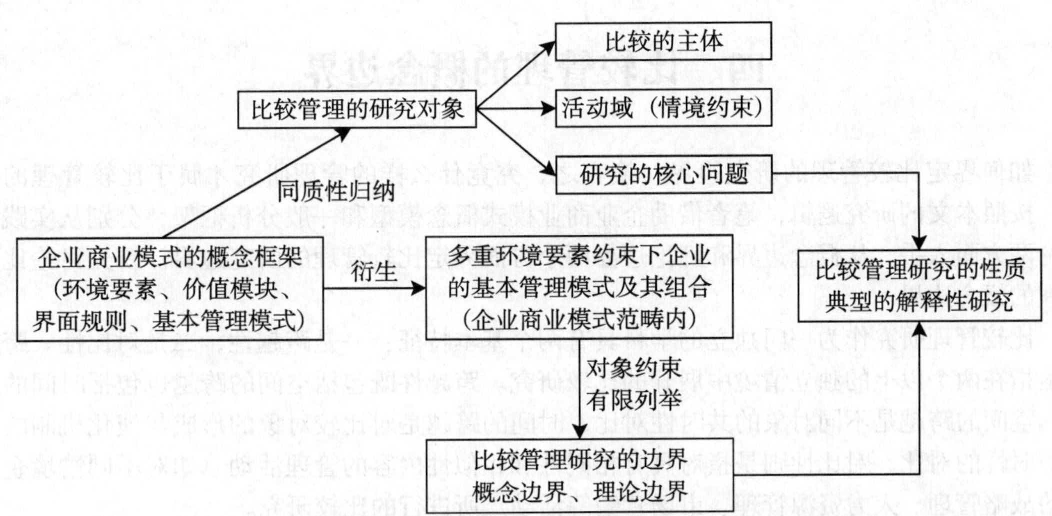

图2 企业商业模式概念框架下比较管理研究的一般分析思路

三、比较管理的研究对象

借用企业商业模式的概念模型，笔者认为，比较管理的研究对象可以从三个层次来界定。首先，比较管理以企业作为比较的主体，这一点与企业商业模式研究是一致的。其次，比较管理高度关注企业的三大活动域，特别是这三大活动域或环境系统通过要素提取、空间交叉和有序排列最终凝结而成的“管理情境”①。最后，在明确研究主体与管理情境的前提下，即不同的管理情境下，比较管理所关注的是企业间管理②的显著差异及其影响因素与形成机理，而其中的核心问题就是“不同的管理情境下，企业间管理模式显著差异的形成机理”。比较管理研究的核心问题其实就是比较管理这一学科所要论证的普适性命题。这一命

① 笔者认为，这种情境实际上就是企业内外部环境（微观环境、中观环境和宏观环境）要素按照一定的规则组合在一起形成的一个集合体。管理情境的概念可以等同于整个环境系统，由三大活动域组合而成。

② 此处所言之管理，不是简单的管理现象、管理活动和管理方式，而是在企业商业模式概念模型下，局部价值模块有序排列组合形成的基本管理模式及这些基本管理模式的不同组合。

题区分了其他学科与比较管理研究的问题与范围，高度凝练了比较管理研究这个学科的基本假设、主要研究方面和重点所在。这一界定可以抓住比较管理研究的各种问题的基础与根本，并努力探索和寻求所研究的各种问题的终极解释。

通过这三个层次的界定，可以较为直观地看出，比较管理研究的绝不仅仅是实践层面的企业管理活动，而是致力于寻求"不同情境下企业管理模式为何出现差异"的理论解释，也就是所谓企业管理模式的生成与演进机理。

笔者由此将比较管理学定义为：比较管理学是从比较分析的视角研究不同环境系统（不同国家或地区的宏观、中观和微观环境）中企业的管理模式、运行机制及其内在规律性，揭示不同国家或地区企业管理模式的基本特征、生成与演进机理，破解其一般演化规律，探寻不同国家或地区企业管理与经济增长之间的关系，为不同国家或地区企业管理的相互借鉴与移植提供可能性论证和理论依据。从此种意义上说，比较管理学又可称为比较企业管理学。

四、比较管理的概念边界

如何界定比较管理的研究边界？换言之，究竟什么样的管理研究才属于比较管理的范畴？按照本文的研究逻辑，笔者借助企业商业模式概念模型和一般分析框架，分别从实践与理论两方面入手，从概念边界和理论边界两个方面界定比较管理的研究边界。首先讨论比较管理的概念边界。

比较管理研究作为一门独立的学科具有两个基本特征：一是跨越性，二是对比性。跨越性是指在两个以上的独立情境中展开的比较研究。跨越性既包括空间的跨越也包括时间的跨越。空间的跨越是不同对象的共时性对比，时间的跨越是对比较对象的形成与演化机制的一种历时性的对比。对比性则是指对具有相同性和相似性内容的管理活动（如对不同情境企业间的战略管理、人力资源管理、市场营销等活动）所进行的比较研究。

按照比较管理研究的基本特征，根据企业及其管理情境的匹配类型，可以将比较管理研究分为单一企业的跨域管理比较、不同地区单一企业间管理比较、同一地区不同国家企业间管理比较和不同地区企业群体间管理比较四种基本类型（见图 3）。

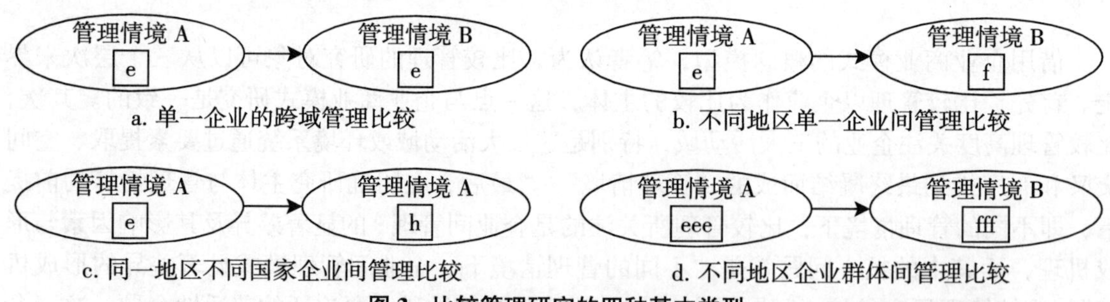

图 3 比较管理研究的四种基本类型

注：e、f、h 分别代表单一企业个体，eee 代表管理情境 A 中的企业群体，fff 代表管理情境 B 中的企业群体。

（一）单一企业的跨域管理比较

这一类型的比较管理研究的主体是同一企业，但是这一企业所处的管理情境是不同的。

根据造成管理情境不同的原因，又可以将这种基本类型分为两种一般形式：一种是单一企业跨时间演进脉络研究，这是由于企业在时间序列上不断演进而导致管理情境相应的变化，进而造成企业在不同时间跨度下管理模式乃至企业商业模式间的差异。这种一般形式的研究重点是通过不同时间维度下企业管理模式及活动域的对比，旨在揭示特定区位的单一企业管理模式乃至企业商业模式的生成与演进机理。另一种是单一企业跨时空管理比较，这是由于企业跨区域经营造成的活动域的相应变化，并由此引起企业在不同时空管理模式间的差异。这种一般形式的研究重点则是通过不同时空下企业管理模式及活动域的对比，旨在揭示单一企业在不同地理空间上管理模式乃至企业商业模式的变革与演进机理。

（二）不同地区单一企业间管理比较

这一类型的比较管理研究与前一种类型的第二种一般形式有些相似，不同的是比较的主体不是同一企业，而是两个处于不同地理空间上的企业。也恰恰是由于这种地理空间及其造成的诸多差异，才导致两个企业各自管理情境的差异，并最终造成企业管理模式乃至企业商业模式及其演进轨迹的不同。因此，这一类型的比较管理研究旨在通过对企业管理模式与活动域差异的比较分析，揭示出造成企业管理模式差异的关键因素，并对这些关键因素的作用机理及企业管理模式乃至企业商业模式的演进机理进行系统解释。

（三）同一地区不同国家企业间管理比较

这一类型的比较管理研究的主体是处于同一地区的不同国家企业。由于所处同一地理区位，企业的外部宏观环境和中观环境是相似或相同的，即假设它们所处的管理情境是相同的。而区别在于企业内部差异，特别是由于国别差异所造成的先天的管理思想、价值观、宗教信仰、风俗习惯等，所以，尽管它们处于相同的外部环境系统中，企业管理模式乃至企业商业模式却大为迥异。这一类型的比较管理研究重心是通过对同一地区企业间由于“国别差异”造成的重要差异进行比较分析，旨在揭示不同国别企业的内部关键差别要素对企业管理模式乃至企业商业模式的作用机制，以及其中一般演进机理。

（四）不同地区企业群体间管理比较

这一类型的比较管理研究是一种学者们最为普遍认同的，也是最为典型的一种比较管理研究。通常，学术界对比较管理的认知大都局限在这一类型。之所以称之为企业群体间管理比较，是因为单一企业间可能因个体差异而导致存在诸多难以限定的差异，而处于同一地区或国家的诸多企业因具有相同或相似的经济与文化制度背景，在管理模式乃至企业商业模式上存在诸多共性，或共同特色、共同成功之处，而这些共性的交集就构成这一特定地区或国家中企业特有的管理模式。这一类型的比较管理研究旨在分析不同国家或地区（两个或两个以上地区间必然在宏观和中观环境上存在显著差异）之间政治、经济、文化和社会等环境差异对企业一般管理模式乃至企业商业模式的影响，进而揭示企业管理模式的生成与演进机理。

这四种基本类型都属于比较管理的范畴，研究的核心问题都是“不同的管理情境下，企业间管理模式的显著差异、影响因素、形成及演进机理”，因此，它们集合在一起，实际上就构成了比较管理研究的概念边界。

五、比较管理的理论边界

从企业商业模式的生成过程来看，它受到了企业内外部诸多要素持续的共同作用。其中，既包括企业外部的制度要素和其他要素（如宏观的技术环境要素和中观产业结构要素等），也包括企业内部的资源基础、能力要素（建立在资源基础之上的关键能力）、企业文化（特别是核心价值观，以及由此形成的内部氛围）和内部结构（基于资源基础和能力要素）。企业的基本管理模式以及在此基础上按照不同界面规则形成的基本管理模式组合，乃至于整体的企业商业模式，都是在这些内外部要素作用之下形成的（见图4）。相应地，比较管理研究必然具有较强的解释性。因此，笔者分别从理论解释（这是构建比较管理学一般分析范式的基础，因此，一般分析范式必然包含在理论边界内）和模式比较（比较管理学可能形成的学科分支，为理论发展的多样性和具体化创造了必要的前提基础，并进一步强化了企业实践中比较管理理论的导向性）两个角度对比较管理研究的理论边界加以界定。

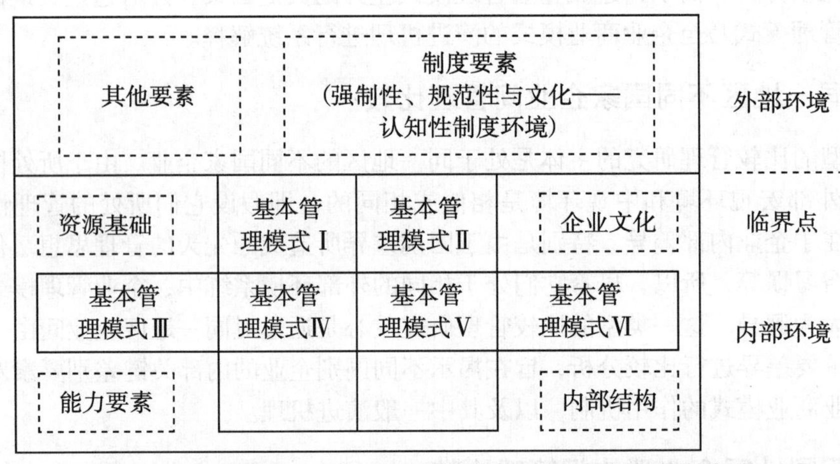

图4　企业商业模式概念框架下比较管理研究的理论边界抽象图

（一）环境要素边界下对企业管理模式生成与演进的理论解释

从内外环境要素的角度对企业管理模式的生成与演进进行系统而深刻的理论解释，并由此形成不同的理论派系，实际上是对比较管理研究的核心问题的一般诠释。企业内外部环境要素的差异、变化及其不同组合构成了所谓的“不同的管理情境”，这些要素对企业管理模式的作用机理和实际影响，是造成企业间管理存在显著差异的关键原因，在内外部环境要素的影响下，企业管理模式乃至商业模式的生成与演进必然会呈现出一定的规律性，即其中的内在机理。

按照影响因素的类型及其作用层面可以将现有的理论解释分为以下三大流派：

(1) 能力流派：基于资源基础与企业能力差异的理论解释。能力流派从企业间资源基础和能力的差异入手，分析企业间管理模式存在显著差异的原因。这一流派将企业看成一个不同能力的集合体，在假定企业外部环境要素不变的前提下，企业日常经营及其管理模式主要受企业内部资源基础和能力（主要包含学习能力、应变能力、创新能力和领导力）的影响，因此，其分析的侧重点放在企业内部。特别是企业的战略管理，在很大程度上依赖于企业的资源基础，企业战略的制定、管理模式的选择，通常都是被限定在资源和能力的约束下。

由于对企业能力认知视角不同，能力流派形成了资源基础理论（以 Penrose 为代表，认为企业具有不同的有形的和无形的资源，这些资源可转变为独特的能力，是企业持久竞争优势的源泉）、核心能力理论（以 Prahalad 和 Hamel 为代表，认为企业核心能力是企业所拥有的各种技能、能力的综合，是企业在竞争中获得领先地位的关键性能力）和知识基础理论（以 Prescott，Visscher 和 Coleman 为代表，认为企业是累积性知识与能力的载体，对未来的把握取决于特定企业的知识积累状况）三种观点。

（2）文化流派：基于文化差异的理论解释。文化流派是在其他环境因素影响确定的前提假设下，从企业外部文化和企业文化两个维度解释不同管理情境中企业管理模式差异的成因及其演进机理。企业外部文化，即企业所处外部环境中的文化环境，包括了一国或一个地区的风俗、惯例、价值观、宗教信仰、生活方式和认知模式（对自我的认知、对个人与他人之间关系的认知，对个人与环境关系的认知，以及对时间和空间的认知）等，对企业文化的形成、与利益相关者之间的社会互动模式和交易方式的选择以及企业内部管理模式的构建等都会产生重要影响。企业文化，如企业的核心价值观等，必然会对内部成员间的价值取向、行为模式及与此相对应的管理模式起决定作用，并且还会影响到企业对外部利益相关者的管理模式的选择。文化流派实际上遵循了文化—认知—行为—模式的分析逻辑。

文化比较研究早于比较管理研究，并具有较为坚实的理论基础。由于这一流派的理论分析工具有较强的解释力，因此，很快便被引入到跨国比较管理分析当中。这一流派对比较管理研究的发展具有非常重要的贡献，同时，也是理论成果最为丰富的一个流派，形成了著名的克拉克洪—斯乔贝克（Kluckhohn and Strodtbeck，1961）框架、爱德华·霍尔（Hall，Edward.，1976）框架、霍夫斯坦德（Hofstede，1980，2001）框架和大内（Ouchi，1981）框架等。

（3）制度流派：基于制度因素差异的理论解释。制度是一个社会的博弈规则，或者更规范一点说，它们是一些人为痕迹的，形塑人们互动关系的约束（North，1990）。制度由三个基本部分构成，即正式制度、非正式的约束（行为规范、惯例和自我限定的行事准则）以及它们的实施特征，包括了人类所发明和设计的形塑人们互动活动的所有约束。制度流派所强调的是，在特定背景下，周遭各个系统和各种社会制度（政治、经济、社会和文化等）对组织的影响，这些影响以极为微妙且普遍存在的方式形塑社会和组织的认知和行为。制度界定并限定了个人或企业的选择集，不同的制度环境是造成企业间管理模式存在差异的关键因素。

按照分析特征的不同，制度流派中存在着两大理论分析体系，其中一个是以 North 和 Scott 为代表的制度理论，另一个则是以青木昌彦（Masahiko Aoki）为代表的比较制度分析。North（1990）强调，人们过去做出的选择决定了他们现在可能的选择。沿着既定的路径，经济和政治制度的变迁可能进入良性循环的轨道并迅速优化，也可能顺着原来的错误路径往下滑，甚至锁定在无效率的状态之下。由此，利用“路径依赖”理论可以很好地解释企业管理模式的历史演化；比较制度分析则是在同时关注制度“路径依赖性”和“战略性互补”的基础上，运用进化博弈论分析方法，分析以“适应性进化”为基础的社会制度的活力，进而解释一个国家经济体制的形成、转变与革新。

（二）企业职能管理模式的比较分析

企业商业模式实质上是企业全体价值活动的一种有效组合，因此，自外而内可以将其视作是一个多重结构的有机体。企业商业模式虽然处于最外层，但由于其作为诸多职能管理模式的集合体，对它直接进行比较分析还是有相当的难度。因此，研究者们往往选择的是对企业职能管理模式进行比较分析。

从模式比较的角度来看，按照企业职能模块可以将比较管理研究划分为比较公司治理（包括企业内部公司治理的比较分析和企业网络组织治理的比较分析）、比较战略管理、比较运营管理、比较创新管理、比较人力资源管理和比较营销管理等。这些基于具体职能管理模式的比较研究实际上就是比较管理学的分支，它们只是将比较管理的研究对象更进一步地细化了，并且有望形成具有本领域特色的、具有较强针对性的研究范式、理论框架和方法论。

研究者的触角虽然早已触及这些领域，然而到目前为止，尚未对这些职能比较管理全部进行准确界定。其中只有少数几种因作为研究热点而受到高度关注，进而形成了相对较为系统的理论框架，如比较营销管理。巴特尔斯（Bartels，1963）最早提出比较营销的观点，他认为，“营销中假定的普遍原理之所以要理解为是相对的，是因为随着世界空间的不断缩小，人们认识到了作为社会构造的营销系统具有固有特性。关于世界各市场以及营销的比较应该成为今后营销思想发展的主题”。他的营销理论坚持了“环境主义”，他反复论述环境对营销系统和组织发展的作用，特别是论述了环境与营销实务之间的关系。孙明贵和张莹（2009）通过对现有相关文献的系统梳理，将比较营销研究分为营销制度与活动、环境条件、消费者行为、方法论研究和构筑比较营销研究的概念框架五个问题领域。按照本文的界定，比较营销管理实际上就是对处于“不同营销情境下”企业的营销系统和营销模式之间存在的显著差异进行比较分析，进而构建系统的理论分析框架，全面地、客观地揭示其生成与演进机理，为市场营销实践提供必要的理论支持。在明确的研究对象的指导下，在相关学科的理论与方法的支撑下，这些关于企业职能管理模式的比较分析将会不断地完善和发展，并将最终形成一个较为完整的理论体系。

事实上，在社会科学各领域，比较研究似乎呈现出一种共性，即解释性研究（刘文瑞，2009）。凡是比较，而且能够在学术上有所创见者，在已有的事例中基本上都没超出解释性这一范围。通过本文对比较管理的研究对象和研究边界的重新界定，尤其是比较管理研究的理论边界，不难看出，比较管理就是一种典型的解释性研究。它虽然也要回答“是什么”，但其根本任务是要回答“为什么”。为了揭示管理行为和管理模式背后所蕴藏的管理运作机理，回答“究竟是什么因素决定了不同情境下管理的异同”，比较管理既要从事共时性研究，更要从事历时性研究。这种解释性研究，就是要对管理模式进行解释性说明，应当超越“存在”，进入“过程”，通过历史长河分析其承袭机制、选择机制和变异机制等，从而可以更好地解释一国或一个地区企业管理模式今天为何是这样而不是那样的。这种解释既有利于人们发现一国或一个地区企业管理模式中的特殊经验，也有利于发现管理模式中的普适规律。

六、结 语

（一）研究结论

本文通过对国内外经典文献的回顾与系统梳理，明晰了比较管理研究的发展脉络，同时也发现比较管理研究之所以由曾经的盛极一时到逐渐归于沉寂，以致不断被边缘化，一个重要的原因就是研究对象模糊、研究边界不清。基于此，笔者尝试运用企业商业模式的概念模型分别从比较的主体、活动域和研究的核心问题三个维度对比较管理的研究对象进行界定，并根据比较管理研究的基本特征和“不同情境”约束，分别从概念边界和理论边界两个方面对比较管理研究的边界进行较为全面系统的阐释。通过研究，得到以下重要结论：

（1）在明确研究主体与管理情境的前提下，比较管理研究所关注的核心问题就是“不同的管理情境下，企业间管理模式显著差异的形成机理”。比较管理研究或比较管理学就是从比较分析的视角研究不同环境系统中企业的管理模式、运行机制及其内在规律性，揭示不同国家或地区企业管理模式的基本特征、生成与演进机理，破解其一般演化规律，探寻不同国家或地区企业管理与经济增长之间的关系，为不同国家或地区企业管理的相互借鉴与移植提供可能性论证和理论依据。

（2）比较管理的研究边界包括了概念边界和理论边界。从概念边界来看，并严格依据比较管理研究的两个基本特征，比较管理研究包含了单一企业的跨域管理比较、不同地区单一企业间管理比较、同一地区不同国家企业间管理比较和不同地区企业群体间管理比较四种基本类型。从理论边界来看，按照企业内外部环境要素的不同组合，可以将比较管理研究划分为能力流派、文化流派和制度流派，按照企业职能管理模式的差异，又可以分为不同的职能比较管理研究。

（3）比较管理研究是一种典型的解释性研究。比较管理研究的本质就是“通过对不同管理情境下企业间管理的显著差异进行比较分析，揭示造成这种显著差异的关键因素及其作用机制，进而系统解释企业管理模式的生成与演进机理”。因此，解释性是比较管理研究的基本性质。

（二）理论价值

大到一个学科的发展，小到一种理论的构建，都离不开对其研究对象和边界的明确界定。可以说，这些基础界定就如同理论大厦的地基，如果地基不牢固，即使再华美的摩天大楼也会轰然倒塌。在比较管理研究史上，本文首次对比较管理的研究对象、边界与性质进行系统界定和阐述，这将有助于深化我们对比较管理基本范畴的研究和共识，拓宽比较管理研究的“共同话语系统”，促进比较管理一般分析范式的构建，为比较管理理论体系的不断完善和发展奠定坚实的理论基础。

（三）研究局限与未来研究方向

限于篇幅，本文在阐释比较管理理论边界的过程中，很难对比较管理研究的每一种类型逐一详析并进行系统的评论，这会影响读者对比较管理理论流派的深刻理解。当然，这不会影响本文的结构框架和理论体系的完整性。本文独辟蹊径，从企业商业模式的视角界定和诠释比较管理的研究对象、边界与性质，虽然是初步的，但无疑是一个有益的尝试，完全有可能为后续研究奠定理论基础并指明方向。在后续研究中，笔者将继续通过对比较管理理论边界的深度挖掘，进一步探讨比较管理研究的性质和学科特点，系统梳理和评述已有理论流派和分析框架，并在此基础上努力构建能够被广泛认同的比较管理的一般分析范式，为比较管理理论体系的不断完善和发展做出更大的贡献。

〔参考文献〕

[1] Ajiferuke, M., Boddewyn, J. Culture and Other Explanatory Variables in Comparative Management Studies [J]. Academy of Management Journal, 1979, 6.

[2] Ajiferuke, M., Boddewyn, J. Socioeconomic Indicators in Comparative Management [J]. Administrative Science Quarterly, 1970, 15 (4).

[3] Barksdale, H.C., Anderson, M.L. Comparative Marketing: A Review of the Literature [J]. Journal of Macro-marketing, 1982, 2 (1).

[4] Farmer, R.N., Richman, B.M. A Model for Research in Comparative Management [J]. California Management Review, 1964, 7 (2).

[5] Kelley, L., Worthley, R. The Role of Culture in Comparative Management: A Cross-Cultural Perspective [J]. Academy of Management Journal, 1981, 24 (1).

[6] Negandhi, Anant, R. Comparative Management and an Open System Theory [J]. Academy of Management Journal, 1973 (8).

[7] Negandhi, Anant, R. Comparative Management and Organization Theory: A Marriage Needed [J]. Academy of Management Journal, 1975, 18 (2).

[8] Perrow, C. A framework for the Comparative Analysis of Organizations [J]. American Sociological Review, 1967, 25.

[9] Ronen, S., Shenkar, O. Clustering Countries on Attitudinal Dimensions: A Review and Synthesis [J]. Academy of Management Review, 1985, 10 (3).

[10] Schollhammer, H. The Comparative Management Theory Jungle [J]. Academy of Management Journal, 1969, 12.

[11] [英] 道格拉斯·诺斯. 制度、制度变迁与经济绩效 [M]. 杭行译. 韦森译审. 格致出版社，上海三联书店，上海人民出版社，2008.

[12] [日] 青木昌彦. 比较制度分析 [M].周黎安译. 上海：上海远东出版社，2001.

[13] 曹德骏. 比较管理学科的发展问题 [J].比较管理，2010 (2).

[14] 高闯，关鑫. 企业商业模式创新的实现方式与演进过程———一种基于价值链创新的理论解释 [J]. 中国工业经济，2006 (11).

[15] 黄群慧. 比较管理学的春天——比较管理学的研究方法、理论模式及对我国的现实意义 [J]. 比较管理，2009 (2).

[16] 刘文瑞. 探寻美日管理模式交融的经典著作——《Z 理论》评析 [J]. 比较管理，2009 (1).

[17] 孙明贵，张莹. 比较营销的基本范畴、研究现状与发展方向 [J]. 比较管理，2009 (2).

[18] 拓向阳. 国外比较管理学的发展与流派 [J]. 外国经济与管理，1985 (7).

[19] 杨海涛. 比较管理学导论 [M]. 南昌：江西人民出版社，1988.

（首都经济贸易大学 高 闯
清华大学 关 鑫）

比较管理：共时与历时、说明与理解

一、嵌入式情境研究与比较管理中的“共时”与“历时”

著名管理学者徐淑英教授（2004）提出了两类情境化研究，即嵌入式情境研究（context-embedded research）和特定情境研究（context-specific research）。嵌入式情境研究指的是利用国家层面的特征（如文化、政治或经济系统）的差别作为先行变量或调节变量来解释不同国家中的组织或个人现象的方差。这类研究的结果通常是：哪些变量的差异导致了管理现象的不同。照此理解，嵌入式情境研究就是比较管理的一种：这种研究通常利用现有文献中的构念和理论模型并且在新的情境中检验它们。例如，Cullen，Parboteeah 和 Hoegl（2004）研究了 28 个国家的不道德行为，他们使用国家文化价值观，如成就、个人主义、普遍主义和金钱至上的物质资本主义来预测管理者对普遍有违伦理的行为寻求合理解释。

显然，嵌入式情境研究属于一种“共时性”研究，著名学者索绪尔（1980）用如下的图示来表示共时（Synchrony）与历时（Diachrony）的关系。

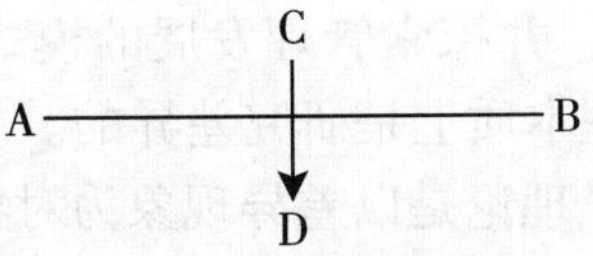

索绪尔（1980）指出，同时性的轴（AB）牵涉到存在的东西之间的关系，在那里排除任何时间的干扰；连续性的轴（CD）在它上面不能一下子看到多于一个以上的东西：共时的一切牵涉到科学的静态方面，历时的一切牵涉到进化方面。在索绪尔看来，共时仅仅知道一个情境，它的一切方法可以归结为事实的收集，而历时的方法则可以随着时间从上往下探究或从下往上追溯。或者说，共时的方法是联系各同时存在并且构成系统的成分之间的逻辑和心理的关系，这些成分是同一集体意识所感觉到的；历时的方法恰好相反，它联系各个不为同一集体意识所感觉到的连续的成分间的关系，这些成分一个替代一个，互相间不构成系统。

根据索绪尔（1980）的观点，嵌入式情境研究显然暗含不同情境下的管理现象结构上的同构性，惟其如此，才能根据同一变量的不同取值来解释不同情境下管理现象的差异。因

［基金项目］教育部人文社会科学研究青年基金项目（09YJC630180）；湖北省教育厅人文社会科学研究项目（2010y044）；武汉市社会科学基金（whsk10005）。

此，嵌入式情境研究是一种系统内研究，它隐含着不同情境下人们享有同一集体意识的前提假设，而这种假设在比较管理中并不一定总是如此。

此外，共时研究与历时研究各自相对独立。索绪尔（1980）举例道："这好比把树干加以横切和纵切后看到的情形一样，纵的切口表明植物构成的纤维本身，而横的切口是纤维组织的个别的平面。"因此，既难以通过纵的切口发现不同的纤维如何组合，又难以通过横的切口发现作为系统某一要素的整体情况。

作为结构主义的重要创始人之一，索绪尔（1980）强调了共时研究的重要性，他说："共时方面比历时方面重要，（就语言研究而言）假如语言学家只注意历时的情境，他所看到的绝不是语言，而仅仅是它的现象变化的序列。"然而，索绪尔以上观点只适用于同一系统或同一集体意识之中，如果是跨系统的比较，就好比如果我们要比较两棵树的生长有何不同，不能单取横截面来进行比较。

就比较管理研究而言，基于演化的理论应属于比较管理中历时性分析。基于演化的比较管理借用了生物演化的概念，特别强调积累性因果关系（高闯、蔡立新，2009）。如在生物演化中，各种生物体特性的出现都会对其后代产生影响，生物体后代的外形、习性都要在其祖先的基础上进一步演化。同样，在管理系统中，人们先前学习到的知识或积累的经验对其后的行为会产生影响。高闯（2010）指出，演化的分析方法告诉我们，应当超越"存在"，进入"过程"，通过历史的时间长河分析其承袭机制、变异机制和选择机制，从而可以更好地解释一国管理模式今天为什么是这样，而不是那样。

二、嵌入式情境研究与比较研究中的"量"与"质"

比较管理采用比较分析的方法，旨在分析不同国家之间的政治、经济、文化、社会等环境差异对管理理论和实践的影响，并探索管理发展的模式和管理知识在不同国家的适用性（黄群慧，2009）。因此，比较管理本质上是研究差异的。差异理论和规律理论是比较管理研究最基本的认识论基础，所谓差异理论是以差异现象为对象，研究差异存在的普遍性、差异结构、运动过程及其发展和转化、差异对象及其差异场域、差异效应、差异原理及应用的学说和方法论（阎进宏，2008）。

李凯尔特（2007）曾提出著名的"现实的连续性与异质性原理"可用于说明如何看待现实中的差异。李凯尔特认为，一方面，现实中的一切都在渐进地转化，每个占有一定空间和时间的形成物都具有这种连续性，这一点可称为现实之物的连续性原理；另一方面，每个现实之物都有自己特有的、个别的特征，在现实中的一切不是绝对同质的，而是互不相同的，这一点可称为关于一切现实之物的异质性原理。按照李凯尔特这一论断，比较管理既可以把现实的异质性（包括民族、文化、地区的差异）看做同质的连续性，它所注意的是现实的"量"的方面；比较管理研究也可以将现实的连续性看成是异质的间断性，即认为各国管理模式存在"质"的差异。

基于"现实的连续性与异质性原理"，李凯尔特并没有完全偏向"连续性"或"异质性"中的任何一方。李凯尔特（2007）举例说："树上的任何一片树叶，化学家的蒸馏器中的任何一块硫磺，都是一个个体，它作为个体，跟任何伟大人物一样，是不能完全包括在任何概念之中的。但是，只要我们面前有一些树叶或许多块硫磺，我们的确会不由自主地把这些给予我们的单一个体变成概念。也就是说，（某些情况下）我们不会去注意使之成为个体的东西，而且我们也应该这样做，因为，只有这样，我们才能得到自然科学意义上的'硫磺'或'树叶'。但是，如果谈的是一个人，那就完全不可能不管这种区别了，在这里，如果把某个人，譬如说歌德变成概念，那我们一定会发现这一点，因为那时候我们脑子里留下来的只是诗人、部长和人的概念，已经不是歌德了。"

由此可见，李凯尔特并未否定普遍规律的意义，李凯尔特只是强调现实的另一面——它的个别性——这种个别性体现了管理现象与管理模式在"质"上的区别。显然，嵌入式情境研究完全是基于"量"上的研究，然而，它们绝不是比较管理的全部，因为并非所有的管理现象差异都可以表达为某一个或某几个变量在"量"上的差异。

Tony Fang（2003）批评了作为嵌入式研究典范的Hofstede的价值观的五个维度（五类变量）的局限性，并对Hofstede的理论是否能有效解释管理现象的差异提出怀疑。在此基础之上，Tony Fang认为Hofstede之后的所有嵌入式情境研究在方法论上的缺陷是：永远希望找到能解释一切现象的"根源性"的变量，但理论界多年来的努力并没有结果——Tony Fang（2005）将这种研究方法类比于"洋葱式"的研究，在层层剥离之后，仍然找不到所谓的"根源性"的变量——因为在Tony Fang看来洋葱本来就没有中心。由此可见，尽管嵌入式情境研究并非完美，其不完美的根源就在于它试图将丰富的管理现实归结为有限的几个变量在"量"上的变化。

杜鹃（2010）在"法默—里奇曼比较管理研究框架修正"一文中开门见山地提出了避免国家同质性的假定，并借鉴符号学的研究成果，直接指出在不同的语境下的同一词汇甚至有不同的含义——既然概念的定义都大异其趣，更谈不上对这些概念进行量化分析了。

区分"量"上与"质"上比较的意义在于，基于"量"上的比较与基于"质"上的比较其方法是迥异的。基于量上的比较是一种科学说明，而基于"质"上的比较是一种人文理解。自然科学收集并处理事实，试图把握这些事实包含于其下的普遍法则，然而从人文学科的方法论来看，人文学科首要的并不是关注这些普遍的法则，相反它指向独特性、个体性的东西——在研究者看来存在"质"的区别的东西。因此，传统的纯粹自然科学如物理、天文和化学等，寻求普遍性的无时间性的发展规律，在这个意义上，它们是规则性的，所有差异表现为"量"上的区别——自然科学追求的是将所有差异的现象统一在一个单一的模型中；而人文学科，关注描述独特性和个别性，在这个意义上它们是描述性的，所追求的是人文理解。

各国管理现象的"质"的差异最集中体现在管理的本体价值上。管理作为人类社会存在的方式，必定寄寓了人们实现生存的最终目的或最高理想：一种合适于人性理想的存在方式和社会协调方式。管理的本体价值是自足的，它与效用无关，而关乎人类的信仰与文化本质（吕力，2010）。这种本体价值在很长的历史时期为人们所信奉并给他们以族类认同和情感慰藉，如中国古代的儒家管理思想以及儒家价值观下人与人的协调关系。管理的本体价值不同于管理的工具价值，工具价值是指客体符合或满足主体需要的某种效应或属性。从这一视角来看，若我们承认管理现象的比较可以在"量"的层次上进行，那也只能是在工具价值的层次上，本体价值上的区别是不可以量化的。

三、比较管理：共时与历时、说明与理解

在现有的国内比较管理研究中，一般认为比较管理研究中存在三大范式：法默—里奇曼范式、尼希根—艾斯塔芬范式以及孔茨范式，这三种范式的共同特点就是抽象出若干影响管理行为的变量，以此为基础来解释所有管理现象的差异，毫无疑问，这三种范式都属于共时性的、基于"量"上的研究。

、然而，在比较管理"三大范式"之外，刘文瑞（2010）注意到欧内斯特·戴尔的《伟大的组织者》对于当代比较管理研究的潜在的巨大影响——在笔者看来，它实际上是比较管理研究另一种思路的直接思想源泉。戴尔指出，比较方法并不打算像哥白尼或爱因斯坦那样囊括一切，用少数简要公式解释所有的组织。刘文瑞（2010）认为，这种比较的方法具有如下特征：

（1）注意可比较性。运用比较法研究组织与管理，必须要有比较的价值和意义，而这一意义建立在可比较性上。可比较性的基础是相似性，两个不相似的组织进行比较，其意义显然不大。

（2）以组织目标为基准。对组织进行研究，势必涉及评价问题。如果忽视组织自身的目标，那么对组织的评价工作将无法展开。有的组织追求利润，有的组织追求个人幸福，假如离开组织目标的这种差异，去比较金字塔组织和扁平式组织的优劣，那么这种比较将会走上歧途。

（3）注重比较结论的适当性。比较分析的结果并不要求得出放之四海而皆准的真理或理论，而是要求得出在特定条件下适用于特定的情况。运用比较的方法要防止把某一特定的成功经验扩大到其他背景和情境不同的公司的倾向，一旦走到这种盲目扩大比较结论适用范围的地步，就不再是经验主义者而是普适主义者了。

与钱德勒的比较分析方法进行对比，可以看到，钱德勒进行比较研究的目的不是总结具体的管理经验，而是寻找大公司发展中的整体制度变迁，所以，戴尔的比较形成的是洞见，而钱德勒的比较形成的是解释（刘文瑞，2010）。换言之，戴尔的洞见包含了对管理个别现象的差异性的理解，而钱德勒是试图对管理现象的差异性进行科学说明。

从管理是工具价值与本体价值的统一这一观点来看（吕力，2010），比较管理是既可以在"量"的层次也可以在"质"的层次上进行的。也就是说，比较管理研究既要求科学说明，也要求人文理解。从共时研究和历时研究的视角来看，比较管理既可以是共时的，也可以是历时的。因为各国管理现象无论表面上看来差异如何大，总存在一定程度的同构性，这是共时性研究的基础；而同样重要的是，同构性也绝不会取消差异性本身，各国管理总会处于不同的集体意识之中，这就要求我们就其中某一单一的因素作纵向的考察。也就是说，比较管理既要求共时性分析也要求历时性分析。

不过从比较管理的学科结构上看，本文主张比较管理作为一门学科，应该主要是基于历时的、人文理解的方法。因为在纯粹的自然科学领域，并不存在比较数学、比较物理学或比较天文学这些分支——并不是说在这些学科中不存在比较的方法——恰恰相反，在这些纯粹的自然科学中，比较方法已经如此普遍地融入到一般研究中去，因此将"比较"独立出来反而是一种画蛇添足。当前主流管理学日益自然科学化，本文前述之徐淑英教授提出的嵌入式

情境研究就是一种典型的自然科学化的研究方法——本质上它当然是比较管理，然而一定要改变学术界约定俗成的称呼，将这种主流的管理学硬性地称为管理学的一个分支，似乎意义并不大。因此，从学科发展的视角来看，较为繁荣的比较学科都在人文学科领域之中，如比较文学、比较历史等。

基于上述考虑，从学科发展的角度而言，应强调历时的、人文理解的比较管理研究——这似乎是比较管理能够成为一个独立的分支学科的立足点。至少，这种比较管理研究应该是综合了共时与历时、科学说明与人文理解的学科，本文不排除采用情境化的方法，它仍然是比较管理的重要内容，采用情境化的方法得出的结论仍然非常重要，但是作为一个学科来说，它可能会被淹没在主流管理之中而被自我取消。

（武汉工程大学管理学院　吕　力）

管理思想的学派之争和比较研究

一、引　言

在中国古代的佛教发展史上，禅宗有一个很有名的公案，即禅宗在思想方法、修炼路径和衣钵传承方面的两首偈语之争。这两首偈语的对照，可以看做古代比较方法的范例。围绕什么是禅，有两种不同的解释：

其一：身是菩提树，心如明镜台。时时勤拂拭，勿使惹尘埃。——神秀

其二：菩提本无树，明镜亦非台。本来无一物，何处惹尘埃。——慧能

相传，禅宗五祖弘忍，要考察僧人的悟性，确定自己的衣钵传人。神秀回答出上述偈语，强调不断修炼，克制自己，排除俗务干扰，弘扬佛性。这时，有个烧火的勤杂工，认为神秀对禅的理解有误，于是也做了偈语，让别人把它写在墙上，主张佛性本空，喻非所指，自然即修炼，主客无须别。众僧看后，举座皆惊。弘忍最终确定，把禅宗的衣钵传给了这位文盲思想家——慧能，这就是很有名的禅宗六祖。

从这两段偈语中间可以得出以下五个启示：

启示一：慧能在比较中提出了不同于神秀的思想观点。在一定意义上，思想的表达、观点的分歧，只有通过比较才能观察得更为清楚。当没有比较的时候，神秀的思想可以得到众人的认可。一旦有比较，神秀的不足以及慧能的优势马上就显示出来。故现实中，只有通过比较，才能对某一思想、某一观点产生更为深刻的认识。

启示二：正是由于这两段偈语，弘忍确定了衣钵传人。由此可以说明，权威和地位也是在比较中产生的，包括学术思想中所谓的主流和支流。在现实中同样如此，例如，在中共发展的历史上，如果没有王明、博古和毛泽东的比较，毛泽东的领导地位也无法形成。

启示三：禅宗正是在这种比较中，形成了学派分化。由此可以推论，学派的分化是由比较推动的，乃至学派的确立也是由比较形成的，没有比较就没有学派。

启示四：这两段偈语不但对当时有启示，对后人也有启示。通过对两段偈语的比较可以发现佛教修炼中“渐悟”和“顿悟”的区别。佛教中，关于“空”（这是佛教中非常重要的概念）的不同认识，了解“空”的不同内涵，这样对禅宗的认识把握才能更深刻。后人正是通过这种比较，掌握了禅宗的发展演变历史。思想的发展，是一种比较和鉴别之后的累积，而不是除旧布新式的更迭，管理思想也不例外。

启示五：类似的现象是具有广泛性的。不仅是禅宗，儒学也是如此。以儒学为例，汉代的今文经学和古文经学，宋明时期的理学（以朱熹为代表的理学和以王阳明为代表的心学）也有过类似的争论。管理学中也有不少类似的争论，比如戴明的质量管理和德鲁克的目标管

理之争，孔茨关于管理具有普适性和戴尔关于管理没有普适性的观点之争。对于这种争论，不能轻易地判断谁是谁非，但是可以从争论中看出不同的思想路线。

二、管理学的学派之争

管理学的学派之争，通常以孔茨的《管理理论丛林》为代表。实际上管理学自从诞生以后，学派的分化和发展，比孔茨概括的管理学丛林更为复杂。不论是孔茨在初论丛林时提出的六大学派，还是在再论丛林时提出的十一大学派，都不足以概括管理思想学派分化的全部。而且学派之间的关系也远不是那样简单。比如，在孔茨的两次丛林学派划分中，不管是初论还是再论，都没有泰罗的科学管理，而按照孔茨的叙述是可以把科学管理归为数量学派的。但是，一旦把泰罗归为数量学派，则会出现一系列问题。这时的泰罗就是孔茨再加工过的泰罗，泰罗的理性精神、具体的技术研究得到了弘扬，而思想革命在数量学派里就消失不见了。而脱离了思想革命还是不是泰罗，这是一个问题。另外，孔茨把西蒙归为决策学派，这毫无问题，同时，孔茨在归结他的学派划分时，将大量立足于理性分析的经济学和政治学相关理论归结到决策学派，这也没有疑问。但问题是西蒙自己提出了不同意见，他并不太认同将他的观点作为理性选择理论看待。因此，同样是决策学派，西蒙的理论和奥尔森、布坎南的理论是有区别的。所以，对管理学的学派认识，孔茨的归纳存在一定的局限，这需要通过比较来得出更全面、更深刻的概括。

孔茨是通过给学派划定边界来区分派别的。而从比较出发，可以找出一条与孔茨不同的对管理思想学派的认知道路，大体如下：不必急于为学派命名或寻找边界，而应先梳理学派的思想内涵和精神实质。这样进行研究，学派的边界可能不清晰，不同学派有交融，甚至有大面积的重合，但是，对不同学派的思想内涵则可能会认识得更深刻、更准确。实际上，明茨伯格在他的《战略历程》中，对战略管理学派的研究就在一定程度上采取了这样一种倾向：他所提出的学派边界并不清晰，而是重在思想内涵的分辨。

从思想内涵的角度来看，可以从以下角度来比较不同学派的异同：

第一，管理学诞生时期，即通常所谓的古典管理学时期。一般来说，这一时期有三个很重要的方面可资比较：一是科学对应经验；二是宏观对应微观；三是理性对应感知。如果进行这样的比较，就可以把当时的整个管理学派进行重新划分、融合，从而对其产生整体性认知。

第二，管理学的发展时期，即通常所谓的行为科学时期。这一时期，也有三个重要方面可资比较：一是结构对应行为；二是动机对应效果；三是组织对应个人。

第三，管理学的变革时期。20 世纪 60 年代到 80 年代，是管理学变革时期的开端，这一时期，依然有几个核心概念可资比较：一是理论对应实践；二是他治对应自治；三是建构对应演化。

这样，我们可以列出管理学派发展史上的如下比较清单：

诞生时期	发展时期	变革时期
科学 VS. 经验	结构 VS. 行为	理论 VS. 实践
微观 VS. 宏观	动机 VS. 效果	他治 VS. 自治
理性 VS. 感知	组织 VS. 个人	建构 VS. 演化

从上面这些角度来探讨管理学的学派发展，可能对管理学思想的整体把握会更为深刻。如此进行比较，就可能不仅仅是列出学派名称，而更多的是关注学派的实质。管理学派到底是六大学派还是十一大学派（实际上孔茨去世以后，他的后继者韦立克又增加了几个）并不重要，孔茨为此极力划清学派边界，从而陷于语义词义上的纠缠，他认为语义争论是造成丛林状态的原因之一。弄明白语义纠纷对于知识共同体的发展确实有意义，但是对于思想的进步意义不大。借用库恩的范式理论来说，孔茨的方法有助于对范式理论的完善，但无助于对范式的革命和突破。所以，对于学派的发展来说，孔茨的做法虽然有助于把握学科的现状，但不利于把握学科的演变，以致孔茨在初论丛林 20 年以后再论丛林，并且在他去世以后，他的后继者韦立克不得不续论丛林。孔茨的划分，其实是对现状的划分，而不是对趋势的判断。从思想内涵的角度梳理学派丛林，以比较的方式来处理学派论争，用生物学作比喻，就不是简单地对丛林进行物种划分，而是对丛林进行生态评价，这样更有利于把握管理学的产生、分化、融合、发展过程。所以，管理学思想的学派之争和学派发展产生于比较，深化于比较，而且后人也能认知于比较。尽管有可能边界不清晰，物种有混杂，但却能看清楚丛林的正态分布，更有利于把握学派地图。

三、管理学派的分析框架

对管理思想的学派进行比较研究，可以构建出坐标分析框架（见图 1 和图 2，它们可能很不完善）。图 1 选用两个坐标维度，一方面从方法论上，是演化主义还是建构主义；另一方面从认识论上，是理性主义还是经验主义。以这两个维度构建坐标，则可以发现，孔茨的六大学派，都可以在这一坐标系中找到合适的位置。如在理性主义和经验主义的维度上，经验学派很明显彻底偏到经验一边，而数理学派则彻底偏理性一边。在演化主义和建构主义的维度上，管理过程学派偏重于建构，人类行为学派则偏重于演化。其他学派都可以根据这两个维度定位学派之间的关系和距离。各个学派都有自己的核心思想点，但是各个学派的边界是模糊的。

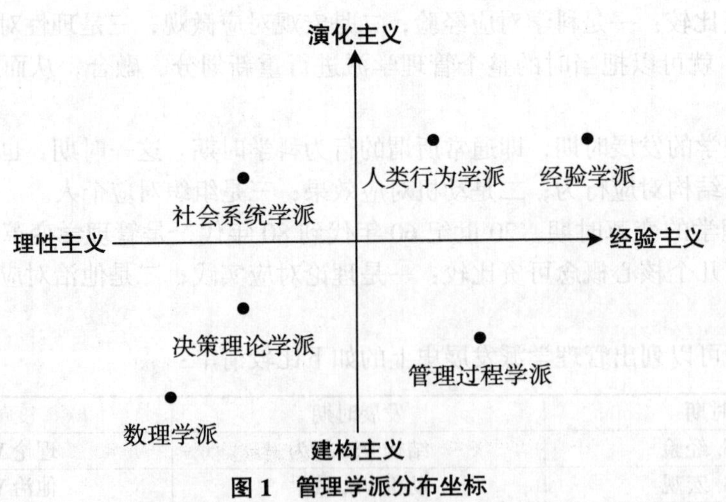

图 1 管理学派分布坐标

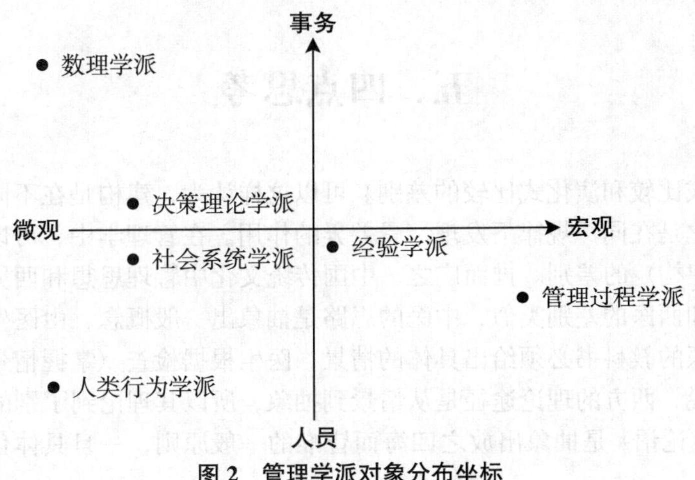

图 2 管理学派对象分布坐标

图 2 是从管理的关注对象上构建坐标，两个维度分别为：是微观层面还是宏观层面，是偏重事务还是偏重人员。这样，就能很方便地根据相应学派的侧重，将不同学派排在不同位置，从而可以看出学派之间的相互关系。

这两个坐标在一定程度上可以弥补孔茨的不足。从本质上讲，是以思想方法的差异和关注领域的差异来把握学派之间的关系。这样分析管理思想，侧重点不在于学派的分野，而在于学派的相关度。在一定意义上，第一个坐标立足于思想领域，而第二个坐标超出了思想领域进入对象领域。由此可以推论：比较研究不仅仅限于这两个坐标，还可以在更广阔的领域展开。

这一分析框架下的管理学派，就不再是疆域清楚的“拼盘”，而是边界模糊交融的“彩图”。如果说学派的核心是“原色”，那么学派与学派之间会形成“间色”。由此，可以对管理思想得出更为全面的认知。

四、比较研究对于管理思想发展的意义

比较研究对管理思想发展有着重要的意义，只有进行比较才能发现不同管理思想的相对优势和局限。从前述思路，可以归结出以下五大意义：

第一，思维的变化。改变以往的线性思维方式为网络方式，不同的比较可以构建出不同的思维网，而不是思维线。

第二，方法的改进。在管理讨论中，常见的引起争论的对立范畴，如建构与演化、实证与规范、范式与证伪等，通过比较，可以做到兼容。

第三，知识的增加。显性与隐性知识、具体与抽象知识、感性与理性知识，这些不同的知识类型都可以通过比较互为补充，互为改进。

第四，学术共同体的发展。队伍的分化组合、知识的分化组合、工作领域的分化组合等，都可以在比较中获得更多的认同，同时，也可能分化出更多的差异，做到相得益彰。

第五，推动学科的进步。比较在学术研究中的作用，类似于袁隆平的杂交育种，可以促进生态的改善，理论的发展变化等。

五、四点思考

第一，建构式比较和演化式比较的差别。可以这样认为，建构是在不同的情景中间发现规律性趋势，演化是在同一规律下发现情景差异的作用。在管理学中，可以看成是戴尔（演化）和钱德勒（建构）的差别。推而广之，中国传统文化中管理思想和西方科学文化中的管理思想，与中医和西医的差别类似，中医的思路是抽象出一般概念，由医生根据情景的不同灵活运用；而西医的教科书必须给出具体的情景，医生根据检查（掌握情景）采取通用的治疗方法。简单地说，西方的理论途径是从情景到抽象，所以其理论到了别的情景下往往水土不服；而中国的《论语》是抽象出放之四海而皆准的一般原则，一旦具体化操作就有可能放到哪里都不准。

第二，因素比较和结构比较的差别。因素比较具有积极的作用，是研究的基础，但是因素比较有可能走向还原论，失去对整体的结构认识。结构比较是对整体之间相互作用的认识，但是有可能走向空泛。在管理学中，同样是讲战略，迈克尔·波特和大前研一的区别就属于这类。

第三，流程比较和职能比较的差别。流程比较把握的是组织动态，而职能比较把握的是组织静态，哈默和钱皮的流程再造，与古利克的职能设计相比，很明显地表现出这种差别。同样，实体比较和氛围比较也有类似现象。例如，对于组织人财物和实体运行、管理措施的比较，都是实体性的，但看不出组织的精神风貌。着眼于组织的氛围气质进行比较，是抽象性的，能看出“气场”但看不出实体。管理学中的哲学出身者往往偏重后者（如查尔斯·汉迪），经济学出身者往往偏重前者（如迈克尔·波特）。一个务虚，一个务实。

第四，如何看待西方管理思想——对他山之石的辨析。我国管理界通常将西方管理思想当做他山之石，这里存在一个误解，要真正用来“攻玉”，就必须对他山之石中的“石”本身了解透彻。即便你的目的是用来“攻玉”，也需要了解“石”的结构、硬度、角度、成分等。过分地强调他山之石的应用性，可能会脱离对石头本身的认识，即忽视管理学的学术性。科学是不以有用为前提的，所以比较研究不能只着眼于是否有用，更要着眼于能否改善思维和增进知识。即便从用的角度讲，只有更准确更深刻地认知，才能更有效更合理地使用。

在比较研究上，历史学、政治学、法学由于长期的积淀有相当丰富的成果，可以将其作为管理学的参照。

（西北大学公共管理学院　刘文瑞）

（本文由李伟、方晨根据录音整理，未经本人审阅）

比较管理研究的演化分析方法：范畴、意义及应用路径*

引 言

演化经济学（Evolutionary Economics）已成为当今国内外经济学界前沿的研究领域。20世纪80年代以来，演化经济学文献激增，许多经济学家致力于演化理论的研究，取得了丰硕的成果。演化经济学是运用生物学中的遗传机制、变异和选择机制并辅之以生物学隐喻方法对经济系统中新奇事物的创生、传播和由此所导致的结构转变进行研究的经济科学新范式。受此启发，本文萌发了将演化分析方法引入管理学研究领域特别是比较管理研究当中的想法，因为笔者认为一国的管理模式（比如日本管理模式或者中国式管理模式）的形成和发展是历史的动态的演化结果，但同时由于管理基因的存在，一国的管理模式在一定时期内又呈现出相对稳定性。由于比较管理研究最主要的目的是要解释世界各国管理模式的差异之表象与成因（或存在的合理性），揭示不同国家企业管理的基本特征、形成及其演化规律，探寻不同国家企业管理与经济增长之间的关系，为不同国家企业管理的相互借鉴与移植提供可能性论证和理论依据，因此将演化分析方法引入比较管理研究之中，理由比较充分，值得本文进行研究尝试。

一、何谓演化分析方法

演化分析方法最初来自生物学。在生物学中，演化又称进化（Evolution），是指族群里的遗传性状在世代之间的变化。所谓性状则是指基因的表现，这些基因在繁殖过程中，会经由复制而传递到子代。而基因的突变会使性状改变，或者产生新的性状，进而造成个体之间的遗传变异。新性状又会因为迁移或是物种之间的水平基因转移，而随着基因在族群中传递。当这些遗传变异受到非随机的自然选择或随机的遗传漂变影响，而在族群中变得较为普遍或稀有时，就表示发生了演化。解释演化的理论为演化论，虽然以用进废退理论著名的拉马克（1809），[①] 是最早把演化建立为一门学问的生物学家之一，但是达尔文

* 本文的构思与写作得到高闯教授的精心指导，谨表谢意！但文责由作者自负。

① 拉马克在《动物的哲学》中系统地阐述了他的进化学说（被后人称为“拉马克学说”），提出了两个法则：一个是用进废退；一个是获得性遗传。

(1859)[①] 与华莱士所提出的物竞天择与适者生存等观念才是后来的生物学家接受的理论。达尔文的生物进化理论认为，生物具有累积性自然选择的功能，生物之间存在着生存斗争，适应者生存下来，不适者则被淘汰，这就是自然的选择。生物正是通过遗传、变异和自然选择，从低级到高级，从简单到复杂，种类由少到多地进化着、发展着。现代基因学的诞生，为此提供了重要的证据，事实上，物竞天择，竞的是“基因”。社会达尔文主义者（Social Darwinism）将演化理论的分析方法运用到了社会科学领域，逐渐丰富和发展了演化分析方法。达尔文主义者认为：一切组织和复杂系统的演化都必然牵涉到遗传（Inheritance）机制、变异（Variation）机制和选择（Selection）机制；在这些机制的共同作用下，当一个“复制体”（Replicating Entity）未能成功完全复制其自身时，达尔文演化（Darwinian Evolution，之所以不用进化这一概念，是因为从语义学角度来看，进化带有“进步”的含义。而且由于汉语中“进”与“退”是代表相反意义的两个字，因此若使用进化，则在逻辑上不易将“退化”定义为进化的一种类型，而演化则是多方向的，在字面上的意义比较中性，能表达连续与随机的意义）发生了。这一提法包含了三个方面内容：①演化主体总是受遗传机制影响，其发展演变是以对自身的复制为基础和立足点的。②受初始条件区别影响，完全复制自身是不可能的，变异不可避免。③在遗传和变异机制共同作用的基础上，选择机制决定了最终的演变方向，换言之，不同方向的变异体（既可以是个体，也可以是群体）其存活的概率并不一样。这一作用过程与机制适用于任何开放的演进系统。受此思想影响，许多学者探讨了将达尔文的进化机制引入社会、文化乃至思想领域的可能性。贝奇霍（Bagehot，1872）探讨了承袭和自然选择机制在社会学领域的运用及人类知识和科学发展的自然选择效应；亚历山大和基德（Alexander & Kidd，1892）探讨了伦理原则的自然选择效应；瑞奇（Ritchie，1896）则将思想、习俗和制度的自然选择效应同个人和种群的自然选择效应做了区分。而在经济学领域内引入达尔文演化思想则达到了登峰造极的地步，演化经济学的创立与发展便是有力的证明。早在 1898 年，凡伯伦就向经济学家们提出了，“经济学为什么不是一门进化的科学”？凡伯伦接受了达尔文的演化分析方法，他认为这一方法不仅是生物学的准则，而且是哲学准则。凡伯伦（1919）指出，“任何演化科学都是……自足的理论，是过程的、关于缘由累积持续进程的理论。……这些非个人的缘由累积和效应将因其累积性特征而在惬当理论的构建过程中大行其道”。“现代科学将（因达尔文演化理论的解释方法的引进而）成为一门关于持续演化的学问，呈现出自我持续、自我繁殖及无终极的特点。”马歇尔也宣称，“经济学家的麦加应当在于经济生物学，而非经济力学”。但是，演化经济学真正进入越来越多的经济学家的研究视野却是 20 世纪 80 年代后的事情。演化经济学借用了生物演化的概念，特别强调积累性因果关系。演化经济学家及制度经济学家霍奇逊（Hodgso，2004）就很重视积累性因果关系这个概念，他指出：所谓积累性因果关系是指在因果事件的发展过程中，每一个事件都对后继事件产生影响。如在生物演化中，各种生物体特性的出现都会对其后代产生影响，生物体后代的外形、习性都要在其祖先的基础上进一步演化。在社会系统中，人的行为通常具有积累性，人们先前学习到的知识或积累的经验对其后的行为会产生影响。各种以“自然选择”为基础的经济演化模型通常都间接地使用了积累性因果关系这个概念。演化经

① 达尔文于 1859 年出版了轰动当时学术界的《物种起源》。书中用大量资料证明了形形色色的生物都不是上帝创造的，而是在遗传、变异、生存斗争和自然选择中，由简单到复杂、由低等到高等不断发展变化的，提出了生物进化论学说。

济学非常强调系统的非线性。[①] 在非线性系统中，系统不是各个部件的简单叠加，系统的输出和输入也没有固定的比例关系。各种基于自然选择的模型，其内在哲学思想实际上是一种非线性思想。例如，在新熊彼特派的 NW 模型[②] 中，各个企业通过市场互相作用，并淘汰不适应市场的企业，就是说产业演化并不简单地等同于各个企业行为之和，这实际上就是一种非线性思想。另外，NW 模型认为，伴随一些企业被市场所淘汰，一批新的企业又会加入到产业中来，这实际上是达尔文式"自然选择"机制在发挥作用。NW 模型在遗传这点上和达尔文理论有所不同。该模型认为，社会系统和生物系统演化的一个重要区别在于后天获得的特性能否被保存，社会系统中的遗传是拉马克式的，即后天获得的特性能保存下来。纳尔逊和温特（Nelson & Winter，1982）称："我们的理论是不加掩饰的拉马克主义：它既考虑了（后天）获得特性的'遗传'，也考虑了在逆境的刺激下及时出现的变异。"演化经济学的流派[③] 之一——广义自组织理论所包含的非线性思想更为广泛，既有耗散结构论、突变论等公认的非线性思想，又有混沌、分形等复杂性思想以及哈耶克的理论论述。在以自组织理论为指导的多代理人系统工具中，系统的非线性是以各代理人之间的相互作用而涌现出来的。

如此看来，大量使用生物学隐喻是演化分析方法的重要特征，然而演化分析方法的精髓却不在这里。正如 E.迈尔指出的那样，相比对人类思想和哲学史的贡献而言，达尔文对物种起源和人类进化的解释远不是主要的，进化论真正的贡献在于提供了一种新的思维方式，它是一种思考的方式和趋向，然后才是在某一学科中的具体化。在进化论提出以前，科学领域中占据主导地位的是本质论（也称类型论）的思维方式。本质论坚持的信条是所有表象上变化的自然现象均可归入若干特质恒定的类别中，每一个类别和其他本质截然不同的事物是稳定且先验存在的，一切变异是偶然的、相互无关的，因而基本类型和其所代表的个体之间的差异是完全可以忽视的。时间无涉、种群稳定、可预见性和最优均衡是本质论在自然科学领域中的关键词，如物理学中的质点模型、生物学中的神创论和完美进化说等。达尔文首次提出了一种新的思维方法（也可称为分析方法），从而与本质论的类型彻底分道扬镳。达尔文理论认为，物种是演化而来并将继续演化，演化动力来自个体差异，这种差异是基础性实在的本身，而不是对不变的基础性实在的偏离。因为演化是绝对的，所以时间至关重要；因为个体变异是动力，因此类型也不会是稳定的。这种反本质论的思维方法在当时无论对自然科学还是社会科学都是颠覆性的，它迫使人们对传统的思维方式方法进行重新审视，并在经济、政治、历史和艺术等多个领域引起了巨大震荡。立足于牛顿力学体系的新古典经济学在 20 世纪 80 年代以来不断受到来自纳尔逊和温特等经济学家的质疑与挑战，究其实质就是进化观与本质论的较量。在进化论的理念指导下，无论观察生物系统还是经济系统，人们都不会再拘泥于静态无摩擦和超理性力量，而是超越"存在"，进入"过程"。不论是生物演化论还是演化经济学，在演化这一共有的哲学基础之上，对事实评价均持有以下共同信念：第一，均强调不可逆。在演化论中，生物和环境之间的交互作用是历史性的，不可能有任何瞬时因素在演化中孤立地发挥作用。同样，演化经济学也认为过程变化是重要且不可逆的，历史对演化经济学尤其重要，用博尔丁的话说，每种结构都是其过去过程的结果。第二，均反

---

① 这一点与新古典经济学很不相同，后者通常将社会经济系统看成一种线性模型。

② 指纳尔逊和温特的演化模型。

③ 演化经济学大致可分为六个流派，其中法国调节学派在当代经济学领域的影响力较弱；奥地利学派和老制度学派仍有一定的影响；较有影响力的是以纳尔逊和温特为代表的新熊彼特派、以复杂系统理论为基础的"自组织理论"学派、以演化博弈论及博弈学习理论为工具的学派。

对终因论。进化论认为，个体层面的变化就整个演化过程而言是完全随机的，一切变化都需要联系外在因素才能加以效率评价。演化经济学也同样认为，由于不确定性和新奇事件的存在，经济事件不可能以目的论的方式展开。在不确定的随机因素扰动下，经济演进过程无法实现最优解，而且正是这些随机因素扰动决定了系统中不同个体会在期望、偏好、能力、知识存量和认知模式等方面出现差别，从而为经济演化奠定了“变异”的基础。第三，均否认超选择力量的存在。进化论坚决反对完美先验性创造假说如神创论，因为承认这一点无异于否认进化的必要和价值。演化经济学同样贯彻了这一点，在微观上否认超选择力量的存在主要体现在对完全理性和完全信息的质疑上，而在宏观层面则体现在对制度建构倾向的驳斥上。第四，均强调动态稳定的重要性。在孟德尔和道金斯之后，演化论者意识到，生物演化这一长期动态的过程也需要相对静止，即演化的动态稳定。贝尔纳和坎农称为“稳态”，“稳态”的意义在于既确保了间隔性过程中变异的保存，又能为动态稳定的初期提供合适的环境。演化经济学的动态稳定观集中体现在演进博弈论中，它直接将人类在经济活动之间的互动行为的动态调整过程模拟为生物学中的进化演进过程，广泛地应用于制度演化的研究。更进一步，纳尔逊把演化理论的特征概括为以下三点：①注重对时间中变化的变量（乃至其集合）的说明；②随机的变异和扰动以及体系的选择；③在选择过程中生存下来的，具有强烈惯性的自我维持性。

尽管生物演化论与社会体系演化理论（比如演化经济学）存在思维方式方法的一致性，但两者在理论演绎过程中的许多细节还是有所不同的，日本学者盐泽由典对此进行了详细的比较分析，如表1所示。

表1 生物演化论和社会体系演化理论：理论结构的比较

	生物演化论（综合说）	社会体系演化论
说明对象	可以安定地观察到的具有目的的、合理的行动的体系（适应、存续） 变化成现在的形式多样的体系 生物物种	可以安定地观察到的具有目的的、合理的行动的体系（适应、存续） 变化成现在的形式多样的体系 社会体系
变异的说明论理	仅说明偶然的变异（DNA 转写错误等） 基因→在表现型的路径中的发现（逆=没有获得形质的遗传）	变异的理由是多方面的（偶然，事前合理的行动，追求不完全目的的行动，其他） 从环境中得来的学习成果（获得形质）被传承
选择的说明论理	中心是说明自然淘汰（个体间的繁殖率的差别等） 假定“严格的淘汰”倾向（二者必居其一的淘汰）	市场淘汰（企业间竞争力的差别等）和组织内淘汰 也假定“缓慢的淘汰”（竞争的多样的组织共存）
保持的说明论理	遗传信息的保存、复制、增殖	惯例程序的保存、组织内普及、组织间普及
发生论和机能论	分离发生论（变异的偶然性）和机能论（自然淘汰的必然性） 全面否定“造物主创造的体系”的目的论	大多数情况下，分离发生论和机能论（组织的事后的合理性） 全面不接受“完全信息者控制计划”的目的论
总括	狭义的后达尔文进化论	广义的进化论

既然演化分析方法在生物学和经济学中都获得了极大的成功，这就促使本文思考：在比较管理学中有没有可能引入演化分析方法呢？引进的必要性何在？

二、比较管理研究为何要采用演化分析方法

本文认为，正如其他社会学科成功地引入了演化分析方法形成了自己独特的理论体系一样，比较管理学也完全有必要且有可能系统地引入这种研究方法。

（1）比较管理研究首先是解释性研究（或者换个说法，比较管理研究的首要特点是解释性的而非应用性的），它需要对各国管理模式存在合理性[①]做出解释。这种解释既有利于人们发现一国管理模式中的特殊经验，也有利于发现管理模式中的普适规律。在社会科学各领域，比较研究似乎呈现出一种共性，即解释性研究。凡是比较，而且能够在学术上有所创见者，在已有的事例中基本上都没超出解释性这一范围。比如，在政治学领域享有盛名的亨廷顿，他的比较研究著作如《变化社会的政治秩序》及其文明冲突论，在全世界都有较大反响。在历史学领域以比较方法铸就学术重镇的汤因比，更是以其12卷本皇皇巨著《历史研究》对全人类的21种文明进行比较研究，对于人们从整体上掌握人类历史进程功不可没。这种解释性研究很值得管理学界借鉴。通过进一步考察，我们不难发现，这种比较基本上都属于认知和解释性质的。而要对管理模式做出解释性说明，演化分析方法告诉我们，应当超越“存在”，进入“过程”，通过历史的时间长河分析其承袭机制、变异机制和选择机制等，从而可以更好地解释一国管理模式今天为何是这样的而不是那样的。

（2）运用演化分析方法进行比较管理研究，有助于我们发现决定管理模式的最核心范畴，也就是“基因的管理对应物”——姑且先将其命名为“管理基因”，一旦这个概念的物理对象确实存在，将非常有利于我们对各国的管理实践和管理模式进行比较研究，因为管理实践的行为趋向与管理模式的内在特性都会受到“管理基因”的限制与影响，“管理基因”不同，则管理实践的行为趋向也会有所不同，管理模式也会随之发生改变，同时，“管理基因”在类似生物的自然选择过程中既有遗传又有变异，这使得“管理基因”自身处于历史的动态变化当中，这样非常有助于解释包括企业在内的所有组织的管理创新的内在原因与原动力。在这里，管理创新是指组织形成一创造性思想并将其转换为有用的产品、服务或作业方法的过程，也就是指富有创造力的组织能够不断地将创造性思想转变为某种有用的结果。管理创新既包括宏观管理层面上的创新——制度创新，也包括微观管理层面上的创新。在制度创新方面，演化经济学已经对其进行了比较成功的研究。[②]而在微观管理层面的管理创新机制研究亟须我们引入演化分析方法在比较管理研究框架内进行深入的研究。

（3）演化分析方法更加贴近比较管理的研究对象和任务。比较管理学从比较分析的视角研究不同国家企业的管理方式、运行机制及其内在规定性，揭示不同国家企业管理的基本特征、形成及其演化规律，探寻不同国家企业管理与经济增长之间的关系，为不同国家企业管理的相互借鉴与移植提供可能性论证和理论依据。一个国家企业的管理方式、运行机制及其内在规定性是一个历史的生存竞争结果，既可能是“物竞天择，适者生存”的结果，又可能

---

① 存在合理性既包括管理模式的历史演变（也就是一国管理模式是如何产生、发展的）过程，也包括当前管理模式与外部环境的相适应性。

② 类比于达尔文主义的分析方法，演化经济学对制度演化的分析框架与达尔文主义对生物演化的解释一样，也是由三种机制组成的：遗传、变异（新奇创生）和选择。

是获得性遗传的结果。因此，完全可以用演化分析方法对此进行针对性的研究。另外，比较管理学产生的背景之一是跨国公司的兴起及其管理实践的诉求，跨国公司不仅是母公司对外的资本输出，同时也是母公司管理经验对外的输出过程，从生物学隐喻角度，后者更像是生物个体基因的遗传复制过程，这为演化分析方法的介入提供了契机，通过演化分析或许我们更能清楚地看到跨国公司管理方式的内在奥秘——为什么它既有别于其母公司，也与其所在国的本土公司不尽相同。更进一步，由于跨国公司在经营上的成功，有可能引发其所在国的其他本土公司向其学习和借鉴，这也为运用演化分析进行比较管理提供了观察窗口，从而可能找出各国之间管理借鉴与管理移植的路径、方法与规律，而这就是比较管理学的主要任务之一。

（4）演化分析方法主要适合于研究对象为复杂而不确定的动态系统，而管理本身就是一个复杂而不确定的动态变化系统，运用演化分析方法从时间不可逆的历史长河中更容易找到管理成功或者失败的内在逻辑。

（5）演化分析方法侧重于解释而缺乏明确的、预测性的鲜明特色，演化理论对人类、世界和它们之间的复杂结构有着深刻的见解，充分考虑了人性、社会性、系统性和动态性，展现了哲学的智慧。在对既往的现象进行解释时，系统的遗传机制、创新机制和选择机制都已经显露出来，演化理论可以较好地描述系统发展的动态过程。从比较管理研究的角度来看，就需要研究方法具有这样的效果。无论是法默—里奇曼的比较管理分析框架、尼希根—埃斯塔芬模式，还是孔茨分析框架都说明企业的管理绩效（或管理效果）都要受到外部环境的影响，同时也会受制于企业内部的管理实践活动，管理是在组织边界（比如企业）内部进行资源的有效配置过程，为了有效配置组织内部的资源就有必要建立组织内部的活动秩序并营造活动氛围，因此管理需要考虑人性、社会性、系统性和动态性，这也是比较管理研究的前提条件。

（6）个体群思维方法使得演化理论具有较强的应用性和较广的可拓展领域。社会经济领域中存在着多种多样的不同层级的系统，比如宏观经济系统、产业经济系统、区域经济系统和金融系统等。只要我们把分析对象看做动态的相互联结的经济事物，把它置于多层次的环境中进行分析，就可以应用个体群思维进行阐释，探讨系统中的个体交互作用，从而发现在群体层面上凸显出来的规律性。这也为研究者提供了一种基本的分析范式，对社会经济各个领域进行分析，并不断开拓新的研究领域。这个结论也适用于比较管理研究领域。所谓美国管理模式、日本管理模式或者中国式管理等就是个体群思维方法的推演结果。个体群思维的演化方法是由 Metcalfe. J. Stanley 于 1995 年提出的，该方法认为演化内核的显著特征在于关注群体和用群体统计特征的变化对演化的测量，也即演化关注的是给定群体中某种行为变化的频率。这里的群体不是一个整齐划一的行为者整体，并且个体群中的每一个个体都是异质的而不是同质的行为体。

（7）演化分析方法贯彻了唯物论的哲学思想，更具有现实性，在比较管理研究中运用演化分析方法就是坚持了唯物论的研究思想，演化理论告诉我们，惯例、习惯乃至文化是一种客观存在，它影响着人们的社会实践活动，也深刻地影响着组织的管理实践，因此在比较管理研究中应当重点关注制度、惯例、习惯和文化对管理实践的深刻影响。如果接受了管理过程自然选择的隐喻形式，当然这种隐喻形式本身并不是极为重要的，重要的是促使管理过程以什么方式运作意味着是自然的，这个问题值得深入研究。康芒斯认为："我们不是作为孤立的个人开始生活的——我们在婴儿时代以纪律和服从开始生活，我们继续作为已经存在的组织的成员，因而只有遵守反复的和重复的惯例——这就是所谓现行组织的意义——才能获得生命、自由和财产，顺利地、安全地并且得到大家的同意。”而凡伯伦则认为，“在通常情况下，支配着个人生活的那类历史最悠久、最根深蒂固的习惯——关系到他作为一个有机体的生存的习惯——最顽固、最难避免的”。“传统对于了解规范至关重要，因为人们常常按照习惯行事，而不是靠所谓的理性选择。即使社会规范最初是通过理性谈判或慎重选择而产生的，这些规范也是经过一个社会化的过程才传给后代的。这一社会化过程就是让人们习惯于某种行为模式。……这自然意味着，某种社会习惯一旦学到手，便不可能像根据简单的信息便可摒弃一种观点或信念那样轻易地改变。”行为主体的其他任何行为，无论是学习、模仿、试错或是比较都不可能摆脱惯例性行为设定的背景。

三、比较管理研究怎样应用演化分析方法

演化分析方法在比较管理研究中的分析框架与达尔文主义对生物演化的解释一样，也是由三种机制——遗传机制（或承袭机制）、变异机制（或新奇创生机制）和选择机制组成的，同时采用基因、个体和群体、遗传、选择、变异和表现型等生物学隐喻加以论证说明。但是，所有机制以及生物学隐喻分析都必须建立在基本假设的前提下。基于这一思路，本文将演化分析方法在比较管理研究中的研究路径归纳如下：

（1）提出比较管理的基本假设。比如，“多维博弈人性假设”、“有限目标假设”、“心智重要假设”、“满意假设”、“不确定性假设”、“多样性假设”和“历史重要假设”。“多维博弈人性假设”改变了传统管理学研究中提出的单一人性假设（如性善性恶说、经济人假设、社会人假设、自我实现人假设、复杂人假设、全面发展的人的假设等）。“有限目标假设”与演化经济学中“有限理性假设”相对应，就是承认管理的目标是有限目标而非无限目标，因此管理应当集中有限资源通过有效管理达到有限目标。心智是管理行为者的思想、智力和情感的综合，是世界的一种要素，也是关于世界的一种镜像，指导着人类行为。心智主要体现在人们的知识状态上，心智重要意味着学习与知识的重要性。知识的可能状态是导致世界可能状态变化的关键性力量，知识对个人行为、企业行为和经济增长都有非常重要的作用，心智重要同样还意味着非偶然的谬见是重要的，提倡一种“可错论”的观点。“满意假设”是指由于人们的理性程度有限，关于世界的知识经常出现错误，人们不可能预先确切地知道决策的后果，无法做出最优选择。因此，人们在管理实践中的选择和决策过程往往是一种试错过程，人们并不是追求管理效果最优化，而是追求满意即可。“不确定性假设”主要是指未知的新奇不断突现，人们不可能把握新奇出现的时间和大部分特征，不确定性意味着变化，意味着世界结构变迁，意味着新的世界状态的突现，与此同时，管理实践中的不同变量的变化速率是不一样的，某些事物的变化是相对缓慢的，比如制度、文化、习惯和惯例，而某些事物的变化是相对较快的，比如员工薪酬、产品价格、客户关系、细分市场等。我们可以将制度、文化和惯例等作为管理变迁的基因，这实际上肯定了世界状态的相对稳定性和相对确定性。“多样性假设”强调多样性，包括世界状态、管理行为主体、人的心智和选择行为等都具有多样性，把多样性看做分析的基本起点。“历史重要假设”并不是着重于历史分析，从历史资料中归纳出某些规律，而是指着重于各国管理模式的演化发展过程，重视这个过程中的路径依赖性和演化过程及结果的不可逆性（也就是一种管理模式一旦形成便成为获得性遗传，在创新即变异发生之前它具有内在的稳定性和继承性，这就意味着要想回到前一路径上的管理模式

是不可能的，但前后管理模式又具有内在的联系）。

（2）找出管理演化过程的“基因对照物”——管理基因，管理基因在企业管理演化过程中起着基因在生物进化论中所起的作用。本文认为，管理基因是企业制度、企业文化和惯例等综合作用所形成的混合物。在演化分析框架内，基因是一种重要的传承载体，如果没有基因这种既能在微观层次上保持相对稳定又能实现代际传递并具有变异功能的单元存在，进化就失去了基础。对于比较管理来说，找到管理系统中的“基因”无疑是非常重要的。倘若理论中缺少既稳定又存在变异可能的长期承载因子，管理模式的动态演化将完全成为一系列无历史和无理由的骤变堆积。因此要合理运用演化分析方法，关键是要从那些支配管理主体行为的要素中去探寻“基因”，和生物学意义上的基因一样，它必须符合这样的条件：既可以传递，又必须具有相对的稳定性；既能作为载体承载基本的遗传信息，又能存在于一个类似于有机体的载体内并被携带进行表现型的行为。也许有人质疑，管理基因不像生物学基因那样可以客观测度，恰恰在这一点上，现代生物学的最新进展为我们揭示了正确的方向。有关“基因”及其作用机制的最新研究表明：在生物进化过程中，有许多其他因素 与“基因”发挥着同等重要的作用（Neumann-Held，1999）。在基因与其他“非基因”要素之间的确存在着交互作用，它们共同导致了有机体的发育，尽管这一机制现在尚不明了。越来越多的生物学家相信：生物所有的特征，都是内部和外部因素共同作用的产物。生物发育则是一个许多通过复杂的、非线性的动态系统联系在一起的诸要素的作用过程。而所有这些要素，都不是次要的或辅助性的，而是能动的、同等重要的，具有信息内涵的和建设性作用的（Gray，1992）。

可以看出，这些新的发现和观点将彻底颠覆我们对“基因”的传统认识。因此，纽曼—赫尔德（Neumann-Held，1999）指出，“这种存在于和特定环境刺激之间的、交互的、带有偶然性的作用，包括非基因要素的交互作用，共同决定了其特定结构，这些结构又通过一种与此相关联的表达过程而表现出某种功能。在这一表达过程中的每个步骤上，前一阶段中的要素和环境刺激继续发生着交互作用。而所有这些过程的结果就是一个线性的多肽链，我建议将这样一个完整过程称为‘基因’”。

（3）选定个体与群体作为比较研究对象。进化论的革命性意义之一，就在于对生物物种的变化不是在不变的本质中探求，而是在互相间具有差异的、作为整体再生产出下一代个体的种群中来探求，种群之所以重要，在于它为集群之间的选择淘汰提供可能性。运用演化分析方法进行比较管理研究同样秉承这一“个体群”思考方法，对个体和群体之间的区分以及两者的对应关系也极为重视，比如我们在研究东方管理模式时，种群是东方企业群，而个体则是中国企业、韩国企业、日本企业等；而在研究中国管理模式时，个体又变成一个个具体的中国企业；同样，在研究某一个特别企业（比如我们通常称为“伟大的企业”）时，个体往往被定义为个人。个体变异只有通过频数效应在群体中成为多数时，一种主导性的经济现象、一种新的企业制度、一种新的技术网络、一个新的社会制度体系才会形成。

（4）找出管理模式形成与变化过程的遗传传递机制。在生物体中，变异基因是通过生殖这种代际之间的方式传递的，没有传递，一种变异就不能保留下去，新物种也就无法形成。演化分析方法非常重视这种“新奇”的传递机制，比如熊彼特、纳尔逊等人通过引入“模仿”概念来解释创新之后大量企业的跟进所引发的创新浪潮，并以此解释企业的管理创新，L. 拉波曼、M. 蒙哥美瑞则将模仿视为企业对竞争行为的一种战略回应。

（5）找出管理模式形成与变化过程中的选择机制。一个包含变异的表现型能否被选择出来并成为最有效的基因传播者，是新物种形成的关键，因而选择是演化分析方法必须面对的问题。演化经济学家阿尔奇安、弗里德曼和贝克尔等认为，选择机制的核心是市场竞争，主体理性因素是无关的；西蒙、纳尔逊和温特等人则意识到选择机制不能忽视主体的能动性因素，并考虑了主体满意、对利润的选择和惯例刚性等因素在选择中的作用。弗罗门则指出，绝大多数学者都没有对外在市场的选择和主体自己的选择问题上加以区分，他主张将适应性学习和市场选择并列作为选择机制，而且选择性学习既是变异机制，也是选择机制。而在哈耶克那里，选择是多层次的，包括个体生理性意义上的遗传、智力和知识的演进与在直觉和推理之间起关键作用的文化演化。

（6）找出管理模式形成与变化过程中的变异机制。基因变异是新物种产生的微观基础，尽管变异并不一定在表现型中得到呈现，但新的表现型出现却一定是因为基因型出现变异。演化理论主张变异是指新奇事象的出现，并将其视为演化的原动力，分歧则主要集中在“什么变异”和“为什么变异”上。凡伯伦认为，新奇或变异就是新思想和新的做事方法的出现，它源于随便的好奇心；熊彼特则认为，“创新”即是人类实践领域中的变异，它源于企业家的创造性欢乐；纳尔逊和温特则认为，变异是对惯例的破坏，他们尤其强调现实中经受的挫败推动了对新奇或变异的搜寻。

（7）正确识别管理模式形成与变化过程中的表现型和基因型。表现型和基因型两者之间的映象关系是解释变化过程和传递机制的桥梁。在演化理论当中，这两个范畴同样存在，它们或者直接采用生物学名词，或者被称为复制者（基因型）和互动者（表现型）。例如，纳尔逊和温特就将企业视为由惯例支配的和外界发生信息交流的互动者，而惯例则被视为复制者；H.霍尔则将个体社会化和职业化的身份或者社会角色视为互动者。

（8）运用各种各具特色的方法进行演化分析。可以采用的具体方法包括：

①运用个体发生和系统发生相结合的方法来解释各国管理模式的演化过程和形成机制，这种方法是个体群思维的具体化。把变化设想为个体发生还是系统发生，取决于我们想对研究对象做出描述的层级水平。演化分析方法通过在不同水平上进入系统层级来处理复杂性，被解释变量和解释变量的内容取决于研究进程所采用的视角。演化分析方法用群体统计特征的变化来测量演化，关心给定群体中某种行为变化的频率。

对于一个进化的个体群，通常可定义为一个属于共同类目的成员集合。个体群的特征“是由一个个体群所有成员的资料构建而成，它们是描述性总体，它们不是任何一个作为整个个体群代表的个体的代表”（Metcalfe，1995）。在解释演化过程的变异、遗传原则时，演化理论认为，变异就是一个个体群成员在传递选择信号的特征上的变化，遗传是个体特征可通过合适的机制历时被复制。

个体发生与系统发生方法可以被广泛运用到应用性研究之中。比如，我们研究企业组织结构、企业的惯例、企业中人们的关系，那么，我们眼中的企业变迁就是一个系统发生过程。如果我们研究产业的变迁，考察企业之间的相互关系，那么，企业就是个体选择单位，企业变迁便被看做个体发生过程。

②运用历史和地理的相对性分析方法来解释或归纳各国管理模式的历史差异和地域差异。演化分析方法重视历史和地理差异分析，重视不同国家和地区在不同发展阶段中的特殊性。通过对分析对象的历史发展脉络的研究，同一管理现象在不同的历史阶段表现出不同的内部规律性。在不同的地理条件下，会产生不同的文化系统，意会性知识在同一地理领域中易于传播和扩散，所以不同地域的管理活动的内部规律和模式会出现差异。

③运用比较方法来推导管理演化的内在机制，进而认识管理基因在其中的决定性作用。

演化理论认为，通过经验观察，所认识到的系统内部机制往往具有不完全规律性。基于这种粗略形式或半规律性，可以猜想，某种相对持久和潜在的可识别的机制正在发挥作用。通过比较，可以确认何种因素如何导致半规律性产生，以此为基础，再运用类比和隐喻等回溯法，就可确认事物的深层因果机制。

④运用动态分析方法来解释各国当前管理模式存在的合理性。演化分析方法解释变量如何历时变化，通过说明它是如何达到当前的状态来解释它现在为什么是这样的，借此可解释一国管理模式存在的合理性。

⑤“发生论”与“机能论”相结合的实证分析方法可以解释管理模式形成、发展以及维持现状的内在动因。

首先，“发生论”是指对某个管理体系的形成过程作动态的研究，重点说明管理体系的“创发过程”和“进化能力”，即对管理体系演化的“变异→选择→保持”三个阶段中的第一个阶段的分析。当前体系是前期体系演化的结果，因此，为了全面地说明当前体系的创发过程和进化能力，就必须研究体系演化的历史路径。对体系演化的历史研究，不仅仅要侧重于对一系列历史数据的统计和分析，还要侧重于对体系产生变异的原因——主要是对偶然因素的捕捉。一方面，该方法反对单纯使用目的论。演化实证分析方法强调，由于信息的不完全和不确定性因素的存在，超出人们事前计划、安排和预知能力的情况很多。因此，把管理体系变异的原因完全用目的论来解释显然是不尽合理的，至少应该部分地加入非目的论的解释。发生论的一个显著特点是，突出那些偶然的、非计划的、不是出于最初本意的管理实践活动的作用，以此说明偶然的原因也会引起管理体系必然的演化。因此，与传统的实证分析方法相比较，它不是单纯地采用机能论（即仅借助于因果关系说明管理体系的存续），而是主张全面地说明管理体系变异的原因。从这方面讲，演化分析方法更适合对复杂变化的管理系统的变异进行分析。比如，日本学者藤本教授在对日本丰田汽车公司的组织能力和创发过程的研究中发现，某些体系的变异并不是由事前的计划或者包含有设计者的意识在内的活动所导致的，相反是由于一些偶然的行为所诱使的。例如，JIT管理方式的导入，在当时看来并不合理，但事后来看，当时的活动的确起到了适应环境的作用，具有合理性。此即所谓的失败变为成功的例子。另一方面，演化理论也强调，社会体系与生物体系不同，意识和意识决定能力是人类活动的构成要素，仅仅考虑偶然因素也不符合现实。因此，它也否定纯粹的偶然支配论，主张目的论和对偶然因素的分析相互结合，辩证统一。

其次，“机能论”是对管理体系为什么可以存续做静态的说明。这里的“机能”是指体系为了维持自身的安定和物种的延续而采取的一系列活动。它是对“变异→选择→保持”中的后两个阶段的说明。机能论对管理体系的说明顺序是“构造→机能→存续”。构造是指安定的体系，使构造存续的活动和产出物就是“机能”，一定的构造产生一定的机能，其结果使管理体系稳定并得以存续。机能论是对体系存续的结果做事后的因果关系的说明。应该注意的是，机能是构造的结果但不是动机（动机属于发生论的范畴）。在生物学中，机能是指生物个体对环境的“适应能力”和生物群体维持物种存在的“繁殖能力”；在经济学中，“机能”则是指经济体系的“竞争能力”和“利润率”；而在管理学中，“机能”则是指“管理效率”或者管理绩效。[①]

① 此处内容参考了［日］藤本隆宏的著作《生产体系的进化论》和吕守军的论文《演化经济学实证分析方法的论理结构研究》。

四、结束语

演化分析方法的基本假设和具体方法为我们提供了新的研究思路和工具。科学的进步是一个不断猜测和反驳的过程，必然充满了争议和辩论。目前，在经济学研究领域，演化的思想和研究方法无疑为我们呈现了许多不同凡响的研究成果，演化经济学的再次兴起并越来越多地受到经济学家们的关注本身就说明了演化分析方法的重要价值，但这种方法在管理学研究领域特别是比较管理研究领域几乎鲜有应用案例。从国际和历史视角来研究和探讨中国管理方式，已经成为我们中国的管理学家义不容辞的职责。如果我们抛弃成见，汲取不同理论范式的精华，将有利于开拓研究思路，提高研究水平。采用演化分析方法，可以对中国式管理进行全新的思考。愿以此文抛砖引玉！

〔参考文献〕

［1］陈若航，陈荣虎.演化经济学的方法论反思［J］. 生产力研究，2008（7）.

［2］史蒂文·琼斯.达尔文的幽灵［M］. 北京：中国社会科学出版社，2004.

［3］杨虎涛.演化经济学中的生物学隐喻——合理性、相似性和差异性［J］. 学术月刊，2006，38（6）.

［4］盐泽由典编. 方法的进化［M］. 东京：Springer 出版社，2000：80.

［5］李京文. 中国在 21 世纪全新环境下的管理创新［J］. 管理科学文摘，2002（1）.

［6］康芒斯. 制度经济学［M］. 北京：商务印书馆，1994.

［7］凡伯伦. 有闲阶级论［M］. 北京：商务印书馆，1981.

［8］弗朗西斯·福山. 大分裂：人类本性与社会秩序的重建［M］. 北京：中国社会科学出版社，2002.

［9］梁正. 演化经济学研究范式的重新思考——来自现代生物学的隐喻［J］. 南开经济研究，2003（5）.

［10］黄群慧. 比较管理学的春天——比较管理学的研究方法、理论模式及对我国的现实意义［J］. 比较管理，2009（2）.

［11］［日］藤本隆宏. 生产体系的进化论［M］. 东京：有斐阁，1997.

［12］吕守军. 演化经济学实证分析方法的论理结构研究［J］. 河南大学学报（社会科学版），2005，45（1）.

［13］Hodgson Geoffrey M. Evolutionary and Competence-based Theories of the Firm［J］. Journal of Economic Studies，1998（25）：25-56.

［14］Witt Ulrich. Imagination and Leadership：The Neglected Dimension of an Evolutionary Theory of the Firm［J］. Journal of Economic Behavior and Organization，1998（35）：161-177.

［15］J.W. Stoelhorst. The Naturalist View of Universal Darwinism：An Application to the Evolutionary Theory of the Firm［J］. In：J. Finch and M. Orillard（eds.）. Complexity and the Economy. Cheltenham：Edward Elgar，2005：127-147.

［16］Nelson Richard R. and Sidney G. Winter. Evolutionary Theorizing in Economics［J］. Journal of Economic Perspectives，2002，16（2）：23-46.

（首都经济贸易大学 蔡立新）

经典比较管理分析范式及其整合框架

一、引 言

研究者对一门学科进行研究，在选择、使用研究方法的过程中需要有一个指导框架或者模式，也就是应有一套科学共同体从事某一类科学活动必须遵循的一般规律，著名哲学家、科学史学家库恩（Thomas Kuhn）将其定义为“范式”（Paradigm）。

虽然库恩没有给出有关什么是“范式”的统一表述，但是一般认为，“范式”被理解为每一种科学在某一特定时间内具有的一个固定的、自身不再被问题化，亦即不再受到质疑的基本看法。每个学科内的每一解释，甚至每一研究总是在一个范式指导下的解释与研究。更准确一点地说，“没有范式，就没有科学，因为范式是理论化的坐标或者罗盘。以此坐标为地基，才有可能将某一研究范围归类与规范化”。更进一步，范式的意义是，“范式决定了我们的着眼点，决定着哪些问题是允许被提出的，同时决定着如何回答所提出的具体问题以及解决这类问题的方法与手段”。德鲁克认为假设构成了管理学这门学科的“范式”，[①]同样作为管理类学科的比较管理，正确的假设也就尤为重要。彭金荣认为企业管理范式的本质是企业内部资源配置及其与外部资源的有机整合、企业流程系统与企业价值创造系统的有机统一、企业管理动力机制三个方面。

学者高闯认为比较管理分析范式需要解决如何有效学习借鉴不同外部环境和内部资源企业的管理范式问题，它包括三个方面的问题：①界定比较管理分析范式的范畴。②准确提取影响比较管理分析范式有效运转的外部环境因素和内部资源因素。③确定比较管理范式运作流程，以解决比较管理范式是否可转移和转移程度问题。这也是比较管理在经历一段繁荣后目前仍停滞不前的一个重要原因。基于此，首先对经典比较管理分析范式进行分析，总结归纳其贡献与存在的问题，并最终提出解决问题的方法。

二、典型比较管理范式评析

比较管理学是20世纪60年代以后发展起来的一个管理学分支。它是学者们对各国企业管理的实践经验和理论模式进行比较研究的成果。它研究不同国家（地区）之间“管理现

---

① 引自彼得·德鲁克在《21世纪管理的挑战》中的部分观点。

象"[①]的异同点、模式及其效果，并且研究这些管理现象与文化地域环境因素的关系，进而探讨管理经验和管理模式的可移植性，以达到"博采众长，为我所用"的目的。许多学者也对比较管理分析范式进行了探讨，但是比较典型的只有三种范式。

（一）理查德·法默（Richard Farmer）和巴里·里奇曼（Barry Richman）分析范式（以下简称法默—里奇曼范式）

法默—里奇曼分析范式（1964）作为第一个明确提出的比较管理学分析范式，它把外部环境制约因素、管理过程诸要素和管理效果进行了区分，指明了三者之间递进式的影响关系（见图1），即外部环境制约因素影响着管理过程，并通过管理过程影响管理效果，管理效果最终又影响管理效率。他们认为外部制约因素分为四个变量：教育、社会、政治法律和经济。管理过程的关键要素有计划、组织、人员配备、领导、控制、业务领域的政策制定等。1980年法默和里奇曼对原范式进行修正，提出了分析比较管理学新范式，即把原来的外部环境影响因素（复合因素）和管理过程关键影响因素（复合因素）细化，并将细化的因素构成矩阵形式的分析模式，最终实现对两个或者多个企业管理水平的比较，横坐标主要包括企业内部职能因素，纵坐标主要涉及外部环境的制约因素。

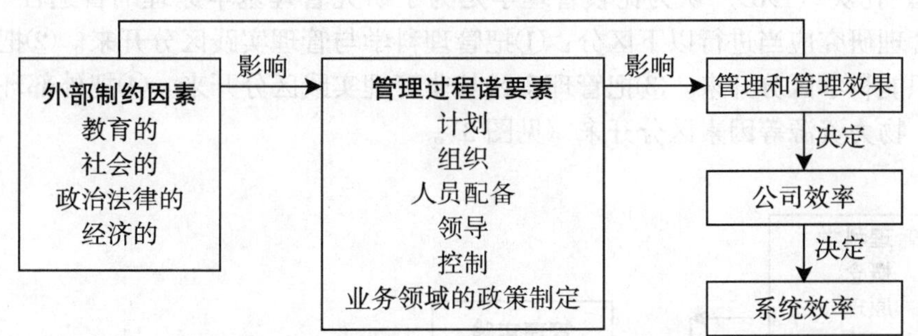

图1 理查德·法默（Richard Farmer）和巴里·里奇曼（Barry Richman）分析范式

（二）阿南特·尼希根（Anant R. Negandhi）和伯纳德·埃斯塔芬（Bernard D. Estafen）分析范式（以下简称尼希根—埃斯塔芬范式）

尼希根—埃斯塔芬分析范式（1965）是在法默—里奇曼分析范式基础上提出来的，它除了考虑环境约束条件外，还引进了管理哲学[②]（见图2），管理哲学并非由不同的民族和文化环境造成的，管理哲学的一些因素可以从一种文化引入另一种文化。在这个范式中，尼希根和埃斯塔芬认为，管理哲学与环境因素共同影响与决定着管理实践即管理的各项职能的发挥；而环境因素又直接影响着管理效果与企业效果；同时，管理实践也在影响着管理效果，管理效果最终决定了企业效果。

① 这里所说的"管理现象"有着广泛的含义，既可以指管理体制、管理制度、管理规章和惯例，又可以指管理过程、管理哲学、管理行为和管理效率等。

② 管理哲学定义为明朗的和含蓄的态度以及公司与某些内部和外部力量之间的关系（这些力量包括雇员、消费者、供应商、股票持有者、销售商、工会以及地方、州和联邦政府）。

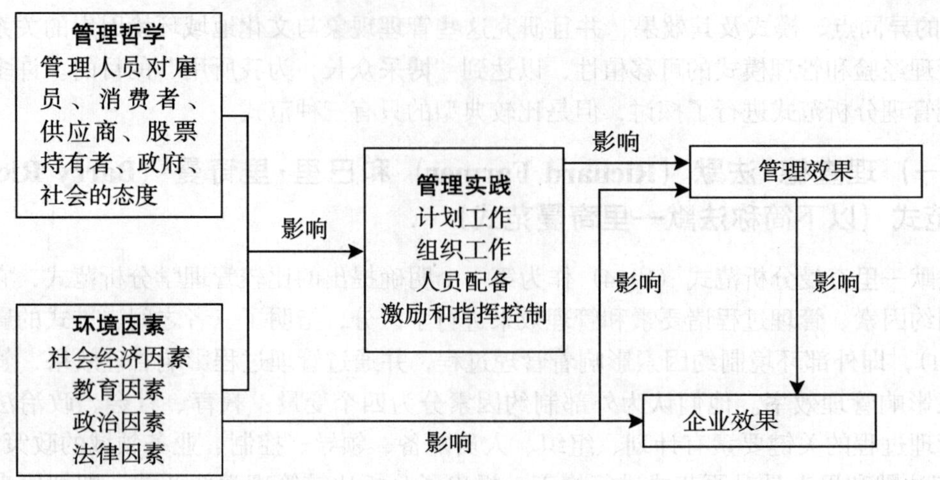

图 2　阿南特·尼希根（Anant R. Negandhi）和伯纳德·埃斯塔芬（Bernard D. Estafen）分析范式

（三）哈罗德·孔茨（Harold Kootz）分析范式（以下简称孔茨范式）

哈罗德·孔茨（1969）认为比较管理学是为了研究管理基本原理的普遍性和可转移性，所以比较管理研究应当进行以下区分：①把管理科学与管理实践区分开来。②把一般管理科学与企业职能科学区分开来。③把管理实践与非管理实践区分开来。④把外部环境因素和企业的人力、物力资源等因素区分开来（见图 3）。

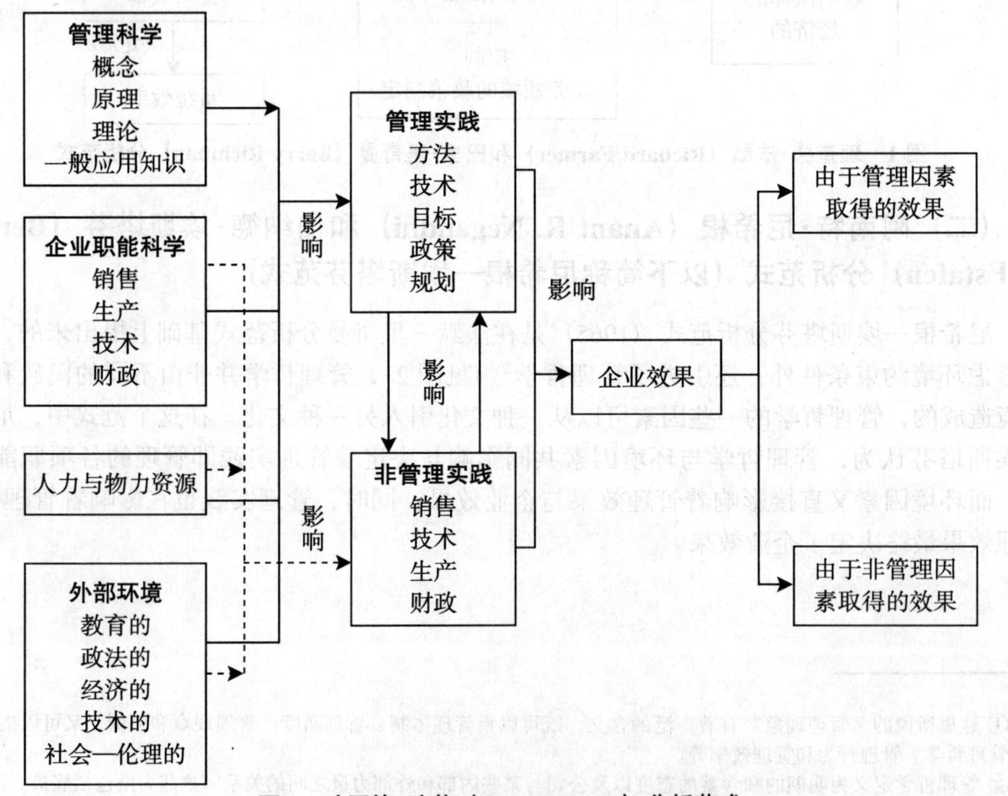

图 3　哈罗德·孔茨（Harold Kootz）分析范式

他指出，企业的两类实践活动相互影响和制约，同时，两者又受一般管理科学、企业职能科学、人力和物力资源以及外部环境的影响和制约。在这种错综复杂的情况下，两者交织在一起直接影响企业效果。

(四) 三种经典比较管理分析范式的比较分析

本文从比较管理学研究范畴的界定、管理移植的核心内容、影响移植的要素、影响移植的要素选择标准、范式运作的可行性、范式的主要贡献和主要缺陷等角度对三种经典比较管理范式进行分析比较（见表1）。

表1 三种比较管理范式完善程度比较分析

区分角度 范式类型	比较管理研究范畴的界定	管理移植的核心内容	影响移植的要素	范式运作的可行性	影响移植的要素选择标准	范式的主要贡献	范式的主要缺陷
法默—里奇曼范式	主要研究企业管理的基本原理和原则，并考察了环境对它的影响，但是没有说明外部环境因素对管理实践的影响	管理过程要素：计划、组织、人员配备、领导、控制、业务领域的政策制定	外部环境因素包括：教育、社会、政治和经济；内部资源因素主要是考虑管理过程要素	细分了影响管理效果的管理过程因素和外部环境因素，变原复合因素为单纯因子，增加了比较的可行性，但对比较过程、结果如何转移涉及较少	依据管理职能和宏观环境对管理效果的影响选择移植的要素	引入外部环境影响要素，并将各环境影响要素与管理过程要素结合进行了变量细分	概念型的范式，应用性较差
尼希根—埃斯塔芬范式	考虑了环境因素对管理哲学的影响，并认为管理哲学和环境因素决定管理实践和管理效果。其中，只提及组织（没有明确什么类型的组织）的管理哲学	管理哲学、管理实践。管理哲学指管理者对雇员、消费者、供应商、股票持有者、政府、社会的态度。管理实践包括计划工作、组织工作、人员配备、激励和指挥控制	环境因素包括：社会经济因素、教育因素、政治因素、法律因素，但没有对各复合因素进行细分。管理哲学影响因素包括管理人员对雇员、消费者、供应商、股票持有者、政府和社会的态度。管理内部环境因素等同于管理的职能	在上一范式基础上考虑了管理哲学对管理实践的影响，强调了管理哲学的可移植性，但是，没有涉及如何移植问题	依据对管理效果的影响选择	引入了管理哲学这一变量，并肯定管理哲学的可移植性	概念性的范式，操作性比新的法默—里奇曼模式差
孔茨范式	研究组织的管理科学，其中包括一般管理科学与企业职能科学。此外，他还提到了管理实践与非管理实践	管理科学、管理职能科学、管理实务。管理科学包括概念、原理、理论、一般应用知识。管理职能科学包括销售、生产、技术、财政。管理实践包括方法、技术、目标、政策、规划等	环境因素包括：教育、政法、经济、技术、社会—伦理等。此外，管理学基本原理、管理职能科学、人力和物力资源都是影响管理移植的因素	首先它为了研究管理原理的可移植性，将管理科学与管理实践、一般管理科学与企业职能科学、管理实践与非管理实践进行了区分。虽然他提出这些可以移植，但是对如何移植没有讨论	依据对企业效果的影响选择要素	将管理的科学与实践进行了区分，把环境因素与管理的基本原理区别开来	概念性模型，但操作性比前两者强

曾经有学者认为这些有关比较管理分析范式的研究都过于简单化和经验化，而且方法论开发比较薄弱。具体地说，如研究处于分散状态，缺少集成的模式，许多研究只是简单地指出比较对象的异同点，缺乏对原因及可靠性的分析；比较管理学科中经验主义的东西比较多，缺乏理论构建，也缺少定量的方法；研究中存在地域局限性，对群体作用、文化及其他环境因素的影响估计不足等。

经上述分析，可以得出如下结论：就比较管理范式的范畴而言，三种比较管理范式对比较管理的研究范畴进行了不同程度的探讨，法默—里奇曼范式和尼希根—埃斯塔芬范式只是概念性地解释各因素之间的相互影响，没有明确指出研究的范畴，孔茨范式则对研究范畴进行了深入探讨，值得借鉴。

就移植的核心内容和移植的可行性而言，法默—里奇曼范式和尼希根—埃斯塔芬范式着重强调外部环境因素对管理过程的影响，失掉了比较管理研究的重心——管理的可移植性，只有孔茨范式将环境因素与管理原理进行了区分，将管理实务与非管理实务进行了区分，增加了管理移植的可操作性。

对于影响管理范式有效运转的因素，三种范式对外部环境影响因素的探讨基本一致，但是尼希根—埃斯塔芬范式加入了管理哲学这一影响因素，孔茨范式增加了管理学基本原理、管理职能科学、人力和物力资源等影响因素。

影响移植因素的选择标准除了 1980 年法默—里奇曼新范式做了粗略解释外，其他两个范式均未明确说明。

法默—里奇曼范式对比较管理学分析范式的贡献是开拓性的。孔茨、尼希根、埃斯塔芬等尽管做了深入的研究，但是每一种分析范式都有局限性，尚未发展出一种能够考虑到各类变量、较为清晰地描绘出各类变量之间关系的综合分析框架。

三、整合的比较管理分析框架

有学者认为，对经济和管理问题进行系统分析的重要基础是 P.切克兰德的方法论，其核心内容或关键词是对归纳结果（现实系统）和演绎结果（概念或目标系统）的比较与改善。借鉴这一方法，通过对三种典型比较管理分析范式的比较分析得出它们存在以下问题：比较管理研究范畴缺乏统一的界定；管理移植核心内容不清；管理移植的影响因素虽然已经从复合因素细化为单一因素，但是对于选定影响因素的标准没有解释清楚，所以不能保证影响因素选择的适用性；三种管理范式都属于概念性范式，对具体应用未做深入探讨等。假设对社会科学非常重要，有学者认为假设可以作为社会学科的范式，本文认为比较管理假设是一切范式成立的基础，只有通过对假设不断检验并证明正确才有可能发展成为一门学科的“范式”。所以，首先应该讨论比较管理的假设问题，其次尝试界定比较管理学的研究范畴，再次依次探讨比较管理学研究的目的、影响管理移植的要素及其选择标准，最终尝试提出有一定应用性的比较管理范式。

首先，比较管理能否作为一种重要的工具使用？比较管理是否受到外部环境的影响？能否为企业及其他各类组织带来效率？是否只存在唯一的一种正确的组织结构？对各类组织进行管理是否只存在唯一的正确方法？进行比较管理时采用的技术和服务的对象是否固定不变？是否在不同组织之间、不同时期存在可以一贯遵从的管理原则？下文要探讨的有关比较管理学研究范畴的问题等都是比较管理学假设需要解决的问题。[①]

随着国际市场的开放、跨国公司的建立、各政府友好关系的建立等机遇的出现，为各国之间进一步加强沟通、交流、借鉴、学习架设了桥梁，同时，也使在某些方面发展有劣势的国家、企业等组织有机会通过比较、学习提升自身的管理水平，实现高效率。比较管理的主体是谁，有学者认为是国家，有学者认为是企业，本文认为比较管理的主体是发展处于相对劣势并希望通过向优势组织学习提升自身管理水平的组织。因为这类组织所处地域不同，发展机遇不一致，内部情况迥异，所以不可能存在完全一致的组织机构。而且，比较管理的服务对象不可能是所有组织也不可能固定不变。但是不同组织之间是存在共通之处的，如军队的管理方法可以应用于企业，存在可以参考采纳的管理原则，但是并非所有原则都适用，需要根据具体情况分析。

管理学是研究人和人类社会行为的，同样，作为管理学分支的比较管理学，其研究范畴在管理学研究范畴之内。关于比较管理学的研究对象，1987 年曹增友归纳总结了国外学者的三种不同意见。第一种，比较管理学是以世界各国企业管理理论和管理实践为宏观的研究对象，用比较的方法研究两个国家以上的企业管理理论和实践之间的异同及相互影响、相互关系。这种意见是从国与国之间的企业管理相比较出发，明确比较管理学的研究对象。第二种，比较管理学的研究对象不仅包括对国与国之间的企业管理理论和实践的比较研究，而且还应包括在一个国家范围内的国营企业与私营企业的管理比较、合资企业与独资企业的管理比较等。这种观点将比较管理学的研究对象外延，从“跨国度”的宏观角度延伸到一国国内的微观企业，把研究对象明确得非常具体。第三种，比较管理学不是研究、比较两国以上的企业管理理论和实践的异同，也不是对一个国家内不同企业之间的管理进行比较研究，而是以探讨、比较、分析各种管理理论、实践的异同以及寻求管理的一般规律为自己的研究对象。例如，对政府管理与企业管理的比较研究、商业管理与农业管理的比较研究、军队管理与行政管理的比较研究等。在同一时期，杨海涛认为，比较管理学是一门分析、比较不同经济体制、不同国家之间（或企业之间）在经济、文化、政治、工业等方面的差异情况对管理普遍性的影响，以及管理基本原理的可转移性的科学。它主要强调寻找普适的管理基本原理，没有将管理学和比较管理的研究范畴进行有效区分。于是 2010 年有学者对它进行了修正，认为比较管理学从比较分析的视角研究不同国家企业的管理方式、运行机制及其内在规律性，揭示不同国家企业管理的基本特征、形成及其演化规律，探寻不同国家企业管理与经济增长之间的关系，为不同国家企业管理的相互借鉴与移植提供可行性论证和理论依据。[②]比较管理学的研究对象是揭示不同国家企业管理的基本特征、形成及演化，那么，比较管理分析框架的要素应能抓住一个企业管理的基本特征，而其作为一个整体应能呈现出整个企业管理的模式。这种看法得到了很多学者的赞同，是与比较管理产生的时代背景紧密相关的。20 世纪 60 年代，日本经济得到突飞猛进的发展，在企业管理上形成了具有民族特色的独特模式，这使得美国感受到了严重威胁，并意识到应该学习其他经济发达国家的企业管理经验，尤其是日本。但是，比较管理的外在环境已经变化，目前不仅国家之间的管理存在差距，同一国家不同地域之间组织的管理也存在差距，甚至同一地域不同类型的组织或者同一类型组织之间的管理也存在差距，差距存在的普遍性说明了进行比较管理研究的广泛性。

① 相关思路借鉴彼得·德鲁克在《21 世纪管理的挑战》中的部分观点。
② 比较管理学的概念引自首都经济贸易大学高闯教授的讲稿。

所以，我们可以将比较管理分析过程概括为：通过适当的经济指标区分成功组织与失败组织，然后比较两种典型组织在运行过程中的管理方式、运行机制以及遵从的管理原则，找出两类组织的主要特征（包括组织内部结构特征、环境特征、管理实务等方面），并分析得出成功组织的共同点、失败组织的共同点、成功组织与失败组织的差异，对差异深入分析得出差异是否可以通过适当的调试消除，最终得出失败组织可以从成功组织直接移植和经调试适当移植的企业管理模式。比较管理的研究范围不仅仅是发展处于相对劣势并希望通过向优势组织学习提升自身管理水平的组织，而且涉及目前发展处于优势的组织，但是比较管理分析范式最终的服务对象是发展处于劣势的组织。

比较管理学研究的目的是通过对比研究高效率组织和低效率组织之间在管理原则、管理方式方法、管理环境、管理效果等方面的异同，总结高效率组织的成功与管理之间的关系，并分析得出可以适用于低效率组织的管理原则，以及通过适当调试可以为低效率组织采用的管理科学和管理实践，最终使低效率组织实现高效目标。

（一）影响管理移植的要素及其选择标准

影响组织管理效率的要素是比较管理分析范式这个大厦的一根根支柱，要素选择合适与否、要素间是否有恰当的逻辑关系是大厦建立起来的关键。1960 年，欧内斯特·戴尔在《伟大的组织者》一书中提出，要掌握成功企业的经验，就要用比较的方法来研究组织，发现并描述各种不同组织结构的“基本类似点”。把这些“基本类似点”搜集起来并予以分析，就可以得出某些一般结论，应用于其他类似或可比较的情况。管理效率的影响要素应该就是这样一些基本类似点。在选择要素的时候，建立要素的选择标准是必要的。1980 年，法默和里奇曼曾从外部环境和内部职能两个角度细化了影响管理效率的要素，但是对要素的选择标准没有深入分析，只是从与管理效率的相关性角度考虑。

（1）相关性。选择的要素对管理效率应该是有显著影响的。其中，环境要素应是对后面的管理过程（管理职能）要素有影响，而管理过程要素直接影响到管理结果。同时，环境要素对管理结果也有影响，管理过程各个要素也相互影响。整个要素体系具有系统性。相关性标准中隐含重要性。对企业管理有影响的环境要素数不胜数，对管理效果有影响的要素同样众多，全都展开比较分析显然不可行。在选择时应考虑重要性，选择相对其他要素对结果影响更大或更直接的要素进入分析范式。

（2）可量化。各影响要素对效率的影响程度应该可以量化，只有这样，这些要素对管理效率的影响程度才可以在横向和纵向上具有可比性。横向可比性即要素应该在不同国家及不同国家的企业中可比。纵向可比性即要素应能在同一个国家的不同经济阶段和同一个企业的不同生命周期阶段可比。

（3）动态性。选取要素时，应该注意与周围环境和自身发展的适应性，即随时关注变化发展，所以选取的要素不是固定不变的，要随着情况的变化，要素选择有所侧重。此外，管理是一套运行机制，其基本管理特征及形成、演化规律只能在动态中把握，才能提升自身。同时，对已经过期的理论的移植与学习是没有意义的。

（4）可移植性。在比较分析过程中，选择的要素要保证其可移植性，不可移植的东西只需要认识即可，没有必要深入研究。为保障管理的可移植性，选择各要素时，就应考虑到要素信息的可获取性，管理过程要素可在实践中操作。

遵从以上四个比较管理要素的选择标准，可以实现要素选择的准确性、实用性及适用性。鉴于法默—里奇曼新范式已经从两个角度将要素细分，本文将通过以上标准对其要素进行筛选，最终得到可移植的管理原则和管理职能科学，但是，管理实务、方法如何移植呢？其影响要素除了外部环境和内部职能之外，还存在对管理实务具有影响的偶然因素。这部分内容本文不展开。

（二）对比较管理分析框架的尝试性整合

比较管理分析范式整合遵循的原则是：①借鉴经典的比较管理分析范式的成果，尤其是法默—里奇曼新范式中有关管理效率的影响因素，以及孔茨的有关管理科学和管理实践的区分等观点。②一定程度上解决上文提到的原比较管理分析范式普遍存在的问题。③承认不同组织管理差距的存在，这是处于劣势的组织设定管理改进目标的基础。④旨在探索可以移植或调适性移植的管理基本规律、特殊规律、实务经验等。

整合的框架成立的假设条件有：①成功组织与失败组织可以依据人均生产总值及其增长速度、投入—产出效率等指标进行有效区分，并且透过这些指标明确两者之间的差距。差距可以作为企业的一种潜在资源，这会指导企业设定改进目标。②可移植的成功企业管理相关要素包括管理原则、管理职能科学、管理实务。③移植的程度分为全部移植、调适后移植及不可移植。④失败组织具有学习的能力且有学习提升管理效率的动机。⑤假设A代表典型成功组织，B代表有学习能力和动机的失败组织。⑥要素对管理效率的影响程度分为非常重大、重大、一般。这几个影响程度的划分依照这些要素对管理价值的影响比率来区分。如果要素对管理价值的影响超过50%属于非常重大，10%~50%为重大，10%以下为一般。

整合的比较管理分析框架（见图4）参照了孔茨对管理相关内容的划分，将管理可移植的相关内容分为：管理原则即普适性的管理应遵从的理论（不同行业、地区、阶段的组织可以借鉴的管理学规律）、管理职能科学（具有某些共同特征的企业才能移植的科学）、管理实践（企业运作过程中采用的管理方式、方法、手段及企业应对偶然事件的经验总结）。虽然典型的分析框架有差异，但都以企业最终效果，尤其是管理效果为最终目标，整合的比较管理分析方式也以提升管理效率为最终目标，并且管理效果受到组织内部因素的影响和环境因素的作用。

A组织与B组织首先应该进行外部环境的比较，需要参照上文提到的按照要素选择标准，从法默和里奇曼提出的管理效率影响要素中选取外部环境要素，并对相关的环境因素进行分类，结合组织实际将要素分为可调适要素和不可调适要素，重点研究可移植的要素即可调适的要素。之后对组织内部要素进行比较，具体的比较过程及可移植的管理内部要素见图5。

整合后的比较管理分析框架首先对经过筛选的组织外部环境要素进行对比分析，比较结果有两种：差异大和差异小。

在差异大的情况下，需要考虑外部环境要素对管理效率影响程度的大小。如果影响程度非常重大，如图5中情况①所示，这时需要考虑外部环境要素的可调适性，根据外部环境要素可调适性的高低，只能审慎选择移植相关一般管理科学内容。如果影响程度重大或一般，直接进入对内部因素的对比，两种情况经分析后对应结果基本一致。如果外部环境要素对管理效率的影响程度重大、一般，而且组织内部要素差异大，内部要素对管理效率的影响有非常重大、重大、一般三种情况，当影响非常重大时，如图5中情况②和情况⑥所示，这时可以考虑部分移植一般管理科学内容和审慎移植管理职能科学内容；当影响重大时，如图5中

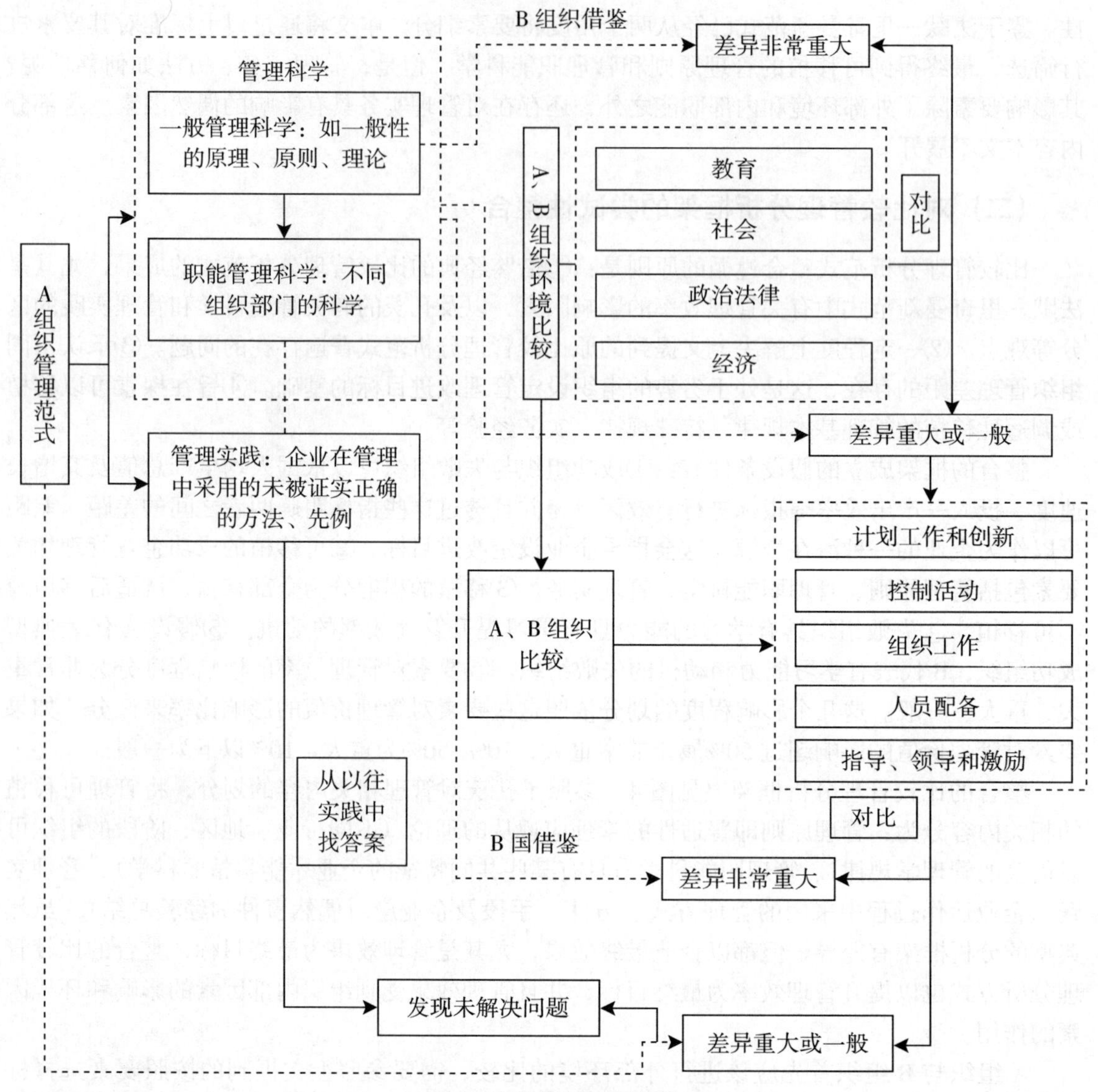

图 4　比较管理整合框架

情况③和情况⑦所示，这时可以考虑部分移植管理科学内容和管理职能科学内容；当影响一般时，如图 5 中情况④和情况⑧所示，这时可以考虑部分移植一般管理科学内容和管理职能科学内容，并审慎移植相关管理实践经验。如果外部环境要素对管理效率的影响程度重大而且组织内部要素差异小，如图 5 中情况⑤和情况⑨所示，可以考虑部分移植一般管理科学、管理职能科学和管理实践经验等内容。

在差异小的情况下，相关环境要素对管理效率的影响可以不予考虑，所以直接比较内部要素即可。当组织内部要素差异大时，内部要素对管理效率的影响有非常重大、重大、一般三种情况，针对影响非常重大的情况，如图 5 中情况⑩所示，这时可以考虑移植一般的管理科学；针对影响重大的情况，如图 5 中情况⑪所示，这时可以考虑移植一般管理科学、部分移植管理职能科学和管理实践经验；针对影响一般的情况，如图 5 中情况⑫所示，可以考虑移植一般管理科学、管理职能科学和审慎移植管理实践经验。当组织内部要素差异也很小时，这时可以移植一般管理科学、管理职能科学和管理实践经验。

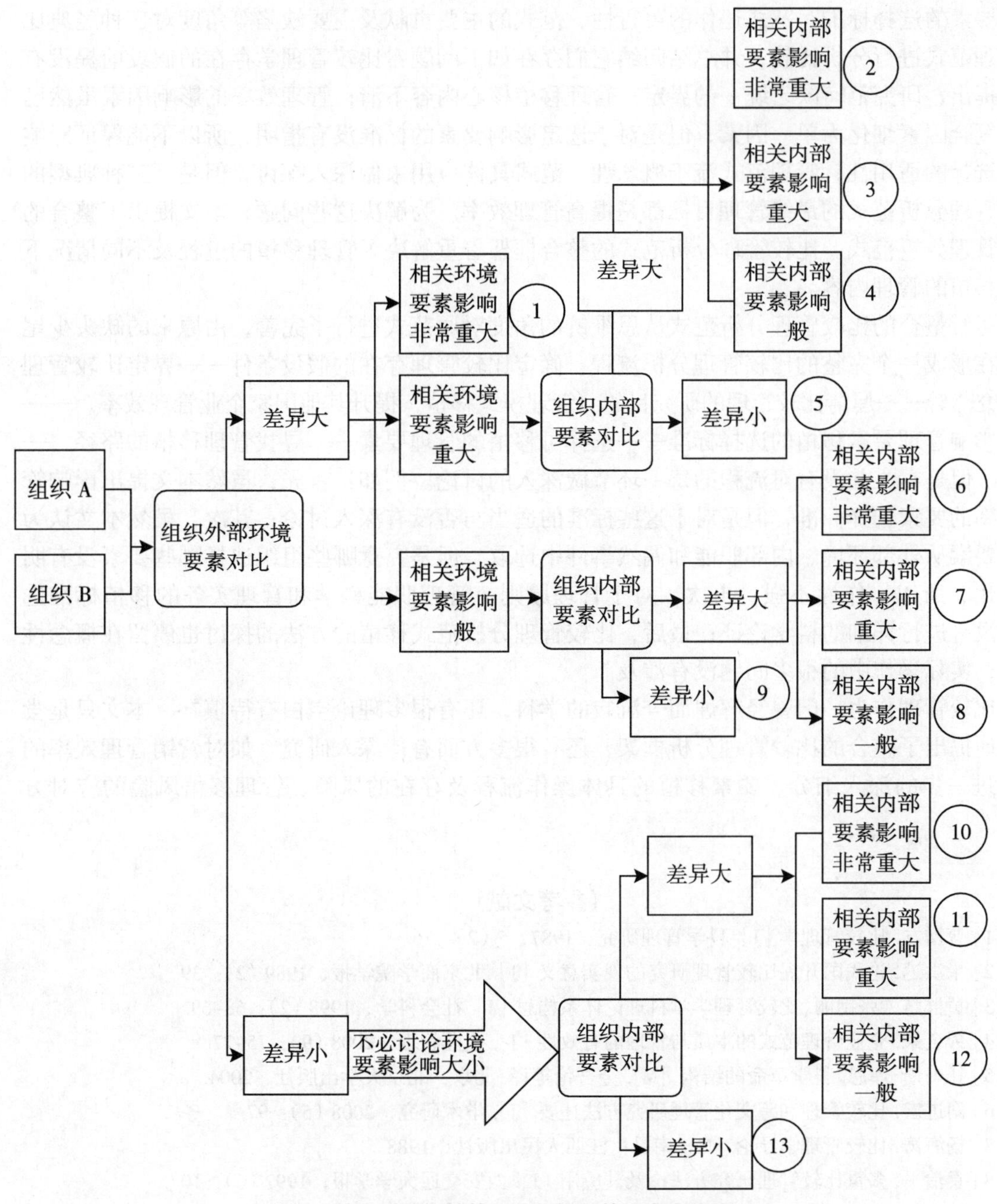

图5　整合后的比较管理分析框架管理内容移植

图5是对图4内容的补充，图4主要探讨管理移植的整个过程，图5是分析不同组织间在管理移植过程中，在遇到13种不同情况下劣势组织可移植的管理相关内容。

四、整合的比较管理分析范式的贡献和不足

本文主要从比较管理学研究范畴的界定、管理移植的核心内容、影响移植的要素、影响

移植要素的选择标准、范式运作的可行性、范式的主要贡献及主要缺陷等角度对三种经典比较管理范式进行分析比较，并总结归纳它们存在如下问题：比较管理学存在的假设前提没有明确提出；研究范畴缺乏统一的界定；管理移植核心内容不清；管理效率的影响因素虽然已经从复合因素细化为单一因素，但是对于选定影响要素的标准没有指明，所以不能保证影响要素选择的适用性；管理范式流于概念性，范式具体应用未做深入探讨，但是，三种典型的比较管理分析范式的最终管理目标都是提高管理效率。为解决这些问题，本文提出了整合的比较管理分析范式。比较管理分析范式的整合框架着重解决了管理移植的过程及不同情况下需要移植的管理内容。

尽管整合的比较管理分析范式从思维链的角度对原范式进行了完善，由原来的缺头少尾到现在形成一个完整的比较管理分析流程：确定比较管理存在的假设条件——界定比较管理的研究范畴——厘清比较管理的研究目的（管理模式移植，提升其他国家企业管理效率）——确定影响管理要素移植的选择标准——选择可移植的管理要素——寻找管理移植的路径——移植。但是本文并没有对流程的每一环节做深入的讨论。例如：首先，虽然本文提出影响管理效率的要素选择标准，但是对于这些标准的适当与否没有深入讨论；其次，虽然本文认为影响要素从外部环境、内部职能和偶然事件中选取，但是究竟哪些组织选择哪些要素没有明确指出，所以操作性不强；再次，对于管理原则、管理职能科学和管理实务的移植标准选择，没有进行详细的科学论证；最后，比较管理分析范式移植的方法的探讨也停留在概念性阶段，实际操作中的很多问题没有涉及。

比较管理作为一门曾经辉煌而今沉寂的学科，还有很多理论空白有待填补，本文只是尝试性地提出了整合的比较管理分析框架，还有很多方面有待深入研究。如对营销管理效率的要素进一步的深入细分、要素移植的具体操作流程及存在的风险、管理移植风险的应对方法等。

〔参考文献〕

［1］曹增友. 比较管理学［J］. 科学管理研究，1987，5（2）：76.
［2］果洪迟. 论我国开展比较管理研究的现实意义［J］. 北京商学院学报，1989（2）：39.
［3］黄群慧，张艳丽. 比较管理学学科理论体系构思［J］. 社会科学，1998（2）：68-69.
［4］彭金荣. 企业管理范式的本质与管理的有效性［J］. 企业管理，2008（9）：75-77.
［5］托马斯·库恩. 科学革命的结构［M］. 金吾伦等译. 北京：北京大学出版社，2004.
［6］闫进宏. 比较管理和跨文化管理研究方法述要［J］. 学术研究，2008（5）：97.
［7］杨海涛. 比较管理学导论［M］. 南昌：江西人民出版社，1988.
［8］袁治平. 多重比较管理研究方法论及其应用［J］. 西安交通大学学报，1997（6）：107.

（首都经济贸易大学工商管理学院　王雪梅）

"法默—里奇曼"比较管理研究框架修正

——基于 AMR 相关文献的分析

一、引　言

近年来，管理学研究蓬勃发展，呈现出百花齐放的局面。然而，比较管理研究却成为该学科遗失的美好。早在 20 世纪 60 年代末，Schollhammer 教授就以管理学国际顶尖期刊作为比较管理探讨研究的阵地，发表了《比较管理理论丛林》。Schollhammer（1969）回顾了已有比较管理研究的理论取向，即社会—经济研究法（The Socio-economic Approach）、生态研究法（The Ecological Approach）、行为研究法（The Behavioral Approach）和折中—实证研究法（The Eclectic-empirical Approach），并提出一个综合的比较管理理论分析框架。该文章得到了学界的广泛关注，因而，Negandhi（1970）等著名学者也发表评论文章探讨比较管理研究理论框架，掀起了比较管理研究的一个高潮。再到以《Z 理论》为代表的以文化为主导的比较管理研究，以及比较制度分析为主导的比较管理研究，是比较管理领域研究的高峰。近年来，该领域研究相对暗淡。笔者检索国内外知名数据库发现，比较管理领域研究成果稀缺，发表在如 *Academy of Management Review*（AMR）这类国际顶尖期刊上的文章更是屈指可数。

比较管理研究诸多方面的缺失促使我们解读管理学国际顶尖期刊上该领域凤毛麟角的研究成果，"让人从显现的东西本身那里，如它从其本身所显现的那样来看它"（海德格尔，1987），以期给对比较管理研究感兴趣的读者最基本的认识。另外，本文尝试从一个全新的视角，即引入符号学中句法、语义、语用的分析框架，重新界定比较管理学，并修正比较管理的分析框架。这无疑将给比较管理研究注入新的血液、新的活力。

二、比较管理学的界定

不论是解读比较管理领域现有的研究成果，还是修正比较管理分析框架，都存在一个必要的前提，即界定比较管理。

（一）避免国家同质性的假定

目前，对于比较管理学给出清晰定义的研究并不多见，最早有学者认为比较管理学是一门分析、比较不同经济体制、不同国家或地区之间（或企业之间）在经济、文化、政治、工业等方面的差异情况对管理普遍性的影响，以及管理的基本原理的可转移性的科学（杨海涛，1988）。黄群慧（2009）指出："现在一般认为，比较管理学是建立在比较分析基础上对管理现象进行研究的一门管理学分支。它采用比较分析的方法，旨在分析不同国家之间的经济、政治、文化、社会等环境差异情况对管理理论和时间的影响，并探索管理发展的模式和管理知识在不同国家的适应性。"很明显，上述定义仅从宏观上国家差异的角度界定比较管理，而忽视了同一国家或文化内管理行为的个体差异或组织间的差异，因而，我们可以称其为狭义比较管理学。如上仅从不同国家或文化的角度进行比较管理研究，也就假定了国家内或文化内的同质性，本文尝试采用开放性的研究思路，注重在比较管理研究中为中观层面及微观层面的进一步探讨留出一扇门窗，以尽力避免单纯跨国比较管理研究的封闭性学术倾向。

就比较管理学而言，脱胎于母学科管理学，用全新的跨界视野和开放综合思路反思、批判和重新理解这个母学科，以推动它的发展，这应该成为我们理解比较管理学科性质的一条有价值的线索。所以可以认为，比较管理研究的对象与其母学科管理学的范围是一致的。文献分析发现，最常见的比较管理研究分三类：①跨区域尤其是跨国界或跨文化的比较研究；②跨组织类型的比较研究；③跨时间的比较研究（黄群慧，2009）。

（二）借鉴其他比较学科的经验

在比较管理学诞生之前，以"比较"命名的学科大量涌现出来。从这些相似的比较性学科中吸取一些研究经验无疑也是很好的研究路径。从 18 世纪下半叶开始，比较解剖学、比较生理学、比较胚胎形成学、比较语言学等相继问世，成为一时之风尚（杨素萍，2009）。资料显示，最早以"比较"命名的学科是比较解剖学，它由法国生物学家居维叶在 18 世纪首创。近年来，比较文学、比较教育学、比较法学、比较哲学、比较美学、比较经济学、比较情报学等以"比较"命名的学科，得到了极大的发展，相当一部分"比较"学科在重点大学取得了专业资格，并拥有了硕士和博士点。"比较学科"或"比较科学"的定义有一个很明显的共同点，就是每门学科都明确指出了是采用比较的方法来对本学科所属的更高一层次规律的研究（《比较体育》编写组，1990）。另外，张小劲、景跃进（2001）也使用了"比较学科"这一概念："比较研究的高级发展，特别是在相应的社会科学主流学科基础上高度发展起来的、有着特定课题领域的比较研究，则形成众多的分支性或边缘交叉性的比较学科。"

比较学科的发展历程告诉我们，要准确地理解比较管理学的性质，必须不断对"比较"这个基本概念进行重新审视、重新发现和重视解读。要合理地定位比较管理学，就不能简单地将"比较"视为一种观察和认识事物的方法，它同样是人类社会发展到一定阶段才可能出现的科学和文化生长机制，是一种与一定时代相适应的思维模式，是传统学科在新时代生成自我意识和主体人格，焕发青春活力的一种表现（杨素萍，2009）。

（三）本文对比较管理学的界定

如果说比较管理因自己的研究对象而属管理科学的话，那么比较管理则因自己的研究方法而属于比较科学。

笔者尝试引入符号学现有的语用学、句法学和语义学三分法的理论框架，从全新的视角界定比较管理。借用这三者来讨论比较管理，笔者认为相关研究应当包含语用、句法、语义三个方面的内容，由此构建的语用性比较管理研究、句法性比较管理研究、语义性比较管理研究框架将在后文详述。

在上述分析的基础上，本文尝试界定广义的比较管理学：脱胎于母学科管理学，用全新的跨界视野和开放综合的思路，从语用性管理、句法性管理、语义性管理三个方面反思、批判和重新理解母学科的比较科学。

三、比较管理研究分析框架

句法学、语义学、语用学原本是符号学的分类法，将其明确地作为符号学的三个分支首见于美国学者莫里斯（C.W. Morris）1938年问世的《符号理论基础》一书。正如数学就是整个自然科学的共同工具，欧洲符号学者试图将符号学作为整个人文艺术学科的共同平台。他们认为，人文艺术科学也应该有一种共同的工具，那就是符号学，因为它们研究的对象都是某种记号，而符号学正是关于记号的科学。因此，艺术学和人文科学的各个学科广泛应用符号学的研究框架和方法，从人文艺术科学的各个分支来研究记号的性质和功能，由此产生了语言符号学、逻辑符号学、音乐符号学、绘画符号学、电影符号学、建筑符号学、媒体符号学等新兴学科（蔡曙山，2006）。20世纪中叶以来，在理论语言学、语言哲学、语言逻辑的研究中，普遍采用句法学、语义学和语用学"三分法"的研究框架。在所有艺术与人文学科的理论框架中，我们都可以看到符号学三分法的影响（蔡曙山，2006）。例如，在语言学的研究中，理论语言学和语言符号学可以看做同等程度的范畴，可见符号学三分法影响之深远和广泛。

当今学者普遍认为符号学三分法，即句法、语义、语用三结合，从不同的角度研究符号是有积极意义的。句法、语义、语用三结合研究的思想也为比较管理学研究比较管理框架提供了非常有益的借鉴。罗珉教授（2009）将管理学范式划分为结构性理论范式、诠释性理论范式、行为性理论范式的做法为本文从上述三个层面探讨比较管理框架提供了理论依据。基于此，笔者尝试以近年来管理学国际顶尖期刊AMR的相关文献解读比较管理研究框架，并修正"法默—里奇曼"模型。

研究跨国公司的全球经营、投资效率，并主要关注全球经营环境及投资地经营环境的两位比较管理学先驱者法默（Richard N. Farmer）和里奇曼（Barry M. Richman）通过分析不同国家的管理现象，于1964年在其《比较管理与经济发展》中开创性地提出了第一个比较管理理论框架（黄群慧，1991），见图1。这一分析框架是在对跨国经营的重大影响因素，尤其是外部环境因素详细比较研究的基础上提出的。其对外部环境、管理过程和管理效果三个环节进行了明确划分并进一步分析了三者间的关系，重点讨论了外部环境对管理过程诸要素的影响，描述了公司的经营效率是如何形成的。该模型的突出特点在于把管理过程同其外部环境区别开来。法默和里奇曼明确指出了管理过程的基本要素，并把环境制约因素归纳为教育的、社会的、政治法律的和经济的四种变量。他们认为，外界环境会影响管理过程的诸要素，从而影响管理效果；而管理效果又将决定企业效率，并进而决定一国经济系统的效率。这个模型不仅指明了进行比较管理研究所必需的概念体系，而且也为人们更好地理解不同环境条件下管理效果和经济系统效率的差异提供了很好的手段。但是，该模型也存在一定的缺陷：第一，它突出强调了外部制约因素，但受理论发展的束缚，外部因素分析不完善；第二，忽视了组织内部的微观环境或结构对管理活动的影响；第三，没能涉及作为比较管理研究之根本目的的管理移植问题。因此，笔者尝试从语用性管理、句法性管理、语义性管理三个方面对上述问题分别做出修正。

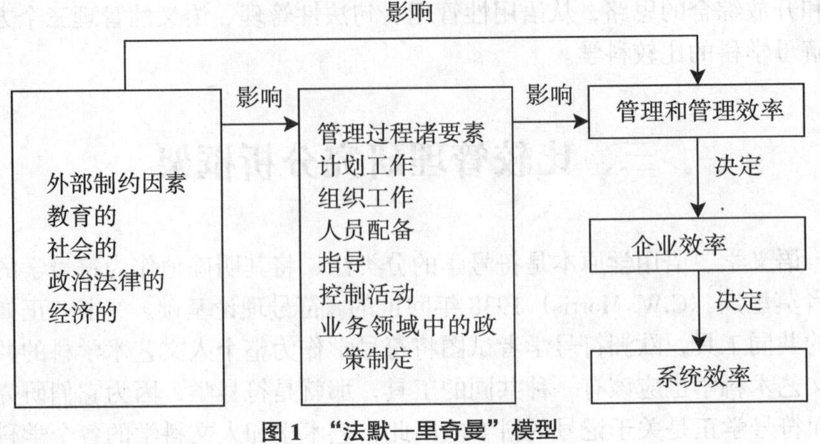

图 1 “法默—里奇曼”模型

(一) 语用性比较管理研究

语用学的理论基础可追溯到奥斯丁的言语行为理论，该理论特别重视对语言的使用条件，即“语境”因素的分析，提出“通过说事来做事”的思想。奥斯丁所举的例子是：女皇在轮船下水仪式上说“我命名这艘船为伊丽莎白女皇号”；牧师在给婴儿洗礼时说“我命名这孩子叫汤姆”；法官在法庭宣判时说“我宣布被告有罪”等（蔡曙山，2006）。显然，在上述特定场合（语境）中，说出的这些话语都是用来做事的。就比较管理研究而言，语用性比较管理研究着重比较“语境”对管理的影响，即管理背景环境因素对管理的影响。

1. AMR 文献解读

Matten 和 Moon（2008）的《“隐性”与“显性”的企业社会责任：比较理解企业社会责任的概念性框架》所应用的分析模式属于语用性比较研究。文章应用两种制度理论，即国家商业体系和新制度主义，探讨了国家间企业社会责任如何、为何存在差异，以及企业社会责任产生变化的方式和原因。本文的研究问题是：第一，从比较的意义上看，为什么美国企业长期以来一直表明它们的企业社会责任，即采用“显性”社会责任，而欧洲企业在它们的社会责任表述上往往更含蓄，即采用“隐性”社会责任？第二，从时间上看，为什么类似于美国企业，欧洲企业最近更倾向于采用“显性”企业社会责任？

根据以前对欧美国家企业社会责任的比较研究结果，作者认为在一个国家的发展过程中不断发展形成的国家商业体系，适用于解答为什么国家间企业社会责任系统存在差异的问题。然后作者利用 Whitley（1999）提出的国家制度框架的四个方面（政治、金融、教育和劳动力、文化系统）来分析美国和欧洲企业社会责任的差异，该制度框架影响着美国和欧洲企业的本质、市场过程的组织以及协调和控制体系。作者认为美国的制度框架下市场经济的自由成分较强，为企业承担相对明显的社会责任提供了更多的激励因素和机会，而欧洲的制度框架下市场经济中的协调成分较强，给企业提供的激励因素和机会相对较少。在不同的制度框架下，美国式的 CSR 为“显性 CSR”，欧洲式的 CSR 为“隐性 CSR”。两者的主要区别是：①在表达与社会的关系时用的语言不同，显性 CSR 用企业社会责任的语言来与利益相关者沟通，而隐性 CSR 则不是通过这种方式；②目的不同，显性 CSR 常常是企业有目的的战略选择，而隐性 CSR 则是企业对制度环境的反应。制度框架中自由市场经济成分越强，企业社会责任越趋向于显性 CSR，协调市场经济成分越强，企业社会责任越趋向于隐性

CSR。

另外，作者认为新制度主义可以用来解释为什么欧洲也趋向于采用显性 CSR。制度环境要求组织服从"合法性"（Legitimacy）的机制，参照现行的社会构架系统所接受的组织形式和做法，这是造成组织趋同的原因所在。作者应用 DiMaggio 和 Powell（1983）提出的导致组织形式、组织行为趋同的三种机制来分析企业社会责任趋同的原因：①强迫性机制，例如欧洲政府的战略、联合国和经合组织等的制度准则；②模仿机制，在不确定性增加、技术日益复杂的情况下，跨国公司加入企业社会责任商业联盟，参加企业社会责任培训项目；③规范机制，来源于教育机构、专业领域关于"合法性"组织行为的直接或间接的标准。

该文章讨论的框架可以表示为图 2。这个框架的应用不局限在欧美国家的比较上，也可以用来比较其他国家之间的企业社会责任。

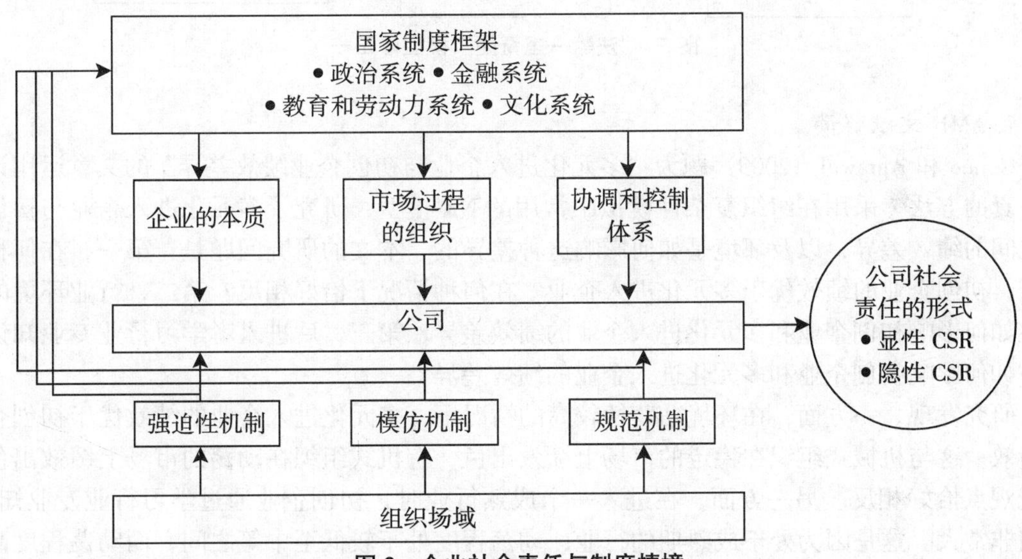

图 2 企业社会责任与制度情境

2. 对"法默—里奇曼"模型的修正

借鉴以上讨论的 AMR 经典文献 Matten 和 Moon（2008）关于两种制度理论的透彻分析，笔者对"法默—里奇曼"模型做出第一点修正，即将该模型的外部制约因素完善为国家制度框架和新制度主义两部分。另外，借鉴 1969 年著名管理学家哈罗德·孔茨在《对管理的普遍性和可转移性分析》一文中提出的分析框架中将环境要素归纳为教育、政法、经济、技术、社会—伦理五个方面的分类方法，本文将技术要素引入修正的"法默—里奇曼"模型国家制度框架中，更全面地分析当今知识经济时代不断普及的新技术及不断创新的科技对企业管理的影响，见图 3。

（二）句法性比较管理研究

句法学是研究符号本身的关系和规律的学科，研究如何连词成句的问题，是符号学理论中最为基础的部分，揭示事物内部的关系。乔姆斯基认为语言中存在一种深层结构，它是支配句子生成的核心。类似地，企业管理作为一种复杂的符号体系也应当存在一个深层结构，是管理中根本的内在因素。笔者认为，句法性比较管理研究着重比较组织及其管理的结构形式，包含企业管理制度、原则、政策等。

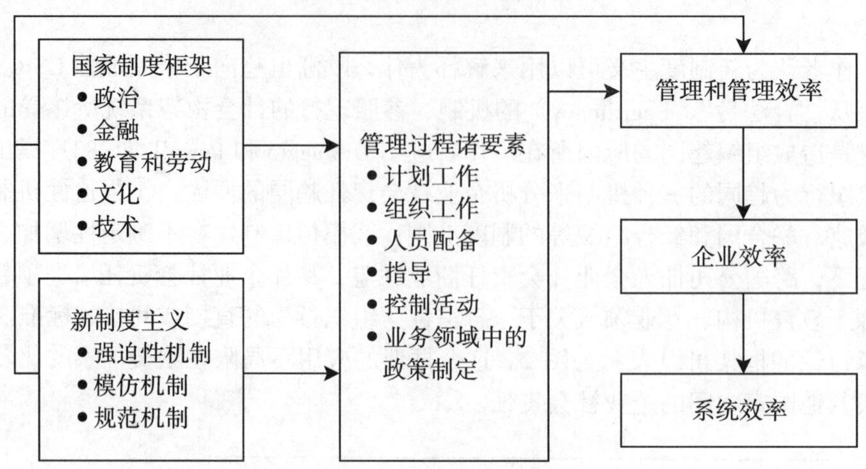

图 3 "法默—里奇曼"模型修正一

1. AMR 文献解读

Ganco 和 Agrawal（2009）题为"多元化进入企业与初创企业绩效差异"的文章运用计算机仿真的方法，采用在组织复杂性模拟中常用的 NK 模型，研究了多元化进入企业与初创企业之间的绩效差异，以及环境是如何影响这种差异的。本文的研究问题是：第一，在何种情况下，初创企业的绩效优于多元化进入企业？在何种情况下恰好相反？第二，行业环境的动荡性如何影响初创企业和多元化进入企业的绩效差异？第三，后进入者学习行业专业知识的能力如何影响初创企业和多元化进入企业的绩效差异？

研究发现，一方面，在环境动荡性较高的情况下，多元化进入企业的绩效优于初创企业的绩效。这与机械式组织在稳定的市场上绩效出色，有机式组织在动荡的市场上绩效出色的传统观点恰好相反。另一方面，在进入一个成熟行业时，初创企业通过学习行业专业知识，获利非常大。这是因为处于成熟期的行业，动荡程度处于较低至中等之间，而动荡程度高就意味着行业变动程度大速度快，大大削弱了学习的价值。总之，产生上述两方面差异的一个根本原因在于组织结构差异。

多元化进入企业与初创企业的一个重要区别与 Hannan 和 Freeman（1984）提出的结构惯性（Structural Inertia）相关。多元化进入企业存在惰性的、确立的组织过程，而初创企业的结构是非固定的、有机的，因此相对容易改变。

相对于多元化进入企业，初创企业的内部联结（Intra-firm Coupling）较弱。而一些行业特征，例如技术强度、资金强度和垂直整合需要等，影响了企业间联结（Inter-firm Coupling）的性质和强度。

2. 对"法默—里奇曼"模型的修正

以上讨论的 AMR 经典文献 Ganco 和 Agrawal（2009）中关于企业内部联结与企业间联结的分析，为丰富句法性比较管理研究中比较组织及其管理的结构形式提供了有益借鉴。基于此，笔者对"法默—里奇曼"模型做出第二点修正，即将该模型的企业内部因素完善为管理过程和组织结构两部分，见图 4。

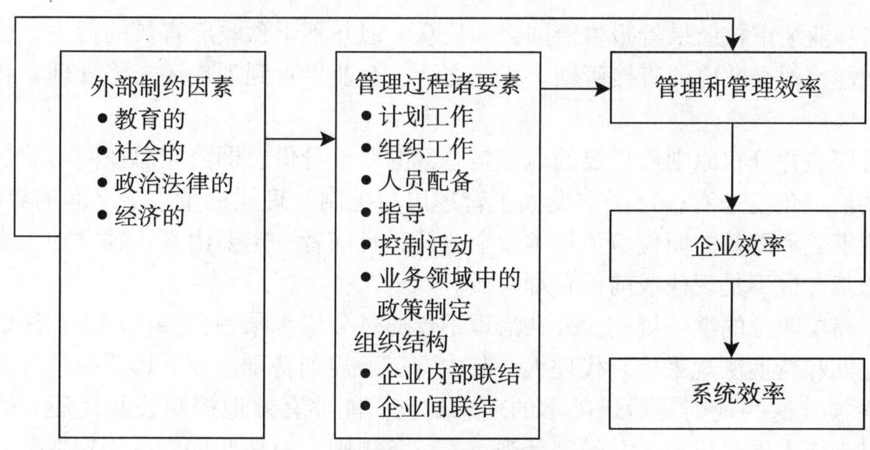

图 4 "法默—里奇曼"模型修正二

（三）语义性比较管理研究

顾名思义，语义学是研究符号意义的科学。语义性比较管理研究着重比较对管理概念行为等的不同描述，并借助其他学科（社会学、心理学、经济学、人类行为学）的概念来诠释管理理论和实务。语义性比较管理研究致力于有意识地对已有管理理论或实务进行选择、分析与批判，进而解决问题，形成新的认识。

1. AMR 文献解读

Benz 和 Frey（2007）的《公司治理：我们能够从公共治理学到什么?》提出了公司治理可以向公共治理借鉴的观点。政治领域中用来控制和规范政府官员的制度可以给我们一些改进公司治理的新见解。该文秉承了宪政经济学的分析传统，从以下四个方面论述建议：高管薪酬、公司内部分权、高层职位的继任规则和制度化竞争。

第一，高管薪酬。企业界高层管理人员的报酬往往与企业业绩挂钩，因此使得企业高管有动机和机会去操控自己的薪酬标准。20 世纪 90 年代建立的绩效工资体系，可以促使经理投入更多的时间和努力来追求更高的收入。但经理们发现影响业绩考核的标准更容易、要求更低，从而开始参与非经营性的"寻租"活动以操纵绩效标准及收入。

公共治理观点认为从政者、公务员和法官的薪酬应该是固定的，这样可以避免制定规则的人为寻求个人利益来操控相应规则标准。与绩效报酬体系不同，固定薪酬体系能使代理人集中精力于工作内容而不是在薪酬上。固定收入有着"约束再分配"的重要作用。它将个体从"为收入而战"中解放出来，引导经理们把精力和努力投入到更有成效的经营活动中。因此，"寻租"和负和博弈减少了，操纵薪酬标准的动机降低了。因此，借鉴公共部门的经验，作者认为一种以固定薪酬为主、带有适量激励报酬的薪酬制可以结合公共部门的固定薪酬与以绩效为中心的薪酬制的优点。

第二，公司内部分权。公司治理的一个重要功能是控制和规范管理层。政府公共治理也有同样的目标，规范公共代理人是其中心任务。公司和公共部门结构之间也有相似之处。执行总裁对应政府首脑，公司董事会相当于内阁成员，股东即为市民。在治理的这两个领域中，一个核心问题是位居重要职位的人倾向于拥有不受拘束的决策自由。多个世纪以来，公共治理已经发展了多种有效的制度来限制这种权力的积累。其中极为重要的是分权的思想。

在公共治理中，设立一些控制政府主要官员行为的独立机构，它们将政府主要官员执行任务的方式和业绩审核结果等报告给国会和公众，但并不干预政府官员的行为。这些机构具有相对独立性，不受政府的直接管辖。相比之下，企业界直到现在还未将管理者和外部审计职责明显分离。

公司治理违背分权原则最重要的地方是总裁的双重身份，即公司总裁同时兼任董事长一职。从公共治理角度来看，这严重模糊了管理层与控制管理层的董事会之间的界限。因此，作者建议董事长和总裁的职位应该从本质上分开，且前者一定要由真正独立的人来担任，既不是前任总裁，也不是现任或前任管理人员。

第三，高层职位的继任规则。公共治理不仅通过分权来限制公共代理人，还借助大量重要职位的任期和轮换法规来控制代理人。其中有三条规则特别重要，即受限的任期、连任限制和职位轮换。这些规则背后最基本的理念是它们能够有效地控制公共代理人的权力。同时，也可以为新人提供机会，并带来新观点。三条规则中对任职期限的规定在公共治理中最常用，是所有现存西方民主宪法中不可或缺的部分。

公司治理可以考虑对高层代理人实行正式的任期限制。任期限制主要的优点是它们意味着职位的自动结束，同时带来具有约束力的连任限制。对于董事会成员来说，这种制度将带来观念的根本改变，也必将引起现实中显著的变化，如董事会职位真正的竞争将出现。任期限制也可以用于总裁这一最高执行角色。

第四，制度化竞争。公共治理领域最值得公司治理借鉴的是其对制度化竞争的重视。民主治理强调的是治理的过程和体系是参与式的、透明的、制度化的。这主要在三个方面得到体现：投票权、竞争过程和投票规则。

在投票权方面，公司治理可以给除股东以外的雇员权利；在竞争过程中，应当具有数量足够多的可供选择的竞争者，有投票权的个人可以在其中做出选择，同样，应当在几个外部审计公司中进行选择；公共治理的投票规则相对保守，而公司治理中可以灵活地使用合适的、创新的投票规则。

2. 对“法默—里奇曼”模型的修正

上述 AMR 经典文献为公司治理从公共治理领域借鉴经验指明了道路，直接涉及了管理移植问题。这对于我们修正“法默—里奇曼”模型是个非常有益的启示。因此，笔者将比较管理研究期待实现的一个目标，即管理移植，纳入“法默—里奇曼”模型，对该模型做出第三点修正，见图 5。现有比较管理研究成果中，美国管理学家威廉·大内（William G. Ouchi）在其 1981 年出版的《Z 理论——美国企业如何迎接日本企业的挑战》一书探讨美国企业如何向日本企业学习时，先将美国企业归纳为 A 型组织管理，日本企业归纳为 J 型组织管理，在美国企业借鉴日本企业的先进管理模式时，并非直接套用日本的 J 型组织管理，而是从雇佣、决策、负责、提升、控制、职业发展、员工关心七个要素上进行调整，根据美国企业管理的外部环境及管理过程，实现从 A 型组织管理到 Z 型组织管理的转变，并非生搬硬套。实际上，Z 型组织管理就是 A 型组织管理调适性移植的结果。

相关文献（例如赵景华，1999）认为管理移植过程主要分为五个步骤：①形成管理移植的领导集团；②选择管理知识并确定移植对象；③“父本”的生成，即结合环境条件将移植对象进行改造和具体化；④“母本”的确认，即考察分析本企业现行管理方式并加以合理扬弃；⑤推动“父本”和“母本”实现融合创新并使之稳定下来。管理移植影响企业管理及管理效率，进而对企业效率与系统效率产生影响。

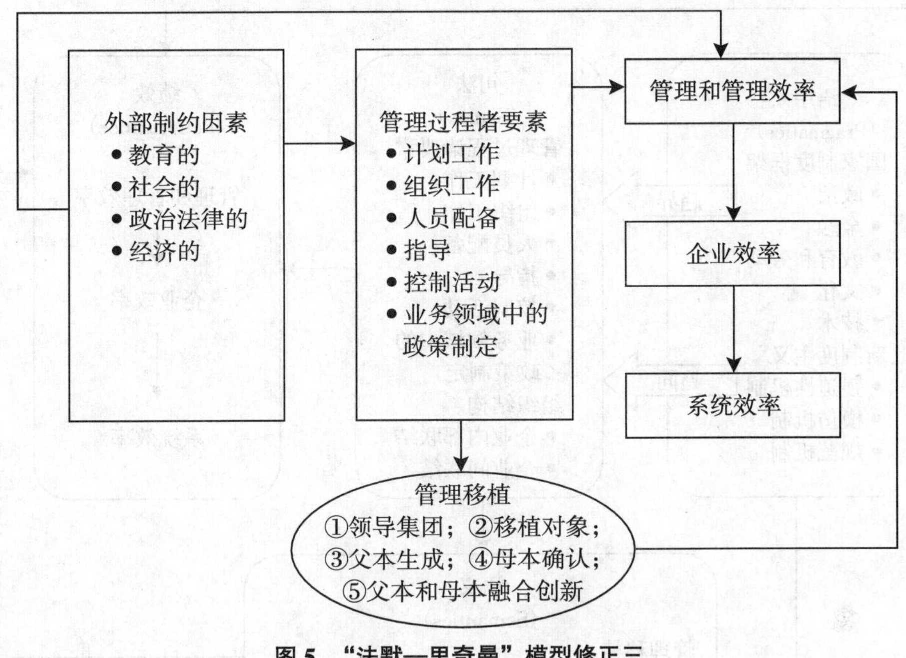

图5 “法默—里奇曼”模型修正三

（四）框架整合

上述分析发现，基于语用性（Pragmatics）比较管理研究的AMR文献修正了“法默—里奇曼”模型存在的第一个缺陷，完善了框架中的外部制约因素，国家制度框架及新制度主义为比较管理研究中如何回答“趋同”与“趋异”提供了一种有效的解释；基于句法性（Syntax）比较管理研究的AMR文献修正了“法默—里奇曼”模型存在的第二个缺陷，通过探讨组织结构中企业内部联结与企业间联结，弥补了原有框架忽视组织内部的微观环境或结构对管理活动产生影响的问题；基于语义性（Semantics）比较管理研究的AMR文献修正了“法默—里奇曼”模型存在的第三个缺陷，将管理移植纳入分析框架中，提升了原有框架的价值。笔者在对“法默—里奇曼”模型外部制约因素、内部组织结构以及管理移植三个方面分别进行修正的基础上，融合语用、句法、语义性比较管理框架，探索性地提出一个综合的比较管理分析框架：语用（Pragmatics）—句法（Syntax）—语义（Semantics）—绩效(Performance)，即P–S–S–P，见图6，以期对已有比较管理研究框架进行有意义的拓展和改进。

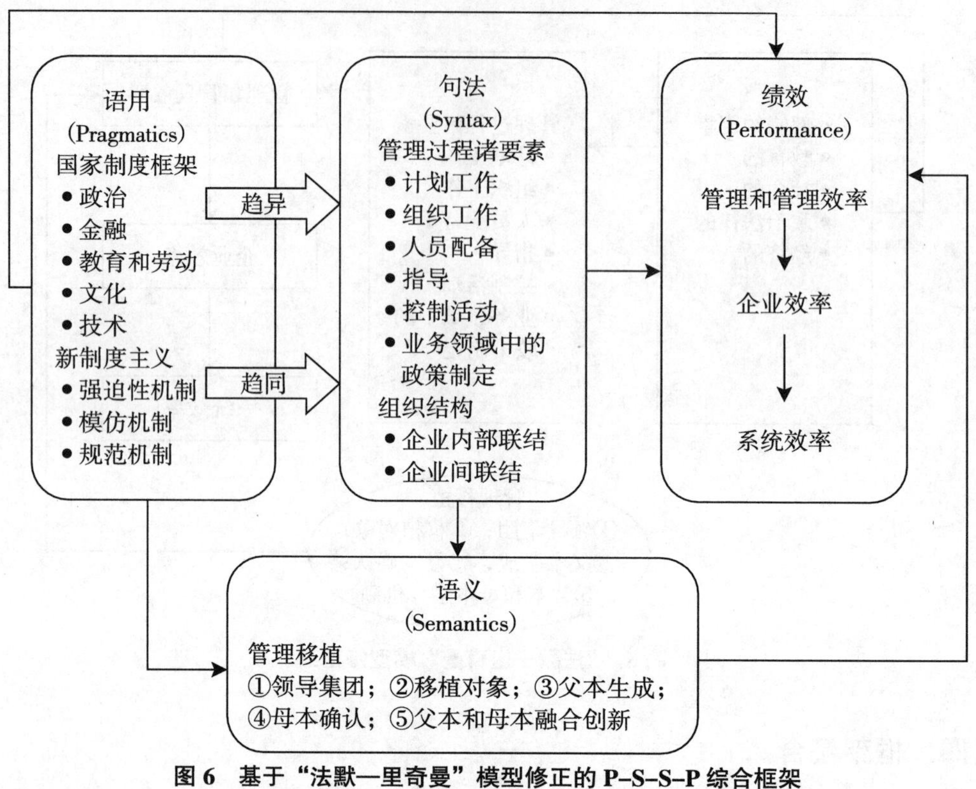

图 6 基于“法默—里奇曼”模型修正的 P-S-S-P 综合框架

四、本文的局限和未来研究方向

比较管理学作为管理学的一个分支，具有其他学科不可替代的作用和价值，完整的管理学科体系理应包括比较管理学。随着管理的发展，管理学科亦不断发展并进一步分化，形成由多个分支学科共同构成的管理学科群。各分支学科研究不同的管理问题，研究内容的重点亦明显不同。本文引入符号学三分法修正“法默—里奇曼”模型，为丰富比较管理研究提供了全新的视角，但也存在一定局限，需在后续研究中得以完善。

第一，仅以 AMR 上数量有限的几篇文章为剖析对象，后续研究中应将更多的文章纳入剖析视野，以对本文构建的分析框架做出客观评价。

第二，本文仅修正了“法默—里奇曼”模型，未来研究中可以考虑在利用符号学三分法构建比较管理分析框架的基础上，综合其他经典比较管理研究模型。

第三，语用学、句法学、语义学本身发展较成熟，已经形成多个理论分支，本文仅采用与管理学最相关的关键内容以构建语用性比较管理研究、句法性比较管理研究、语义性比较管理研究框架，该比较管理框架中三者的内涵有待更清晰的界定，并需进一步在理论上加以完善。

第四，未来研究中需要学者选取恰当的子要素来细化比较管理分析框架中呈现出的各大要素，便于进行具体、直观的比较分析，使该分析框架的可操作性和应用性得到强化。

〔参考文献〕

［1］Benz，M.& Frey，B.S. Corporate Governance：What Can We Learn from Public Governance［J］. Academy of Management Review，2007，32（1）：92-103.

［2］Di Maggio，P. J.，& Powell，W. W. The Iron Cage Revisited：Institutional Isomorphism and Collective Rationality in Organizational Fields［J］. American Sociological Review，1983，48：147-160.

［3］Ganco，M. & Agarwal，R. Performance Differentials between Diversifying Entrants and Entrepreneurial Start-ups：A Complexity Approach［J］. Academy of Management Review，2009，34：228-252.

［4］Hannan，M. T.，& Freeman，J. Structural Inertia and Organizational Change［J］. American Sociological Review，1984，49：149-164.

［5］Matten，D.& Moon，J. "Implicit" and "Explicit" CSR：A Conceptual Framework for a Comparative Understanding of Corporate Social Responsibility［J］. Academy of Management Review，2008，33（2）：404-424.

［6］Negandhi，A.R. Comments：The Comparative Management Theory Jungle［J］. Academy of Management Journal，1970，13.

［7］Schollhammer，H. The Comparative Management Theory Jungle［J］. Academy of Management Journal，12.

［8］Whitley，R. Divergent Capitalisms：The Social Structuring and Change of Business Systems. Oxford：Oxford University Press.

［9］《比较体育》编写组. 比较体育［M］. 成都：电子科技大学出版社，1990：28-29.

［10］蔡曙山. 论符号学三分法对语言哲学和语言逻辑的影响［J］. 北京大学学报（哲学社会科学版），2006，43（3）.

［11］海德格尔. 存在与时间［M］. 北京：生活·读书·新知三联书店，1978：34.

［12］黄群慧. 比较管理学的理论模式研究［J］. 外国经济与管理，1991（5）.

［13］黄群慧. 比较管理学的春天——比较管理学的研究方法、理论模式及对我国的现实意义［J］. 比较管理，2009（2）.

［14］罗珉. 管理理论范式的比较分析［J］. 比较管理，2009（2）.

［15］杨海涛. 比较管理学导论［M］. 南昌：江西人民出版社，1988.

［16］杨素萍. 比较教育的范式研究［D］. 西南大学，2009.

［17］张小劲，景跃进. 比较政治学导论［M］. 北京：中国人民大学出版社，2001.

［18］赵景华. 企业管理国际比较［M］. 济南：山东人民出版社，1999：482-491.

（辽宁大学工商管理学院　杜　娟）

探寻美日管理模式交融的经典著作

——《Z理论》评析

改革开放后，《Z理论——美国企业如何应对日本企业的挑战》（以下简称《Z理论》）是西方管理学最早进入中国的著作之一。这本书的英文版初版于1981年，两年多后就被翻译到中国来（孙耀君译本，社科版1984年）。而且，此后的中国管理学教材中出现了介绍《Z理论》的一个小高潮。从一定意义上说，《Z理论》一书是美国管理学界进行比较管理学研究的一个范例。它之所以在20世纪80年代前期就引起了中国人的重视，既有学术因素，又有非学术因素。经过20多年的积淀，今日反观《Z理论》，可以在学术上进行更为透彻的研究。尤其是从比较管理学的视角来考察，举一反三，可以对管理学理论的建设特别是比较管理学的发展提供一些思考。

一、《Z理论》的主要内容和特色

威廉·大内作为一个日裔美籍学者，在进行日美管理学比较研究上具有天然优势。正是这一条件，使他的《Z理论》一书形成了广泛的社会影响。

威廉·大内的《Z理论》，立足于从理论上澄清美国学界对日本企业的误解。20世纪70年代的美国管理学家对日本企业往往感到不可理解。一个在第二次世界大战后的废墟上重建的国家，以令人瞠目的速度，实现了日本经济的再度崛起。尤其是这种崛起的动力来源，并不是照搬美国人引以为豪的天下老大方式，而是美国人看不起的那种岛国心态下形成的家族生存方式，这就更让美国人捉摸不透。诞生了泰罗、西蒙、德鲁克的美国，不明白日本人是如何在经济上逼近美国的。在当时的美国学界，“为什么要学习日本”成为一种普遍的疑问、反问和追问。美国学界开始重温露丝·本尼迪克特（Ruth Benedict）专门研究日本文化的《菊与刀》一书。本来，这本书是1946年为了适应美国人占领和改造日本而写的，而到20世纪70年代末80年代初，伴随着“日本将要买下美国”的感叹，重温这本书的美国人，肯定有着今非昔比的强烈感受。正是在这一背景下，威廉·大内出版了《Z理论》。所以，我们首先要看到，这本书的流行，具有一定的非学术因素。如果不是日本企业进逼美国的背景，这本书不至于这么“火”。这样说，丝毫不是否定这本书的学术价值，而是作为恢复这本书学术本位的前提，为公正评价其学术贡献做铺垫。

《Z理论》实际上属于组织理论的范畴。尽管威廉·大内在撰写时使用了大量有关文化的论述，但它绝不是一本单纯的文化论著。从研究路线来说，与其说它是本尼迪克特方式（这是文化人类学的典型方式），不如说它是马克斯·韦伯方式（这是社会学的典型方式）。指出这一点，对于评价威廉·大内的学术贡献不是可有可无的。因为从组织理论角度看，韦伯方式是“正宗”的组织理论路径，而本尼迪克特方式是“正宗”的文化理论路径。

《Z理论》的内容，是威廉·大内通过比较日本与美国的企业得出来的。在威廉·大内那里，把日本企业称为J型组织，把美国企业称为A型组织，这两类组织有着明显的差别。《Z理论》的提出，正是建立在J型组织与A型组织的比较之上的。

在J型组织中，威廉·大内把它概括为以下特点：

（一）终身雇用制

威廉·大内强调：“日式组织的最重要特点是终身雇用制：终身雇用制不只是一项政策，它是一种教义，浓缩了日本人生活与工作的方方面面。”（威廉·大内，2007）正是终身雇用，形成了日本企业的相关特点，包括信任、对公司的忠诚、全身心的投入等。

然而，必须指出的是，威廉·大内也实事求是地承认，终身雇用在日本的实施比例并不高，基本上集中在大公司和政府机关，约占日本劳动力的35%。终身雇用制的具体运作，必须同日本的财阀集团联系起来考察。明治维新后日本资本主义兴起的过程中，形成了比较有名的四大财阀，即三井、三菱、住友、安田，它们控制着日本经济的命脉，以家族总公司、直系公司、准直系公司、旁系企业的层次结构形成庞大的经济实体。尽管这种财阀几经演变，经过战败的冲击，控制经济的方式也产生了重大变化，包括财阀这一名称也被更中性的财团所替代，但是，这种以银行为核心形成的类似于家族式金字塔状或网络状的企业结构，至今在日本依然很明显。正是这种结构，孕育并保持了终身雇用制（吕有晨，2003）。

所谓终身雇用制，实际上是一种公司人员退出机制的特殊手段。任何公司，都必须形成自己的人员更新机制。终身雇用的核心，在于“老有所归”，仅仅从退休金的保证角度来解释是不够的。日本的企业具有明显的等级性，一个龙头企业的周围，是一批为这个龙头企业提供配件、进行加工的卫星企业。终身雇用正是这种龙头企业的专利，那些卫星公司就没有这样的运气和条件。从龙头企业退下来的高管乃至中层，出路就是空降到卫星企业充任高管或者顾问。这种机制，很像中国的政府部门以下属的事业单位作为机关人员出路的蓄水池。只有日本传统下形成的等级森严的企业格局，才能够使这种终身雇用制如鱼得水。

这样一种体制使日本人的就业选择，不是看重企业的短期业绩，而是看重企业的社会地位和行业地位。如果从高向低排列，日本工商界的就业首选是政府的国际贸易与工业部（Ministry of International Trade and Industry，MITI）。因为只有MITI，才能把自己的退休人员安排到商业银行。其次是银行业，日本人对银行业的重视程度，远远超过美国人对华尔街的重视程度。因为日本银行不仅通过金融资本控制企业，而且通过人事安排控制企业。银行退下来的中层甚至高层，会被空降到直系大企业。以此类推，到了这个企业等级链的最底层，那些中小卫星企业就没有这种终身雇用制的保障了。从小型卫星企业退下来的管理者，最有可能的出路就是用自己的积蓄去开个小面馆。

所以，日本的终身雇用制，实际上是把就业竞争推向学校。只有名牌大学，特别是帝国大学的毕业生，才有希望进入企业食物链的上端。而进入名牌大学的竞争，又把这一等级体系的竞争推向中小学甚至幼儿园。当一个学生上大学的时候，他自己就十分清楚，到55岁以后，是去开小面馆还是到另外的企业当顾问，是由自己所上的大学层次决定的。而能够上什么档次的大学，又是由中学的档次乃至幼儿园的档次决定的。

正是这样一种特点，在相当大的程度上影响着日本的企业性质，也影响着日本人的行为模式。不妨说，日本人对公司的忠诚、人际之间的信任，以及全身心的投入，不是来自于对事业的执著，而是来自于对等级的认可。然而，成也萧何，败也萧何。日本企业在20世纪70年代的迅猛崛起、在80年代的横扫全球、在90年代的经济不景气中全面衰退并采取防守策略，都同这种企业体制有关。理解了这一点，才能理解日本式终身雇用制的实质。

（二）评价与升职

终身雇用制决定了日本式的评价和升职体系注定不能是“短期行为”。对于这种基于长期表现的评价和升职方式，威廉·大内有着细致的描述。一个到某大银行任职的东京大学毕业生，在10年之内，不会得到针对他个人表现的具体评价。与他一起进入银行的其他同伴，在最初的10年无论是工资增长还是职务升迁完全一样，不会因为其中某一个人表现特别突出而得到高层的青睐，更不会因为在某一项业务中获得了杰出业绩而得到公司的特别奖励。这对于美国人来说，会感到不可思议，而对于日本人来说，则再正常不过。因为当初进入这个银行或者企业的动机，就是考虑30年以后的出路，而不是三五年之内的短期回报。

这样一种评价机制，毫无疑问会压抑员工短期行为的冲动。更重要的是，这对于改善员工之间的人际关系具有非常重要的正面意义。用威廉·大内的话说，就是“没有理由踩着别人的肩膀往上爬”。所以，这种公司结构在人际关系的调适上会大大减少利益冲突的负面影响。另外，这种评价机制还有一个明显的优点，就是可以最大限度地制约弄虚作假，[①] 并减少行为的掩饰因素。因为弄虚作假的收益通常具有短期性，任何人不可能长时间弄虚作假，也不可能长期掩饰自己的某种行为。

长期评价的标准注定是模糊的，各种衡量指标甚至是不必要的。缺乏明确的评价尺度，似乎使主管缺少有效的控制手段。所以，这种组织的行为控制，不是靠纪律严明的上级监督，而主要是靠同事之间的感觉和喜好。如果一个人的行为与周围的同事格格不入，那么，不管他有多么出色的知识和技能，也会感到严峻的群体压力。这种群体压力的有效性，超过人们的一般想象。通常情况下，来自群体的眼光、议论和态度，要比明文规定的职责规范更具有约束力。威廉·大内还特别指出，美国海军的实际运行也有类似情况。“在这种环境中，外部的评估和奖励并不重要，最重要的是由具有同等级别的同事实施的、体现出密切关系的、微妙性和错综复杂的评估体制，而这些同事是欺骗不了的。”仅仅从经济的角度考虑，这种机制也可以大大降低员工行为的控制成本。

这种升职机制的一个副作用，就是名义职责和实际职责的不对应。在外界同这种公司打交道时，经常会发现，从成文的制度规范上和明示的组织架构上，不一定能看出真正的负责人。有时候，部门经理是实际负责的，但也在不少情况下，通过深入了解、谈判或者交流会发现，真正负责的是一位比名义负责人头衔低甚至根本没有头衔的人。而且在一定意义上，这种升职机制使中层甚至高层经理更乐意使用具有真实本事的下级。因为做出成绩会给上层增光，而下层的突出能力并不对上层构成威胁，尤其是在待遇方面不用产生任何担心。作为下层实际干事的人员，对这种机制也会安之若素，因为他们一方面知道自己的个人力量不足

① 关于企业的弄虚作假问题，原因十分复杂。威廉·大内认为，终身雇用导致的评价长期化和透明化，可以抑制作假。当然，制止弄虚作假有多种方式，即便在终身雇用制下，还需要相应的控制手段，甚至与办公室布局有关，威廉·大内自己就专门介绍了日本办公室布局会产生“谁干什么都逃不过其他人的眼睛”、“任何欺骗的企图都是不成功的”等效果。不过，企业治理结构在防范弄虚作假上有另外的机制，这不属于本文讨论的范围。本文只是指出，长期透明的评估对作假的制约机制在成本上明显优于外在的法规监控机制。但如果缺乏强有力的伦理支撑和约束，这种机制则有可能增加法人弄虚作假的可能。

以撼动这种机制，另一方面他们清楚自己的贡献迟早会得到回报。所以，明确的职责划分、清楚的等级层次、成文的行为规范，在日本的许多企业中就显得多余。

（三）非专门化的职业发展模式

终身雇用制使日本企业的个人发展模式能够有效打破部门间隔。一个进入某大企业的年轻人，会在公司的同一部门从事不同专业的具体工作，这种工作的目的不仅仅是干事，更重要的是和人。作为当事人，他明白他的主要任务是融入工作的团队。所以，他的工作不大追求个人业绩，很可能还会有意识地同其他人交叉重叠。这样，相应的组织结构，就同常见的组织理论要求的分工明确、各负其责大相径庭，而这一特色，导致了日本的企业组织结构往往模糊不清。正如另一位日本学者大前研一所言：大多数日本企业甚至连像样的组织结构图都没有（大前研一，2007）。

而且，这个员工不仅要在同一部门做不同的工作，等到他熟悉了这个部门后，公司往往会派他到下属基层，从事某种具体业务。这样做，不但可以使他熟悉公司的经营内容，更重要的是可以使他通过这些工作来了解公司的使命和前景，或者掌握公司的顾客群和供应商。总之，是要增加他对公司的感知，进而了解公司那些无法用文件和制度表述出来的微妙性。

然后，他可能再次被调回总部，这次有可能进入总部更关键的部门，如人事部，还有可能在各平行部门之间流转。经过数年的磨炼，他对公司的整体宗旨、走向有了进一步的理解。如果高层这时把他再派下去，就有可能是去担任一个基层部门的总管，或者是中层的部门经理。同那些只在技术部门或者财务部门一直干到底的专业人士相比，他不是以专业见长，而是以对公司的总体认识见长。他所领导的部门，在工作中会更好地融入公司的大集体之中。

日本企业的这种岗位轮换制，对于技术面非常狭窄的专业岗位也适用。威廉·大内说："在日本的许多公司中，终身工作轮换制适用于所有雇员。电气工程师可能从电路设计岗位调到生产岗位，再调到装配岗位，技术员可能隔几年就要换一台机器或调到不同的部门工作，所有管理人员都要在企业的所有部门之间换来换去。"（威廉·大内，2007）威廉·大内是高度赞扬这种轮换的，而且引用了麻省理工学院、哥伦比亚大学等美国大学的相关研究作证，认为横向流动"比岗位固定不变的劳动者更具有活力、更富有成效，而且对本职工作感到更满意"（威廉·大内，2007）。但笔者认为，威廉·大内在这里的逻辑不够严密。根据相关研究，工作丰富化确实可以提高士气和满意度，但绩效是否提高还需要验证，而且日本的企业结构决定了这种轮换更多地表现在公司内部的人员融合而不是绩效提高上。当然，这一点可以充分反映出日本的企业结构特色，如果说美国的企业通过专业分工界限分明有点像"拼盘"，那么日本的企业通过岗位轮换互相融合则有点像广东人"煲汤"。

在日本企业的运行方面，威廉·大内也总结出了三条特色：一是集体决策；二是集体价值观；三是强调在整体上关注人。因为前面的三条特色已经足以进行日本企业和美国企业的比较分析，加之篇幅所限，日本企业的运行特色从略。

按照威廉·大内的归纳，美国企业的特色同日本企业相反。他列举出二者的比较如表1所示。

威廉·大内自己也承认，任何模式化的做法都有可能过于简单化。进行模型分析，建模难度是十分大的。原因在于，如果不对现实简化，模型的变量将会十分复杂，甚至复杂到无法衡量；而如果简化过多，就会偏离现实，甚至沦落为同现实不符的纸上作业。我们暂且假

表 1 日式与美式企业特色之比较

日式企业	美式企业
终身雇用制	短期雇用制
缓慢的评估和升职过程	快速的评估和升职过程
非专门化的职业发展模式	专门化的职业发展模式
含蓄的控制机制	明明白白的控制机制
集体决策	个人决策
集体负责制	个人负责制
关注整体	关注局部

资料来源：[美] 威廉·大内. Z 理论. 孙耀君译. 北京：中国社会科学出版社，1984：43.

定，威廉·大内对日本企业的概括是比较准确的。基于经验和常识，这个假定大致成立。但是，威廉·大内对美国企业的概括是否准确就值得推敲。因为他在比较中对美国企业的描述远远没有对日本企业的描述细致，但却断言“在所有重要方面，美国模式与日本模式都是截然相反的”（威廉·大内，2007）。

美国确实是短期雇用制。威廉·大内引用密歇根大学科尔的结论说明美国公司的人员流动率是所有日本公司的 4~8 倍（威廉·大内，2007）。但是，威廉·大内没有把蓝领和白领的流动率区分开来。众所周知，美国的高流动率，尤其是流水线上的高流动率，主要表现在蓝领人员上。所以，威廉·大内断言，是短期雇用制造成了评估和升职的快速化，似乎逻辑上存在问题。因为蓝领的升职问题和白领是不能比的。而且如果把日本常见的大量“临时工”考虑进去，那么，日美的员工流动率是否有这么大的差别就有疑问。当然，威廉·大内所说的在美国管理人员中，三年没有晋升到重要岗位就意味着失败是确实存在的。但是，把这种管理人员的升职同雇用制度联系起来好像有点牵强。因为日本的终身雇用也存在雇用期间的多次升职，升职的频度同雇用的长度没有必然的联系。从这一意义上看，似乎美国的快速评估和快速晋升同评估标准体系的关系更大。威廉·大内自己也承认，日本的晋升考量的是人员情况，不大重视短期业绩。而美国的晋升更多地看业绩（包括长期业绩）。从业绩差异角度来解释，“三年”可以看做是一个公司考量业绩的比较合理的时段。从这一意义上看，威廉·大内对美国企业特点的概括存在不足。

威廉·大内自己的研究也证实了这一点。按他的说法，当他用代表了日本公司特征的调查表（隐去表示日本的字样）进行问卷调查时，回答者认为具备这些特征的公司有 IBM、宝洁、惠普、柯达、美国军队等。这说明，所谓日本公司的特征不仅日本有，美国也有。对这类组织，威廉·大内命名为 Z 型组织。这正是 Z 理论的由来。而威廉·大内更多地指出了 Z 型组织与日本组织的相似性，对于美国企业自身为何能够产生这种与日本的相似性，威廉·大内自己的解释不够充分。他最终归结于环境，走上了权变理论的解释道路。威廉·大内承认，“有人觉得我曾经以为由文化决定的组织形式，即 J 型组织形式，可能事实上根本不是特定文化所特有的。A 型和 J 型组织形式可能属于一般性的组织形式，能够在不同的环境中生存，其中更适合 A 型的环境一般在美国和西欧最常见，而比较适合 J 型的环境一般盛行于日本”。所以，美国出现的 Z 型组织，威廉·大内解释为“西方的社会环境可能发生了某些变化，或者西方的社会环境处于过渡期”（威廉·大内，2007）。这一解释的逻辑不自洽处在于：为什么是西方环境处于过渡期而不是日本环境处于过渡期？如果是过渡期，那是一种由何处向何处的过渡？对此，威廉·大内没有给出令人信服的解释。

但是，威廉·大内归纳出的Z型组织特征，确实与J型组织在外观上相似。它们实行与终身雇用制类似的长期雇用制，进行大量的在职培训，而雇员的许多技能只在这个独特的公司能够发挥作用，所以评估区段会长期化（但绝不是日本的十年以后才晋升，只是升职慢一些），员工的职业发展模式是在不同岗位和不同部门之间"徘徊"，各种量化技术、数据分析也会被使用，但只能作为重大决策的工具。用威廉·大内的话说就是随处可见"现代信息和会计系统、正式计划、目标管理和A型组织形式所特有的其他正式的、透明的控制机制。然而，这些机制受到Z型公司的看管，小心翼翼地供它们参考，但是这些机制在重大决策上很少发挥支配作用"（威廉·大内，2007）。按照威廉·大内的总结，Z型组织的企业风格是由公司的哲学观决定的，行为是由公司的价值观支配的，而不是由数据支配的。企业具有官僚组织的等级体制，但能够实现人员之间的平等并建立信任，即阿吉里斯所说的学习型组织，可以看做是等级化控制模式下平等的人员融合而成的社会群体。所以，威廉·大内把Z型组织比喻为"氏族"。这样，威廉·大内把管理研究引入了人类学领域。

对于这种经营活动中的"氏族"，威廉·大内以盛行于华人之中的"会"为例加以说明，这种"会"即循环信用合作社。[①] 在"氏族"中，人际信任是最重要的，其他都服从于这种信任关系。这样，氏族也有它的缺陷。首先，惧怕外来者，即生人恐惧，依赖熟人社会运转。其次，不受官僚工具的限制，不可能靠改变衡量绩效的标准或者改变计算利润的方式来改变人们的行为。再次，多多少少会丢掉一些专业化特色。最后，往往存在性别歧视和种族歧视现象（这种歧视并非恶意，不是故意排斥，而是文化的高度同质化造成的）。追究到根本，就是传统社会组织与现代专业化组织（韦伯式官僚组织）的关系问题。在这里，我们可以看出威廉·大内的一个论证漏洞，他论证的Z型组织是美国的，而他用来比喻的"氏族"却是典型的J型组织特征。威廉·大内自己也承认J型组织和Z型组织有差别，但他在这里却忽视了这种差别。如果把威廉·大内的Z型组织与阿吉里斯的学习型组织（阿吉里斯，2004）联结起来进行分析，有可能对这个问题的研究取得新的进展。

由此，我们可以把威廉·大内的结论稍微加以调整。概括起来，J型组织是重视社会等级，进而重视社会资本的组织（关于社会资本的研究，帕特南从政治学角度分析意大利社会资本的《使民主运转起来》具有一定的代表意义），A型组织是重视业绩的组织，Z型组织是重视人力资本，进而重视现代社会资本的组织。至于威廉·大内更多地讨论如何使企业由A型组织变为Z型组织，则属于Z理论的实践应用范畴，本文从略。

二、有关Z理论的几种误解

前文之所以对J型组织的特点做了不厌其烦的说明，是为了尽可能避免相关的误解。而这种误解在中国尤其常见。比如，把Z理论作为日本管理模式看待；把终身雇用制同退休后的出路割裂开来；按权变理论来解释威廉·大内的研究。这些问题不澄清，有可能会对Z理

---

① 这种会或者称之为抬会、钱会、轮会等，在中国历史上从宋代就开始出现了，中国学界有专门研究，尤其是史学界和法学界有深入爬梳。比较通俗的介绍，可参见相关的金融史话著述（胡中生，2008）。这种传统融资方式与现代资本运作的关系，以及传统融资方式能不能转变为现代小额资金的信任体制，值得学界深入研究。尤其是现行法律制度同传统融资习惯不相容的情况下，研究更具意义。著名的河北徐水农民企业家孙大午"非法集资案"，就是这样一个典型案例。而孙大午的大午公司，恰恰具有浓厚的传统色彩（司马英华，2007）。

论产生认识偏差，也有可能使比较管理学产生歧途。所以，辨析 Z 理论的误解问题，对比较管理学不无意义。

（一）Z 理论来自美国而非来自日本

威廉·大内自己记述了他在总结日本公司特点时遇到的难题。IBM 的一个副总裁曾经向他说："你知道你一直在描述的日本人的组织形式恰恰是 IBM 所拥有的东西吗？让我告诉你，IBM 按照自己的方式发展，已经逐步采用了这种组织形式——我们没有抄袭日本人的东西！"（威廉·大内，2007）也就是说，威廉·大内以为是日本特色的东西，恰恰是美国本土也可以诞生的东西。美国的 Z 型组织不是从日本移植的，而是美国人自己的发明。

很多书籍和论文尤其是中国的书籍和论文，在介绍 Z 理论时，往往把它说成是日本管理模式，这实际是对威廉·大内的误解。威廉·大内强调，日本管理是 J 模式，美国管理是 A 模式，而所谓 Z 理论，是 J+A=Z，即日式管理与美式管理的糅合。威廉·大内所列举出的 Z 型公司样板，也都是来自于美国公司。但是，就是从威廉·大内自己的叙述来看，虽然他把美国企业的普遍模式概括为 A，但不能在逻辑上得出 J+A=Z 的结论。与其说 Z 理论是 J 型组织与 A 型组织的综合（这正是威廉·大内的观点），不如说 Z 理论来自于 A 型组织的演变（这正是 IBM 副总裁反驳威廉·大内的观点）。尤其是在 J 型组织无法演化为 Z 型组织时，这个逻辑缺陷更为明显。而威廉·大内巧妙地回避了 J 型组织向 Z 型组织的演化问题，在他的书中，有许多地方直接把 J 型组织作为 Z 型组织来看待。实际上，按照威廉·大内自己的描述，J 型组织产生于日本的特有社会环境，即由历史形成的种族、语言、宗教信仰和文化上的同质化（威廉·大内，2007），以及认定个人无关紧要的集体价值观。按照美国人的观点，"任何人想弄明白日本人，得首先明白他们的口头禅'各安其位'。他们对秩序和等级的信赖，与我们对自由平等的信仰如此对立，有如南北两极。我们认为等级制不可能是合法制度。日本人首先对'社会人'有一个整体概念，然后形成等级制度，要理解它，必须对他们的民族习俗，诸如家庭、国家、宗教信仰及经济生活等作一番描述"（本尼迪克特，1990）。而对于这种同质化社会如何实现向现代社会的转化，威廉·大内没有做出令人信服的说明。无论如何，彻底否定自由主义和个人主义，是不可能导向现代社会的，反而有可能导向极权社会。第二次世界大战前日本的军国主义，就是孕育于这一土壤之中。对此，威廉·大内的反思不够彻底。而威廉·大内总结出的 Z 型组织，基本上是美国模式。

因此，学习 Z 理论，与其说是学习日本，不如说是学习美国更准确。弄清这一点，是理解 Z 理论的基本前提。由此推论，比较管理学的研究，不在于找出可以引进或者模仿的模式，而在于通过比较，认识不同模式之间的差异形成机制，提供引进或者模仿的可能性论证。学术研究从来都是解释性的，而不是对策性的。由比较研究直接进入对策研究，很可能不是比较管理学的真正出路。但是，对策研究往往具有现实的吸引力，这值得学界警惕。威廉·大内也未能免俗，由于他没有从学理上论证由 J 到 Z 的转变机制，所以，他的《Z 理论》后半部分关于由 A 型组织到 Z 型组织的转化，在一定程度上学术支撑力不足。

（二）终身雇用的条件：企业等级制和部分受益者

按照威廉·大内的归纳，日本企业经营不同于美国的地方，首先就是终身雇用制。但是，许多人只看到了终身雇用制的表象，却抓不住它的实质。威廉·大内以其对日本文化的谙熟，率先指出，终身雇用制是日本独特的社会结构和经济结构的产物，美国学不到手，其他国家也学不到手。这一点，很值得那些试图把终身雇用作为一种管理手段移植到中国来的学者注意。不要说日本那种等级森严的企业格局，即便是不那么森严的企业之间的不平等，都是美国人难以接受也无法认可的。

日本的企业不平等，又来自于社会不平等。威廉·大内告诉我们，日本的终身雇用制，必须要以企业的社会等级划分为前提。这种企业社会等级的概念，同西方产业经济学中所说的产业集群的概念是完全不一样的。卫星企业不仅仅是在技术上和产品上依赖于核心企业，更重要的是在身份上依赖于核心企业。所以，这种等级的区分标准是社会性的而非经济性的，企业的等级又外延为学校的等级，或者说学校的等级内化为企业的等级，甚至家庭的等级也决定着相关人员在社会、学校以及企业中的等级。推而广之，在日本，个人也是高度不平等的。任何个人，必须接受社会外加于他的身份定位。"前辈"和"晚生"之间不可逾越的障碍，同西方的"人人生而平等"不相容。而上级对下级的关怀，则更像是一种长辈对晚辈的爱护。"在日本，辈分和性别造成了实质上的特权，但是，行使这一特权的人不会天然地专横独断。要形容他们，最好说是责任的受托者。"（本尼迪克特，1990）许多人不理解，为什么日本老板既可以表现出高度的人性化，又在工作上粗暴不留情面，两者是如何统一为一体的？理解了日本的等级制就不难看出，这正是"严父"与"慈母"的统一。这样，以牺牲卫星企业的利益来维护核心公司的利益，就变成了天经地义的常规。所以，日本式终身雇用，受益人只是一部分，那些不能进入终身雇用行列的员工，利益实际上是受损的。而美国式Z型组织的长期雇用，在多数情况下并不损害短期就业者的利益。种族歧视和性别歧视的问题，也是社会等级问题。威廉·大内自己承认，"在种族歧视或性别歧视上，任何形式的组织都比不上日本的公司"（威廉·大内，2007）。尤其是日本企业中的临时工和女工问题，集中反映了这种歧视。说到底，日本式的终身雇用制，恰恰是与牺牲部分人利益的临时雇用制相辅相成的。这些正是Z型美国企业所没有的。所以，推崇日本式终身雇用制，必须先弄清楚Z型组织长期雇用与日本终身雇用的本质差别。

（三）不是权变理论，而是文化理论

很多人都把Z理论解释为一种权变理论，包括威廉·大内自己也有这种倾向。按照他自己的说法，他是受到麦格雷戈的X&Y理论的启发（威廉·大内，2007；麦格雷戈，2008）。有些文章也沿着这种思路来用权变理论解释Z理论，本文认为，这会产生一定偏差。无可否认，Z理论确实具有权变色彩，但是，并不是所有涉及权变方法的学术观点都可以归入权变理论。所谓权变理论，重视的是环境和组织的相互影响，尤其是自变量和因变量的匹配关系。关于权变理论，最通俗的解释是：如果情况是A，那么采用a方法；如果情况是B，那么采用b方法。而Z理论的提出，不是立足于权变关系，而是立足于整体稳定的管理风格，强调的是在多变的环境中建立稳定的Z型文化和Z型组织。简单地说，权变是以变应变，Z理论是以不变应万变（卡斯特，1985）。

所以，Z理论的本质是文化理论。按照Z理论，企业不仅仅要在制度上形成稳定的运行机制，而且要在制度之上形成一种渗透在企业血脉中的文化形态。Z理论对哲学观或者价值观的强调，远远大于对制度和技术的强调。在这一意义上，威廉·大内把"氏族"概念引入管理学研究，具有十分重要的意义。可惜的是，威廉·大内对氏族的研究显然没有在文化人类学的基础上深入展开。如何在这个基础上再深入下去，是比较管理学中很有意思也很有价值的一个课题。

三、威廉·大内与相关学者的比较

威廉·大内本身采用的是比较研究方式，我们不妨在比较的基础上再做比较。研究日本管理模式的成果相当多见，研究企业文化的成果也相当多见。我们试举两个代表型的人物加以比较。

（一）威廉·大内与大前研一之比较

在对日本管理模式的研究中，大前研一是一个代表。他的研究中心是日本企业的战略思想。大前研一同威廉·大内的立足点不一样，结论也不一样。在大前研一眼里，终身雇用等都不足以说明日本企业的经营特色，只有从日本企业与众不同的战略角度来观察，才能真正了解日本。大前研一有着"日本战略之父"的名声，他的《战略家的思想》（有的译本名为《企业参谋》）一书影响极大。

大前研一认为，直觉和洞察力相对于成功的战略而言，比理性的分析更为有效，尽管理性分析在战略流程中也是必要的。在大前研一之前，西方人一直认为日本人是富于理性的，是精于计算的。大前研一却指出，日本企业化的战略思维方式从根本上而言是创新、直观、非理性和非线性的。为了证明自己的观点，大前研一从日本企业的特殊结构入手，发掘它的战略特色。他指出，与美国的大公司不同，日本的企业没有大量的战略规划人员，日本的企业是非官僚化的，而且是个人英雄主义的，甚至连所有者与经营者之间的界限也是模糊不清的（大前研一，2007）。

日本在经济崛起时期，高管通常没有受过正规的商业教育，也没有受过冷峻理性的产业经济学专业训练。他们的经理，不是 MBA，而是 MBWA（走动式管理，Management by Walking Around），是那种在办公场所转来转去，同员工"打成一片"的头儿。战略的核心人物是"社长"。这种社长与其说是现代官僚组织中的法定代表人，不如说是传统氏族部落的酋长或者祭司。通常就是这个被员工称为"社长"的头儿，凭借自己坚定的使命感和独特的洞察力，带领企业在市场中竞争。正是这种使命感和洞察力决定了战略。大前研一认为，"洞察力以及往往导致使命感的相应的对成就的动力，加速了思考的进程，这从本质上来说是创造性的、直觉的，而不是理性的"（大前研一，2007）。

因此，日本企业的战略，建立在最简单的顾客、公司和竞争对手这个"战略三角"上。三者的动态关系，构成了大前研一的战略规划单位。大前研一之所以与众不同，在于他指出了在这三个方面日本企业与美国企业的重大差异。他通过"战略三角"的分析，把日本公司与美国公司的做事方式加以比较，尖锐地指出美国企业在战略上的误区。大前研一认为，美国企业过度重视数据分析，不是依赖人的大脑，而是依赖数据资料在不同方案中做抉择。大前研一不留情面地把这种现象称为"数据表涂鸦"（Spreadsheet Doodling）。他所要强调的是：战略与态度有关，而非统计数据。这里需要的是视野，而不是计算。

威廉·大内的观点已见前文，不再赘述。问题是，威廉·大内和大前研一，这两位都是具有日本血统的学者，是谁揭示了日本企业的真谛？对照威廉·大内和大前研一两人的论述，我们不难发现，他们的观点并不截然对立。相比而言，威廉·大内作为美国教授，更多地受到美国管理理论的熏陶；所采用的分析方法，也更接近于英美的那种理性逻辑；甚至 Z 理论这一名称，基本上是顺延了欧美的概念，是对麦格雷戈 X&Y 理论的发展，也是对厄威克、马斯洛这两位早就提出过 Z 理论概念的借用。而大前研一没有受过严格的学院派管理理论熏陶，半路出家，靠着自己的聪明和敏锐，依赖日本人的思维方式，提出了自己的战略思想。所以，两人的差异主要是方法上的差异，而不是观点上的差异。

威廉·大内的 Z 理论，研究基点是组织。当然，他没有单纯从结构和权威角度研究组织，而是先对组织进行文化分析，进而对组织进行社会分析。所以，威廉·大内的研究路线同钱德勒相似，以组织案例来说明组织结构和运行模式，再从组织运行的文化差异中探讨日本企业的特色，然后在美国企业中寻找类似的文化因素，由此提炼出美国企业的发展方向。而大前研一的战略思想，是从日本企业所提供的产品和服务入手，分析日本企业中的人员和行为，从日本企业的经营经验中反映出来的智慧闪光中，概括出他们的战略形成过程和战略思想实质，采用的是类似于禅宗的顿悟手法。在威廉·大内身上，可以看到逻辑，但很少看到灵光；在大前研一身上，可以看到勤奋，但绝对看不到苦修。威廉·大内靠的是学术性，而大前研一靠的是洞察力。威廉·大内毕竟还表现出学者的严谨，而大前研一根本就不是遵循学术套路。他们二人的成就，威廉·大内表现在学术方面，大前研一表现在思想方面。要理解他们的差别，首先要理解学术和思想的差别。尽管威廉·大内的学术严谨程度比不上西蒙、钱德勒等人，但同大前研一相比，则是摩托车手和发动机设计师的差别。

可以说，威廉·大内和大前研一，都从自己的角度揭示了日本企业的真谛。在理论构建上，威廉·大内比大前研一更完整。相比而言，大前研一的著作几乎不成体系，时尚性大于严肃性。尽管他选择的话题也很严肃甚至很沉重，但他讲述得却很轻松也很普及。但是，大前研一也有超过威廉·大内的地方，这就是大前研一那些源于实践的洞见和认识比威廉·大内更深刻。比如，按照威廉·大内的 Z 理论，日本企业比美国企业是具有更大优势的，导致威廉·大内对日本企业的内在缺陷认识不足，所以他没有预先看到日本经济的衰退迹象。20 世纪 90 年代日本的经济产生问题，对威廉·大内的理论形成了严重挑战。而大前研一则从实践感受出发，在指出日本优势的同时也看到了隐含的不足，对日本后来的经济衰退有一定的前瞻性预示。所以，把威廉·大内和大前研一结合起来，可能对日本企业经营的特色把握得更完整。

（二）威廉·大内与麦格雷戈之比较

在对企业文化以及管理理论的研究中，威廉·大内同麦格雷戈值得比较，这不仅是因为两人的研究内容具有类似性，更重要的是两人的研究方法具有类似性。威廉·大内自己承认，他的研究与麦格雷戈相关。

麦格雷戈以其 X 理论和 Y 理论而出名。他强调，每个管理决策和管理措施的背后，都有一种人性假设，这些假设影响乃至决定着管理决策和措施的制定以及效果。而这种假设可以概括为 X 理论和 Y 理论两种类型（麦格雷戈，2008）。

所谓 X 理论，包括以下三个假设：①一般人都对工作具有与生俱来的厌恶，因此只要有可能，便会逃避工作。②由于人们具有厌恶工作的本性，因此必须对他们进行指挥、控制、监督以及予以惩罚的威胁，才能促使他们努力向组织目标奋进。③一般人都愿意接受监督，希望逃避责任，胸无大志，安于现状。在麦格雷戈之前，虽然没有 X 理论的说法，但它所包含的假设却具有广泛的影响，尤其是在美国，这种倾向更明显。例如，员工被认为只有在强迫和压力下才会努力工作，因此组织需要通过管理来控制员工。管理要重视生产力，重视工作量，提倡按照工作业绩进行奖励。而且仅凭奖励并不能有效地激励员工，所以，惩罚就成为管理中必不可少的手段。X 理论必然导致出“胡萝卜加大棒”式的管理。这种管理建立在管理者对员工的权威之上，而这种权威又立足于员工对管理者以及组织的依存。X 理论的要害，在于管理中的“他治”。

关于 X 理论，中国也有不少误解。美国在 20 世纪 30 年代经济大萧条以后，心理学和组织行为学的研究蓬勃发展，企业经营开始“披上了一层温和的外衣”，管理趋向更为人性，管理手段更加公平，工作环境也更趋舒适，总之，管理从“刚性”逐步向“柔性”转变。中国有不少人有意无意地认为，行为科学的兴起使西方管理学界放弃了（起码是改进了）X 理论。然而，麦格雷戈却不以为然。在他看来，只要管理者内心的人性假设不变，表面的变化并不会改变本质。在 X 理论支配下，管理完全可以做到柔性化，然而，这种柔性不过是给难吃的药丸加上一层糖衣而已。只要员工依旧高度依存于管理者，只要管理仍然依赖于权威，那就不可能出现根本性变革。所以，麦格雷戈认为，柔性管理注定是要夭折的，难以达到期望的效果。

麦格雷戈认为，虽然当时工业组织中人的行为表现同 X 理论所概括的各种情况大致相似，但是人的这些行为并非是人的天性引起的，而是现有工业组织的性质、管理思想、政策和实践所导致的结果。于是，他提出了 Y 理论。

所谓 Y 理论，包括以下六个假设：①工作对于体力与智力的消耗是再正常不过的事情，就像游戏和休息一样自然。一般人并非天生厌恶工作。工作到底是自我满足的来源（人们会主动表现），还是外在惩罚的来源（人们会主动避免），完全是可以人为控制的。②要想促使人朝着组织目标而奋斗，外在的控制及惩罚的威胁并非唯一的方法，关键在于相关的人能不能对组织目标做出承诺。人为了达到自己承诺的目标，自然会坚持“自我指导”与“自我控制”。③人之所以对目标做出承诺，是为了得到实现目标后的各种酬劳。在各种类型的酬劳中，尊重需要及自我实现需要的满足，可以驱使人们朝着组织的目标而努力。④在正常情况下，人不但能学会承担责任，还会争取责任。常见的逃避责任、胸无大志、贪图保障等现象是后天形成的结果，而并非先天本性。⑤以高度的想象力、智力、创造力来解决组织中的各项问题，这是大多数人都具有的能力，而不是少数人特有的能力。⑥在现代企业模式下，大部分人都只是发挥了一部分智能潜力。显然，Y 理论与 X 理论截然不同，甚至对立。它建立在排除外在因素对人性干扰的基础上。Y 理论的要害，在于管理中的自治。

X 理论和 Y 理论的区别，不在于管理方式，而在于管理理念。同样的方式，既能归入 X 理论，又能归入 Y 理论。以参与式管理为例，如果让员工参与是为了使员工对管理者的主张心悦诚服，并由此而增强员工对组织的依赖，那么，这依然是受 X 理论的支配；如果参与管理是真正让员工发挥自主性，使员工成为企业的主人，那么，这就是受 Y 理论的支配。对此，不仅中国有误解，即便在美国也有误解。许多人都把 X 理论支配下的“柔性管理”当做 Y 理论，而把命令或独裁当做 X 理论，甚至以军队作为 X 理论的典型组织。埃德加·沙因以他对海军将领的测试为例，对此进行了纠正。按照一般人的理解，军队应该是 X 理论的天下，然而，埃德加·沙因的测试表明，海军将领都强烈地感受到信任部下的重要性，更倾向于 Y 理论（见埃德加·沙因为《企业的人性面》所写的序言）。所以，Y 理论的实质，不是柔性、温和、人际沟通等，而是要清除 X 理论对人性的扭曲。正是在这一意义上，麦格雷戈引起了同时代的马斯洛、德鲁克等人的高度重视。

威廉·大内的观点见前文。在 Z 理论中，威廉·大内对麦格雷戈，恰恰有着埃德加·沙因批评的误解。威廉·大内所归纳出的A型组织，尽管他自己没有同X理论画等号，但基本上是类似的。而他的Z理论，则在一定程度上接近于Y理论。

但是，威廉·大内和麦格雷戈有着本质上的差异。麦格雷戈的Y理论（在一定意义上，还可以包括阿吉里斯的个性与组织关系理论），是建立在西方式的自由主义和个人主义基础上的。麦格雷戈对自治的强调，阿吉里斯对个性发展的设想，在美国顺乎逻辑地发展为德鲁克对工业社区的论证。而威廉·大内的Z理论，恰恰强调西方的自由主义和个人主义不可取。他说："在某种意义上，日本人能够更好地应对工业制度的挑战，虽然美国人仍旧忙忙碌碌地保护我们在形式上有点极端的工业制度，但是日本人遏制住了个人主义的泛滥，他们强调的是合作。"（威廉·大内，2007）威廉·大内强调，日本的J型组织是建立在同质化的人群、稳定的社会关系和集体主义等条件之上的，而美国的A型组织是建立在异质化的人群、流动的社会关系和个人主义等条件上的。所以，同样是寻求组织融合之道，麦格雷戈张扬个性，威廉·大内推崇氏族。而这种氏族会不会泯灭个性，会不会引起人性异化，威廉·大内缺乏论证。在这一点上，威廉·大内作为美国学者，运用的是美国人熟悉的论证方法；但作为日裔移民，他流淌的是日本人的血液。如果看不到这一点，就有可能把Z型组织拉回到J型组织。

四、Z理论与中国：比较管理学的思考

（一）中国能否移植日本管理模式

按照威廉·大内自己的描述，我们不难发现，日本企业的管理模式是美国企业无法模仿的。但是，威廉·大内自己认为，美国企业完全可以把日本企业的精神层面学过去，这就是他的Z理论的由来。

根据本文前面的分析，威廉·大内对J型组织和Z型组织的过渡缺乏清晰的论证。而且，同大前研一相比，他对日本企业的缺点认识不足；同麦格雷戈相比，他对个人主义和自由主义颇有微词。所以，他一方面认为Z型组织是美国土生土长的，另一方面又认为美国的A型组织可以学习日本发展为Z型组织，这就缺乏说服力。

20世纪80年代初期，中国正值改革开放的起步阶段。中国的现代化道路究竟是什么，在当时并不清晰。"摸着石头过河"是当时改革思想最准确的写照，市场经济之路是90年代才逐步明确的。这样，在打开国门之后，谁是我们的榜样，在中国是一个没有答案的问题。这种无解的问题并非没有意义，学术上的真正突破，实际上就是从无解到有解的过程。从70年代后期到80年代初期，我们经过了一个榜样的快速转换时代。先是学习南斯拉夫，很快转向学习欧美，但欧美经验严重水土不服，于是转向新加坡，转向亚洲"四小龙"。但是，这些都不足以构成一个大国快速现代化的典范。日本与中国，号称"一衣带水"，尤其是文化上有许多相似和接近的地方，于是，探究日本起飞的奥秘，借鉴日本的经验，就成为十分自然的选择。威廉·大内的《Z理论》初版问世，立即吸引了中国人的注意力。这本书译介到中国的速度之快，就是一个寻求学习榜样的旁证。

然而，日本文化同中国文化的相似与接近，需要具体分析。文化存在不同的层面。在器用层面上，日本文化与中国文化具有很大的相似甚至雷同之处。在日本的京都和奈良，可以看到纯正的唐式建筑；在日本人的和服衣装上，可以看到比中国还明显的唐代色彩；甚至日本的文字，也同汉字偏旁紧密相关。但是，在制度层次上，日本就同中国有了较大区别。历史上的日本，在明治以前从来没有形成过像中国汉唐明清式的大一统帝国，没有形成中央集权制。那种领主大名制度，反而同欧洲的庄园领主制十分相似。所以，对中国影响至深的科举制，日本就没有学过去。文化最核心的价值观层次，日本同中国的区别是十分明显的。在明治维新时期倡导的“和魂汉才”，正如中国的“中体西用”一样，骨子里必须是“和魂”，“汉才”只是工具层面的东西。即便是中日都推崇的“士”，在中国是担当天下重任的“文士”，而在日本则是“辅翼皇威”的“武士”。所以，中国学习日本的文化障碍，不比学习欧美的障碍小。中国能否移植日本的管理模式，难度同能否移植欧美管理模式是相当的，即便具有一定的方便因素，也不足以迅速开花结果。后来中国经济的迅猛发展，究竟在多大程度上得益于日本榜样，值得推敲。简单的移植，难免出现“淮南橘而淮北枳”的问题。

然而，即使不能移植日本管理模式，也不等于不能学习 Z 理论。本文认为，Z 理论的核心，不在于号召美国向日本学习，也不在于能否引申为中国向日本学习，而在于从文化角度提出了如何处理工业体制和传统社群、个人自由和团队协作之间关系的命题。不同国家在解决这一命题上走了不同道路，但道路的差异最终殊途同归，都是通过组织与个人的融合、效率追求和人本主义的融合完成的。因此，学习 Z 理论，可以使我们在文化与管理的关系上产生更深刻的认识。

（二）比较管理学应当注意什么

比较方法是学术研究最常用的方法之一。在管理学上，倡导比较方法，可以使我们的视野更为开阔，也可以使我们的思维更为缜密。从方法论的角度，已经有不少学者对此进行过深入探讨（闫进宏，2008）。专门针对威廉·大内的 Z 理论，也有一些颇有见地的讨论（严汇，2006）。但是，从不同学科总结比较研究的共性似乎还比较少见。本文认为，在社会科学各领域，比较研究似乎表现出一种共性，即解释性研究，而非应用性研究。凡是比较，而且能够在学术上有所创见者，笔者所见的基本上都没超出解释性这一范围。比如，在政治学领域享有盛名的亨廷顿，他的比较研究著作，如《变化社会的政治秩序》，在全世界都有较大反响。在历史学领域以比较方法铸就学术重镇的汤因比，更是以其 12 卷本皇皇巨著《历史研究》对全人类的 21 种文明进行比较研究，对于人们从整体上掌握人类历史进程功不可没。这种研究，很值得管理学界借鉴。如果再做考察，我们会发现，这种比较基本上都属于认知和解释。在应用层面，比较研究是否能够取得好的成果尚需存疑。

之所以把比较研究的范畴限定在解释性上，是因为应用范畴会涉及多种变量。应用研究必须进行具体的变量分析，即使采用比较方式，也是用来作为变量选择和确定的参照系。这种以比较为参照手段的方法，目的不在比较而在适用，所以，不宜称为比较方法。

然而，管理学又是一门追求实用性的学科，所以，往往涉及应用问题。包括威廉·大内自己也不能免俗，在他的《Z 理论》一书中，大约用了一半篇幅讲述从 A 到 Z 的应用问题。不过，威廉·大内自己很谨慎，对于从 A 到 Z 的 13 个步骤，他声明：“我不能向读者保证这些按本书中所提到的顺序排列的步骤可以成功地帮助他们建立一个有效的组织。管理更多的是一门艺术，科学的成分少得多，因此不会像描述的那样具有规律性。”（威廉·大内，2007）“这些步骤是大致的指南和供人们讨论的焦点，而不是提高管理水平的食谱。”（威廉·大内，2007）相对于我们有些信誓旦旦地开列管理“食谱”的文章和著作，那种声称只要“学习”

了什么，就一定能“实现”什么的文章，威廉·大内无疑是提出一种警示——此路可能不通。比较研究正是要进行这种不同路径的测量和比照，而不是把东京的地图拿到纽约来使用。中国有不少文章，恰恰是试图把Z理论拿到中国来使用的。这种文章失之于比附式论证的肤浅（高继军，1997）。

但是，比较研究确实可以大大增进我们的知识储备，进而提高我们的思辨能力。可以使我们从相同中看出不同，从不同中看出相同。比如，就拿威廉·大内进行的日美比较来说，很明显，J型组织和A型组织都有对业务技能的重视，然而，同样是钻研业务技能，美国人可能是认为这个技能可以带来利润；而日本人更有可能是认为这个技能可以在同事那里给自己挣回面子。任何组织都要追求目标的实现，然而，威廉·大内举例说，在日本某银行的美国总部中，美裔副行长抱怨“这些日本人完全不懂得目标”，而日裔行长也会抱怨“这些美国人完全不懂得目标”。同样是目标，美裔副行长要求的是清晰明确的具体业务指标，而日裔行长要求的是理解银行的哲学观和价值观（威廉·大内，2007）。日本公司和美国公司都有人事部，然而，不管书面的职责如何规定，日本公司的人事部往往最重要，而美国公司的其他业务部门则凌驾于人事部之上。这种区别，正好反映了日本公司和美国公司在经营哲学上的不同。由此深入讨论，就可以对现实的管理问题进行思辨式的跨文化比较。威廉·大内尽管也讲实用，但他处处强调的是管理哲学，正是这一用意。

（三）余论：管理学科建设中的理论积淀问题

笔者认为，管理学在中国的30年，其发展道路有着比较明显的轨迹，可以概括为“生理学→病理学→诊断学”这样一条线索。所谓“生理学”阶段，是管理学在中国发展的初级阶段。从20世纪80年代起，中国有了管理学研究，最初的进展是一般管理原理的介绍和引进。这一时期，以理论引进为主，基本上没有比较，因为这时的管理学著作往往立足于告诉读者“管理是什么”，只是试图找出相关理论的主要线条和标准答案，还谈不上深入探讨，与企业更没有发生直接关系，基本上是在大学课堂上的书面作业。包括当时翻译过来的《Z理论》，并不是基于比较研究，而是在一定程度上反映了试图借鉴日本经验的走捷径心理。这时的管理学，在中国充其量是基本知识和原理的普及，就像人们为了生存需要了解基本的生理知识那样。

但是，随着经济的发展，尤其是随着中国向市场经济的转变，一般的管理生理学已经不能满足雨后春笋般的企业成长需要，管理学也开始走出学校，走向社会。然而，无论是企业还是学者，都不无尴尬地发现，那些以管理生理学为基础的教科书，在实践中并无多大用处。中国企业尤其是那些快速发展却不大正规的企业，需要的是当下见效的药方，而不是公式化的概念。在这一背景下，管理学开始了“病理学”的探讨。学者开始与企业接触，针对中国实际问题的研究开始起步。但是，这时的管理病理学理论积淀不足，多数走的是对症下药的路子。管理学的问题导向，使学界开始出现了两种倾向：一是叩问管理学的基本理论，认识管理的机制问题；二是寻找能够治病的“偏方验方”，着眼于“症状”而忽视“病理”。

所谓“诊断学”阶段，从2000年以后就显示出端倪。这种倾向是同“中国制造”走向世界的制造业崛起相伴随的。其基本路线是：以管理生理学为基础，但又不是单纯进行书斋式研究，而是以管理机制为着眼点，探讨企业经营中的生理机制和病理机制，不仅仅满足于消解症状，而且要对“病情”做出逻辑性解释和推导，从诊断需要出发，回过头来向生理学和病理学的深层追寻答案。这一阶段，才是真正需要进行比较研究的阶段。没有比较研究，就难以形成有效的诊断。即便是同一病症，病人的体质不同，生活条件不同，治疗方法各异。就像医生开药方，不仅仅要知道某种药治疗什么病，还要知道同样的药品在不同人身上疗效不一样。

进行这种疗效的比较研究，必须转过身去对生理学和病理学“补课”。否则，就只能停留在“赤脚医生”的水平上。只有深入比较、纵横比较，才能在知其然的同时知其所以然。这正是比较管理学的魅力所在。例如，同样是企业治理结构，中国的企业治理结构同西方的外观很相似，从股东大会董事会到经理层几乎没什么区别，但其运作方式却大不一样。同样是签订业务合同，欧美人更重视的是契约的法律权利和义务，而中国人更重视的是签约意味着成为“一家人”。比较管理学要考究的，就是这种企业运作的内在机理。

〔参考文献〕

[1] 威廉·大内. Z 理论 [M]. 朱雁冰译. 北京：机械工业出版社，2007；孙耀君译. 北京：中国社会科学出版社，1984.

[2] 鲁思·本尼迪克特. 菊与刀：日本文化的类型 [M]. 吕万和译. 北京：商务印书馆，1990.

[3] 吕有晨. 日本企业集团的演进与创新 [J]. 现代日本经济，2003 (1).

[4] 麦格雷戈. 企业的人性面 [M]. 韩卉译. 北京：中国人民大学出版社，2008.

[5] 大前研一. 企业参谋 [M]. 裴立杰译. 北京：中信出版社，2007.

[6] 胡中生. 古徽州活跃的民间金融组织——钱会 [J]. 中国金融，2008 (5).

[7] 司马英华. 风雨孙大午 [M]. 北京：中国发展出版社，2007.

[8] 阿吉里斯. 组织学习（第二版）[M]. 张莉，李萍译. 北京：中国人民大学出版社，2004.

[9] 帕特南. 使民主运转起来 [M]. 王列，赖海榕译. 南昌：江西人民出版社，2001.

[10] 卡斯特，罗森茨韦克. 组织与管理——系统方法与权变方法 [M]. 北京：中国社会科学出版社，1985.

[11] 闫进宏. 比较管理和跨文化管理研究方法述要 [J]. 学术研究，2008 (5).

[12] 严汇. 企业文化研究路径的新探讨——《Z 理论》方法论的应用 [M]. 山东行政学院山东省经济管理干部学院学报，2006 (4).

[13] 高继军. Z 理论对我国管理实践的启示 [J]. 管理现代化，1997 (2).

（西北大学公共管理学院 刘文瑞）

中国管理本土研究：理念定义及范式设计*

长期以来学术界一直有人认为本土研究有益并且重要，因为它能对研究任何国家及文化的本土现象及问题提供足够深度的认识。本土研究表面上类似于某些学者常说的情境化研究。全球化引起学者更多地关注本土研究，因其能为在每个独特的本土情境下经营的跨国公司提供充分的分析和研究。现存管理理论绝大多数是在西方文化价值和实证依据的基础上建立的，因此以考量修正、完善补充甚至超越或取代西方理论的本土研究就显得极为重要。

中国有着 5000 年漫长而复杂的历史，以及深厚且丰富影响力的文化内涵。中国有很多有意义的现象，都可能是产生于中国的独特本土现象，例如阴阳思维、中庸之道，人情关系、家长制领导，以及在社会主义国家发展资本主义市场所产生的其他独特现象。采用本土研究视角理解这些现象及其对中外公司运作的影响，对在中国环境下的管理而言意义重大。

本土研究面临着相当大的挑战。首先，对于什么是本土研究学界迄今仍无定论。有学者认为只要是研究一个本土现象或主题就是本土研究，甚至直接采用西方理论概念；也有学者认为本土研究需要加入本土特有的情境元素，但是其研究主体框架可以是借用西方理论进行改良；同时还有学者提出只有采用本土的概念或者理论才能称为本土研究。其次，以上的争论都与本土研究的目标及愿景有关。研究目的是验证现存西方理论还是修正现存西方理论；是发展新颖理论以解释某些本土独特现象还是探究更宽泛的全球多元统一视角下的启示，以便扬弃甚至取代现存西方理论，这些问题必须得到解答，否则本土研究无从开展。

本文的目的是对以上问题提出有说服力的解答，以助于本土研究的健康发展。本文的重点在于更为清晰地阐明本土研究的理念定义，同时也更为系统性地表述本土研究的范式设计，特别是如何应用阴阳思维方式整合西方理论。

一、本土研究的理念

（一）本土研究的理念定义

总体而言，但凡涉及某个独特的本土现象或该现象中的某个独特元素，并且以本土视角探讨其本土性（主位）意义以及其可能普适性（客位）意义的研究，便是本土研究。判断是否本土研究可以简练地依据该研究中是否涉及至少一个本土自身独特（即非引进）的理念或变量而定。此外，本土研究的质量应该根据其中本土独特概念或变量在构建新颖理论或修订

* 此文在英文原稿的基础上改写而成。该英文原稿将由"亚洲管理期刊"（APJM）发表。在此感谢西南政法大学李苑凌为翻译此文所做出的努力。

现存理论方面的新颖贡献而定。这可视为本土研究的总体性理念。该理念包含两个主要特点，即从独特且新颖的视角研究某个独特本土现象或该现象中的某个独特元素。

具体而言，本土研究包括以下四个维度：①“是什么”（研究对象）。例如，研究多元文化视角下独特本土现象（元素）与全球现象（元素）的差异性。②“为什么”（研究角度）。例如，着重关注本土现象（元素）内生性及多元性特征与外生性及统一性特征。③“怎样做”（研究范式）。例如，采用情境特定性主位输出性的观点（并以情境敏锐性客位移入性的观点次之）以创造与本土相关的理念、范式或者理论，而不是采用情境通用化的全球普适观点。④“为何用”（研究应用）。例如，研究贡献在于替代或超越外来“引进”元素，称为“引进—代替”（即主位改良），或者（以及）作为全球多元统一（文化整合）框架下的“输出”（主位—客位交互或文化整合视角），而非简单应用和修正“引进”理论以实现本土应用（即客位观点）。

如果我们采用以上四象限作为本土研究的四个标准，那么只要满足其中两个标准以上的研究便可视为与本土研究相关。我们可以将以上四个标准看做本土研究发展中四个阶段以及四种研究范式（本土研究的分类框架见表1）。首先，最基础的范式是对西方现存理论的初级本土应用，即初级应用式学习（阶段1）。该类研究不足以成为本土研究，因为它不符合本土研究的基本要求。其次，较高级的范式是多情境的对比研究，这种研究试图在本土现象中剥离出新颖的理念和测量工具，以改善和修订西方现存理论。这是一种高级应用式学习（阶段2）。该类研究基本符合本土研究的主要要求。再次，较之以上两种更先进的范式是运用情境特定主位输出理论来补充或代替西方现存理论，这是一种初级探索式学习（阶段3）。最后，最高级的范式是用多文化的框架将以上主位与客位之争进行整合，这是高级探索式学习（阶段4）。后两者都完全符合本土研究的最高要求。需要指出，以上都是从单一国别本土研究角度出发的。

表1　单一国别本土研究的分类框架

	应用式学习［初级］［范式和结果］	箭头表示动态趋势	探索式学习［高级］［范式和结果］	箭头表示动态趋势
单向的/独立式影响	四方主位作为研究各位：		东方主要作为研究阶段：	
	［非本土：阶段1］	⟶	［强本土、阶段1］	
	应用现存西方理论		构建新颖的东方理论	
	(作为“进口”的简单客位)	↓	(“无贸易”的独立主位)	↓
	验证，改良西方理论		完善、补充或者超越取代西方理论	
双向的/共享式影响	西方客位转向东方主位：		东西双方研究各位与主位并重	
	比较式弱本：阶段2		［全球多文化式本土：阶段1］	
［高级］	寻找东方独特性	⟶	整合东西方理论	
［目标和目的］	(作为“出口”的适度主位)		(主位—客位平衡“贸易”)	
	比较修订西方理论		将多元主位理论整合为主客位一体	

阶段1是必要的初始步骤，但它不涉及本土研究范畴。阶段1对于本土研究仍有启示意义，其研究中揭示和提出的独特和新颖的本土现象，能作为其他几个阶段的研究对象。换

句话说，虽然阶段1重点在于找出多元情境中的客位普适性，但该过程中将不可避免地发现本土独特和新颖的元素，这能对其他阶段提供初步研究证据。阶段2和阶段3是当前关于本土研究争论的重中之重，而阶段4则可作为整合主位与客位元素以形成全球多元统一的最佳理想途径和结果。全球多元统一（Geocentric）是指对客体主题（以全球普适性为核心主题）与所有多种不同的主位表述（以本土独特性为版本细节）相结合的马赛克式的整合，以此形成文化上既多元又统一，即文化在多元整合基础上的统一。

多数对中国的研究都停留在阶段1，这些研究几乎无法更好地解释本土现象及元素的理论意义。这类研究很难对本土研究有所贡献，除非在研究过程中发现其独特现象，并以适用于本土现象的新颖理念和新颖变量加以解释。较之进步的中国研究是阶段2式的研究，该类研究有一定潜在价值，因其更倾向于探寻并发展更好解释本土现象和元素的新颖理想或变量。这种研究根植于传统的文化比较研究，其创新之处是将研究重点放在探寻独特的本土现象上。阶段3是另一种崛起的研究范式，其研究重点在于如何发展起源于本土的理论，其假设背景是对西方理论宣称的普适性的怀疑。这种范式类似于TSUI的情境敏锐性？客位移入性研究观点。最后的阶段4试图用全球多元统一的视角将阶段2和阶段3加以整合。这种范式类似于MORRIS等的主位—客位整合、CHEN等的多元文化杠杆效应，以及LI的马赛克式多文化整合的观点。阶段2~阶段4的研究都有其各自独特的挑战，但每后一阶段都必须在前一阶段取得一定突破的基础之上进行，这是必要的前期研究基础。例如，阶段4的整合必须依赖于阶段2和阶段3在情境化和情境特定性研究方面的贡献，前两阶段提出的多样特殊文化下的理念和理论为阶段4提供了具有独特性和创新性的素材贡献。

（二）本土研究理念定义的争论焦点

当今有关本土研究基本理念定义的重大争论焦点集中在三个方面：

1. 情境化研究和本土研究是否是同一概念？

我们赞同情境化研究与本土研究是密切相关的，但二者并不相同。情境化研究比本土研究要宽泛得多，特别是在以下三个主要方面：

（1）不是所有情境化研究都是对本土特有现象的研究，因此不是所有情境化研究都以寻找本土独特和新颖的启示和结论为研究目的，然而，本土研究必须用本土视角研究本土特有现象。例如，情境化研究内容要么总括“对象”、“地点”、“时间”和“为何”等具体情境元素，要么总括任务情境、社会情境和物质情境等具体情境类别。即是说，情境可以针对特定行业、特定区域、特定机构、特定技术以及特定组织而言，并非仅仅针对特定历史及文化。本土研究的核心内容恰恰就是特定地域的历史文化情境的研究。如果我们将情境化研究明确地界定为针对特定地域的历史文化情境的研究，则情境化研究相应地就是本土研究，即特定地域的历史文化视角下的研究。目前大多数学者认为，情境化研究的范畴远远大于本土研究，因此不能将两者等同看待。

（2）与前一观点密切相关，不是所有的情境化研究都对独特和新颖的研究启示有路径依赖，但本土研究在历史文化发展视角上必须是有路径依赖的。情境化研究既可基于历史又可注重现实，然而，“本土”这个理念应有历史文化烙印，是具有路径依赖的特定情境（例如文化价值观和习惯），而不是较少路径依赖的科技和经济情境。如果我们将情境化研究明确看作是具有历史依赖的情境，特别是文化情境，我们就可将情境化研究等同于依赖历史文化的本土研究。目前大多数学者认为，情境化研究并不局限于历史文化的路径依赖，既适用西方研究，也适用东方研究。换言之，情境化研究与本土研究既有重叠的部分，又有差异的部分，因此该两者不能混同。总而言之，如果将情境化研究狭义地定义为路径依赖地域（空间）和历史（时间）的研究，则情境化研究等价于本土研究。如果将情境化研究宽泛理解（这是目前大多数学者的共识），则二者不能相提并论，并不是同等概念。

（3）与前两个观点不同，情境化研究并不是所有本土研究阶段都有必要。在本土研究的最高阶段，即多文化式本土阶段，情境化研究则不重要，必须淡化。综上所述，情境化研究并不等同于本土研究，两者不是同一概念。

2. 本土研究是否必须用建构性的情境特定性理论以取代改良拿来主义的情境敏锐性理论？

学界似乎一致认为情境化研究有两种典型范式：情境敏锐性研究（情境嵌入式比较研究），以及情境特定性研究。我们认为，虽然这两种范式在根本目的和路径上相去甚远，但只要其研究能产生独特和新颖的理念和理论用以解释任何本土现象的独特性质，这两种范式都可属于本土研究范畴。我们这一观点的基本假设是，任何一种现象，无论多么独特或普遍，都应由两大部分构成：①在各种情境中均有的相似现象的共同元素，也即是客位普适性（如个性和领导力）；②不同现象所独有的特殊元素，以及相似现象之共同元素不同情境中所表现的独特具体特征或方式，也即是主位新颖性（如关系和领导风格）。这两种元素，即共同元素普适性和特殊元素新颖性，构成矛盾的对立统一，即情境二元统一性。需要指出，由于互反（常是互斥）与互依（常是互补）元素的对立统一二元一体性，两种定义在不同方面上、不同时间上、不同程度上相互肯定，也相互否定。各种现象的对立统一二元一体性致使本土研究的定义也相应地分为两种：①基于客位的松散且宽泛的定义，该定义包括情境敏锐性研究（即比较研究）；②基于主位的严谨且狭窄的定义，该定义包括情境特定性研究（即强本土研究）。请看表 1 中提供的更多细节。这两种定义我们都可采纳。或者说，情境敏锐性比较是宽泛定义下的本土研究，而情境特定性建构是严格定义下的本土研究。其实，情境敏锐性比较研究与情境特定性理论建构代表本土研究的两大阶段，前者代表阶段 2，而后者代表阶段 3。部分学者认为只要对本土现象中的情境保持敏锐，则不必从事本土研究，我们并不赞成这种观点。我们同意情境敏锐性十分重要，但不应混淆外部人的敏锐性与内部人的敏锐性，因为二者在敏锐视角和效果上显著不同。正如“如果我是你”的假设时常不能成立，因为事实上你不是我。内部人之本土视角（深入情境化并建构情境特定性理论）无疑需要对任何本土情境中真正独特和新颖的部分做出解释。例如，内部人情境敏锐性不仅加入普适情境协调元素（普适 Z），而且还必须依据本土视角重新构建自变量（X）和因变量（Y），以及新颖的独特情境协调元素（独特 Z）。例如，就中国和美国的人际关系而言，不仅作为关键协调元素的文化价值由于存在差异并产生不同的影响，自变量人际关系的内容以及作用作为因变量也是不同的。概而言之，用情境敏锐性方式检验理论（客位）和用情境特定性方式建构理论（主位）都有必要，即为对立统一二元一体性。换言之，后者不必取代前者，而前者也不能取代后者。

此外，必须指出，情境敏锐性及情境特定性方式这两种情境化研究范式都不足以代表本土研究范畴的全部。正如前面所说，情境化研究并不是所有本土研究阶段都有必要。在本土研究的最高阶段，即多文化式本土阶段，情境化研究则不重要，必须淡化，因此，情境化研究范式不足以代表本土研究范畴的全部。本土研究最高阶段是多文化式本土研究，即东西方情境整合研究。这一结论与下一个争论问题直接相关。

3. 本土研究之前我们是否必须首先检验所有的西方理论?

Whetten 认为，除非所有的西方理论均不能解释本土现象的独特和新颖，否则本土研究便无必要。我们反对这一观点。我们认为任何时候都可以建构本土理论，而不论西方理论是否能够应用于本土现象。这是个简单的问题。因为任何本土现象都有共同普适性元素，也有独特新颖性元素，而关键在于研究者是否关注它。如果关注独特新颖性元素，就是本土研究（主位）；如果不关注，就是普适研究（客位）。不论一个人持有客位（即寻找并解释共同普适性元素）或主位（寻找并解释独特新颖性元素）的目的和视角，在任何现象中都可以发现相似点与差异点对立统一二元同时存在。这类似于全球化与地方化，因此，主位和客位研究均有意义。此外，主位和客位研究均须情境化。对于客位研究，考虑到应用的方面、时间和程度，必须将客位研究情境化，以此明确其应用边界。对于主位研究，必须强调情境的独特和新颖性，用以解释那些不能被客位研究所解释的独特元素部分。

表 2 描绘了情境敏锐性（关注任何现象中独特性或普适性特征的程度，某一研究者相对于其他研究者的态度）和情境特定性（某现象相对于其他现象的特征的独特化程度）之间的相互关系。如表 2 所示，情境敏锐性是重要的维度，但并非全部。我们最终的理想——全球多元统一（阶段 4）与低情境敏锐性相关，而强本土（阶段 3）则与高情境特定性关联。每一单独维度都不充分，但二者并非线性相关。换一种说法，对于全球研究者来说，不论普适性（客位/全球化）还是独特性（主位/地方化）的研究路径，都需要情境敏锐性研究。这毫无疑问是绝对真理。由于情境敏锐性研究过于宽泛，当面临必须探索获取本土独特而新颖的理念或理论（跨越阶段 2 进入阶段 3）的迫切要求时，情境敏锐性研究便难以胜任。

表 2　情境敏锐性与情境特定性的类型

横向: 主位差异性强弱 纵向: 客位关注度强弱	低情境特定性（主位弱） （现象的特征相似）	高情境特定性（主位强） （现象的特征独特）
低情境敏锐性（客位强） （研究者关注共同特征）	阶段 1 借用西方理论 客位强/主位弱	阶段 4 全球多元统一 客位强/主位强
高情境敏锐性（客位弱） （研究者关注独特特征）	阶段 2 比较研究 客位弱/主位弱	阶段 3 强本土研究 客位弱/主位强

仅仅借用西方理论的情境敏锐性研究是远远不足的，其所依据的假设是有问题的。这一假设断言西方理论其实就是西方自身的本土理论，必然优于从东方视角建构的理论。这一观点的持有者似乎暗指西方理论作为先行者建立放之四海而皆准的理论，因而不需要再建东方的新颖理论，除非有相当的证据证明西方理论存在严重欠缺。如果这一关于西方理论先天优越性的假设成立，我们就不得不接受无须本土研究的观点。不幸的是，这一假设无法令人信服。越来越多的西方学者认识到西方理论非常脆弱，如同“一片杂草地，不像一个精心护理的花园”。西方很多学者也承认西方理论缺乏情境化。请问，西方理论怎么能够成为世界其他地区模仿的楷模？西方理论中哪一个是完全令人信服的而没有反对者或竞争对手？哪一个西方理论不是以单一学科为基础，仅有狭隘的视角？哪一个西方理论是真正动态的，因而可以解释变化进程与机制？又有哪一个西方理论不是仅仅关注线性的似是而非的因果关系，因而能够完全考虑对立统一二元之间的辩证互动？我们没有看到任何一个西方理论是全面、动态、平衡的，因而西方没有一个理论是可以被普遍接受的，甚至也没有可以解释西方本土现象的完美理论。在多样而互相竞争的西方理论丛林中，我们又应该选择哪一个？我们怎么能

够期望借用这样的理论来解释东方的现象？换个更为直接的说法，在做出其他证明之前，是否世界上其他国家都应该把美国资本主义制度作为最佳选择？难道在实验西方所有理论之前日本学者没有权利建构他们自己的理论？如果他们真那样做了，就不可能有日本后来的成功。我们必须重申，我们只是尝试表达一个严肃而基本的观点，即借鉴研究和本土研究应同样有效且应给予同样的机会，而不能事先假定孰优孰劣。

二、本土研究的范式

（一）本土研究的范式设计

图 1 从总体上勾勒本土研究的基本范式设计，将 Morris 等和 Enriouez 所提出的两类模型加以整合，将主位研究路径与客位研究路径作为阴阳二元统一，达到两者之间的整体性、动态性及二元统一性的平衡关系。此关系也同时对应作为平衡和谐之黄金法则的中庸之道。图 1 与表 1 的根本区别在于，表 1 的重点是有关本土研究的定义，仅仅涉及单一国别的自我本土研究。图 1 的重点是有关本土研究的范式，并且涉及多国整合的多元本土研究。

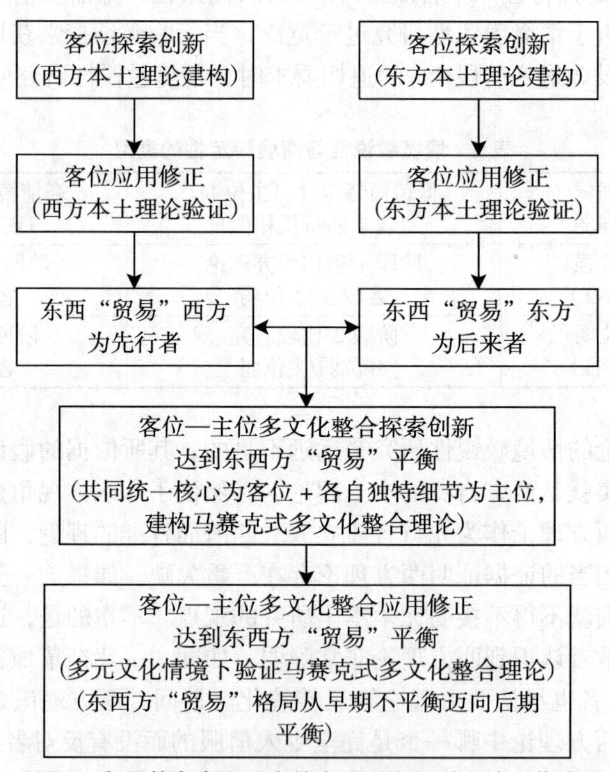

图 1 多国整合本土研究的主位—客位对立统一范式

图 1 的理论基础在于以下观点：我们最终的理想模式并非同质普适性的模型，而是主位与客位对立统一整合成为一个总体框架，类似于一个异质同构的马赛克范式。本土（主位）研究并不局限于解释本土层面上的独特现象本身，还经常涉及该现象的广泛全球性。例如，

"关系"就是非正式人际联系的一种中国式说法，但却在世界各地随处可闻，只是应用的程度、方面和时间不同。另一个例子是"家长式领导"。这一现象不仅局限于中国，尽管在中国更为普遍，但世界各地也都存在。此外，"和谐"也是一个既独特又普适的现象和理念。以上几个现象和理念都可以被看作是马赛克式全球多元统一理论的必要组成部分。因而，多元文化视角可将多元主位理念和理论加以对比和整合，使其彼此更为丰富，具有重叠的共享的核心主题以及多元形式的版本细节，呈现出更加完善、更为美妙的马赛克图景。

我们应该将西方的理念、理论和范式视作主位（基于自身情境的西方本土研究），与东方的主位（本土）研究同样重要。然而，我们必须承认，西方在现代学术研究方面确实走在东方之前，因此东方研究作为后来者，应首先从"进口"西方研究成果下手。尽管如此，只要研究者致力于发展文化整合的理念和理论，基于东西方各自文化的多元理念和理论终会得到整合统一，成为具有共享核心及多元细节的马赛克范式。

东方研究作为后来者也有其独特优势。我们可以避免西方研究所犯过的错误，例如西方以牺牲多种观点百花齐放为代价，过早地形成固定范式；西方过分地强调定量研究方法而忽略定性研究方法；西方不恰当地提倡细分学科领域而忽略多学科的交叉整合。相对而言，被称为中国传统智慧之精髓的阴阳思维和中庸之道，对于修正西方片面、静止和线性的非此即彼形式逻辑教条和绝对二元分离论是极为重要的。我们可以提倡多学科、多文化、跨层次、多情境、重过程、多方法的以及与东方实践密切相关的研究，以弥补西方研究存在的不足。这样，一方面，阴阳思维和中庸之道可以作为东方的宏观研究范式，补充或替代西方非此即彼形式逻辑。另一方面，非此即彼形式逻辑也可以促使东方研究更加严谨和细化（较少模糊和混合），这样才能更为有效地应用到具体的本土研究中。

值得注意的是，社会学科（注意：不是"科学"）研究，包括基于各个地域文化和历史情境下的本土研究在内，都不能也不应该简单复制或模仿自然科学研究盛行的实证主义范式，也就是西方占主导地位的范式。换言之，简单的实证主义应该受到质疑和挑战。社会学科研究要取得更多成就必须采用一种综合实证主义和建构主义的新颖范式。东方阴阳思维（东方认识论逻辑）可以帮助西方解决以上问题，而西方非此即彼逻辑（西方认识论逻辑）也可帮助东方在阐明理念以及应用操作方面做得更好。由于本土研究属于社会学科研究，本土研究也应采用一种综合实证主义和建构主义的新颖范式。

以下举例说明如何应用操作本土研究。Cheng 等提出一个指导本土研究的操作模型，内容如下：①发现可挑战西方理论的本土现象（作为本土理论探索）；②实地观察（采用定性研究，这是作为本土理论探索中构建理论的最佳途径）；③发展新颖理论框架和概念（本土研究的两个现阶段的目标，以便实现其终极目标，即构建全球多元统一的理念和理论）；④实证检验（采用定量研究，这是作为本土理论应用中检验理论的最佳途径）；⑤理论修正（作为本土理论应用）；⑥回到步骤①开始新的循环（重点在于提高多元文化敏锐性，以便得到独特新颖的创见）。

以上本土研究的操作模型与表 2 的框架异曲同工。如对我们的框架进行更深入的描述，正如 Farh 等所提出的，应有四种量表开发范式设计。其中两种范式设计属于基本的本土研究范式设计，适宜于本土研究的早期阶段（阶段 1 的引入和阶段 2 的改良），而另两种属于高级的本土研究范式设计，适宜于本土研究的后期阶段（阶段 3 的情境化和阶段 4 的去情境化）。我们进一步认为，为了在同一设计中包含主位元素和客位元素，可以在同一调查问卷中将新编主位量表添加于现存客位量表中（如把"关系"量表添加到社会资本量表中，或将关系交换量表添加于社会经济交换量表之中）。这种范式设计可以同时强调主位理论和客位理论，并有益于将二者整合成全球多元统一框架。

与本土研究的定义和类型（阶段 2~阶段 4）相一致，我们提出三种具体的本土研究范式设计：

（1）阶段 2 的本土研究可以从相似的东西方现象中对比东西方差异性（如“关系”与非关系的对比，家长型领导与非家长型领导的对比）和文化多元统一的意义（如集体主义与个人主义的二元统一）中获得灵感。在这一方面，重点是寻找文化的多样性，以便开发出一些独特新颖的微观层次理念或理论（如不同地方情境中出现的或相似情境及现象中所体现出的独特和新颖的元素及其特征），或者从微观层次理念或理论上升至中观层次理念或理论（如不同文化中独特和新颖的价值观及其作用）。

（2）阶段 3 的本土研究可以从中国古典思想（如儒家和道家学说）和具有中国特色的价值观（如长期时间导向与和谐观）中获得灵感。在这一方面，重点是开发基于中国文化的宏观层次理念或理论（阴阳思维和中庸之道），或者从宏观层次理念或理论下降至中观层次观点（如中国文化特有的价值观）。

（3）阶段 4 的本土研究可以将上面阶段 2 和阶段 3 的本土研究范式设计整合起来，包含微观层次、中观层次以及宏观层次理念或理论。必须指出，上述三种范式设计在实践中常常缠杂不清，多有重叠。

关于第（3）种方式的一个特别版本是应用东方宏观层次理念整合现存西方理论争议，其着眼点是引入东方阴阳思维和中庸之道，将西方中观层次理念或理论的各种争议加以整合。其中包括团队设计中的异质/同构的阴阳中庸平衡，联盟网络建构中的灵活/稳定的阴阳中庸平衡，企业理论中交易价值/交易成本的阴阳中庸平衡，知识类型中技术知识/社会知识的阴阳中庸平衡，治理模式中集权/放权的阴阳中庸平衡，学习中的教/学的阴阳中庸平衡，战略形成中的内/外的阴阳中庸平衡，以及战略形成中决定论/选择论的阴阳中庸平衡，制度情境中正式/非正式的阴阳中庸平衡等。此东方阴阳思维整合西方彼此争议的范式可有效应用于所有研究领域。

对于中国管理学研究本土的具体方法，我们应该持有开放和灵活的思想，尤其对于定性方法。在本土研究的早期阶段要建立新颖的理念和理论，从逻辑上看更适合采用归纳和综合的定性方法。在这个意义上，现阶段最适合采用的是定性方法，诸如扎根理论法、案例研究法等。只有在后期阶段，当本土理念和理论基本形成时，才有可能和必要进行理论检验。只有这时我们才应该采取演绎和解析等定量方法，诸如样本统计分析、结构模型等。当前迫切需要的是采用定性方法开发新颖本土理念和理论（当前正处于阶段 2 和阶段 3 的重叠时期）。

（二）本土研究范式设计的争论焦点

当今有关本土研究基本范式设计的重大争论焦点集中在三个方面：

1. 情境敏锐性研究和情境特定性研究与本土研究的差异及关联为何?

由于情境敏锐性比较研究可能启发新颖的洞察力，只要它能够对比本地视角产生独特而新颖的见解，就可把情境敏锐性比较研究看作本土研究的一个部分，至少是一个与之密切相关的部分。虽然强调情境特定性研究对于获得全球普适知识的必要性，以及情境特定性研究对于本地视角的产生和发展至关重要，我们仍然认可情境敏锐性比较研究可能启发新颖的洞察力，尤其是将本地视角与其他文化视角相对比而获得崭新的发现。此外，众多文化的多元情境特定性视角可以有效地鉴别共同普适性元素以及独特性新颖性元素，进一步可将它们当作原始素材加工整合成为全球多元统一的理念或理论。

如前所述，没有任何两个现象可在任何方面、任何时间达到百分之百的不同或相同，只因每个现象都必然有其独特新颖的部分，也有与其他现象共同普适的部分，因而，现存西方理论肯定可以部分解释中国现象，尤其是在其作出适度改良后。我们不应浪费时间在那些能够被西方理论解释的部分进行再创新，而应采取拿来“应用”的方式。那些无论怎样对西方理论进行修正或改变也无法解释的独特部分才是我们真正贡献的关键所在。我们应尝试创造新颖的理念和理论来解释本土独特部分，即采取自主“探索”的方式。“应用”和“探索”两种方式之间的区别在这里显得特别重要。换言之，“应用”是阶段 1 和阶段 2 的中心（相对而言），而“探索”是阶段 3 和阶段 4 的中心（相对而言）。

鉴于情境敏锐性比较研究与情境特定性研究（本土研究的两种主要范式）之间的互动，我们认为二者相辅相成，反映阴阳思维的精神。从另一方面说，情境敏锐性比较研究的结论（如价值观）可以作为促进情境特定性研究的重要元素，反之亦然。这两类研究的眼前的共同目标是开发独特和新颖的本土视角，以此作为手段，服务于最终目标，即发展全球多元统一视角，用以突破东西双方任何一方单一本土视角的局限性。

2. 作为本土研究的三大阶段的研究范式，情境敏锐性比较研究、情境特定性研究、全球多元统一的理想顺序为何？

我们认为，可取的方式是在情境敏锐性比较研究之前，首先进行情境特定性研究。事实上，西方理论是基于西方文化视角发展而来的，因而即便西方学者声称其具有普适性，不存在文化限制，但它依然是西方的本土研究。另外，比较文化研究可能被西方视角的偏见所统治，以至于束缚东方研究视角，使其很难浮现。在实践中，已经出现的是一种不良的方式，即学者尚未进行任何情境特定性研究，便已经开始做比较文化研究。事实上，很少有学者从事严格的本土研究（历史文化情境特定性研究）。正如我们在这里所强烈主张的，严格本土研究面临着必然而迫切的需要，特别是在制度性壁垒妨碍本土研究健康发展的不利条件下。

在这一方面，文化多样性作为元素投入对于最终产出，即文化整合至关重要。必须特别认识到，文化多样性（相对于文化相似性）是独特、新颖理念和视角的唯一源泉，因而是文化整合的必要元素。我们认为，文化相似性几乎不能激发新颖的洞见，因为一个人已经过于熟悉他自己的视角，而另一个视角又与其本身视角非常相似（因而不是文化多样性）。正因相似性存在这一缺点，我们需要多样的视角以启发新颖洞见。没有文化多样性，就没有突破原有架构的新颖洞察。在研究中，学者通常把多样性与新颖性连接起来（独特性→多样性→互动性→新颖性），文化多样性对于情境敏锐性比较研究以产生新颖洞察是必需的。我们同意，发现文化差异并没有走到问题的终点，但这是产生新颖洞察的必要的第一步。在这个意义上，可以锁定两个本土研究的核心目标：①将中国学者引入西方最优秀的研究中（由外向内进口西方思想）；②把西方学者引入中国最优秀的研究中（由内向外出口东方思想）。

文化多样性与文化整合的内在联系在几个西方科学巨匠的案例中清晰可见。他们在研究中发现与西方主流理论及思维方式大相径庭、令人费解的重大难题。他们下意识地运用某种神秘的、违背西方主流的思维方式，竟然顺利地解决了困惑他们多年的重大难题。他们后来才知道这种神秘的思维方式早已在中国人的精神中存在并应用了几千年。这些西方科学巨匠运用的神秘思维方式与中国古代阴阳思维方式不谋而合，与之产生了巨大共鸣。他们之所以能够下意识地运用东方思维方式是因为他们对东方思想抱着开放态度。他们之所以能够对东方思想抱着开放态度是因为他们不拘泥于西方传统主流的思想和思维方式，勇于探讨新颖思想和思维方式。由此可以得到这样的结论，勇于创新的人不拘泥于本土文化，对外来文化抱着开放态度，反之亦然。例如，量子力学创始人波尔提出“对立即互补”的核心原则，以此创建量子力学的哥本哈根学派。这与中国古代阴阳思维方式不谋而合。1947 年波尔被丹麦授予爵位时，波尔选择了中国太极图作为他爵位的盾形纹章的中心图案，并刻上了“对立即互补”的铭文。微积分及二进制创始人莱布尼茨一生热衷于中国文化。当发现他的二进制与宋代邵雍的易经八卦图排序完全吻合时，他被中国古代阴阳思想的伟大深深震撼。此外，莱布尼茨的世界和谐的哲学体系与中国古代阴阳思想及孔子中庸之道不谋而合。分析心理学创始人荣格深受中国古代阴阳思维方式的启发。他主动应用中国古代阴阳思想，建立了分析心理学核心概念与原则。此外，荣格专门撰文介绍中国道教及中国古代阴阳思想。

以上案例足以说明中国古代阴阳思想绝不是迷信或神秘巫术，而是高科学性的思维方式。其实，中国古代阴阳思想作为中国独特思维模式，其相对平衡观点远胜于黑格尔辩证法的绝对否定观点。此外，中国人比西方人更善于应用辩证方式思维。最后，中国古代阴阳思想亦与现代逻辑，例如模糊逻辑及矛盾逻辑基本一致，并可将该以上两个现代逻辑整合为一。但是为何只有西方巨匠能够有效地应用中国古代阴阳思想，而中国学者则无法从本土文化中找到共鸣？这个问题值得深思。我们认为，东西文化有效整合是最可能的答案，而该答案的关键在于研究者对东西两种文化全面而深刻的了解。

3. 为何极少中国学者从事本土研究？

Tsui 明确指出中国学者极少从事本土研究的两个重要原因：一是缺乏扎实训练；二是缺乏激励机制（本土研究论文被当作非主流研究，很难在西方杂志上发表）。除此以外，他人的解释还有“缺乏自信或勇气”、“缺乏经典国学知识”（如阴阳思维和中庸之道等）、“无样板可循”，等等。现在看来，这几条原因都不充足。我们认为“内部人陷阱”（如果我们可以创造出这一术语）是另一主要原因。如果中国学者深入了解东西方的异同，他们就会知道如何勾画东西方情境及现象之间的相对界限，因而较为容易寻觅新颖点，突破界限做出创新贡献。正是“山重水复疑无路，柳暗花明又一村”。在这个意义上，他们应该更容易在顶级英文期刊上发表本土研究成果，将“华人独特性”转化为核心竞争优势。我们坚信，越是民族性强的，也就越是世界性强的。“东施效颦”绝不应成为中国学者从事研究的基本战略。虽然大家可能知道“东施效颦”的问题，但是大家却不知道如何成为西施。我们认为，缺乏东西方对比的意识和见解是中国本土研究的首要障碍，而其他原因仅是次要障碍。中国本土研究最迫切的需要是帮助中国学者增强多元情境对比意识，以便探索发现新颖洞见。

在这个意义上，我们应该充分发挥海外华人学者的桥梁作用。在帮助中国学者增强多元情境对比意识这一方面，海外华人学者扮演着关键的角色。美国管理学会副会长陈明哲的经历就是很好的例证。此外，中国台湾学者（例如杨国枢、黄光国、杨中芳、郑伯壎等）在本土研究方面远远走在中国大陆学者的前面，值得中国大陆学者学习。必须指出，目前几乎所有西方学者都不做非西方的本土研究，而绝大多数东方学者也趋之若骛地全力验证西方理论，因此全球集体无意识地错失多元本土研究这一独一无二的机会。我们必须改变忽略本土研究的不良现状，抓住天赐良机，充分发掘本土研究的巨大潜力。这应是中国学者对世界管理研究作出最大贡献的最佳战略。

三、结 论

总结概括以上的探讨，可以得到以下有关本土研究的主要结论：

（1）本土研究必须采用本土角度（主位的立场）探讨解释本土现象及其元素的独特性，应用西方理论及概念探讨解释本土现象及其元素（从非本土角度或客位的立场出发）不能称为本土研究。情境化研究并不等于本土研究。情境化研究与本土研究既有重叠的部分，又有差异的部分，因此两者不能混同。

（2）本土研究并不排除情境化研究，只要其研究能产生独特和新颖的理念和理论用以解释任何本土现象的独特性质，情境敏锐性研究与情境特定性研究这两种范式都可属于本土研究范畴。情境化研究帮助我们探讨情境二元统一性中的共同元素普适性和特殊元素新颖性的对立统一。在总体内容上，情境敏锐性研究可以被看作是本土研究相对较弱的范式，而情境特定性研究可以被看作是相对较强的范式。在时间阶段上，情境敏锐性研究可以被看作是本土研究相对较早的范式（阶段 2），而情境特定性研究可以被看作是相对较晚的范式（阶段 3）。这两种范式的混合使用可以产生协同作用，有利于构建全球多元统一的理论（阶段 4）。

（3）本土研究应该成为中国管理学界，特别是中国管理研究国际学会（IACMR）以及管理学在中国论坛等组织的核心任务。特别值得指出的是，国家自然科学基金委员会管理科学部明确将中国管理学派的建立作为其“十一五”规划的战略目标。在全球集体无意识地错失天赐良机的时候，我们必须改变忽略本土研究的不良现状。这是中国学者对世界管理研究作出最大贡献的最佳战略。

（4）中国管理研究的两大长期目标：一是促进中国学者与高质量研究的国际标准接轨（作为进口影响中国学者）；二是将中国本土独特性转为国际优势（作为出口影响非华人学者）。在这个方面，应该充分发挥海外华人学者的桥梁作用。

总而言之，我们所做的就是促进全球多元本土思想理论的“进出口贸易”平衡。让我们为多元统一的管理理论这一共同的远大目标而努力奋斗。

〔参考文献〕

[1] Whetten D A. An Examination of the Interface Between Context and Theory Applied to the Study of Chinese Organizations [J]. Management and Organization Review，2009，5 (1)：29-55.

[2] Tsuias. Contributing to Global Management Knowledge：A Case for High Quality Indigenous Research [J]. Asia Pacific Journal of Management，2004，21 (4)：491-513.

[3] Morrismw，Leungk，Amesd，et al. Views from Inside and Outside：Integrating Emic and Etic Insightsabout Culture and Justice Judgment [J]. Academy of Management Review，1999，24 (4)：781-796.

[4] Chen J R，Leungk，Chen C C. Bringing National Culture to the Table：Makinga Difference with Cross 2 Cultural Differences and Perspectives [J]. Academy of Management Annals，2009，3：217-249.

[5] Lipp. Toward a Geocentric Framework of Trust：An Application to Organizational Trust [J]. Management and Organization Review，2008，4 (3)：413-439.

[6] John S G. The Essential Impact of Context on Organizational Behavior [J]. Academy of Management Review，2006，31 (2)：386-408.

[7] Lipp. Toward A Geocentric Framework of Organizational Form：A Holistic，Dynamic and Paradoxical

Approach [J]. Organization Studies, 1998, 19 (5): 829-861.

[8] Pfeffer J. Barriers to the Advance of Organizational Science: Paradigm Developmentas a Dependent Variable [J]. A cademy of Management Review, 1993, 18 (4): 599-620.

[9] Enriquezvg. Cross Indigenous, Methods and Perspectives [M]. ENRIQUEZ. Indigenous Psychology: A Book of Readings, Quezon City, Philippines: Philippine Psychology Research and Training House, 1990: 210-230.

[10] Lipp. Social Tie, Social Capital, and Social Behavior: Toward an Integrated Framework of Organized Exchange [J]. A sia Pacific Journal of Management, 2007, 24 (2): 227-246.

[11] Pellegriniek, Scandurata. Paternalistic Leadership: A Review and Agenda for Future Research [J]. Journal of Management, 2008, 34 (3): 566-593.

[12] Leungk, Brew F P. A Cultural Analysis of Harmony and Conflict: Towards an Integrated Model of Conflict Styles [M] Wyerrs, Chiucy, Hongyy. Problems and Solutions in cross Cultural Theory, Research and Application, New York: Psychology Press, 2009: 411-428.

[13] Chengbs, Wangac, Huangm P. The Road More Popularversus the Road Less Travelled: An 'Insider's' Perspective of Advancing Chinese Management Research [J]. Management and Organization Review, 2009, 5 (1): 91-106.

[14] Farhjl, Cann Ellaaa, Leec. Approaches to Scale Development in Chinese Management Research [J]. Management and Organization Review, 2006, 2 (3): 301-318.

[15] Leungk. The Glory and Tyranny of Citation Impact: An East Asian Perspective [J]. Academy of Management Journal, 2007, 50 (3): 510-513.

[16] Tsuias. Contextualization in Chinese Management Research [J]. Management and Organization Review, 2006, 2 (1): 1-13.

[17] Pengk, Nisbettr. Culture, Dialectics, and Reasoning about Contradiction [J]. American Psychologist, 1999, 54 (9): 741-754.

[18] Priestg. An Introduction to Non 2 Classical Logic [M]. 2nd ed. Cambridge U K: Cambridge University Press, 2008.

[19] Chen M J. Transcending Paradox: The Chinese "Middle Way" Perspective [J]. Asia Pacific Journal of Management, 2002, 19 (2~3): 179-199.

[20] Chen M J. Reconcep Tualizing the Competition Cooperation Relationship: A Transparadox Perspective [J]. Journal of Management Inquire, 2008, 17 (4): 288-304.

(哥本哈根商学院西南政法大学管理学院　李　平)

中国本土管理研究的进路

随着经济全球化进程的加快，本土管理研究的重要性日益凸显，因为本土研究有助于理解和分析在独特本土情境中企业所遇到的特有的管理现象和问题。现时的中国管理研究绝大多数是以引入西方理论为主，而这些西方理论可能无法准确地解释中国的独特本土现象。以中国企业开拓海外市场为例，目前存在的问题是很多企业随意外派人员到海外，由于缺乏对外派人员在文化适应性、沟通学习能力等方面的有效评估和培训，外派往往失败。与此同时，跨国公司也外派人员到在华投资的企业工作，尽管外方人员的专业知识和从业经验丰富，熟悉母公司的运作和企业文化，但由于语言障碍、文化、思维方式、生活习惯的差异等因素的影响，当与政府、其他企业和客户交流沟通时出现了颇多困难。虽然这两种外派在抽象的层面上属同类问题，但其所面临的具体问题却大相径庭。随着中国经济的迅速崛起，采取本土视角理解这些独特的本土现象对中国管理研究具有十分重要的意义，因此目前已有少数国内外学者开始关注本土管理研究。

笔者将本土研究定义为“但凡涉及某个独特的本土现象或该现象中的某个独特元素，并且以本土视角探讨其本土性（主位）意义以及其可能普适性（客位）意义的研究，便是本土研究”。本文同意这种观点，并依据此观点认为本土管理研究主要包括两个特点：①基于本土概念的独特而新颖的视角；②将某个独特本土管理现象或该现象中的某个独特管理元素作为研究对象。本文旨在探讨建立本土管理学的目的，以及如何有效建立本土管理学，并提出本土管理研究的发展方向。值得强调的是，本文认为本土管理研究不仅有助于发展一套适用于中国文化特殊性的管理理论，而且也有助于与西方管理理论进行对比、融合、互动，进而发展出放诸四海皆准、具有文化普遍性的管理理论。

一、建立本土管理学的目的

由于中国本土管理学的研究历史较短，下文将首先介绍本土研究较为成熟的学科——本土心理学——的发展历程，以期为本土管理学的建立和发展提供借鉴。台湾著名学者杨国枢长期倡导中国本土心理学的研究，多年来不遗余力地从事和推动中国本土心理学的发展。他在 1982 年发表了《心理学研究的中国化：方向与层次》一文后，事隔十余年于 1993 年又发表了《我们为什么要建立中国人的本土心理学》一文，该文更为广泛深入地探讨了中国本土心理学研究发展的相关议题。他指出研究者和被研究者所处文化背景类似，由于研究者的研究活动和知识体系会受到外在社会、文化和历史因素的影响，所以易于与被研究者的心理和行为之间形成一种契合状态。这种契合状态有助于研究者在所研究的问题、所建构的理论、所采用的方法上高度适应被研究者的心理和行为。本土心理学是以本土化的构念和方法来研究当地民众的心理和行为，有助于达到本土性契合状态，强化研究者的思想观念与被研究者的心理行为之间的密切配合。

与此同时，他认为本土心理学的建立一方面，有助于研究者不再将西方心理学视为中国本土心理学，避免盲目照搬西方心理学的概念、理论、方法和知识，以及帮助研究者改正反省力、分析力和创造力不足的研究陋习。另一方面，本土心理学也有助于中国心理学者增强在理论建构与方法设计等方面的自信心、批判力和创造力，有助于描述、分析、理解和预测中国人的心理和行为，建立本土心理学知识体系，有助于比较中国各地区间的心理和行为的异同，有助于深入探讨中国社会的各种社会问题，以及有助于向世界心理学提供有关中国人的心理和行为的理论、知识和资料。

与本土心理学的建立类似，在本土管理研究中，由于研究者和被研究者所处的社会、文化、历史因素相似，因此有利于研究同一文化情境下的管理现象和行为，并与其他文化背景下类似的管理现象和行为进行比较。此外，本土管理学以本土化的构念和方法来探讨当地文化情境下的管理现象和管理行为，便于建立一套本土性的管理学知识体系。发展本土管理学也有助于研究者不再盲目照搬西方管理理论，养成良好研究习惯，端正研究态度，增强对理论建构与方法设计的自信心、批判力和创造力，深入探讨各种本土管理问题，以及描述、分析、理解和预测中国管理现象和行为。

本土管理学与本土心理学的建立目的也存在差异。相比于本土心理学，本土管理学一个显著的重要特点是应用性。在管理学研究中，几乎所有的管理课题，如企业绩效、员工绩效、满意度、公平感、报酬等，都是希望用于指导实践。以收入分配为例，“大锅饭”、“平均主义”、“按资历分配”在中国计划经济时期盛行一时。随着经济体制改革和市场经济的建立，“按劳分配”已成为当前一种主导的收入分配模式。个体是如何看待这种收入分配方式的转变的呢？一方面，由于个体长期以来一直接受并认同平均主义、按资历分配的收入分配方式，收入差距的扩大会导致“红眼病”，即忌妒他人的高收入。Tsang 也指出收入差别会因破坏和谐的人际关系而遭到个体的拒绝。另一方面，随着经济体制改革和市场制度的建立，个体对待收入分配方式的观念也发生相应转变。He 等发现国企员工对收入差异化的偏好增加。换言之，通过对本土独特管理现象的研究，有助于企业和管理者了解员工的态度和行为，为实践提供启示。

二、广义和狭义的本土管理学

杨国枢将本土心理学区分为广义和狭义两种：广义本土心理学的意义是广阔的，范围是不限的，研究方法也是多元的；狭义本土心理学是描述、分析和讨论特定社会、文化或部落的当地人所共同接受的有关心理的看法和说法。根据本土心理学的性质界定，本文也将本土管理学分为广义和狭义两种类型：广义本土管理学研究范围不限，研究方法广泛；狭义本土管理学侧重于描述、分析和讨论特定社会、文化或群体中出现的管理现象和行为。两者皆强调以当地人、当地社会和当地文化为主题的主位研究，并认为当地的管理现象和行为与当地的社会、文化和历史有着密切关系。两者的不同点在于：狭义本土管理学侧重于直接采用被研究者所使用的有关管理行为的名词、概念、理论等，而广义本土管理学不仅可采用相同做法，也可以采用研究者自创的名词、概念和理论等；狭义本土管理学重视被研究对象的主观经验和陈述，而广义本土管理学除此之外还可以参考被研究对象的行为资料。

本文认为研究者可同时采用这两种类型的本土管理学研究。这两者是相互补充、相辅相成的。狭义研究可以通过提供新观点、新思路来修正和扩展研究的构念及理论；反之，广义研究可以突出那些被狭义研究所错过的重要理论概念和过程。随着研究的积累，两者之间通过不断交流，可以促进理论的完善。

三、建立本土管理学的原则

为了有效建立本土心理学，杨国枢也提出一些原则，它们同样适用于本土管理学的建立和发展。为有效建立本土管理学，研究者首先应避免下列做法，即盲目套用或忽略他国理论和方法，排除他人使用的方法，采用抽象性太高的题目，用外语思考，以及考虑学术以外的因素。即使研究者避免了上述做法，也未必能建立本土管理学。根据杨国枢的观点，研究者必须采取积极的做法，主要包括以下八点：

(1) 忍受悬而未决的状态。研究者从事本土化的思考，务必要有意识地控制自己不去套用西方现成的概念、理论和方法，要能忍受暧昧不明的状态，为使本土化的灵感或想法得以顺利出现，必须要有较长的悬而未决的酝酿期。

(2) 充分反映中国人的管理思想。在研究活动中，研究者要以中国人所具有的本土化思想、观点和认知行为方式来思考，进而将这些中国人的思想反映在问题界定、概念分析、方法设计、结果阐释及理论构建中。

(3) 批判地使用西方理论。在研究活动中，研究者如需采用西方已有概念、理论和方法，必须采取批判态度，取其精华，弃其糟粕。

(4) 强调社会文化脉络。研究者尽量将所研究的管理现象和行为置于中国的社会、文化和历史脉络之中，并仔细理清这些特有的管理现象和行为与中国特定的社会、文化和历史因素之间的关系。

(5) 研究特有的管理现象与行为。研究者在选择研究内容时，应从那些独特的、能反映中国管理特色的现象和行为入手，最好能采用民俗性的名词和概念，充分反映所探讨之管理现象的原汁原味。例如，翟学伟以中国社会文化为背景分析探讨了中国人际关系的本土含义、构成基础和基本模式。这种中国本土人际关系的框架，充分反映了中国本土特有的现象。

(6) 详细描述所研究的现象。研究者要以最适当的方法和程序，对所研究的管理现象和行为进行最真实、最贴切、最详细的记录、描述和分析。

(7) 兼顾内容和机制的研究。研究者在研究过程中不仅要重视分析管理现象和行为的内容，也要思考这些现象和行为背后的机制。

(8) 与中国学术传统衔接。在有关中国本土化管理研究中，研究者可以参照中国古代学者的管理思想、行为观点及理论，这样易于创造出反映当今中国社会的管理概念、理论和方法。

四、本土管理学的研究方法

如何开展本土管理研究是一个值得研究者深入探讨的问题。杨国枢提出开展本土心理学研究有两种主要的方法，即单一文化本土方法（Mono Cultural Indigenous Approach，简称“单本土方法”）和跨文化本土方法（Cross Cultural Indigenous Approach，简称“跨本土方法”）。“单本土方法”的主要目的是研究某一特定文化中的现象和行为，并发展出适合该文化情境下的一套知识系统，而“跨本土方法”主要有三个目的：①检验现有理论（大部分起源于西方文化中）在其他文化（通常是非西方文化）情境中的普遍性；②在其他文化情境中探索那些尚未被现有知识和理论涵盖的现象及概念；③通过对前两者的整合最终产生具有普遍性的理论。

上述这两种方法也可以应用于本土管理学的研究当中。在采用“单本土方法”时，研究者的研究活动（包括问题选择、概念分析、研究设计和理论建构）必须着眼于当地被研究者与管理有关的行为、过程、机制等要素，而这些要素又根植于被研究者所处的经济、社会、文化或历史情境之中。为了有效发展本土管理学，单本土方法要求研究者在实证研究中的概念、理论、方法和结果能充分代表、反映或揭示那些根植于本土情境中的管理元素、结构、机制或过程。

值得一提的是，杨国枢在早期并不提倡采用跨文化方法来研究本土心理学。他认为在初期的研究设计过程中，采取跨文化比较的方法，会陷入以西方理论为主导的客位研究或强加式客位研究的窘境。此外，跨文化研究中存在很多对等性问题，如概念对等性、测量对等性等。尽管研究者提出了很多方法来检验跨文化对等性的问题，但是这些方法本身也存在诸多问题。例如，仅适用于那些已经被量化的概念而不能测量定性概念等。然而，跨文化方法在初期的研究设计中并非是不可取的。“跨本土方法”是一种适合于所有具体问题的通行的研究方法，有助于解决科学界的民族优越感和跨文化对等性之间的矛盾。杨国枢提出一系列步骤用于指导跨本土心理学的研究。本文认为“跨本土方法”也适用于跨本土管理学的研究。具体包括六个步骤：

（1）选择一个与跨文化相关的研究题目。在初期酝酿阶段，来自于不同文化情境但理论和方法观点相似，以及学术地位相当的两个或两个以上的研究者共同讨论在某个研究领域采用本土化方法开展跨文化研究。他们对自己所感兴趣的、重要的题目互相交流意见，最终选择一个研究题目，该题目需与本土化相关且对各自文化情境中的群体来说都是重要的。

（2）形成恰当的跨文化研究指导原则。在选定研究问题后，所有研究者与会起草一套通用的跨文化研究指导原则，用以指导所有研究者随后开展的本土化研究。这套指导原则应当详细列出整个研究计划的目的、核心概念的广泛定义、研究领域的主题界定、研究内容的子领域、被研究者的特点以及数据收集和分析的方法。当然，在实际研究过程中，这套原则也可以随研究概念、内容和方法的变化而修改。研究者也可以自由修订整体的研究设计，以适应他们各自所处文化情境中的特定情况。

（3）设计并开展合适的跨文化定性研究。以上述被认同的指导原则为基础，研究者通过对自己本土文化的充分了解，可以自己设计定性研究，以充分揭示在研究课题中那些隐藏在本土文化中的具体管理现象和行为。在这一阶段，所有类型的定性方法都可用来收集数据，如深度访谈、半结构化访谈、开放式问卷以及其他定性数据等。本土研究者必须以本土语言完成所有的数据收集工作。

(4) 汇报和讨论本土化定性研究数据。一旦定性研究完成后，所有研究者重新聚集，以口头和书面的形式汇报各自的详细结果，并进行系统而彻底的讨论。在所有汇报和讨论的基础上，与会者随后可以分析出各文化情境中出现的独特及共通的管理现象和行为，以及在少数文化情境中出现的不具有普遍性的管理现象和行为。之后，与会者必须对跨文化研究中值得深入研究的问题，以及用以解答这些问题的最适当的跨文化研究方法达成一致意见。

(5) 设计合适的、有针对性的跨文化研究。根据项目纲要，由一个或一个以上的合作者起草一个详尽的、有针对性的跨文化研究方案，该方案中所有主要的理论和方法须适合所有参与的文化情境，并由所有参与的研究者最终定稿。任何一个研究者也可以设计出一个有特殊性、有针对性的研究，以进一步深入探索之前定性研究中所发现的独特的管理现象和行为。

(6) 开展合适的、有针对性的跨文化研究。为有效开展这项研究，必须设计出合适的跨文化研究方法和程序去收集数据以供比较。例如，在开展一项广泛的定量研究之前，研究者需开发出合适的量表，用来测量与其他文化情境共通的、独特的、不尽相同的管理现象和行为。综上所述，“跨本土方法”是研究者通过对有共同兴趣，且在各文化情境中都有重要意义的课题展开研究，分辨出所有文化情境中相同的、单个文化情境所特有的、少数文化情境中相同的管理现象、概念、要素和行为，是一种发展特殊性和普遍性理论的方法。这种“跨本土方法”要求中西方研究者在类似的领域内研究水平接近，且中西方在这一领域的研究发展均较为成熟。换言之，只有当本土管理研究发展相对成熟时，才有希望开展高水平的跨本土研究。值得注意的是，西方本土管理研究发展较为成熟，而中国本土管理研究尚处于起步阶段，未来十年可能需以单本土研究为主，大范围内采用跨本土研究方法的时机尚未成熟。目前，仅有少数相对成熟的领域运用了“跨本土方法”。例如，与家长式领导有关的构念和理论，是一种文化特殊性的产物，有助于理解和预测在中国情境下出现的领导现象。如果同时运用家长式领导和西方的领导构念（如变革性领导）来描述和预测中国的领导现象，则有利于中西方领导理论间相互弥补和补充。另外，由于受西方体制和文化的影响，家长式领导在西方情境中并不凸显，但其要素的确存在，产生于中国的家长式领导理论有助于了解在西方情境中家长式领导的前因后果。

五、动态协同的跨文化研究方法

“跨本土方法”除了要求研究领域相对成熟以外，也存在另一局限性，即静态性。Morris等回应了这两种缺点，提出了一种动态协同的跨文化研究方法。该方法假定理论可以随研究的积累而不断发展演化，通过文化特殊性和文化普遍性观点之间的动态互动和相互作用，有助于形成普遍性理论。简言之，研究者可以从本土研究结果中为具有文化普遍性的理论提供新的视角和观点，进一步修正、扩展和完善这些理论；反之，文化普遍性研究可以突出本土文化研究中被研究者错过的重要理论构念和过程。随着研究的积累，文化特殊性和文化普遍性之间不断地进行相互交流和刺激，彼此得以完善，进而推动了理论整合和普遍性理论的形成。文化特殊性研究促进了文化普遍性理论的产生和完善，同时，文化普遍性研究又为文化特殊性研究提供新的研究领域。这种动态协同方法所强调的一个重点是本土管理理论的形成需要在初期和随后的发展修正阶段中考虑相关的西方理论，而西方理论发展也需要参考中国本土管理研究的结果。可以看出，这种动态协同的观点并不要求研究领域相对成熟，相反，在研究的初期阶段就可采用这种方法。这种强调动态协同性及不论处于何种研究阶段均可采用的方法已被少数研究者证明其有用性。例如，梁觉等开发的人际和谐的文化特殊性模型可以用来阐明这种动态的跨文化研究方法。这个人际和谐模型已经在中国和澳大利亚得到了验证。梁觉等以这一文化特殊性模型为基础，同时兼顾了美国冲突管理模型，开发了一种具有文化普遍性的模型。这个事例说明研究者可以首先受中国独特管理现象的启发，发展一种中国管理的理论，虽然这种理论在初期可能在中国以外的应用性有限，但是研究者通过考虑相关的西方理论并对其进行修正，可将之前开发的文化特殊性构念扩展为跨文化构念，最终可能会发展出一套具有普遍性的理论。

此外，这种中西方观点动态协同互动的方法也适用于创新领域的研究。随着市场竞争的日益加剧，企业迫切需要开发新产品，提供新服务以提高其竞争优势，如何提高中国企业的创新能力已成为一个亟待解决的关键问题。这里不容忽视的是文化对创新的影响。例如，在富足的西方国家中，创新较为重视新颖性而非有用性，而大多数非西方国家并不富足，创新追求的是有用性而非新颖性。研究者一方面可以展开有关有用性的创新本土研究；另一方面可以兼顾西方文化所强调的新颖性的创新研究，开发出一种具文化普遍性的创新理论模型。研究者可以从东西方各自不同的文化情境中，通过对文化特殊性的创新构念加以修正，并扩展为跨文化创新构念，可能会发展出一套具有普遍性的创新理论。跨文化研究所提供的多元化观点有助于实现理论的创新。

六、本土管理学的发展方向

综上所述，本文认为本土管理研究大致有四种发展道路：

（1）着眼于提出创新性、具有影响力及放诸四海而皆准的想法和理论。开拓性想法是具有普遍吸引力的，尽管中国管理理论在中国之外难有吸引力，但是现时广泛采用的美国理论也是起源于其文化特殊性，并主要采用美国数据来验证这些理论。由此，有理由相信，基于中国本土情境中所提出的文化特殊性理论，也有可能成为具文化普遍性的理论。关键问题是如何提出具有创新性、开拓性的理论，以及如何列出确凿证据来验证这些理论。已有少数研究证明这种可能性。内外控（Locus of Control）人格特质在西方研究较为成熟，根据 Rotter 的观点，内控者认为事件发生由个人能力和行为造成，个体可以加以控制和预测，而外控者认为事件发生与个体无关，而是由运气、机会、命运等因素造成的，或认为周围环境复杂无法预测事件后果。可以看出，内外控是两种截然相反的人格特质类型。然而，在梁觉等的社会通则（Social Axioms）的研究中，他们提出了一种命运控制观念（Fate Control）。作为社会通则的维度之一，命运控制观念表示个体认为命运是预先注定的，且个体可以采取某些方式改变命运的观念。可以看出，与内外控互斥的含义不同，命运控制观念认为个体可以兼有这两种看似矛盾的控制观点。虽然命运控制观念起初是基于本土情境中所提出的具有文化特殊性的概念，但是通过对 40 个社会的学生样本和 13 个社会的成人样本的研究，证明了此构念是具文化普遍性的。

(2) 采取杨国枢所提出的“单本土方法”。从现有研究看，已有研究者取得了相当的进展，如卢泰宏提出的“转型时期中国营销的十大特征”，孙乃纪提出的“义家族”，以及席酉民等提出的“和谐管理”等。这些概念融合了中国本土特色语言，并恰当反映出中国独特情境中的概念。

(3) 采取杨国枢所提出的“跨本土方法”。即将文化普遍性和文化特殊性相结合的方法。前文中所提到的家长式领导和西方的领导构念相融合就是这种方法的典型事例。值得注意的是，这种方法是静态的，且要求中西方在某一领域中的研究均较为成熟。

(4) 采用 Morris 等所提出的动态协同的跨文化研究方法。这种方法有助于打破跨本土方法的局限性，适合任何阶段的研究者采用。文化特殊性理论的形成需在初期阶段和随后的修正阶段考虑相关的西方理论，进而将文化特殊性理论构念发展成一种跨文化理论构念，最终发展成一种具有普遍性的模型。当然，这种源于本土情境的模型是否具有普遍适用性尚待其他文化情境中的实证验证，不过这种中西方观点动态协同互动的方法是有潜力产生出具有普遍性的理论模型的。

七、结　语

中国情境为本土管理学的研究提供了丰富的沃土，发展本土管理学有助于理解和分析在中国情境中所发生的特有的管理现象和问题，也有助于向世界管理学提供有关中国人的管理现象和行为的理论、知识和资料。同时，发展本土管理学有助于将中国情境下所提出的文化特殊性理论与西方现有管理理论进行比较、融合，乃至动态协同互动，最终可能发展成为一种具有文化普遍性的管理理论和框架。本土管理研究需要勇气和智慧，研究者在从事本土研究的过程中，需保持恒心和热情，大胆提出创新想法，认清自己的目标和未来，胸怀大志，踏实前行，以期在不久的将来与西方本土管理学的发展并驾齐驱。

[参考文献]

[1] 李一文. 当前中国企业海外投资面临的机遇、风险与对策 [J]. 湖南涉外经济学院学报，2009，9 (3)：1-5.

[2] 王玉芬，刘碧云. 对在华跨国公司人才本地化的思考 [J]. 国际经济合作，2004 (10)：38-40.

[3] 王立. 中国本土管理理论建立的前提条件探析 [J]. 商业时代，2009 (27)：29-30.

[4] 朱爱武，陈黎峰. 全球化背景下我国跨国企业的本土化管理 [J]. 特区经济，2008 (11)：96-98.

[5] 徐淑英，张志学. 管理问题与理论建立：开展中国本土管理研究的策略 [J]. 南大商学评论，2005 (4)：1-18.

[6] 李平. 中国管理本土研究：理念定义及范式设计 [J]. 管理学报，2010，7 (5)：633-641，648.

[7] 杨国枢. 心理学研究的中国化：层次与方向 [M]. 杨国枢，文崇一. 社会及行为科学研究的中国化. 台北：中央研究院民族学研究所，1982：153-188.

[8] 杨国枢. 我们为什么要建立中国人的本土心理学？[M]. 杨国枢. 本土心理学的开展. 台北：桂冠图书公司，1993：6-88.

[9] Bussar. The Emerging Field of the Sociology of the Psychological Knowledge [J]. American Psychologist, 1975, 30 (10)：988-1002.

[10] Coanrw. Toward a Psychological Interpretation of Psychology[J]. Journal of the History of the Behavioral Sciences, 1973, 9 (4): 313-327.

[11] Warn ER M. Human Resource Management "With Chinese Characteristics" [J]. International Journal of Human Resource Management, 1993, 4 (1): 45-65.

[12] Tsangewk. Human Resource Management Problems in Sino foreign Joint Ventures [J]. International Journal of Manpower, 1994, 15 (9): 4-21.

[13] Hew, Chencc, Zhanglh. Rewards Allocation Preferences of Chinese Employees in the New Millennium: The Effects of Ownership Reform, Collectivism, and Goal Priority [J]. Organization Science, 2004, 15 (2): 221-231.

[14] Heelasp. Introduction: Indigenous Psychologies [M]. Heelasp, Locka. Indigenous Psychologies: The Anthropology of the Self. New York: Academic Press, 1981: 3-18.

[15] 翟学伟. 中国人际关系的特质——本土的概念及其模式 [J]. 社会学研究, 1993 (4): 74-83.

[16] Chencc, Leeyt. Introduction: The Diversityand Dynamism of Chinese Philosophieson Leadership [M]. Chencc, Leeyt. Leadership and Management in China: Philosophies, Theories, and Practices, Cambridge: Cambridge University Press, 2008: 1-28.

[17] Yangks. Monocultural and Cross Cultural Indigenous Approaches: The Royal Road to the Development of A Balanced Global Psychology [J]. Asian Journal of Social Psychology, 2000, 3 (3): 241-263.

[18] Berryjw, Dasenp. Culture and Cognition [M]. London: Methuen, 1974.

[19] Berryjw, Poortingayh, Segallmh, et al. Cross Cultural Psychology: Research and Applications [M]. Cambridge: Cambridge University Press, 1992.

[20] 梁觉, 周帆. 跨文化研究方法的回顾及展望 [J]. 心理学报, 2010, 42 (1): 41-47.

[21] Cheungbs, Choulf, Wuty, Huangmp, Farhjl. Paternalistic Leadership and Subo Rdinate Responses: Establishinga Leadership Modelin Chinese Organizations [J]. Asian Journal of Social Psychology, 2004, 7 (1): 89-117.

[22] Pellegriniek, Scandurata. Paternalistic Leadership: A Review and Agenda for Future Research [J]. Journal of Management, 2008, 34 (3): 566-593.

[23] Morrismw, Leungk, Amesd, et al. Views from Inside and Outside: Integrating Emic and Etic Insightsabout Culture and Justice Judgment [J]. Academy of Management Review, 1999, 24 (4): 781-796.

[24] Leungk, Kochp, Lul. A Dualistic Model of Harmony and Its Implications for Conflict Management in Asia [J]. Asia Pacific Journal of Management, 2002, 19 (2): 201-220.

[25] Leungk, Brewfp. A Cultural A nalysis of Harmony and Conflict: Towards an Integrated Model of Conflict Styles [M]. Wyerrs, Chiucy, Hongyy. Problems and Solutions in Cross Cultural Theory, Research and Application, New York: Psychology Press, 2009: 411-428.

[26] 梁觉. 老死不相往来? 中西方管理研究的整合 [J]. 组织管理研究, 2009, 5 (1): 113-121.

[27] Leungk, Morrismw. Culture and Creativity: A Social Psychological Analysis [M]. Cremerdd, Murnighanjk, Vandickr. Social Psychology and Organizations, Boca Raton, FL: Taylor & Francis, 2010: 371-395.

[28] Chenyr, Leungk, Chencc. Bring National Culture to the Table: Makinga Difference with Cross Cultural Differences and Perspectives [J]. The Academy of Management Annals, 2009, 3: 217-249.

[29] Barneyjb, Zhangs. The Future of Chinese Management Research: A Theory of Chinese Management Versus a Chinese Theory of Management [J]. Management and Organization Review, 2009, 5 (1): 15-28.

[30] Rotterjb. Generalized Expectancies of Internal Versus External Control of Reinforcement [J]. Psychology Monograph General and Applied, 1966, 80 (1): 1-28.

[31] Leungk, Bondmh. Social Axioms: A Modelfor Social Beliefs in Multi Cultural Perspective [M]. Zannamp. Advances in Experimental Social Psychology, San Diego, CA: Elsevier Academic Press, 2004: 119-197.

[32] 卢泰宏. 解读中国营销 [M]. 北京：中国社会科学出版社，2004.
[33] 孙乃纪. 东北老工业基地企业中的“义家族”现象分析 [J]. 东北亚论坛，2005，14（1）：81-84.
[34] 席酉民，尚玉钒. 和谐管理理论 [M]. 北京：中国人民大学出版社，2002.

（客座编辑 李 平）

中西互为体用：论中国传统管理思想的批判性继承与创造性发展

余英时在《从价值系统看中国文化的现代意义》一文中指出，在一般人的观念中，中国文化和现代生活是两个不同而且相互对立的实体。中国文化和思想是中国几千年积累下来的旧文化传统；后者则是最近百余年才出现的一套新的生活方式，而且源于西方。所以两者的冲突实质上便被理解为西方现代文化对中国传统思想的冲击与挑战。自1919年以来，所有关于文化问题的争论都是围绕这一主题进行的。在这个一般的理解之下产生了种种不同的观点与态度，大体上可以分为两个相反的倾向：一方面是主张全面拥抱西方文化，认定中国传统思想是现代生活的障碍，必须加以清除；另一方面是极力维护传统文化，视来自西方的现代生活为中国的祸乱之源，破坏了传统的道德秩序和社会安定。在这两种极端的态度之间当然还存在着许多程度不同的西化论与本位论以及模式各异的调和论（余英时，2004）。

上述问题反映到学术领域，就导致了学术的全面西化与本土化之间的矛盾。国家自然科学基金委管理学部主任郭重庆院士在“第一届管理学在中国”学术研讨会发言时指出，中国管理学的创建，要从对西方管理经典的“照着说”，到向中国管理的“接着讲”转变（王学秀，2008）。王学秀（2008）认为，“这一观点自然毋庸置疑，但是，如何‘接着讲’？是简单复古，还是‘中体西用’？以我们现在的‘体’能发展出西方式的‘用’吗？这些问题正是学术界和实践界都十分困惑的事情，也必将是‘管理学在中国’研究在今后较长一段时间内不容回避的问题”。罗珉（2008）也指出，“少数管理学者没有摆正文化的客观性与历史继承性的关系，这些学者所持的态度令人担忧，他们无限拔高中国传统文化的现实意义”。可见，如何处理管理思想的“中西、古今”之间的关系，正是当前中国管理学发展中面临的焦点问题。

一、“中体西用”与“西体中用”

（一）“中体西用”与“西体中用”

“中体西用”这个词是“中学为体，西学为用”的节略语，由中国传统思想中的“夷夏之辨”演化而来。完整、系统的中体西用思想形成于洋务运动后期。1861年，冯桂芬在《校邠庐抗议》中提出“以中国之伦常名教为原本，辅以诸国富强之术”的论断，用主辅关系首次表述了中体西用思想（冯桂芬，2002）。1896年，沈毓桂在《救时策》中提出，“夫中西学问，本自互有得失，为华计，宜以中学为体，西学为用”（章鸣九，1985）。同年，孙家鼐在奏请开设京师大学堂的奏折中说：“今中国创立京师大学堂，自应以中学为主，西学为辅；

中学为体，西学为用；中学有未备者，以西学还之；以中学包罗西学，不能以西学凌驾中学，此是立学宗旨。”1898年，张之洞将“中体西用”思想系统化，张之洞在《劝学篇》中说：“今欲强中国，存中学，则不得不讲西学。然不先以中学固其根柢，端其识趣，则强者为乱首，弱者为人奴，其祸更烈于不通西学者矣。”“今之学者，必先通经以明我中国先圣先师立教之旨，考史以识我中国历代之治乱、九州之风土，涉猎子、集以通我中国之学术文章，然后择西学之可以补吾阙者用之。”关于中学与西学的关系，张之洞强调，“讲中学而必先通西学，乃不忘其祖也”。“中学为内学，西学为外学；中学治身心，西学应世事”（张之洞，2002）。

与张之洞“中体西用观”相对应的是以郑观应等人为代表的改良派的“西体中用观”。随着西学东渐的逐步深入，人们逐渐体会到西学的精华所在，开始思考“中体”与“西体”孰优孰劣的问题。郑观应直接参加洋务运动，19世纪70年代中期以后，清政府在处理内政、外交诸多问题上捉襟见肘的窘态，促使他重新审视“中体西用观”的误区，并逐步发展了“西体中用”的思想。1844年，郑观应在《南游日记》中指出，“育才于书院，论政于议院，群民一体，上下一心，此其体……中国遗其体，效其用，所以事多扞格，难臻富强”（夏东元，1988）。这一观点形成了“西体中用观”的起源。当代知名学者李泽厚对此进一步发挥与阐释，构成了“西体中用观”的完整表述。李泽厚在皮亚杰的“发生认识论”与荣格“集体无意识”的基础上，创造了“积淀说”。“积淀说”重视文化心理结构在人们日常行为中的作用。关于“西体中用”的“体”，李泽厚认为，“学”不能为“体”，“体”应该指“社会存在的本体”，以现代化为“体”也好，名之曰“西体”也好，首先指这个社会存在的基础。换句话说，这个“西体”首先指西方的科学技术或“工具理性思维方式”，其次是政治体制、社会文化等上层建筑。“中体西用”的“用”则指中国的传统文化（李泽厚，2003）。这样，李泽厚的“西体中用”说的核心可以表述为：既然我们身上“积淀”着永远无法割舍的传统因子，而现代化又不可避免，那么我们能采用的文化策略只能是“西体中用”。

（二）“中体西用”与“西体中用”的内在矛盾——“体用分离”与“中西对立”

“中体西用”在中国近代思想史上影响深远，在当时是一种十分进步的思想。曾国藩曾说：“轮船之速，洋炮之远，在英法则夸其独有，在中华则罕于所见。”李鸿章说：“外国利器强兵，百倍中国。”“中国欲自强，则莫如学习外国利器。”从两种思想的对比来看，显然洋务派的“中体西用”思想要比顽固派的“中体中用”思想进步得多。在“中体西用”思想的影响下，西方的先进技术和器物不再被认为是“奇技淫巧”，而被看做是“制造之精”。奕䜣说，“治国之道，在乎自强，而审时度势，则自强以练兵为要，练兵又以制器为先”，为此，洋务派先后创办了江南制造总局、金陵制造局等十几个军工企业，并且编练了湘军和淮军等新式陆军，以及福建水师、南洋水师和北洋水师等新式海军。然而，清朝的系列失败证明，企图在“中体西用”思想的指导下求得自强是不可能的，“中学为体”严重阻碍着国家和社会的发展。

早期维新派的代表人物郑观应、王韬、薛福成、马建忠等人曾对“中体西用”思想进行了猛烈的抨击，说它是“新其貌，不新其心”，“遗其体而求其用，无论竭蹶步趋，常不相及”（夏东元，1988）。在批判洋务派的同时，他们提出了“西体中用”的思想，提出了改变中国政治制度的要求，尽管维新派在诸如社会管理乃至政治体制上，都超越了同代的文人士大夫，主张向西方深入借鉴，并表现出充分开放的心态和虚怀若谷的态度，但一旦面临中国文化传统问题，郑观应等人则认为中国文化传统是迥异于西方文化的，是绝不可放弃的。由此看来，无论是“中体西用”还是“西体中用”，都没有走出“中西对立”和“体用分离”这一思想框架，在这一框架下，“中体西用”与“西体中用”又表现出某种程度的相似性。历史上以郑观应等人为源头，康有为等人发起的维新运动的失败再次证明了这一思想框架的内在矛盾。

首先，无论是“中体西用”还是“西体中用”都坚持“体用分离”这一主张。鸦片战争以后，洋务派认识到若在各方面都坚持“祖宗成法”是一种自我倒台的策略，“中体中用”思想是一种不可能实现的理想。因此，洋务派主张向西方学习，但同时强调需要向西方学习的只是那些具有实用价值而不具有基本价值的领域，既然西方文化的因素被介绍进来的目的只是为了实用，那么西方文化只能屈居于“实践”的位置上，中国就可以威严地而不是乞讨式地将西方的方法借用过来（列文森，2009），这就是“体用分离”思想的来源。张之洞在《劝学篇》中说，“今欲强中国，存中学，则不得不讲西学”，正体现了洋务派面对西方“坚船利炮”与中国传统文化的矛盾态度。以郑观应等人为代表的“西体中用”派虽然将西方的工具价值上升到“体”的高度，但仍然念念不忘中国文化之“道”，同样体现了“体用分离”的特征。

其次，无论是“中体西用”还是“西体中用”都坚持中西文化先天对立这一立场。在“中体西用观”看来，是“西体”与“中体”的对立，或者说是包含中国文化传统的“中学”与西方文化基础上的“西学”的对立。张之洞说，“孔门之学，博文而约礼，温故而知新，参天尽物。孔门之政，尊尊而亲亲，先富而后教，有文而备武，因时而治宜”（张之洞，2002）。而西学仅仅具有实用的“工具价值”，也就是说在最基本的文化价值领域，中西在性质上是对立的。与“中体西用观”一样，“西体中用观”则认为所谓传统文化心理结构是“先在的”，虽然“西体中用”将中国传统文化从“体”的位置转移到“用”的位置，但仍然将中西二者对立起来。

“体用分离”与“中西对立”形成了“中体西用说”与“西体中用说”的内在矛盾。中西传统文化确实存在差异，但是“中体西用说”与“西体中用说”或多或少地夸大了这一差异，认为这一差异属于一种“永久对立”的性质，将中国传统文化在本质上与西方文化对立起来。例如，梁漱溟曾将世界文化归纳为三种：第一种是西方文化模式，它“以意欲向前的要求为其基本精神”；第二种是中国文化模式，它“以意欲自为调和持中为其基本精神”；第三种是印度文化模式，它“以意欲反身向后的要求为其基本精神”，从而将中西文化永久对立起来。梁漱溟说，“中西显然是两回事，要知走路者慢，慢慢走，终有一天可以到达那地点，若向别一路去，则那地点永不能到达。中国正是后一例……中国不是尚未进于科学，而是已不能进于科学；中国不是尚未进于资本主义，而是已不能进于资本主义；中国不是尚未进于德默克拉西，而是已不能进于德默克拉西”（梁漱溟，2006）。

二、当前中国管理学研究中的“中西之别”、“中西对立”与“体用分离”

管理是人类的活动，而人类生存在一定的社会文化中，必然受到社会文化的影响。因此，管理与文化密切相关。管理实践既是文化发展的一个过程，又是文化环境与文化传统的产物。管理既然与文化密切相关，它就一定不全部是“普适”的，与此同时，本文并不否认，在管理实践中提炼的管理思想与理论必然存在“中西之别”，特别是中国传统管理思想与西方当代管理思想之间的区别更大。既然存在“中西之别”，就必然存在对待中西文化或中西管理思想的种种不同态度。

罗珉（2008）曾经将中西管理思想在中国内地的对立融合过程类比于中国近现代史上“中体西用”与“全盘西化”的过程，甚至使用了“坚船利炮”、“奇技淫巧”等深富历史感的词语。罗珉说：“中国管理学在经历管理现代化的过程时，处于一种非常尴尬的状况，面对西方管理理论和实践，中国管理学节节败退。之所以出现这种情况，有人为的因素，如面对西方的‘坚船利炮’、‘奇技淫巧’，中国管理学界知识分子从对‘洋务运动’的技术向往，对实证分析技术与精确计量方法的推崇，发展到管理学界精英阶层的整体西化，尤其是管理学教育领域也偏重西方管理理论和管理案例，具有中国文化积淀的管理思想和管理教育基本上退出了历史舞台。”罗纪宁（2005）在对中国管理学研究的各种学派进行综述时，更是直接使用了“全盘西化派”、“洋为中用派”、“中国式管理学派”（或“中体西用”派）等术语。

与历史上“中体西用”和“西体中用”类似，中国管理学的一些派别也将中西管理思想对立起来。原创者在构建这样的理论体系时，可能将中国管理思想视为一固定而不可变化之“体”，则必然与以西方管理思想为主的当代管理实践之“用”发生矛盾，这与洋务派所遇到的中国的纲常名教与“坚船利炮”之间的对立何其相似；反其道，将西方管理思想视为当前管理实践之“体”，则管理实践中不可回避的中国传统文化必将退居“用”的范畴，并且时时成为“西体”的阻挠力量，这就是坚持“中西对立”和“体用分离”的中国各管理学派在理论体系上的内在逻辑矛盾——这样的理论体系表面上折中而无懈可击，然而本体层面上的“中西对立”导致“中体”与“西用”根本无法结合，在实践中也可能因为其理论体系的分裂性而实际上演变成“中体中用”或“西体西用”。

就管理学研究中的“中体西用”而言，东方管理学强调，“东方管理学的改造、创新和发展，有一个前提和核心是不能改变的，改变了就不再是东方管理学了，就不再反映东方管理的特性及要求了。这个前提就是‘天人合一’和‘圆’的思想，它提供一种大视野，反映对博大、圆满、均衡、统一与和谐的追求……离开了就是与西方管理混同了”（吕福新，2003）。东方管理学通过所谓“天人合一”构造出一个与西方管理思想对立的“中体”，吕福新（2003）说，“东方管理学既有一个恒久不变的内核，又能应对变化”，这里的“变化”则是“西用”。这样，“体用分离”必然导致王学秀所谓“以中国传统管理思想之体”能发展出“适应现代管理实践以及应对全球化市场竞争之用”的问题。

就管理学研究中的“西体中用”而言，罗纪宁（2005）认为中国管理学研究中存在观念诠释派和观点罗列派。其中观念诠释派基本沿袭西方学者的思维模式和理论体系，该派所遵循的是削足适履式的研究——内核是西方各派的管理理念，外表是诸子百家的术语，典型的研究逻辑是“西方现代管理理论和方法如何如何，中国古代有哪些观点与之对应”；观点罗列派的基本思路则是模仿西方管理学的方法，将庞杂的中国古代管理思想从形式上概括为若干个原则和观念。

由此可见，无论是“中体西用”还是“西体中用”，由于其“中西对立”与“体用分离”的内在矛盾，都不可能做到中西管理思想的有机结合。在学科发展的实践中要么演变为“中体中用”的文化复古或“西体西用”的全盘西化，要么变成一种中西杂凑的零散体系。

三、如何利用中国传统管理思想资源

——“中西互为体用”与中国传统管理思想的批判性继承与创造性发展

管理实践既是文化发展的一个过程，又是文化环境与文化传统的产物，因此中国当代管理实践不可能排斥历史沉淀的管理思想和文化，相反，这种区别于西方管理理论的思想正是中国本土管理学所要研究的重要内容。然而，对中国传统管理思想不假思索地接受，必然会导致前述“中西对立”以及“体用分离”，因此，如何利用和继承中国传统管理思想正是中国本土管理学发展中面临的关键问题。正如当代新儒家代表人物杜维明（1992）指出的那样，既然传统是从过去通向现在、展望将来的必经道路，那么值得注意的不只是应否继承传统，还包括如何继承传统的问题。

（一）中国传统文化在当代管理实践中的问题

当前，以东方管理学、和合管理以及中国式管理为代表的中国管理学的一个典型特征就是突出所谓“人性化管理”。如彭新武（2007）认为，西方现代管理理论的产生，是以科学管理理论的兴起为标志的，而这种理论的一个显著标志，便是对管理的科学性的推崇和强调。这种精确化的科学管理能够有效克服旧的管理体制下效率低的缺陷，但是这种科学管理不仅取消了工人对其工作任务的计划、组织与控制的自决权，而且在那里，工人不再是有血有肉、有思想、有头脑的人，而只是高速运转、重复进行一些简单操作的机械部件。彭新武认为这种理论虽然后来有所改变，但理性主义已经成为西方管理学根深蒂固的传统；反之，中国传统管理思想则是一种“以人为本”的人性化模式，这一基本观点被几乎所有中国管理学派所接受。如苏东水教授（2001）主创的东方管理学就明确提出“以人为本、以德为先”的理念；黄如金（2007）的“和合管理”中的人性化思想完全体现在其学派名称“和合”之中；曾仕强（2005）的“中国式管理”明确提出“人与人的交互主义”，并宣称“和谐绝非讨好”、“看开而非看破”、“圆通绝非圆滑”等中国式理念，并提出了“修己”、“安人”等诸多原则。

邓晓芒教授（2008）曾深入探讨了中国传统文化中“以人为本”的真正含义，认为中国文化中的“人性化”或者“以人为本”实际上是以“人际关系”为本，或者说“人”的本质是“人际关系”，中国传统的伦理情感是建立在血缘关系基础上的血亲之爱——亲亲。“亲亲，仁也”，“仁之实，事亲是也”，亲亲为什么是仁？因为亲亲是一种人皆有之、发自内心因而天然合理的爱。正如一切情感都有自己的对象性，亲亲之爱也在孝、悌两个方向上得以体现，而既然这种血亲之爱是人所共有的，那么依照“人同此心，心同此理”的原理，就可以达到“泛爱众而亲仁”、“四海之内皆兄弟”的道德境界。本文认为，邓晓芒的推理从一个方面揭示了中国传统文化中的“以人为本”实际上是以“人际关系”为本，管理确实要讲人际关系，但管理是不是应以人际关系为本则是一个值得思考的问题。

首先，从历史的角度来看，基于人际关系的安人之道是在稳定和非竞争的农业文明下的管理需求。在企业发展中，充满了变化的客户需求，企业的发展需要企业内部人员适应变化，但实际上很难做到全体一致，这时，组织领导者就要设定目标，定出标准，制定行动步骤，然后调动资源，只求“安人”，恐难取得成效。孙景华（2005）也认为中国式管理混淆了传统“商人”和现代“企业家”，中国式管理强调管人，停留在人际关系层面，而非管理一个组织，中国式管理逻辑的起点是“人”，传统农业或商业时代的“管人”已经被“管理一个组织”所取代，中国式管理所说“经营事业本身没有目的”，企业组织功能是“聚合安人，协同一致”，这不是从企业的目的出发，更谈不上企业的管理。彼得·德鲁克对企业的定义是“适应顾客不断变化的需求而存在”，让内部人安宁，企业就可能失去顾客，企业将不复存在，以“安人”为企业最终目的与现代企业的目标——创造价值相悖。尽管“安人”可能是企业实现目的的重要手段，但中国式管理让企业以安人为第一要素，很可能是混淆了手段和目的的关系。

其次，当今人性化的管理成果，恰恰是以美国为代表的西方社会的成果，比如：8 小时工作制、每周休息制、劳动保护、与资方平等的工会建立以及与保护劳动者合法权益法案的实施等。这是在“儒家思想”指导下的“中国式管理”所不能实现的。针对“中国式管理”的最大价值在于对人的尊重，西方比中国有更严密的法律体系来保障职工权益，西方企业在整体上也不存在“民工”、“打工仔”等歧视性称谓，也不存在恶意拖欠工资的情况。由此看来，认为“中国式管理”中的人本管理思想是有别于西方的一个独创，恐怕是欠缺相关证据的。

最后，中国传统管理思想中的“修齐治平”这种个人的道德追求能不能原封不动地用于现代企业，传统管理之道中的大量人际关系技巧是否适用于当今日益开放的社会，中国管理话语的古老、高深和模糊能不能被应用于管理的具体情形，中国式管理是否具备可重复性、可传承性、可学习性都是问题。

（二）中国传统管理思想在当代的批判性继承与创造性发展

（1）“西体中用”是处理西方当代管理理论与中国传统管理思想之间关系的一个主要倾向，事实上也是一种最为方便的研究方法。这是因为西方管理思想体系结构明确，也有成熟的以实证为主的研究方法论，不像中国传统思想那样晦涩和歧义迭出，因此，研究者通常的做法是将一些中国传统管理思想的概念简单“翻译成”西方的管理学术语，然后做一些实证——正如罗纪宁所说的（生硬的）理念诠释或（简单的）观点罗列。然而，在没有搞清楚中国传统管理思想的情况下，急于将一些复杂的概念生硬地套进西方管理学的框架之中，很可能得出一些连研究者本人都不能信服的似是而非的结论。

值得一提的是管理学界新近讨论较多的情境化（Contextualization）研究。徐淑英教授(2008）指出了情境化的四种方法：第一种方法是决定研究什么，即研究者不仅应该关注已有的（西方化）主题，而且要问一些中国的公司，管理者和员工所特有的或重要的正确的问题。第二种方法是理论的情境化，即将西方理论和假设进行适当的修改使之适用于中国的环境。第三种方法是测量工具的情境化，使在西方环境下开发的概念在中国情境下仍然是有意义的。第四种方法是方法论的情境化，就是在中国情境下使用新的方法论来观察、记录和分析数据。

从徐淑英教授对情境化的解释来看，笔者认为第一种方法即关注中国情境下的特定主题最为关键。本土管理学之所以存在，在于它必须处理与本土文化和环境相关的独特问题，正如国家自然科学基金委管理学部所倡导的那样，中国管理学的发展必须要“直面当代中国管理的实践和问题”，而理论的情境化、测量工具的情境化等只是处理问题的手段。笔者担心，如果未真正深入中国传统文化或中国传统管理思想的内核，西方管理学主流框架下的研究者很难提炼出真正的“中国问题”，或者如罗纪宁所称的理念诠释派一样，为了适应西方管理思想之“体”对一些中国化概念作牵强的解释，生硬地将一些中国元素加入西方管理过程框架中，如将中国管理学概括为用人、法治、纳言、决策、组织、激励、指挥、处事、考核、变革、修身、廉政、教化等。徐淑英教授本人也指出，大量围绕中国管理问题的（情境化）研究，回避中国情境的复杂性，缺乏解释中国问题的关联性，多是在扩展、修补西方的正统理论，并毫不留情地指出，这些研究者长于工具的学习和论文的发表，但不能深刻了解研究工具的哲学基础，对西方现有理论也倾向于生吞活剥地应用。在笔者看来，这正是“西体中用”式研究的典型问题。

事实上，“情境化”一词从字面意思来理解，应该是“理论情境化”或“方法情境化”的缩略语，暗含其主流理论或方法的主体。从词语意义上说，基于西方主体的“情境化研究”与基于本土的“情境研究”仅一字之差，但有本质的区别。笔者建议，既然学术界早有“中国本土心理学”、“中国本土社会学”的概念，中国管理学界应及早采用“中国本土管理学”这一最少歧义的术语，不必使用带有明显西化特征的“中国特色管理学”、“管理学中国学派”、“情境化研究”等，将中国本土管理思想和经验弱化为一种特色，或定性为管理理论丛林中的一个支流或管理学普适理论下的一种特定情境；也不要使用带有明显“中体西用”特征的“东方管理学”，使之与“西方管理学”对立起来。“中国本土管理学”这一歧义最小的术语可以体现其融汇中西、平衡全球化与本土化的学科取向。

（2）与西体中用的情境化研究相反，东方管理学、和合管理将中国传统管理思想作为其理论框架的基础。上述学派的建立者是从对西方主流管理学的批判开始建立自己的理论体系的，如苏东水（2001）认为，（西方当代主流管理学）单方面的发展，已经到了产生社会、经济、道德和精神方面危机的地步，令人极为担忧，“其缺少人情味的弊端也逐渐显现”等。黄如金（2007）认为，随着市场经济的深入发展，以先进科学自我标榜的西方式竞争理论已经开始受到质疑，黄如金博士转述孔茨的言论认为，西方管理学已经步入理论丛林之中，相互交杂不一，无参天大树可言；转述诺贝尔奖获得者西蒙的话说，美国的管理学已经走入了死胡同，只是一些不协调的一般性知识，缺少一个有意义的结构。

在对西方主流管理学进行批判的基础上，苏东水、黄如金等认为，以中国传统管理思想为本的“中国管理学”一定能克服西方当代管理理论的缺点。这样的学科体系对传统继承有余而批判不足。在中国传统文化中的管理思想也绝非完善的情况下，对西方管理思想的单向批判与对中国传统管理思想的单向继承，很容易造成“中西对立”而落入“意识形态”或“中体西用”的陷阱。深圳大学韩巍博士（2008）就指出，带有明显“中国特色管理”标记的以苏东水教授为代表的“东方管理学”及黄如金博士的“和合管理”存在较为严重的一般性也是典型性的“学术规范问题”，这些研究带有一种强烈的“文化认同倾向”，但似乎缺乏组织经验的支持，缺乏对社会科学理论一般约定的遵循，在作者看来，更像是一种意识形态的说辞。复旦大学彭贺博士（2009）基于东方管理学的立场对韩巍的观点进行了反驳，认为东方管理学“毫无疑问”地不是一种意识形态。本文认为，从意识形态的定义来看，东方管理学的确并不研究意识形态，然而对中国传统管理思想缺乏理性批判与反思的态度，很容易使该学派在学术争论中变成维护某种意识形态的工具。

（3）为实现中西管理思想的融合，傅伟勋先生针对中国传统文化所提出的“中西互为体用”或许是一种很好的思路。

傅伟勋的“中西互为体用”思想是在对以牟宗三为代表的新儒家进行批评的基础上展开的。傅伟勋（1986）认为，牟宗三在建立道德理想主义体系时，依据新儒家会通中西哲学的导向，一方面“对于传统美化绰绰有余，经由严格的自我批评谋求传统与现代之间的一种创造性综合却大大不足”。因此，从其会通中西哲学的表现来看，采取的是一种维护传统的立场。另一方面，在对待西方哲学的态度上，牟宗三却“有失公允”，他对西方哲学的批评通常以康德一人为总代表，既不考虑在他之前的霍布斯、洛克、卢梭，也不考虑在他之后的批判理论。牟宗三因此得出的儒家道德理想主义胜于以康德为代表的西方哲学之“体”就很值得怀疑了。以这种心态会通中西哲学，如此建立的哲学体系，“是否经得起比较哲学与后设哲学的严格考验呢？是否估计问题设定上的齐全性、问题解决上的无瑕性、证立程序上的严密性呢”？

在对以牟宗三等人为代表的新儒家理性分析的基础上，傅伟勋提出了“中西互为体用”的观点。“中西互为体用”并不是以中体统治西用，也不是以西体取代中体，按照傅伟勋先生（1986）的理解，“中西互为体用”就是“中国传统思想如何谋求自我转折与自我充实，经由一番现代化之后配合经济社会政治等其他方面的现代化，真正发挥正面积极作用，而不致成为意识形态上的绊脚石”。具体说，它包括两个方面：一是经由自我践行使传统儒学达到现代化意义的转折充实；二是通过严格的自我批评与慎重的哲学探索，攻克传统儒学本身存在的内在难题，使之获得创造性的发展。在以上基础上奠立的体系是融合了中西哲学的体系，即“中西互体”，也避免了“体用分离”的内在矛盾。所以，傅伟勋强调，只有这样，才能建立“极具开放性与包容性的新时代思想模型，据此大大突破传统儒家的思想框架，经由批判的继承（继往）而去创造的发展（开来）”。

管理学与所处时代的生产力、生产关系有很大的关系，正如汪应洛院士指出的那样，管理学是时代的产物，是在一定时代精神的推动下产生的（王学秀，2008）。由于时代的约束，中国传统管理思想必然存在种种问题。王学秀（2008）在《文化传统对管理的“濡化”与人在管理进步中的主体性：兼论中国管理研究的现实性》一文中认为，古典思想中包含的许多貌似合理和进步的思想，由于其在中国历史发展过程中的实践化不足或者扭曲，却成了现实中的困惑。比如，“和”、“合”、“德”等问题，我们将这些东西作为中国管理的核心内涵时却往往发现，这些内容又恰好是现实企业管理实践中最需要克服的问题。

因此，缺乏反思与批判的“中国管理学”一定会变成文化复古的载体，或者陷入“中体西用”、“体用分离”的陷阱，如此继承下来的传统管理思想脱离当代的管理实践甚至变成当代人的困惑就是可想而知的了。正如王学秀（2008）所说，改革开放以来，对中国古典管理思想的挖掘和阐释一直是诸多国内外学者的重要研究指向。不可否认的是，这些研究成果为中国管理问题的研究做出了一定的贡献，也是构建中国管理学的基础。但是，在对中国古典思想家的管理思想进行了大量的整理和阐释工作之后，与火热的中国企业管理实践相比，更多的管理思想似乎停留在了“思想”的层面，而没有对中国企业的管理实践起到更大的作用。

针对中国传统的批判性继承问题，傅伟勋（1986）曾说，唐、牟、张、徐四位当代大儒在 1958 年共同发表的《中国文化与世界》这篇宣言里，认为儒家树立人人道德主体性的基本立场与“天下为公”、“人人平等”的思想，必与君主制度相矛盾，必当发展为自由民主的政治制度。傅伟勋问到，如果是这样，为什么从孔子直至明代遗民王船山以前的历代儒者，没有一个敢想敢说君主制度违背儒家的道德精神？

中国传统管理思想用之于当代管理实践同样存在这样那样的问题，甚至是结构性的、框架性的问题。如果没有一种批判的眼光，努力发掘它的内在难题，经过善意的批评与严密的省察，就没有办法找到攻克难题、实现创造性发展的途径。因此，批判地继承是一个中间环节，是联结中西管理思想的桥梁，是奠定中国本土管理学理论的必经之路，否则，中国传统管理思想不仅不能在“火热的中国企业管理实践中”发挥作用，还可能成为“意识形态上的绊脚石”。

确立对传统文化的反思意识，就是自觉地对传统文化中每一文化特质进行反思，认识传统文化的本来面目，理解传统文化的本质内容和基本精神。同时又要用现代眼光看待传统文化，现代人应只把经过反思的传统文化作为真知接受下来。以质疑的眼光分析、鉴别传统文化，在批判的基础上才有选择。这种选择的过程实际上是一种对传统管理思想进行梳理、重构的创造性过程。

傅伟勋（1986）指出，不能不说中国哲学的“哲学性”确实不足，例如在思维方式上，传统中国哲学多半以被动保守的注释家姿态去作哲学思维，又因急于提出实践性的结论，动辄忽略哲学思维的程序展现与哲学立场的订正功夫，而以生命体验与个人直观的笼统方式表达哲学与宗教分际暧昧的思想。在哲学内容上，中国传统语言过于美化、逻辑思维的薄弱、知识论的奇缺、高层次方法论功夫不足、德性之知的偏重与闻见之知的贬低，都是构成中国哲学缺乏高度哲学性的主要因素。

应该说，傅伟勋对于中国哲学思想的评论同样适用于中国传统管理思想，管理学在中国的建立与哲学作为一个学科在中国的建立有类似之处，在西方管理学传入中国之前，中国还没有把“管理学”从传统的“经学”、“子学”当中分离出来。当代学者对中国传统管理思想的研究原始文献也大多来自于“经史子集”，因此，中国哲学中存在的“注释多、完整的理论少”、“生命体验多、逻辑推理少”、“重德轻知”的现象在中国传统管理思想中同样存在。因此，将其原封不动地引入现代管理实践是不可能的，中国本土管理学应在批判性继承的基础上追求创造性发展。要形成（以前没有）与突破传统管理的思想框架，这就是创造。离开批判性继承与创造性发展，中西管理思想的互通以及中国本土管理学的建立是不可能实现的。

四、结语：中国管理学的“照着讲”问题与中国传统管理思想的创造性发展

“照着讲”和“接着讲”问题最早是冯友兰先生提出来的，他认为他的“新理学”不是“照着”宋明理学讲，而是“接着”宋明理学讲。汤一介先生（2008）也曾对这一问题进行过深入阐发，汤一介认为，中国哲学家或哲学研究者的哲学研究，对历史上的哲学、对现实存在的哲学问题不应该只是“照着”传统中国哲学讲，而应该是“接着”中国传统哲学，甚至“接着”西方哲学讲。汤一介指出，我们必须承认，在西方哲学传入之前，中国还没有把“哲学”从传统的“经学”、“子学”当中分离出来。20世纪三四十年代，在中国哲学界有少数学者，他们不仅具有深厚的中国传统文化基础，而且对西方当时的哲学有较多的了解，他们或多或少地参照西方哲学构建了现代型的“中国哲学”，这是中国哲学家企图“接着”中国传统哲学讲，而不是“照着”中国传统哲学讲的极有意义的尝试。

国家自然科学基金委管理学部主任郭重庆院士借用了冯友兰的说法，在“第一届管理学在中国”学术研讨会上发言时指出，中国管理学的创建，要从对西方管理经典的“照着说”，到向中国管理的“接着讲”转变（王学秀，2008）。

从郭重庆院士和冯友兰先生对“照着讲”问题的表述来看，二者强调的重点有所不同：郭重庆院士强调的是不能“照着”西方管理学讲，冯友兰先生强调的是不能“照着”中国传统哲学讲。本文认为，对于中国本土管理学的发展而言，这两层意思都是题中应有之义，不

可偏废。中国管理学的发展固然不能“照着”西方管理学讲，也不能“照着”中国传统管理思想讲。照着洋人讲的全盘西化固然不对，照着古人讲的文化复古主义也不对。

总之，创建中国本土管理学，不能照着中国传统讲，应批判地继承中国传统管理思想，批判性的继承绝不意味着全面否定，反而是批判性的缺乏会使中国传统管理思想日益脱离当代管理实践，因为缺乏说服力会被当代迅猛发展的管理实践所抛弃。与此同时，创建中国本土管理学，也不能照着西方讲，对西方管理思想“照着讲”的全盘化或“西体中用”，由于缺乏对中国文化的深刻理解，或将中西管理思想做一些表面的、生硬的拼凑，也是没有发展前途的。只有提倡中西互为体用，才能促成中西管理思想的互通，形成真正意义上的中国本土管理学体系。从这个意义上看，“接着讲”的实质就是摒弃“全盘西化”与“文化复古”两种倾向，就是在“中西互为体用”的基础上创造性地发展“中国本土管理学”。

〔参考文献〕

[1] Tsui A S. Autonomy of Inquiry：Shaping the Future of Emerging Scientific Communities [J]. Management and Organization Review，2009，5 (1)：1-14.

[2] 陈晓萍，徐淑英，樊景立. 组织与管理研究的实证方法 [M]. 北京：北京大学出版社，2008.

[3] 邓晓芒. 新批判主义 [M]. 北京：北京大学出版社，2008.

[4] 杜维明. 儒家传统的现代转化 [M]. 北京：中央广播电视大学出版社，1992.

[5] 冯桂芬. 校邠庐抗议 [M]. 上海：上海书店出版社，2002.

[6] 傅伟勋. 批判的继承与创造的发展——哲学与宗教二集 [M]. 台北：东大图书公司，1986.

[7] 韩巍. 从批判性和建设性的视角看“管理学在中国”[J]. 管理学报，2008 (2)：161-168.

[8] 黄如金. 和合管理：探索具有中国特色的管理理论 [J]. 管理学报，2007 (2)：135-143.

[9] 李泽厚. 中国近代思想史论 [M]. 天津：天津社会科学院出版社，2003.

[10] 梁漱溟. 东西方文化及其哲学 [M]. 上海：上海人民出版社，2006.

[11] 列文森. 儒教中国及其现代命运 [M]. 郑大华，任菁译. 桂林：广西师范大学出版社，2009.

[12] 吕福新. 东方管理学的建树、创新和发展 [J]. 商业经济与管理，2003 (12)：33-36.

[13] 罗纪宁. 创建中国特色管理学的基本问题之管见 [J]. 管理学报，2005 (1)：11-17.

[14] 罗珉. 中国管理学反思与发展思路 [J]. 管理学报，2008 (4)：478-482.

[15] 彭贺. 也从批判性和建设性的视角看“管理学在中国”——兼与韩巍商榷 [J]. 管理学报，2009 (2)：160-164.

[16] 彭新武. 当代管理学研究的范式转换 [J]. 中国人民大学学报，2007 (5)：77-84.

[17] 苏东水. 论东方管理文化复兴的现代意义 [J]. 复旦学报，2001 (6)：109-113.

[18] 孙景华. 不可重复性——中国式管理的致命缺陷 [J]. 企业文化，2005 (10)：47-49.

[19] 汤一介. 西方哲学冲击下的中国现代哲学 [J]. 文史哲，2008 (2)：28-35.

[20] 王学秀. “管理学在中国”研究：概念、问题与方向 [J]. 管理学报，2008 (5)：313-319.

[21] 夏东元. 郑观应集（上册）[M]. 上海：上海人民出版社，1988.

[22] 余英时. 从价值系统看中国文化的现代意义 [M]. 余英时. 儒家伦理与商人精神. 桂林：广西师范大学出版社，2004.

[23] 曾仕强. 中国式管理 [J]. 企业文化，2005 (8)：74-77.

[24] 张之洞. 劝学篇 [M]. 上海：上海书店出版社，2002.

[25] 章鸣九，古步青，阮芳纪. 洋务运动史论文选 [C]. 北京：人民出版社，1985.

（武汉工程大学管理学院　吕　力）

再议“中国式管理”研究领域的研究方法问题

——一个研究方法体系的建构

一、引 言

近年来，关于“中国式管理”领域研究方法的讨论日益增多，众多学者就这一问题发表了各自的观点。虽然各位学者的观点不尽相同，但在探索“管理学在中国”的研究方法道路上却也达成了较为普遍的一致，即应从中国现实出发、从实践问题入手，通过定量、定性的多元化研究方法手段进行客观的研究，并最终达到构建理论体系、检验理论体系的目的。然而，值得我们注意的一点是，各类研究方法间迥异的研究维度与研究特点，导致了每类研究方法具体侧重点与研究意义的不同，甚至相互矛盾。由此，便引出了如下几个极为重要的问题，即各类研究方法间究竟存在着何种关系？研究者应如何处理好各种研究方法彼此间的关系，从而真正实现多元化研究方法并存的和谐局面？

二、讨论前的几点说明

在文章进行具体讨论之前，笔者应针对如下几点做一个简要的说明。

笔者将首先对本文所讨论的对象以及概念进行一个清晰的界定，以免使读者在理解的过程中产生偏差。正如文章题目所提示，本文所讨论的核心对象是“中国式管理”领域中的研究方法，然而该研究对象包含着两个概念，即“中国式管理”与研究方法，因此，文章将首先针对上述两个概念进行一个简略但清晰的界定。

第一，何为“中国式管理”？关于这一研究领域的命名学界多年来一直存在着争议，众多学者也提出过诸多不同的表述方式，譬如“管理学在中国”、“中国管理科学”以及本文所采用的“中国式管理”等。应强调的是，本文并无意就这一问题进行更为详细的探讨，相反，本文更偏向将“中国式管理”（或者其他表述方式）符号化，使其单纯地作为一个修饰词。因此，秉持这样的观点，笔者对本文这个已经符号化的“中国式管理”以及“中国式管理”研究领域概念进行一个简单的、泛化的界定。本文所探讨的“中国式管理”是指国内外学者所进行的涉及中国社会情境乃至中国特有文化的管理科学研究。

[基金项目] 本研究受南京大学“大学生创新训练计划”项目资助（XY101028493）。

第二，何为研究方法？笔者此处强调，此研究方法并非具体的、实际操作的研究方法，而文章所做的工作也并非详细探讨该领域各个具体研究方法的特点与优劣，并将它们逐一归纳、分类。相反，文章试图通过从宏观的角度对该领域研究方法体系进行系统的把握与理解。应承认“研究方法体系”这一概念并非笔者原创，崔援民在阐述“现代管理方法论”学科的研究对象时，曾间接地对“研究方法体系”进行过定义。崔援民认为“‘现代管理方法论’要研究的，不是管理的全过程，而是介于管理者与管理对象之间的方法系统。而且，该学科要研究的着眼点不是某一个具体方法，而是整个方法体系；不是探究某一方法的具体应用，而是研究这些方法的升华、提高和外推”。本文将要展开讨论的对象并非一个具体的研究方法抑或手段，而是一个由各类具体研究方法所组成的整体，这便是上文所述的“方法体系”。

第三，本文将通过所提出的四类研究维度对“中国式管理”领域的研究方法体系进行划分，但应强调这种基于研究维度对研究方法体系所做的划分，并不意味着每类研究方法只包含着某一种具体的研究方法、手段；相反，每类研究方法中可能包含着多种具体的研究方法、手段。导致这种状况出现的原因则恰恰是此类划分的标准，即基于研究维度的划分，抑或说是基于研究方法的逻辑视角，而非基于具体研究方法自身特点的划分。

第四，我们应明确针对“中国式管理”这一领域所进行探索研究的并非只有中国学者，也并非只发生于中国境内。国际学界早在20世纪90年代就已明确提出，基于美国乃至西方情境下的管理学理论与研究方法并不在世界范围内具有普遍解释性。在面对中国特殊情境下的管理学问题时，Boyacigiller等就曾提出了“基于北美洲情境下所诞生的管理学理论与研究工具是否具有充分的解释性”这一疑问，而Doktor等则更为直接地指明诞生于西方的“管理理论与研究工具并不具有他们所相信的高度解释性与普遍适用性”，因为“它们无法完整、彻底地解释与预测迥异于西方环境下的组织形式与行为”。正是基于这样的认识，近年来越来越多的国际学者纷纷致力于“中国式管理”（其表述可能并非如此）这一领域的研究。

三、微观层面的解构

（一）四类研究维度的划分

在简要说明了上述四点问题之后，文章将正式进入该领域四类研究维度的论述与探讨。首先，通过阅读外国学者的研究成果，我们不难发现，外国研究者更多的是将中国视为“一片肥沃的土壤，它既可以发展出新型的组织、管理理论，也可以验证已存在的、基于西方情境下的理论是否具有有效性”。正是基于这样的认识，国际学界形成了两条截然不同的研究道路，即探索“中国式的管理理论”（Chinese Theory of Management）与“基于中国情境的管理理论”（Theory of Chinese Management）这两大类研究趋向。对于这两条研究道路的区别，我们可以很清晰地分辨出来，“中国式的管理理论”是具有中国特色的管理理论，它是基于中国特有社会环境下所提出的不同于西方已有管理理论的新型组织、管理理论；而与此相反，“基于中国情境的管理理论”则是将中国视为检验西方已有管理理论是否有效的试验田，其研究客体仍为西方已有的管理理论，而并未生发出新型的有别于西方的组织、管理理论。

正是外国学者在进行“中国式管理”研究的过程中所表现出上述两大类趋向，帮助我们形成了划分该领域研究方法体系的两个重要的研究维度，即"基于西方管理科学"的维度与"基于现实实践"的维度。

在从国际学界的视角对"中国式管理"领域的研究维度进行分析之后，我们将目光转向国内对"中国式管理"领域所做的研究，并分析其所特有的研究维度。国内"中国式管理"领域所进行的研究，显著区别于国际学界的一点在于，众多学者将中国古代传统思想，抑或中国古代先哲智慧视为其重要的理论来源。正如彭贺所强调的，"东方管理应注重对东方优秀传统管理文化精髓的提炼和继承"、"对中国传统文化精髓的研究是进行（管理科学）本土框架建构的基石"。的确，以中国传统思想为核心的优秀中国传统文化是"中国式管理"研究领域的一大理论基石，而这恰恰是西方管理科学所没有的，独具中国特色的研究倾向。因此，我们可以进行如下的概括：国内"中国式管理"领域的研究具有一个明显倾向，即对中国传统典籍进行系统的梳理，试图挖掘中国传统思想中的管理思想。这便形成了"中国式管理"领域的第三个研究维度，即极具中国特色的"基于文本文献"的维度。

国内"中国式管理"研究领域，除了具有上述回归传统典籍的研究趋向之外，还存在着另一明显趋向性，即依赖于哲学思辨进行体系化的建构。针对这一点，以谭劲松为代表的一批学者认为"目前一些研究仍然单纯采用所谓'思辨'的方法，没有更多地综合实证、实验、演绎等科学方法"，从而"造成大胆假设有余，小心求证不足，研究结论经不起推敲，缺少科学性"的局面。诚然，当前国内"中国式管理"领域涌现出了众多标新立异、独具中国特色的理论体系，但正是由于国内部分学者过分追求"中国式管理"理论体系的一步到位，而忽略了现实的理论支撑与实践检验，并最终转向形而上学的建构。当然，笔者此处并不否认一些理论体系的确存在着其现实的理论支撑与实践证明，只是同其体系的宏大规模相比，这些面向现实的探究是远远不够的。综上所述，正是国内学界这一极具特色的研究趋向，帮助我们形成了最后一个研究维度，即"基于哲学思辨"的维度。

通过对国际学界与国内学界针对"中国式管理"这一领域所做研究的分析，笔者最后提出下述四个研究维度，即"基于西方管理科学"的维度、"基于现实实践"的维度、"基于文本文献"的维度以及"基于哲学思辨"的维度。基于此四个研究维度，下文将对"中国式管理"领域的研究方法体系进行划分，并进行相关的阐述。

（二）"基于西方管理科学"的维度

笔者认为，正如其名称所述，基于这一维度的研究方法，其在执行过程中所始终秉持的主要原则是将西方已存的管理学理论置于中国情境下进行讨论，而这里应指出的是，这"置"的过程存在着两条不同的路径。第一条路径是将西方管理学理论置于中国特有的"语言情境"之下。我们不能否认，正如罗纪宁所言，这种研究路径"盲目地把西方系统科学的数理方法和管理概念与中国古代的系统哲学作机械性粘贴"，其所得到的理论结论无非"内核是西方各学派的管理理念，外表是中国儒道和诸子百家的术语"。第二条路径则是将西方管理学理论置于中国特有的"现实情境"之下。相比较"换包装"般的第一条路径而言，这种将西方管理学理论置于中国"现实情境"下的研究路径看似更具合理性与现实性（这里应指明的是，此类研究并非真正意义上的面向中国特殊现实的"情境嵌入式研究"，而主要差别表现在"情境嵌入式研究"是在面向中国特殊现实的基础上，形成区别于西方管理理论的"中国式管理"理论，而文中所述的路径是将西方管理学已存的理论应用于中国现实之中，已验证该理论是否仍具可行性，并对其进行扩展、深化），然而对于这一路径的看法，国内外学者多抱以悲观的态度，彭贺就在多篇文章中表示，不希望中国特色管理学"为他人做注脚"抑或"跟着西方学者后面做拾人牙慧的事情"。而Barney等则评价这类研究为"将已建立的理论应用到中国情境下"，并且，Barney等人拒绝承认通过此类研究途径所得到的研究成果为"中国式的管理理论"，而称其为"基于中国情境的管理理论"。

基于对该类研究方法的"双重路径"特性的阐释，笔者在这里还要指出基于该维度的研究方法的另一重要特征，即"双重断裂性"。由于该类研究方法其一路径是将西方管理理论置于中国"语言情境"之下，并对其进行"中国语言的包装"，所以，其必将导致的结果是研究者为了迎合西方管理理论，抑或说是为了更好地为西方管理理论"量体裁衣"，将中国传统思想化整为零，并依据西方管理体系，对中国古代各派学说，甚至各派学说中的思想片段逐条排查。而当这些思想片段与西方管理体系相吻合，或者存在解释关系时，"中国式管理"思想便诞生了。笔者称其为第一重断裂，即"中国传统管理思想知识的断裂"。而第二重断裂则是基于另一路径所产生的，即西方管理理论被置于中国"现实情境"下。研究者似乎为了证实西方管理理论并非具有普适性，抑或是为了维护中国所具有的"特殊性"，从而进一步肯定"中国式管理"的价值与存在的必然性，因此，研究者更倾向于选用西方管理科学的部分理论来对中国特殊的情境进行探讨，而非将西方管理科学整体地移植。Barney等就曾罗列出得到"基于中国情境的管理理论"的这类研究方法所常用的必要、先决、已存的西方管理理论，即"组织行为学、组织理论、决策管理以及跨国公司"。而正是这对西方管理科学的选择性利用，是笔者所称的第二重断裂，即"管理理论体系的断裂"。

(三)"基于现实实践"的维度

笔者认为，若以"基于现实实践"这一维度对该领域研究方法体系进行划分，则可以涵盖相当数量的研究方法，这其中既包括已存的诸如量化、案例研究方法，也包括近年来，众多学者所进行深入挖掘的、尚未得到广泛应用的研究方法，譬如"以问题为中心"、"情境嵌入式"，等等。正如笔者上文所描述的，当前，学界对如何推动、促进"中国式管理"领域的研究方法发展这一问题几乎已达成了一致的共识，并形成了一股潮流，即"中国式管理"的研究方法应将研究者引向中国现实，而非西方管理理论抑或古代典籍。这一发展趋势我们可以通过王学秀所撰写的《"管理学在中国"研究：概念、问题与方向——第一届"管理学在中国"学术研讨会观点评述》一文窥豹一斑。与会的各位学者纷纷就"中国式管理"的研究趋向与研究方法的问题发表自己的看法，对于"中国式管理"是否应该"基于西方管理科学"这一维度进行研究，"郭重庆院士在讲话中认为，中国管理学的创建要从对西方管理经典的'照着说'，到向中国管理的'接着讲'转变"；面对"中国式管理"研究是否应"基于文献考究"这一维度进行研究，王学秀本人则认为"由于传统封建专制统治的思想钳制，自古以来，中国学术界多'考据'和'阐释'，少见'经世济用'之学"；而对于"中国式管理"是否应基于纯粹的抽象哲学思辨，罗珉教授认为，正是这种运用"'先验的'、'内省的'思维去进行抽象研究的传统"的"思维惯性"，阻碍了"管理学研究向实证方法转变"。基于这种论调，与会学者郭重庆院士、罗珉教授、李垣教授等人都呼吁中国管理学"应直面中国管理实践"抑或"基于中国情境"，而韩巍副教授则更为直接地提出管理科学的"社会学转向"。

正如上文所述，笔者认为，"基于现实实践"维度的研究方法不仅为数众多，而且种类繁多，其中既包括已被西方学者所广泛采用的定量、定性、案例分析等研究方法，也包括在这股“方法论探索、革新”的浪潮下涌现出的新型研究方法。然而，苏勇、于保平二人曾针对国内该领域近十余年来所刊登的文献，进行了系统的数据分析工作。通过苏、于二人所得出的分析数据（案例分析，1 篇；二手材料、数据，8 篇；访谈调查，1 篇；内容分析，93 篇；问卷调查，1 篇），我们不难发现，虽然当前该领域涌现出如此繁多的研究方法，但是只是停留在“理论层面”，抑或说只是众多研究者的“模型概念”。这些研究方法并未被众多研究者所采用，更不用说进行现实的研究工作。反观西方各学者近年来从中国文化的视角对企业管理活动的研究，我们可以轻易地看出国内“中国式管理”的研究现状同西方管理学界所存在的差距。Bruton 等认为“基于亚洲管理活动的研究”（Asian Management Research）由于其特殊的“文化背景以及其他特殊的情境”，使其在一定程度上“冲破了管理学研究领域中现存的理论范式”（paradigms）。针对该领域所存在的研究方法问题，Bruton 等基于数据统计的基础上，指出了“基于现实调查的量化数据分析方法仍是主流，而没有应用量化统计的定性研究方法仍占少数”。通过 Bruton 等所做的数据统计，我们也可以直观地认识到，在国际刊物上刊登的该领域文章，运用量化方法进行研究的文章共计 247 篇，通过定性研究方法得出结论的文章共计 33 篇，而运用管理实验研究方法的文章则为 15 篇。比较上述两组数字，我们不难发现，目前国内学界同国际学界所存在的差距。而正是由于国内研究方法的不明确，导致我们陷入了一种“自说自话”、“自娱自乐”的尴尬处境。这既表现在管理理论同管理实践的脱节，也表现在“理想化”的研究方法与现实研究过程的脱节，更表现在国内学界同国际学界的脱节。而这也正是国内一批学者所积极呼吁“中国管理科学的研究需要规范化、国际化，需要遵循国际通用的问卷、统计和实验方法”的原因。

（四）“基于文本文献”的维度

当前“中国式管理”研究领域中，不可否认“基于文本文献”这一维度的研究方法乃一大主流，但其存在的问题也相当明显。随着“中国式管理”研究的深入与发展，众多学者将目光投向了更为广阔的中国传统思想领域，并希望从拥有数千年历史的中国传统思想中挖掘更为全面的“中国式管理”思想。由此，近年来涌现出一批学者历数中国数千年所产生的思想家们，从中汲取涉及管理科学的思想，并对其按照不同的划分标准进行系统的整理。对于基于这一维度的研究方法，彭贺曾指出其所存在的四种研究取向，即“‘六经注我’式研究”、“‘我注六经’式研究”、“梳理式研究”以及“考古式研究”。而且尹卫东也表示此类研究方法对于“总体回顾、深刻反思管理思想演变的工作显得尤为薄弱，大都停留在简单介绍管理学家的生平著作和理论观点的层次”上。诚然，此类研究方法正如各位学者在文中所指出的那样，存在着种种问题，譬如强烈的主观性以及过于重视文本的表面、孤立挖掘，既忽略了现实意义，也忽略了其发展的内在逻辑性。但在当前这一研究领域中，这类研究方法仍被众多学者所广泛采用。众多学者通过此类研究方法，对中国传统思想进行了更为全面的整理，并试图最终得出体系化的“中国式管理”理论知识，这一理论知识体系笔者称为“中国传统管理思想的知识体系”。这里应指明的一点是，此体系化理论并非得到实践检验的理论体系，而是基于“文本挖掘”所形成的理论知识体系。

笔者认为，这类研究方法虽然摆脱了西方管理科学体系的束缚，但又过分迷恋于中国传统思想，从而忽略针对现实的研究。这类学者大多奉行“古为今用”的主张，并在此信念之下历数中国历史中所涌现出的众多思想家、名著、名言，并从众多古籍中汲取出能为企业管理活动所用的管理学思想。当然，将此类研究方法发挥到极致的，当属由苏东水教授所主编的《中国管理通鉴》。该书从技巧、人物、著作以及名言等角度对中国古代管理思想进行了系统梳理。当然，我们也不可否认此类研究方法拓宽了“中国式管理”领域的研究范围以及相关研究者们的研究视阈，而且中国传统思想中适用于企业管理活动的管理思想也被众多研究者进一步地深入挖掘与探讨，并最终形成了相对完善的“中国传统管理思想的知识体系”，从而推动了“中国式管理”研究的进一步发展。

（五）“基于哲学思辨”的维度

正如马庆国所言“在管理与其他社科领域，我国大多数论文的主流研究方法，还限于总结性的、思辨性的方法”，而笔者所言的第四个基本维度中，“基于哲学建构”的维度正是基于这种认识所得出的。这里应当承认的是，当前通过这类研究方法所取得的研究成果是最为丰富的。譬如，成中英的C理论、曾仕强的M理论、苏东水的东方管理理论、席西民的和谐理论等。笔者认为，此类“基于哲学建构”维度的研究方法摒弃了为西方管理科学体系“做注脚”以及对古典文献进行“考古式”的工作，并最终形成了众多的“中国式管理”学派与相应的理论学说。当然，这些无疑都是“中国式管理”领域的重要理论成就。然而，这些理论体系虽然庞大恢弘，但由于极度缺乏现实实践的充分支撑、检验，使得此类研究方法越来越倾向于形上的哲学思辨建构，并逐渐成为研究者头脑中的“思维游戏”。

针对上述诸多“中国式管理”学派以及学说所进行论述、阐释的文章不计其数，本文在这里便不一一引用，但通过阅读、理解，我们不难发现，上述学者都是热衷于构建出一个完整的、具有高度开阔性以及高度解释性的抽象中国式管理体系。而对于这种中国式管理体系与西方科学管理体系之关系这一问题上，大部分学者更倾向于承认两者的差异性，并强调两者的互补性，正如苏东水教授所言，“西方管理原创与东方管理文化具有互补性，而且，东西方管理文化的融合和发展已成必然趋势，东方管理的人本思想与西方管理的科学思想互补互融是推动管理学创新和发展的正确途径”。曾仕强也在其《中国式管理》一书中对东西方管理哲学差异性这一问题进行了解释，“由于各地区具有不相同的风土人情，表示各地区的哲学并不相同，管理必须和当地的风土人情结合在一起，才能增强效果，所以各地区的管理哲学也不一样”。同时，曾仕强认为“21世纪是中国管理哲学结合西方管理科学得以发扬的时代，两者缺一，都将跛脚难行”。由此，我们可以得出这样的结论，由这类“基于哲学建构”维度的研究方法所得到的诸多中国式管理体系是独立于西方管理体系的一种抽象的“中国式管理哲学的理论体系”，并且期望能同西方管理科学体系进行平等的交流与沟通，从而共同促进管理学的发展。

四、宏观层面的建构

上文已从四个基本维度，即“基于西方管理科学”的维度、“基于文本文献”的维度、“基于哲学思辨”的维度以及“基于现实实践”的维度，将国内“中国式管理”领域的研究方法体系进行了再划分，并由此形成了基于不同研究维度、不同研究趋向的四类研究方法。为了理清各类研究方法间的逻辑关系，并最终实现“中国式管理”领域研究方法体系的整体性构化，下文将从两组不同的视角出发，分别对四类研究方法的特点进行详尽的比较剖析。

（一）两组分析视角的阐释

艾尔·巴比曾在《社会研究方法》一书中，对社会学科的研究方法进行过如下简明的定义，即“社会科学家是如何解答人类社会生活的”。通过这个简明的定义，我们可以分析得出社会科学的研究方法是由三个核心部分所组成的：其一是“如何解答”（研究方法其自身）；其二是“社会科学家”（研究者）；其三是“人类社会生活”（研究对象）。很显然，作为社会科学分支的管理学科，其研究方法亦具有上述简单的特征。因此，笔者基于上述对社会学科研究方法的认识，将分别从两组视角对“中国式管理”领域研究方法的特点进行分析，即“研究方法其自身”的视角（笔者将“研究对象”归入此视角之中）与“研究者”的视角。

（二）“研究方法其自身”的视角

由于“基于研究方法其自身”的视角所强调的是研究方法其本身所具备的特点，因此笔者又将该视角细化为如下三点，即研究对象的特点、研究过程中具体研究手段的特点以及待形成研究结论的特点。

（1）研究对象。笔者认为，“基于西方管理科学”这一维度的研究方法所始终秉持的主要原则是将西方已存的管理学理论置于中国情境下进行讨论，而这“置”的过程则具体表现为“双重路径”。鉴于其“双重路径”的特性，“基于西方管理科学”维度的研究方法必然具有两类研究对象。其一是中国古代思想家、典籍中所蕴涵的观点、名言，又如罗纪宁所言，选取此路径的研究者只需明确“西方现代管理理论和方法如何如何，中国古代有哪些观点与之对应”，最后则凭借已存的西方管理理论赋予中国古代语言以管理学的新含义。其二是当代中国特殊情境下所产生的管理现象。对于这一路径的研究，Barney 等曾做出相对客观的评价。Barney 等认为虽然这种“‘基于中国情境的管理理论’（Theory of Chinese Management）可以为研究者指明一条清晰的研究路径，并且可以通过‘借鉴并发展’的途径扩展、深化已存的西方管理理论”，但同时，该研究路径所存在的问题同样突出，即“中国学者的研究日程表必将由西方学者所做的前期工作所决定”，而且 Barney 等亦承认“理解中国管理界独特现象的最优方法，绝非是基于西方经验所发展出来的管理理论”。

吕力曾对“基于文本文献”维度的研究方法提出过自己的看法，吕力认为该类研究方法“大量的工作在厘清古代管理的思想、原则、宗旨以及对这些素材做出当下的解读”，而其“着力点在挖掘思想、解释思想，其最高成就是在成就一个兼容并包的管理思想体系”。而苏勇、于保平二人则基于统计数据的分析，认为“东方管理的研究方法大多局限在经典文献中治国策略、君子修已安人模式的整理”。如此看来，该类研究方法的研究对象则相对单一，即以古代典籍为载体的中国传统思想。运用此类研究方法的研究者试图通过对中国传统思想的深入挖掘，总结归纳出适用于当今管理活动的名言、警句、技巧抑或思想观点，并最终形成中国古代管理思想的知识体系。当然这种单纯基于文本文献的研究方法也存在着极为显著的问题，王学秀就曾指出“以文化典籍为基础的研究存在诸多不确定性”，笔者认为，在不确定中即存在王学秀所言的“文化变迁性”，也存在着脱离现实的抽象归纳性。

对“基于哲学思辨”这一维度的研究方法，我们不得不承认，放眼“中国式管理”国内学界，该类研究方法为该领域的发展作出了卓越贡献，并形成了一批以东方管理学理论、和谐管理理论为代表的极具中国特色的管理理论。彭贺就曾指出“东方管理哲学研究是目前东方管理研究领域中最受学者关注、成果最多的领域”。然而，围绕此类研究方法，我们也可以听到许多批评的声音。韩巍认为“不少‘创新理论’给人形似‘自成体系’疑似‘自说自话’”。为了准确地判定一个理论体系是否算是成熟，韩巍提出了三个关键的判定标准，其中之一便是“是否与经验相一致”。在笔者看来，韩巍之所以提出这一判定标准，其根本目的在于界定生成该理论体系的研究方法究竟是直面现实实践的，还是通过哲学思辨建构的，简而言之便是其研究对象是抽象还是具象问题。韩巍据此判定标准，对当今在“中国式管理”领域具有一定影响力的和谐观念、东方管理理论以及和合管理理论进行比较分析，并对东方管理理论、和合管理理论提出了质疑，认为其是建立在“‘善意’的空中楼阁里的”。当然，彭贺也就东方管理理论体系的建构问题同韩巍进行了争论，彭贺指出东方管理理论体系的建立是“从20世纪80年代开始，对乡镇企业、地区经济发展和管理现代化等问题进行调研、思考和研究”之后所得出的，并强调了东方管理学的两个研究对象，即“东方优秀管理文化精髓”与“东方诸国管理思想和实践”。基于上述针对东方管理学的讨论，笔者可以判定，此类“基于哲学思辨”维度的研究方法，虽然其研究过程呈现出一种脱离现实建构理论体系的态势，但从其研究对象来分析，此类研究方法则具有两个研究对象：一是抽象的中国传统思想；二是相对具象化的特殊中国管理实践活动。

“基于现实实践”维度的研究方法，虽然近年来为众多学者所提及、建议，但通过苏勇、于保平二人的数据分析，我们不难看出，国内此类研究方法目前仍未被广泛采用。笔者认为，虽然此类研究方法包含着以案例分析、量化分析以及情境嵌入式研究等诸多具体的研究方法，但其着眼点是一致的，即“中国式管理”的研究应面向中国的现实。因此，基于对实证主义的此类研究方法，其研究对象只可能为现实以及现实存在的实践。

（2）研究过程。对于“基于西方管理科学”这一维度的研究方法，笔者仍想基于其“双重路径”的特性对其研究过程进行分析。若将西方管理科学置于“中国语言情境”中，我们不难发现在研究过程中，研究者所做的工作就是“匹配”并“粘贴”，最后形成被中国传统语言文字包装过的西方管理体系。反观另一路径，若将西方管理科学置于“中国现实情境中”，笔者认为此路径在研究过程中所表现出的具体研究手段与西方管理科学无异，即通过实证主义各类研究手段，检验西方管理理论是否在中国具有可行性，并且基于中国情境的特殊性，对该理论进行适当的拓展、深化。但就笔者看来，最终拓展、深化所形成的理论体系绝非“中国式管理”理论。而且，笔者甚至认为，经过中国（抑或东方其他国家）特殊情境“加工”过的西方管理理论甚至不可称为西方管理理论，而是一种脱离了理论生成特殊背景，并具有极为广泛适用性的终极理论体系。且不论此理论是否可建构，但若真能形成如此理论，倒也算是中国（抑或东方诸国）对管理学界的卓越贡献。

“基于文本文献”维度的研究方法，其研究过程则相对纯粹一些，众多学者对其亦多有描述，其中，彭贺在多篇文章中将其称为“考古式”的研究方法；韩巍、吕力则将这种“文献梳理式”的研究方法划归为“人文主义研究方法”，并从“研究方法应多元化”的视角对其进行了批判。韩巍认为这种对“经书和注经式”抑或对“子曰”的研究并未能“充分体现管理之‘本土化特色’”；而吕力则强调，这类基于文献梳理的研究方法离开了“当代丰富的管理实践和成熟的实证主义研究方法”。通过上述文字，我们可以看出，“基于文本文献”这一维度的研究方法在研究过程中最为显著的特点便是通过“考古式”的挖掘，抑或“注经式”的赋予内涵，对中国古代思想进行现代管理意义上的再阐释。

“基于哲学思辨”维度的研究方法正是凭借其强大的哲学思辨能力，使研究者建构出为数众多的“中国式管理理论”体系。然而正如罗珉所言，此类研究者“过分强调抽象研究方法”，所建构的“理论得不到管理实践的有力支撑，与实践严重脱节的中国管理论走进了自己精心构筑的象牙塔，成为一种抽象研究方法制造出来的逻辑精品”，而罗纪宁则更为直接地称此类研究“大多停留在概念体系构建和原则阐释上，缺乏可操作性，离实际应用有相当距离”，因而大多数“是没有意义的智力游戏”。由于“中国式管理”学界急于得到国际的认可，并迫切希望拥有平等的地位以期同西方管理科学理论进行沟通、对话，因而，尽快建立一个体系化的“中国式管理”理论体系成为各研究者乃至学界的首要目标。然而，又由于缺乏长期足够的客观实践经验作为理论支撑，因此，只得将理论体系的建设工作诉诸抽象的哲学层面，并通过形而上的哲学建构，达到形成体系化的“中国式管理”理论的目的。

“基于现实实践”维度的研究方法由于是面向现实进行调查研究的，因而其在研究过程中所表现出的具体研究手段种类繁多，但仍可被清晰地把握。这其中既包括量化、案例分析等传统的研究手段，也包括近年来学者所提出的诸如情境嵌入式等尚未得到广泛应用的研究方法。

（3）研究结论。由于各类研究方法的研究对象以及研究过程所表现出的具体手段各不相同，因此，各类研究方法也不可避免地将研究者引向不同的研究结论，而笔者将以是否建立体系化的“中国式管理理论”（Chinese Theory of Management）为标准对四类研究方法进行分析。

正如上文所述，“基于西方管理科学”维度的研究方法由于其自身“双重路径”所导致，使其研究结论陷入了“双重断裂”的窘境，即“中国传统管理思想的断裂”与“管理理论体系的断裂”。正是由于此类研究方法具有“双重断裂”的特性，从而导致了由此类研究方法所得出的研究结论是相对独立的，这既表现为对中国传统思想片段似的理解与阐释，也表现为“中国式管理”领域理论体系的缺失。纵然此类研究方法存在扩展、深化西方已存管理理论的可能，但对于形成有效的“中国式管理”理论体系这一目标，显然通过该研究方法是无法达到的。

“基于文本文献”维度的研究方法正是对“中国传统管理思想的断裂”进行了体系化的建构。通过对古代典籍的系统整理，研究者对中国传统思想中所蕴涵的管理学思想形成了体系化的知识理论。但由于该理论体系既缺乏现实实践的有效支持，又缺乏现实实践的检验，因而仅仅是研究者在思维空间中对中国传统思想进行现代管理学的系统再阐释，因而笔者姑且称为“中国传统管理思想的知识体系”。

“基于哲学思辨”维度的研究方法则针对“管理理论体系的断裂”进行了体系化的建构。此类研究方法将“对中华优秀传统管理文化的研究”作为“中国管理研究的起点”，但绝非“终点”，与此同时，运用该研究方法的部分学者又强调其理论体系的建立亦是基于对现实实践活动的研究归纳。笔者先不质疑是否每个“精巧”的“中国式管理”理论体系的建立都经历过对现实实践研究归纳这一环节，但此类“中国式管理”的理论体系有待实践的检验却是在学界达到一致共识的。彭贺曾承认当今为数众多的“中国式管理”理论体系“尚未得到自然科学意义上的‘充分’经验支持”。因此，笔者称此类理论体系为“中国式管理哲学的理论体系”。

“基于现实实践”维度的研究方法则强调“中国式管理”的研究应直面中国的现实，这既包括对中国特有管理现象的解释，又包括对中国特有管理问题的探讨。相比较上述研究方法将研究的重点放在了中国传统思想之上，此类研究方法更关心对中国现实实践的认识与把握，并期望以经验总结代替逻辑思辨、文献挖掘，从而形成真正意义上的"中国式管理"理论体系。虽然此类研究方法当前并未被国内学者所普遍运用，但我们可以预见到此类研究方法将肩负"中国式管理"待存理论的建立与"中国式管理"已存理论的检验这两重任务。

上文已分别从研究对象、研究过程以及研究结论三个角度对四类研究方法的特点进行了分析，并由此形成了表1。

表1 "研究方法其自身"视角下的对比分析

基于研究方法其自身的维度 / 基于研究方法的维度	研究对象		研究过程		研究结论	
	研究对象	具象、抽象	具体手段	空间性	规模	意义
基于西方管理科学的维度	中国传统思想、中国现实、西方管理科学	具象、抽象	粘贴、实证主义研究方法	思维空间现实空间	独立	检验
基于文本文献的维度	中国传统思想	抽象	考古式、注经式	思维空间	体系	建立
基于哲学思辨的维度	中国传统思想、中国现实	具象、抽象	现实调查、哲学思辨建构	思维空间现实空间	体系	建立
基于现实实践的维度	中国现实	具象	以量化研究为核心的研究方法	现实空间	体系	建立、检验

通过表1的概括，我们可以清楚看出各类研究方法所存在的特点。"基于西方管理科学"维度的研究方法由于具有"双重路径"性，在研究对象上则表现为中国传统思想与中国现实两方面。其具体的研究手段亦表现为两方面：一是通过机械的匹配、粘贴为西方管理科学披上中国语言的外衣；二是运用与西方管理科学研究无异的实证主义研究方法，检验已存的西方管理理论是否适用于中国现实，并试图对其进行适当的发展。而其研究结论同样受到"双重断裂性"的影响，在规模上则呈现相对独立的态势，并未形成体系化的理论。

"基于文本文献"维度的研究方法，其研究对象是以中国古代典籍为载体的中国传统思想。研究者通过"考古式"、"注经式"的人文科学研究方法对其进行系统的梳理，并由此形成了"中国式管理"知识层面的体系化理论，即"中国传统管理思想的知识体系"。

"基于哲学思辨"维度的研究方法，由于其将中国传统思想与中国现实同时视为其研究对象（且不论两者孰重孰轻），因此，在研究过程中，其所呈现出的具体研究方法，既包括针对现实实践的研究，也包括逻辑思辨与哲学建构，并最终通过缜密的思考、强大的思维能力，构筑了庞大的"中国式管理哲学的理论体系"。

"基于现实实践"维度的研究方法强调的是中国现实问题与特殊管理行为活动在"中国式管理"研究中的基础性地位，并视其为唯一的研究对象。在具体的研究手段上，此类研究方法更倾向于实证主义，而由此得出的结论也注定为极具信服力的理论体系。

这里应指出的一点是，各类研究方法的划分标准为不同的研究维度，而非指研究过程中的具体研究手段。而这也可以解释为何基于不同维度的各类研究方法（"基于西方管理科学"与"基于现实实践"维度的研究方法）在操作层面上出现了相同的具体研究手段。

表1不仅罗列了上文已论述的各类研究方法特点，而且还依据特点的性质进行了必要的归纳与概括。其中包括将研究对象进行具象化、抽象化的区分；对研究过程所依赖的空间进行了思维空间与现实空间的划分；以及对所形成理论意义的划分。碍于篇幅，此处只提及一点，以免引起误会。即"基于西方管理科学"维度的研究方法，其研究意义表现为检验，应

指出的是，此类研究方法所检验的对象是西方已存的管理科学理论，而非“中国式管理”理论；与之相反的是，“基于现实实践”维度的研究方法所检验的则是“中国传统管理思想的知识体系”与“中国式管理哲学的理论体系”中所蕴涵的诸多“中国式管理”理论。

（三）“研究者”的视角

在结束对“研究方法其自身”特点的阐述之后，文章将从“基于研究者”的视角对各类研究方法的特点进行更为深入的探讨。正如美国学者肯尼思·D.贝利所指出，“自然科学家一般不是他所正在研究的现象的参与者，而社会科学家则是”。社会科学家“自身在研究现象之中，因此，研究者必然会把自己的知识、情感、意志、价值观念等带进认识过程”，因此“很难具有客观性”。基于此认识，笔者将从研究者“主观介入性”的角度进行分析。

首先，据表 1 我们可以清楚、明确地认定，“基于文本文献”维度的研究方法是主观介入性最强的一类研究方法。因为我们得知，该类研究方法不仅研究对象为抽象的中国思想，而且研究的过程是基于思维空间进行并得以完成的。因此，我们可以较为轻易地判定此类研究具有最强的主观介入性。

其次，“基于哲学思辨”维度的研究方法亦具有较强的主观介入性。虽然此类研究方法的研究对象包括抽象化的中国传统思想与具象化的中国现实。然而，在面对着诸多庞大的“中国式管理”理论体系时，具象化的中国现实所起到的作用则显得极度匮乏，这不仅体现在无法提供强有力的理论支撑，也体现在无法证实或者证伪如此繁杂的理论体系。因此，当前选取此类研究方法的研究者们，其所做的工作无非是通过缜密的逻辑与抽象的思辨构筑形而上的“中国式管理哲学的理论体系”。很显然，这种缺乏大量客观实践经验支撑与检验的研究结论仍属于研究者依赖其主观美好愿望所建构的“逻辑精品”。

再次，正如上述所述，“基于西方管理科学”维度的研究方法由于自身的“双重路径”性，导致了其研究过程既可发生于思维空间，亦可发生于现实空间之中。当研究者选取此类研究方法中“语言路径”时，会呈现出强烈的主观介入性，即将西方管理理论同中国传统思想、名言等相匹配、粘贴；但经由“现实路径”的此类研究方法又因为面向现实的研究取向，而存在着相对的客观性。然而与“基于哲学思辨”维度的研究方法所不同的是，此类研究方法并未建构“中国式管理”理论体系，而且，其研究结论彼此间出现相对独立，因此，此类研究方法并不需要强大的逻辑思维能力。相反，由此可见，其主观介入程度略弱于前文所述的两类研究方法。

最后，很显然，“基于现实实践”维度的研究方法，其主观介入性程度最低。此类研究方法的研究对象为绝对客观的中国现实。而且，其研究过程中所表现出的具体研究手段更倾向于实证主义，而这也决定了其研究过程必将基于现实空间。综上所述，“基于现实实践”维度的研究方法受主观介入性的影响程度最弱。

综上所述，我们不难发现，从“基于文本文献”维度的研究方法到“基于现实实践”维度的研究方法呈现出“主观介入性”由强变弱的趋势，而与此同时，“客观介入性”则呈现出恰恰相反的趋势，即从研究者逐渐摆脱了依赖于主观的研究，转而越来越重视现实与实践，详见图 1。

当然，这样的排列顺序并非绝对化的，笔者承认各类研究方法中特例的存在，譬如，我们不能否认当前学界存在着一批通过“哲学思辨”建构出的所谓“中国管理哲学体系”完全缺乏基本的现实研究支撑，而仅仅是研究者主观意识的思维活动。很显然，如此这般的“基

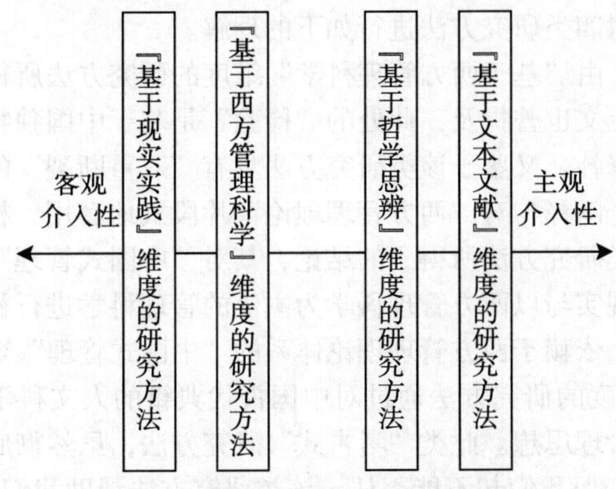

图1 “研究者”视角下的对比分析

于哲学思辨”维度的研究方法，其主观介入性程度毫无疑问是最高的。再如，我们也会发现，有些运用“基于西方管理科学”维度研究方法的研究者，其研究工作并未涉及中、西文字概念间的拼接，而仅仅是将着眼点放在西方管理科学理论在中国情境下的再应用。对于这样的研究，我们也没有理由承认其与“基于现实实践”维度的研究方法在客观介入性程度上存在着明显的差异。

由此，我们可以得出这样的结论，即本文针对各类研究方法的主、客观介入性所提出的排列顺序，是一般意义上的考量。图1的提出较为全面地考虑了各类研究方法自身的特点，然而，这并不意味着特例的不存在。相反，具体的研究方法、手段可能会因为其特殊性冲破此排列顺序，从而产生特例。

五、各研究方法间的内在逻辑

上文已从“研究方法其自身”与“研究者”两个维度，对“中国式管理”领域四类研究方法的特点进行了较为详尽的描述。通过对上述各类研究方法特点的把握与理解，我们已对各研究方法形成了相对独立的认识。下文则将理清各类研究方法间的内在逻辑，从而形成对“中国式管理”领域研究方法体系的整体性把握。

（一）两条逻辑线索

对上述四类研究方法进行内在逻辑层面的分析，将主要基于两条逻辑线索：一是“内在作用性”的逻辑线索，二是“内在时间性”的逻辑线索。应指明一点，此两条逻辑线索并不是彼此独立存在的，相反其存在着紧密的联系。譬如，对于“内在时间性”逻辑线索的厘清是基于对“内在作用性”逻辑线索的准确把握；而“内在作用性”逻辑线索则是对“内在时间性”线索的验证。

（二）“内在作用性”的逻辑线索

为了厘清各类研究方法间的“内在作用性”逻辑线索，首先我们应先对各类研究方法对“中国式管理”领域所产生的作用，即其研究意义进行把握。基于上文对各类研究方法特点的阐述，我们可以分别对四类研究方法进行如下的理解。

正如表 1 所列出的，由“基于西方管理科学”维度的研究方法所得到研究结论具有“检验”这一研究意义，而上文也曾提及，此处的“检验”是基于中国独特的情境，对已存的西方管理理论进行检验、修补。又鉴于该类研究方法具有“双重断裂”的特征，即对“中国传统思想”片段式地理解、阐释与对“西方管理理论”片段式地套用、检验。因此，我们不难得出如下结论，运用此类研究方法所得到的结论，其对“中国式管理”领域的意义在于尝试将中国传统思想、中国现实与以西方管理科学为主流的管理科学进行初步的联系，并由此形成了机械的、片段式的，依赖于西方管理理论体系的“中国式管理”知识。

“基于文本文献”维度的研究方法通过对中国古代典籍的人文科学式的研究，进一步挖掘了中国传统思想中的管理思想。此类“考古式”研究方法，虽然彻底脱离了现实实践，转而成为管理思想的研究，但我们却不能否认，该类研究方法帮助我们完成了“中国式管理”领域中“思想史研究”的体系化。由此，我们可以认定，该研究方法对“中国式管理”领域的作用在于形成了“中国传统管理思想的知识体系”。

“基于哲学思辨”维度的研究方法也是基于对中国现实与中国传统思想的研究，并形成了诸多“中国式管理”的理论体系。但应指出的是，此类研究方法虽将中国传统思想与中国现实同时视为其研究对象，但目前，此类研究方法显然更为关注思维空间中的逻辑思辨，而非现实空间中的经验支撑与检验。由此看来，该类研究方法的作用在于完成了“中国式管理”领域中的另一类理论体系，即“中国式管理哲学的理论体系”，这正是彭贺所谓的中国“管理哲学”领域。

最后，“基于现实实践”维度的研究方法，其意义则体现在两个方面：一是基于对中国现实实践的研究建立具有现实经验支撑的中国“管理科学”理论体系；二是将“中国式管理哲学的理论体系”与“中国传统管理思想的知识体系”引入现实之中，通过现实的实践检验其科学性。

上文已分别对四类研究方法对“中国式管理”领域所产生的作用进行了分析，基于此分析，我们便可以相对清晰地厘清该领域各研究方法间的“内在作用性”逻辑。

首先，“基于西方管理科学”维度的研究方法通过已存的西方管理理论，对中国传统思想与管理科学进行了机械式的联系，当然，这样原始、简陋的联系具有诸多的缺陷，譬如上文所提及的“中国传统管理思想的断裂”与“管理理论体系的断裂”。而正是由于此类研究方法存在的缺陷，致使“中国式管理”领域迫切地期望其他类研究方法的出现，以期满足此类研究方法所产生的“双重断裂”。鉴于“中国式管理”领域所存在的“体系化诉求”与“知识化诉求”，“基于文本文献”与“基于哲学思辨”维度的研究方法产生了。此两类研究方法依赖研究者强烈的主观介入性，形成了“中国传统管理思想的知识体系”与“中国式管理哲学的理论体系”，并由此满足了此前该领域所存在的“中国式管理”理论的“体系化诉求”与中国传统思想的“知识化诉求”。然而，上述三类研究方法虽然研究成果丰硕，但依然存在着明显的问题，即脱离了客观的现实实践与经验，而过于偏重主观的、抽象的建构。而“基于现实实践”维度的研究方法正是针对这一缺陷对“中国式管理”研究领域的研究方法体系进行了有效的完善。此类研究方法强调管理学研究方法的“社会学转向”，以期通过直面现实，赋予“中国式管理”领域内已形成的与待形成的各类理论以客观科学性。

综上所述，我们可以看出“中国式管理”领域内的四类研究方法并非独立存在的，而是彼此间相互支撑、相互弥补，并由此形成了兼顾抽象与具象、客观现实与主观经验、建立与检验的完整研究方法体系。

（三）“内在时间性”的逻辑线索

本文在阐述四类研究方法间的“内在作用性”逻辑时，以对其“内在时间性”的逻辑线索有所涉及。基于对其“内在作用性”逻辑的把握，我们可以轻易地厘清其“内在逻辑”线索。而这里应指出的一点是，此处所讲的时间是基于逻辑层面的，而非现实层面中的时间。而且，在当前“中国式管理”研究领域中，此四类研究方法均占据着重要的地位，呈现出并存的局面，然而，这并不妨碍我们进行逻辑层面上的时间性讨论。

从以上部分的论述中，我们可以得知，“基于西方管理科学”维度的研究方法具有逻辑先行性。因为此类研究方法以已存的西方管理理论为媒介，赋予了中国传统思想以管理层面的意义，并对中国现实中所存在的独特管理现象与问题进行了西方管理理论式的解读。因此，基于对这种尝试性、片段式、机械联系式研究的认识，我们可以判定此类研究方法在该领域四类研究中居于逻辑层面的起点位置。而正是由于这不完美、充满缺陷的逻辑起点，使“中国式管理”研究领域产生了极为强烈的“体系化的诉求”与“知识化的诉求”，从而直接促成了其他研究方法的诞生。

为了满足“中国式管理”领域的“双重诉求”,“基于文本文献”维度与“基于哲学思辨”维度的研究方法诞生了。随之而来的是完整的“中国传统管理思想的知识体系”与“中国式管理哲学的理论体系”。然而，在“中国式管理”领域初步完成了体系化与知识化之后，新的问题又产生了。研究者发现，虽然上述两类理论体系具有缜密的逻辑性与严密性，但由于其存在着强烈的主观介入性，因而缺少了现实实践的经验支撑与检验，从而导致了“中国式管理”理论与实践的脱节。针对这一问题，“基于现实实践”维度的研究方法被学界广泛地提及。

正是由于“基于现实实践”维度的研究方法强调客观现实对建构“中国式管理”理论体系的重要性，因而，其具备了上述其他三类研究方法所不具备的特性与作用。此类研究方法即可以通过现实的实践检验“中国式管理哲学的理论体系”与“中国传统管理思想的知识体系”的可行性与科学性，也可以基于对现实的调查，形成具有现实客观经验支撑，而非主观思维建构的新型“中国式管理”理论。

综上所述，我们厘清了四类研究方法间的“内在的时间性”逻辑线索，即由“基于西方管理科学”维度的研究方法产生了“中国式管理”领域的“体系化诉求”与“知识化诉求”。以期满足此两类诉求，“基于文本文献”维度与“基于哲学思辨”维度的研究方法依赖强烈的主观介入性，分别形成了完整的“中国传统管理思想的知识体系”与“中国式管理哲学的理论体系”。然而，此两类理论体系由于缺乏客观的经验支撑与实践检验，而与管理实践相脱节，针对这一问题，“基于现实实践”维度的研究方法则做了有效的补充，从而最终形成了完整的“中国式管理”研究方法体系。

六、研究方法体系的整体性构建

(一)“中国式管理”领域的研究方法体系

上文已分别从“内在作用性”与“内在时间性”两条逻辑线索对“中国式管理”研究领域的四类研究方法进行了分析与联系，至此，我们便可对该领域研究方法体系的内在逻辑进行整体性的把握。具体如图2所示。

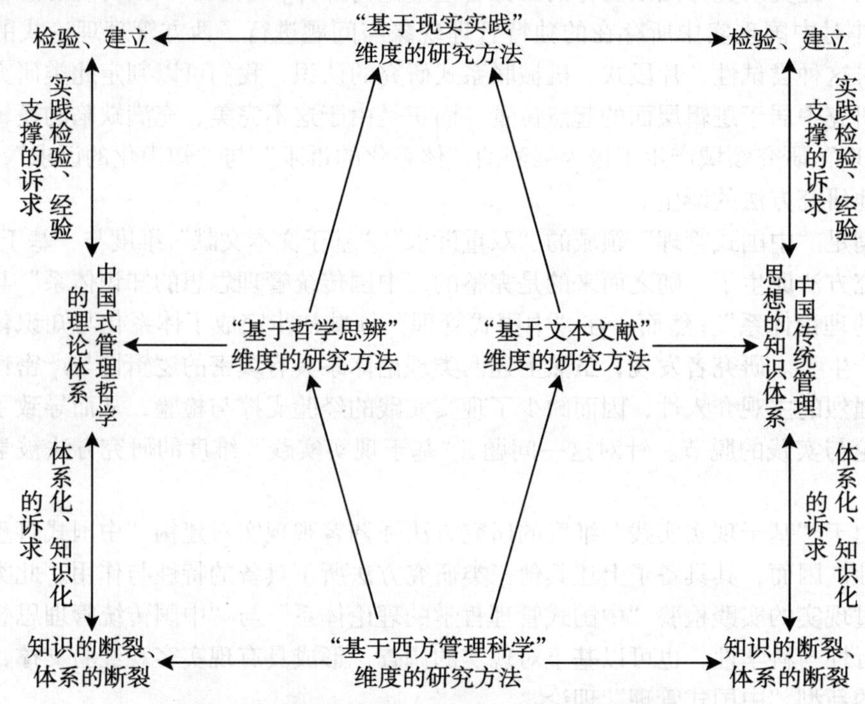

图2 “中国式管理”研究方法体系的内在逻辑

首先，图2内部反映的是该领域四类研究方法之间的“内在时间性”，即以“基于西方管理科学”维度的研究方法作为逻辑起点，以“基于现实实践”维度的研究方法作为逻辑终点，而“基于文本文献”维度与“基于哲学思辨”维度的研究方法则是基于逻辑过程中，不断推进了该领域的发展与深化。

图2外围所反映的则是该领域四类研究方法之间的“内在作用性”，“基于西方管理科学”维度的研究方法以西方管理理论为媒介，首次在中国传统思想、中国现实与管理学之间建立了联系，然而，由于此类研究方法自身的缺陷，导致了其在开启“中国式管理”领域研究的同时，也呈现出“双重断裂”。“基于文本文献”维度与“基于哲学思辨”维度的研究方法依赖强烈的主观介入性，形成了“中国传统管理思想的知识体系”与“中国式管理哲学的理论体系”，在一定程度上弥补了“双重断裂”，但同样存在着严重的问题，即缺乏现实的经验支撑与实践检验。而这一严重问题则最终导致了“基于现实实践”维度的研究方法的诞生。此类研究方法由于强调客观现实的重要性，因而对“中国传统管理思想的知识体系”与“中国

式管理哲学的理论体系”进行了有效的检验，并形成了具有经验支撑的新型“中国式管理”理论体系。至此，“中国式管理”领域的研究方法体系建构完成。

（二）相关核心问题与说明

正如数理逻辑的开创者、“分析哲学之父”弗雷格所言，“一个科学家的工作完成之日，也是这一建筑物的基础倒塌之时”。诚然，伴随着“中国式管理”领域的研究方法体系建构完成，新的问题也随之而来。

首先，笔者想先就“研究方法”这一概念做如下说明。正如本文开篇所述，本文所探讨的“研究方法”并非具体的，应用于实践层面上的研究方法、手段。相反，本文提出了该领域目前所存在的四大基本研究维度，并据此对现有的研究方法进行了再划分。因此，本文所提及的四类基于不同维度的研究方法更似一个“类概念”，即每一类研究方法间蕴涵着诸多具体的研究方法、手段。很明显，这其中蕴涵着一个从属的层级关系。

基于上述认识，笔者想就几个相对核心的问题进行相关说明。首先，本文所提出的研究方法体系是否涵盖了该领域所有的具体研究方法？答案是否定的。随着四十余年“中国式管理”研究的深入，以及科学技术水平的提高，越来越多的先进研究方法、手段被提出，并被广泛地采用。因此，我们有理由相信，在未来的学术探索过程中，更为新颖的研究方法会源源不断地涌现出来。因此，我们可以认定，本文所构建的“中国式管理”领域的研究方法体系并非一个僵硬、死板的理论牢笼，相反，其是一个可被无限扩展、扩充的动态体系。而这，恰恰又引出了另一个核心问题，此研究方法体系是否会有碍于甚至限制该领域新型的研究方法、手段的生成？

笔者认为，正是由于此研究方法体系具有上文所述的“类概念”性质，因此，具体的研究方法、手段的更新与四类研究维度的相对固定分属两个不同的层面，彼此互不冲突。由此，我们可以认定，“中国式管理”领域的研究方法体系非但不会限制具体的研究方法不断推陈出新，反而会因得益于新型的具体研究方法，从而变得更加饱满、充实。

最关键的一个问题是，“中国式管理”研究领域是否会产生第五研究维度，甚至更多的研究维度？笔者认为，基于不同研究维度的研究方法都在相互的互动中，展现着其特殊的意义与价值。换句话说，基于不同研究维度的研究方法间存在着互补性的功能，而这也是该研究方法体系得以建构的基础。因此，笔者此处并不断然否认其他研究维度存在的可能性，相反，笔者愿给出一条判定其合法性的标准，即基于新式研究维度的研究方法是否同已存的研究维度产生互补性的、良性的互动，并进一步完善了“中国式管理”领域的研究方法体系。

诚如上文所说，本文所提出的“中国式管理”领域的研究方法体系是一个可被无限扩展、扩充的动态体系，这既表现在其内部可包含新型的具体研究方法，也表现在其自身可被不断地超越，不断地展开。

七、结　语

综上所述，本文首先基于不同的研究维度，将“中国式管理”领域的研究方法体系划分为四类，“基于西方管理科学”维度的研究方法、“基于文本文献”维度的研究方法、“基于哲学思辨”维度的研究方法以及“基于现实实践”维度的研究方法。其次，本文又分别从“研究方法其自身”与“研究者”两个视角对上述四类研究方法的特点进行了详尽的阐述，并据此厘清了各类研究方法间的内在逻辑线索。至此，本文完成了对“中国式管理”领域研究方法体系的整体性构化。基于图 2，我们可以更为清晰地把握如下观点，即“中国式管理”研究领域中的四类研究方法并非独立存在的、互无联系的；相反，此四类研究方法由于彼此研究维度、研究特点以及研究意义的不同，呈现出各有分工、相互支撑的局面，并最终建构了“中国式管理”领域中完整的研究方法体系。

最后，我想援引 McGrath 的一句话，我们“不可能完成一项没有缺陷的研究。因为所选择的任何研究方法都存在着其内在的缺陷性，而任何研究方法的选择也必将限制该结论的得出”。诚如 McGrath 所言，为了进一步推动管理科学的“中国化”进程，并促进该研究领域健康的发展，我们必须坚定不移地运用多元化、多维度的研究方法。笔者强烈认为，“中国式管理”领域的研究方法并非简单的四选一选择题，每类研究方法都有其特有的研究维度、研究特点与研究意义，因此，我们必须学会如何合理地运用四类研究方法，使“中国式管理”领域的研究方法体系充分地发挥其优点，实现该领域各研究方法相互支撑、研究成果相互支撑、研究成果与研究方法相互支撑的良性循环，从而真正实现为世界管理科学贡献中国智慧的宏伟目标。

八、致 谢

感谢南京大学“大学生创新训练计划”项目为本研究所提供的经费支持；感谢第三届“管理学在中国”学术研讨会提供的交流平台；感谢复旦大学彭贺老师在文章撰写过程中提出的宝贵建议；感谢南京大学赵曙明老师、兰州大学贾旭东老师的鼓励；最后，感谢我的父母、家人和朋友，衷心地感谢你们的关心、鼓励与陪伴。

［参考文献］

［1］崔援民. 关于建立“现代管理方法论”学科体系的构想［J］. 中国软科学，1997（4）：120-122.

［2］彭贺. 困惑与出路：中国特色管理研究的方向［J］. 经济理论与经济管理，2008（7）：58-61.

［3］谭劲松. 关于中国管理学科发展的讨论［J］. 管理世界，2007（1）：81-91，104.

［4］罗纪宁. 创建中国特色管理学的基本问题之管见［J］. 管理学报，2005，2（1）：195-197.

［5］彭贺. 从管理与文化的关系看中国式管理［J］. 管理学报，2007，4（3）：253-257.

［6］王学秀. “管理学在中国”研究：概念、问题与方向——第一届“管理学在中国”学术研讨会观点评述［J］. 管理学报，2008，5（3）：313-319，365.

［7］苏勇，于保平. 东方管理研究：理论回顾与发展方向［J］. 管理学报，2009，6（12）：1578-1587.

［8］马庆国. 中国管理科学研究面临的几个关键性问题［J］. 管理世界，2002（8）：105-115，140.

［9］彭贺. 论东方管理的研究策略［J］. 学术月刊，2009（6）：85-92.

［10］尹卫东. 哲学视域中的管理思想演变论纲［J］. 江海学刊，2002（2）：48-53，206.

［11］苏东水总主编. 中国管理通鉴［M］. 杭州：浙江人民出版社，1996：3.

［12］成中英. C 理论：中国管理哲学［M］. 上海：学林出版社，1999：6.

［13］曾仕强. 中国式管理［M］. 北京：中国社会科学出版社，2005：8.

［14］苏东水. 东方管理学［M］. 上海：复旦大学出版社，2005：9.

［15］席酉民，尚玉钒. 和谐管理理论［M］. 北京：中国人民大学出版社，2002：11.

[16] 苏东水. 论东西方管理的融合与创新 [J]. 学术研究，2002 (5)：39-45.

[17] 耿国阶，曾仕强. 中国式管理 [J]. 公共管理评论，2007 (1)：189-193.

[18] 余江，曾仕强. 中西管理思路碰撞下的最优选择 [J]. 新经济，2006 (6)：40-41.

[19] [美] 艾尔·巴比著. 社会研究方法（第 8 版）[M]. 丘泽奇译. 北京：华夏出版社，2000：5.

[20] 罗纪宁. 当代中国管理学主要流派、研究范式和方法评析 [J]. 商业研究，2006 (12)：86-89.

[21] 吕力. “中国管理学”研究的方法论问题 [J]. 经济论坛，2009 (15)：14-15.

[22] 王学秀. 文化传统与中国式管理价值观选择[J]. 科学学与科学技术管理，2006，27 (2)：156-160.

[23] 韩巍. 从批判性和建设性的视角看“管理学在中国”[J]. 管理学报，2008，(5) 2：161-169.

[24] 彭贺. 也从批判性和建设性的视角看“管理学在中国”[J]. 管理学报，2009，(6) 2：160-164.

[25] 韩巍. 学术探讨中的措辞及表达——谈《创建中国特色管理学的基本问题之管见》[J]. 管理学报，2005，2 (4)：386-391.

[26] 罗珉. 中国管理学反思与发展思路 [J]. 管理学报，2008，5 (4)：478-482.

[27] Boyacigiller N., Adler N. The Parochial Dinosaur: Organizational Science in Global Context [J]. Acad. Management Review, 1991, 16 (2): 262-290.

[28] Barney J. B., Zhang S. J.. The Future of Chinese Management Research: A Theory of Chinese Management Versus a Chinese Theory of Management [J]. Management and Organization Review, 2009, 5 (1): 15-28.

[29] Bruton G. D., Lau C. M. Asian Management Research: Status Today and Future Outlook [J]. Journal of Management Studies, 2008, 45 (3): 636-659.

[30] Bailey K. D. Methods of Social Research: Qualitative and Quantitative Approaches (4th Edition) [M]. New York: Free Press, 1994.

[31] Doktor R., Tung R., Von Glinow M. A. Future Directions for Management Theory Development [J]. Acad. Management Review, 1991, 16 (2): 362-365.

[32] Edited by Geachi P. and Black M. Translations from the Philosophical Writings of Gottlob Frege [M]. New York: Philosophical Library, 1952.

[33] Li J. T., Tsui A. S. A Citation Analysis of Management and Organization Research in the Chinese Context: 1984-1999 [J]. Asia Pacific Journal of Management, 2002, 19: 87-107.

[34] McGrath J., Dilemmatics: the Study of Research Choices and Dilemmas [J]. American Behavioral Scientist. 1981, 25 (2): 179-211.

（南京大学哲学系　吕　成　杨　明）

超越集体与个体主义之争

——基于社会网理论对中国组织文化的分析

中国人集体性与个体性的争论通常被称为"泥沙之争"。在组织研究领域，致力于国别文化与组织文化研究的荷兰人类学家霍夫斯坦德（1997）最早把中国文化透过组织行为研究放置到个人—集体的分析维度之中。本文在回顾霍夫斯坦德的文化理论与中国文化的个体主义—集体主义属性争论之后，提出一个社会网络视角下的观点：

基于费孝通的差序格局、许烺光的"情境中心"概念以及黄光国与何友晖的关系主义等理论，我们以为中国人的组织行为仍是以达成个人目标为主，最主要的行为是社会交换，透过交换扩大自我中心人脉网络，人脉是动员资源的基础，所以中国人完成个人目标不只需要个人的努力，更要依靠一个群体，只是这个群体不是一个集体，而是一个自我中心社会网，在建立与维护此网络的长期关系中，中国人不能展现个体主义的行为，否则很难得到别人的合作，而需要照顾别人的利益，想办法设定群体的目标，借着达成维护群体利益来达成个人目标。当组织领导或组织内的派系领袖能将一个群体营造成拟似的"家"时，个人在此特殊情境下基于中国人家本位的人伦思想，也会放弃个人利益，而自愿地完成集体目标，展现出集体主义的行为。所以，中国人的集体主义是情境性的。

一、霍夫斯坦德理论下中国文化的集体性

（一）霍夫斯坦德的文化理论

国别文化与组织文化是霍夫斯坦德文化理论的两个有机组成部分。霍夫斯坦德①认为，虽然在有些层面上，国别研究与组织研究的对象是不同的，但跨国公司很好地将两种文化研究组合在了一起。而霍夫斯坦德正是透过组织——IBM的跨国部门获得首批资料，建立起了国别文化的理论框架。虽然组织文化理论与国别文化理论分别有各自的理论体系，但是组织文化是国别文化对现实世界的着眼点，国别文化又反过来成为组织文化领域中跨国公司文化的重要指导理论，②如图1所示。

在进一步阐述霍夫斯坦德的国别文化理论之前，有必要对一个潜在的悖论做出本文的解释：从工作导向的社会组织中提炼出的理论构面能否真实地反映较之完整与庞大的国家文化？霍夫斯坦德在 *Culture and Organization*（1997）中从人类学角度和社会统计学两个角度

---

①② 请参见霍夫斯坦德的个人网站对其文化理论的概述：http：//feweb.uvt.nl/center/hofstede/index.htm。

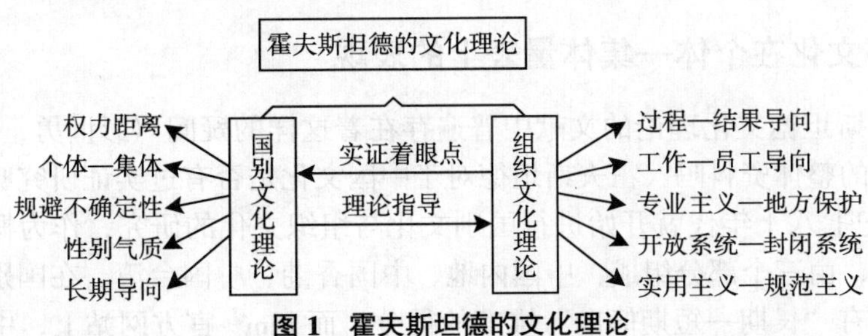

图 1 霍夫斯坦德的文化理论

给予说明。人类学视角的文化层次理论认为文化是“集体的心理编程，把这个群体或这一类型的人与那个群体或那一类型的人区别开来”（霍夫斯坦德，1996），并且“人类群体之间文化形态的差异十分稳定地存在着”（霍夫斯坦德，1996）。谢遐龄也曾从哲学的角度（1988）阐发过类似的论述：一个民族的文化之根一旦形成就不再轻易改变。从社会统计学的角度，霍夫斯坦德（1996）提出，“除了国籍不同外，在其他方面，他们（IBM 当地附属机构的员工）都是相同的”，因此，“国籍差别的影响”在统计分析中非常显著。

霍夫斯坦德的国别文化理论由五个维度组成：个体—集体维度；权力距离维度；规避不确定性；长期—短期取向；男性—女性气质（霍夫斯坦德，1997；谢衡晓，2007；霍夫斯坦德，1996）。

（二）个体主义与集体主义文化之异同

本文所关注的是个体主义与集体主义的问题。霍夫斯坦德（1997）对于个体主义与集体主义为主导的国家文化特质作了分析，见表 1。

表 1 个体主义与集体主义所主导的国家文化特质

	集体主义为主导的国家文化特质	个体主义为主导的国家文化特质
1	集体利益高于个体利益	个人利益高于集体利益
2	个人生活可以被集体侵入	每个人都享有隐私权
3	个人意见事先由集体决定	每个人都有自己的意见
4	法律与权力因组织而异	法律与权力对于任何人没有差别
5	经济基于集体利益	经济基于个体利益
6	政治权力由利益团体控制	政治权力由选举人控制
7	均等意识高于个体自由意识	个体自由的意识高于均等意识
8	“一致”作为社会价值的最终目标	个体的自我实现作为最终目标

在个体主义社会里，人与人之间的联系较松散，人们只关心自己或直系亲属的利益，并把对自己利益的关心和维护置于他人利益之上，人们的身份是以个体的特征为基础，个人的行为主要由个体的态度、个性等内在因素而不是由环境因素决定，个人之间的交流更多的是采用直言不讳的方式。在集体主义社会里，人们归属于某一个群体，在群体内人们之间具有紧密的联系，集体成员相互关心，人们对集体利益的关心胜过对个人利益的关心，集体成员对集体具有一定的信任和忠诚，人们的身份是以其归属的集体特征为基础，个人的行为受群体规范、社会规则等环境因素影响，人与人之间的交流通常采取含蓄的方式。

简而言之，个体主义者更在乎个人的自由、自我满足，以及对自我命运的控制；而集体主义者则总是自我定位为某个集体的成员，而着意于追求集体目标及集体和谐。

（三）中国文化在个体—集体量表上的表现

在批判霍夫斯坦德文化理论的文献中普遍存在着这样的疑问（彭世勇，2004）：霍夫斯坦德到底有中国的整体资料吗？霍夫斯坦德对于中国文化是否有过实证研究呢？由于霍夫斯坦德早在20世纪七八十年代就开始进行国别文化与组织文化的研究，作为概念的“中国”，在其文化理论中，由三个部分组成：中国内地、中国香港、中国台湾。在国别文化的评分表中，中国内地只有“长期—短期倾向”维度的得分。而itim[①]官方网站上，中国内地的其他资料均为估计值。由于本文关注霍夫斯坦德文化理论中的个人—集体维度，故将该维度资料进行了[②]归纳，如表2所示，其中中国内地和波兰两国的资料缺失。

表2　集体主义文化国家排名

排名	国家	个体主义	排名	国家	个体主义
	中国内地	—		波兰	—
1	危地马拉	6	28	巴西	38
2	厄瓜多尔	8	29	牙买加	39
3	巴拿马	11	30	伊朗	41
4	委内瑞拉	12	31	阿根廷	46
5	哥伦比亚	13	32	日本	46
6	印度尼西亚	14	33	印度	48
7	巴基斯坦	14	34	西班牙	51
8	哥斯达黎加	15	35	以色列	54
9	秘鲁	16	36	奥地利	55
10	**中国台湾**	**17**	37	芬兰	63
11	韩国	18	38	南非	65
12	萨尔瓦多	19	39	德国	67
13	新加坡	20	40	瑞士	68
14	泰国	20	41	挪威	69
15	西非	20	42	爱尔兰	70
16	智利	23	43	法国	71
17	**中国香港**	**25**	44	瑞典	71
18	马来西亚	26	45	丹麦	74
19	东非	27	46	比利时	75
20	葡萄牙	27	47	意大利	76
21	南斯拉夫	27	48	新西兰	79
22	墨西哥	30	49	加拿大	80
23	菲律宾	32	50	荷兰	80
24	希腊	35	51	英国	89
25	乌拉圭	36	52	澳大利亚	90
26	土耳其	37	53	美国	91
27	阿拉伯国家	38			

注：分数越低表示个体主义倾向越低，集体主义倾向越高。

① 基于霍夫斯坦德文化理论的商业组织。——作者注

② 该资料来源于 http：//www.geert-hofstede.com/。

表2按照国家的集体主义文化程度由强至弱依次排名。① 中国香港和中国台湾排名分别是：第17名（分数：25），第10名（分数：17）。itim对于中国内地的估计值为20，中国内地的排名介于中国香港和中国台湾之间，应大致属于集体主义文化较重的国家。

这样的个体主义—集体主义文化设计的问卷也适合于更多的国家，然而更多的分析显示，个体主义与集体主义并不是相互排斥的，有的国家文化可以既强调个人自由、自我实现与个人价值，又强调个人需遵从于集体的目标与集体的规范，如秘鲁与意大利。相反地，也有国家文化是个人既不强调自我满足与自我目标，但也不重视集体目标、集体和谐与集体规范的，比如埃及（Oyserman et al.，2002）。这说明了个体—集体并不是一个二元对立的概念，而是可以相互独立的两个概念。这对此一分析架构的理论形成一定的质疑。

不过在同时呈现一个国家文化的个体主义与集体主义的坐标图上，中国台湾仍然被置于集体主义最高的一层，个体主义较低的一层；中国香港则在个体主义上差不多低，而在集体主义上比中间偏高。所以只以集体主义的指针衡量，中国社会仍是集体主义倾向较高的文化。

二、中国文化的个体性—集体性之争

中国人集体性与个体性的争论通常被称为“泥沙之争”。翟学伟（2001）在《中国人的行动逻辑》一书中指出：“‘泥沙’之争大概是由梁启超先挑起的。他在1902年发表的《新民说》中集中讨论了中国人对‘群’的道德观念。他指出：‘合群之义，今举国中稍有知识者，皆能言之矣。问有能举合群之实者乎？无有也。’自‘五四运动’以来，这一观点开始成为在中国文化和政治上及中国社会之未来讨论的一个焦点。如孙中山在《三民主义》里对此作了呼应，点出中国人是‘一盘散沙’，陈独秀在《卑之无甚高论》一文中认为‘中国人民简直是一盘散沙……人人怀着狭隘的个人主义，完全没有公共心。’而鲁迅除了在众多的杂文中提出了有关类似的思想外，他写的一篇杂文，篇名就叫《沙》。”……“中国人在社会行为取向上的特征具有或不具有集体主义倾向的争论最早发端于中国人国民性的研究。然而，中国‘国民性’的根本特征历来是个悬案，远不如西方人为个体主义或日本人为集体主义那么干脆，其种种结论往往是盘根错节，相互矛盾，甚至自相矛盾，以致难以清理。”下面将从三个视角——集体主义、非集体主义、既非集体主义又非个体主义——选取较有代表性的案例略作说明。

（一）中国文化是集体主义文化

翟学伟（2001）曾指出，相当多的学者认为中国文化具有集体主义属性。在跨文化组织研究领域，霍夫斯坦德的文化理论已经成了组织研究领域中的经典理论。Schaffer et al.（2003）整理了1995~2001年所有研究跨文化组织的论文（涉及所有西文主流管理期刊②），

① 资料的计算方法为：个体主义—集体主义的数值 = 50 + 25 × INV（霍夫斯坦德，1991：53）。其中，INV是对问卷前18个问题进行因子分析后得出的第一个因子的“因子分数”（在对这18个问题进行因子分析的时候，只产生了两个因子：“个体主义—集体主义”和“社会的男性化程度”）。这18个问题都是按照利克特量表（Likert Scale）的方式设计的，在从0到100的区间内，分数越低就表示个体主义倾向越低，集体主义倾向越高；分数越高则表示个体主义倾向越高，集体主义倾向越低。

② 包括ASQ，AMJ，HR，JAP，JIBS，JM，PP，SMJ，JCP等西文管理类期刊。

一共 210 篇。其中 83 篇占 41%的研究论文采用了霍夫斯坦德的文化理论。而在霍夫斯坦德的文化理论框架中，中国内地、中国香港、中国台湾都是集体主义文化导向的（前文已述）。于是，许多管理学研究在其理论架构下开展进一步的研究。

著名历史学家钱穆认为，由于中国人讲“和”，故总是把“群”放在首位，没有“群”在先，便没有“我”可言。中国台湾心理学家杨国枢通过对中国人的行为取向的更系统的考察，提出了中国人的社会取向的理论模式。这一理论在对中国人的社会行为进行了较完整的分析后，仍然把中国人归结为集体主义。认为中国人的集体倾向并带有“合群”或“和谐”观点，几乎是现代海内外学者关于中国人的国民性特性的共识，他称为“社会取向”（翟学伟，2001）。

（二）中国文化不是集体主义文化

也有不少学者不同意中国文化具有集体主义属性，本文以费孝通与余英时的观点为例，略作说明。

费孝通（1998）在论述其差序格局的概念时指出：“在这种富于伸缩性的网络里，随时随地是有一个‘己’作为中心的。这并不是个体主义，而是自我主义。个人是对团体而说的，是分子对全体。在个体主义下，一方面是平等观念，指在同一团体中各分子地位相等，个人不能侵犯大家的权利；另一方面是宪法观念，指团体不抹杀个人，只能在个人所愿意交出一分权利上控制个人。这些观念必须先假定了团体的存在。在我们中国传统思想里是没有这一套的，因为我们所有的是自我主义，一切价值是以‘己’作为中心的主义。”翟学伟（2001）认为，这里的关键问题不是自我主义究竟是什么，而是费孝通这样的一个判断——中国人并非集体主义。因为中国人并没有一个固定的集体，他们所有的就是以己为中心的而又各自不同的并不停变化的社会网络。因此“私”是中国人社会行为的核心。

余英时（1987）通过对“礼”的讨论来看待中国人的价值坐落：“‘礼’虽然有重秩序的一面，但其基础却在个人，而且特别考虑到个人的特殊情况。从这一点说，我们不妨称它为个人主义，不过这里所用的名词不是英文的 Individualism 而是 Personalism，我认为前者应该译作个体主义……‘礼’或人伦秩序则要求进一步照顾到一个具体的个人。这一形态的个人主义使中国人不能适应严格纪律的控制，也不习惯于集体生活。这种精神落实下来必然有好有坏。从好处说是中国人爱好自由，但其流弊便是‘散漫’，是‘一盘散沙’，自由散漫几乎可以概括全部中国人的性格……一个具有自由散漫的性格的文化绝不可能是属于集体主义的形态的。”

（三）个体主义—集体主义不适合分析中国文化

另外有一群学者认为个体—集体这样的分析架构根本不适合用来研究中国人。人类学家许烺光用“情境中心”的概念来替代“集体主义取向”，并以中国宗族为界，认为宗族内表现为集体主义属性，宗族外表现为个体主义属性。“……与此同时，必须指出的是，中国非亲属组织的缺乏导致了孙中山博士所指的中国人像一盘散沙。然而，本书的读者会认识到中国人绝非一盘散沙，尤其在亲属关系和地方组织中，中国人彼此在一起的力量比黏土还紧。至于一盘散沙的中国人性格，只有在主要亲属以外的团体关系中才会出现。”

杨国枢在后来的理论发展中修正了“社会取向”的论述，其中国心理学研究的后进者如黄光国（2001）等人以关系主义（Relationalism）称中国人的行为特质，何友晖（Ho，1993）

则称为关系取向（Relation Orientated）。所谓关系主义，意指中国人并没有非常清楚的人己之分，但也不是在集体中自我认同（Self-identity）消失了，而是在关系网中才找得到自己的定位，这是“关系中的自我”（Ho，1995），一个人以自我为中心建构出亲疏不同的关系网，对不同的关系采取不同的行动法则，所以这既不是个体主义中有清楚的群己界限，也不是集体主义中个人完全服从于集体的规范，而是在不同关系中界定自我的位置，采取不同的行动法则。

翟学伟（2001）认为需要建立一种新的概念架构来分析中国文化的属性。他认为中国人社会行为中四个不可缺少的重要因素：权威（包括对身份、年龄、地位、等级及辈分的重要性的强调）；道德规范（以“孝忠”和“重义轻利”为核心）；利益分配（包含对经济、社会和心理上获得平均性和均衡性的计较）；血缘关系（包括真正的、扩大的或心理认同上的血缘关系）。并由此得出一系列命题：中国人社会行为的取向由这四个因素的配置情况而定；利益分配的平均与否是导致两种相反行为取向的杠杆；平均性是一系列综合指针，涵盖物质利益分配上的等量、社会资源分配的均衡和社会情感投入的均匀；中国人的个人主义取向不导致公开分裂或自立，而是表现为内耗；中国人在价值体系中强调的是个人与社会的整体性、过渡性和统一性，而非对立性和先后性；中国人社会行为的紧张性表现在利益分配与道德规范之间的冲突与调适；中国人的社会行为取向具有很强的变通性（情境性）；中国人的关系结构为纵向与横向并存式。

三、社会网络视角下的中国组织文化

为什么中国人的行为模式会引发如此多不同的争论呢？对管理学研究而言，更重要的是，集体主义的理论适用于中国人组织行为的分析吗？上述费孝通的差序格局理论、许烺光的“情境中心”概念，以及黄光国与何友晖的关系主义提供了一个很好的分析架构，可以帮助我们了解中国人组织中的行为模式。

（一）中国人需透过人脉网完成个人目标

余英时认为中国人是很强调“私”的，但这个“私”并不是个体主义底下的个人只看重个人目标而忽视集体目标。相反地，中国人的个人目标往往是透过一群人来完成，所以完成个人目标必须思考如何处理与这群人的关系。

该群体其实只是一个自我中心的人脉网，而不是一个如组织、宗教团体、阶级、种族、国家等的集体。人脉可被视为一个自我中心信任网络（罗家德，2006），是一个人在生活、工作场域中主动建构或与生俱来的信任关系的总和。费孝通的差序格局理论指出，人脉关系由近而远可以分成几个圈圈，每一层次的关系则适用不同的互动规范及交换法则。杨国枢（1993）将之延伸指出，中国人的关系可分成家人、熟人与生人，黄光国（1988；Hwang，1987）则演绎为情感关系、混合关系及工具关系，分别适用不同的交换法则，情感关系适用需求法则，混合关系适用人情法则，工具关系则适用公平法则。

这些关系都能为作为中心的个人带来信任连带，家人因为是保证关系（T. Yamagishi and M. Yamagishi，1994），也就是一群封闭而又亲近的人在严密的相互监督下，而能谨守人伦法则，所以产生最强的信任感（王绍光、刘欣，2003）。熟人的人情交换既是一种带有情感性的强连带又是一种社会交换的关系，情感是信任的基础，社会交换则需要期待对方在一段时间以后善意的回报，所以往复的交换会产生信任。生人是工具性交换关系，但长期的社会交换也会产生信任，而且长期的工具性交换中，人们总是要展现可信赖行为以取得更多的交换机会，所以也能培养出信任感来（Hardin，2001）。镶嵌理论指出，信任是社会连带与经济行动的中介，有了信任可以减少交易治理的交易成本，而产生经济合作行为（Granovetter，1985）。因此，这些关系对中国人而言，都是取得资源的重要管道，共同构成个人的人脉网（Luo，2005）。

自我中心信任网蕴涵着资源，因关系人的社会地位高低、关系亲密程度各异，以及网络结构不同，而可动员的资源也不一样（Lin，2001）。中国社会尤其如此，一个人要完成个人目标，就必须动员人脉网，靠着一群人的力量，此时个体主义的倾向——强调个人利益，不愿与人分享私密信息，明显地追求自我实现——往往被认为是自私、短视甚至是无礼的，得不到别人的合作，在中国，这就无法完成个人目标。所以中国人不会展现个体主义，但也绝不是集体主义，因为他仍有个人目标存在，不会因为集体需求而牺牲个人目标，对人开放隐私也是差序格局的、有选择性的，为的是自己人脉网内的和谐，但其终极目的仍是个人的自我实现，完成自我目标。

在组织中，有成就动机的中国员工依然会建人脉以累积资源，一个人很成功地将人脉网建得十分紧密，形成一个封闭的扈从体系，则会形成派系。这时，整个派系就能被动员来达成领袖的个人目标，成功的领袖也懂得为此群体设定群体目标以激励其中的人员一同奋斗，在此情境之下，个人会透过完成集体目标来达成个人目标。这是为什么中国组织中总是那么容易有派系，以及派系间常因目标的不同而斗争的因素。

（二）中国人的社会交换是长期性的

派系领袖自然要努力地经营人脉，但其他成员又为什么会加入一个群体集体行动呢？其实这也是一个社会交换的过程。

人脉的建立与维持往往是一个长期的社会交换过程，短期交易行为就显得十分不合时宜，每一次交换都讨价还价、限时偿还、催讨人情债，则根本无法建立长期关系。社会交换不能讨价还价，交换目标的价值不好衡量，也无法实时偿还，所以双方要有相当的信任感，相信对方的善意，期待将来的偿还（Blau，1964）。社会交换也会在往复的交换中，因为对善意的期待总能相互满足，而培养出更深厚的信任（Coleman，1990）。有这样的信任关系才能构成人脉。

如果进一步地，一个人要把某一信任关系变成熟人关系，也就是“自己人”、“圈内人”，往往要符合两项互动法则：一是在利益分配上要符合均分法则，也就是“见者有份”、兄弟共享的原则，好处要大家都均沾，藏私一旦被发现是十分伤感情的（翟学伟，2005）。二是在人际互动上要符合人伦法则，中国的五伦关系，除了父子、兄弟、夫妇的血缘关系外，还将朋友与君臣（领导与部属关系）纳入人伦的范围，所以以君恩臣忠、朋友有义的原则进行人际互动，可以将关系拉入“家人”的范围，成为圈内、圈外的重要分界（翟学伟，2005），学者也称为“拟似家人”（陈介玄，1994；罗家德，2006）。

熟人关系适用人情法则（Hwang，1987），中国人的人情交换是一种特殊的社会交换，需表现出中国的人伦法则，要显出给人帮忙是义不容辞的，是不用还的，与自己人交往是“只能曰义不能曰利”的，但毕竟它是以交换为目的，所以在人情交换往往有一本人情账，给人情的人要表现出朋友有义的人伦法则，给完就“忘”了，不能再提，但欠人情的人则不能忘，必须记入人情账中，抓到机会要随时偿还（罗家德、叶勇助，2007）。这样既展现人伦法则，又能持续进行交换，一个人才能拥有一群“自己人”。

派系之内一个领袖与其派系成员的交换也是长期的人情交换，显出“君恩臣忠”的人伦法则，领袖提供资源，提携后进是“恩德”，而成员努力做事，达成任务是“报恩”。派系的一个重要特质就是这样的扈从关系，领袖给恩德“不求回报”固然是为了加强他的人脉网，而成员会尽心尽忠，也是因为在一个群体的合作努力中，派系发展壮大，资源丰盛，在“均分”原则下，大家都能享有更多的资源，进行更多的交换，累积更多的人脉，而有机会完成个人的目标。所以这依旧是一种理性交换的行为，只是为了长期维护“自己人”关系，它要展现出符合人伦法则的风貌，一个人总是表现出短期的理性算计，就无法建立这样的关系。

中国的组织行为固然有一部分是员工与组织间的互动，但也有很大一部分是个人与同事间以及领导与部属间的交换行为。唯有透过交换，个人才能累积人脉，为了将来组织内的升迁，或个人的转职甚至于创业储备资源；领导则透过交换建立自己的班底，完成任务，展现绩效，乃至于达成个人目标。忽略了这些个人与个人间的社会交换，只分析个人与组织间的关系，就无法了解中国人组织行为的全貌。

只是这些社会交换都是长期性的，在长期性的思考下，很多环境的限制条件是不清楚的，因此，也很难以理性算计就做出正确决定，符合“人伦”、“均分”的行为法则往往是长期中较好的选择，所以个体主义的行为方式——表达甚至坚持自己的意见，个体自由的意识高于均等意识等——是十分不合适的。在长期性的思考下，不确定性既然太高了，中国人会选择符合社会期待的行为——利益与人均分、隐藏个人意见，遵守传统规范，虽然这些行为也会视情境而定，但反而可以累积声誉，带来人脉，在长期中更符合个人的利益。

（三）中国人在“家”之中才显现出集体主义倾向

许烺光的“情境中心”概念强调中国人在家之中是集体主义的，但在家之外就不是。2000多年儒家的人伦教化使得中国人十分重视家族关系，家族之内个人应该完全遵守三纲五常的行为法则，严守家族的规范，置家族利益于个人利益之上，所以在中国，家族是重要的行动单位，个人在其中只是一个分子，展现出集体主义的行为。家扩而大之，可以成为宗族，宗族可以是一个地方乡土社会的主体，所以家族之外，有时宗族关系与地缘关系也让中国人表现出集体主义倾向。但在这个范围之外，国家、民族、组织、阶级、宗教团体等在西方常见的集体中，中国人则没有这种集体主义倾向，所以从国家与民族的角度上看，难怪孙中山、鲁迅等人要感叹中国人是一盘散沙了。

情境中心的概念指出，一般而言，组织成员不会有集体主义倾向，但这又是因情境而变的，好的领导如果能营造组织成为“家”，使员工有归属感，则员工也会展现集体主义倾向。家国、家天下的概念就说明了中国人会把家的范围扩大，可以视一国甚至天下为一家，从先秦到汉代，儒家的人伦概念可以从血缘关系扩大到五伦中的上下关系及朋友关系，到了宋代，更可以将家族关系扩大到同姓，甚至不同姓却同宗的宗族以及因地缘关系而有的同乡团体，可以看到中国人推广家族概念及于其他团体的范例。

一如个人的经营人脉，组织领导在管理组织时也懂得展现符合人伦法则的行为，也就是要对员工施恩德、讲人情，把组织视为家，把员工视为“拟似家人”，这正是员工归属感的来源，也是为什么管理者要展现“仁慈领导”的原因（樊景立、郑伯埙，2000）。中国人修、齐、治、平的哲学总是先齐家而后治国，正是把组织治理的基础建立在治家之上的思想。因此，我们可以看到在传统产业中的很多中小型企业，员工仍是一群一群由某一乡、某一村的乡亲组成（柯志明，1993），这种以乡亲为基础组建工作团队的现象即使到今天，仍普遍流行在一些产业中，如建筑业（沈原，2007）。

在拟似的“家”中，中国人会凝聚成一个集体，这样的组织或团队会有很高的工作绩效，所以，以拟似的“家”为核心组建出来的团体是中国最主要的自组织形式，而承包对中国人而言是最好的激励措施，我们可以说这是“裂土封侯”式的激励，承包者有机会组建自己的团队，在一定范围内有完全的权力与责任，也收取所有的努力成果。而成功的承包者会经营出拟似“家”的团队或组织，使这群“拟似家人”有归属感，愿意效忠而发挥出强大的工作能力。建筑业的工程公司就是范例，一个公司可能是数十个包工队的组合，工作层层“转包”给包工头，包工头则会有一个由班组长组成的班底，再从家乡中找来工人，组成包工队（沈原，2007），班底、乡亲基本上都是包工头的人脉，所以包工队就是一个拟似“家”的团队。这样的激励形式更鼓励了中国自组织的动机，自组织的发达使得中国的经济是一个“网络式经济”（Hamilton et al.，1990），在海外华人与内地民营经济中，总是充满着中小型的家族企业，各自负担价值链中的一小段，中心厂将价值链的一段一段分割出去，完全外包，再层层外包、层层整合出完整的价值链（Luo，1997）。这样的激励方式之所以在中国经济组织中普遍存在，正是因为它掌握了中国人期待自组织出拟似“家”的团体，并因此而使团体领袖与成员产生极高的积极性。

“情境中心”的概念指出，中国人的集体主义倾向是情境性的，当一个组织、团队甚至派系让个人有了“家”的归属感时，他会展现出集体主义倾向——置群体的利益于个人利益之上，接受群体的决策而放弃自己的意见，追求群体和谐而牺牲个人行动自由，并遵守群体行动的整齐一致。否则，个人会保持自己的目标，并以长期的社会交换累积人脉，累积资源，组成派系或团队，以逐渐实现个人目标。

四、总　结

社会网理论的提出即在希望超越个体—集体或行动—结构的二元对立的理论架构（Granovetter，1973）。个体主义与集体主义的分析架构正好是因为忽略了一个中间环节——网络，究其实，集体会透过网络将其规范、社会力与制度力量传达给个体，限制个体的行动自由，引导个体的行为决策，以达成集体自身的目的；反过来，个体也会发挥自己的能动性，自组织成网络，透过网络内成员的努力去影响集体的规范、社会力与制度力量（罗家德等，2008）；所以个体不会是完全自由的，但也不是完全受限的，同样地，集体也不是个体的简单加总，对个体有那么强大的规范力量，网络的存在使两者的鸿沟可以有一座跨越的桥（Granovetter，1985）。中国社会总被称为“人情社会”、“关系社会”，正是因为我们是一个关系在个人行为或集体行动中都占了十分显要位置的社会。关系导向使得我们的行为方式超越了个体与集体的二元对立，所以看重中国“私”的一面的学者，如余英时称我们是“个人主义”（Personalism），费孝通称我们是“自我主义”，都不愿使用“个体主义”一词（Individualism）；而看到我们群性的，黄光国与何友晖等人称我们为“关系主义”，这也不是“集体主义”。

因为中国人的关系导向，以个体主义或集体主义来分析中国组织文化就不能掌握其精髓。中国人不会展现个体主义的原因有二：一是中国人要完成个人目标，必须透过一个网络，就是人脉网，所以高举自我实现、明示个人利益、追求个人自由会不得人心，很难取得别人的合作，反而是注重关系和谐、行事符合他人预期的人可以建立人脉。二是中国人要建人脉网就需要长时期的社会交换，在长期中，高度的不确定性下，坚持极大化个人利益的理性选择并不一定正确，坚持个人短期目标未必能达成长期目标，反而是遵循中国人的均分与人伦法则，会在长期中累积声誉，累积人脉。在建人脉网的需求下，中国人是长期的、关系导向的思考，所以不会展现个体主义的行为，但这也绝不是集体主义的，因为他（她）仍保持着个人目的，但当一个组织、团队或派系令成员有归属感，感觉是“家”时，中国人在组织中才会展现集体主义倾向，所以集体主义不是一般性的，只是情境性的。

中国人在集体主义量表中得到较高的分数并非不合理，但尊重传统规范、不坚持个人意见、追求关系和谐在长期思考中是理性的选择，会符合个人的长期利益，因为中国人是关系导向的，所以维护人脉网的和谐就是最好的参考坐标，在高度不确定性中做出看似集体主义倾向的决策，反而有利于人脉的累积与声誉的维持，而人脉网正是个人达成个人目标最需要的资源。但这样的行为方式却不是一般定义下的集体主义文化，因为人脉网并不是一个集体，它仍是以个人为中心的。

另外，情境中心的思想更指出，有的中国组织的文化会有很高的集体主义倾向，有的却完全不会，有的人会接受集体主义文化，有的人却不会，因此个别之间的变异数会很大，会落在哪一点依情境而定，这个情境就是该组织多么像拟似的“家”，成员有多高的归属感。在变异数很大的情况下，平均数就不能说明整个中国文化的特质。所以说个体主义—集体主义文化对中国社会的解释力会十分有限，因为它没有掌握中国人的关系导向以及长时性思考。我们需要更贴近于我们文化特质的问卷才能够作出更有效的解释，否则总在“泥”与“沙”之间争执，就很难掌握中国组织文化的本质。

我们都称自己为“关系社会”、“人情社会”，说明了我们是关系导向的行为方式，要遵循“均分”与“人伦”法则，要有长期性的思考，才能建立人脉，累积资源，中国组织中之所以善用转包这样的激励方式，之所以常有派系，之所以需要仁慈领导，组织结构之所以是网络式的，都是与中国人这种建人脉的关系导向有关。本土管理学在这方面的研究已迈出步伐，但对中国人关系导向行为在组织中的表现仍旧研究不多，这些二元对立的理论架构会无法掌握其全部，有待更多、更深入的本土管理研究加以发掘。

〔参考文献〕

[1] Blau, P. Exchange and Power in Social Life [M]. New York: Wiley, 1964.

[2] Coleman, J. Foundations of Social Theory [M]. Cambridge: Harvard University Press, 1990.

[3] Granovetter, M. Economic Action and Social Structure: The Problem of Embeddedness [J]. American Journal of Sociology. 1985, 91: 481-510.

[4] Granovetter, M. The Strength of Weak Tie[J]. American Journal of Sociology. 1973, Vol.78: 1360-1380.

[5] Hamilton, Gary G. and William Zeile, and Wan-Jin Kim. The network structures of East Asian economies [M]. in Steward R. Clegg & S. Gordon Redding (Ed.), Capitalism in Contrasting Cultures. New York: Walter de Gruyter, 1990.

[6] Hardin, Russell. Conceptions and Explanations of Trust [M]. In Cook, Karean S. (Ed.), Trust in Society. New York: Sage Foundation, 2001.

[7] Ho, D. Y. F. Relational Orientation in Asian Social Psychology [M]. In Kim, U. and Berry, J. W.(Ed.), Indigenous Psychologies: Research and Experience in Cultural Context. pp.240-259, Newbury Park: Sage Publications, 1993.

[8] Ho, D. Y. F. a. C., C. Y. Components of Individualism, Collectivism, and Social Organization: An Application in the Study of Chinese Culture [M]. In H. C. T. U. Kim, C. Kagitibasi, S.C. Choi, and G. Yoon (Ed.), Individualism and Collectivism: Theory, Method, and Applications [M]. London: Sage Publications, 1994.

[9] Hwang, K. K. Face and Favor: The Chinese Power Game[J]. American Journal of Sociology. 1987, 92: 944-974.

[10] Lin, N. Social Capital: A Theory of Social Structure and Action [M]. Cambridge University Press, New York, 2001.

[11] Luo, Jar-Der. The Significance of Networks in the Initiation of Small Business in Taiwan [J]. Sociological Forum. 1997, Vol.12: 297-319.

[12] Luo, Jar-Der. Particularistic Trust and General Trust—A Network Analysis in Chinese Organizations[J]. Management and Organizational Review. 2005, Vol.3: 437-458.

[13] Oyserman, D., H.M. Coon and M. Kermmelmeier. Rethinking Individualism and Collectivism: Evaluation of Theoretical Assumptions and Meta-analyses [J]. Psychological Bulletin. 2002, 128: 3-72.

[14] Schaffer, Bryan, Riordan, Christine. A Review of Cross-cultural Methodologies for Organizational Research: A Best-practices Approach [J]. Organizational Research Methods. 2003, Vol.6, No.2: 169-215.

[15] Yamagishi, T., & Yamagishi, M. Trust and Commitment in the United States and Japan [J]. Motivation and Emotion. 1994, 18: 129-166.

[16] 陈介玄. 协力网络与生活结构——台湾中小企业的社会经济分析[M]. 台北：联经出版社，1994.

[17] 樊景立，郑伯埙. 华人组织的家长式领导：一项文化观点的分析 [J]. 本土心理学研究，2000 (13)：127-180.

[18] 费孝通. 乡土中国 [M]. 北京：三联书店，1998.

[19] 黄光国. 中国人的权力游戏 [M]. 台北：巨流图书公司，1988.

[20] 黄光国. 儒家关系主义的理论建构及其方法论基础 [J]. 教育与社会研究，2001 (2)：1-34.

[21] 霍夫斯坦德. 跨越合作的障碍——多元文化与管理 [M]. 尹毅夫，陈龙，王登译. 北京：科学出版社，1996.

[22] 柯志明. 台湾都市小型制造业的创业、经营与生产组织——以五分埔成衣制造业为案例的分析 [M]. 台北：中研院民族所，1993.

[23] 罗家德. 华人的人脉——个人中心信任网络 [J]. 关系管理研究，2006 (3)：1-24.

[24] 罗家德，王竞，张佳音，谢朝霞. 社会网研究的架构——以组织理论与管理研究为例 [M]. 社会，2008 (28).

[25] 罗家德，叶勇助. 中国人的信任游戏 [M]. 北京：中国科学文献出版社，2007.

[26] 彭世勇. 霍夫斯坦德文化价值理论及其研究方法 [J]. 解放军外国语学院学报，2004 (1)：95-99.

[27] 欧阳晓明. 中国人的社会行为取向研究的回顾与评析 [J]. 九江师专学报（哲学社会科学版），2002 (15)：48-51.

[28] 沈原. 市场、阶级与社会 [M]. 北京：社会科学文献出版社，2007.

[29] 王绍光，刘欣. 中国社会中的信任 [M]. 北京：中国城市出版社，2003.

[30] 谢衡晓. 从霍夫斯坦德的文化视角看中国文化在创新中的作用 [J]. 科技创业月刊，2007 (1)：27-29.

[31] 谢遐龄. 论中西文化差异之根与当代中国文化之趋向. 复旦学报（社会科学版）[J]，1988 (3)：18-25.

[32] 许烺光. 文化人类学新论 [M]. 台北：台北联经出版事业公司，1983.

[33] 杨国枢. 中国人的社会取向——社会互动的观点 [M]. 台湾：桂冠图书公司，1993.

[34] 余英时. 从价值系统看中国文化的现代意义 [J]. 文化：中国与世界. 第一辑. 北京：三联书店，1987.

[35] 翟学伟. 中国人行动的逻辑 [M]. 北京：社会科学文献出版社，2001.

[36] 翟学伟. 人情、面子与权力的再生产 [M]. 北京：社会科学文献出版社，2005.

（清华大学人文社会科学学院　罗家德　王　竞）

圈子理论

——以社会网的视角分析中国人的组织行为[①]

自从格兰诺维特提出“低度社会化”与“过度社会化”的理论以来（Granovetter，1985），社会网的视角如何超脱“集体与个体”、“宏观与微观”以及“结构与行动”就成了一个社会网理论及分析努力的目标，希望在这些二元对立的观点间建立一条“桥”（罗家德等，2008）。一方面，“低度社会化”观点总把个人行动当成分子的布朗运动一般，任何人与其他特定人的相遇与互动只是一个概率问题，不受任何结构的限制，形成所谓的方法论上的个体主义（Blaug，1981）；另一方面，过度社会化观点又把人当成社会结构中的螺丝钉，行动受到结构因素的完全约束，以致无法考虑个人的效用与利益。虽然这个观点并没有一个特殊的方法论基础，但大多数的传统社会学分析却陷入把人放在种族、阶级、性别、地位团体、宗教、地域等集体的条条框框内，剥夺了其能动性（Boudieur，1984）。

相应于方法论，低度社会化总是预设了个体主义的行为假设，由此推导出人只需考虑自己最大化的效用与利益；而过度社会化则预设了集体主义的行为假设，由此推导出人总是被集体的文化所制约，从而服从集体的意志。

但是拿集体—个体的分析框架来套中国人的行为模式，却引发了极大的争议，早在20世纪之初，梁启超、孙中山及鲁迅等人批评中国人像“一盘散沙”开始，就引发了“泥与沙”之争（翟学伟，2001）。另外，又有钱穆强调中国人的“群性”以及本土心理学者杨国枢强调中国人的“社会取向”。为什么我们自己对中国人的集体主义文化或个体主义文化就有如此之大的分歧呢？

同样地，如果以集体—个体分析架构观察中国人的组织行为，一样可以看到很多矛盾现象。一方面我们被归为集体主义文化（Xiao、Tsui，2008）；另一方面中国人的转职率很高，尤其是私营企业员工的转职率，完全不像日本企业的终身雇用制。一方面，中国人在西方管理者眼中是听命令、依靠权威的，十分适合层级制的管理（Foley，2008）；另一方面，中国的各地区很多是创业最发达的地方（吴晓刚，2009；谢国雄，1993），中国人常是“宁为鸡首，不为牛后”，争着当头。一方面，中国的领导总被认为是集权式的家父式领导（樊景立、郑伯勋，2000）；另一方面，一个中国组织总有很多挂靠（罗家德、孙瑜，2009）、承包与外包的独立单位，分权现象也很明显。

从理论上的争议到组织行为现象上的矛盾，使很多本土研究者很早就转向了社会网的视角，比如费孝通提出了“差序格局”（1948），本土心理学者们则提出了方法论上的关系主义（黄光国，2001），超越了集体—个体对立的观点，呼应着西方学术界社会网理论的兴起，发展出可以解读中国这个“人情社会”的理论视角。

---

① 本文由第一作者在“关系社会学”第一届年会上特邀演讲改编而成，同时在“战略管理”第三期上刊登。

本文就是从这样的社会网理论视角重新解读中国人的组织行为，以与组织行为学中最重要的激励理论“X、Y、Z 理论”展开对话，从而提出中国组织的类型，我称为 C 型企业。

一、麦格雷戈的 X-Y 理论

对人的本质——人性——的假定是整个组织行为学理论的基石（张德，2008）。麦格雷戈正是在总结了以往人性假定——X 理论的基础上提出了他的 X-Y 理论体系。

麦格雷戈（1960）指出，任何的管理行为皆基于理论，无论该理论是否被行为主体所意识。因此，管理实务中，不同的管理行为或模式往往对应着非常不同的人性假设。他认为，他所在时代的组织设计乃基于了错误的人性假设：人是不爱工作的，人性是被动的，人的本性反对改革、对组织漠不关心的，人是需要有人管理的等。张德（2008）认为，这是源于古典经济学家和古典管理学家的假设，也就是西方经济学和 Taylor 科学管理理论中的“经济人”假说。麦格雷戈（1960）将其称为 X 理论。

（一）X 理论

X 理论的主要内容可以归纳为如下六点：

（1）大多数人都是懒惰的，他们尽可能地逃避工作。

（2）大多数人都没有雄心壮志，宁愿接受别人领导，也不愿负任何责任。

（3）大多数人的个人目标与组织目标都是矛盾的，要保证组织目标的实现必须靠外力的强制。

（4）大多数人都缺乏理智，不能克制自己，很容易受别人影响。

（5）大多数人为满足基本生理需要和安全需要，将选择那些经济上获利最大的事去做。

（6）人群大致分两类，多数人符合上述假设；少数人能克制自己，他们应负起管理的责任。

基于上述的六点假设，麦格雷戈认为，管理者设计出这样的管理行为：以经济为目的——获得利润为出发点，来组织人、财、物等生产要素。管理是一个指挥他人的工作、控制他人的活动、调整他人的行为以满足组织需要的过程管理的手段或者是奖惩、严格的管理制度、权威、严密的控制体系。概括而言，可以分为如下四点：

（1）将管理工作的重点放在如何提高劳动生产率，完成任务方面。

（2）应用职权发号施令，使对方服从。

（3）强调严密的组织，制定具体的规范和工作制度，如工作定额、技术规程。

（4）在激励约束制度上，主要用金钱报酬调动人的积极性，同时对消极怠工者采取严厉的惩罚措施。

麦格雷戈（1960）认为，“X 理论”对人性的假设是错误的。这些假设不是人的先天本性，而是工业组织的性质、管理哲学、政策和措施的后果。因此，传统的“X 理论”是建立在错误的因果概念的基础之上的。由此，麦格雷戈提出一套不同的理论——Y 理论。Y 理论认为管理者必须清楚员工个人的特性与环境特性之间的关系；他认为人并非天生好逸恶劳，若在适当激励下，人能激励自己而富有创造力，外界控制不是促使人努力的唯一方法。人在自我承诺与参与决策中，可以自我控制。让员工对他们的任务有责任感，工作丰富化，便能鼓励人员承担责任。在Y理论中，他认为若建立可核实的目标制度，就可确保分权及授权。

（二）Y理论

麦格雷戈认为，他提出的Y理论是建立在对人的特性和人的行为动机的更为恰当的认识基础上：要求工作是人的本性；在适当条件下，人们不但愿意，而且能够主动承担责任；个人追求满足欲望的需要与组织需要没有矛盾；人对于自己新参与的工作目标，能实行自我指挥与自我控制；并且大多数人都具有解决组织问题的丰富想象力和创造力等。Y理论的主要内容，可以概括为如下六点：

（1）一般人并不是天性就不喜欢工作的，工作中体力和脑力的消耗就像游戏和休息一样自然。工作可能是一种满足，因而自愿去执行；也可能是一种处罚，因而只要可能就想逃避。到底怎样，要看环境而定。

（2）外来的控制和惩罚，并不是促使人们为实现组织的目标而努力的唯一方法。它甚至对人是一种威胁和阻碍，并放慢了人成熟的脚步。人们愿意实行自我管理和自我控制来完成应当完成的目标。

（3）人的自我实现的要求和组织要求的行为之间是没有矛盾的。如果给人提供适当的机会，就能将个人目标和组织目标统一起来。

（4）一般人在适当条件下，不仅学会了接受职责，而且还学会了谋求职责。逃避责任、缺乏抱负以及强调安全感，通常是经验的结果，而不是人的本性。

（5）大多数人，而不是少数人，在解决组织的困难问题时，都能发挥较高的想象力、聪明才智和创造性。

（6）在现代工业生活的条件下，一般人的智慧潜能只是部分地得到了发挥。

根据以上假设，麦格雷戈提出的相应的管理措施为：

（1）管理职能的重点。在Y理论的假设下，管理者的重要任务是创造一个使人得以发挥才能的工作环境，发挥出职工的潜力，并使职工在为实现组织的目标贡献力量时，也能达到自己的目标。此时的管理者已不是指挥者、调节者或监督者，而是起辅助者的作用，从旁给职工以支持和帮助。

（2）激励方式。根据Y理论，对人的激励主要是给予来自工作本身的内在激励，让他担当具有挑战性的工作，担负更多的责任，促使其工作做出成绩，满足其自我实现的需要。

（3）在管理制度上给予工人更多的自主权，实行自我控制，让工人参与管理和决策，并共同分享权力。

（三）对X–Y理论的一般评价

“X–Y理论”阐述了人性假设与管理理论的内在关系，即人性假设是管理理论的哲学基础；提出了“管理理论都是以人性假设为前提的”重要观点，这表明麦格雷戈已揭示了“人本管理原理”的实质。

“X–Y理论”关于“不同的人性假设在实践中就体现为不同的管理观念和行为”的观点，动态地分析了人性假设的变化对管理理论的影响，进而提出了管理理论的发展也是以人性假设的变化为前提的研究课题。

“X–Y理论”提出的管理活动中要充分调动人的积极性、主动性和创造性，实现个人目标与组织目标一体化等思想以及参与管理、丰富工作内容等方法，对现代管理理论的发展和管理水平的提高具有重要的借鉴意义。

然而，麦格雷戈对人性的基本估计过于绝对和偏激。X 理论过低地估计了人的能动性，Y 理论则把人完全理性化。

二、大内的 Z 理论

20 世纪 80 年代，美国企业面临着日本企业的严重挑战。日裔美国学者大内（Ouchi）用一句话概括了这一挑战："关键问题是：日本人比我们更懂得如何去管理企业。"

而所谓的严重挑战是，美国企业的生产效率不如日本企业（Ouchi，1981）。大内通过深入访谈等实证研究方法提出了一种管理理论——Z 理论（Theory Z），来应对美国企业的"瓶颈"（大内，1981）。在介绍 Z 理论之前，有一对概念需要区分：Z 理论与 Z 型组织。Z 理论是一套概念体系，而 Z 型组织是根据 Z 理论设计出来的组织形态。作者在本部分先行分析 Z 理论及 J 型企业，即日本企业的管理、控制机制，进而介绍大内提出的 Z 型企业。

（一）Z 理论

Z 理论主要强调信任以及员工及员工间精微之处对于企业生产效率的作用。而所谓的精微之处可以理解为人与人之间的紧密关系带来的对于团队内队友各类信息的知晓——需要、人生的计划等（Ouchi，1981：54）。

我们可以将 Z 理论图示如下：

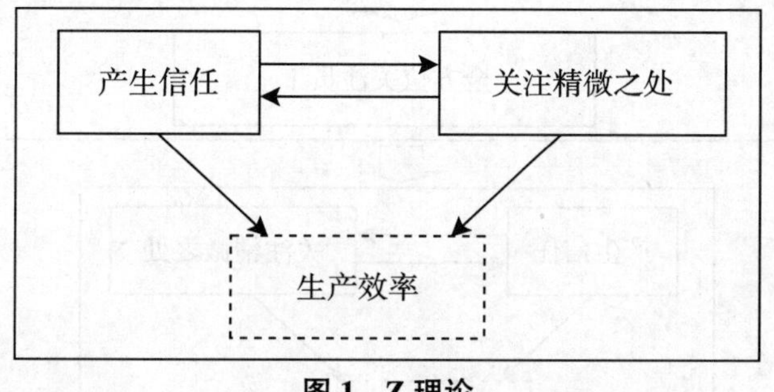

图 1　Z 理论

这个模型并不难理解，值得注意的是，Ouchi 在书中特别提及"产生信任"与"关注精微之处"两个变量之间存在着相关性（Ouchi，1981：8），而两个变量间的确切关系似乎没有非常深入的说明。

笔者认为，Z 理论的洞见主要来自大内对日本企业管理机制的深入研究。也即日本企业的管理机制在很大程度上促成了大内 Z 理论的产生。因此，我们将要通过分析日本企业，即大内说的 J 型企业的管理机制来进一步体会 Z 理论的深层结构。日本企业的管理机制如图 2 所示。

根据大内的描述，日本企业主要拥有三种管理（控制）机制：

（1）终身雇用制。

（2）缓慢的评估与晋升机制。

（3）无专业性职业路径。

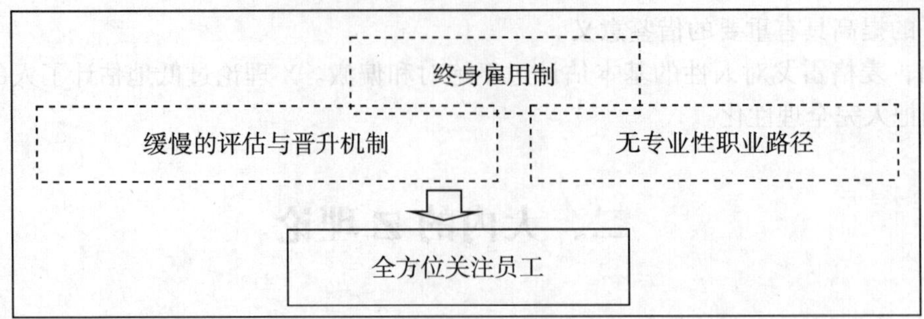

图 2　日本企业的管理（控制）机制

这三种管理（控制）机制非常明了，无须赘言。笔者在此要提出的一个观点是：终身雇用制作为主要机制为后两个管理（控制）机制铺设了平台，从而实现了大内所谓的全方位对员工的关注。而当实现了对于员工的全方位的关注，人与人之间的亲密、信任以及由此带来的个体以及个体之间的大量信息就会逐渐形成（Ouchi，1981：54）。因此，只有较为全面与深入地了解了日本企业的管理机制后才能更进一步体会 Z 理论的思想来源与深层架构。因此，我们不妨将以上两图做一个组合，见图 3。

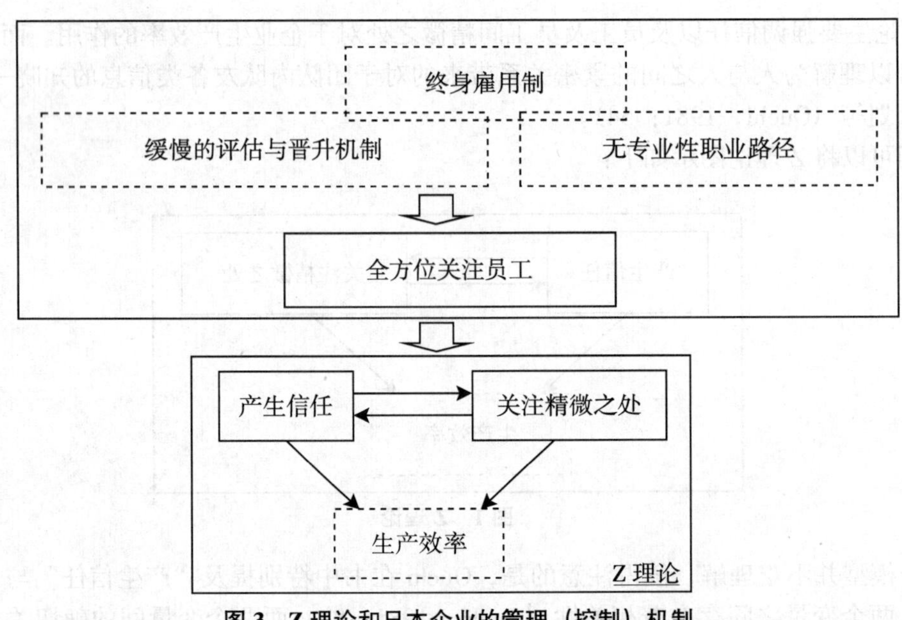

图 3　Z 理论和日本企业的管理（控制）机制

（二）Z 型组织

大内选择了日、美两国在本国且在对方国家中都设有子公司或工厂的企业进行研究，并发现：日本企业的生产效率几乎都高于美国企业，而美国设在日本的企业，如果按照美国方式管理，则普遍效率低下。

大内采用实证研究的方式，比较日美两国的企业，将典型的日本组织称为 J 型组织形式，认为 J 型组织形式的特征是："同质性"、稳定性和集体主义状况相适应的模式；将典型的美国组织称为 A 型组织形式，认为 A 型组织形式的特征是："异质型"、流动性和个人主义的天然适应模式。基于这两种组织形式，大内提出一种新型的组织形式——Z 型组织形式。

大内认为Z型组织形式具有一些日本企业特点的美国企业组织形式。表1从决策方式、责任制度、控制管理方式、决策过程、对员工的关心、劳工制度、工资考绩制度、生产发展道路角度对J型组织、A型组织、Z型组织进行了对比。

表1 J型组织、A型组织和Z型组织的对比

类　别	日本式（J型）	美国式（A型）	混合式（Z型）
决策方式	意见统一	个人的决策	意见统一
责任制度	集体负责	个人负责	个人负责
控制管理方式	暗示性的控制	明文规定	基本上暗示性控制，明文规定，同时制定若干
决策过程	广泛参与	一般不参加	广泛参与
对员工的关心	全面关心	局部关心	全面关心
劳工制度	终身制度	短期雇用	长期雇用
工资考绩制度	缓慢的上下结合的考绩和晋升	快速的以上为主的考绩和晋升	缓慢的上下结合的考绩和晋升
生产发展道路	非专业化	专业化	一定程度的专业化

三、解释中国人组织行为的主要文化因素

（一）差序格局的思维

费孝通（1998）提出的“差序格局”是了解中国人关系的一把锁匙，其主要含义有二：一是一个中国人会把关系依亲疏远近分成由远到近的圈子，就好像石头投入水中形成的波纹一般，一层一层地由亲而疏向外扩散。二是不同圈子的关系会适用不同的互动法则。费孝通提出差序格局是为了和西方的团体格局区隔开来，他指出西方的社会结构主要由“团体”，如阶级、宗教团体、地域团体、地位团体、性别、年龄团体等组成，而中国则是一个“关系社会”或“人情社会”，主要的社会结构是由一张张社会网交互重叠而成，更重要的是这一张张的社会网的中心就是一个个的个人。这就是为什么余英时（1987）认为一定要理解中国人的“私”才能理解中国社会。但是，他称这个“私”为个人主义，绝非西方的个体主义。因为，这种个人行动镶嵌在上述个人中心社会网中，受到礼的制约。同时，这也不是集体主义，个人绝非深嵌在集体之中，失去了能动性，个人是可以改变这个个人中心社会网的结构的，或带领整个网络的行动。

杨国枢（1993）进一步发展这个理论，分中国人的差序格局为最亲密的家人，到中间层的熟人，到最外圈的生人三圈。其中，熟人是中国人关系中最特别而且值得研究的圈子。因为，它是一个混合了情感性与工具性交换的关系，是中国人取得社会资源最主要的来源。林南（Lin，2001）指出一个人社会资本取决于其关系网的规模、多样性以及其内涵的资源量与其中关系的强度。而更多的研究则指出，很多资源，甚至在美国研究中弱连带占优势的找职中间人，在中国“人情社会”中会是强连带较重要（Bian，1996；1997）。熟人正是中国社会强连带的主要成分。

熟人其实是一种工具交换关系，但却在情感性行为的修饰下，展现了可长久的友谊（Luo，2005）。所以它的工具性交换不能明说，但给人情的人不说，受人情的人却不能忘，

要记录在人情账中，找到机会就还。有来有往，一欠一还中，情感与信任都会增加。人情交换中也不能讨价还价，不能要求及时偿还，更不能清理干净人情账（罗家德、叶勇助，2005），还账的时间间隔可以十分长。这样的交换可以涉及多种多样的资源，可以保持非常长久的交换关系，而且交换经常在朋友相互帮忙的名义下进行。

我们可以说这种关系是一种关系合约。这里定义的关系合约，是一种没有正式治理机制的长期交换合约，交换的次数与标的物都不明确，交换依据双方的善意而进行。这不是威廉姆森所说的关系合约（Williamson，1996），那是一种长期的交易合约，但主要建立在制度性的治理机制上，而熟人的"关系合约"则完全建立在信任上，没有任何治理机制。反而有些像隐形合约，但也有所不同。隐形合约虽然建立在双方的信任上，但缺乏治理机制，不过指涉的交换内容会比较清晰，而熟人的关系合约可以持续几十年，甚至一生，所以交换的标的物完全无法指定，交换的次数也无法预测。

黄光国又进一步发展差序格局的理论，指出中国人的关系可分为工具性关系、混合性关系、情感性关系（Hwang，1987），十分类似于杨国枢的生人、熟人、家人的区分。只是这个理论更指出了每一层圈子的互动法则，情感性关系适用的是需求法则，也就是每个人要满足此圈子内成员的需求，不能求取回报，只宜曰义，不宜曰利。工具性关系适用的是公平法则，是一个可以理性算计，可以讨价还价，可以最大化自己的效用或利益的关系圈，只要交换结果符合双方的期望即可。混合性关系适用的是人情法则，就如同上述的人情交换一般，是一个长期的、隐形的交换合约，在双方心理的人情账上，针对不特定的标的，进行一次又一次的人情交换（黄光国，1988）。

这样的思维也被运用在中国组织的领导上。陈介玄（1994）研究了班底现象，指出这是一个做事的团队，领导为了拉拢这群特别的干部，往往要与他/她们建立带有私人情感的关系，而且会成为领导经常面对面接触，可以直接指挥的一群人。他/她们不同于一般干部正是因为拥有这种领导的"圈内人"的身份，往往要负责一个项目，一个部门，或管理一些领导特别在乎又特别棘手的事情。戚树诚（1995）则研究了中国组织内的亲信现象，班底之中又有一群领导的"分身"，可以代表领导作"公关使"，可以与领导分别扮演"黑白脸"，成为领导最信任的"咨询者"，或以钦差身份监督一方成为"资源掌控者"，或提供领导正式管道得不到的信息作"情报密使"。从亲信、班底、干部到员工，一个组织的领导也往往拥有差序格局的圈子，分别担负着不同的功能，领导也与他们有着不一样的互动法则。

（二）长期的人情交换——透过人脉完成个人目标

一个中国人在经济行动之前所积累的社会关系，可以称为人脉，也就是潜在的社会资本（Lin，2001），可定义为一张自我中心的信任网络（罗家德，2006），是一个人在经济行动中调动资源的网络。信任是关系与经济行动间的中介变量（Granovetter，1985），而差序格局的社会网中则蕴涵着足以转变潜在社会资本为动员的社会资本（Lin，2001）的信任关系。

以杨国枢的分类为例，家人，或因姻亲、结拜、认养等形成的"拟似家人"（陈介玄，1994；罗家德，2006），是一个相对人数少、较封闭，而圈子内的人又有高度的情感投入，情感关系会带来因忠诚与诚实产生的信任（Krackhardt，1992）。并且，这个圈子小，大家相互认识，所以在一定的道德规范下，可以相互密切地监督。这就是山岸与山岸所说的保证的关系（Yamagishi，1994；Yamagishi、Cook，1995）。这样的关系往往是中国人认为最值得信赖的关系（王绍光、刘欣，2003）。

生人（不包括陌生人）是工具性的关系，虽然是可以清楚算计、讨价还价的交易关系，但长期而符应公平法则的成功交换，会让双方对对方的能力以及诚实产生信赖感（Mishra，1994），基于双方都看重长期交换能得到的利益，所以也会避免因短期利益导向产生的机会主义行为（Williamson，1985），久而久之，双方都会在心理上自然而然地认为对方的行为会符合公平交易的期待，这就是哈定所定义的互相为利的信任（Hardin，2001）。

熟人则既建立在情感之上，也保持着长期的交换，而且是标的物模糊不清的人情交换。情感能带来信任，人情交换也能带来信任。人情交换是一种社会交换，但因为社会交换不能讨价还价，不能要求立即偿还，又没有明确的治理机制，所以必须期待对方的善意，在将来的某个时刻偿还。这样的期待在往往返返的人情相欠中如果一再得到满足，就会产生信任（Blau，1964）。同时，交换的本身也在考验着双方的能力及诚实，长期的成功交换会带来更高的信赖感。拟似家人固然是最亲密的关系，但双方在交换过程中的能力及诚信则未必受到考验，所以建立在长期人情交换基础上的熟人往往才是最能获取资源的关系。

中国人在追求个人目标时，就会在人脉网中搜寻拥有其所需资源的关系，再以其信任程度的高低，决定可以动员的力度。既然大量资源蕴涵在人脉网中，中国人十分了解完成个人目标要靠一群人的力量，平常累积人脉，动员时才有足够的资源。所以平时的交换行为中，中国人不会表现出个体主义的倾向——强调个人利益，不愿与人分享，明显地追求自我实现，这样就无法与别人保持长久的交换关系，也就无法把交换对象纳入人脉网中。

尤其是熟人的人情交换中，更要保持“集体主义”的特性——将大家的利益放在个人的利益之上，将功劳归给大家，帮助别人却不明言回报，处处与人分享。这种上下之间以“施恩”、“报恩”为名的交换，同辈之间以“兄弟义气、相互帮忙”为名的交换，才是累积熟人人脉之道。但这又绝对不是集体主义，因为这样的行为是为了长期的交换，而交换是为了建立人脉网，最终人脉网的中心是个人，迟早会被动员起来完成个人的目标。所以这就是为什么中国人会表现出集体主义的倾向，但却不是集体主义，因为他知道个人的目标要透过一个“集体”（实际上是一张网络）来完成，而平时一定要以集体主义的行为方式与人互动，积累人脉，才能凝聚此一“集体”，需要动员时，方可取得足以成就个人目标的资源。

（三）情境中心的思维

另一个规范中国人组织行为的重要法则是，许烺光所说的“情境中心”（1983）的思维。中国人在家之内是一个集体主义的社会，儒家的伦理要求个人在家之中遵守“三纲五常”的规范，但家之外则不需适用这样的法则。中国人也会把“家”的行为法则扩而大之，以至及于家族，及于宗族，甚至及于拜把兄弟的好朋友，所以一个人内层的小圈子可大可小，是有弹性的，依情境而加以判断。

圈内人适用家的集体主义行为法则，或是黄光国所说的“需求法则”（1988），圈外人则不适用。翟学伟以为需求法则虽是儒家文化的理想，而实际上即使在一个家族之内，也不可能各尽所能，各取所需，完全地相互满足对方的需求。这个法则也绝不只适用于拟似家人这么强的关系，熟人关系中，这种行为方式也十分普遍，只要被认为是圈子内的人，见者有份，好处同享，否则就被排在圈子外了。

一个组织的领导者也会以不同的管理方式对待圈内、圈外。班底、亲信是一个领导的核心团队，所以一定是混合了工具交换与情感的关系，也要投入情感去经营“家”的归属感。这时圈内成员和领导之间的交换就是一种长期的关系合约，不计较一时一地的利益得失，而更重视长时间、大范围上的人情交换的可能性。但圈外的一般干部与员工，除了少数被特别培养有潜力进入圈内的人之外，都适用公事公办的公平法则，可以较少地顾念人情，也可以算计一时一地的利益得失。蔡耒（2009）在研究中国建筑业农民工时，就发现了“逆差序格局”的现象，也就是当工程外包的资金链发生断裂时，包工头反而会先还临时工或短期雇工的欠薪，不会先给长期跟随自己的团队，此时，亲近的圈内人受到较疏远的圈外人更差的待遇。这说明了圈内人可以有难同当，其关系合约可以不计较一时间的公平，而更在乎长期人情交换可能带来的利益。只是对长期利益的期待一旦落空，则关系合约破裂，常常很难恢复，甚至变成负面的情感（郑孟育等，2009）。

中国的工作者工作的主要动机很大一部分是为了社会交换，当他/她有机会与人建立长期人情交换关系时，正好可以积累人脉以待他日之用，如果人情交换的对象是组织领导或派系领袖时，则他/她会被纳入一个圈子之中，如果他与一群人之间相互有了人情交换的关系，则这群人会“抱团”成为一个派系。一个圈子内的人会以“家”的行为法则经营这样的关系，这时工作者产生了归属感，在组织内也会有较多的资源，较好的升迁机会，更广的交换范围，积累更多的人脉。好的领导会尽力扩大这个圈子，甚至把整个组织营造出“家”的归属感。

但如果一个工作者一直不能与领导或同事建立长期人情交换关系，总是被别人视为圈外人，则激励其工作的因素就不可能是情感性的、长期的关系，既缺乏归属感的激励，而且少了人脉的积累，也很难有个人自我实现、追求成就的机会，剩下的只有针对工作本身的奖和惩，这样员工的转职率会很高，不足为奇。

（四）中国人最强的激励是承包

人情交换是中国人最主要的工作激励因素之一，“看在某某的面子上，这事我包了”成为工作的一个重要理由，努力工作，无偿付出，常常为的是让别人欠人情。如果能因此成为某些人，甚至是领导的圈内人，则工作场域有了“家”的归属感也是中国人工作的重要动机。然而，人情交换最主要的原因还是积累人脉，最终是要动员这些人脉完成个人的目标。

一方面，完成个人目标需要一个团队，需要动员人脉中拥有相关资源的熟人；但另一方面，这绝对不是单方面的需求与另一方的付出，同时动员者也要满足这群人的长期交换利益，取得共同奋斗的目标，并以情感经营团队成员的关系，使之有归属感，为这个集体营造一个“家”的感觉。这样拟似的“家”会有极高的工作绩效，因为团队成员为了长期的人情交换，不会计较一时一地的成本效益，个人的工作动机强烈，团队的协作也好。

承包，也就是“裂土封侯”的激励方式，是调动这样团队积极性最有效的方法，让一群人自己组织出一个团队，拥有相当独立的决策权，给其一片空间，任其开疆拓土、自由发挥，上交其一部分的成果，却让其保留大部分的收益，团队的领袖均分给其成员，使其营造出自己的“家”，组织、动员一群人实现个人的目标。自组织正是一个中国工作者最想要追求的个人成就，也是最强大的激励因素。同样地，团队领袖在完成个人目标的同时，也要建立与团队成员长期人情交换的关系，令成员为团队付出的同时，有归属感，有更多积累人脉的机会，均分大家一起取得的成果，最终也可能给其机会，组织自己的团队，承包一片业务，满足其个人目标。

所以，中国工作者会在“大家”中寻找归属感，在自己的“小家”中寻找成就感，无论在何时，都会寻找关系合约的机会，积累人脉，以期在需要时，动员出足够的资源。成功的领导者也会有效地协调“大家”与“小家”之间的目标，平衡它们间的利益，一方面用承包的方式激励团队成员，另一方面使独立的“小家”能继续为“大家”的目标而工作。失败的协调与平衡会导致“分家”，双星集团与西南双星的分家就是最好的范例，曾经是“干爹”、“干儿子”的双方总经理最终关系合约破裂，反目成仇，就是中国人这种以人情交换与承包机会为激励因素，却又因为交换不公而分家的良好明证（罗家德、孙瑜，2009）。

四、C 型组织

基于上述对中国工作者组织行为的分析，我认为可以预设出以下几点人性假设：

(1) 中国人工作动机可能是为了人情交换，因而自愿地去执行；也可能是一种职责，因而可能想逃避。到底怎样，要看交换的对象而定。

(2) 交换的对象是“自己人”、“圈内人”时，工作就是人情交换，自愿执行，但交换工作者是“生人”、“圈外人”时，工作就只是职责。

(3) 大多数人自我实现的要求都是通过建立自己的人脉网，并靠动员此一网络集体力量才能达成，所以在社会交换中累积人脉是重要的工作动机。

(4) 大多数人如能与领导或一群人建立人情交换的关系，则会形成一个圈子，有了归属感，工作会十分积极，在解决困难问题时，都能发挥较高的想象力、聪明才智和创造性。

(5) 追求个人成就感的中国员工累积了一定的人脉，就会想建立自己的团队，组织起来持续追求个人的人生目标，所以给予其自组织的机会，会强力驱动其工作动机。

所以在这样的中国工作者人性假设下，其组织模式也是“情境中心”的，依不同情况划分出圈内、圈外，而以不同的互动法则对待之。以大内分析的日本式集体主义组织模式及美国式个体主义组织模式作比较对象，也就是与 J 型企业与 A 型企业作比较，下面，我们试着总结出社会网视角下的中国组织模式。

在决策方式上，大内以为日本式组织要求集体的意见统一，美国则是个人决策。中国原则上也以个人决策为主，但好的领导不会成为独裁，而会先求得圈内人的共识才最后拍板。更好是圈内每个成员再透过自己的人脉网，尽可能取得更大多数人的集体共识。

在责任制度上，大内以为日本式组织既是集体决策又是集体负责，美国式组织则是领导负责。中国式组织原则上也是领导负责，但往往其圈内人会负连带责任。所以中国组织内的奖惩不是集体负责，但也往往不限于一人，而会有一群连带责任人。

在控制管理方式上，大内以为日本式组织主要以非明文的规范与舆论监督为主，美国式组织则以明文规定的流程、规章等法治手段为主。中国式组织则又是情境性的，圈内人及有潜力加入圈内的人需要情感性的人情交换，法理之外要考虑人情，所以以非明文的情感、道德或舆论控制为主，但对圈外人，则可以公事公办，以流程、规章为控制手段。

在决策过程上，大内以为日本式组织会让集体内的人广泛参与，美国式组织则不让参与，中国式组织中领导会让圈内人广泛参与，如果可能，圈内成员又会透过自己的圈子广泛收集意见。

在劳工制度上，大内以为日本式组织采用的是终身雇用制，美国式组织采用的是短期雇用制。中国式组织则是差序格局的，圈子内的人会被争取成为终身雇用，但一般员工则是短期雇用。

在工资考绩制度上，大内以为日本式组织除上面评鉴之外，还要听取同僚的口碑，缓慢地升迁，而美国式组织则是以上面评鉴为主。中国式组织也以上面评鉴为主，但一个人加入一个圈子时，往往要得到圈内人的同意。

既然中国工作者擅长人情交换，容易形成圈子，也要在圈子中寻求归属感，中国式组织内总是会有大大小小相互重叠、重要性与权力位阶不同的圈子。成功的领导会善用这些圈子，让他们组织成独立的团队，承包某一业务或主管一个地方的业务，让这群有归属感又工作动机强烈的员工有自由发挥的余地。这就是为什么承包在中国总是最大的激励因素，也是为什么中国式组织的结构常常是上面是层级结构，下面却是网络结构——包括团队、分包、挂靠、外包等种种独立的单位。

成功的领导也会让这些独立单位的领袖加入在自己的人情交换圈子内，既以正式的治理机制也以归属感与非明文的规范治理相关交易，并在决策时取得圈内人的共识，还要这些团队领袖在其圈子内广泛收集意见，尽量取得共识，在层层圈子的交叠中，尽可能让最多的员工都能参与，营造归属感。而失败的领导则控制不住圈子的发展，造成组织内派系林立，甚至派系斗争激烈，派系成员以集体力量搞上有政策下有对策，抵制命令。

五、总 结

本文主要指出中国文化中的差序格局思维以及情境中心的思维，使得中国工作者会依据情境划分工作场域内的人为圈内人、圈外人，圈内圈外的人会有不同的互动法则，圈内的人适用人情交换法则，不能算计性地计较一时一地的公平，而求建立长期、持续、频繁交换的关系合约，而圈外人则只求公平即可。一个中国工作者工作动机很大一部分是为了人情交换，以长期的、带情感性的频繁交换建立自己的人脉，扩大自己的圈子，最终可以在人脉中动员出够用的资源，建立自己的团队，完成个人的目标。而在长期积累人脉的过程中，对圈内的熟人，不管是领导、同僚还是部属，热情主动地超额工作常是“帮忙”、“捧别人的场”，以“施恩”或“义气”的理由建立起长期的关系合约，等到有机会时，再动员别人捧自己的场，完成个人的目标。所以，很难简单地用 XYZ 理论判断一个中国工作者，因为这些都是情境性的，而且很大一部分是因人而异，不是因工作或因组织而异。

本文提出了圈子理论（Chinese Circle Theory，简称为 C 理论），主要就是为了解释为什么中国的组织结构总是网络式的，企业组织内有承包出去或挂靠进来的子公司、分公司、独立团队，公司外总是有外包网、战略合作伙伴，公司也往往嵌入在商帮、产业网之中，正是因为中国人的个人成就表现在建立自己的“家”——一个以自己为中心的工作组织且组织内的工作关系如同“家人”，也就是能够“裂土封侯”有其一片独立事业，所以让其有承包的机会，是极大的激励。

然而中国人也了解要完成这样的成就一个人的努力是不够的，必须要动员一群人一起奋斗。另外，中国人也了解最主要的资源都蕴藏在人际关系之中，所以在承包一片业务建立自己的“家”前，一定要广植人脉，也就是一个以个人为中心的圈子。而圈子内又有差序格局，内圈会是一群建立了长期人情交换关系的熟人，正是这群熟人是建立独立事业的基础。

为了广植人脉，所以一个行动者需要经常与其他人进行社会交换，尤其需要在长期人情交换中建立关系合约。因此中国人的工作动机常是因为人情交换，在交换中，一个行动者才能建立广大的人脉及足够的关系合约，在需要动员资源时，才能够有足够的资源。

忽略了中国人工作中人情交换的现象，就很难全盘掌握中国人的工作动机，很难了解为什么中国组织内总是充斥着抱团、圈子的现象，甚至恶化为派系或派系斗争。而了解了中国人以人情交换建立关系合约的欲望，对人脉和归属感的需求，以及自我实现时需要动员人脉的现实，则成功的领导会善用承包的方式，调动一个人的积极性，再让这位团队领袖去动员其团队成员的积极性，这样的团队就有极高的工作效率，能发挥创意，也会主动承担责任，一群员工都成了符应 Y 理论的工作者。这正是俗语所说的“一放就活”的道理。

如果不懂得这个道理，总想以命令、规章、流程管理所有人员，不给其发挥的空间，则不免“一收就死”，中国工作者会变成符应 X 理论的工作者，没有自我实现与追求成就的动机，把工作当做职责，只能靠薪水、红利及惩罚驱使其工作。而且中国的工作者依然会结群成党，抱团出一个一个的派系，联合起来或抵制由上而下的命令，或与其他派系争夺组织有限的资源，损害组织的利益。

〔参考文献〕

[1] Blau P. Exchange and Power in Social Life. New York：Wiley，1964.

[2] Blaug M. The Methodology of Economics：or How Economists Explain. Cambridge：Cambridge University Press，1980.

[3] Bian Y. Bringing Strong Ties back in：Indirect Ties，Network Bridges，and Job Searches in China. American Sociological Review，1997（62）：266-285.

[4] Bian Y. and John Logan. Market Transition and the Persistence of Power：The Changing Stratification System in China. American Sociological Review，1996（61）：739-758.

[5] Bourdieu P. Distinction：A Social Critique of the Judgment of Taste，Harvard University Press，1984.

[6] Granovetter M. Economic Action and Social Structure：The Problem of Embeddedness. American Journal of Sociology，1985（91）：481-510.

[7] Hardin，Russell. Conceptions and Explanations of Trust. In Cook，Karean S.（ed.），Trust in Society. New York：Sage Foundation，2001.

[8] Hofstede G. H. Cultures and Organizations：Software of the Mind. New York：McGraw-Hill，1997.

[9] Hwang K. K. Face and Favor：The Chinese Power Game. American Journal of Sociology，1987（92）：944-974.

[10] Krackhardt D. The Strength of Stong Ties：The Importance of Philos in Organizations. In Networks and Organizations，edited by Nitin Nohria and Robert G. Eccles. Boston：Harvard Business School Press，1992.

[11] Lin N. Social Capital：A Theory of Social Structure and Action. New York：Cambridge University Press，2001.

[12] Luo Jar-Der. Particularistic Trust and General Trust：A Network Analysis in Chinese Organizations. Management and Organizational Review，2005（3）：437-458.

[13] McGregor. The Human Side of Enterprise. New York：McGraw-Hill，1960.

[14] Mishra A.K. Organizational Responses to Crisis：The Centrality of Trust. In Kramer，Roderick M. and Tyler，Tom（Ed.），Trust in Organizations. London：Sage Publication Inc.，1996.

[15] Ouchi W.G. Theory Z：How American Business Can Meet the Japanese Challenge，Reading. Mass.：Addison-Wesley，1981.

[16] Schaffer B.，Riordan C. A Review of Cross-cultural Methodologies for Organizational Research：A best-Practices Approach，Organizational Research Methods，2003，6（2）：169-215.

[17] Williamson O. The Economic Institutions of Capitalism. New York：The Free Press，1985.

[18] Williamson O. The Mechanisms of Governance. New York：Oxford University Press，1996.

[19] Xiao Z. and Tsui A. When Brokers May not Work：The Cultural Contingency of Social Capital in Chinese High-tech Firms. Administrative Science Quarterly，2007（52）：1-31.

[20] Yamagishi T. & Yamagishi M. Trust and Commitment in the United States and Japan. Motivation and Emotion，1994（18）：129-166.

[21] Yamagishi T.，Cook K. S. & Motoki W. Uncertainty，Trust，and Commitment Formation in the United States and Japan. American Journal of Sociology，1998（104）：165-195.

[22] 蔡禾，贾文娟. 逆差序格局：关系降低了谁的成本？. 第一届关系社会学国际学术研讨会，2009.

[23] 戚树诚. 探讨企业主管的亲信关系. 中山管理评论，1996，4（1）：1-15.

[24] 樊景立，郑伯埙. 华人组织的家长式领导：一项文化观点的分析. 本土心理学研究，2000（13）：127-180.

[25] 费孝通. 乡土中国. 北京：三联书店，1998.

[26] 黄光国. 儒家关系主义的理论建构及其方法论基础. 教育与社会研究，2001（2）：1-34.

[27] 霍夫斯坦德. 跨越合作的障碍——多元文化与管理. 尹毅夫，陈龙，王登译. 北京：科学出版社，1996.

[28] 罗家德. 华人的人脉——个人中心信任网络. 关系管理研究，2006（3）：1-24.

[29] 罗家德，孙瑜. 双星球鞋分兵突围策略之成与败：一个中国人关系圈理论之诠释. 产业与管理论坛，2009，11（1）：38-51.

[30] 罗家德，王竞，张佳音，谢朝霞. 社会网研究的架构——以组织理论与管理研究为例. 社会，2008（28）：15-38.

[31] 罗家德，叶勇助. 中国人的信任游戏. 北京：社会科学文献出版社，2007.

[32] 吴晓刚. 九十年代以来个体户与私营企业主的变化——一个人口统计学的描述. 第一届关系社会学国际学术研讨会，2009.

[33] 王绍光，刘欣. 中国社会中的信任. 北京：中国城市出版社，2003.

[34] 余英时. 从价值系统看中国文化的现代意义. 引自文化：中国与世界. 第一辑. 北京：三联书店，1987.

[35] 翟学伟. 中国人行动的逻辑. 北京：社会科学文献出版社，2001.

[36] 翟学伟. 人情、面子与权力的再生产. 北京：社会科学文献出版社，2005.

[37] 张德. 组织行为学（第三版）. 北京：高等教育出版社，2008.

[38] 郑孟育，罗家德，孙瑜. 华人商场上的动态关系管理. 产业与管理论坛，2009，11（2）：24-35.

（清华大学人文社会科学学院　罗家德）

面子预期、自己人感知对组织成员合作倾向的影响研究

一、引　言

随着社会化分工的细化，组织成员之间相互依赖和协同合作的程度逐渐加深。合作行为作为亲社会行为的一种，在现代组织中发挥着越来越重要的作用。如何提高员工间合作水平，建立并促进员工良好的合作关系以提高组织绩效，是广大管理者关注的焦点之一。

组织行为及心理学的相关研究表明：行为是个体特征和环境特征的函数，人格特征（如倾向）或情境特征（如组织文化）都不能单独预测行为（Chatman & Barsade，1995）。因此，合作行为受到人格特征和情境特征共同影响和作用。已有研究在西方文化背景和组织情境下围绕合作这一主题从工作团队的合作规范（Chatman & Flynn，2001）、合作意愿（Chatman & Barsade，1995）等方面展开，而合作倾向对合作行为具有决定性的影响作用，因此研究合作行为首先要从合作倾向的影响要素入手。本文希望从中国文化背景的视角，分析中国文化的两大关键要素——面子和自己人对团队成员合作倾向的影响。

二、文献回顾

于文山等（2008）在《中国化管理》一书中曾指出：非汉语国家成员在与中国人的交往过程中，有两个词给他们造成的困惑最大，分别是“面子”和“关系”。美国社会学家赛林在研究中指出：中国人的价值观包含六个方面，即家族主义、尊老、人情关系、礼貌、脸面、男性中心（转引自翟学伟，2006）。Buckley 等（2006）认为中国文化具有家族导向、关系、关注面子、人情、和谐等特征。金耀基（1992）也强调，关系、人情、面子是理解中国社会结构的关键性社会文化概念（转引自翟学伟，2006）。由此可见，面子和关系作为中国文化的核心价值观，是影响人际间关系、组织间关系的最为重要的文化特征要素，也是成员之间进行合作、知识共享等人际互动过程的前提。

“面子”是任何在中国生活或者接触中国人的人都能强烈感受到的一种文化心理现象（翟学伟，2006）。有关中国人“面子”的心理与行为现象已在心理学、社会学、社会心理学等领域受到诸多学者的关注（王轶楠、杨中芳，2005；朱瑞玲，2006a，2006b；何友晖，2006；周美伶、何友晖，2006；翟学伟，2006）。“‘自己人/外人’则是中国人在社会交往过程中为了保证亲密、信任和义务的稳定而形成的生存智慧和应对策略”（杨宜音，2005）。在

社会互动中，成员通过判断对方与自己的关系来决定与其交往的行为方式和内容，由此衍生出了“自己人/外人”划分的“圈子”文化。自己人与外人之间界限分明，圈子内的核心机密不会被外人所知，保护自己人群体的利益，组织成员有义务给自己人面子。

（一）面子

1. 面子的定义

关于面子的研究，学者胡先缙最先将其引入社会科学研究领域并做出学术上的定义，她认为中国人的面子观分为脸、面两类，并首先对两类进行了区分：脸是社会对个人道德品质的信心，是团体给予具有道德名誉者的尊敬；面是个人透过可见的成就及夸耀而获得的声望。脸和面分别侧重道德和成就两个范畴（转引自周美伶、何友晖，2006）。

戈夫曼及斯托佛从社会情境视角对面子进行了定义，戈夫曼（Goffman，1955）认为面子是“个体根据某种标准为自己积极要求的社会价值，这种标准是其他人认为个体在一次特定的交往中必须遵循的。面子是根据公认的社会特征而自我描述的形象”（转引自 Ho，1976）。斯托佛（Stover，1962）将中国人的面子解释为“他人指向的自尊”（Other-directed Self-esteem）（转引自 Ho，1976），是正式化、形式化人际交往方式的产物（转引自周美伶、何友晖，2006）。

Ho（1976）进一步强调了面子的相互性并提出了面子的综合性定义：“面子是个体要求别人对其表现出的尊重和（或）顺从”，即“互动双方都期望从对方那儿获得或者给予对方顺从、尊敬和（或）敬重”。

翟学伟（2006）则强调了面子产生“序列地位”的作用，他认为“脸是个体为了迎合某一社会圈认同的形象，经过印象整饰后表现出来的认同性的心理与行为。而面子是这一业已形成的心理及其行为在他人心目中产生的序列地位，即心理地位”。

周美伶、何友晖（2006）结合以往学者观点及深入访谈的结果，提出“面子是个人从他人获致的社会尊严，或由他人允许认可的公众形象”（Public Image）。这一定义使用“公众形象”和“社会尊严”来界定面子，指出了面子具备的自我（主观）层面和社会（客观）层面的意义。

综上所述，面子在社会情境的背景下人际互动交往下产生（Ho，1976；周美伶、何友晖，2006），并对人际行为产生影响，具有主观知觉判断的成分。由于个体在进入面子交往前具有的动机及目的，因此面子表现出相互性需求的特征（Ho，1976），即交往双方期望从对方那里获得积极的社会评价，也期望对方给予尊重和顺从。

本文倾向采用周美伶、何友晖（2006）关于“面子”的定义进行后继分析，强调面子的核心是他人赋予的“公众形象”和“社会尊严”。

2. 面子的类别划分

King 和 Myers（1977）将面子按照其内容划分为道德性面子、社会性（地位性）面子，与胡先缙的“脸”、“面”内容分别对应，这样划分的意义在于避免脸、面两词引起的重叠和混淆（转引自周美伶、何友晖，2006）；Goffman（1955）根据面子对象分为自我面子（一个人自己的面子）和他人面子（别人的面子），与之对应的行为分别是防卫（自己的面子）行为和保护（他人的面子）行为，都表现出维护面子的目的（转引自王轶楠、杨中芳，2005）；Brown 和 Levinson（1978）从面子需求及动机的角度将面子划分为积极面子和消极面子。积极面子指希望自己所认为有价值的东西能被有关人物接纳、赞许的需要；消极面子要求的是独立自主、可以自给自足的公众形象（转引自周美伶、何友晖，2006）。Ting-Toomey（1988）将面子划分为四个向度：自己的/他人的积极面子，自己的/他人的消极面子（转引自何友晖，2006）。

综上所述，已有学者主要从面子的性质和内容、面子主体、面子需求等方面对面子类别划分进行了论述（见表1）。

表1 面子的类别划分

分类视角	划分标准	代表学者
面子的性质和内容	道德性面子（"脸"）；社会性面子（"面"）	Ho，1976 King 和 Myers，1977
面子主体	自我面子；他人面子	Goffman，1955
面子需求及作用	积极面子；消极面子	Brown 和 Levinson，1978
面子主体和需求	自己的积极面子；自己的消极面子；他人的积极面子；他人的消极面子	Ting-Toomey，1988

资料来源：根据相关文献整理。

朱瑞玲（2006a）关于面子运作过程提出了自己的看法。她认为：从广义来看，个体的面子运作过程包括面子的获得和面子损失两部分。面子行为是需要后天学习的社会技巧，维护面子有事先预防和事后补救两种，而争取新面子则可以为个体获得更多有利的社会资源和实行自我价值的提升。因此，她结合人际关系中的各种印象整饰策略提出了三种面子行为：（事前）避免失面子、（事后）挽回面子、增加面子。

面子作为"社会尊严"及"公众形象"，是人际交往过程中与对方互动产生的结果，而社会尊严和公众形象的获得是依赖与他人合作才能获得，那么组织成员间互动过程如知识共享、成员合作、冲突等也都会受到面子因素的影响，并体现面子运作的过程。

（二）差序格局与"自己人"

1. 差序格局

最早对关系进行初步概念化的是费孝通，他根据中国农村社会的具体调查研究，提出了"差序格局"的概念。他认为中国人的人际交往模式具有"自我主义"的特征。"家"这一概念对中国人的人际关系产生深远影响。中国农村人际关系的分类方式是将最接近自己的一圈人称作"自家人"，其他人称作"外人"。

费孝通（1998）指出自家人和外人之间的界限随着情境而具有伸缩性。这一界限由行动双方进行解释和划分，他们为了避免由于人情导致的账目不清而选择远离生活的村子以外的街集上进行。交易情境的变化导致了双方关系由自家人向外人的转化。

2. 自己人/外人划分

杨国枢（1993）将中国人的人际关系按照亲疏程度分为三类：家人关系、熟人关系、生人关系。家人关系指个人与其家人（父母、子女、兄弟、姊妹、丈夫或妻子及其他家人）之间的关系；熟人关系指个人与其熟人（亲属、朋友、邻居、师生、同事、同学及同乡等）之间的关系；生人关系指个人与生人（与自己无任何直接或间接持久性社会关系的人）之间的关系。杨中芳（2000）指出：杨国枢的三类划分方式从严格意义分析实际是两类，即"家人"与"相交往的其他人"，与费孝通的"自家人"和"外人"是一致的。

自己人概念最初产生于自家人概念（杨宜音，1999）。自己人概念可以从一般意义和相对两方面来分析。一般意义的自己人，是以“家人”作为边界进行划分，带有先赋性血缘、姻亲关系的人群即自家人通过亲缘身份的制约来明确身份。这样的边界划分将对个体的态度和行为的结果产生鲜明对比：信任（自家人）——怀疑（外人）、亲密（自家人）——疏远（外人）；而相对意义的自己人则是受到“职业分层的加剧和社会流动的增加”（王小章，2008）的影响，将相对意义的自己人外推到自家人以外的情境里，以“认同”作为边界标志。那些在心理上认同、情感上亲密、相互信任并自愿承担责任和义务的群体属于相对意义的自己人，多存在于学缘关系、业缘关系、利益共同体关系中。

杨国枢的“家人/熟人/生人”关系分类中“家人”、“生人”分别与“自己人”、“外人”对应，而“熟人”类别的归属是个体对“自己人/外人”的心理标准的衡量过程，熟人不一定就是自己人，会出现最熟悉的人由于不被认同而划归到“外人”的情况。

3. 自己人/外人转化

费孝通提出自家人和外人之间的情境伸缩性，说明自己人和外人之间存在互动转化的过程。根据杨宜音（1999；2008）的观点，外人转化为自己人的途径有以下两种：第一种是通过通婚、过继、拟亲化（如结拜）获得先赋性关系或拟亲属身份；第二种是通过后天交往而被认同接纳为自己人。反之，自己人转变为外人也有两个途径：一是与“拟亲化过程”相对的“去亲化过程”，即解除双方的亲缘关系；二是在交往过程中发现彼此存在着利益冲突、情感冲突或性格不合时，减少交往频率或直接中断交往使关系解除。

综上所述，外人转化为自己人可以通过直接的关系基础（如学缘、地缘、业缘）或间接第三方引荐，但这些都不是两者转化的必要条件，其充分条件是双方个性特征之间的相互认同以及由此产生的亲密情感和信任依附。两者之间的转化，从表面上看，是个体对他人“社会身份”的转变，其本质是个体心理意义上角色类别的重新界定。

（三）合作倾向

1. 合作倾向的定义

根据 Wageman（1995）、Chatman 和 Barsade（1995）关于合作的论述，本文将“合作倾向”定义为：在没有得到组织正式要求的情况下，也不论组织对自己的工作是以单独个体还是以群体的方式给予报酬和奖励，员工表现出与他人一起工作的意愿。

2. 合作倾向的维度划分

个体合作倾向是单维度变量，高合作倾向和低合作倾向分别是维度的两个端点（Chatman & Barsade，1995）。

三、研究假设与理论框架

面子带有主观知觉判断的成分，因此，面子是一种感知的主观评价标准。本文借鉴朱瑞玲（2006a）的预期获得面子和预期损失面子，提出“面子预期”（Face Expectation）概念，表示组织成员在特定的组织情境下对自我面子及他人面子的事先的期望。面子预期包括自我面子预期和他人面子预期，分别有自我面子预期增加、自我面子预期减少、他人面子预期增加、他人面子预期减少四种情形。

面子是在社会情境的背景下通过人际互动交往产生和运作，那么必然会对组织成员的合作倾向及合作行为产生直接的影响。组织成员可以从与他人的合作过程中获得所期望的社会尊严和被认可的社会形象，即增加自我面子，当然，也会因表现不当而丢失面子。

中国人强调自己人和外人的区别，中国人在面对不同关系的个体时，其态度和行为会表现出差异。对方与自己的关系决定了其如何对待对方及双方交往的其他事项。杨宜音（2005）指出："'自己人'之间通过情感的表达和互动，限定了社会资源的分配，保证了相互报答的工具性交换的稳定实现，包含了表达性（相互亲密性吸引）以及否定性表达（对外人的排斥）。"朱瑞玲（2006a）认为："中国社会重视人伦关系，会形成一种特殊的面子情形——以面子的交换、给予和获得来代表关系的特殊化。而因亲疏远近不同的关系使得个人相对的面子大小和维护责任有所差异。团体的面子大于个体的面子。给自己人面子是成员必须履行的角色义务和职责。"杨国枢（1993）提出了关系类型是一种"干预或节制因素"（Moderator Factor）的观点。因此无论组织成员对自我面子还是对合作者的他人面子预期与其合作倾向的关系都会受到组织成员对合作者在其心理关系格局的认同程度的影响。

本文用"自己人感知"概念来表示组织成员感知他人在其心理关系格局中认同的程度。自己人感知是一个连续变量，纯粹自己人和纯粹外人分别是这一连续变量的两端。自己人感知对组织成员的面子预期和其合作倾向之间的关系起到调节作用。

将组织成员对合作者的自己人感知按照感知程度的高和低两个维度进行划分，将组织成员的自我面子预期按照预期增加和预期减少两个维度进行划分，以自己人感知和自我面子预期为两轴形成正交坐标。因此，组织成员的自我面子预期和其合作倾向之间受到自己人感知的调节作用有以下四种情况：

（1）当组织成员对合作者的自己人感知程度高时，他预期与其合作会使自己的面子增加，他会表现出较高的合作倾向，因为双方合作会产生多重收益：既增加了组织成员自己的面子，又给了合作者即"自己人"面子，还通过与"自己人"合作，增进了彼此感情，彼此提高了工作成效，实现了自己人群体的利益。

（2）当组织成员对合作者的自己人感知程度高时，他预期与其合作会使自己的面子减少，比如可能由于技不如人，合作过程更多是由对方传授知识，把自身不足暴露给他人，那么他的合作倾向会有怎样的变化呢？周美伶、何友晖（2006）通过访谈发现，面子是做给外人看的，对自己人不要紧。那么我们可以得出：当组织成员对合作者的自己人感知程度高时，自我面子预期减少不会影响其合作倾向。

（3）当组织成员对合作者的自己人感知程度低时，那么他会对合作者产生排斥的心理反应。成员预期合作使自我面子增加，他也会出于保护自己人利益的考虑，而采取敷衍应付的消极合作。

（4）当组织成员对合作者的自己人感知程度低时，如果成员预期合作使自我面子减少，他会采取对"外人"的排斥态度，这种情况下所表现出的合作倾向最低。

因此，本文提出假设一：

H1：组织成员对合作对象的自己人感知程度会调节组织成员的自我面子预期与对他人的合作倾向之间的影响关系。

H1a：当组织成员对合作者的自己人感知程度高时，组织成员对自我面子预期增加会提高其与他人的合作倾向；

H1b：当组织成员对合作者的自己人感知程度高时，组织成员对自我面子预期减少不会影响其与他人的合作倾向；

H1c：当组织成员对合作者的自己人感知程度低时，组织成员对自我面子预期增加不会增加其与他人的合作倾向；

H1d：当组织成员对合作者的自己人感知程度低时，组织成员对自我面子预期减少会降低其与他人的合作倾向。

同样，将组织成员对合作者的自己人感知按照感知程度的高和低两个维度进行划分，将组织成员的他人面子预期按照预期增加和预期减少两个维度进行划分，以自己人感知和他人面子预期为两轴形成正交坐标。因此，组织成员的他人面子预期和其合作倾向之间受到自己人感知的调节作用也有以下四种情况：

（1）当组织成员对合作者的自己人感知程度高时，预期他人面子增加，他会表现出较高的合作倾向来实现对方利益及自己人群体利益，同时也会为自己获得社会认可和积极评价，增加自己的面子。

（2）当组织成员对合作者的自己人感知程度高时，预期他人面子减少，他会出于保护“自己人”即合作者面子的考虑，而采取回避合作的方式，即合作倾向较低。

（3）当组织成员对合作者的自己人感知程度低时，预期他人面子减少，意味着合作使“外人”面子减少，成员知觉到的自己人群体面子会因为外人面子减少而相对增加，那么成员反而会表现出较高的合作倾向以使自己人群体面子增加。

而从中国人的亲和动机来看，成员在此种情况下表现出的合作倾向可能会与上面论述的相反。和西方人相比，中国人的亲和动机更为显著，“以和为贵”、“退一步海阔天空”、“求同存异”等都表现出中国人求“和”的心态。当个体间人际关系无法达到真正和谐时，中国人会退而求其次以表面上的和谐关系为目标。中国人和自己认定的“外人”交往时往往采用“表面和谐”的策略，这种表面上的和谐，也是和面子要素紧密联系的，交往双方一旦破坏了和谐关系，不但使他人丢了面子，自己也“颜面受损”。因此，如果组织成员对合作者的自己人感知程度低时，组织成员预期到合作者的面子会减少，那么一旦他表现出较低的合作倾向，他与合作者之间的表面和谐就会被打破，双方冲突的潜在可能性增大。中国人对潜在冲突带有一定的焦虑感和恐惧感，因此会出现为了和谐而和谐的情况，表面目的是在保护他人的面子实际是为了保护自己的面子。因此，当组织成员对合作者的自己人感知程度低时，组织成员认为合作会对他人面子预期减少，那么他有可能出于保护自己面子而不一定会增加其与他人的合作倾向。

因此，此种情况存在一组竞争性假设。

（4）当组织成员对合作者的自己人感知程度低时，预期他人面子增加，即合作使得“外人”面子增加，成员表现的合作倾向会在这四种情形里最低。

因此，本文提出假设二：

H2：组织成员对合作对象的自己人感知会调节组织成员的他人面子预期与对他人的合作倾向之间的影响关系。

H2a：当组织成员对合作者的自己人感知程度高时，组织成员对他人面子预期增加会提高其与他人的合作倾向；

H2b：当组织成员对合作者的自己人感知程度高时，组织成员对他人面子预期减少会降低其与他人的合作倾向；

H2c1：当组织成员对合作者的自己人感知程度低时，组织成员对他人面子预期增加会降低其与他人的合作倾向；

H2c2：当组织成员对合作者的自己人感知程度低时，组织成员对他人面子预期增加不会增加其与他人的合作倾向；

H2d：当组织成员对合作者的自己人感知程度低时，组织成员对他人面子预期减少会增加其与他人的合作倾向。

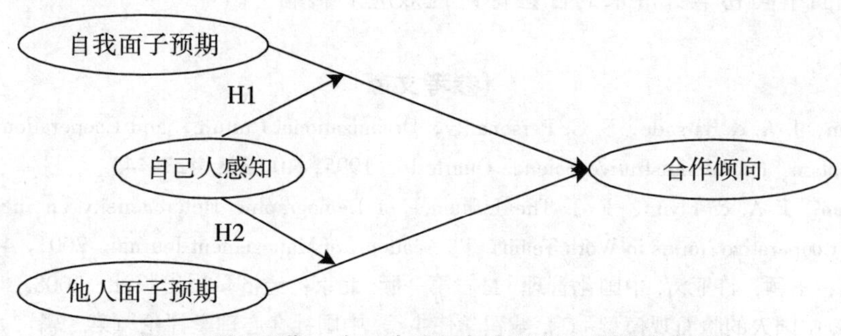

图 1 面子预期、自己人感知与合作倾向的影响关系

四、评价与展望

（一）研究对象

本文关注于组织成员间合作行为的倾向，而“面子运作中，互动对象与个人之间的上下权力关系往往更具有决定性的影响”（周美伶、何友晖，2006）。朱瑞玲（2006a）归纳以儒家思想为传统的中国社会形成的面子现象时也指出：中国社会强调阶级的尊卑和面子维护责任之间的关系，下属尽到保护上级面子的义务后，自己才有获得面子的可能。下属在与领导合作过程中，即使预期自己面子会减少，但领导面子会增加，也会有较高的合作倾向。因此，未来研究间可将关注视角拓展到领导与下属之间合作过程如何受到面子预期感知的影响。

此外，本文仅考虑合作双方中一方的面子变化的预期，而在面子实际运作过程中，双方面子是同时发生变化的。合作过程中双方对各自面子变化的预期同时考虑的情形则更为复杂，这一内容将对面子理论的相关研究进行补充和深化。

（二）研究方法

从研究设计来看，学者们既有采用访谈的方法来收集面子相关的行为及事件，通过项目分析和信度效度检验开发相关量表（陈之昭，2006；朱瑞玲，2006b），也有从“情境”着眼，具体应用到实验情境、剧本情境及真实社会情境中（周美伶、何友晖，2006）。周美伶、何友晖（2006）认为访谈的研究方法存在一定弊端：无法解答人们在社会交往中怎样知觉到面子的存在，他们推崇菲律宾学者马塔拉吉尼和尼瑞的本土研究技巧——Patatanung-tanong（绕着问），“这种技巧的特色是只以一个问题为中心，绕着这个问题询问人们对它的看法。访问者用很少的问题触发人们谈出自己的想法，受访者不受限制，可以联想、举例、反问、解释等”（周美伶、何友晖，2006）。本文建议未来研究在研究方法上应结合问卷研究和情境设置方法进行交叉验证，因为面子问卷本身已经对应答者构成了面子威胁，将会导致由于问卷产生社会称许性所带来的效度问题，而情境设置既可以通过实验设计出与面子有关的情境，也可通过让受试者假想自己是情境中的主角或以第三者的姿态来评价他人行为，即特定情景中才能彰显出该行为的真实目的。

从数据收集方法来看，当采用态度测量问卷时，要采用不同来源进行数据收集，如同一份问卷由成员自评、同事他评、领导他评进行相互佐证，以避免共同方法偏差对研究造成的影响，也避免面子问卷本身带来的社会称许性效应的影响。

〔参考文献〕

[1] Chatman，J. A. & Barsade，S. G. Personality，Organizational Culture，and Cooperation：Evidence from a Business Simulation [J]. Administrative Science Quarterly，1995，40 (3)：423-443.

[2] Chatman，J. A. & Flynn，F. J. The Influence of Demographic Heterogeneity on the Emergence and Consequences of Cooperative Norms in Work Teams [J]. Academy of Management Journal，2001，44 (5)：956-974.

[3] 于江山，王颖，许亚涛. 中国化管理 [M]. 第一版. 北京：经济日报出版社，2008.

[4] 翟学伟. 中国人的脸面观模型 [C]. 载翟学伟主编. 中国社会心理学评论 (第二辑). 北京：社会科学文献出版社，2006：217-228.

[5] Buckley，P. J.，Clegg，J. & Tan，H. Cultural Awareness in Knowledge Transfer to China-The Role of Guanxi and Mianzi [J]. Journal of World Business，2006，41：275-288.

[6] 王轶楠，杨中芳. 中西方面子研究综述 [J]. 心理科学，2005，28 (2)：398-401.

[7] 朱瑞玲. 中国人的社会互动：论面子的问题 [C]. 载翟学伟主编. 中国社会心理学评论 (第二辑). 北京：社会科学文献出版社，2006：79-106 (2006a).

[8] 朱瑞玲. "面子" 压力及其因应行为 [C]. 载翟学伟主编. 中国社会心理学评论 (第二辑). 北京：社会科学文献出版社，2006：161-185 (2006b).

[9] 何友晖. 面子的动力：从概念化到测量 [C]. 载翟学伟主编. 中国社会心理学评论 (第二辑). 北京：社会科学文献出版社，2006：65-78.

[10] 周美伶，何友晖. 从跨文化的观点分析面子的内涵及其在社会交往中的运作 [C]. 载翟学伟主编. 中国社会心理学评论 (第二辑). 北京：社会科学文献出版社，2006：186-216.

[11] 杨宜音. "自己人"：一项有关中国人关系分类的个案研究 [C]. 载杨宜音主编. 中国社会心理学评论 (第一辑). 北京：社会科学文献出版社，2005：181-205.

[12] Ho，D. Y. F.，On the concept of face [J]. American Journal of Sociology，1976，81 (4)：867-884.

[13] 费孝通. 乡土中国 生育制度 [M]. 北京：北京大学出版社，1998.

[14] 杨国枢. 中国人的社会取向：社会互动的观点 [C]. 载杨国枢，余安邦主编. 中国人的心理与社会行为——理念及方法篇. 台北：桂冠图书公司，1993：87-142.

[15] 杨中芳. 有关人际关系及人际情感的构念化 [J]. 本土心理学研究，2000，12：105-179.

[16] 杨宜音. "自己人"：信任建构过程的个案研究 [J]. 社会学研究，1999，2：38-52.

[17] 王小章. 中国社会心理学 [M]. (第一版). 杭州：浙江大学出版社，2008.

[18] 杨宜音. 关系化还是类别化：中国人 "我们" 概念形成的社会心理机制探讨 [J]. 中国社会科学，2008，4：148-159.

[19] Wageman，R. Interdependence and group effectiveness [J]. Administrative Science Quarterly，1995，40 (1)：145-180.

[20] 陈之昭. 面子心理的理论分析与实际研究 [C]. 载翟学伟主编. 中国社会心理学评论 (第二辑). 北京：社会科学文献出版社，2006：107-160.

(浙江大学管理学院 宝贡敏 刘 枭)

鞍钢宪法的批判与解放意蕴

一、鞍钢宪法及思想来源

鞍钢宪法是新中国对中国特色企业管理的一种探索。对于鞍钢宪法通常有三种理解：第一种是毛泽东的批示，可以看做是广义概念的鞍钢宪法，包括政治挂帅、群众性技术革命、党委领导下的厂长负责制以及“两参一改三结合”；第二种是辽宁省委、鞍山市委和鞍钢党委的理解，强调政治挂帅、群众运动和批判“一长制”，侧重于鞍钢宪法的“左倾”方面；第三种是刘少奇推出的成都量具刃具厂的经验和中央工业部的理解，把鞍钢宪法的具体内容定义为“两参一改三结合”（戴茂林，1999），即工人参加管理，干部参加劳动，改革不合理的规章制度，工人、干部、技术人员三结合。本文从“两参一改三结合”的视角来研究鞍钢宪法的管理思想。

从鞍钢宪法的产生过程来看，“两参一改三结合”这一概念起源于济南的一个百人左右的面粉厂，这时主要是“两参一改”，强调的是精简干部及提高效率。不久，陕西庆华工具厂也推出了自己的“两参一改”，主要特色是向苏联专家确立的工艺流程提出质疑与挑战。到1958年12月，重庆长江电工厂在推行“两参一改”的基础上提出了“两参一改三结合”的方案，而这一概念最终由毛泽东赋予了鞍钢（高华，2000）。毛泽东提出鞍钢宪法这一概念，是相对于苏联的马根尼托戈尔斯克钢铁厂的一套管理制度（简称为马钢宪法）而言的。这个钢铁厂代表了当时苏联钢铁业最先进的生产技术。作为共和国工业长子的鞍钢，在第一个“五年计划”期间，得到了苏联专家的帮助与指导，因此，在这一阶段，鞍钢主要是照搬照抄马钢的管理制度及生产流程。在后来的实践中，鞍钢的不少工人和领导干部觉察到了这种管理模式存在的问题，也进行了一些变革，但真正全面的变革是在毛泽东的批示之后进行的。

鞍钢宪法作为毛泽东批示的社会主义企业的根本纲领，在企业管理实践中有一系列管理制度和管理方法支撑，这些具体的管理制度包括：技术表演竞赛、一条龙协作赛、技术研究小组和职工代表大会等。

技术表演竞赛是鞍钢第三炼钢厂五座大型固定式平炉的职工首创的一种劳动竞赛形式。技术表演竞赛主要关注的是生产中的关键问题，如技术操作、工作方法等。最开始的技术表演赛是少数先进生产者展示先进的操作技术，其他人观摩学习。后来则发展成包括落后工人

［基金项目］辽宁省教育厅创新团队“后现代管理”研究项目“和合精神、鞍钢宪法与后现代管理”（批准号2007T031）。

在内的所有工人都参与的竞赛活动，在活动中工人相互学习、彼此促进工作技能的提高。

作为一个现代化的大型企业，鞍钢的各个生产环节、上下工序之间的衔接必须非常紧密。然而，由于这些生产环节、上下工序往往位于不同的厂矿、部门之间，经常会出现衔接上的不连续以及问题出现后互相推诿、互相埋怨的情况，这无疑会降低企业的生产效率。于是在1959年5月，以炼铁厂为中心，包括东鞍山厂矿、大孤山厂矿、发电厂、运输部在内的7个单位开展了一条龙大协作竞赛。竞赛开始后，5月的炼铁产量比4月增加了1250吨。这种明显的效果使得鞍钢下属的各个系统，如炼钢、轧钢、机械等系统都开展了这项活动，相关的厂矿、工序之间开展了互相参观访问、互相理解、互创条件、互相支援的活动。

"三结合"会议、"三结合"小组、技术研究小组、诸葛亮会、老工人座谈会等在鞍钢开展的技术革新和技术革命活动中发挥了重要的作用。而到了1963年则出现了群众性的技术协作活动。技术协作队伍是由革新能手、技术尖子、有丰富实践经验的老工人、工程技术人员组成的。它的主要任务是攻克技术难关，突破生产障碍。

鞍钢的职工代表大会制度是在第一个"五年计划"期间建立起来的，是鞍钢工人参加企业管理的主要形式。工人通过职工代表大会提出各种意见，对企业的经营进行监督、评议。而鞍钢中板厂首创的班组经济核算是员工参加日常管理的一种重要形式。鞍钢第一初轧厂在推广这一经验时，采用的是班组工人自己选出兼职核算员进行日常核算工作，根据各个岗位的不同情况确定不同的具体核算内容和核算指标。通过班组经济核算，工人能够及时了解自己每天劳动的经济成果，可以及时发现存在的问题，做到边生产、边核算，边分析、边改进。

对于鞍钢宪法的思想渊源，我们不能忽视其产生的特定时代背景。从鞍钢宪法出现的时间来看，毛泽东思想是当时整个社会的主导思想，整个社会的政治领域、文化领域已经开始了对于普通大众参与民主生活、当家做主人的追求与探索。在经济领域也实现这些理想，避免整个社会出现如丹尼尔·贝尔（1978）描述的围绕政治、文化、经济领域各自不同的轴心运作的情况，就成了一种必然的要求。鞍钢的管理者、工人都有一种内在的把毛泽东思想与鞍钢的实践结合起来的倾向。鞍钢的前几任管理者，大都有着多年的军队工作经验，因此，人民解放军对官兵一致、保证士兵的权利，对民主生活的强调及对思想政治工作的重视等做法都会通过这些管理者渗透到鞍钢的管理实践之中。从这个角度看，鞍钢宪法的出现是社会主义经济管理思想的一种自然延续。苏共"二十大"（1956年2月）以后，中央高层领导对企业管理中的苏联模式开始进行反思和批判，尤其强调了苏联"一长制"领导体制滋生的官僚主义与共产党长期追求的企业民主化管理目标之间的矛盾。由于毛泽东的批评和其他领导人的反思和努力，1956年9月中共八大决定实行党委领导下的厂长负责制，并重视企业管理中的职工参与权利。也是在此背景下，毛泽东对体现平等、民主思想的鞍钢宪法极为重视并号召在全国范围内推广。因此说，鞍钢宪法的产生是我国主动反思和批判苏联模式并探索符合中国国情的企业管理方式的产物。

二、鞍钢宪法的批判意蕴

马钢在管理制度上沿袭的是以斯密与泰罗分工理论为基础的福特制。所谓福特制，通常理解为泰罗主义加上机械化。泰罗主义最主要的特点就是计划和执行的相分离，由此产生了管理者、专业技术人员以及工人三个不同的管理主体，各主体有各自不同的利益需求和价值导向，并在明确的规章、程序之下各司其职。专业技术人员负责工人动作标准的设定、生产流程的确定与维护，管理层负责组织的计划，而工人仅仅负责按照管理层和专业技术人员设定的标准进行生产。这种管理方式具有以下两大弊病：

第一，管理层级之间以及管理者与被管理者之间的控制与反控制斗争恶化了管理中的人际关系。在马钢实施的福特制中，管理层与工会、工人处于对立地位，管理层通过一系列规章与程序设计，要求工人无条件地服从以增进管理中的可控性和最大产出，而工人则通过工会与资方谈判，反对这种毫无人性的控制，要求增加工作中的自主性，当其要求依然无法得到满足之时，则会诉诸激烈的罢工运动。如从20世纪80年代开始美国联合航空（United Airlines）公司管理层和工会的斗争持续升级，从最开始的关于工资和工作安全的斗争发展到后来的涉及收购、航线规划等企业经营的各个方面的对立斗争，而长达数十年的对立最终使这个企业走向了失败（C.Marlene Fiol，Michael G. Pratt & Edward J.O'Connor，2009）。

第二，管理主体的客体化将管理过程中的人降低为物的层面。在管理的各种要素中，技术人员与工人应该是管理活动的重要参与者，离开他们的支持与认同，很多管理目标不可能实现。但在泰罗主义下，他们仅仅成为被控制与管制的对象，工人丧失了对于工作流程的控制权，沦为组织庞大的分工体系上的一个零部件，工人从事过细的分工，干的是简单重复的工作，而非创造性的工作会使工人的创造力处于日渐萎缩的状态。对于工人来讲，长此以往，将丧失对于工作的热情，而对于企业来讲，在面临着动荡变化的外部环境时，需要企业的每一个成员都必须能够更好、更快地适应市场的变化，而泰罗主义下的工人显然缺乏这种能力。福特制“见物不见人”的管理理念，不仅使管理中的人性受到贬损，而且面对日益复杂的管理环境，也难以实现泰罗制所设想的高效率。

鞍钢宪法的各种管理制度从多个角度对马钢宪法提出了批判。

第一，技术表演赛使组织中知识实现自由连接、扩散及传播。技术表演赛是一种搜集工人的技术诀窍，进而在组织中进行传播的一种优良方式。在这种形式下，知识诀窍的搜集和传播同时进行，没有延迟的情况。表演赛其实是一种展示与传播的过程，在此特定的、具体化的技术及其内含的隐性知识转换为普适性的显性知识并迅速在组织中扩散与传播，从而促进了知识在组织间的自由流动。而在泰罗制的情况下，工人不愿意把自己掌握的技术诀窍公开，管理层也不愿将最新的技术知识传递给工人，而只依靠技术人员定期进行技术更新，并有意识地将筛选、过滤信息传输给员工，这就使组织中的知识被阻隔在不同的群体之中，极大地影响了知识的扩散与再生能力，同时也就降低了组织的生产与创造能力。鞍钢宪法借助于技术表演赛，工人通过与团体内的其他成员的互动，使得技术诀窍在团体内进行自由连接和传播，有力地解决了这一弊端。

第二，技术竞赛增加了技术创新与决策中的员工自治权。技术竞赛意味着工人在竞争中主动地不断研究新技术。这种企业内部的竞赛具有以下特点：其一，它在一定程度上解决了在缺乏市场竞争的情况下，如何使企业不断地进行工艺的升级和新产品开发的问题。其二，技术竞赛从个体之间的竞赛发展到机器设备相同、相似的小组、车间之间的竞赛，这意味着各个小组、车间都有一定的决策权来决定如何采取与竞赛对手不同的生产技术及不同的管理方法，从而争取在竞赛中胜出，这就与泰罗制条件下基层管理人员和一般工人缺乏决策权形成了鲜明对比。

第三，技术表演赛与技术竞赛的结合使创新成为企业管理中的重要环节。技术表演赛与技术竞赛的推行使技术更新、工人的技能升级成了一个持续不断的过程，有效地解决了企业实施泰罗制所带来的创新不足的问题。在泰罗制下，大型企业进行创新，要么是通过收购技术领先的小企业，要么是依靠本企业员工出于个人兴趣而进行的研究活动。就是说这些创新活动要么是在组织外进行的，要么是在组织的边缘地带秘密进行的。而技术表演赛、技术竞赛在鞍钢的普遍开展，使得创新成为整个企业的中心活动。

第四，一条龙协作赛中的自组织意蕴。看板生产方式是日本企业管理的重要发明并为世人津津乐道，它强调的是下游的生产工序通过看板向上游的工序提出要求，促进各道工序之间的协调，进而与福特制中按照流水线的节拍，下道工序被动地接受上道工序的生产速度和数量的生产方式形成了对比。在鞍钢的一条龙协作赛中，虽然没有看板的存在，但是各个部门围绕下游的核心部门，这个部门往往被形象地称作"龙头","龙头"带动"龙身"、"龙尾"，通过参观、访问等方式进行有效的沟通，解决了生产的连续性问题，而且这种方式最明显的一个特点是各个部门、工序之间的协调不是来自于上一级部门的行政命令，而是各个部门通过彼此之间的沟通来完成的。这就具有了自组织管理的萌芽，从而与福特制强调依据行政命令的他组织生产方式形成了鲜明对比。

第五，"三结合"小组中的团队生产萌芽。三结合小组与福特制的最大区别在于福特制以工人的"去技能化"为特征，也就是说工人只需要掌握单一的操作技能即可，我们可以想象一下卓别林在电影《摩登时代》中所扮演的拧螺丝的工人的形象。采用福特制的企业可以通过对大量非熟练劳动力的简单培训而获得所需要的劳动力，而在技术研究小组等组织中，每个工人都有一定的专业技能，在解决所面临的问题时，往往是需要多个工人共同合作创造出新的知识才能找到问题的答案。在此我们赞同崔之元（1996）所提出的观点，认为"三结合"小组与当前的团队工作所担负的职能非常接近。正是在这种意义上，美国学者 Robert Thomas（1994）认为全面质量和团队合作是毛泽东思想的产物。

第六，鞍钢宪法具有丰富的经济民主思想。鞍钢宪法是社会主义民主在经济领域的进一步延伸，蕴涵着丰富的民主与平等思想。崔之元（1996）认为鞍钢宪法具有经济民主的思想。我们认为他的论断还需要进一步廓清。Denis Collins（1997）认为传统管理，如泰罗、法约尔、韦伯等人的管理思想是与独裁主义（Authoritarianism）相联系的，管理层在做出决策时是独断的。而参与式管理是与共产主义（Communitarianism）相联系的，这是一种代议制的民主（Representative Democracy），工人通过自己的代表来对管理层施加影响，管理层在做出决策时要把工人代表的意见吸纳进来。鞍钢的职工代表大会制度保证了这种代议制的民主在企业中的实施。通过参与到职工代表大会之中，以及在班组层面上由工人进行日常核算，使得工人觉得参与到了企业的决策之中，增加了自己生产过程的控制，从而提高了工人自治、自主的程度，激发起了工人对于企业的参与感及主人翁意识。

三、鞍钢宪法的解放意蕴

管理中的解放问题主要针对泰罗制以来的管理中科学主义霸权及其内含的工具理性对人性的奴役和控制。本文将"解放"界定为解除束缚与增加自治。就鞍钢宪法来讲，解除束缚主要体现在破除权威、破除人际关系束缚以及破除部门划分与责任分割的束缚等方面；增加自治主要体现通过职工代表大会等制度安排增加工人在管理中的参与权与自主权。

第一，鞍钢宪法解除了企业管理中权威主义的束缚。鞍钢宪法是通过对马钢宪法的批判而出现的，它首要的一点就是要解除马钢宪法的权威束缚。具体来说，鞍钢宪法破除了以马钢宪法为代表的僵化的理性管理主义。这种理性管理主义认为操作规程一旦固定下来就不能进行改变，工人必须按照这种指令进行操作。然而，鞍钢的工人通过“三结合”小组以及技术竞赛，对许多操作规程、技术动作进行了再设计，取得了非常好的效果。鞍钢宪法反对的是僵化的、独断的科学主义，赞成的是实验、创新的科学精神。在鞍钢等国有企业中，工人不再仅仅依靠管理人员和技术人员来安排生产流程及确定操作标准，而是开始依靠自身来用理性的、科学的方法来研究操作流程、操作技术的改进。因此，工人此时的行为可以称为对自身的泰罗化（Gareth Morgan，1986；Paul.S.Adler，1992）。这时的泰罗制不再是一种消极意义上的制度，而是突出强调其科学精神。工人不仅以螺丝钉精神做好本职工作，还以高涨的革命英雄主义精神勇于进行创新以改进自己的工作方法。

第二，鞍钢宪法解除了科学管理中紧张的人际关系及群体身份的束缚。与高扬理性主体的科学管理造成的管理者与员工的对立关系不同，鞍钢宪法消解了科学管理中的基于中心性主体的控制与反控制的斗争，使领导者、技术人员与工人在结合中成为平衡和平等的主体，从而使权力“扩散”到作为现代管理的弱势群体的员工，有力地遏制了西方企业中作为特权阶层的管理者对作为弱势群体的员工的剥夺和压制。干部参加劳动，工人参与管理，工人、技术人员和管理人员的“三结合”破除了泰罗制下三方紧张关系的束缚，使得各方面的才能都能得到尽情的发挥。干部参加劳动，可以节约劳动力，提高效率，但这仅仅是从操作层面进行的解读。从中国的传统文化以及当时人们对于平等、当家做主这样一些概念的初步认识来看，干部参加劳动还具有象征意义，它缩小了干部与工人之间的情感距离，有助于解决工人和干部之间由于分工的不同而造成的情绪上的对立。

工人在企业实施泰罗制的情况下，按照管理人员和技术人员的指挥来进行操作。而技术表演赛与竞赛打破了工人与技术人员之间的这种职能身份限制，工人也可以进行技术创新，从而成为与技术人员具有相似职能的创新主体之一。在实施技术表演赛和技术竞赛的情况下，除了强调工人普遍开展创新，还必须重视工人的创新活动的评定、效果的评估，这就需要技术人员发挥作用。创新离不开知识的积累，不可能有凭空出现的创新。创新也是一项充满风险的活动，其成果具有很大的不确定性。通常认为技术人员作为专业人才，需要长时间的培养，而且技术人员的绩效只能由同行来评定。因此，工人的创新活动，离不开技术人员对之进行鉴别，这样才能保证工人的创新活动不是异想天开。这就意味着技术人员和工人都要打破泰罗制下的群体身份限制，工人不再把创新视作是技术人员的事情而不敢越雷池一步，技术人员也不再把工人看做是精于执行而短于创新的机器上的零件，而是在日常的活动中积累了大量默会知识、技术诀窍的有创造力的个体。而只有工人与技术人员都打破这种限制，建立起新的认同，才能使得技术表演赛和竞赛取得切实的效果而不是一场浮华的狂欢，才能使工人参与管理有坚实的技术基础。

第三，鞍钢宪法缓解了官僚统治与技术自治之间的矛盾，增加了工人与技术人员的决策自主权。世界各国的企业组织形态基本上以基于合理性与合法性的科层制（官僚制）为主。通常认为，技术人员与官僚制存在着矛盾，因为技术人员需要职业自治，自己决定如何进行操作，而官僚组织为增加管理中的可控性和确定性则会建构庞大的等级系统与各种具体而明确的规章制度，这就对技术人员的自治构成严重威胁并可能会出现外行指导内行的情况。在技术表演赛和技术竞赛中，管理人员关注的并非是技术人员的技术方面，告诉技术人员如何操作，而是打破技术人员自身群体的限制以及由此导致的与工人之间的对立，赋予技术人员和工人一定的决策权，也就是说技术人员在官僚制下通过理性化发展起来的职业特长并没有受到干涉，而其责任感、投入、忠诚等情感方面也被纳入了企业的管理视野。与苏联的Stakhanov运动①相类似（Daniel A. Wren，Arthur G. Bedeian，2004），在技术表演赛中，工人和技术人员不仅仅需要掌握先进技术，而且被激发出对企业的强烈奉献精神与责任意识。

第四，鞍钢宪法解除了部门对立与责任分割的束缚，增加了员工的自由空间与组织的整体行动能力。在韦伯的官僚制理论中，官僚制的一个缺点是会导致部门间的隔阂与对立。部门划分这种组织结构给组织中的行动者施加了种种限制，使得他的思维模式、行为模式受到约束，也就是我们通常说的“屁股决定脑袋”。而鞍钢的一条龙协作赛，则使各个部门自发地组织起来进行主动协调，因此组织结构施加给行动者的束缚被打破了，个体不再受制于部门划分的约束，有了更大的行动空间。部门对立与劳动分工预设的另一问题是管理主体的责任分割。在突发事件来临或环境突变的情形下，员工不能根据新的情景采取有利于整个组织的行动，因为在泰罗制中每个个体都被赋予具体而明确的责任，在此责任范围之外的事务员工都无权干涉，否则就会违背组织的规章制度而遭到惩罚。鞍钢宪法与科学管理中的责任分割不同，技术革新小组内部的所有员工对整个小组负责任，小组成员之间是一种协作关系而非竞争关系。小组内部虽有分工但不明确，每一个成员都可以根据环境变化及时做出有利于整体的行为。基于此，崔之元（1996）指出，“鞍钢宪法”的精神实质是对僵化的、以垂直命令为核心的企业内分工理论的挑战。

第五，鞍钢宪法增加了工人在生产管理中的参与权与自治权。鞍钢宪法的出现是为了保障落实工人的主人翁地位，增加工人自决、自治的权利。首先，工人在日常的工作中可以就生产工艺、操作技术提出建议，有了初步的决策权。这改变了在泰罗制下仅仅把工人看做是“会说话的公牛”以及福特制下仅仅需要“工人的一双手而不是需要一个人”的传统管理方式。其次，工人通过职工代表大会极大地增强了其对企业的介入感、参与权及主人翁意识。职代会是鞍钢宪法的重要制度保证，是参与管理的一种高级形式，职工不仅能够参与企业的经营管理，而且取得了与经营者几乎同等的地位并在一定程度上对企业的运营起主导作用。职代会是职工在企业中的主人翁地位的重要保证，在这里，劳动者不是一种被现代管理驯化为标准化的机器式的“自然之力”，而是支配生产资料为自身利益服务的“自主性”的人，人在生产与管理中控制物，而不是“役于物”，同时不受他者的外来压迫，从而成为自身的主人。最后，“三结合”的实施，不仅增加了工人的决策权，而且对于技术人员、管理人员来说，由于与工人的结合，使得他们在进行管理时，用合作代替了对抗，从而减少了乃至于消除了来自于工人的抵制与反抗，由此增加了他们的权威。而当技术人员、管理人员作为被管理者时，他们的上级也鼓励其参与到更高一级的决策中来，因此，他们的决策权也获得了增加。

四、鞍钢宪法与后福特制

后福特制发轫于日本的“丰田生产方式”，也称“精益生产”，即工人、技术人员和管理

① Stakhanov是苏联的一个煤矿工人，因其个人劳动效率比一般工人高出许多倍而成为生产模范；Stakhanov运动类似我国20世纪五六十年代对王进喜“铁人精神”的全国性宣传与学习，极为强调工人的无私忘我、艰苦劳动及对国家的忠诚、奉献精神。

者实施团队合作，各管理主体不再固守传统僵化的劳动分工，而是随时随地解决“无库存生产方式”中出现的各种问题。瑞典Volvo汽车公司为了发挥团队合作的效率优势，率先将装配线（assembly line）改造为“装配岛”（assembly island），使工人不再像从前那样在装配线上重复单一的任务，而是8~10人一组，组员根据具体情形的变化灵活行动，互相协作，对整个小组负责。精益生产、装配岛及工作小组构成了后福特制的基本内容。与福特制相反，后福特制通常与更小型、更灵活的生产单位相关，这种生产单位能够分别满足更大范围以及各种类型的特定消费者的需求。后福特制的出现与20世纪80年代以来重工业的衰落及新兴的、小型的、更加灵活的、非中心化的劳动组织网络的出现以及生产与消费的全球化密切相关。

鞍钢宪法与后福特制出现在不同时代的不同国家之中，从管理思想演变的历程考察，我们认为两种管理思想具有时间上的延续与内容上的继承关系，但鞍钢宪法在传播过程中由于情景化的需要发生一定程度的变异。另外，鞍钢宪法与后福特制毕竟诞生在不同社会体制之中，这使两者也有根本性的不同。我们从以下方面梳理这一复杂关系。

第一，鞍钢宪法与后福特制的延续与遗传关系。既然马钢宪法是一种福特制的生产方式，那么作为马钢宪法的对立面而出现的鞍钢宪法就很容易被认为是一种后福特制的生产方式，或者如崔之元（1996）、贾根良（2002）认为的那样，鞍钢宪法是后福特制的萌芽与雏形。既然福特制意味着泰罗制加机械化，那么按照通常的理解，后福特制就是从这两个方面对福特制进行超越，即一是要改变泰罗制管理模式下那种计划与执行分离的状况，如组织结构的扁平化、团队生产等；二是改变流水线的生产方式，如柔性制造系统等。因此，崔之元指出，“两参一改三结合”用今日的术语表述的话就是团队合作，是对福特制下僵化、以垂直命令为核心的企业管理模式的挑战，而且他指出“两参一改三结合”具有经济民主的思想，鞍钢宪法经历了“墙内开花墙外香”的过程，在国内处于乏人问津的境况，而在国外则成了后福特制的萌芽。在崔之元等人看来，后福特制一方面促进了企业的柔性生产、团队协作，另一方面也代表了一种更为民主、更为人性化的管理模式。他们都发现了鞍钢宪法与后福特制之间的承继关系，将鞍钢宪法作为后福特主义传播、扩散链条上的重要一环。如果考察两者产生的文化渊源，就能发现鞍钢宪法遗传给后福特制的文化基因是整体性思维及合作精神，这正是儒家文化的一个基本特征，两者能够分别在同属儒家文化圈的中国和日本诞生也绝非偶然。

对于鞍钢宪法与后福特制之间的承继与遗传过程，我们大体可以梳理出两条管理潮流的传播线路。第一条传播路线如下：美国的伯利恒钢铁厂（泰罗主义）—福特的“T型车”生产流水线（福特主义）—苏联的马根尼托戈尔斯克钢铁厂（马钢宪法）—中国的鞍钢（鞍钢宪法）。第二条传播路线如下：中国的鞍钢（1960年的鞍钢宪法）—日本的丰田等公司（20世纪70、80年代的丰田模式与质量管理）—美国、西欧的卓越公司（80、90年代的团队合作与全面质量管理）。从中我们可以清晰地看出鞍钢宪法与后福特制之间的遗传路径。将中国的管理实践置身于世界的管理潮流之中，对于使中国的管理实践获得国内外各方面的认可及构建本土化的企业管理模式有着极其重要的意义。

第二，鞍钢宪法与后福特制在传播过程中的“变异”关系。内容上的相似并不能说明鞍钢宪法与后福特制是一回事。任何管理理论都与其特定的社会背景紧密结合，脱离了特定的文化共同体及政治体制，就会在遗传中发生难以避免的“变异”。鞍钢宪法及后福特制是诞生在东西方不同时代、不同文化圈与不同政治体制中的两种理论形态，将二者联系起来，就其本质而言是一种翻译（translation），即用后福特制主义的词汇来表达鞍钢宪法的内容。按照传统的理解，翻译一定要“信”，但最新的一些关于组织领域话语分析的研究则认为“翻译关注的不是某一种语言，而是不同语言之间的差异；它关注的不是建立某一种语言游戏，而是从一种语言游戏向另一种语言游戏的转移；它不是用自己的话语进行言说，而是要理解他人。翻译是在两种语言之间架起桥梁，它不能克服不同语言之间的差异，而是要试着去与之共存”（Stewart R Clegg，David Courpasson，Nelson Philips，2006）。由此可知，将鞍钢宪法用后福特制的词汇翻译出来的时候，一定要注意两种语言游戏之间的差异。

管理潮流在世界不同地域内扩散时必然面临着各种情景化问题并伴随着各种变异。Barbara Czarniawska 和 Fabrizo Panozzo（2008）两位学者认为最好用 Translation（Translation 在中文中既有翻译的意思，也有转化的意思）这个概念来表达这种变化。我们可以从西方学者对全面质量管理这种后福特制管理模式在不同国家的传播扩散的研究中获得一些启示。J. Richard Hackman 和 Ruth Wageman（1995）发现，美国的全面质量管理运动与日本的全面质量管理相比，除了团队小组、持续改进等一些共同的地方之外，还多了工作扩大化和授权两项内容，在他们看来，这两项内容是与美国之前存在的工作生活质量运动相联系的。Alexander Styhre（2001）对持续改进这一管理技术在瑞典的三家公司的实践进行研究后指出，瑞典这三家公司都倾向于忽略持续改进这一管理技术在日本产生时所带有的集体主义的色彩，而将这一技术与个体主义、创造性等联系起来，在他看来，这些是西方文化的特征，是持续改进这一具有浓厚的东方文化特点的管理技术要想嵌入到瑞典的社会环境中所必需的转换。全面质量管理在不同国家的传播、扩散总是要发生一定的变异，管理者并不是被动地接受一种理论，而是积极对之进行再次建构，以使得这种理论能够嵌入到当地的社会环境之中。这样一来，我们就得到了一个不同于前文的后福特制的传播路线图：中国（鞍钢宪法）—日本（全面质量管理）—美国（对创新的强调）、瑞典（对民主的强调）。因此，当日本的全面质量管理扩散到欧美而产生变异的时候，我们有理由怀疑鞍钢宪法扩散到日本会被一成不变地接受。如果鞍钢宪法在传入日本时经历了改变，那么这种改变在哪些方面是合理的，哪些改变暴露了丰田模式等日本管理的缺陷，就有必要引起我们的思考。

一直关注日本管理的 Stewart Clegg（1990）认为，对于柔性制造系统的看法大体上有三种，可以分别称为新浪漫主义（Neo-romanticism）、新管理主义（Neo-managerialism）和新马克思主义批评理论（Neo-Marxian critique）。持新浪漫主义观点的学者认为这种新的管理模式使得我们有可能找回在现代化过程中丢失的社区归属感、工匠传统等这样的一些乌托邦梦想。新管理主义者认为，柔性专业化（flexible specialization）带来了劳动力市场和劳动过程的再构造，以及对占领专业市场或者利基市场（niche market）[①] 的强调。为了应对不断变化的市场状况，组织需要柔性，而这离不开忠诚的、有创造力的雇员。新马克思主义批判理论则认为，日本式管理模式更应该被称为新福特制（neo-fordism）而不是后福特制。它强调的是如何获得工人对控制的默会知识，集体合作、技能丰富化只不过是新的控制工人的手段而已。与 Clegg 的观点类似，Graham Sewell 和 James R. Barker（2006）认为 20 世纪 90 年代以来学者们对全面质量管理（Total Quality Management）和敏捷制造（Leaning Production）等新管理方式出现四种立场。提倡者认为，把新的生产技术与适度的员工参与结合起来，将会

① “利基”是英文“niche”的音译，有拾遗补阙或见缝插针的意思；在竞争性市场中存在各企业不完全重合的市场空间从而形成“利基市场”，即其他企业未充分注意或形成独占地位的、具有很大发展潜力的空白市场。

改进公司的竞争优势，并有利于改进员工的生活质量；倾向于提倡者的中间立场者对此持保留态度，但赞同这种双赢的设想；批评者则注意到了全面质量管理和敏捷制造在生产领域中非常有限的个人自治，认为这些生产方式在对员工授权的同时伴随着不断强化的监视和控制，如实施电子监控等；倾向于批评者的中间立场者则在赞同批评者对全面质量管理和敏捷制造等新生产方式批判的同时，认为工作场所的监视所带来的规训效能被夸大了，企业始终存在着工人抵制的机会。对日本式管理的这些深入透视使我们认识到，后福特制在继承鞍钢宪法基本内容的过程中，也失去了许多本质性的东西。

第三，鞍钢宪法与后福特制的本质区别及超越关系。我们认为，鞍钢宪法与后福特制除了内容上的承继关系之外，还有着本质的不同。"后福特制"之所以被很多管理学者推崇备至，不是因为它富有多少对人性的解放意蕴，而是它在降低成本和提高质量方面提供的较"福特制"更大的效用和更多的利润。在日本精益生产中，生产管理不断"瘦身"的最终结果，不是工人获得了更多的自主权，而是工人的精神与体力受到了更大的伤害。为了保证无库存生产，工人在"瘦身管理"下的工作比福特制中还要紧张得多，近年来日本频繁出现的因过度劳累而猝死的现象与后福特制这种生产组织方式不能说毫无关联。从这个角度讲，后福特制与福特制并没有本质的不同，都是站在资方的立场对工人进行压榨、控制或规训的手段，所不同的只是具体途径与方法上的差异。崔之元将鞍钢宪法与后福特制等同，忽视了鞍钢宪法的制度属性与根本宗旨，即在社会主义制度下保证工人对企业的主人翁地位。

作为新中国对企业管理方法的一种尝试，鞍钢宪法具有后福特主义的某些特征，但我们认为把鞍钢宪法看成是后福特制，存在鼓吹新管理主义的风险，忽视了毛泽东思想以及马克思主义所追求的解放目标在鞍钢宪法中的体现。这一点从鞍钢宪法的产生过程就可以看出，它萌芽于众多企业员工、管理者的企业家行为，而最新的对企业家行为的研究认为，企业家行为不仅仅是寻求市场机会，还能带来新的经济、社会、制度、文化环境，具有解放（Emancipation）的潜力（Rindova Violina，Barry Daved，Ketchen，JR. David，2009），因此，当毛泽东发现了这些萌芽状态的企业家行为所具有的解放潜力时，对其进行了理论上的总结与提高，并赋予其鞍钢宪法的名称。如此一来，仅仅用后福特制来剪裁鞍钢宪法，就会把企业看做是一种经济组织，而忽略了企业这种组织在社会中扮演的重要角色，而对鞍钢宪法的解放意蕴视而不见，并忽略了在企业这一重要的社会组织中批判反思的重要性以及在企业中实现人类全面自由发展的可能性。这样一来，在追求人的全面自由发展、人类解放的过程中，就会把企业这一重要的组织遗漏下来，从而使得对解放目标的追求成为一种空洞的口号。从这个角度看，后福特制并没有继承鞍钢宪法本质性的东西，鞍钢宪法依然具备对后福特制的批判与超越之处，这也是其理论本身的真正价值所在。

五、讨论与启示

研究鞍钢宪法，不仅能够使我们深化对现有的管理理论获得批判性的认识，有助于我们对管理学研究本身进行反思，同时对于构建企业管理的中国模式也有诸多启发。围绕这些问题，我们做以下简单讨论。

第一，从管理思想演化的历程看，知识经济时代的知识管理延续了鞍钢宪法对解放思想的追求，也使鞍钢宪法在后工业社会具有弥足珍贵的研究价值。面对着知识型员工的自身特点及其在管理中自主性与人性化的诉求，鞍钢宪法提供了一种与基于工具理性的西方科学管理理论不同的管理方式。

随着知识经济的到来，知识工人取代传统的偏重体力劳动的工人，成为管理理论关注的焦点。而由于知识工人拥有知识资本，这就要求对其有新的管理方式，而这种管理方式的变化也体现了当今管理理论对个人解放的追求。在鞍钢宪法中，工人无论是自我泰罗化还是参与到“三结合”小组中，都是一种增加自己知识资本的方式，这就使得企业通过对解放这一目标的追求，既激活了工人的知识资本，提高了企业的生产效率，也使得工人拥有了更多的自主权、决策权。在知识社会，知识工人凭借自身的知识资本参与到企业的运营之中，德鲁克（1969）敏锐地指出：“知识工作者既是知识社会中真正的资本家，又依赖于他的工作。知识工作者，连同当今社会受过教育的工薪中产阶级，他们通过退休基金，投资信托等拥有生产手段。知识就是力量，是划归名下的财产。”也就是说，知识工人和管理者，以及企业所有者之间的界限被打破，使得知识工人在企业的运营中，更倾向于自我管理，自己支配自己的行动，在这个意义上，知识管理无疑是当今管理理论中具有浓厚个人解放色彩的管理理论之一。

第二，从鞍钢宪法在中国的命运看，在不同的时期有不同的表现形式并发挥了不同的作用。现在我们在企业管理中推行鞍钢宪法，一方面要强调其对当前管理理论的批判与超越之处，最大限度地发挥其合理作用并矫正转型时期盲目照搬西方管理制度而引起的“水土不服”问题；另一方面，必须剥离其在特定历史时期形成的过浓意识形态色彩，并结合新的时代背景赋予其新的时代内涵。

从鞍钢宪法的内在张力来看，鞍钢宪法在“文革”前将革命浪漫主义精神与科学精神较好地结合起来了，对于促进生产发展以及增进经济民主发挥了重要作用；而在“文化大革命”期间，革命浪漫主义占据了中心地位，政治压倒一切，无视经济运行与企业管理的科学规律，充分暴露出政治热情高涨下非理性主义的严重缺陷，其本身也成为政治运动的牺牲品而遭到废弃。

Kenneth J. Gergen（1992）认为，20 世纪的组织理论主要受到了两种文化主旨的影响。第一种文化主旨是 19 世纪的浪漫主义话语（romanticist discoure），第二种文化主旨是 20 世纪占统治地位的现代主义。他指出浪漫主义促进了人的概念的流行，使得人们重视“深层的内在（deep interior）”这一观念，而这种观念正是人之所以成为人的关键所在。人类“深层内在”主要由灵魂构成，此外还伴有因意志力、道德感而来的灵感、创造力和天赋。今天最能体现浪漫主义视角的是艺术、文学、宗教和大众媒体等。它们提倡人们表达自己内心最深处的冲动、寻找生活的意义、关爱他者以实现道德价值。深受浪漫主义影响的组织理论包括：以塔维斯托克学派（Tavistock Institute）① 为代表的组织心理学，以梅奥、麦格雷戈、马斯洛等人为代表的人类需求理论以及强调对组织的奉献精神的日本管理理论。现代主义组织理论的主要特点是“对理性和观察的信仰”、“对基础和本质的寻找”、“对进步和普适性的设计的信仰”以及“对机器隐喻的吸收”。科学管理以及系统管理理论是现代主义在组织和管理领域的体现。以 Gergen 的观点分析，鞍钢宪法同时具有浪漫主义及现代主义两种文化的特

① 塔维斯托克（Tavistock）是总部位于伦敦的心理学研究所，尊奉弗洛伊德（Freud）为组织的偶像。第二次世界大战前期因政治原因开始在美国发展，目前已经成为与美国大部分研究机构、高等教育机构及智库都有联系的负责洗脑技术的研究机构。

点。早期的鞍钢宪法将革命的浪漫主义与理性精神较好地结合起来了。一方面，从鞍钢宪法出现的时代背景来看，建设美好新社会，谋求人民当家做主都是当时的主流革命指导思想，“政治挂帅”与“群众性技术革命”等提法都带有明显的革命浪漫主义色彩。另一方面，虽然鞍钢宪法的出现是为了解决以马钢宪法为代表的僵化的理性主义对管理的束缚，但它在借助革命浪漫主义的同时，还借助了自我理性化、实验理性等理性精神来保证在实现革命目标的同时不放弃对效率的追求。鞍钢宪法之所以在后期出现各种问题正是由于在处理革命浪漫主义与理性精神的关系时出现了偏差，对“政治挂帅”及“个人深层内在”的过分强调使其逐渐忽视技术研发的重要性，淡化企业对效率的追求并漠视个人的物质需求。

在我们看来，今天对和谐社会理念的强调，对个人尊严的重视，正是浪漫主义在新时代的一种体现，而要想在企业中真正实现管理的和谐，实现对员工个人尊严的重视，让员工感受到公平正义，无疑需要处理好浪漫主义与理性精神的关系。在 Robert P. Gephart Jr（1996）看来，理性是现代管理的驱动力。要想超越现代管理，构建更美好的管理，我们需要将理性去中心化，而不是放弃理性，从而将理性与激情、爱、希望和直觉并举。Dennis K.Mumby 和 Linda L. Putnam（1992）两位后结构主义女性主义研究者，构建了“有限情感”的概念来消解西蒙的“有限理性”的概念。然而，两位学者指出，她们的目的并不是要组织放弃工具性的目的（效率和利润），而是希望组织在“有限情感”的背景下来追求工具性的目的。这样的一些研究无疑为我们构建和谐管理、重视员工的尊严指明了一些研究方向。

第三，鞍钢宪法对于管理学理论的范式转换及构建中国本土化的企业管理理论并探寻其世界价值具有重要启发意义。研究鞍钢宪法既不能闭门造车，拒绝企业管理的世界潮流，片面强调本土特色而忽视管理中普适性的规律；也不能将产生于我们本土的理论非得贴上某一个世界管理理论的标签而丧失或湮没其本身更为重要的价值。

按照 Karl Weick（1999）的看法，在 20 世纪 80、90 年代，管理和组织研究领域出现了对理论构建本身的关注，即我们要对理论范式本身进行反思，这可以称为研究领域“向内看”的转向。在 Stanley Deetz（1996）看来，根据管理和组织研究的概念从哪里获得，是从主流的研究共同体得出的，还是从相对的研究共同体得出的，可以将管理研究取向分为更关注本土（Local）/涌现（Emergent）式[①]的研究与精英（Elite）/先验（Priori）式的研究。精英式的研究可以视为是延续了启蒙以来对理性知识的追求，以构建普适化的理论为目标，研究结果最好能够脱离理论构建时的背景依然有效，或者说在其他背景下研究结果依然成立。而本土式的研究结果更可能是获得“洞察”而不是普适的真理，这些洞察是依赖于特定的时间和空间的。因此，这种研究更多追求的是概念的形成而不是概念的应用。Deetz 更多是从对西方管理研究的批判与反思的角度进行思考。而 Barney 等（Barney and Zhang，2009）提出了中国管理学界的两种研究取向，一种寻求的是构建“中国管理理论”（A Theory of Chinese Management），关注的是将西方的管理理论置于中国背景下进行检验、提纯，一种寻求的是构建“管理的中国理论”（A Chinese Theory of Management），关注的是那些中国所独有的管理现象，因此这种研究取向往往会拒绝西方管理学者所预设的管理目标。然而几位学者也都指出，无论是本土式研究与精英式研究的区别，还是中国管理理论与管理的中国理论的取向，都不是截然分开的，更应该视为一种韦伯意义上的“理想型”的划分，在具体的研

① “涌现”常用于系统科学、生命科学与复杂科学之中，意指在内部组成要素紧密联系的系统中，一个或多个要素的轻微扰动可无阻碍地传播于整个系统并导致系统出现较剧烈的变化，是一种复杂系统自组织的现象。

究中可能更倾向于某一取向。

因此，如果将“两参一改三结合”视为对鞍钢宪法研究的一个极端，将后福特制视为另一个极端的话，那么本文的研究则可以看做是寻求这两种极端之间的一个折中。因为完全的本土式的研究，或者说管理的中国理论研究取向，最终可能会造成管理研究结果的不可通约；而完全的精英式的研究，或者说中国管理理论研究取向，最终会忽视中国独特的文化、经济现象对管理的影响。具体到鞍钢宪法的研究来说，工人参与决策是中国、西方管理实践中都存在的一种现象；而干部参与劳动则带有更多的中国的特点，这是因为西方的管理实践更多地强调管理分工，管理人员更多地专注于管理工作本身。而在中国的背景下，干部参与劳动除了政治意义之外，还是一种激发工人的情感的有效方法。改革不合理的规章制度虽然与日本管理中的“逐步改进”（Kaizen）具有相似之处，但正如本文所指出的，改革不合理的规章制度是具有解放意蕴的。而干部、技术人员和工人的“三结合”又是一种带有独特中国烙印的管理理念。我们认为，对于鞍钢宪法，精英式的研究或者说中国管理理论研究的取向是必经阶段，尤其在中国的管理研究尚不够规范的情况下更应该如此。探索鞍钢宪法与后福特制之间的内在关联无疑为后续的研究者提供了一个可供借鉴的路标，但同时也应该注意鞍钢宪法本身所蕴涵的理论价值和本旨并未完全包含在后福特制之中，拓展鞍钢宪法的中国特色并结合中国国情构建企业管理的中国模式是中国管理学界迫切需要解决的一个重要现实问题。

［参考文献］

［1］Daniel Bell. The Cultural Contradictions of Capitalism［M］. New York：Basic Books，Inc，Publishers，1978.

［2］Robert J.Thomas. What Machines Can’t Do［M］. University of California Press，1994.

［3］C.Marlene Fiol，Michael G. Pratt & Edward J.O’Connor. “Managing intractable identity”［J］. Academy of Management Review，2009，34（1）.

［4］Denis Collins. The Ethical Superiority and Inevitability of Participatory Management as an Organizational System［J］. Organization Science，1997，8（5）.

［5］Paul. S. Adler. The Learning Bureaucracy：New United Motor Manufacturing［A］. Staw，B.M. and Cummings，L.L.. Research on Industrial Behaviour［C］. London：JAI Press，1992.

［6］Gareth Morgan. Images of Organizations［M］. Beverly Hills，California：Sage Publication，1986.

［7］Daniel A. Wren. Arthur G. Bedeian. The Taylorization of Lenin：Rhetoric or Reality［J］. International Journal of Social Economics，2004，31（3）.

［8］Stewart R. Clegg. David Courpasson and Nelson Philips. Power and Organizations［M］. London：Sage Publications，2006.

［9］Barbara Czarniawska. Fabrizo Panozzo. Trends and Fashions in Management Studies［J］. Int. Studies of Mgt. & Org.，2008，38（1）.

［10］J. Richard Hackman. Ruth Wageman. Total Quality Management：Empirical，Conceptual，and Practical Issues［J］. Administrative Science Quarterly，1995，40（2）.

［11］Alexander Styhre.Kaizen，Ethics，and Care of the Operations：Management After Empowerment［J］. Journal of Management Studies，2001，38（6）.

［12］Stewart R. Clegg. Modern organizations：Organizations Studies in the Postmodern World［M］. Sage publications，1990.

［13］Graham Sewell. James R. Barker. Coercion Versus Care：Using Irony to Make Sense of Organizational

Surveillance [J]. Academy of Management Review, 2006, 31 (4).

[14] Rindova Violina, Barry Daved, Ketchen, JR. David. Entrepreneuring as Emancipation[J]. Academy of Management Review, 2009, 34 (3).

[15] Peter F. Drucker. The Age of Discontinuity: Guidelines to Our Changing Society [M]. London: Heinemann, 1969.

[16] Kenneth J. Gergen. Organization Theory in the Postmodern Era [A]. Michael Reed. Michael Hughes. Rethinking Organization: New Directions in Organization Theory and Analysis [C]. California: Sage pulications Ltd, 1992.

[17] Robert P. Gephart Jr.Postmodernism and the Future History of Management: Comments on History as Science [J]. Journal of Management History, 1996, 2 (3).

[18] Dennis K. Mumby. Linda L. Putnam.The Politics of Emotion: A Feminist Reading of Bounded Rationality [J]. The Academy of Management Review, 1992, 17 (3).

[19] Stanley Deetz. Describing Difference in Approaches to Organization Science: Rethinking Burrell and Morgan and Their Legacy [J]. Organization Science, 1996, 7 (2).

[20] Karl Weick. Theory Construction as Disciplined Reflexivity: Tradeoffs in the 90s [J]. Academy of Management Review, 1999, 24 (4).

[21] Jay B. Brney. Shujun Zhang.The Future of Chinese Management Research: A Theory of Chinese Management versus A Chinese Theory of Management [J]. Management and Organization Review, 2009, 5 (1).

[22] 戴茂林. 鞍钢宪法研究 [J]. 中共党史研究, 1999 (6).

[23] 高华. 鞍钢宪法的历史真实与“政治正确性” [J]. 二十一世纪, 2000 (4).

[24] 崔之元. 鞍钢宪法与后福特主义 [J]. 读书, 1996 (3).

[25] 贾根良. 鞍钢宪法的历史教训与我国跨越式发展战略[J]. 南开学报 (哲学社会科学版), 2002 (4).

(东北财经大学工商管理学院 高良谋;

江西财经大学工商管理学院 郭 英 胡国栋)

管理移植与创新的演化分析

——基于鞍钢宪法的研究

引　言

比较管理学关注的核心命题之一是管理理论的移植及创新问题。黄群慧等（1993）指出，管理应区分两种知识，一类是基于人类共有管理实践活动而产生的普适性的管理知识，另一类是基于一定环境下某些管理实践活动而产生的特殊性管理知识。后者能否进行移植、如何移植以及移植之后如何创新是比较管理学研究的核心命题及基本目标。比较管理学诞生伊始尚缺乏规范性的分析方法，包括研究方法、分析范式、学科界限在内的基础研究的不足在很大程度上限制了比较管理学的发展。近年来，生物学中的演化分析方法被逐渐导入经济学与管理学领域，演化经济学（Evolutionary Economics）已成为经济学领域的基本分析方法之一，探讨演化分析方法在比较管理研究中应用路径的文章也已出现（蔡立新，2010）。但截至目前，鲜有学者以演化分析方法来专门研究管理移植问题。另外，多数学者在研究管理移植时关注的核心问题是如何在中国移植西方成熟的管理理论（Hui & Tan，1995；郑伯埙，1990 等），其理论研究的旨趣是在中国情景中验证西方前沿管理理论，却少有学者研究中国本土产生的管理思想在国外移植中的问题。经过 30 多年的改革开放，中国经济的快速发展创造了“中国经验”，管理学界迫切需要回应“企业管理的中国经验是什么?”以及“其在世界管理中的地位及意义”等重大理论与现实问题。本文即以新中国成立后本土产生的重要管理思想——鞍钢宪法为研究对象，运用演化分析方法建构管理移植的动态分析模型，并以此模型分析鞍钢宪法在 20 世纪中西管理思想演化过程中的历史地位，最后论述了从鞍钢宪法的演化分析中获得的启示，即如何在中国情景中使之由一种话语知识再次走向管理创新。

一、比较管理视阈中的鞍钢宪法：“墙内开花墙外香”

鞍钢宪法是中国本土诞生的特色管理思想。1960 年 3 月，在对辽宁省委递交的《鞍山市委关于工业战线上的技术革新和技术革命运动开展情况的报告》的批示中，毛泽东宣称：“鞍钢宪法在远东，在中国出现了。”对于鞍钢宪法的具体内涵，戴茂林（1999）认为存在三

[基金项目] 辽宁省教育厅创新团队“后现代管理”研究项目“和合精神、鞍钢宪法与后现代管理”（批准号 2007T031）。

种理解：其一是毛泽东批示中的广义鞍钢宪法，包括政治挂帅、群众性技术革命、党委领导下的厂长负责制以及“两参一改三结合”；其二是辽宁省委、鞍山市委和鞍钢党委的理解，强调政治挂帅、群众运动和批判一长制，侧重于鞍钢宪法的政治色彩；其三是刘少奇推出的成都量具刃具厂的经验和中央工业部的理解，将鞍钢宪法的具体内容定义为“两参一改三结合”，即工人参加管理，干部参加劳动，改革不合理的规章制度，工人、干部、技术人员“三结合”。通常人们所理解的鞍钢宪法即指“两参一改三结合”。

鞍钢宪法的具体制度包括：技术表演竞赛、一条龙协作赛、技术研究小组、“三结合”小组和职工代表大会等。技术表演竞赛是鞍钢第三炼钢厂五座大型固定式平炉的职工首创的一种劳动竞赛形式，它是包括落后工人在内的所有工人都参与的竞赛活动，在活动中工人相互学习、彼此促进工作技能的提高。一条龙竞赛则是为解决鞍钢各个生产环节、上下工序之间的衔接问题，在鞍钢下辖的各个系统，如炼钢、轧钢、机械等系统都展开的互相参观访问、互相理解、互创条件、互相支援的活动。技术协作小组则由革新能手、技术尖子、有丰富实践经验的老工人、工程技术人员组成，其主要任务是攻克技术难关，突破生产障碍。职工代表大会制度在鞍钢实施第一个“五年计划”期间建立，是鞍钢工人参与企业管理的主要形式。工人通过职工代表大会提出各种意见，对企业的经营进行监督、评议。鞍钢的这些制度与方法极大地提高了国有企业管理者与职工的工作积极性与创造性，有力地促进了企业经营绩效的提高。但随着“文革”的发动，整个国家的政治经济生活陷入极端的混乱与动荡，鞍钢宪法及其各项制度安排被扭曲、破坏及至消失，其蕴涵的科学精神及人文精神尚未充分展开就被时代的滚滚潮流所淹没。

既然鞍钢宪法在中国昙花一现，而且未在当代中国企业管理中产生甚多影响，那么鞍钢宪法何以在今天能够进入比较管理的视阈？这是由于20世纪七八十年代以来后福特制大行其道，成为世人瞩目的新型管理形态。后福特制发轫于日本的“丰田生产方式”，也称“精益生产”，即工人、技术人员和管理者实施团队合作，各管理主体不再固守传统僵化的劳动分工，而是随时随地解决“无库存生产方式”中出现的各种问题。后福特制中显而易见地存在鞍钢宪法的影子，生产合作、小组工作、参与管理等相似的制度安排使人们思索两者之间的内在关联。崔之元（1996）、贾根良（2002）认为，鞍钢宪法就是后福特制的萌芽与雏形。他们指出，“两参一改三结合”用今日的术语来说就是团队合作，是对福特制下僵化、以垂直命令为核心的企业管理模式的挑战，他们认为鞍钢宪法经历了“墙内开花墙外香”的过程，在国内随着“文革”结束而逐步销声匿迹，在国外却发展成了以日本管理模式为代表的后福特制。

暂且不论鞍钢宪法与后福特制的具体关系，仅就鞍钢宪法“墙内开花墙外香”的现象而论，我们认为它释放出一个重要信息：被推崇备至的丰田模式及方兴未艾的后福特制是否移植了中国的鞍钢宪法？由此，鞍钢宪法就在比较管理中具有了研究价值：鞍钢宪法为什么能够在中国而非苏联等其他社会主义国家产生？鞍钢宪法与后福特制存在何种内在关系？鞍钢宪法与盛行于今日的西方主流管理范式有何根本不同？中国本土诞生的这一思想在世界管理思想移植历程中处于何种地位？而回答这些问题的关键则是建立管理移植的基础分析框架。

二、管理移植与创新的演化分析模型

管理移植是某一国家或某一组织针对具体的管理问题，通过引进和吸收外来的管理知识来提高管理水平并实现管理创新的动态过程，其实质是知识之转化、传播与创新。管理移植是一个多阶段的动态过程，包括管理知识的获得、传播、学习、整合和创新等，而管理创新则是管理移植的最终目的。管理移植与人类的管理实践一样历史久远，它具有两种基本的形态：其一是跨时间的管理移植，即将过去某一时期的管理知识移植到目前的管理实践之中；其二是跨区域的管理移植，即将某一国家或某一地区的成功管理知识移植到另一国家或地区的管理实践之中。这两种形态也是比较管理研究的基本问题，但目前学界关注的核心问题是跨区域的比较管理研究。本文欲将管理移植的两种形态进行结合，研究管理知识在时间和空间两个维度中的演变过程，并在此时空坐标中确立鞍钢宪法的具体位置。

能够被移植的管理思想及管理理论必然是具有一定生命力的活性管理知识，因而管理移植的基本过程其实就是管理活性知识的演化过程，我们可以以生物演化过程来考察管理移植的过程。另外，管理移植的主体是企业，而企业则在某种程度上可以类比为生命有机体。企业进化理论认为企业的成长存在类似于生物进化的多样性、遗传性、选择性三种机制，知识的组织、创新及其路径依赖等进化过程对企业成长至关重要（Nelson & Winter，1982；Winter，1984）。企业具有自己的生命周期，经历出生、成长、成熟和死亡等成长阶段，每个阶段都面临着特殊的问题及困境，并且影响着下一阶段的变迁过程。基于此，我们完全可以以生物学中的演化分析方法来建构管理移植的分析框架。

社会科学中的演化分析方法建构在演化认识论基础之上。这种认识论将认知视为主体通过认识活动而获得认识结果的过程，这些结果作为潜在的知识成分可以看成是已有知识的遗传和变异，各种变异只有通过竞争和选择的考验，才可能成为正式的知识单元并在系统中遗传下去（Campbell，1969）。基于这种认识论的演化分析方法具有三种基本机制：遗传（inheritance）机制、变异（variation）机制和选择（selection）机制。“遗传”是指旧有知识如果能够促进事物的进化就会被保存下来，这种知识便是一种作为进化基础的“基因类比物”，是生物体保持相对稳定并实现代际传递的基本演化单元或承载因子；“变异”则是生物体受内外环境影响而展现的新奇性特征；“选择”是根据遗传因子对变异进行差别性消除或筛选。演化主体受遗传机制影响而不断地自我复制，但随着具体情境的变化，完全地自我复制受到冲击而难以避免适应性的变异，遗传和变异综合作用的选择机制则决定了演化主体的最终演化方向。

以演化分析方法的三种基本机制为理论基础，以中西方两种文化基因及其情境要素为基本维度，我们可以建构遗传与变异中西互动的管理知识选择机制，即管理移植的二元四维动态演化模型，如图1所示。

在此模型中，对管理移植起基础性作用的是遗传因子，对移植起修复作用的是具体的管理情景。管理移植的遗传因子是管理知识承载的深层文化精神，管理移植的变异诱因则是移植管理的国家或地区的情景化要素。东西方管理最深层的区别在于两者生长于两种截然不同的文化传统之中。以中、日为代表的东方管理注重情感与理性的融合以及管理的整体性和动态性，彰显的是作为中国传统文化精髓的和合精神，即异质性元素的和合共处及相辅相成

图 1 管理移植的二元四维动态演化模型

(张立文，1996)；以欧、美为代表的西方管理则注重工具理性，强调管理目的之功利性、管理手段之最优化以及两者之间因果关系的清晰化和严谨性，彰显的是根源于古希腊的西方理性精神。中西方两种不同的文化精神就构成了管理移植中的遗传因子，无论管理知识如何移植，这种文化精神是难以改变的深层内核。中西方管理移植往往在两种遗传因子的互动中交互作用，互相影响，大体保持一种知识的平衡状态，以此使中西方管理彼此保持各自的基本性征。如果在管理移植中发生了遗传因子的突变，则说明管理知识发生了根本性的改变，这也往往预示着管理思想与管理理论的重大创新。中西方管理移植的遗传机制即在两种遗传因子的互动中进行。而管理移植的变异机制则是由具体的管理情景诱发，移植管理知识的国家或地区必然面临着与被移植国家或地区不同的管理情景和管理问题，因而管理知识的变异不可避免。由此，决定中西方管理移植方向的选择机制就是两种遗传因子与两种具体情境要素二元四维式的动态互动的过程。

20 世纪的管理移植曾出现四次高潮（熊平安，2004）。第一次大规模的管理移植是 1911 年泰罗制诞生后，美国和欧洲掀起传播与应用科学管理的高峰；第二次大规模管理移植是“二战”后，在战争中受到严重创伤的欧亚各国为恢复本国经济而掀起的学习美国企业管理经验的高潮；第三次管理移植是 20 世纪 70 年代，美欧对亚洲尤其是日本管理方法的学习和引进，出现了以美国为先导并波及世界许多国家的以移植日本管理为特征的第三次管理移植浪潮；第四次管理移植是 20 世纪 90 年代初至今，全球化环境下世界各国在经济发展中不断对外开放，进行跨国投资而彼此移植所在国家管理经验而引发的管理移植新热潮。问题是，以往由于缺乏具有说服力的管理移植分析框架，我们难以深入透视这四次移植高潮的深层过程，也无法理解这四次移植之间管理思想的断裂，并且在所有管理移植中都难以发现中国的知识话语。作为世界经济最大增长极之一的中国，不可能在整个世纪的管理移植中丧失全部话语。从鞍钢宪法与后福特制的内在关联中，我们便可窥一斑而知全貌。具体如何认知 20 世纪管理移植的全貌及鞍钢宪法在其间的位置，我们需要将鞍钢宪法与后福特制放在我们构建的管理移植二元动态演化模型之中进行细致考量。

三、20世纪中西方管理移植的演化历程及鞍钢宪法的历史地位

1911年泰罗发表《科学管理原理》，标志着近代科学管理理论的诞生，开始了管理移植与管理思想演化的漫长历程。泰罗制产生后不久被发展为福特制，福特制是“一战”后至20世纪70年代西方大型制造企业的主导性生产形态。70年代后期，随着西方社会的经济产业结构、劳动市场结构、社会阶层结构的剧烈变动，福特制逐渐被重视团队协作的后福特制替代。80、90年代的欧美则掀起学习全面质量管理及团队协作的高峰。在20世纪的东方社会，中国的鞍钢宪法及日本的丰田模式则是两国形成的具有本地独特色彩的管理创新。20世纪东西方看似毫无关联的管理思想，在我们的管理移植与创新的演化模型中便能够梳理出一条管理知识传播、转化与创造的清晰路径。以管理移植的二元四维动态演化模型为分析框架，以鞍钢宪法为分析核心，围绕鞍钢宪法的来龙去脉，我们大体可以对20世纪的管理移植历程梳理出两条传播路径。第一条传播路径为：美国的伯利恒钢铁厂（泰罗制）—福特的“T型车”生产流水线（福特制）—苏联的马根尼托戈尔斯克钢铁厂（马钢宪法）—中国的鞍山钢铁厂（鞍钢宪法）；第二条传播路径为：中国的鞍山钢铁厂（1960年的鞍钢宪法）—日本的丰田等公司（70、80年代的丰田模式）—美国、西欧的卓越公司（80、90年代的团队合作与全面质量管理）。两条路径以鞍钢宪法为中介被串联为一条主线，如图2所示。由于管理知识本身承载的文化基因的自我复制及各移植国家或地区具体管理情景的诱导，管理移植主线中的每一个环节都存在着遗传机制与变异机制，两者综合而成的选择机制便决定着其下一阶段演化的基本方向。

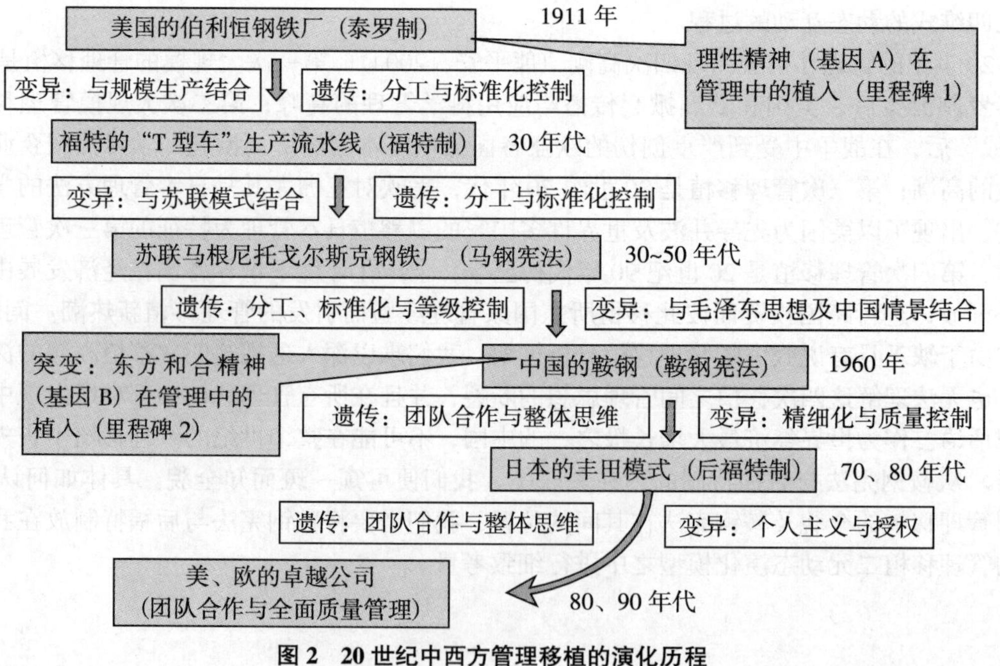

图2 20世纪中西方管理移植的演化历程

泰罗在管理思想史上的伟大贡献是将西方理性精神植入管理领域，使传统的经验管理上升为科学管理。综观泰罗所提出来的一系列管理原则及管理方法，提高劳动生产率始终是其核心目的。在泰罗所处的时代，正如 M.Horkheimer 与 T.Adorno（1972）所说："凡是不符合计算和功利原则的东西都是可怀疑的。"为提高效率为中心，精于计算的工具理性逻辑自然成为取代传统经验知识的必然选择。由此，明确的分工、清晰的责任界定、严明的控制等级及标准化的程序成为管理的基本原则和主要途径。尽管在泰罗的理论文本中，他本人表达了劳资双方合作以实现一场"心理革命"的设想，但其设定的一系列管理原则及管理方法组成了一个彻底理性的工具盒，掩盖了其理论中的人文意蕴。加之泰罗之后一批效率专家在推广科学管理理论时，不断将之理性化和具体化，使泰罗制成为现代理性管理理论的标准。尽管工具理性在管理中的片面弘扬带来了很多非人化的弊端，但泰罗在管理思想中植入了西方理性精神这一根深蒂固的文化基因，彻底改变了经验管理效率低下的面貌，对 20 世纪前半期的管理移植产生了极为深远的影响。

泰罗制形成后迅速在欧美各国扩展。至 20 世纪 30 年代，随着资本主义市场的扩大及生产技术的提高，在汽车、铁路、通信等领域，出现泰罗制的升级版本——福特制。福特制指的是第一次世界大战以后，在美国福特汽车公司开始推行的泰勒制加流水线生产为主要内容的劳动组织方式和生产管理模式。泰罗制遗传给福特制的是进行理性控制的分工与标准化，而日益增长的市场需求及发达的生产技术构成了诱使泰罗制变异的情景要素，由此泰罗制摆脱了严密分隔的生产工序，而与规模生产结合，形成一个个完整的生产流水线，改变了原来单个产品独立生产的格局，大大提高了生产效率。福特制在 20 世纪 30 年代传入社会主义苏联，与政治、经济高度集中的苏联模式结合，再一次发生变异，形成了以马根尼托戈尔斯克钢铁厂为代表的马钢宪法。马钢宪法继承了福特制分工与标准化控制的遗传因子，却结合苏联高度集中的具体情景，强调管理者与被管理者之间的严格界限，并建立了更为森严的等级控制结构，从而将福特制发挥到极致。新中国成立后（50 年代），迫于新中国成立初的严峻国际形势，奉行"一边倒"的外交政策，在企业管理领域自然引进了苏联的马钢宪法，由此也继承了马钢分工、标准化、等级控制等遗传因子。但是，由于中国与欧洲属于两种完全异质的文明，泰罗制、福特制经马钢宪法传入中国之后，面临着极为不同的管理情景，因而难免发生巨大变异而启动与以往路径截然不同的选择机制。1960 年，马钢宪法与毛泽东思想、中国文化传统及社会主义中国的具体管理情景结合发生巨大变异而产生鞍钢宪法，管理移植中遗传了半个世纪的西方理性精神被中国和合精神取代，泰罗制以来的管理移植出现了基因突变，由此使整个 20 世纪的管理移植出现重大转折。

鞍钢宪法产生后，管理移植中的遗传因子被彻底改变，由原来的分工、标准化及等级控制转化为团队合作意识及整体性思维，管理中主体与客体的极端对立被"两参一改三结合"中的和睦相处及团队协作取代，传统的群体身份分隔、责任分裂及部门对立被打破。由此改变了 20 世纪后半期的管理移植的传播路径。20 世纪 70、80 年代，发轫于日本丰田模式的后福特制便继承了鞍钢宪法中的和合精神这一遗传因子。精益生产、装配岛及工作小组构成了后福特制的基本内容。与福特制相反，后福特制通常与更小型、更灵活的生产单位相关，这种生产单位能够满足更大范围以及各种类型特定消费者的需求。尽管鞍钢宪法与后福特制出现在不同时代的不同国家之中，从管理移植的演化历程考察，两种管理思想具有时间上的延续与内容上的继承关系，同时也由于传播过程中情景化的需要，鞍钢宪法也发生了一定程度的变异。崔之元（1996）与贾根良（2002）都发现了鞍钢宪法与后福特制之间的承继关系，将鞍钢宪法作为后福特主义传播、扩散链条上的重要一环。如果考察两者产生的文化渊源，就能发现鞍钢宪法遗传给后福特制的文化基因是整体性思维及合作精神，而这正是中国儒家文化的一个基本特征，两者能够分别在同属儒家文化圈的中国和日本诞生也绝非偶然。但另一方面，任何管理理论都与其特定的社会背景紧密结合，脱离了特定的文化共同体及政治体制，就会在遗传中发生难以避免的变异。鞍钢宪法传入日本之后，与日本精耕细作的传统生产劳作精神结合产生了精细化的生产模式，与日本民族精益求精的认真精神结合而使日本的企业生产极为重视质量管理。这些都是鞍钢宪法在向日本扩散时针对具体的情景化问题而发生的适应性变异。

丰田模式在第三次管理移植高潮中被美、欧所谓的卓越公司争相学习，从而使后福特制在世界范围内迅速扩展。在这股管理移植的高潮中，鞍钢宪法中的和合精神作为移植的遗传因子发挥了自我复制作用，使后福特制在欧、美各个国家都强调合作意识及人文关怀精神，极大地改变了以往分离、分裂与对立的理性管理控制思维。但丰田模式在向美欧各国扩散中同样也具有变异机制。如美国根据其本国传统及管理情景，在继承丰田模式精神内核的同时，强调了授权及创新的重要性；瑞典则将丰田模式发展为工作自治小组，将装配线（assembly line）改造为“装配岛”（assembly island），使工人不再像从前那样在装配线上重复单一的任务，而是8~10人一组，组员根据具体情形的变化灵活行动，互相协作，对整个小组负责。Alexander Styhre（2001）对丰田模式中的“持续改进”（continual improvement）这一质量管理技术在瑞典的变异进行了研究。他考察了瑞典的三家公司，指出它们都倾向于淡化“持续改进”在日本产生时所带有的集体主义的色彩，而将这一技术与个体主义、创造性等联系起来。这正是“持续改进”这一诞生于东方文化传统中的管理方式嵌入到瑞典的社会环境中所做的必要转换。

从以上对20世纪中西方管理移植演化历程的分析中，我们可以清晰地发现中国本土诞生的鞍钢宪法在整个管理思想流变过程中的历史地位。可以说20世纪管理移植具有两个里程碑或两个起点，其一是泰罗制，其二是鞍钢宪法。泰罗制将西方理性精神这一文化基因植入管理之中，使科学管理知识在20世纪的上半叶稳定地横行欧美乃至苏联；60年代诞生于中国的鞍钢宪法则将东方和合精神这一文化基因植入于管理之中，从而使管理移植的整个历程发生基因突变，并改变了以后管理移植的基本形态和传播路径，使之由西方向东方传播改为自东方向西方传播，为世界管理知识的增长和完善做出了卓越的贡献。这也同时说明，中国人在管理移植中并非只有完全照搬西方成功经验或仅对西方成熟理论进行情景化验证这一条路可走，只要具有合适的管理环境，与本国文化传统与具体管理情景进行合理结合，中国人在管理创新方面的能力不逊于世界任何一个国家。

四、演化分析中鞍钢宪法的未来境遇：从管理话语走向管理创新

从20世纪管理移植的演化分析中我们确立了鞍钢宪法的历史位置，但我们依然面临着一个重要困惑：鞍钢宪法为何在境外成为后福特制的雏形却在当代中国境内处于销声匿迹的窘境？根据Julian Birkinshaw与Gary Hamel等人（2008）的研究，管理创新分为激发（motivation）、发明（invention）、实施（implementation）、理论化与标识（theorization and labeling）四个阶段，在历史上鞍钢宪法都曾经历过此四个阶段，无疑鞍钢宪法是在移植泰罗制以来的西方管理理论过程中的一项重大管理创新。但令人遗憾的是，"文革"之后，它仅作为管理的一种知识话语在世界传播与扩散，而没有在本土激发出新的管理形态。因而，在今日我们面临着这样一个重要使命，即如何使鞍钢宪法由一种知识话语升华为一种新型管理形态或管理制度，在当代中国重新激发出其积极意义并使之再次理论化和标识（theorization and labeling）为一种管理创新。

在此我们需要考察鞍钢宪法诞生的条件及其"墙内开花墙外香"境遇的原因。鞍钢宪法之所以能够在社会主义中国产生，一方面，由于当时新中国刚刚成立不久，"人民当家做主"的社会主义政权极大地激发了全国民众发展社会主义生产的革命热情，由此，毛泽东思想从一种政治意识形态自然延伸到企业管理领域而为鞍钢宪法的诞生提供了思想触发机制；另一方面，当时的中国依然保持着建国初百废待兴、必须一切从实际出发的建设理性，由此方能将本国文化传统中的和合精神这一文化基因注入在管理领域。正是革命精神与对本国国情的理性审视的结合使鞍钢宪法得以在社会主义中国产生。相比之下，鞍钢宪法不能在西方社会诞生是由于西方从根本上缺乏和合精神这一文化基因，工具理性的片面弘扬使管理沦为精确化控制的手段而走向了人性的反面。那么，鞍钢宪法又为何没有在社会主义苏联诞生？其一，苏联同样缺乏和合精神这一文化基因；其二，20、30年代的苏联，官僚理性压过了革命热情。列宁领导的苏维埃政权在一战的夹缝中诞生，政权建立初期面临着各种反对武装的层层包围，根本不具备社会主义中国政权在建国初期的压倒性优势。内忧外患迫使其对包括企业在内的一切组织实施高压控制，列宁甚至提出"共产主义=苏维埃政权+泰罗制"的口号，引进当时西方最严厉的企业管理制度，以克服本国自由散漫的传统管理习气。随着政治、经济高度集中的苏联模式的形成，企业管理日益走向官僚化，机构化的官僚理性严重压抑了民众的创造热情，革命精神及创造热情的消逝是鞍钢宪法不可能在社会主义苏联诞生的另一个重要原因。

鞍钢宪法为何又出现"墙内开花墙外香"的现象？我们认为，这是由于革命热情与实践理性在中国逐渐失衡所造成的。鞍钢宪法出现的背景是中国的革命浪漫主义不断增强的时期，中间虽然也曾经有一些理性的调整，但是这种革命浪漫主义在"文革"中被"四人帮"不断抬升而丧失了最基本的理性精神，使企业管理完全不顾成本和效率，革命取代了生产，最终导致鞍钢宪法被赋予无限上纲上线的政治色彩而变得名存实亡。也就是说，鞍钢宪法在中国的悲剧命运源于不断上升的革命浪漫主义完全压倒理性精神而成为企业各种活动的中心，这种特殊的政治情景促使其发生走向衰亡的变异而成为政治牺牲品。而"二战"后的日本，在美国政府的扶持下，一直在建设国家的创造热情及理性精神之间保持着合理的平衡，结合本国精益求精的农耕传统及集体主义精神，使鞍钢宪法逐渐升华为丰田模式而实现了本土化管理创新。

鞍钢宪法的产生条件及其"墙内开花墙外香"的演化历程，启发我们可以从以下角度来思索鞍钢宪法在中国未来如何从一种管理话语再次理论化为管理创新。

其一，在理性与激情之间保持必要的张力。Barley 和 Kunda（1992）的管理话语理论及 Abrahamson（1997）的管理时尚理论都指出，无论是管理话语还是管理时尚的发展都呈现出一种理性与规范或者说理性与人文交替发展的模式。并且，理性管理模式始终在管理模式的发展之中占据着主导地位，即使在所谓的规范管理理论比较凸显的时期也是如此，只不过是这一时期的规范性的管理话语、管理时尚相对于前一个时期来讲有了比较明显的增加而已。

也就是说，西方的管理理论，尤其是规范性的或者说那些强调人本的管理理论，它的发展是处在一个讲求理性的背景之下的。鞍钢宪法在中国的消逝便是由于缺乏这种必要的理性精神。未来我们如想使鞍钢宪法从一种管理知识话语再次成为一种管理创新，就必须在创造激情与脚踏实地的理性精神之间保持必要的张力，使两者平衡发展而非一方压倒另一方。

其二，重视对本国文化资源，尤其是和合精神的研究。从管理移植的演化分析可以看出，鞍钢宪法之所以能够成为一种管理创新并改变了管理移植的传播路径，其根本原因在于移植外国理论的同时植入了本国的优秀文化基因。近年来的国学热正在出现向管理渗透的趋势，这是在中国经济获得迅速发展并且经济总量跃居世界前列的情况下，中国人民族自信心开始增强的表现，也是一种文化自觉的必然。我们认为，国学与管理的结合非常值得相关学者进行尝试。深入研究本国传统社会中的管理经验，结合本国的具体管理情景及面临的特殊管理问题，融入文化传统中的精髓，是对所移植的外国管理理论进行适应性改造的一个主要途径，也是建构企业管理理论的中国话语的必然选择。但是，我们也必须清醒地认识到，这种结合必须要与企业的实践结合起来，必须要注意国学过于注重“道”而忽略“器”，过于注重思辨而缺乏科学理性的问题，否则我们在这种结合式的研究中可能丧失必要的理性精神，使国学与管理的结合成为一场新的管理时尚而非一种真正的管理创新。

其三，关注中国特色的社会主义这一管理创新的主要现实背景。按照 Abrahamson（1997）的看法，理性管理和规范性管理话语之所以会呈现交替出现的情景，是因为二者都是一种提高管理效率的方式，每一种管理模式的发展，都逃脱不掉边际贡献递减的规律。于是当一种管理模式边际贡献降到比较低的时候，另一种管理模式就会应运而生。改革开放三十多年来，我国企业管理基本上是移植国外理性管理模式，而对其缺乏本土性考量，因而真正本土化的管理创新十分有限。毫无疑问，我们所移植的理性管理模式在中国改革开放三十年的经济发展中有着不可估量的贡献，但是一方面其边际贡献正在不断递减，另一方面其间难有中国本土管理话语，因而我们迫切需要基于本国情景的管理创新。我国目前正在建设的中国特色社会主义无疑是当代管理创新的最大国情和最为真实的情景，从这样一种宏大的情景出发，反思西方理性管理模式，必然能够使之变异为适应我国国情的管理创新。另外，Barley 和 Kunda（1992）发现，理性和规范性的管理话语的出现与经济周期存在着一定的关系，在经济危机之后往往出现的是规范性的管理话语。可以预测，在后金融危机时代，人文性与规范性的管理话语将会再一次凸显出来。而马克思主义对经济中人之解放问题的强调及对人的全面发展的重视将有可能成为新一轮规范性管理话语的思想来源。将管理移植与创新深深植入作为马克思主义中国化最新形态的中国特色社会主义建设，将有可能使得中国的管理创新既有世界性意义又带有鲜明的中国特色。

〔参考文献〕

［1］蔡立新. 比较管理的演化分析方法：范畴、意义及应用路径［J］. 比较管理，2010（1）.
［2］崔之元. 鞍钢宪法与后福特主义［J］. 读书，1996（3）.
［3］戴茂林. 鞍钢宪法研究［J］. 中共党史研究，1999（6）.
［4］黄群慧，张艳丽. 比较管理学学科理论体系构思［J］. 社会科学，1993（2）.
［5］贾根良. 鞍钢宪法的历史教训与我国跨越式发展战略［J］. 南开学报（哲学社会科学版），2002（4）.
［6］熊平安. 管理移植与创新［J］. 求实，2004（5）.
［7］张立文. 和合学概论——21 世纪文化战略的构想［M］. 北京：首都师范大学出版社，1996.

[8] 郑伯勋. 组织文化价值观的数量衡鉴 [J]. 中华心理学刊，1990 (32).

[9] Alexander Styhre. Kaizen，Ethics，and Care of the Operations：Management After Em powerment [J]. Journal of Management Studies，2001，38 (6)：795-810.

[10] Barley Stephen R. & Gideon Kunda. Design and devotion：Surges of Rational and Normative Ideologies of Control in Managerial Discourse [J]. Administrative Science Quarterly，1992，37 (3)：363-399.

[11] Campbell，D.T.Variation and Selective Retention in Socio-cultural Evolution [J]. Gen eral System，1969 (16)：69-85.

[12] Eric Abrahamson. The Emergence and Prevalence of Employee Management Rhetorics：The eEffects of Long Waves，Labor Unions，and Turnover，1875 to 1992 [J]. The Academy of Management Journal，1997，40 (3)：491-533.

[13] Horkheimer M. & Adorno T.Dialectic of Enlightenment [M]. NewYork：Seabury Press. 1972.

[14] Hui，C.H.，& Tan，C.K.Employee Motivation and Attitudes in the Chinese Workforce [A]. Michael，HB (eds). The Handbook of Chinese Psychology [C]. New York：Oxford University Press，1995：364-378.

[15] Julian Birkinshaw，Gary Hamel，Michael J. Management Innovation [J]. Academy of Management Review，2008，33 (4)：825-845.

[16] Nelson，R.R.& Winter，S.G.An Evolutionary Theory of Economic Change [J]. The Belknap Press of Harvard University Press，1982.

[17] Winter S.G.Schumpeterian Competition in Alternative Technological Regimes [J]. Journal of Economic Behavior & Organization，1984 (5)：287-320.

（东北财经大学工商管理学院　高良谋；
江西财经大学工商管理学院　郭英　胡国栋）

东亚企业文化比较研究中的缺失

一、问题的提出

在威廉·大内明确了日美管理模式的差异之后，管理模式及隐藏于其后的企业文化、文化背景差异等所导致的管理绩效差异，开始受到管理学界的关注，大量研究文献随之出现。这类研究多遵从一般的管理学研究范式，即采用某一理论为基础，建立研究框架，选取变量，进行数据采集和检验，进而得出研究结论。尽管在这一过程中，对文化背景的描述是研究的重要基础，但这往往并不是重点。遵从传统的管理学研究范式，在管理学研究的技术而非思想层面上“比武”，才是大多数研究者下工夫最多的地方，也往往是文章发表的关键。

然而，随着对东西方管理模式、企业文化等的对比研究的深入，已经有研究者注意到，不仅在东、西方之间，即便在两大文化体系内部，同样存在着巨大的文化差异，甚至这种差异并不比被作为对立面的东、西方之间小。在西方，至少存在三个不同的思维传统：亚里士多德传统、奥古斯丁传统和苏格兰启蒙传统。此外，在东方，还有各种各样的思维传统，如佛教、伊斯兰教、道教、儒教等。处于不同思维传统的个体所得出的理性判断在许多方面是冲突的，是被处于其他理性传统中的个体认为“非理性”立场的。[①]尽管在大多数人看来，“东亚”不仅仅是作为一个地理概念，在文化上往往还被认为是一个“文化共同体”，被认为是属于儒家文化圈。而且，由于施乐斯坦、汤因比等以文化来划分和研究历史发展的做法所取得的成功，使得这种归纳或认识得到了大多数研究者的认可，但与此同时，多数人却也可以明确地觉察到东亚各国，甚至在一国、一地内各区域间在文化上存在的巨大差异。即便在汤因比归纳的26个类型中，也明确了“中国文化”、“朝鲜与日本文化”属于两个不同的类型，但在明治维新后，日本更多地属于阳明学的天下，而朝鲜始终以朱子学为正统。

显然，如果我们的立论证据源于误解，研究或议论就犹如沙上建塔，全无根柢，而且钻之弥深，失之愈远。鉴于此，部分学者开始寻求在理解东亚文化尤其是儒家（华人）文化的基础上展开研究。比如，黄光国提出了儒家关系主义；[②]罗家德、翟学伟等试图以人情、面子等华人所特有的概念和行为方式来重新解读华人企业或华人组织。[③]然而，由于西方社会科学

---

① 汪丁丁. 经济学理性主义的基础［J］. 社会学研究，1998（2）.

② 黄光国. 儒家关系主义：文化反思与典范重建［M］. 北京：北京大学出版社，2006：187-220.

③ 罗家德，叶勇助. 中国人的信任游戏［M］. 北京：社会科学文献出版社，2007；翟学伟. 人情、面子与权力的再生产［M］. 北京：北京大学出版社，2005.

理论的发达，这类研究仍多以西方已有的社会科学理论为基础，[①]以西方为标尺，来剪裁东方问题，其背后隐含了“西方中心主义”。如果我们把文化看做是“历史地凝结成的生活、生存方式”的话，对于信仰、价值观、存在环境等有着巨大差异甚至根本不同的文化，这种剪裁是否是恰当的呢？共同或彼此接受的范式是学术对话的基础，但我们是应当“量体裁衣”还是“削足适履”，在这种范式的建立或选择之前是否应当对文化本身有所理解？在我们对东亚企业所存在的东亚和东亚文化本身缺乏深入的理解的情况下，如果首先做的或更多的是对西方学术传统的引进，那么这种研究的学术价值是否能够得到保证，是否能够逃脱“钻之弥深，失之愈远”的结局？

对此，本文认为，缺乏对东亚文化本身的深刻解读，是东亚企业文化中的重大缺失。本土环境及其对文化影响的研究，尤其是包括对历史学等其他学科的借鉴，是东亚企业文化研究中缺失的重要一环。这一环节的缺失可能导致对企业文化的比较研究缺乏基础，甚至使各研究不再具有任何学术价值。因此，在对东亚企业文化的比较研究中，我们首先要做的应该是深入理解东亚文化。为此，本文通过对“东亚文化圈”、“儒家文化共同体”等一些被认为是关于东亚文化“常识”的重新解读，来显现这些“常识”的谬误，从而说明这种缺失所造成的结果的严重性和理解东亚文化本身的迫切性。

二、存在一个东亚文化圈吗？

“同文同种”是我们经常听到的关于日本、朝鲜和中国三国文化关系的描述。这种描述意味着，东亚不仅是一个区域，还是一个文化共同体。然而，真的存在一个以儒家文化为主体的东亚文化圈吗？如果真的存在这样一个具有共同文化的共同体，那么为什么我们却能够明确地体认到文化差异的存在？

对此，我们的回答是：从来就不存在一个统一的儒家或儒家思想，更遑论“东亚文化圈”。

从历史上看，在孔子死后，他的弟子们就根据自己在孔子生前得到的不同教诲来解读和传播老师的思想。这必然地导致了在很短时间里“儒家”的分化，但战国末期就已经“儒分为八”了。[②③]秦始皇的“焚书坑儒”、秦末农民战争和传抄过程中的讹误等，导致儒家经典在汉朝初年就出现了不同的文本；而董仲舒、刘歆及后世学者根据各自的理解和利益需要的歪曲，更使得“儒家”在汉初就早已不再是孔子的“儒家”了；至于“孔子—孟子—董仲舒—朱熹”这一看似一脉相承的传承关系的描述，也只是宋儒为确立“朱子学”的正统地位的编造。如果再考虑到阳明学和各种儒家体系的存在，我们真不知道“儒家”所指为何物了。

至于“东亚共同体”的存在，葛兆光指出，在17世纪之后，东北亚的中、日、韩三国在文化上就“渐行渐远”了。在文化传统上，日本一直离不开紧邻的中国和朝鲜，但这并不

---

① 尽管翟学伟极力在寻求研究的本土视角和本土方法，但这种对西方社会科学理论的反动仍无法摆脱他所反对的理论的影子。

② 李零在他的《丧家狗》中提出了“死孔子”和“活孔子”的说法，试图恢复孔子的本来面目，招来“新儒家”的一片骂声，惹起了大风波。有评论说：李零砸不了“新儒家”的“饭碗”。对！儒家已经不再是儒教，是饭碗了。见李零. 丧家狗：我读《论语》[M]. 北京：中华书局，2008.

③ 在各种信仰、宗教甚至学术思想创立的早期，几乎都会出现类似的现象。比如，每部佛经的开头都是“如是我闻”四个字。

意味着在文化上存在同一性，三国间的文化差异并不一定小于中西方之间的文化差异。自江户时代，日本为了确立自我，挣脱中华帝国文化的笼罩，就在一直试图确立自我的对立面。在中日交往史中、在中日两国“同文同种”的神话[①]背后，是不间断地、反复地日本对中国的“受封”与“拒封”、朝贡关系的建构与解构过程；[②]自明治维新之后，日本开始走上资本主义道路，在战胜中国和俄国的同时，还伴随着出现了一个“脱亚”的思潮。而在无法彻底实现“脱亚”之后，日本转而谋求联合与亚洲国家组成一个联盟来对抗英美等西方国家，而且还要自己来做“盟主”，因而“东亚文化共同体”的说法很大程度上来自日本。[③]

如果再抵近一点看日本就会发现，神道不仅是日本的本土宗教，也是日本的第一大宗教，紧随其后的则是佛教。[④]这与我们把日本看做儒教国家之间存在巨大差异。至于现代日本，贝拉在运用韦伯的社会学观点分析后指出，在吸收阳明学、本土宗教基础上建立起来的德川宗教，才是现代日本的文化渊源。[⑤][⑥]

那么，朝鲜又是怎么看待中国的呢？那就是“明后无中国”。在明代，朝鲜在政治上、文化上都是认同明帝国的，甚至直至其灭国仍奉“朱子学”为儒家的唯一正统，丝毫不肯改变。而且，尽管清朝在明朝灭亡后，成为朝鲜的宗主国，但在文化上，朝鲜始终保持着强烈的优越感，把清朝统治下的中国看做“夷狄之邦”。[⑦]

类似地，楼宇烈指出：“儒学在日本有很多发展，特别在江户时代，学者们致力于儒学的日本化……如果说，在朝鲜李朝的500年间，完全是朱子学独霸的话，那么，在日本江户时代的260余年间，则呈现出百花竞放的景象。特别是阳明学，由于其理论中包含着某些自尊自心、身体力行等思想，日本幕末一批思想家，如佐藤一斋（1772~1859）、佐久间象山（1811~1864）、吉田松荫（1830~1859）等，即利用它来鼓吹解放思想，力行实务，吸收洋学，从而在一定程度上为明治维新做了思想理论上的准备。”[⑧]

由此看来，东亚的同一性、东亚作为文化共同体更多地存在于想象之中，现实中存在的则是巨大的差异性。在罗尔纲发表了一篇名为《清代士大夫好利风气的由来》的文章之后，胡适针对该文中引申清人管同、郭嵩焘的话，武断地得出“清初朝廷提倡士大夫务利，从而达到豢养顺民走狗的目的，却造成清朝贪污成风的恶果”的结论，提出了严厉的批评。在一

---

① 我们生活在传说甚至神话里，所以在思考历史问题时经常出现的问题是：“是我们塑造了历史，还是历史塑造了我们。”类似地，在经济学中也有很多神话。在D.史普博编的《经济学的著名寓言：市场失灵的神话》（上海人民出版社2004年版）中，R.科斯、张五常等通过“通用汽车公司收购费雪车体公司案”、“蜜蜂的寓言”等一系列文章戳穿了经济学中关于市场失灵的神话。那些看似完美、强大的理论在事实面前显出了虚弱的本质。秦晖、葛兆光等历史学家同样喜欢用史实来做类似的事。可是，在管理学越来越规范、走向实证和“科学”的过程中，有什么可以保证管理学不会像主流经济学一样，成为一门修辞学呢？在这点上，管理学越来越像经济学了。德鲁克是一个另类。

② 而且，阿伊努人而非徐福，才是日本列岛的最早来客。日本民族和中华民族一样，其形成是多种群融合的结果。见郝祥满. 朝贡体系的建构与解构：另眼相看中日关系史［M］. 武汉：湖北人民出版社，2007.

③ 到这里，有点意思了。这就是日本侵华时期我们经常听到的“大东亚共荣圈”的文化和历史源头。如果认可“东亚的儒家文化圈”，你要不要还对“大东亚共荣圈”表示赞同？

④ 王金林. 日本神道研究［M］. 上海：上海辞书出版社，2007.

⑤［美］罗伯特·贝拉. 德川宗教：现代日本的文化渊源［M］. 王晓山，戴茸译. 北京：三联书店、牛津大学出版社，1998.

⑥ 到这里，无论从“知己知彼，百战不殆”的角度，还是从“理解，从而更好地相处”的角度，我们都会明白为什么对日本研究的落后和中日两国“同文同种”的神话是少数有识之士心中巨大的隐忧了。

⑦ 葛兆光. 渐行渐远：17世纪中叶以后的中国、朝鲜和日本［C］. 见：清华大学历史系、三联书店编辑部合编. 清华历史讲堂初编. 北京：三联书店，2007：157-177.

⑧ 楼宇烈. 十三堂国学课［M］. 北京：北京大学出版社，2008：27.

向主张“有几分证据，说几分话”的胡适看来，如此文字，只能使学问流于“滑”、流于“苟且”。[①] 如果继续在缺乏深入理解基础上进行东亚企业文化的比较研究，这些文字也许就真成了钱钟书所说的“猫比猫大，狗比狗小”的无聊话了。

三、儒家思想是我们文化的主流吗?

一方面，我们在强调儒家思想是我们文化的主流；另一方面，我们也都明确地知道“儒表法里”的说法。那么，哪个是真实的呢?

在《中国历代政治得失》一书的“序”中，钱穆先生指出：“辛亥前后，由于革命宣传，把秦以后政治传统，用专制黑暗四字一笔抹杀。由于对传统政治之忽视，而加深了对传统文化之误解。”[②] 换言之，在钱穆先生的眼中，我们对传统文化和传统社会的认识并没有我们想象的那么深刻。在对中国传统社会的认识方面，除新中国成立前费孝通等所做的社会学人类学田野调查外，我们几乎没有更多值得夸耀的成果，而且我们目前对传统社会的描述也大体停留在那时的水平。显然，这种对传统社会和传统文化理解的缺失，造成了我们对现代中国社会理解的难以深入。

（一）中国历史上真正实行儒家思想的时间极短

从表面上看，尽管在秦汉之前，儒家还只是诸子百家中的一种，到中国建立大一统的封建[③] 帝国初期，汉武帝就确立了“罢黜百家，独尊儒术”的政策，中国似乎自那时起就成为了一个儒教国家。然而，这并不意味着其他学说的消亡，尽管儒家被奉为正统，思想禁锢和“文字狱”偶有发生，但只是到了清朝入关后才变得突出，各种学说在绝大多数时期是可以自由传播和教学的，这更不能说是各种学说在现实运用中的消失。汉初立国政策的基础是“黄老之说”，治国之术则是“王道、霸道杂糅”，汉武帝“独尊儒术”并不是信奉，而是将“儒术”的“独尊”作为工具。汉朝的统治者上层几乎都是“黄老之说”的信徒。到汉桓帝、汉灵帝时期，大汉皇帝才成为儒家的真正信奉者。汉桓帝的母亲却预言，抛弃“黄老之说”和“王道、霸道杂糅”之术的结局一定是亡国。很显然，她的预言是准确的。紧接着的王莽似乎并未从中吸取任何教训，梦想着恢复“周礼”，最后只能是成为中国历史上公认的笑料。[④] 一般而言，彻底地执行某一家的思想，会失去政策和政治上的灵活性，在政治上往往会导致失败。因此，在王莽之后，中国历史上就看不到儒家真正的皇帝信徒了。

更值得一提的是，汉承秦制，而且此后的2000年间基本如此。这种继承不仅只是郡县制、秦的法律体系，更重要的是包裹在这层外衣下的统治思想，而秦朝的制度是以法家思想

① 罗尔纲. 师门五年记［M］. 北京：中华书局，2006：62.

② 钱穆. 中国历代政治得失［M］. 北京：三联书店，2001.

③ “封建”是一个充满了争议的词。在史学界，自秦汉至清朝这个历史阶段称为“封建社会”，与特定的历史背景有直接的关系，在很大程度上是为了迎合社会发展要经过“原始社会—奴隶社会—封建社会—资本主义社会—社会主义和共产主义社会”等阶段的论断。目前，更可接受的是称之为“中华帝国时期”，这也更符合马克思的本意。冯天瑜. “封建”概念的再认识［C］. 见：清华大学历史系、三联书店编辑部合编. 清华历史讲堂初编. 北京：三联书店，2007：255-268.

④ 阎步克. 王莽官制改革新论［C］. 见：清华大学历史系，三联书店编辑部合编. 清华历史讲堂初编. 北京：三联书店，2007：92-110.

为基础的。而且，也只有在明确了商鞅变法中提出的“利出一孔”这一重要思想在秦汉构建了大一统的帝国后作为一个重要的统治思想得到了继承，才会理解在科举历史上为什么唐太宗会有“天下英雄（注意，不是天下贤才）尽入我彀中”的得意。如果在这一制度之外，还有其他足以吸引知识阶层或其他智者的利益，他们还会把全部精力投入科举中？这是统一帝国得以维持的基础条件。

（二）儒家思想只是少数阶层的文化理想

对中国文化的研究，似乎很少有人能够离开儒释道三教合一的框架太远。严格地讲，所谓的“儒释道三教合一”是在讲“中国思想”或者中国文人的文化理念、道德理想，而不是中国的“文化真实”，而对一个社会的文化的描述更多的应该是对大众生活方式的刻画。

从历史上看，儒学在社会表层的胜利是通过明清时期的科举考试，而非汉武帝的“独尊儒术”来最终确立的。这种人才或官员选拔规则迫使所有试图进入官僚阶层的社会精英分子都必须接受儒学教育，熟悉儒家经典。这同时也就意味着儒家的道德规则被确立为中国传统社会的标杆。

然而，说是说，做是做。没有多少人会迂腐到把“说”和“做”彻底地当做一回事儿。何况在进入社会生活后不要多久，我们就会发现：道德，不仅是行为规范，更是自我保护乃至谋取利益的工具。比如，明朝大臣们对待明代三大弊政之一的“廷杖”的态度，就可以很充分地说明这点。

据《明史·刑法志》记载：“太祖常与侍臣论待大臣礼，太史令刘基曰：‘古者公卿有罪，盘水加剑，诣请室自裁，未尝轻折辱之，所以存大臣之体。’侍读学士詹同因取《大戴礼》及贾谊疏以进，且曰：‘古者刑不上大夫，以励廉耻也，必如是，君臣恩礼两尽。’帝深然之。洪武六年，工部尚书王肃坐法当笞，太祖曰：‘六卿贵重，不宜以细故辱。’命以俸赎罪。后群臣罣误，许以俸赎，始此。然永嘉侯朱亮祖父子皆鞭死。工部尚书夏祥（乃薛祥之误）毙杖下，故上书者，以大臣当诛不宜加辱为言，廷杖之刑，亦自太祖始矣。”

对此，孟森在其《明史讲义》中评论说：“廷杖亦明代特有之酷政，太祖明知其非待大臣礼，然卒犯之，为后世作则。朱亮祖诬死道同，犹为有罪；薛祥则端直长厚，坐累杖死，天下哀之，非其罪可知。祥争腐刑，在改行省制之前一年，即在洪武八年，时明律未大定，有此主张，尚不足怪。至明之廷杖虽酷，然正人被杖，天下以为至荣，终身被人倾慕，此犹太祖以来，与臣下争意气不与臣下争是非所养成之美俗。清则君之处臣，必令天下颂为至圣，必令天下视被处者为至辱，此则气节之所以日卑也。”

商传在对《明史讲义》所做的“导读”中也提到：胡适曾对明朝士大夫的敢言风气有所不解，问于孟森。孟森讲：乃太祖皇帝作养士气之结果。然而，太祖时的廷杖及杀戮之重，对于士大夫之摧残，乃是历代所绝无仅有的。对此，李广廉认为，这是由于明代政治变动较快，获罪士大夫平反较快之缘故。① 换言之，在表面上和皇上斗斗，是有极具诱惑力的政治好处的——盛名之下岂无利？所以，明神宗就曾说这些大臣是“沽名卖直”。② 由此，我们就不难理解，为什么明朝的士大夫会一面冒死直谏，一面对严嵩、魏忠贤等权臣做孙、做狗

---

① 见孟森的《明史讲义》中第 81–82 页和第 6–7 页。

② 在沽名卖直上，最经典的事例莫过于赵用贤。在赵被廷杖后，他老婆居然把他掉下来的肉给腊起来，作为“传家宝”。见《明史》“赵用贤”条。

了——利益使然，关儒家何事。儒家道德不过是个幌子，何必当真！①

（三）流民与流氓文化：彻底的堕落

在我们过分地重视文本发掘的背后，是对大众真实社会生活的忽视。在近现代历史上，在费孝通等的早期研究之外，是令人尴尬的沉默。那么，真实的大众文化是什么呢？是流氓文化。

游侠、游民或流民、流氓，在中国历史上，自春秋战国时期就已经存在了，但除司马迁的《史记》外，这些人的事迹、作为就只存在于野史笔记中了，因而也就淡出了那些以文本发掘为基础的“学术研究”之外了。对流氓文化及其形成、影响等问题，在近百年的时间里，只有梁启超、杜亚泉（1919）等极少数学者对游民问题发表过见解。直到20世纪80年代后，由于王元化、王学泰等的研究，对游民问题的研究才获得新发展。

在王学泰等看来，流民或流氓就是脱离正常社会秩序的人，在各个历史时期都是存在的。很显然，刘邦、朱元璋是他们中的最成功者。但在宋之前，流民并没有对社会的文化生活和国民心理产生根本性影响。随着北宋城市经济的大发展，流民开始能够在城市中生存下去，曲艺不仅在很多时候成为流民赖以为生的生计，也是他们和市民共同的娱乐活动。我们所熟知的成就巨大的明清小说的一个主要来源就是宋话本。这些“脱序者”往往也是对抗秩序者，他们的心态、道德观念等就随着话本等娱乐活动的进行传播开去。②

对此，钱大昕在其《十驾斋养新录》卷十八《文人浮薄》条中说：“唐士大夫多浮薄轻佻，所作小说，无非奇诡妖艳之事，任意编造，诳惑后辈。……宋元以后，士之能自立者，皆耻而不为矣。而市井无赖，别有说书一家，演义盲词，日增月益，诲淫劝杀，为风俗人心之害，较之唐人小说，殆有甚焉。”在《日知录集释》中，黄汝成转述钱大昕的另一论述则更为直白：“古有儒释道三教，自明以来又多一教曰小说。小说演义之书，士大夫、农工、商贾无不习闻之，以至儿童、妇女、不识字者亦皆闻而如见之。是其教较之儒释道而更广也。释道犹劝人以善，小说专导人从恶，奸邪淫盗之事，儒释道书所不忍斥言者，彼必尽相穷形，津津乐道。以杀人为好汉，以渔色为风流，丧心病狂，无所忌惮。子弟之逸居无教者多矣，又有此等书以诱之，曷怪其近于禽兽乎！”③

到这里，我们可以明确地说：儒家是中国传统知识分子的文化或道德理想，而“小说教”才是大众的道德真实。那么，这种社会心态形成的根本原因在哪里呢？

秦晖认为，中国传统社会（秦汉以后）实质上是一个受“大共同体”压制的“伪个人主义”社会。从个人发展上讲，秦汉之后的社会形态在很大程度上是中国历史发展的倒退。④类似地，王毅以明代流氓文化的恶性膨胀为样本，分析了专制政体对国民心理所产生的决定性影响。何怀宏系统地考察了中国历史上的官吏选拔制度，并据此把中国社会分为：世袭社会（春秋时期）和选举社会（战国及以后）。这不仅为我们提供了一个理解中国社会发展

① “春秋无义战”。到春秋时期，就已经“礼坏乐崩”了。当宋襄公遭遇到他的战争悲剧时，在我们嘲笑宋襄公的愚蠢时，我们这个民族就开始了失去“费厄泼赖”精神的悲剧。侠和骑士精神就只是传说了。

② 王学泰. 游民文化与中国文化［M］. 北京：学苑出版社，1999.

③ 在称道“明清小说”的巨大文学成就的时候，我们却不知道还有一个“小说教”和它对市民心理形成的巨大影响力。

④ 秦晖. 传统中国社会的再认识［J］. 战略与管理，1996（6）：54-62.

的崭新视角，使我们对中国古代的官僚政治有了更直观、深入的理解，[①] 而且在很大程度上支持了秦晖的观点。

从心理学的角度看，斯德哥尔摩综合征[②] 产生的条件包括：①人质必须真正感到绑匪（加害者）威胁到自己的存活；②在遭挟持过程中，人质必须体认出绑匪（加害者）可能略施小惠的举动；③除绑匪的单一看法外，人质必须与所有其他观点隔离（通常得不到外界的讯息）；④人质必须相信，脱逃是不可能的。这说明，人性能承受的恐惧有一条脆弱的底线。由此延展开去，对一个长久的施暴者不杀的恩威，觉得是一种慈悲，不止一两个人质。一些长久匍匐在暴政之下的古老民族，由于苦难太长久，他们已放弃了自由的希望，患上了群体的"斯德哥尔摩心理症"，似乎我们整个民族都患上了"斯德哥尔摩综合征"。到这里，我们可以看到鲁迅先生对中国国民性的批判的典型阿 Q；柏杨《丑陋的中国人》等不再是愤世嫉俗的"意气"了，有了依据，是建立在逻辑分析基础上的"意见"或见解。

而且，这种社会心理仍没有消失，甚至仍是社会的主流心理，看看朱大可的《流氓的盛宴：当代中国的流氓叙事》就知道了。

（四）儒家的复兴？

自"五四运动"以来，在对待中国传统文化的问题上，我们经历了反复的"荆轲刺孔"和"舞阳读经"。然而，梁漱溟乡村建设的失败，就已经表明了儒家传统主义的复活的不可行。文化是一个系统，而不单单是写在纸上的文字或某些人咏读的语录。儒家文化已经失去了其存在的社会基础。我们可以汲取儒家智慧，但吸收儒家智慧的并不一定是儒家文化的信奉者和身体力行者，更不说明我们要复兴儒教，就像讲英语的并不都是英国人一样。[③]

四、结束语

本文通过对东亚企业文化比较研究中被经常赖以为基础的几点"常识"的分析，说明了这些"常识"是多么不可靠，从而说明了在开放心态基础上广泛地吸收各相关学科尤其是历史研究的成果，补上对东亚特别是对中国文化本身深刻理解这一课，重新为东亚企业文化比较研究寻求坚实的"常识"基础的重要性和紧迫性。

胡适说过：历史是可人的小姑娘，任人打扮。希望这话能成为一剂解毒剂。

---

① 何怀宏的这些成果体现在《世袭社会及其解体：中国历史上的春秋时代》和《选举社会及其解体：秦汉至晚清历史的一种社会学阐释》中，三联书店出版。

② 斯德哥尔摩综合征（Stockholm syndrome）又称斯德哥尔摩效应、斯德哥尔摩症候群或人质情结、人质综合征，是指犯罪的被害者对犯罪者产生情感，甚至反过来帮助犯罪者的一种情结。这造成被害人对加害人产生好感、依赖心甚至协助加害人。斯德哥尔摩综合征指心理上对加害者的依赖，甚至试图成为加害者。这在 1973 年 8 月 23 日斯德哥尔摩的一次人质劫持事件中被首次确认，因而被命名为"斯德哥尔摩综合征"。心理学家认为，人质会对劫持者产生一种心理上的依赖感。因为他们的生死操在劫持者手里，劫持者让他们活下来，他们便不胜感激。他们与劫持者共命运，把劫持者的前途当成自己的前途，把劫持者的安危视为自己的安危。于是，他们采取了"我们反对他们"的态度，把当局当成了敌人。

③ "三军可以夺帅，匹夫不可夺志。"据说，梁漱溟先生在"文革"期间说了这句话，李零也希望那些哭着喊着要学儒家的人先学学这句话。

〔参考文献〕

[1]［德］马克斯·韦伯. 新教伦理与资本主义精神［M］. 于晓译. 北京：三联书店，1987.

[2]［美］罗伯特·贝拉. 德川宗教：现代日本的文化渊源［M］. 王晓山，戴茸译. 北京：三联书店、牛津大学出版社，1998.

[3]［美］艾凯. 最后的儒家：梁漱溟与中国现代化的两难［M］. 王宗昱，冀建中译. 南京：江苏人民出版社，2004.

[4] 费孝通. 乡土中国　生育制度［M］. 北京：北京大学出版社，1998.

[5] 郝祥满. 朝贡体系的建构与解构：另眼相看中日关系史［M］. 武汉：湖北人民出版社，2007.

[6] 何怀宏. 世袭社会及其解体：中国历史上的春秋时代［M］. 北京：三联书店，1996.

[7] 何怀宏. 选举社会及其解体：秦汉至晚清历史的一种社会学阐释［M］. 北京：三联书店，1997.

[8] 黄光国. 儒家关系主义：文化反思与典范重建［M］. 北京：北京大学出版社，2006.

[9] 楼宇烈. 十三堂国学课［M］. 北京：北京大学出版社，2008 .

[10] 罗家德，叶勇助. 中国人的信任游戏［M］. 社会科学文献出版社，2007.

[11] 金春峰. 汉代思想史［M］. 北京：中国社会科学出版社，1987.

[12] 钱穆. 中国历代政治得失［M］. 北京：三联书店，2001.

[13] 秦晖. 传统中国社会的再认识［J］. 战略与管理，1999（6）：54-62.

[14] 秦晖，苏文. 田园诗与狂想曲：关中模式与前近代社会的再认识［M］. 中央编译出版社，1996.

[15] 清华大学历史系，三联书店编辑部合编. 清华历史讲堂初编［M］. 北京：三联书店，2007.

[16] 汪丁丁. 经济学理性主义的基础［J］. 社会学研究，1998（2）.

[17] 王学泰. 游民文化与中国文化［M］. 北京：学苑出版社，1999.

[18] 王毅. 明代流氓文化的恶性膨胀与专制政体的关系及其对国民心理的影响［J］. 社会性研究，2000（2-3）.

[19] 衣俊卿. 文化哲学十五讲［M］. 北京：北京大学出版社，2004.

[20] 翟学伟. 人情、面子与权力的再生产［M］. 北京：北京大学出版社，2005.

[21] 张立文，李甦平等. 中外儒学比较研究［M］. 北京：东方出版社，1998.

[22] 朱大可. 流氓的盛宴：当代中国的流氓叙事［M］. 北京：新星出版社，2006.

[23] 孟森. 明史讲义［M］. 上海：上海古籍出版社，2002.

（南京工业大学经济管理学院　王京安　赵顺龙）

日、韩企业创新管理的比较分析*

一、引　言

自从20世纪80年代日本公司在世界市场上成为西方公司强大的技术竞争对手以来，国际上对其创新管理的兴趣已经变得很普遍了。有一段时间，人们大力强调了日本创新管理的优势（美国商务部，1990），而后来，20世纪90年代日本经济的停滞让人们更注意其潜在缺点了（Porter et al.，2000）。然而，不论是对其优点还是缺点的具体评估，日本创新管理研究的参照系主要是西方企业管理（Okimoto & Nishi，1994；Wakasugi，1994；Nonaka & Takeuchi，1995）。

然而，最近其他东亚国家的公司也成为国际上强劲的技术竞争对手，特别是韩国一些主要企业的成就已经引起了研究者的广泛兴趣。因此，学者也在过去几年对韩国公司的创新管理进行了一些研究（Kim，1998；Hobday et al.，2004；K. Lee et al.，2005）。

总之，在国际竞争中两国公司都通过大量的产品和工艺创新展示了持续的技术实力，并不断挑战竞争对手。因此，为了制定恰当的竞争和合作策略，对其管理概况的深入了解是至关重要的。

一方面，鉴于日韩地理和文化上的接近，似乎有理由认为日本和韩国公司总体管理策略高度相似，在创新管理领域尤其如此。另一方面，考虑日本和韩国经济的不同发展轨迹以及两国公司运行的不同体制环境，也可能预期日韩公司有相当大的差异。然而，为了更好地理解日本和韩国公司创新管理风格的异同，明确、详细的比较分析是必要的。

本研究旨在通过一种直接进行比较的方式，在广泛收集两国管理实践的原始数据和二手数据的基础上，对文献做出贡献。首先，本文综合考察日本和韩国公司与创新相关的投入和产出。其次，比较研究它们的创新管理风格，涉及多个管理领域，例如战略行为、技术获取、研发管理和人力资源管理。尤其注重分析日本和韩国企业创新管理的异同。另外，也分析了两国管理风格的潜在优势和弱点。最后，根据研究结果，为日本和韩国公司以及它们的国际竞争对手提供管理建议，并概述未来研究方向。

*本文已在《亚太商业评论》（*Asia Pacific Business Review*）2008年7月第14卷第3号上发表。本文的翻译得到了作者本人及《亚太商业评论》杂志社的授权。

二、研究问题和命题

本研究讨论以下研究问题：①日本和韩国公司创新管理特征的异同是什么？②如何通过历史、体制和文化因素解释这些特征？③由此产生的日本和韩国公司创新管理的潜在优势和弱点是什么？

在探讨这些问题时，本研究提出以下命题：①采用比较的视角，日本和韩国公司创新管理实践的异同可以通过历史、体制和文化因素做出解释。②由此产生的日、韩公司创新相关活动的潜在优势和弱点也可以通过类似的因素进行解释。

三、情境：日、韩企业创新相关活动比较

2004 年，日本和韩国公司研发（R&D）总支出按购买力平价调整后分别为 887 亿美元和 217 亿美元（OECD，2006）。这也反映了日本经济的规模比较大，日本公司研发支出大约是韩国公司的 4 倍。然而，日本公司的研发强度按与国内生产总值（GDP）和工业增加值的关系来看分别为 2.35%和 3.13%，而韩国公司分别为 2.19%和 2.99%（OECD，2006）。因此，日本和韩国公司的相对研发强度相当接近。同时，这些强度也在各经合组织国家中居于前列，明显超过美国和欧洲主要经济体的研发强度。

图 1 显示了日本和韩国公司研发的产业组成。两国相对最多的研发经费都投入在电子和微电子行业，其次是汽车行业。但是也可以看到，韩国的研发投入更集中在这些行业，而日本把相当可观的经费投入到其他领域，如通用机械、制药、化学品。

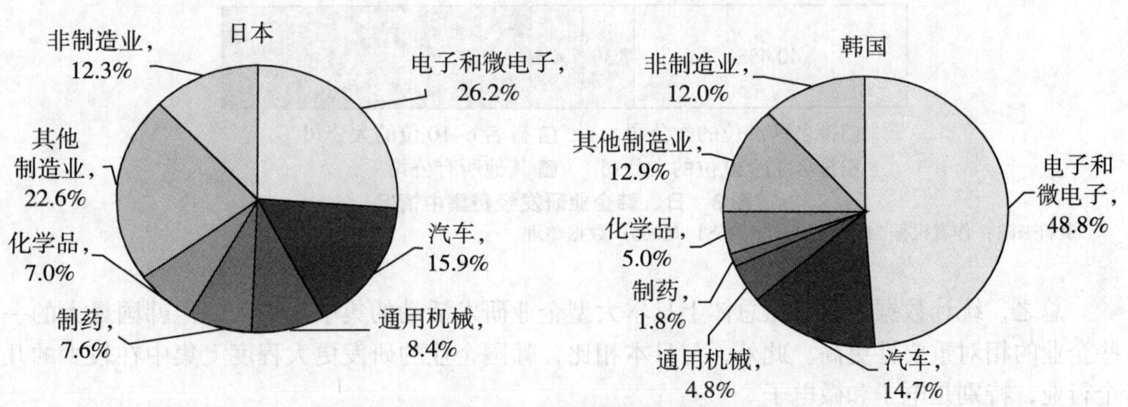

图 1 各行业日、韩企业研究经费（2004）

资料来源：作者根据 MPM（2006）；MoST（2005）数据整理。

此外，从两国大企业，特别是最大的一些企业的研发支出集中情况，也可以看出两国的差异。至于研发经费在小型和大型企业的分配（见图 2），两个国家公司的大部分研发都是由至少有 1000 名员工的较大企业承担。另外，与人们普遍认为的大企业在韩国尤其占主导地位恰好相反，韩国少于 300 名员工的较小公司的研发投入相对数额远远高于日本。但与此

同时，韩国最大的一些企业的研发支出集中度也更大，其中前五大公司的研发经费占全国所有公司研发经费的40%还多。这比日本比例要大，因为日本相应的比例不足20%（见图3）。事实上，仅韩国最大的研发经费投入公司三星电子2004年就支出研发经费47.9亿韩元（三星电子，2005），这相当于韩国当年总产业研发支出的28.1%。

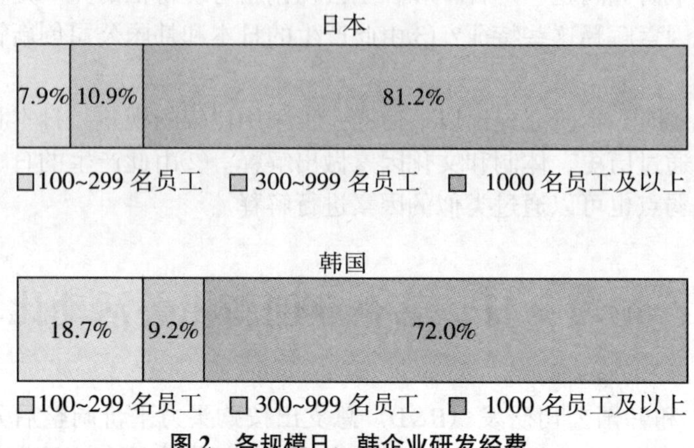

图2　各规模日、韩企业研发经费

资料来源：作者根据MPM（2006）；MoST（2005）数据整理。

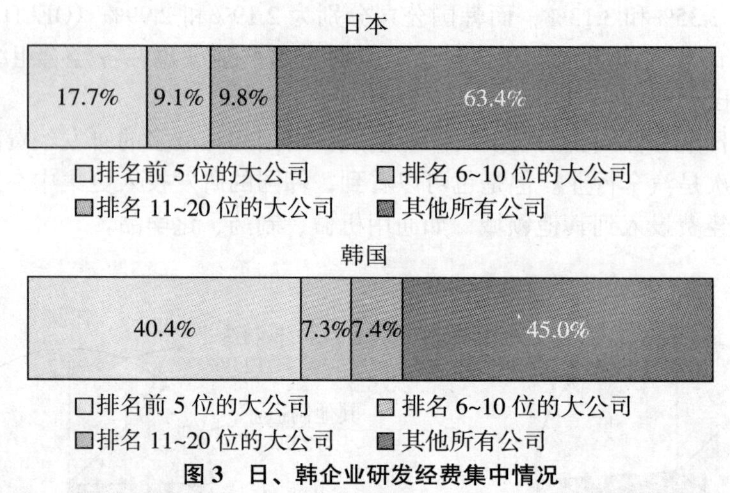

图3　日、韩企业研发经费集中情况

资料来源：作者根据MPM（2006）；MoST（2005）数据整理。

总之，统计数据表明虽然总体上日本大型企业研发活动的集中度更大，但韩国最大的一些企业的相对重要性更高。此外，与日本相比，韩国企业的研发更大程度上集中在较少的几个行业，特别是电子和微电子。

除日本和韩国企业创新活动的结构之外，各项综合指标也可以衡量其成果和业绩。2006年，美国专利与商标局授予日本39868项专利，授予韩国受让人6317项专利。[①] 考虑到与两国经济规模的关系，日本每10亿美元的购买力平价调整的国内生产总值被授予9.7项专利，

① 本文专利信息来源于美国专利和商标局网上服务器，网址为：www.uspto.gov/patft/index.html。

而韩国被授予 5.5 项专利。[①] 这表明，尽管韩国在技术上不断赶超，但平均而言日本企业的知识产权产出能力比韩国企业强得多。此外，在两国的技术国际收支方面，2003 年日本技术出口的收益为引进技术支付金额的 2.68 倍，而在韩国收益仅相当于支付的 0.25 倍（OECD，2006）。换句话说，日本主要是技术净出口国，韩国主要是技术净进口国。此外，2003 年日本进口技术的支付总额占商界总研发经费的 3.6%，而韩国达到 20.2%（OECD，2006）。这些数据清楚地表明，对韩国企业而言技术进口仍然发挥着非常重要的作用，对日本企业来说相对重要性较小。

对两国高科技产业竞争地位的进一步分析显示出更多的信息（见表 1）。首先，可以看出，日本和韩国在电子、办公和机械行业占经合组织的出口市场份额较大，而制药和航空工业相对薄弱。仅在仪器行业，两国存在较大差异：日本公司占全球出口市场份额的 15%还多，而韩国企业只占 2.3%。另外，可以观察到，日本所有高科技行业的出口市场份额都超过韩国，但如果考虑到日本经济规模更大的事实，这就不足为奇了。

表 1 日、韩技术密集型行业的出口情况

	日 本		韩 国	
	OECD 出口市场份额（%）	OECD 出口市场份额（%）/OECD 国家 GDP 份额	OECD 出口市场份额（%）	OECD 出口市场份额（%）/OECD 国家 GDP 份额
电子	18.4	1.60	13.8	4.48
办公设备和计算机	11.0	0.96	9.2	2.99
制药	1.9	0.17	0.3	0.10
仪器	15.1	1.31	2.3	0.75
航空	1.3	0.11	0.3	0.10

资料来源：作者根据 OECD 数据整理（2006）。

然而，考察两国的出口市场份额占经合组织国家总 GDP 的比重（见表 1），可以看出韩国在电子、办公设备和计算机行业的相对出口专门化程度比日本高。同时，相对于日本同行，韩国制药和航空业出口比较薄弱。总体来说，这表明虽然在技术密集型行业两国公司很大程度上表现出相似的专门化模式，但韩国的专门化程度甚至超过日本。

总之，统计数据汇总研究发现，日本和韩国公司在创新管理领域有重要的相似之处，它们是：①日本和韩国公司的研发强度相似，同时在各主要经合组织国家中位于前列；②两国公司研发的投入主要集中在少数行业（电子、微电子、汽车）；③日韩两国大部分研发是由大公司进行的。同时，也认识到一些主要差异：①韩国特定行业的投入、产出相关专门化程度高于日本；②与日本相比，韩国公司拥有相对较少的知识产权，而且依赖技术进口的程度更高。

① 作者的计算是基于来源于美国专利和商标局的数据与经合组织（OECD）购买力平价调整后的国内生产总值数据（GDP）（2006 年）。

四、管理领域对比分析

（一）战略行为

公司的技术战略一般可被描述为对新产品和新工艺的开发所做的投资组合以适应其技术地位和新技术的重要性（Burgelman et al.，2004）。Tidd 等人（2005）在这方面特别指出了公司对新技术应做的创业投资的程度。从这个意义上讲，因为日本和韩国公司的平均研发强度高于其他国家的竞争对手，它们可能被视为具有强烈的创业性，如前文所示。

然而，这一观点可缩小为公司在某个特定时间点对开发陌生新技术所乐于投资的程度。如果公司对不熟悉的技术投资力度较大，那么其战略行为可被描述为是冒险行为。相比之下，如果公司将投资主要集中于其相对熟悉的技术上，冒险度则反之。

在这一方面，日本公司和韩国公司有一些明显的差异。众所周知，日本公司已成为众多领域的技术领跑者，如电子、微电子和汽车。然而，值得注意的是，在大多数情况下，其研发力量持续不断地集中在某些特定的技术上。例如，在半导体行业，它们一直主要坚持于已经比较熟悉的技术——一直关注的终端产品（主要是内存芯片）及其配套工艺技术（Okimoto & Nishi，1994；Shindo，2006）。同样，在汽车业，诸如丰田等大公司的竞争力主要来源于对已经引进几十年的流程管理行为的完善上，并非来源于对新产品或新工艺技术所做的努力（Fujimoto，2003）。在制药行业中，相对于其他国家的公司，日本公司的创新也主要是以修改为基础的，即熟悉的组合和运用（Hara，2005）。

即使在日本公司已成为全球性先锋的领域，如液晶显示器领域，它们的技术知识的形成据发现是高度累积型的，而不是在短时间内对新技术大规模投资的成果（Numagami，1999）。有趣的是，对日本公司的企业战略的研究发现，它们的多样化程度较低（Kurokawa et al.，2005），从而进一步支持了这一观察结果，即它们倾向坚守在它们已经熟悉的活动领域。综上所述，日本公司在创新管理领域的战略行为主要是风险规避和保守的。

对韩国公司的技术策略的研究表明，它们的战略行为不同于日本公司。例如，现代汽车，在其努力实现技术独立于外国汽车公司的过程中，不断开发其完全不熟悉的技术，如制造发动机（Kim，1998）。三星电子在半导体产业也有大举进军新技术领域的记录（Shin & Jang，2005）。此外，该公司正积极探索目前仍在商业化视野之外的某些领域的技术机会（Cho et al.，2005）。另一个例子是韩国电信公司激进地、冒险地进行 CDMA 蜂窝电话系统的研发，并最终成功（Lee & Lim，2001）。韩国公司也以其在企业和商业集团层面采取的激进的多样化战略而闻名（Chang，2003）。它们在新产业、新产品和新技术领域的大胆进步可被视为创业性的（Cho et al.，1998）。总之，与日本公司不同，韩国公司迅速前进到迄今它们并不熟悉的技术领域中，在创新管理领域往往采取冒险的战略行为。

（二）技术获取

技术获取领域对公司的创新管理至关重要，因为这一领域决定了开发新产品及新工艺所需要的科技知识的获取来源与方式。技术的内部来源与外部来源的比重尤其是本文的关键问题。

根据日本和韩国的国家研发统计数据，两国公司 2004 年外部技术获取分别占总研发的 13.1%和 13.7%（MoST，2005；MPM，2006）。这表明企业只有相对一小部分技术来源于外部。换句话说，日本公司和韩国公司通过内部活动来获取其大部分新技术。这一评估已经为在两国做的创新调查所证实（Goto & Nagata，1997；Eom et al.，2005）。然而，在韩国公司中，技术合作，特别是与外国伙伴的合作，近年来有所增长（Hobday et al.，2004）。

然而，得到外部技术许可的支付不能归入研发经费之中，国家研发统计数据展示的只是全局中的一部分。在前面的概述部分中已报道了韩国公司为引进技术的付款总计达其研发经费的 1/5，而在日本公司中，其相应比例就非常小。

总之，总体数据显示，一方面，两国公司均明确优先考虑内部技术获取；另一方面，韩国公司比日本公司更高程度地依赖来源于海外的外部技术获取。

这些研究结果可以辅之以收集于两国的企业研发管理人员的调查数据。图 4 总结了作者所做的关于日韩两国公司技术获取方法问卷调查的结论。调查中的受访者是两国半导体、电信、制药行业主要高科技公司的本土高级研发管理人员，每位受访者负责不同的领域。他们需要在 5 分利克特量表上针对他们活动领域中的不同技术获取方式的相对重要性进行打分。

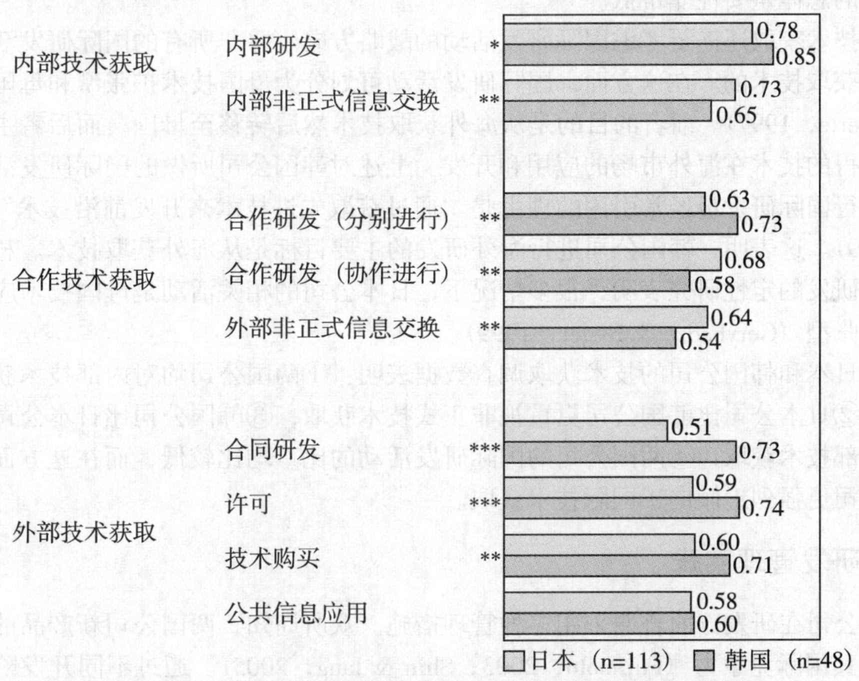

图 4 日、韩公司管理人员技术获取方式（0~1 标准化平均值）

注：* 表示显著差异在 0.1 水平上，** 表示显著差异在 0.05 水平上，*** 表示显著差异在 0.01 水平上。

这项调查结果证实了上述日、韩两国主要公司技术获取的一些相似和差异之处。内部研发活动均被日韩管理人员明确评为最重要的技术获取方式。此外，两国人员也认为内部技术获取方式一般要比合作技术获取和外部技术获取方式更重要。至少就日本公司方面，在开发新技术时相对更高程度的依靠内部研发的倾向也已被其他实证研究所证实。例如，与其他领先国家相比，人们发现日本公司所参与的技术联盟要少得多（Sakakibara，2005）。

但是，除了这些相似之处，也可以看到两点差异。首先，韩国管理人员明确认为非正式信息交流（包括内部和外部）作为技术获取方式的重要性没有日本管理人员高，这表明在获取新技术方面他们更高程度地依赖正式项目。其次，与日本受访者相比，韩国受访者认为各种外部技术获取方式，即合同研发、许可和技术购买更重要些，从而证实了作者以前从两国国际技术贸易数据得出的观察结果以及对韩国公司进行案例研究得出的结果（Hobday et al., 2004）。

国际技术获取的另一个重要方面是从海外各技术来源获取的科技知识的质与量。除了国际技术贸易数据，这方面也可以由公司的总研发经费中海外研发经费的相对比重来衡量。根据 OECD（2006），日本公司在 1998 年和 2003 年的海外经费分别占其总经费的 1.8%和 4.3%。虽然近年来日本公司的国际研发活动的重要性日益增长，其相对比重仍然远远低于同等状况的欧美公司。美国公司将其总研发的 15%用于海外活动，主要欧洲国家将超过 20%的企业总研发经费用于海外活动。

至于韩国公司，并没有关于国际研发经费这样全面的数据。然而，最近在韩国 192 个主要公司所做的一份调查显示，仅占 15.6%的公司维持所有海外研发活动（J. Lee et al., 2005）。此外，一半以上参与国际研发的公司用于海外活动的经费低于其总研发经费的 5%。虽然这些结果与经合组织关于日本及其他国家的数据没有直接可比性，但也表明韩国公司国际研发活动的总体重要性非常低。

然而，技术获取还需要考虑国际研发活动的战略方向。并非所有的国际研发活动主要是针对从海外获取技术的。在这方面，国际研发活动可划分为母国技术扩张型和母国技术应用型（Kuemmerle，1997）。前者的目的是从海外获取技术然后转移至母国，而后者主要针对的是在国内取得的技术在海外市场的应用和开发。上述对韩国公司所做的国际研发活动调查显示，迄今进行国际研发最经常引用的理由是“通过获取先进技术来开发前沿技术”（J. Lee et al., 2005: 69）。这表明，韩国公司进行海外研发的主要目标是从海外获取技术。相反，对日本公司国际研发的定性研究表明，很多情况下，日本公司的相关活动是母国技术应用型而非母国技术扩张型（Gerybadze & Reger，1999）。

总之，日本和韩国公司的技术获取调查数据表明：①两国公司均对内部技术获取给予最优先考虑；②日本公司比韩国公司更重视非正式技术获取；③韩国公司比日本公司更重视来自海外的外部技术获取；④两国公司的国际研发活动的比重均比较低，而在这方面，韩国公司比日本公司更强烈地倾向于国际技术获取。

（三）研发管理实践

日、韩公司在研发方面普遍采用多种管理措施。众所周知，两国公司新产品的快速开发大大提高了其国际竞争力（Fujimoto，2003；Shin & Jang，2005）。通过不同开发阶段的并行和重叠工作，而不是顺序的工作安排（Cho et al.，1998；Yasumoto & Fujimoto，2005；Nobeoka，2006）以及通过建立跨职能团队和特别任务团队使得公司内部不同职能、不同部门的开发工作得到整合，缩短了产品开发时间（Yasumoto & Fujimoto，2005；Shin & Jang，2005）。于是，协调跨职能团队或任务团队的产品经理在企业管理体系中的地位比职能部门经理要高（Fujimoto，2003）。因此，可以得出结论，过去几十年日本和韩国公司许多相同的研发管理措施和方法大大提高了它们的竞争力。但同时，它们也存在一些差异。

日本公司另一个普遍实行的管理实践就是独立的核心供应商早期积极参与到研发活动中，这些公司可能与特定的生产商关系密切，但它们在管理上不被生产商控制（Numagami，1999；Fujimoto，2003），这种方法在韩国公司是很少见的。采用供应商参与研发这一方法的公司主要限于那些同属于一个商业集团，因而管理上受控制的公司（Chang，2003）。

近年来，一些韩国公司将设计活动融入早期产品开发项目中，提高新产品销路的不懈努力广为人知（Cho et al.，2005）。未来可能生产的产品都是在整个新产品开发过程的初始阶段，通常由设在海外的各个公司设计中心设计出来的。这种“设计优先”的做法在日本公司中的应用并不广泛。

综上所述，日、韩公司都采用诸如并行开发过程和跨职能整合等多种研发管理措施，在很大程度上提升了其科技竞争力。但与此同时，它们之间也存在一些差异。具体来说，日本公司注重开发项目中的上游一体化，即供应商的早期参与，而韩国公司更注重下游一体化，即把新产品设计作为新产品开发项目的起点。

（四）人力资源管理实践

最后，人力资源管理实践在创新管理中也发挥了核心作用，因为人的技能和努力构成了创新的基础。传统上，无论是日本还是韩国企业，特别是大型企业，长期雇佣和论资排辈的晋升和薪酬似乎是人力资源管理的主要做法。管理人员和雇员的劳资关系是稳定的，晋升和加薪主要依照个人在一个特定的公司工作的年数，而不是他/她的个人业绩（Westney，1994；Chung et al.，1997）。

20 世纪 90 年代以来，日本公司已经开始尝试对它们的研发人员采取有所区别的雇佣措施。具体来说，已经考虑部分引入以业绩为基础的薪酬制度和结果导向的任务（KSKKK，1994）。然而，迄今为止公司的雇佣和薪酬制度的改革只是逐步地、非常谨慎地进行。例如，日本卫生劳动部的一次调查显示，直到 2005 年，所有回应的公司中仅有 13.9%采用以业绩为基础的年度薪酬制度（Ko-sei Ro-do-sho，2005）。此外，据观察，即使是那些在研发领域采用了以业绩为基础的薪酬制度的公司也仅是在有限的范围内实行新的体制（例如，在大公司几十个高级研究人员中），而不是在研发人员中普遍实行（KSKKK，1994）。总之，我们可以看到虽然日本的一些公司，特别是在研发领域，已经开始改变其人力资源管理制度，从传统的资历导向转入精英导向，但这种变化是缓慢而谨慎的（Benson & Debroux，2003）。

相比而言，韩国的情况反映了近些年公司如何更迅速地改变人力资源管理实践（与直到 20 世纪 90 年代日本公司的情况颇为相似）。这一变化的起因是 1997 年亚洲金融危机，许多韩国大企业和企业集团不得不大规模解雇管理人员和雇员或完全倒闭（Park & Yu，2002）。因此，外部经济冲击使得过去几十年大多数韩国大企业存在的稳定雇佣关系受到破坏。

然而，许多危机后复苏的韩国公司也改变了它们的人力资源管理体系。据韩国劳动部调查，截至 2005 年，所有受访公司总数中的 48.4%已经采用以业绩为基础的年度薪酬制度，32.1%的公司确立了利润分享制度，而 2000 年确立上述两个制度的企业分别仅为 23%和 20.6%（Nodongbu，2005），这清楚地表明对以前资历导向的薪酬和晋升制度的背离。另外，一些大型企业还通过了公司内部的风险投资方案（Bae & Rowley，2003），而且考虑个人及其组织部门的业绩来决定雇员的薪酬（Cho et al.，2005）。韩国风险投资公司也广泛采用“高风险，高回报”的激励体制，设法通过认股权等财政奖励激励员工（Bae & Yu，2005）。综上所述，虽然韩国公司依然存在传统的资历导向的薪酬和晋升制度，但是人力资源管理，特别是在研发领域，朝着绩效导向转型的速度明显高于日本公司。

五、讨 论

表 2 总结了以上管理领域关于日本和韩国公司创新管理比较分析的主要研究结果。可以看出，虽然两国公司在管理上存在某些相似之处，但也有一些将它们区分开的明显差异。

表 2　日、韩企业创新管理特征

管理领域	日本公司	韩国公司
战略行为	研发高投资	研发高投资
	风险规避战略倾向	风险喜好战略倾向
技术获取	内部研发优先	内部研发优先
	非正式技术获取方式重要性高	高度依赖海外技术来源
	国际研发技术获取程度低	国际研发技术获取程度中等
研发管理实践	阶段重叠并行项目管理	阶段重叠并行项目管理
	跨职能整合	跨职能整合
	研发早期外部供应商较强一体化	研发早期设计一体化
人力资源管理实践	传统长期雇佣以及资历导向的薪酬和晋升制度	传统长期雇佣以及资历导向的薪酬和晋升制度
	业绩导向激励和薪酬的缓慢过渡	亚洲金融危机以来更灵活的雇佣制度
		业绩导向激励和薪酬的迅速过渡

许多历史、文化和体制因素有助于解释两国公司的异同。日本和韩国公司倾向于对研发进行相对较高的投资并以内部技术获取为主，这一点与其强大的战略意图有关，而在战略管理和创新管理领域，这种战略意图在东亚国家的公司中广泛存在（Hamel & Pralahad，1989）。这一地区的公司因为其管理人员和雇员间的强大凝聚力而知名，这种凝聚力促进了进攻型战略的成功实施，以在技术方面赶超其主要竞争对手。

产生这一趋势的一个潜在的文化特征是东亚的集体主义。与个人主义社会相比，集体主义社会中，群组成员与非成员之间的界限更重要，群组成员间的关系建立和社会交往比与非成员的交往被给予更多的重视（Triandis，1995）。由于日韩两国社会均可视为集体主义社会（Cha，1994；Yamaguchi，1994），所以两国公司会比较容易地在管理人员和员工之间形成强凝聚力，而这种强凝聚力的结果是使公司倾向于通过内部研发工程来获取技术，而非从海外获取科技知识。另外，有助于解释两国公司进行研发高投资的另一个常见的文化特征是日本人和韩国人所信奉的"长期取向"（Hofstede，2001），因为研发活动可以被划分为对将来的投资，往往需要很长时间才能得到它们的回报。

日本和韩国公司研发管理实践的共同点及其对长期雇佣和资历导向的薪酬、晋升制度的传统偏好也与类似的潜在因素有关。文化因素有助于日韩公司内部形成强大的凝聚力，建立依赖于内部（包括跨部门）紧密沟通和协调的管理方法。长期雇佣和资历导向的薪酬、晋升制度根源于其技能培训系统主要是企业导向，而不是专业导向（Aoki，1988），而且诸如儒教的东亚文化传统非常重视资历（Chung et al.，1997；House et al.，2004）。此外，由于韩国在 20 世纪上半叶被日本占领长达 35 年，韩国的管理体系受到日本影响，特别是诸如人力资源管理等领域，日韩两国有着共同的文化根源（Chen，2004）。

同样，情境因素也有助于解释日本和韩国公司创新管理的差异。至于战略上韩国公司比日本公司更倾向于承担更大的风险这一问题，必须考虑两国企业文化和公司治理的差异。人们以共识为强大动力来描述日本企业管理。只有经过大量的纵向和横向的沟通过程才做出决定，这些沟通过程构成了所有相关组织单位和个人早日达成共识的基础（Nonaka & Takeuchi，1995）。在这种情况下，激进、冒险的策略难以执行，因为公司内部至少可能会有一些相关人员不支持他们。此外，注重与供应商和其他相关公司的长期和谐关系，也使得从根本上改变上述情形的愿望难以实现（Collison & Wilson，2006）。

相反，韩国管理风格被描述为普遍层级化程度很高（Chung et al.，1997；Chen，2004），高层管理者做决定时无须获得整个组织的广泛共识。众所周知，韩国企业集团的所有者对集团内各公司的战略制定和实施具有近乎无限的权力（Chang，2003）。因此，由于不需要得到组织内各部门以及个人的同意，企业所有者更可能实行冒险策略。

韩国公司对产生于海外的外部技术来源相对较多的依赖可以通过它们相对后来者的地位得到解释。相对于一些西方主要国家的公司，日本公司在技术能力的形成方面也是后来者，但它们进行技术追赶的时间比韩国公司多。日本的技术追赶实际上是在19世纪后期开始的，一直持续到20世纪下半叶（Francks，1992）。相比而言，韩国从1945年国家独立后才启动类似的过程，1953年朝鲜战争结束后这个过程才更持续稳固（Kim，1997）。

因此，日本企业通常试图充分吸收和内部化一些具体的核心技术，以及诸如生产复杂的终端产品所需的部件和组件的生产方法等一系列配套技术，缩小与主要国家的技术差距，以摆脱对其他国家的依赖，实现完全的技术独立。相反，韩国公司由于技术追赶时间较短，宁愿把内部精力花费在有限的核心技术上，并通过外包和许可协议的方式依赖外国公司的配套技术。

另外，国家经济规模的论述也可以对这方面做出解释。日本是世界最大的经济体之一，有足够的空间容纳在广大国内市场和国际市场上竞争的多个行业。韩国经济规模却相当小，[①]因而迫使企业集中发展可以进行国际竞争的行业和技术领域，而这个范围较窄。韩国经济较强的技术专门化程度可以通过两个维度进行考察：横向意味着集中在较少的行业，纵向表明行业内价值链中某些具体阶段的专门化。后者可以通过韩国公司较强地依赖来自海外的外部知识得到体现，这些知识通常是技术领域用于支撑其核心技术的相关知识。

韩国相对后来者的地位和相对较小的经济规模的论述同样可以用来解释日本公司研发过程中与外部供应商一体化程度比韩国高。由于发展起步晚、速度快，国家经济规模较小，韩国技术强大的供应商行业没有成长到与日本相同的程度。因此，在韩国，国内供应商在技术上是吸引力较小的合作伙伴。

韩国公司创新管理较强的设计导向不能像上述比较分析的大多数结论那样，简单地与历史或体制因素联系起来。而要认识到韩国人对设计和时尚的意识相当强烈和广泛，因此，韩国公司的这个管理特征似乎也可以嵌入到国家的文化背景中。

最后，韩国人力资源管理从稳定和资历导向到灵活和业绩导向的迅速过渡部分归因于应对亚洲金融危机带来的经济影响的急迫性和必要性。为了生存，危机之后许多韩国企业必须

① 根据世界银行的统计数据，韩国2005年名义GDP和购买力平价调整后的GDP分别占日本GDP的17.5%和26.8%（IBRD，2006）。

降低劳动成本，提高生产率。然而，如上所述，韩国人力资源管理实践在已经克服了危机造成的经济后果之后仍然持续改变。造成这种现象的可能原因同样在于韩国经济规模相对较小。由于像韩国这样经济规模较小的国家与日本这样经济规模大的国家相比，普遍比较依赖海外市场，而且受到的外部冲击更大，韩国公司的管理人员可能会有更强烈的紧迫感来改变他们的管理方法，以恢复国际竞争力。

六、管理评价

如何从管理的角度来评价以上日本和韩国的创新管理特征呢？广泛实施管理战略和措施是为了适应一个公司特定的竞争和财务状况。因此，管理措施不能普遍分为“好”或“坏”。其效力和结果常常取决于具体案例及公司的运作状况。尽管这是基本事实，然而，管理工具和系统仍然可以在众多行业中或竞争背景下被评价为成功或不成功。

在近几年或近几十年里，日本和韩国公司所采取的一些普遍的管理工具和做法显然大大提高了它们的创新能力和成功竞争力。给予研发高投资和重视内部技术获取的战略非常适合东亚的文化环境。在这种文化环境中，机构的形成带有激进的战略意图，即在技术上赶超竞争对手。同样，在执行层面，如阶段重叠项目管理和跨职能一体化也被证明在像汽车、电子和微电子等众多行业中非常成功（Nonaka & Takeuchi，1995；Kim，1998；Shin & Jang，2005；Nakata et al.，2006）。此外，长期雇佣行为与资历导向的薪酬和晋升制度的结合也有可能提升了赶超环境中日本和韩国企业的技术表现，因为这些为管理人员和员工提供了就业保障，提高了他们的工作积极性。

然而，近年来，特别是在创新管理的背景下，这些人力资源管理行为受到更为苛刻的评价。虽然它们可能在赶超阶段起到积极作用，但是一旦公司达到技术的最前沿，某些劣势变得明显。在这种情况下，与组织的整体凝聚力相比，研究人员和工程师的个人创造力和业绩更具重要性。此外，给研发机构注入多样化元素和新的思想观点的是一些灵活雇佣措施，例如外部有能力的研究人员的招聘和薪酬建立在竞争的基础上，不考虑年龄因素。总之，由于日韩公司成功的技术追赶，特别在与创新有关的领域，两国公司人力资源管理的环境和挑战似乎有了相当大的变化。

从这个角度来看，在人力资源管理方面，韩国公司朝着灵活的业绩导向管理方式的迅速过渡比大部分日本公司选择的慎重方式更有前景也更有效。换言之，韩国公司适应新的管理挑战之快超过了日本公司。

当将累积的内部科技视为竞争力的来源时，与日本公司相比，韩国公司更多地依赖于从海外获取的外部技术。乍一看韩国公司似乎是处于相对劣势。然而，近年来出现一种普遍倾向，那就是进行更多的技术外包和研发合作（Hicks et al.，1996；Tapon & Thong，1999；Hagedoorn，2002），这表明，相对于要覆盖的全部技术领域而言，许多公司不再把内部技术获取看做是它们的第一战略选择。在某些情况下，技术外包显然比内部研发更有效率和效果（Pisano，1990）。此外，从战略角度看，把内部研发资源集中在少数核心领域上要比广泛散布在许多技术领域上更有利（Roberts & Berry，1985）。因此，尽管韩国企业较多依赖来自国外的外部技术，相对于日本企业而言，它们更容易受到外部合作伙伴的冲击，但是不能说这种情况使韩国企业整体上处于不利地位。相反，具体的评价取决于一个公司所依赖的海外技术资源的质量和可靠性。事实上，最近的一些调查有力地表明，技术外包和外部合作提高了韩国企业的创新绩效（Jeong，2004；Sung，2005）。

在很多情况下，关于韩国公司更具风险的战略性行为，其激进的做法运作良好。一些公司已经从技术滞后走向全球前列，甚至成为全球的领跑者（Kim，1998；Shin & Jang，2005）。但是，在其他情况下，在向新技术领域积极挺进中的韩国企业，由于不能获得成为这些领域具有竞争力的企业所必需的技术能力，从而以失败告终（Lim，2006）。换句话说，这种具有风险性的技术战略并非总是成功的。公司最初的资源地位和技术市场体制很大程度上决定了这些战略的实施能否成功。此外，我们应该考虑的是，到目前为止采取具有风险性技术战略的韩国公司大多都是从技术滞后的位置起步的。但是，在这些情况下这些公司的战略性选择仍然是具有风险性的，因为从自身的角度看，其进入的技术领域是全新的。同时，在追赶的阶段这些战略是相对容易实施的，因为目标清晰可见，与处于领先地位的公司相比，也没有那么多技术和市场的不确定性。因此，未来韩国公司在占据了主导位置之后将在多大程度上继续实施其激进的技术策略，这些策略在变化后的环境条件下能取得多大的成功，我们将拭目以待。

最后，日本在研发过程中与外部供应商实行较强的一体化和韩国在新产品开发早期采取新设计，分别被视为日韩公司技术和竞争力的来源（Lark & Fujimoto，1991；Cho et al.，2005）。事实上，从这两种情况看来，两国特有的风格已经为那些总部设在国内的公司创造了有利条件。强大的供应商技术基础是日本在过去50年工业发展的结果，因为日本大企业倾向于通过技术转移和密切的合作关系，对它们供应商的技术能力进行升级换代而不是实现后向一体化（Fujimoto，2003）。韩国企业在研发过程早期一体化设计的相关知识可能是韩国人普遍对于设计和时尚相关研发有强烈意识的结果，这种意识可能是由不同文化和气候特征演变发展而来，尽管这个方面还没有被普遍的跨文化研究和管理文献所提到。但是，无论是在日本还是韩国，我们所观察到的管理特征都是嵌入在各自国家的经济体系中的，因此，这些似乎就是民族竞争优势的组成部分（Porter，1990）。

七、比较管理研究和实践的意义

本研究分析有多种局限性。第一，由于所涉及的话题覆盖面太广，大多数成果都是基于二手数据资源，无法应用严密的定量研究方法。第二，许多观察结果是来源于相对有限数量的主要日韩企业。因此，对这些结果的任何普遍化必须谨慎。第三，回顾一些管理领域，从总体说是缺乏经验数据支持的。综上所述，这项研究中的结论应该被看做是实验探索性的，需要在进一步的研究中得到证实。

对日、韩企业的进一步对比研究，有以下几个可以进一步开拓的方向。首先，在深度上，对日韩几个主要公司的案例研究会增进我们对其管理风格异同的理解。其次，对两个国家具体优势产业（如电子、微电子或汽车）的关注研究，会为这个领域的研究做出有益贡献。再次，现有研究主要关注大企业，而对日韩中小型企业的创新管理研究会进一步加深我们对这个领域的了解。最后，如果对比研究不仅包括日本和韩国，而且能囊括其他的主要东亚经济实体比如说中国台湾、中国香港和新加坡，那么我们的视角就会更加宽广，也会找出东亚公司在整体上管理方式的共同之处，使其与西方竞争对手有所区别。

从管理角度来看，这项研究对日本、韩国和一些其他亚太公司是有借鉴意义的。一方面，日本企业管理者应考虑加快其人力资源管理系统过渡，使其在与创新相关的活动中转向灵活和业绩导向。否则，在未来，日本企业会被来自诸如韩国等国家的动态竞争者甩在背后。另一方面，鉴于日本企业已经积累起了很强的内部科技能力，在某些情况下，它们的管理运作应该重新考虑其战略行为。战略保守主义虽然乍看上去是一种安全的做法，但是如果公司坚持这种行为不变，也会被其他来自动态产业的竞争者逐渐边缘化，结果可能会错失未来发展的良机。这类案例在 Okada 此次收集的材料中可以看到，比如半导体工业，在过去的15年中，日本公司的国际市场份额不断地被美国和韩国公司所抢占。

从韩国公司的观点看，我们分析的结果也表明虽然采用激进的科技策略可能是一种有前途的方法，但它不会无条件地提高公司的竞争能力。当市场、技术体制和一个公司的内部能力和这些策略相矛盾的时候，这些策略注定要失败。因此，韩国公司的经理在决定进入新的不熟悉的技术领域之前，应该考虑这些内部和外部因素。

最后，不论是作为日、韩企业竞争者还是战略联盟合作伙伴，来自其他国家，尤其是西方国家公司的管理人员，都应该意识到日、韩企业的异同之处。日、韩企业在采用各种研发管理措施方面都是非常先进和有效率的。然而，在战略行为和技术获取上两者有很大不同。因此，它们的创新管理绝不应该被认为从整体上是基本相同的。

〔参考文献〕

［1］Aoki，M.Information，Incentives，and Bargaining in The Japanese Economy，Cambridge：Cambridge University Press，1988.

［2］Bae，J. & Rowley，C. Changes and Continuities in South Korean HRM［J］. Asia Pacific Business Review，2003，9（4）：76-105.

［3］Bae，J. & Yu，G.-C. HRM Configurations in Korean Venture Firms：Resource Availability，Institutional Force and Strategic Choice Perspectives［J］. International Journal of Human Resource Management，2005，16(9)：1759-1782.

［4］Benson，J. & Debroux，P. Flexible Labour Markets And Individualized Employment：The Beginnings of A New Japanese HRM System. Asia Pacific Business Review，2003，9（4）：55-75.

［5］Burgelman，R. A.，Christensen，C. M. & Wheelwright，S. C. Strategic Management of Technology and Innovation，4th ed.（Boston，MA：McGraw-Hill），2004.

［6］Cha，J.-H. Aspects of Individualism And Collectivism in Korea，In：U. Kim，H. C. Triandis，C，Kagitcibasi，S.-C. Choi & G. Yoon（Eds.）. Individualism And Collectivism：Theory，Methods，and Applications，1994：157-174，Thousand Oaks：Sage.

［7］Chang，S.-J. Financial Crisis and Transformation of Korean Business Groups，The Rise and Fall of Chaebols，Cambridge：Cambridge University Press，2003.

［8］Chen，M. Asian Management Systems：Chinese，Japanese and Korean Styles of Business，2nd ed.，London：Thomson，2004.

［9］Cho，D.-S.，Kim，D.-J. & Rhee，D. K. Latecomer Strategies：Evidence from The Semiconductor Industry in Japan And Korea. Organization Science，1998，9（4）：489-505.

［10］Cho，H.，Chun，H. & Lim，S. Dijital Chungbokcha Samsung Chuncha，Digital Conquerer Samsung Electronics，Seoul：Maeil Kyungjae Sinmunsa，2005.

［11］Chung，K. H.，Lee，H. C. & Jung，K. H. Korean Management：Global Strategy and Cultural Transformation，Berlin：de Gruyter，1997.

[12] Clark, K. B. & Fujimoto, T. Product Development Performance: Strategy, Organization, and Management in the World Auto Industry, Boston, MA: Harvard Business School Press, 1991.

[13] Collison, S. & Wilson, D. C. Inertia in Japanese Organizations: Knowledge Management Routines and Failure to Innovate. Organization Studies, 2006, 27 (9): 1359-1387.

[14] Eom, M., Choi, C. & Lee, C. 2005-nyeondo hanguk oi gisul hyeoksin chosa: checho-ob bumun (2005 Korean Innovation Survey: The Manufacturing Sector), Chosa Yongu 2005-05 (Survey Research No. 5, 2005) (Seoul: STEPI), 2005.

[15] Francks, P. Japanese Economic Development: Theory and Practice, London: Routledge, 1992.

[16] Fujimoto, T. Noryoku Kochiku Kyoso Competition Based on Construction of Capabilities, Tokyo: Chuo Koron Shinsha, 2003.

[17] Gerybadze, A. & Reger, G. Globalization of R&D: Recent Changes in The Management of Innovation in Transnational Corporations [J]. Research Policy, 1999, 28 (2/3): 251-274.

[18] Goto, A. & Nagata, A. Inobeshon No Sen'yu Kanosei to Gijutsu Kikai: Sabei Deta Ni Yoru Nichi-bei Hikaku Kenkyu (Technological Opportunities and Appropriating the Returns from Innovation: Comparison of Survey Results from Japan and the U.S.), NISTEP Report No. 48, Tokyo: Kagaku Gijutsu Seisaku Kenkyusho, 1997.

[19] Hagedoorn, J. Inter-firm R&D Partnerships: An Overview of Major Trends And Patterns Since 1960, Research Policy, 2002, 31 (4): 477-492.

[20] Hamel, G. & Pralahad, C. K. Strategic intent[J]. Harvard Business Review, 1989, 67 (3): 63-76.

[21] Hara, T. Innovation Management of Japanese Pharmaceutical Companies: The Case of An Antibiotic Developed by Takeda[J]. International Journal of Technology Management, 2005, 30 (3/4): 351-364.

[22] Hicks, D. M., Isard, P. A. & Martin, B. R. A Morphology of Japanese And European Corporate Research Networks [J]. Research Policy, 1996, 25 (3): 359-378.

[23] Hobday, M., Rush, H. & Bessant, J. Approaching The Innovation Frontier in Korea: The Transition Phase to Leadership [J]. Research Policy, 2004, 33 (10): 1433-1457.

[24] Hofstede, G. Culture's Consequences, 2nd ed., Newbury Park, NJ: Sage, 2001.

[25] House, R. J., Hanges, P. J., Javidan, M., Dorfman, P. W. & Gupta, V. Culture, Leadership, and Organizations: The GLOBE Study of 62 Societies, Thousand Oaks, CA: Sage, 2004.

[26] IBRD (International Bank for Reconstruction and Development). World Development Indicators, Washington, DC: The World Bank, 2006.

[27] Jeong, J. Gisul Doibi Giob Gachie Michinun Yeonghyang (The Effect of Technology Introduction on the Firm Value), Gisul Hyeoksin Yongu, 2004: 12 (1): 49-65.

[28] Kim, L. Imitation to Innovation: The Dynamics of Korea's Technological Learning, Boston, MA: Harvard Business School Press, 1997.

[29] Kim, L. Crisis Construction and Organizational Learning: Capability Building in Catching-up at Hyundai Motor [J]. Organization Science, 1998, 9 (4): 506-521.

[30] Kosei Rodosho. Heisei 17-nen Shuro Joken Sogo Chosa (Overall Investigation of Employment Conditions 2005) (Tokyo: Kosei Rodosho), 2005.

[31] KSKKK (Kikai Shinko Kyokai Keizei Kenkyujo). Minkan Kigyo No KenkyU Kaihatsu Katsudo Ni Kan Suru Kiso Chosa (Basic Investigation of the R&D Activities of Private Enterprises) (Tokyo: Kikai Shinko Kyokai Keizei Kenkyujo), 1994.

[32] Kuemmerle, W. Building Effective R&D Capabilities Abroad[J]. Harvard Business Review, 1997, 75 (2): 61-70.

[33] Kurokawa, S., Pelc, K. I. & Fujisue, K. Strategic Management of Technology in Japanese Firms:

Literature Review [J]. International Journal of Technology Management, 2005, 30 (3/4): 223–247.

[34] Lee, J.W., Lee, J. O.&Kim, K. K. R & Dgurobolwha: Hyeonghwang Gwa Suchun Jukcheong Ul Uihan Chipyo Kebal (Development of R&D Globalization Indicators) Cheongjek Yongu 2005 –09 (Policy Research No. 9, 2005) (Seoul: STEPI), 2005.

[35] Lee, K. & Lim, C. Technological Regimes, Catching–up And Leapfrogging: Findings from The Korean Industries [J]. Research Policy, 2001, 30 (3): 459–483.

[36] Lee, K., Lim, C. & Song, W. Emerging Digital Technology As A Window of Opportunity And Technological Leapfrogging: Catch–up in Digital TV by the Korean Firms [J]. International Journal of Technology Management, 2005, 29 (1/2): 40–63.

[37] Lim, C. The Difficult Catch Up in The Numerical Controller Sector, In: M. Hemmert (ed.) Emerging Economies in Asia and Europe: New Challenges for Competition and Collaboration, Proceedings of the 23rd Annual Conference of the Euro–Asia Management Studies Association, 2006: 137–156 (Seoul: Korea University Business School).

[38] MoST (Ministry of Science and Technology, Republic of Korea). Report on the Survey of Research and Development in Science and Technology, 2005 Edition (Seoul: MoST).

[39] MPM (Statistics Bureau, Ministry of Public Management, Home Affairs, Posts and Telecommunications Japan) [J]. Report on the Survey of Research and Development 2005 (Tokyo: Japan Statistical Association), 2006.

[40] Nakata, C., Im, S., Park, H. & Ha, Y.–W. Antecedents And Consequence of Korean And Japanese New Product Advantage [J]. Journal of Business Research, 2006, 59 (1): 28–36.

[41] Nobeoka, K. Maruchi Purojekuto Senryaku: Jido Sha No Seihin Kaihatsu Ni Okeru Purattofo Mu Manejimento (Multi project strategy: multi platform management in the automobile industry), in: H. Itami, T. Fujimoto, T. Okazaki, H. Itoh & T. Numagami (eds.) Ridingusu nihon no kigyo shisutemu, dai 2–ki, dai 3–maki:Senryakyu to inobeshon (Readings on the Japanese Firm as a System, Ⅱ, Vol. 3: Strategy and Innovation), 2006: 127–151 (Tokyo: Yuhikaku).

[42] Nodongbu. Yeonbongjae, Seonggwa Bebunjae Siltae Chosa Gyolgwa 2005 –12 (Survey Results Regarding Annual Compensation Systems and Profit Sharing Systems, December 2005) (Seoul: Nodongbu), 2005.

[43] Nonaka, I. & Takeuchi, H. The Knowledge–Creating Company (New York: Oxford University Press), 1995.

[44] Numagami, T. Ekisho Disupurei No Gijutsu Kakushinshi (History of Liquid Crystal Display Technology) (Tokyo: Hakuto Shobo), 1999.

[45] OECD (Organization for Economic Cooperation and Development). Main Science and Technology Indicators, Vol.2 (Paris: OECD), 2006.

[46] Okimoto, D. I. & Nishi, Y. R&D Organization in Japanese And American Semiconductor Firms, in: M. Aoki& R. Dore (Eds.) The Japanese Firm: Sources of Competitive Strength, 1994: 178–208 (Oxford: Oxford University Press).

[47] Park, W.–S. & Yu, G.–C. HRM in Korea: Transformation And New Patterns, in: Z. Rhee & E. Chang (Eds.) Korean Business and Management: The Reality and Vision, 2002: 367–391 (Elizabeth, NJ: Hollym).

[48] Pisano, G. P. The R&D Boundaries of The Firm: An Empirical Analysis, Administrative Science Quarterly, 1990, 35 (1): 153–176.

[49] Porter, M. The Competitive Advantage of Nations (New York: Free Press), 1990.

[50] Porter, M., Takeuchi, H. & Sakakibara, M. Can Japan Compete? (Houndmills: Macmillan), 2000.

[51] Roberts, E. B. & Berry, C. A. Entering New Businesses: Selecting Strategies for Success, Sloan Management Review, 1985, 26 (3): 3-17.

[52] Sakakibara, K. Inobe-shon no shU-ekika: Gijutsu Keiei No Kadai to Bunseki (Profiting from Technological Innovations: Challenges and Analysis of Technology Management) (Tokyo: Yu-hikaku), 2005.

[53] Samsung Electronics. Jae 36-ki saob bogoso. Business Report for the 36th Year of Operations (Suwon: Samsung Electronics Corp), 2005.

[54] Shin, J.-S. & Jang, S.-W. Creating First-mover Advantages: The Case of Samsung Electronics, SCAPE Working Paper No. 2005/13 [J]. Department of Economics, National University of Singapore, 2005.

[55] Shindo, T. Hando-tai Sangyo-no Paradaimu Shifuto to Inobeshon no Teitai Senryaku Shiko no Shien Kara Mita NEC no Konmei no Honjitsu (The Paradigm Shift in the Semiconductor Industry and The Stagnation of Innovations-viewing The Core of NEC's Troubles From a Strategy Perspective), IIRWorking Paper #06-06, Institute of Innovation Research, Hitotsubashi University, Tokyo, 2006.

[56] Sung, T.-K. Giob Oi Gisul Hyeoksinseong Gwa Gyeolcheong Yoin: Giob Gyumo Wha oebu Netuwuoku Oi Yeoghal Ul Chungsim Uro (Determinants of A Firm's Innovative Output: The Role of External Networks and Firm Size), Daehan Gyeongyeong Hakwaechi, 2005, 18 (4): 1767-1788.

[57] Tapon, F. & Thong, M. Research Collaborations by Multi-national Research Oriented Pharmaceutical Firms: 1988-1997, R&D Management, 1999, 29 (3): 219-231.

[58] Tidd, J., Bessant, J. & Pavitt, K. Managing Innovation: Integrating Technological, Market and Organizational Change, 3rd ed. (Chichester: John Wiley), 2005.

[59] Triandis, H. C. Individualism And Collectivism (Boulder, Co: Westview Press), 1995.

[60] US Department of Commerce. Japan As A Scientific And Technological Superpower (Washington, DC: US Government Printing Office), 1990.

[61] Wakasugi, R. Organizational Structure And Behavior in Research And Development, In: K. Imai & R. Komiya (eds.) Business Enterprise in Japan: Views of Leading Japanese Economists, 1994: 159-177 (Cambridge, MA: MIT Press).

[62] Westney, D. E. The Evolution of Japan's Industrial Research And Development, In: M. Aoki & R. Dore (eds.) The Japanese Firm: Sources of Competitive Strength, 1994: 154-177 (Oxford: Oxford University Press).

[63] Yamaguchi, S. Collectivism among the Japanese: A Perspective from The Self, In: U. Kim, H. C. Triandis, C., Kagitcibas, i, S.-C. Choi & G. Yoon (eds.) Individualism and Collectivism: Theory, Methods, and Applications, 1994: 175-188 (Thousand Oaks, CA: Sage).

[64] Yasumoto, M. & Fujimoto, T. Does Cross-functional Integration Lead to Adaptive Capabilities? Lessons from 188 Japanese Product Development Projects [J]. International Journal of Technology Management, 2005, 30 (3/4): 265-298.

(高丽大学商学院　马丁·赫马特)

(本文由辽宁大学外语学院讲师、澳大利亚昆士兰大学商学院国际商务专业和市场营销专业硕士、辽宁大学工商管理学院企业管理专业博士杜鹃翻译)

中、日、韩企业社会责任发展的比较研究

——基于三国全球契约成员企业的问卷调查分析

当前，企业社会责任正以蓬勃发展之势成为一股世界性的潮流，无论是西方发达国家，还是处于经济社会转型中的新兴国家，抑或是经济欠发达国家，企业履行社会责任都成为政府、非政府组织、社会公众关注的焦点。特别是随着企业在全球经济社会中的地位越来越重要，企业承担社会责任日益成为社会各界的共同期盼。然而，由于不同国家在发展历史、文化体系、主流价值观、经济社会发展阶段以及生产生活方式上都存在着很大差别，因此不同国家对于企业履行社会责任的要求和期望也不尽相同，由此也造成各国企业社会责任发展的历程和现实表现呈现出明显的差异性。这一点对于同属东亚国家的中国、日本、韩国也不例外。事实上，一些学者的研究表明，虽然中国、日本、韩国三国企业社会责任的发展存在某些共同特征，但更多地表现出显著的差异性。本文以联合国全球契约在中、日、韩三国的地方网络联合开展的针对三国企业社会责任发展状况的问卷调查为基础，对比分析了中、日、韩三国企业社会责任发展所存在的异同之处，为三国在协同推进企业社会责任发展方面的合作提供了借鉴。

一、中、日、韩企业社会责任联合调查的背景与基本设计

联合国全球契约计划（United Nation Global Compact）是联合国前秘书长安南在1999年1月的达沃斯世界经济论坛上提出的，并于2000年7月在联合国总部正式启动。联合国全球契约计划是一个自愿性的企业社会责任倡议，目前已有130多个国家的8000多家企业和机构加入这一计划，这使联合国全球契约成为世界上最大的企业社会责任倡议组织。联合国全球契约在全球80多个国家设立了130多个地方网络，以促进全球契约计划在所在国的实施和推进。为了共同推进中、日、韩三国企业社会责任的发展和交流，三国地方网络创建了圆桌会议机制，并于2010年4月针对三国的全球契约成员企业开展了联合问卷调查。

此次调查采用统一的问卷，并由联合国全球契约在三国的地方网络分别负责本国的问卷发放和回收。在此次问卷调查中，共向中国企业发放问卷143份，回收有效问卷59份，占41.3%；共向日本企业发放问卷99份，回收有效问卷53份，占53.5%；共向韩国企业发放问卷94份，回收有效问卷39份，占41.5%。由表1可以看出，中国被调查样本中大部分是员工人数大于5000的大型企业，而韩国被调查样本中则大部分是员工人数小于5000的中小

[基金项目] 国家科技支撑计划课题“企业社会责任综合评价研究”（2006BAK04A24-6-3）。

型企业，日本被调查样本的分布较为平均，大型企业和中小型企业比重相当。由表 2 可以看出，无论中国、日本还是韩国，被调查样本中最多的是制造业企业。

表 1 调查样本的员工规模分布

员工人数	中国（%）	日本（%）	韩国（%）	三国合计（%）
10~249 人	3.9	32.2	17.9	18.8
250~4999 人	23.5	23.7	56.4	32.2
5000~50000 人	58.8	16.9	20.5	32.2
50000 人以上	13.7	27.1	5.1	16.8

表 2 调查样本的行业分布

行业	中国（%）	日本（%）	韩国（%）	三国合计（%）
汽车及配件	0.0	6.7	2.6	3.5
银行	1.7	1.3	7.9	2.9
原材料业	5.2	5.3	2.6	4.7
化工	13.8	0.0	5.3	5.8
建筑与材料业	1.7	4.0	5.3	3.5
金融服务	3.4	4.0	2.6	3.5
食品和饮料	5.2	4.0	0.0	3.5
卫生保健	5.2	1.3	5.3	3.5
工业产品和服务	31.0	36.0	13.2	29.2
保险	1.7	0.0	0.0	0.6
传媒	1.7	0.0	2.6	1.2
石油和天然气	5.2	4.0	0.0	3.5
个人和家庭用品	0.0	0.0	7.9	1.8
房地产	0.0	4.0	0.0	1.8
零售	8.6	0.0	7.9	4.7
科技	3.4	4.0	0.0	2.9
电信	0.0	4.0	2.6	2.3
旅游和休闲	0.0	1.3	2.6	1.2
基础设施	1.7	6.7	5.3	4.7
其他	10.3	13.3	26.3	15.2

二、中、日、韩企业社会责任发展环境的比较

企业社会责任的推进和发展通常有三种机制，即政府引导机制、社会监督机制和企业自律机制，不同国家由于在公民社会发育程度、经济社会发展体制以及企业成长阶段等方面存在差异而使得对三种机制的倾向性存在不同。而且，不同机制的形成很大程度上导致了不同国家企业社会责任发展环境的差异性。

从调查结果来看，当问及“在把企业社会责任战略落到实处时公司遇到的最大障碍是什

么”时，日本没有企业认为是“缺乏政府支持”，而中国和韩国企业对此的选择比率分别达到 18.6%和 12.8%。与此同时，当问及“企业在何种程度上得到了政府的支持或帮助”时，75.5%的日本企业表示没有获得过政府的支持或帮助，中国和韩国的这一比例分别为 35.6%和 53.8%。这一结果表明，中、日、韩三国对于政府在推进企业社会责任发展中的作用不尽相同，其中日本企业社会责任发展受到政府的影响最小，中国和韩国所受影响最大，这与日本的企业社会责任发展起步较早、经济发展的市场化程度更高密切相关。

进一步来看，只有 5.7%的日本企业认为“缺乏公众认知”是企业将社会责任战略落到实处的最大障碍，而中国和韩国企业选择这一答案的比例分别为 15.3%和 17.9%，明显高于日本企业。而从公众监督作用的另一个问题来看，中国、日本、韩国企业对于获得社会责任方面奖项的激励作用大部分持肯定态度，三国分别有 66.0%、64.4%、61.5%的企业认为获奖能够鼓励公司的社会责任政策和策略。这两项结果表明，社会公众监督对于中、日、韩三国的企业社会责任推进和发展起到了一定的作用，特别是社会舆论（获奖）对于中、日、韩企业履行社会责任具有正向的激励作用。比较来看，日本公众对于企业社会责任的认知和意识要高于中国和韩国，而中国企业社会责任的发展受到社会舆论（获奖）的影响更大，这与日本企业社会责任的起步相对较早、公民社会更为成熟密切相关。

综合以上的调查和分析结果，我们可以认为：日本企业社会责任发展环境的营造和推进机制主体是“企业自律”和“社会监督”，而“政府引导”对于中国和韩国企业社会责任的发展作用更为显著。

三、中、日、韩企业社会责任管理的比较

企业社会责任管理是指确保企业履行相应的社会责任，实现良性发展的相关制度安排、组织建设和管理活动，包括社会责任目标的确定、社会责任战略的编制、社会责任政策的制定、社会责任组织机构的建设等。不同国家和地区由于企业社会责任发展的驱动力量、所处阶段和企业管理模式上的差异，往往导致其企业社会责任管理模式也有所不同，比如欧美企业社会责任管理模式与亚洲企业社会责任管理模式就存在显著差异。下面从企业社会责任目标、社会责任战略、社会责任政策、社会责任组织机构建设以及企业社会责任认证等几个方面对中、日、韩三国的企业社会责任管理进行比较分析。

从企业社会责任目标来看，中国有九成以上的被调查企业设立过与联合国全球契约原则相关的目标，处于绝对领先的位置，韩国居于其次，其比例为 64.1%，日本处于最末，其比例为 34.0%。这一结果表明，中国企业对于联合国全球契约所倡议的十项原则更为重视，设定社会责任目标时紧扣十项原则的相关条款，可能与中国企业社会责任发展处于起步阶段、更加注重依照国际标准规范开展相应的管理活动密切相关。被调查的日本企业只有三成多设立过与联合国全球契约原则相关的目标，这并不能说明日本企业不注重社会责任目标的制定。相反，根据对日本企业社会责任发展特点的分析可以知道，日本企业在制定社会责任目标时更多的是以企业社会责任理念为基础，并将其与自身业务运营结合起来，而不是单纯依照某一社会责任国际标准规范，这也反映出日本企业社会责任发展较中国和韩国企业社会责任的发展更为成熟。

从企业社会责任战略来看，中国、日本、韩国企业对于将社会责任战略落到实处时所遇

到的最大障碍既有共同之处，也略有差异（如表3所示）。其中，中国、日本、韩国企业几乎都认为“把企业社会责任认识提高到整个公司水平的困难性”是将社会责任战略落到实处时所遇到的最大障碍，相应的比例分别为35.6%、73.6%、35.9%，这表明企业要实现全员履行社会责任具有很大的挑战性。从排位第二的要素选择来看，中国企业认为“缺乏公司的资金支持”和“缺乏人力资源”的比重都达到30.5%，日本和韩国企业认为“缺乏对企业社会责任重要性的理解”是最大障碍的比重分别达到20.8%和41.0%，这表明理念认识和资源投入也是企业实施社会责任战略的重要因素。

表3 中、日、韩企业对于将社会责任战略落到实处所遇到的最大障碍的认识

选　项	中国（%）	日本（%）	韩国（%）	三国合计（%）
缺乏公司的资金支持	30.5	7.5	23.1	20.5
缺乏对企业社会责任重要性的理解	10.2	20.8	41.0	21.9
把企业社会责任认识提高到整个公司水平的困难性	35.6	73.6	35.9	49.0
缺乏高管的强调和重视	6.8	5.7	12.8	7.9
缺乏公众认知	15.3	5.7	17.9	12.6
缺乏政府支持	18.6	0.0	12.8	10.6
缺乏人力资源	30.5	9.4	25.6	21.9
缺乏实践企业社会责任理念的方法	22.0	5.7	33.3	19.2
其他	1.7	3.8	0.0	2.0

从企业社会责任政策来看，日本有高达90.6%的被调查企业制定了明确的社会责任政策，远远高于中国和韩国的69.5%和71.8%，这表明日本企业较中国和韩国企业更加注重社会责任制度保障体系的建设，这也是日本企业社会责任发展较中国和韩国更为成熟的重要表现之一。通过更加深入的考察，日本企业制定社会责任具体政策的时间集中在2003~2005年，这三年制定社会责任政策的企业比重分别为18.8%、25.0%和16.7%；中国企业制定社会责任具体政策的时间集中在2007~2008年，这两年制定社会责任政策的企业比重分别为19.5%和26.8%；韩国企业制定社会责任具体政策的时间集中在2008~2009年，这两年制定社会责任政策的企业比重分别为25.0%和14.3%。这一结果与三个国家的企业社会责任发展进程具有一致性，即日本企业社会责任的发展领先中国和韩国3~4年。

从企业社会责任组织机构建设来看，日本被调查企业设立专门的社会责任部门比例最高，达到了92.5%，而中国和韩国设立专门社会责任部门的企业比例只有52.5%和51.3%，这与企业社会责任政策的调查结果相一致，表明日本企业十分注重社会责任的组织保障体系建设，而中国和韩国企业对于社会责任的组织机构建设则相对落后。进一步来看，与企业社会责任政策的调查结果相类似，日本企业设立专门社会责任部门的高峰期是2004~2005年，这两年设立专门社会责任部门的企业比例分别为20.4%和16.3%；中国企业设立专门社会责任部门的高峰期是2007~2008年，这两年设立专门社会责任部门的企业比例分别为22.6%和41.9%；韩国企业设立专门社会责任部门的高峰期是2008年，这一年设立专门社会责任部门的企业比例为35.0%。这一结果也表明，企业社会责任的组织机构建设与一个国家的企业社会责任发展阶段是紧密相关的。

表 4 中、日、韩企业制定社会责任政策与设立社会责任部门的时间比较

时 间	企业社会责任政策制定			企业社会责任部门设立		
	中国（%）	日本（%）	韩国（%）	中国（%）	日本（%）	韩国（%）
2003 年以前	9.8	12.5	17.9	3.2	8.2	15.0
2003 年	7.3	18.8	7.1	0.0	10.2	0.0
2004 年	12.2	25.0	10.7	6.5	20.4	5.0
2005 年	7.3	16.7	3.6	3.2	16.3	20.0
2006 年	4.9	8.3	10.7	3.2	6.1	10.0
2007 年	19.5	6.3	10.7	22.6	14.3	5.0
2008 年	26.8	2.1	25.0	41.9	14.3	35.0
2009 年	12.2	6.3	14.3	19.4	0.0	10.0
2010 年	0.0	4.2	0.0	0.0	10.2	0.0

从企业社会责任认证来看，日本被调查企业有 94.3%实施过 ISO14001 认证，而中国和韩国企业的这一比例分别为 50.8%和 30.8%，这表明日本企业较中国和韩国企业更重视环境管理，可以说，履行环境保护责任是日本企业社会责任的核心内容。对产生于欧美的企业社会责任标准 SA8000，中国、日本和韩国企业实施认证的比例都很低，被调查企业中只有日本 2 家和中国 1 家企业实施过认证，这一方面说明以劳工问题为核心的 SA8000 并没有在亚洲国家流行，另一方面也与本次中国调查样本主要是大企业有关，因为中国开展 SA8000 认证的主体是处于跨国公司供应链上的中小企业。而对于即将正式发布的社会责任国际标准 ISO26000，日本企业对引进 ISO26000“感兴趣”或“非常感兴趣”的比例最高，达到 81.1%；韩国企业居其次，比例为 66.7%；中国企业最低，比例为 49.2%。这一结果一方面可能是因为有更多的日本企业了解 ISO26000，另一方面也体现出日本企业对参与国际标准的重视以及将先进国际标准运用于管理实践的重视。

四、中、日、韩企业利益相关方沟通的比较

利益相关方是指那些能影响企业目标的实现或被企业目标的实现所影响的个人或群体（Freeman，1984）。利益相关方既是企业履行社会责任的主要对象，也是企业社会责任绩效的重要评价者。有效回应和满足利益相关方的合理期望与要求是企业履行社会责任的核心，而达成这一目标的重要方式则是利益相关方的沟通和参与。然而，不同国家和地区由于制度文化的差异性，导致对利益相关方的识别、重要性认识、沟通方式、沟通渠道和管理策略都有所不同。

从对利益相关方识别来看，日本企业认为最重要的三类利益相关方分别是客户（79.2%）、员工（71.7%）和股东（47.2%），中国企业认为最重要的三类利益相关方分别是员工（84.7%）、客户（78.0%）和政府（47.5%），而韩国企业则将客户（71.8%）、政府（53.8%）和当地社区（48.7%）作为最重要的三类利益相关方。这一结果表明，三个国家的企业都把客户作为自己最重要的利益相关方之一，这突出显示了三个国家企业都把发挥核心

社会功能（提供产品和服务）作为自己最重要的社会责任。当然，这与三个国家的大多数企业都处于一个高度竞争的经营环境密切相关，因为客户决定了企业的生存和发展。进一步来看，日本和中国企业都把员工作为最重要的利益相关方之一，表明两国企业对人力资本的重视，这也是日本独特人力资源管理体系和中国倡导以人为本的管理思想影响的结果。与此同时，中国和韩国都把政府作为最重要的利益相关方之一，这与前述的调查结果相一致，表明政府对于中国和韩国企业社会责任发展的影响相对更大。

从与利益相关方沟通的目的来看，中国、日本和韩国企业几乎都把“了解利益相关方的期望”和“把利益相关方的期望融入到战略中去”作为开展利益相关方沟通最重要的两个目的。这表明识别并从战略上回应和满足利益相关方期望是三国企业实施利益相关方沟通的通行目的，也说明开展利益相关方沟通和参与是企业履行社会责任的重要方式。

表5 中、日、韩企业对开展利益相关方沟通目的的认知

选　项	中国（%）	日本（%）	韩国（%）	三国合计（%）
了解利益相关方的期望	89.8	79.2	69.2	80.8
评价利益相关方的期望	11.9	9.4	7.7	9.9
把利益相关方的期望融入到战略中去	83.1	75.5	82.1	80.1
报告战略实现情况	8.5	24.5	33.3	20.5
针对业绩表现采取相应的行动	22.0	34.0	7.7	22.5
尊重利益相关方意见，对社会需求做出回应	55.9	13.2	15.4	30.5
其他	5.1	35.8	46.2	26.5

从利益相关方沟通方式与渠道来看，“可持续发展报告”、“公报/通信”是中国、日本和韩国企业开展利益相关方沟通的最主要的两种形式，尤其是“可持续发展报告”，三国企业选择此项的比例分别达到67.8%、84.9%和61.5%，这表明编制和发布可持续发展报告或企业社会责任报告已成为三国企业实施利益相关方沟通的重要方式，更进一步来说，由企业发布信息的单向沟通仍然是三国企业开展利益相关方沟通的主流形式。这也可以从企业对利益相关方期望了解的渠道调查结果予以证实。在该项调查中，中国企业采取“组织研讨会和专题讨论会”、“对话”等互动方式的比例分别为28.8%和40.7%，日本和韩国企业采取这两种互

表6 中、日、韩企业开展利益相关方沟通的主要方式

选　项	中国（%）	日本（%）	韩国（%）	三国合计（%）
季度或者年度会议	37.3	22.6	23.1	28.5
电话会议/视频会议	11.9	1.9	17.9	9.9
可持续发展报告	67.8	84.9	61.5	72.2
公报/通信	42.4	41.5	41.0	41.1
全球契约本地网络中心的活动	28.8	39.6	28.2	33.1
其他	11.9	18.9	2.6	11.9

动方式的比例分别为 22.6%、43.4%和 5.1%、23.1%。可见，中国、日本、韩国（尤其是韩国）企业在利益相关方沟通方式和渠道上都有待进一步升级，特别是要实现由以单向沟通为主向以互动沟通为主的转变。唯有如此，三国企业与利益相关方沟通的效果才可能明显提升，利益相关方管理绩效才可能得到进一步改善。

五、中、日、韩企业社会责任报告的比较

企业社会责任报告是企业就其经济活动对社会特定利益群体及整体产生的经济、社会和环境影响进行沟通的过程，是企业履行社会责任的综合反映（殷格非、李伟阳，2008）。随着企业社会责任发展在全球的日益深入，全球的企业社会责任报告数量急剧增长，编制和发布社会责任报告已经成为企业社会责任管理和利益相关方沟通的一项重要内容。但正如毕马威所揭示的，不同国家和地区在企业社会责任报告的名称采用、披露重点、风格设计、发布形式、报告使用等众多方面都是存在一些差异的。中国、日本和韩国企业由于在社会责任管理和实践上存在某些差异性，因此导致三国企业在社会责任报告的编制、发布和使用上也有所不同。

从发布社会责任报告的企业数量来看，日本有 83.0%的被调查企业发布了社会责任报告，中国有 78.0%的被调查企业发布了社会责任报告，而韩国只有 48.7%的被调查企业发布了社会责任报告。这一结果表明，中国和日本企业较韩国企业更加重视社会责任报告发布，这可能是由于中国政府（如国资委）或监管机构（如上交所）对所管理的企业明确提出了发布社会责任报告的强制性要求，以及日本企业社会责任起步相对较早，发布社会责任报告已经成为日本企业开展社会责任管理实践的一个组成部分。需要说明的是，无论是中国、日本还是韩国，发布社会责任报告的企业比重会远远低于这一调查比例，这是因为调查样本全部是联合国全球契约成员，而联合国全球契约要求其成员企业在加入后的两年内必须发布和提交社会责任报告（或全球契约年度进展报告）。

从企业社会责任报告编制来看，日本有 83.0%的被调查企业在编制社会责任报告中遵循了全球可持续发展报告倡议组织（GRI）的《可持续发展报告指南》，中国和韩国被调查企业的这一比例分别是 57.6%和 56.4%，远远低于日本。由于《可持续发展报告指南》实际上是为企业编制社会责任报告提供了一个标准规范，因此这一结果可能表明日本企业在编制社会责任报告时较中国和韩国企业更加标准化和规范化。需要强调的是，东亚三国被调查企业遵循《可持续发展报告指南》的比重达到 66.2%，远远高于企业社会责任发展更加成熟的欧美国家。这反映出欧美企业在编制社会责任报告时更加强调企业自身特色，而东亚国家则较为注重报告符合规范的要求。

从企业社会责任报告使用来看，中国企业使用社会责任报告的目的排名前两位的分别是“作为介绍企业社会责任的工具”（61.0%）和“作为展示公司在环境、社会和治理方面向投资者做出承诺的一种方法”（52.5%）；日本企业使用社会责任报告的目的排名前两位的分别是“作为介绍企业社会责任的工具”（67.9%）和“作为获得关于企业社会责任活动或者报告反馈的一个途径”（43.4%）；韩国企业使用社会责任报告的目的排名前两位的分别是“作为介绍企业社会责任的工具”（59.0%）和“作为提升品牌价值的工具”（51.3%）。这一结果表明，企业社会责任报告具有“宣介”、“反馈”、“承诺”和“品牌”四项功能，其中“宣介”企

业的社会责任表现是三国企业使用社会责任报告的共同目的。此外，中国企业比较强调社会责任报告的承诺功能，日本企业比较重视社会责任报告的反馈功能，而韩国企业则比较注重社会责任报告对品牌提升的作用。

表7 中、日、韩企业对社会责任报告利用目的的比较

选 项	中国（%）	日本（%）	韩国（%）	三国合计（%）
作为介绍企业社会责任的工具	61.0	67.9	59.0	62.9
作为提升品牌价值的工具	47.5	37.7	51.3	45.0
作为获得关于企业社会责任活动或者报告反馈的一个途径	39.0	43.4	33.3	39.1
作为展示公司在环境、社会和治理方面向投资者做出承诺的一种方法	52.5	39.6	12.8	37.7
没有使用社会责任报告作为交流工具	10.2	3.8	5.1	6.6
其他	0.0	17.0	2.6	6.6

六、中、日、韩企业社会责任与企业发展关系的比较

企业社会责任对于企业来说到底是“收益”还是“负担”一直是理论界和企业界争论不休的问题，也是关系到企业实施社会责任可持续性的重要问题。已有的研究呈现多样化的结论，包括企业社会责任会给企业带来长期“收益”、企业社会责任会削弱企业竞争力、企业社会责任与企业业绩之间没有关系等观点。基于此，本次调查专门就企业社会责任对企业带来何种好处进行了了解，以分析中、日、韩三国企业在这一问题上的异同。调查结果显示，中、日、韩三国企业都不约而同地将“提升了企业品牌”和“树立了企业可持续发展的形象”作为实施社会责任最重要的两个好处，但显然日本企业认为实施社会责任给企业带来的改变最小。这一方面可能是由于日本企业社会责任发展相对更为成熟，更大程度上已将社会责任与业务运营紧密结合起来，因此没有将社会责任作为额外的一项工作，故也难以区分和衡量出其影响效果；另一方面也说明中国和韩国企业较日本企业更重视通过实施社会责任来改善和提升企业形象，这与中国和韩国企业在社会责任起步和快速发展阶段较为注重社会责任宣传是相吻合的。进一步分析来看，在“企业社会责任”与“企业财务业绩”之间的关系这一至今分歧颇大的问题上，调查结果显示，中、日、韩企业普遍反映企业社会责任没有对企业财务业绩产生积极影响，这可能与企业理解“财务业绩”的视角有关，即普遍理解为短期的财务业绩。

表 8　中、日、韩企业实施社会责任的影响比较

选　项	中国（%）	日本（%）	韩国（%）	三国合计（%）
提升了企业品牌	62.7	43.4	71.8	58.3
树立了企业可持续发展的形象	74.6	47.2	66.7	62.9
对财务业绩产生了积极影响	22.0	7.5	10.3	13.9
影响企业的文化和准则，使之与联合国全球契约十项原则保持一致	55.9	26.4	41.0	41.7
创造新的商业机会	45.8	9.4	10.3	23.8
没有看到任何积极效果	1.7	18.9	2.6	7.9

七、国际金融危机对中、日、韩企业社会发展影响的比较

国际金融危机的爆发及扩散蔓延不仅对各国宏观经济运行带来了巨大冲击，而且对各国经济微观运行主体即企业的发展和行为表现产生了深刻影响。特别是国际金融危机对各国企业履行社会责任的环境、意愿、能力和内容都带来了不同程度的变化。毫无例外地，国际金融危机也对中国、日本和韩国企业社会责任发展产生了一定的影响。从调查结果来看，尽管中、日、韩三国（尤其是日、韩）经济都受到了国际金融危机的较大影响，但三国企业普遍都认为自己在实施社会责任中“没有特别的变化”或“在组织内部加强了社会责任”，各自的比重分别为 100%、90.4%、86.5%，特别是，中国有将近一半的被调查企业“在组织内部加强了社会责任”。如果进一步分析可以发现，选择“在组织内部加强了社会责任”的企业中，中国企业都“为开展社会责任活动设立了一个部门或者一个分支机构”，日本和韩国也分别有 50.0%和 54.5%的企业做出了这一选择。但同样在这些加强了社会责任的企业中，中国 30.0%的企业增加了社会责任预算，日本没有企业增加社会责任预算，而韩国企业的这一比重为 27.3%。选择“在组织内减少了社会责任活动”的企业中，日本和韩国分别有 71.4%和 45.5%的企业“减少了在所有社会责任活动上的投资”。这些结果表明，中、日、韩大多数企业的社会责任活动都未受到国际金融危机的冲击，但也有少部分日本和韩国企业的社会责任投入受到了国际金融危机的消极影响；而且，似乎中、日、韩多数企业都因为金融危机的发生而增强了风险防范意识，建立了专门部门或机构来负责社会责任活动，为企业履行社会责任和防范社会责任风险强化了组织保障。

八、中、日、韩企业社会责任发展比较分析的总结与启示

中、日、韩作为东亚最重要的三个国家，彼此之间在经济社会发展上的联系与差异一直是学者们所关注的。同样地，中、日、韩三国在企业社会责任发展上的异同也是社会学、管理学和其他众多学科理论研究者颇感兴趣的热点问题。本文基于对联合国全球契约在中、日、韩三国的成员企业的问卷调查，实证分析了三国企业社会责任在若干方面的相同与不同之处，获得了一些探索性的有益结论，具体如表 9 所示。

表 9 中、日、韩企业社会责任发展比较分析的结论

联系与区别	结论或规律
共同点	(1) 理念认识和资源投入是三国企业实施社会责任战略的最重要因素。 (2) 三国企业要实现全员履行社会责任都面临着很大的挑战性。 (3) 企业社会责任的组织机构建设与一个国家的企业社会责任发展阶段紧密相关。 (4) 客户是三国企业最重要的利益相关方，突出反映三国企业都把发挥核心社会功能（提供产品和服务）作为自己最重要的社会责任。 (5) 从战略上回应和满足利益相关方期望是三国企业实施利益相关方沟通的通行目的。 (6) 由企业发布信息的单向沟通是三国企业开展利益相关方沟通的主流形式。 (7) 企业社会责任报告具有"宣介"、"反馈"、"承诺"和"品牌"四项功能，其中"宣介"企业的社会责任表现是三国企业使用社会责任报告的共同目的。 (8) 中、日、韩企业普遍反映企业社会责任没有对企业财务业绩产生积极影响。 (9) 中、日、韩大多数企业的社会责任活动都未受到国际金融危机的冲击，似乎中、日、韩多数企业都因为金融危机的发生而增强了风险防范意识，建立了专门部门或机构来负责社会责任活动。
不同点	(1) 总体来说，日本企业社会责任的发展领先中国和韩国 3~4 年，较中国和韩国企业社会责任的发展更为成熟。 (2) 日本企业社会责任发展环境的营造和推进机制主体是"企业自律"和"社会监督"，而"政府引导"对于中国和韩国企业社会责任的发展作用更为显著。 (3) 日本企业较中国和韩国企业更加注重社会责任制度保障体系和组织保障体系的建设。 (4) 日本企业较中国和韩国企业更重视环境管理。 (5) 日本和中国企业都把员工作为最重要的利益相关方之一，表明两国企业对人力资本的重视。中国和韩国都把政府作为最重要的利益相关方之一，表明政府对于中国和韩国企业社会责任发展的影响相对更大。 (6) 中国和日本企业较韩国企业更加重视社会责任报告发布，日本企业在编制社会责任报告时较中国和韩国企业更加标准化和规范化。 (7) 中国企业比较强调社会责任报告的承诺功能，日本企业比较重视社会责任报告的反馈功能，而韩国企业则比较注重社会责任报告对品牌提升的作用。 (8) 实施社会责任给日本企业带来的改变最小，对中国企业带来的改变最大，对韩国企业带来的改变居中。 (9) 有少部分日本和韩国企业的社会责任投入受到了国际金融危机的消极影响，但被调查的中国企业没有反映出相应的消极影响。

中、日、韩企业社会责任发展的比较分析结论对于我们透视三国企业社会责任的发展规律以及三国开展在企业社会责任方面的合作具有重要的启示意义，具体包括：

（1）企业社会责任发展必须与一个国家的经济社会发展阶段和企业发展阶段紧密结合起来。对于中、日、韩三国来说，企业社会责任概念都属于"舶来品"，三个国家的企业社会责任发展重点都应是在理解"企业社会责任"的国际通行意义基础上，将企业社会责任理念与本国的经济社会发展特点和企业实际有机融合起来，实现将国际通行的企业社会责任概念本土化。

（2）不同国家开展企业社会责任方面的合作必须充分考虑相互之间的共同点和差异性。对于中、日、韩三国来说，它们在企业社会责任发展上具有诸多共同之处和互补性，包括面临着一些共同的挑战，这为三国开展企业社会责任方面的合作打下了良好基础。与此同时，中、日、韩三国企业社会责任的发展也存在着很多差异之处，这要求三国在开展企业社会责任合作时需要充分考虑相互之间的差异性，以确保各国企业社会责任的推进符合自身实际。

（3）领先的企业社会责任管理与实践应是全方位的领先，包括企业社会责任理念与战

略、企业社会责任组织管理、企业社会责任制度保障与资源保障、利益相关方沟通、企业社会责任实践等。对于中、日、韩三国企业来说，其社会责任的未来发展方向应是迈向全面、全员、全过程和全方位的社会责任管理与实践。唯有如此，三国的企业社会责任发展才可能真正迈上一个新的台阶，达到新的层次，也才可能共同打造独具特色的东亚企业社会责任发展模式。

〔参考文献〕

[1] Freeman，R.E. Strategic management：A stakeholder approach [M]. Boston，MA：Pitman，1984.
[2] 殷格非，李伟阳. 如何编制企业社会责任报告 [M]. 北京：企业管理出版社，2008.
[3] 陈英. 企业社会责任理论与实践 [M]. 北京：经济管理出版社，2009.
[4] 李伟阳，肖红军. 全面社会责任管理：新的企业管理模式 [J]. 中国工业经济，2010 (1).

（中国社会科学院工业经济研究所　肖红军；
联合国全球契约中国网络中心　王晓光；
国家电网公司　李伟阳）

中美组织沟通开放性的比较研究*

一、沟通开放性研究的理论发展

沟通的开放性（Openness in Communication），也称沟通开放度（Communication Openness），原指沟通中的上级允许下级自由表达观点和抱怨的程度（Redding，1972），后来泛指组织成员相互之间交谈时的容易程度，以及当人们对别人讲话时被理解的程度（Ayoko，2007）。

在很多理论研究中，沟通开放性被认为与倾听、诚实、坦诚、信任、支持等类似的概念同义（Rogers，1987）。早期研究者认为，沟通开放性包括信息发送与信息接收行为（Redding，1972；Baird，1973；Stull，1974）。Rogers（1987）支持这一观点，并给其理念增加了更多维度，指出"沟通开放性结合了领导、下属和同事之间关于任务的、个人的和创新的话题而进行的信息发送和信息接收行为"。Rogers 的沟通开放性模型并非在实验室环境中测量，而是专为进行中的组织开发的（Rogers，1987）。它由三部分组成：①谁对谁沟通（沟通的方向）；②用何种方式（信息的发送和接收）；③关于什么话题（抱怨、个人意见、建议等）。在 Rogers 的模型中，沟通的方向被操作分为三种关系：上级向下级沟通、平级同事间沟通、下级向上级沟通。在我们的研究中，把这三种关系分别定义为：下行沟通、平行沟通和上行沟通。

下行沟通发生于上级和下属之间，方向是从上级向下属进行的沟通。在下行沟通时，上级们向下属询问建议、遵从意见并倾听抱怨。同样地，上行沟通也发生于一个上级和一个下属之间，但是沟通方向是从下属向上级进行的沟通，下属向上级询问建议、遵从意见，并倾听上级的抱怨。一个开放的沟通关系"在下属和上级之间，双方都作为自愿的并且能接纳的倾听者感知另一方的相互作用，克制可能被感知为提供负相关的或是不正确的反馈"（Stewart et al.，1986）。许多研究强调上级和下属之间进行开放性沟通的重要性在于，自由和开放的沟通环境能建立上下级之间建设性的关系，进而提高工作满意度和整个工作的成功（Kay and Christophel，1995；Koike et al.，1988）。

平级同事间进行的沟通，发生于相同或相近职位或责任等级的员工之间。这种沟通也被称为水平沟通（Koike et al.，1988）。工作中，平级同事间经常询问彼此的意见和建议并倾听对方的抱怨。这类平级沟通经常是非正式的或是偶尔进行的沟通。研究者发现不管交谈的话

---

* 本文系第二届全国比较管理研讨会（2010 年 4 月）论文集优秀论文。

题是什么，人们通常正面评价同事间的沟通，因此同事之间开放的沟通能够提高群体间的激励和合作（Koike et al.，1988）。Myers et al.（1999）细化了同事间的沟通，并把它分成三种类型：①信息同事，一个员工与其同事分享与组织和工作任务相关的信息；②同僚同事，一个员工提供与工作相关的反馈并相互分享对工作和家庭的关心；③特别同事，一个员工参与社会认可、提供情感的支持和个人的反馈，像个朋友一样。他们发现随着亲密度水平提高会促使信息同事向同僚同事，进而向特别同事转变。尽管有些区别，但是在组织中，各种类型的同事都会试图有更多的相互作用，有更高水平的信任，彼此之间能够比同上级沟通更加自由放松地交流信息（Myers et al.，1999）。

开放的沟通与其他的传统经营管理指标，如工作满意度、组织绩效、角色清晰度等指标一样，已经被证实为企业成功的关键因素之一（Rogers，1987）。研究显示，沟通开放性与激励之间存在正向强相关的关系（Ka & Christophel，1995），对员工授权有正向影响（George & Hancer，2003），并且与员工的忠诚度和工作满意度有正向强相关的关系（Trombetta，1988）。沟通的开放性也会促进组织成员间的信息和知识分享（Pascoe & More，2008），并且在很大程度上影响决策的有效性（O'Reilly Ⅲ，1977），帮助提高团队成员在制定战略计划时的参与度，加强上行沟通时信息流从下级向上级决策制定者的传递（Breen & Fetzer，2005）。相反，低水平的沟通开放性被发现与群体中的破坏性冲突有关联（Ayoko，2007）。

人们在工作中经常使用不同沟通渠道或媒介进行沟通，如面对面开会、接听电话、使用传真机、接收—发送电子邮件、网络即时信息沟通（如 MSN、QQ）等。这些沟通媒介在处理信息的能力上有一定的差异，根据媒介丰富度理论（Daft & Lengel，1986），一种媒介处理丰富信息的能力取决于四个要素：①立即反馈的能力；②使用的线索和渠道数量；③个人化程度；④语言多样性。面对面沟通被认为是一种强有力的媒介，可以传送丰富的信息，适用于为相互理解而调整的快速信息交换。网络即时信息沟通被认为是一种贫乏的媒介，传送信息量有限，更适合于传递比较容易理解的日常信息。

霍夫斯坦德（1980，1983，1991）首先把国家文化定义为四个维度：不确定性规避维度、个体主义维度、男性化维度和权力距离维度。不确定性规避维度指在社会中对于不确定程度和模糊程度的容忍水平。个体主义维度是指社会强调个体的或是集体的成就和人际关系的程度。男性化维度是指男性的价值观胜过女性的价值观的程度，其中，男性化的价值观包括自信、业绩、成功和竞争，女性化的价值观包括生活质量、保持良好的人际关系、服务、关心和团结。权力距离维度是指社会中人们之间平等或不平等的程度。该文化的定义后来变成描述一个社会、组织和个体水平的可能的不同等级（Leidner 和 Kayworth，2006）。当早期的文化定义工作集中于社会层级时，研究者们后来重新将该定义用到文化的个体等级上（Dorfman & Howell，1988），表示的是一个个体所拥护的国家文化价值观（Srite & Karahanna，2006）。该个体的衡量方法在很多研究中被采纳，如 Cao 和 Everard（2008）和 McCoy et al.（2005）。但是，许多研究者（Ford et al.，2003）仍然认为文化应该被视作是一个社会层级的概念，正如霍夫斯坦德所定义的，文化是一个社会集体，诸如一个国家，所共享的象征、准则和价值观（Hofstede，1991）。

西方国家如美国可以被划分为个体主义社会，东方国家如日本被证明属于集体主义社会，这一点也得到了充分验证（Koike，Gudykunst，Stewart，Ting-Toomey & Nishida，1988）。

首先，美国和中国在个体主义/集体主义维度上有显著差异。霍夫斯坦德（1980）指出集体主义和个体主义是一个维度的两个极端，个体主义/集体主义维度指的是，在与群体的或集体的相关内容比较时，其文化鼓励个体的需要、希望、愿望和价值观的程度。基于这样的定义，西方国家，例如美国，可以被归于个体主义社会（霍夫斯坦德，1983，认为美国在个体主义上排名最高）。反之，按霍夫斯坦德（1980，1991）分类，东方国家，例如日本，被分类为集体主义社会，这一点也得到了 Koike et al.（1988）的证明。尽管中国没有被包括在霍夫斯坦德（1983）最初的排名中，香港地区和台湾地区都代表着中国文化，被列作集体主义。在跨文化研究中，中国代表着集体主义文化成为一种普遍被接受的共识。

其次，在工作中的权力距离方面，美国和中国显著不同。权力距离，也是文化构成中最频繁被引用的另一个因素，代表着社会中人们之间平等或不平等的程度（Hofstede，1980），尤其是“由下属感知到的在上下级之间的一种人际间权力或影响的衡量”（Hofstede，1991）。权力距离排名较低比在该维度排名高的情况，反映了社会各层级中更加平等的观点。在权力距离方面，研究者对美国和中国排名有显著不同，美国有较低的权力距离，中国有较高的权力距离（Brockner et al.，2001；Francesco and Chen，2000；Hofstede，1991）。在一些研究中，中国不是直接与美国进行的比较，通常接受的是中国文化与香港地区文化非常接近；因此香港地区在权力距离上的排名通常用来表示中国的权力距离排名。例如，在 Hofstede（1983），美国排名为低权力距离［50 个国家（地区）中排名在第 16 位］，但是香港排名相当高（50 个国家（地区）中排在第 37~38 位）。一个更近的由美国信息系统学者做出的排名中，美国在 8 个国家中排名第五，而香港地区在同样的一份排序中排名第二或第三（McCoy et al.，2005）。

文化影响人们沟通什么，与谁进行沟通，以及如何沟通（Leonard et al.，2009）。今天的沟通经常发生在有着独特并多样的规范和价值观的不同文化间。由于受不同规范和价值观的主导，不同文化的人们用非常不同的方式使用着沟通媒介，因此，美国和中国的文化差异会导致两国有着不同的人际沟通感知和类型。

例如，在中国文化中，“面子”是声望、地位和尊严的象征，在沟通中起到支配甚至是核心的作用，非正式沟通、非直接沟通常常是最有效的沟通方式（Cardon，2009）。集体主义的沟通者更多地关注对方的“面子”，当面对面谈话时，人们倾向于隐瞒一些信息。这类直接接触阻碍了特定的信息流动，由此妨碍了沟通的开放性。在面对面接触中，中国人经常不愿意表示不同的意见，因为这会被认为是挑战另一沟通者的“面子”，并因此质疑他/她的声誉和尊严。相对而言，个体主义沟通者更倾向于传达清晰的信息，而较少被“面子”因素影响。由此，我们提出第一个假设：

H1：在面对面沟通时，美国人比中国人更加开放。

在网络即时信息沟通中，沟通者不用直接面对面接触，而是通过计算机进行联系。对集体主义文化背景下的中国员工而言，这种沟通方式“屏蔽”了双方的身体语言和面部表情，让他们很少担心传送的信息可能让别人丢面子，从而使信息沟通更加自由。如果条件许可，中国员工将更愿意在组织中使用这样的媒介渠道与他人来交流信息。与此相反，个体主义文化的人们会觉得使用面对面沟通交流想法并表达观点更加舒畅和富有建设性，他们可能不会倾向于主要使用网络即时信息媒介进行沟通。因此，我们提出第二个假设：

H2：使用网络即时信息进行沟通时，中国人比美国人更加开放。

二、研究方法

本文作者与美国莱特州立大学 Raj Soin 商学院 Shu Schiller 博士合作开展了中美组织沟通开放度的问卷调查，为了确保调查对象中的中国参与者能够代表集体主义文化，美国参与者能够代表个体主义文化，我们使用了 Wagner 的工具表来衡量个体主义—集体主义倾向。计算的因子值越高，参与者的个体主义倾向越强。调查对象中的美国参与者均值为-0.180，而中国参与者均值是 –0.188。这两个平均数有显著差异，由此可以断定，美国参与者代表了个体主义文化，中国参与者代表了集体主义文化。

Rogers 的沟通开放性测量表是目前最广泛应用的测量沟通开放性的有效工具，完全适用于此次组织沟通开放性比较研究。我们使用这个工具测量了三个方向的沟通开放性：上行沟通、下行沟通和平行沟通，见表 1。

表 1　沟通开放度测量项目

	在我的组织或企业中，我使用……
F2F_Down_1	面对面沟通，向下属询问建议
F2F_Down_2	面对面沟通，倾听下属的抱怨
F2F_Down_3	面对面沟通，遵从下属的想法
F2F_Peer_1	面对面沟通，向平级同事询问建议
F2F_Peer_2	面对面沟通，倾听平级同事的抱怨
F2F_Peer_3	面对面沟通，遵从平级同事的想法
F2F_Up_1	面对面沟通，向上级询问建议
F2F_Up_2	面对面沟通，倾听上级的抱怨
F2F_Up_3	面对面沟通，遵从上级的想法
IM_Down_1	即时信息沟通，向下属询问建议
IM_Down_2	即时信息沟通，倾听下属的抱怨
IM_Down_3	即时信息沟通，遵从下属的想法
IM_Peer_1	即时信息沟通，向平级同事询问建议
IM_Peer_2	即时信息沟通，倾听平级同事的抱怨
IM_Peer_3	即时信息沟通，遵从平级同事的想法
IM_Up_1	即时信息沟通，向上级询问建议
IM_Up_2	即时信息沟通，倾听上级的抱怨
IM_Up_3	即时信息沟通，遵从上级的想法

注：所有项目都使用李克特量表测量，其中，1 表示“非常不同意”；2 表示“不同意”；3 表示“有些不同意”。

为了控制计算机使用经验对沟通开放性可能产生的差异影响，在我们的研究中采用了四个协变量，包括使用计算机的年限、使用计算机的频率、即时信息使用经验、即时信息使用频率。

三、数据收集与统计

我们通过在线问卷的方式分别在美国和中国进行了数据收集，在调查中询问了参与者使用面对面沟通和即时信息沟通的情况，共收到263份答卷，其中151份为有效答卷。在性别方面，75名是男性，占49.7%；76名是女性，占50.3%；在年龄方面，82.1%参与者年龄在18~35岁，其中18~24岁占1/4，25~29岁占1/3，30~34岁占1/4；在学历方面，38.4%的参与者正在攻读硕士学位，37.7%的被调查者已经拥有硕士学位；在工作背景方面，6.6%的参与者是高级管理者，18.5%为中层管理者，15.9%为基层管理者，30.5%为普通员工；在国籍方面，40名参与者是美国人（1名非裔美国人，39名美国白人），其余参与者（111人）为中国人；在使用计算机及网络即时信息沟通方面，参与者使用计算机的年限平均为5年，使用即时信息沟通的年限平均为4年。

我们运用了结构方程模型（SEM）来验证假设。SEM结构方程模型是一种统计分析方法，能够同时评估测量模型和结构模型，用来研究两种媒介（面对面沟通和即时信息沟通）以及三种方向（下行沟通、平行沟通和上行沟通）的沟通开放性。由此，模型中有六个潜在变量，每个变量都通过三个指标进行测量。为验证上述的假设，我们使用了AMOS（路径分析软件），在SEM模型中使用了六个开放性模型中的每个模型的求和量表。例如，面对面下行沟通（F2F_D）的价值观计算的是下行沟通1、下行沟通2、下行沟通3测量项目的平均数。选择该方法有两个原因：①下行沟通、平行沟通和上行沟通开放性的测量项目间是正相关的，符合好的求和量表项目要求；②运用了内嵌的多元方差分析MANOVA，其结果显示，在同样条件下（沟通的方向），组间变化不明显，这支持了在结构方程模型中使用求和量表。因此，调研中建模的价值观包括面对面沟通和即时信息沟通中下行沟通、平行沟通和上行沟通的开放性，分别取自测量项目回答的平均数。每个测量项目的描述性统计分析列在表2中。研究中的平均数、标准差和求和建模相关性列在表3中。

表2 沟通开放性测量项目

	平均数 Mean	标准差 Std. Deviation	测量项目 Measurement Items 在我的组织中，我使用……	复相关平方 Squared Multiple Correlations
面对面沟通-下行-1	5.38	1.203	面对面沟通-向下属询问建议	0.101
面对面沟通-下行-2	4.61	1.691	面对面沟通-听取下属的抱怨	0.600
面对面沟通-下行-3	4.09	1.517	面对面沟通-遵从下属的意见	0.147
面对面沟通-平行-1	5.61	1.078	面对面沟通-向平级询问建议	0.208
面对面沟通-平行-2	4.92	1.452	面对面沟通-听取平级的抱怨	0.483
面对面沟通-平行-3	4.63	1.345	面对面沟通-遵从平级的意见	0.212
面对面沟通-上行-1	5.41	1.272	面对面沟通-向上级询问建议	0.239
面对面沟通-上行-2	4.19	1.705	面对面沟通-听取上级的抱怨	0.517
面对面沟通-上行-3	5.27	1.705	面对面沟通-遵从上级的意见	0.257
即时信息沟通-下行-1	4.54	1.680	即时信息沟通-向下属询问建议	0.803
即时信息沟通-下行-2	3.85	1.730	即时信息沟通-听取下属的抱怨	0.355
即时信息沟通-下行-3	3.72	1.616	即时信息沟通-遵从下属的意见	0.780

续表

	平均数 Mean	标准差 Std. Deviation	测量项目 Measurement Items 在我的组织中，我使用……	复相关平方 Squared Multiple Correlations
即时信息沟通-平行-1	5.09	1.354	即时信息沟通-向平级询问建议	0.687
即时信息沟通-平行-2	4.77	1.498	即时信息沟通-听取平级的抱怨	0.451
即时信息沟通-平行-3	4.36	1.432	即时信息沟通-遵从平级的意见	0.474
即时信息沟通-上行-1	4.91	1.612	即时信息沟通-向上级询问建议	0.789
即时信息沟通-上行-2	3.88	3.880	即时信息沟通-听取上级的抱怨	3.880
即时信息沟通-上行-3	4.67	1.561	即时信息沟通-遵从上级的意见	0.500

注：①所有项目都使用了李克特 7 级量表（Likert Scale），其中 1 表示“非常不同意”；2 表示“不同意”；3 表示“有些不同意”。②复相关平方是结构方程中因子分析测量的信度指示器。

表 3　平均数、标准差和求和建模相关性

	Mean	Std. Dev.	F2F_D	F2F_P	F2F_U	F2F_U	IM_P	IM_U
面对面沟通-下行	4.69	1.079						
面对面沟通-平行	5.06	0.934	0.415**					
面对面沟通-上行	4.96	1.027	0.253**	0.474**				
即时信息沟通-下行	4.04	1.424	0.411**	0.068	0.069			
即时信息沟通-平行	4.74	1.166	0.210**	0.259**	0.179*	0.544**		
即时信息沟通-上行	4.49	1.356	0.318**	0.054	0.132	0.692**	0.667**	

注：①**Correlation is significant at the 0.01 level（2-tailed）；②*Correlation is significant at the 0.05 level（2-tailed）。

为比较假设 1（H1）和假设 2（H2）中不同文化下的沟通开放性，应用路径分析软件 AMOS 进行多组分析来测试潜在均数差。以个体主义文化（美国）为参照组，集体主义文化（中国）与参照组进行对比。数据 1 代表了路径分析软件 AMOS 中的两个模型。表 4 说明了中国和美国沟通开放性潜在平均数差异的测试结果。与参考模型（美国）沟通潜在平均数相比，中国文化下面对面沟通的开放性之间无显著差异（p=0.797）。这一数据不能支持我们的第一个假设，我们原本期待看到美国文化下的面对面沟通开放性比中国文化下的面对面沟通开放性更高。调查结果表明，个体主义文化与集体主义文化下，工作中面对面沟通的开放性无显著差异。

表 4　沟通开放性平均数差异

	Estimate	S.E.	C.R.	P
F2F openness	–0.042	0.165	–0.258	0.797
IM openness	1.155	0.292	3.953	***

***p-value<0.001

注：Mean values for both F2F and IM openness in the reference model（individualism culture） is 0.0. Compared to the reference model，F2F openness in collectivism culture had a non-significant mean value of–0.042，but IM openness in collectivism culture had a highly significant mean value of 1.115（p<0.001）.

在使用即时信息沟通方面，中国文化下的沟通开放性明显要高出美国文化下的沟通开放性（均值差=1.115，p<0.001）。因此，我们的第二个假设得到了支持。

四、分析与验证

研究结果表明，中国文化与美国文化之间面对面沟通开放性的差异不显著。如何合理解释这种不显著呢？在我们的研究中，从三个方向对沟通开放性进行研究，即下行沟通、上行沟通和平行沟通。那么在一个或多个不同方向的沟通开放性之间是否会存在显著差异呢？为继续探讨这些问题，我们在 SPSS GLM 中使用重复测量方差，来分析组间和组内因子的影响，以及它们的相互作用。因为全部参与者都在面对面沟通和即时沟通的相同条件下进行测量，所以我们对全部参与者的回答进行了重复测量。为检查不同定义组的均差，我们对两种媒介（面对面沟通和即时信息沟通），以及以沟通方向（下行沟通、平行沟通、即上行沟通）为组内因子在因子间的相互影响进行重复测量方差，也在重复测量方差模型中进行了检验。

重复测量方差检验揭示了文化对沟通开放性有显著影响。与个体文化相比，集体主义文化在即时信息沟通的所有沟通方向上，以及面对面沟通的下行沟通和上行沟通方向上，沟通开放性更高。平级（同事）之间的面对面沟通是唯一的个体主义文化下沟通开放性比集体主义文化的沟通开放性更高的项目。

组间重复测量方差检验支持 AMOS 测定，并揭示一些组间因子混合结果。第一，沟通媒介（面对面沟通和即时信息沟通）对沟通开放性无主要影响（$F=0.787$，$p=0.377$）。换句话说，除了文化和沟通方向外，面对面沟通和即时信息沟通的沟通开放性无显著差异。第二，沟通方向（下行沟通、平行沟通和上行沟通）对沟通开放性无重要影响（$F=1.800$，$p=0.167$）。这表明除了受文化和媒介类型影响外，下行沟通、平行沟通和上行沟通的沟通开放性无明显差异。

在相互作用项方面，文化和沟通媒介间存在显著相互影响（$F=18.240$，$p=0.000$），文化和沟通方向分别对沟通开放性有重要影响（$F=7.744$，$p=0.00$），但是，媒介与沟通方向对沟通开放性相互影响不显著（$F=0.118$，$p=0.829$）。测量结果表明：①中国人与美国人在面对面沟通上无显著差异，但是中国人的即时信息沟通开放性更高；②中国在下行沟通、平行沟通和上行沟通开放性上比美国高，但是在平级同事间沟通方面，美国人在面对面沟通时比中国人面对面沟通开放性明显更高。换句话说，中国员工在工作中与平级同事间进行沟通时，沟通开放性渠道比较闭塞，变得更加不开放。

五、研究结论

研究中发现，在美国和中国的文化中，面对面沟通开放性水平无显著差异。这与我们在开始时所做的假设不同。一个合理的解释就是，在美国文化下的沟通开放性没有我们假设的高。换句话说，有些因素影响了分享信息。有可能就是在美国文化中也存在“面子”因素，可能是“面子”因素影响了特定类型信息的流动。例如，美国人会同中国人一样避免在直接的面对面沟通中彼此交换相互冲突的观点。另一个可能的解释是，中国人在工作中比我们假设的要更开放，中国人在工作中的面对面沟通可能同美国人面对面沟通一样开放。尽管存在照顾彼此面子的倾向，但是集体主义文化中的人们比个体主义文化中的人们更加强调目标、需求和群体的社会标准，更加看重群体成员内的合作，而不是个体成果最大化。他们可能会超越个体需要而遵从群体标准和价值观，为了达到目标而进行面对面的沟通。例如，中国人可能会为完成任务进行面对面沟通，而不考虑会伤害他人的面子。

在即时信息沟通方面，正如我们假设的一样，中国人比美国人呈现出更高的开放性。这证实了我们前面的推理，面对面接触不适用于交流特定信息，中国人期望有一种如即时信息这样的媒介来传递或接收这类信息，他们在即时信息对话中会更加开放。

此次研究结果对沟通理论的发展有一定的促进作用。第一，把霍夫斯坦德文化模型运用于网络即时信息沟通研究，为理解不同媒介环境中沟通开放性的机制，提供了有价值的信息。第二，通过比较美国（个体主义）和中国（集体主义）文化的沟通开放性，填补了跨文化情景中沟通开放性研究的空白。

此次研究对组织沟通管理实践也有重要的意义。第一，研究结果显示，如果想要提高沟通开放性，管理者应尽量使用面对面沟通，这能够提供一种自由而开放的沟通渠道。第二，中国文化背景下，平级同事间面对面进行沟通时应该谨慎，因为平级同事间沟通时他们通常会隐藏一些真相。最后，中国人比美国人通过即时信息进行沟通更加开放和自由，当面对面沟通不可行时，即时信息沟通会是一种有效的沟通手段。

六、前景展望

未来的沟通研究方向应该包括两个领域。第一，沟通开放性与沟通有效性、沟通满意度之间的关系，应该放在跨文化条件下进行研究。以往的研究发现，沟通开放性与组织的满意度存在正向相关关系，这种影响在即时信息沟通时是否仍然存在？文化和沟通媒介与沟通开放性的相互影响是什么？第二，沟通开放性的研究还将更多关注团队沟通问题，尤其是大量依赖于信息沟通技术（ICT）的虚拟团队。不同文化的团队和虚拟团队间的沟通开放性机制有什么区别？开放性沟通会对团队建设产生正面的还是负面的影响？会以什么方式影响？我们希望进行一些实证研究来解答这些问题。

〔参考文献〕

[1] Ayoko, O.B..Communication Openness, Conflict Events and Reactions to Conflict in Culturally Diverse Workgroups [J]. Cross Cultural Management: An International Journal, 2007, 14 (2): 105-124.

[2] Cardon, P.W. A Model of Face Practices in Chinese Business Culture: Implications for Western Business Persons [J]. Thunderbird International Business Review, 2009, 51 (1): 19-36.

[3] Daft, R. L., and Lengel, R. H. Organizational Information Requirements, Media Richness, and Structural Design [J]. Management Science, 1986, (32: 5), 554-571.

[4] Doney, P., Cannon, J., and Mullen, M. Understanding the Influence of National Culture on the Development of Trust [J]. Academy of Management Review, 1998, (23: 3), 601-620.

[5] Field, A. Discovering Statistics Using SPSS (Introducing Statistical Methods), Third Edition, Sage Publications Ltd., 2009.

[6] Francesco, A.M. and Chen, Z.X. Cross-cultural Differences within a Single Culture: Power Distance as a Moderator of the Participation-Outcome Relationship in the People's Republic of China[J]. BRC Papers on Cross-Cultural Management. Retrieved from http: //net2.hkbu.edu.hk/~brc/CCMP200007. pdf on February 4, 2010.

[7] Galletta, D., Henry, R., McCoy, S., and Polak, P. When the Wait Isn't So Bad: The Interacting Effects of Website Delay, Familiarity, and Breadth [J]. Information Systems Research, 2006, (17: 1), 20-37.

[8] Gefen, D., and Straub, D. A practical guide to factorial validity using PLS-Graph: Tutorial and annotated example [J]. Communications of the Associations for Information Systems, 2005, (16), 91-109.

[9] Hofstede, G. National Cultures in Four Dimensions, A Research-based Theory on Cultural Differences among Nations [J]. International Studies in Management and Organizations, 1983: 14, 1-2, 46-74.

[10] Kay, B., and Christophel, D. The Relationships Among Manager Communication Openness, Nonverbal Immediacy, and Subordinate Motivation [J]. Communication Research Reports, 1995, (12: 2), 200-205.

[11] Kim, D. Self-Perception-Based Versus Transference-Based Trust Determinants in Computer-Mediated Transactions: A Cross-Cultural Comparison Study [J]. Journal of Management Information Systems, 2008, (24: 4), 13-45.

[12] Kirmeyer, S., and Lin, T. Social Support: Its Relationship to Observed Communication with Peers and Superiors [J]. Academy of Management Journal, 1987, (30: 1), 138-151.

[13] Koike, H., Gudykunst, W., Stewart, L., Ting-Toomey, S., and Nishida, T. Communication Openness, Satisfaction, and Length of Employment in Japanese Organizations [J]. Communication Research Reports, 1988, (5: 2), 97-102.

[14] Leidner, D., and Kayworth, T. Review: A Review of Culture in Information Systems Research: Toward a Theory of Information Technology Culture Conflict [J]. MIS Quarterly, 2006, (30: 2), 357-399.

[15] Leonard, K., Van Scotter, J., and Pakdil, F. Culture and Communication: Cultural Variations and Media Effectiveness [J]. Administration & Society, 2009, (41: 7), 850-877.

[16] Redding, W.C. Communication within the Organization: An Interpretive Review of Theory and Research. New York, NY; Industrial Communication Council, 1972.

[17] Rogers, D. The Development of a Measure of Perceived Communication Openness [J]. Journal of Business Communication, 1987, 24 (4): 53-61.

[18] Thompson, E. Expertise Is One Click Away with Instant Messaging [J]. Knowledge Management Review, 2003, 6 (4): 16-19.

[19] Voich, D. Comparative Empirical Analysis of Cultural Values and Perceptions of Political Economy Issues. Westport, 1995, CT: Praeger.

[20] Wanguri, D. Diversity, Perceptions of Equity, and Communicative Openness in the Workplace [J]. Journal of Business Communication, 1996, (33: 4), 443-457.

[21] Warkentin, M., Sayeed, L., and Hightower, R. Virtual Teams versus Face-to-Face Teams: An Exploratory Study of a Web-based Conference System [J]. Decision Sciences, 1997, (28: 4), 975-996.

[22] Zhang, D., Lowry, P., Zhou, L., and Fu, X. The Impact of Individualism—Collectivism, Social Presence, and Group Diversity on Group Decision Making under Majority Influence [J]. Journal of Management Information Systems, 2007, (23: 4), pp. 53-80.

[23] 钱小军，赵航. 国企与民企内部沟通状况差异性实证研究 [J]. 经济论坛，2004 (5).

[24] 孙振耀. 既务虚又务实的“开放式沟通”[J]. IT 经理世界，2007 (1).

（首都经济贸易大学 崔佳颖；莱特州立大学 Shu Schiller）

福特和盖茨的管理比较

一、导　论

从工业时代到信息时代，管理的理念、手段、方式等都经历着不断的变化。就像从泰勒的科学管理、法约尔的现代经营管理到彼得·德鲁克的企业家创新精神，我们必须承认管理领域已经发生了不可逆转的变革。作为管理者，就一定要思考和利用这些已经发生的变革，让这些巨变时代的管理理论指导管理实践。这些管理者或者说企业家便成为当之无愧的实践大家。从工业时代走到现在，管理史上出现过无数的实践大家，他们的创业历史、经营理念以及企业文化为后人留下了无数值得学习和借鉴的经验和教训，同时也让我们看到了管理更为重要的一面——实践的意义。

每个时代都有其不可替代的英雄人物和时代标杆，在工业和信息这两个时代，本文认为创造汽车王国的亨利·福特和打造网络天下的比尔·盖茨是当之无愧的时代英雄。被誉为"汽车之父"的亨利·福特（Henry Ford）与"硅谷之王"比尔·盖茨（Bill Gates）都是西方社会实战派管理大家的代表人物。虽然他们之间相差了近一个世纪，指导二者的管理思想也大相径庭。亨利是泰勒思想的践行者，盖茨则置身于德鲁克、彼得·圣吉等信息时代管理大家所提倡的管理理念的氛围之中。但二者仍有诸多相似之处，除了管理思想、个人信念非常相似以外，最重要的是福特和盖茨都是将理论付诸实践的管理者。亨利·福特说："我将为大众造一种汽车。"比尔·盖茨说："在每个家庭的每张桌面上都将有一台计算机！"事实如此，信念成为现实。

之所以选择二者作比较，最重要的原因在于福特是"旧经济"的开创者和代表者，而盖茨则是所谓"新经济"的开创者和代表者。他们能代表工业时代和信息时代的管理特点，也能为我们发现管理领域的发展趋势提供有力的证据。本文是对工业社会和信息社会下的亨利和盖茨进行研究，所以全文的背景及研究环境当然是以工业时代和信息时代下的美国大环境为主，更具体地说，本文只是探讨从亨利出生到其执掌福特公司的最后一刻（1863~1946）和盖茨出生到辞去微软职务为止（1955~2008）这一期间，二者的管理理念和实践行为。

本文从对二者的简介开始，接着分析比较他们的管理理念、管理成就以及管理缺陷。

比较分析福特和盖茨的管理思想就不得不涉及二者所处时代的管理，这对我们了解现代管理思想产生及发展的过程有重大的参考价值，从他们的成功和失败中，我们可以更好地借鉴和学习，以促进现代管理水平的提高。更为有意义的在于我们可以通过史料说明道理，揭示一个多世纪以来的管理轨迹，为未来指明方向。这对我们以后在管理领域的研究也有重要的借鉴意义。

二、管理者的比较

工业社会的福特和信息社会的盖茨，他们的出生时间相差了92年，出生背景也大不相同，他们身上的不同之处太多，但是他们都固执、洞察力敏锐、对事物有独到见解，所具有的市场判断力、个人信念、管理思想却十分相似。本文的这一部分就比较分析福特和盖茨个人经历，因为每个人的思想都和他们的经历有密切的关系，了解他们的个人经历，更有助于我们了解二者思想的形成轨迹。

1863年7月30日清晨，一个婴儿用响亮的啼哭声向世人宣告着他的来临，这啼哭声对所有人来说显然是一曲最为美妙的音乐，因为它不仅给这个家庭，更是给这个国家带来了无限的欢乐。于是，在若干年以后，“亨利·福特”这个名字就已经变成了一个特殊的代号，它似乎不属于其他人，而只和“汽车大王”紧紧地联系在一起了。

以当时的生活水准来看，亨利·福特出生时的家庭条件已经算是小康之上的水平了。当时威廉·福特名下所拥有的土地达到120英亩，亨利作为家里的长子，老威廉自然对儿子寄予厚望。他希望儿子能够把他的事业进行下去，但亨利似乎从一开始就讨厌农场的一切，并与父亲产生了矛盾。然而乐观、朴素的母亲，却对亨利·福特的一生产生了巨大的影响。母亲的辛苦和永不停歇的勤奋在亨利的记忆里留下了深刻的印象，也许是出于为母亲减轻负担的初衷，更或者是逃离农场繁重琐碎的农活。童年时期的他就幻想着“许多农活必定可以以某种更为有效的方式加以完成”。随着工业与经济的发展，富有的农场主开始使用机械代替劳动力工作，这样大大减轻了人们的负担。福特也逐渐意识到只有机械才能把人们从繁重的劳动中解脱出来，并从此对机械产生了浓厚的兴趣。正如他在《我的生活与工作》中提到的：

“甚至在年纪很小的时候，我就怀疑许多农活或许能用更好的方法完成。这个想法使我才真正地理解了机械——尽管我父母一直说我天生就是搞机械的人。”

在史蒂芬·沃兹所著的《亨利·福特——他的生意和生活》一书中也曾提到：

小亨利很早就注意工作效率。19世纪末期，弗里德里克·温斯洛·泰勒等许多工业专家把实现劳动产出效率最大化落实为具体的操作机制，然而，他们的“科学管理”意念其实对这个密歇根小男孩来说几乎是与生俱来的。这一点他妹妹玛格丽特描绘得很清楚：

“亨利总想花最少的时间和精力把事情做出来，如果能用较简便的办法完成一件事，那么这件事本来就应该这样做。我们农场的各扇大门开关起来非常沉重，于是亨利就为大门安上铰链，还安上了不用下马车就能开门和关门的装置。”

正是由于亨利·福特出生在这样一个任务繁重的农家里，才使他更能体会到减轻负担、增加工作效率的重要性。而当时以蒸汽机为主的机械设备对农业生产方式产生着深刻的变革，也对小福特有着深远的影响。对机械的痴迷和执著，不仅完成了亨利·福特的梦想——造一辆大众化的汽车，更是为他日后成为汽车工业的鼻祖奠定了基础。

与亨利·福特相比，比尔·盖茨的家庭条件要优越得多。

1955年10月28日，比尔·盖茨诞生于西雅图一个富有天才的家族。他的外祖父是一位闻名全美的银行家；他的祖父在财富与权力之间游刃有余，最终登上了太平洋国家银行副总裁的宝座；他的父亲是西雅图德高望重的律师，而母亲是当地的社交名人。与仅上到中学的亨利·福特不同，比尔·盖茨接受了良好的教育，甚至可以说是精英式的教育。如果说进入哈佛大学只是让盖茨接受所有人梦寐以求的知识和荣誉的话，西雅图的湖滨中学则可以说是比尔·盖茨成功的摇篮。1968 年，湖滨中学成为当时美国最先开设计算机课程的学校，这为盖茨提供了接触电脑的机会，也改变了他的人生。

正如《比尔·盖茨与微软公司》一书中提到的：

"1968 年，学校作出了一项将会改变 13 岁的比尔之生活——同样也改变了其他许多人生活的决定……主要由学生家长筹集的资金使学校能通过电传打字机进入电脑，即程序数据处理机（PDP）……比尔·盖茨当时就被吸引住了，当时的最要好朋友坎特·埃文斯和长比尔两岁的保罗·艾伦也同样被深深地吸引了。无论有没有空余时间，他们都会急匆匆地到电脑房去使用那台机器。那批学生如此专心致志，很快在电脑知识方面就超过了他们的老师……

在詹姆斯·华莱士所著的《创造辉煌——比尔·盖茨与微软公司的崛起》一书中也有如下描述：

"艾伦和盖茨不仅在电脑房里度过很多时光，他们也常常探讨电脑技术的未来。'我们用计算机究竟能够做些什么呢？这个问题使我们很痴迷，这一广阔领域的知识正是我们所要吸取的……盖茨和我总是对电脑的应用有很大的梦想。'艾伦谈道。"

可以说良好的教育为盖茨掌控"知识时代"打下了坚实的基础，优越的家庭条件、进入贵族学校为他提供了接触电脑以及电脑知识的机会、认识志同道合的朋友，都成为比尔·盖茨以后进入 IT 行业并建立微软王国，成为 IT 行业的领军人物不可忽略的因素。

少年时代不同的经历让亨利和盖茨选择了不同的方向，但无论如何，二者最后都建立了自己的王国和游戏规则。

亨利·福特（1863~1947）于 1903 年创立福特汽车公司。1908 年福特汽车公司生产出世界上第一辆属于普通百姓的汽车——T 型车，从此改变了美国人的生活方式，世界汽车工业革命就此开始。

《亨利·福特与福特公司》一书中描述道：

"1908 年 9 月，美国许多报刊上刊登的一则广告宣称，一种新颖的汽车即将上市。广告上说，'这种新车有强劲的动力，速度快而且经久耐用……比它更出色的汽车还没有，也不可能会造得出来……如此新颖的汽车仅售 850 美元。这个价格比价钱最低的汽车还要便宜好几百美元'。"

"难怪许多读者看了广告以后，只会对它的夸夸其谈一笑了之，随后又翻到后面一页……绝大多数报纸杂志的读者还从未想到会有可能拥有汽车……他们并不明白这则广告至少已经预示了两个大的改革，一是美国乃至全世界的生活方式的变革，另一个则是制造业的变革。做广告的这辆车——'福特四汽缸，20 匹马力，五人座旅行轿车'——即时 T 型车。这是一辆将要改变整个世界的汽车，也是亨利·福特智慧的结晶。"

他也是世界上第一位使用流水线大批量生产汽车的人。1913 年，福特汽车公司又开发出了世界上第一条流水线，这一创举使 T 型车一共达到了 1500 万辆，缔造了一个至今仍未被打破的世界纪录。更重要的是，流水线的发明与推广使福特彻底改变了生产的工作程序和管理方式，把管理人改变成像泰罗那样管理时间。标准化的程序会因一个人的延误而影响整个流水线的效率。"时间"自动完成对工人的监督并消除了工序之间的积压。工作的质量和效率对工人技术和管理者的能力的依赖大大减轻了。那些刚刚从事生产线的工人只需要经过简单的培训，就可以高效率高质量地工作，专业化的生产方式让雇员再也不需要像欧洲工人那样一代又一代以言传身教的方式进行手艺积累了。

正像福特自己在其自传《向前进》中所说的那样：

“如果一个设备能够提高10%的效率，或者能够节省10%的时间，那么，假如没有采用这个设备就等于损失了10%的利润……我自己的工厂就是依据上述原理生存和发展的。当然，这些原理完全是顺应自然的产物。”

福特不但改变了工业生产方式，而且对现代社会和文化产生了巨大的影响，因此有一些社会理论学家将这一段经济和社会历史称为“福特主义”。福特先生为此被尊为“为世界装上轮子”的人。在1999年，《财富》杂志将他评为“21世纪商业巨人”以表彰他和福特汽车公司对人类工业发展所作出的杰出贡献。他用人生中最黄金的前20年证实了市场下的管理，然而其在关键的后20年又固执反抗着管理下的市场。命运的成功和先验的反抗塑造了亨利福特执著、幽默、感性，又粗暴和独裁等气质。在逝世前不久，福特汽车的市场反馈和占有份额成了总结英雄半生的笑柄，逝世后，他那孤独者的管理气质牵引着人们纷纭的感慨、默默的祭奠。虽然亨利·福特的事业以在威逼下不得不让权的下场而悲情地落幕，但是其在20世纪商业史上所做出的惊天动地的事情以及对美国所做的贡献是所有人都无法忽视和忘却的。

“未来主义者”阿尔文·托夫勒（Alvin Toffler）在其著作《第三次浪潮》中将人类历史分为农业社会、工业社会和信息社会。就像工业社会取代农业社会一样，不可避免，工业社会也终将由信息社会取而代之。用托夫勒的话说就是，“体力劳动经济”已经被“脑力劳动经济”所取代。信息社会的比尔·盖茨就如当时的福特一样，凭着一个单纯而宏伟的目标——让每个人的桌面都有一台个人电脑。在几十年的商场拼搏中，盖茨帮助微软成为全球规模最大的公司之一，一手打造了微软这个软件行业的帝国，微软产品几乎无处不在。经过短短的30年的发展，微软的这个梦想实现了。但在称霸软件市场的同时，微软也因为与美国监管机构及欧盟之间上演的反垄断大战遭到外界指责。

虽然《比尔·盖茨全传》对此有独特的分析：

“微软屡屡被对手推上法庭的原因：一是微软的效率太高，以至于超过竞争对手和公众可以接受的范围；二是盖茨本身的偏执，盖茨考虑问题考虑得最多的是如何提高微软的效率，而很少考虑竞争对手的生存乃至公众的反应。

但是微软蛮横粗暴的定价和排斥异己的态度就像后期的福特一样让人们心存不满；接二连三的诉讼也表明人们认定微软的品牌里面渗透着垄断暴利的水分；在中国政府的几次采购中连连挫败，也一定程度上说明微软这个牌子也并不是那么讨人喜欢。”

在离开从无到有、从小到大的微软帝国之后，盖茨将为我们留下怎样的遗产？对于他担任微软这艘巨船船长的日子里，人们对他又会留下怎样的回忆？

市场研究公司Directions on Microsoft的联合创始人罗布·霍维兹（Rob Horwitz）认为，盖茨可以与汽车制造业先驱亨利·福特（Henry Ford）相提并论。他说：“盖茨掌握了一项很少有人接触到的、不可思议的技术，他知道如何进行再设计、扩展、包装及销售，让大众承受得了，消费得起。福特并不是汽车的发明者，而电脑也不是盖茨发明的，但他们都聪明、睿智，知道如何让自己的产品最大限度地得到普及。”如此说来，盖茨也可以与另一位名人相提并论，他就是托马斯·爱迪生（Thomas Edison）。因为两个人均创造了很好的技术，并让自己的技术相对于竞争对手来说在更大程度上得到普及。“我们不得不承认盖茨是一个产业革新者，而不是技术发明家。他准确预测了未来发展趋势，并通过努力让自己的技术产品在市场上获得垄断地位。”

福特和盖茨的成功，验证了一条经济学的基本规律：如果市场起飞，那些恰好在起点进入市场的人，将会获得超过一般数学期望值的投资回报。福特和盖茨把握了一个与新兴产业一起成长的市场机会，一飞冲天。虽然把握时机是盖茨和福特成功不可忽视的重要因素，但绝不能全部归功于此。在二者创业以及守业的过程中，出色的管理才能以及独到的管理手段，特别是突破束缚的创新能力比机遇更有力地发挥了至关重要的作用。

出生背景不同的福特和盖茨都是凭借一个简单而执著的信念创造了时代神话，这也就是无论是谁，只要不断理清并加深个人的真正愿望，集中精力、培养耐心，并客观地观察现实，就有成功的可能。这也是彼得·圣吉所倡导的学习型组织的精神基础。而这种个人愿望一旦成为员工的共同愿景，企业的发展力量就会不可估量。这就是圣吉称为"共同愿景"的东西，他说："如果有任何一项领导的理念，几千年来一直能在组织中鼓舞人心，那就是拥有一种能够凝聚，并坚持实现共同的愿景的能力。一个缺少全体衷心共有的目标、价值观与使命的组织，必定难成大器。"

在中国，百年老店寥寥无几，而像福特和盖茨这样的实践大家也少之又少，这其中的原因不言而喻。中国需要有自己的品牌，需要有自己的百年老店，更需要有自己的管理实践者。而找到能鼓舞人心的个人信念是成功的第一步。

三、管理理论的比较

19世纪末20世纪初是人类现代化进程亦即工业化发展明显加快的时期。在这个时期，科学技术得到了空前发展，社会生产力水平也达到了一定的高度。但是，当时一个突出的矛盾就是管理落后于技术，致使许多生产潜力得不到充分的发挥。这种情况首先引起了企业中一些具有科学知识和管理经验的管理人员和技术人员的关注。他们围绕如何提高企业劳动生产率的问题进行了大量的实验和研究，提出了一系列科学的管理制度和管理方法，完成了从经验管理向科学管理的转变，使管理学正式成为一门科学。弗里德里克·温斯洛·泰勒（Frederick Winslow Taylor，1856~1915）便是科学管理的创始人。

福特时代正是"科学管理兴起的时代"，一种管理理论是否能够成立取决于企业家们的实践，如果在实践中走不通，这种理论再好也会被人们遗忘。泰勒的科学管理是针对传统的经验管理而提出的，它是一种真正意义上的现场管理、工作地管理，其中心问题是提高劳动生产率，追求的是效率，福特的管理实践成为泰勒科学管理理论的实验场。

在泰勒的《科学管理原理》一书中，泰勒认为最好的管理是一门实在的科学，它是以明确规定的法则、条例和原理为基础的。泰勒经过对传统经验管理和科学管理的比较分析，为科学管理制定了四项新任务，这也是科学管理应该遵循的四条原理。第一，对工人操作的每个动作进行科学研究，用以替代老的单凭经验的办法。第二，科学地挑选工人，并进行培训和教育，改变过去由工人任意挑选自己的工作并根据各自可能进行自我培训的情况。第三，与工人亲密协作，以保证一切工作都按已发展起来的科学原则去办。他认为，工人为了获得高的报酬，是乐意与管理人员合作的。这也为福特日后的五美元工作日提供了依据。第四，正确地划分工人与管理人员之间的工作，形成管理者与工人的经久性合作。

20世纪90年代以来，特别是在人类进入21世纪之后，全球的政治、经济、社会文化发生了巨大的变化。知识经济的到来使信息与知识成为重要的战略资源，而信息技术的发展又为获取这些资源提供了可能。这种变化如德鲁克在其著作《巨变时代的管理》中所提到的：

"一百多年来，所有发达国家都逐步进入以组织的雇员为主的社会。现在，这种趋势自己发生了倒退。以美国为首的发达国家在组织与组织工作的个人二者之间的关系上和不同组织之间的关系上正在迅速地进入网络社会。要在这种新型的网络社会中进行管理，我们需要不同的行为、技巧和态度。"

彼得·圣吉也在其《第五项修炼》一书中对信息社会的管理精神做了如下结论："全球企业正在形成一个共同学习的社会……90年代最成功的公司，将是那些建基于学习型组织的公司。"

盖茨经历的正是信息革命风起云涌的时代，彼得·圣吉的学习型组织、大前研一的专业主义特别是管理实践学派的彼得·德鲁克的理念，贯彻在盖茨的微软公司。盖茨的管理实践成为现代管理理论的试验场。

尽管指导二者的管理思想不尽相同，但可以看出从亨利·福特到比尔·盖茨，管理已经不再是一种随机的、感性的行为，而是将"科学"二字贯穿始终的一种艺术。福特和盖茨都将同时代的管理理论付诸实践，他们的管理措施融合了最具时代特征的管理思想，同时又蕴涵着属于自己的管理思想和理念，更确切地说，他们十分清楚自己为何"管理"以及如何去"管理"。这才是他们能成为世纪伟人最关键的一点。

正如福特在自传《向前进》中开篇所说的：

"……我不赞同所有此类的论断。在我看来，如果我们不对机器及机器操作了解得更多，如果我们不去深刻地理解生活中的机器部分，那么我们绝对不会有闲暇去欣赏树木、鸟儿、鲜花和绿地。"

"……企业中少一些官僚作风，政府中多一些商业关怀这个口号之所以是好的，并不仅仅是因为它替企业或政府着想，而主要是因为它的落脚点是普通老百姓……商业的功用不是简单的赚钱或投机，而是为人们提供可以消费的产品。"

"……他们在失败后还是不曾意识到此点，人们只注重于工厂或销售场所的管理及其所需的资金，其实最基础的东西恰好是产品本身，没有足够的商品知识只能导致时间的浪费。我是在用了12年的时间来探索福特车型的模式，才制造出了T型车……大部分商家并非是想从根本上改变其生产方式，却只是在改变其产品。而我们的福特汽车公司却走上了与之相反的路。我们始终持续改变的是生产方式……"

对于以上的所有独特见解，福特这样告诉我们：我希望这些理论能够把世界变得更便于人们生活，而远不只是作为一种商业理论存在。

事实证明，福特汽车公司的成功绝不等同于一般的商业成功案例，这是因为它以简单明了的方式证明，这些被亨利·福特称为"我的理念"，到目前为止仍旧正确。

比尔·盖茨也有同亨利·福特相似的"理念"。在1993年，盖茨曾说过：

"我想编写计算机软件，这是一件非常专业的事。我知道它会成为一个很大的行业。我不知道自己能否成功，但我预感到计算机将会成为每一张办公桌上很有价值的工具，而且最终会成为每个家庭有价值的工具。"

"……有时候，顾客确实对我们的产品或经营上的某一方面表示不满意，这一点都没错。我们倾听他们的意见，并会把他们关心的问题弄个水落石出。更重要的是要把那些知识融合到我们的经营和规划中去，重新制定如何开展业务活动的方针，从而使这些问题将来不会再发生在其他顾客身上。"

"我们的成功只基于一样东西：那就是优质的产品。这并不是一件复杂的事情。我们并没有超人的作用可以使那些非一流质量的产品能够销售得非常出色。”

盖茨的理念成就了一个帝国的崛起，也影响着信息时代管理理念的巨变。

接下来，本文从以下几个重要的方面做具体详细的分析，比较二者管理理念的相似之处和不同之处。

首先是从大量生产到大众消费的产业理念。与其说亨利·福特和比尔·盖茨创建了两个帝国，不如说二者开辟了两个与众不同的产业。他们反其道而行之，形成了属于自己的管理特色和独特的管理理念。而以“低价”和“大量”的战略，为他们建造产业并快速扩张打下了基础。

没有人比福特更了解大量生产、低价出售的好处。就像《福特传》所讲的那样：

“福特制的诞生对于福特汽车公司以至于整个资本主义世界产生的影响都是巨大的。仅以福特汽车公司为例：1913~1914 年，福特汽车公司的生产再次实现了翻番，可是在此期间工人的数量不仅没有增加，反而从 14336 人减少为 12880 人……因成倍增长的产量而得的钞票滚滚不断地流入福特等人的腰包。”

就连福特本人也骄傲地说：

“……所有的流水线体现了生产的主旨。并且，还有一切零配件都是为了便于制造而设计的。相对于过去，这是多大的节约！……如果以当前我们的生产规模计算，我们还像 1903 年，公司起步那样雇用相同数量的工人来安装一部汽车，并且他们只负责安装的话，那么，现在我们的雇工就会达到 20 多万！然而，即使是在日产 4000 辆汽车的鼎盛时期，我们的雇工总量也没有超过 5000 人。”

与福特如出一辙，比尔·盖茨也是“低价”和“大量”的受益者。微软今天的垄断地位来源于它当初进入市场的低价、开放、独立的战略。这个战略不仅扩大了销售量，而且形成了强大的进入壁垒。盖茨在其《未来之路》中写道：“微软公司许可的软件使用价格极低，我们深信只要在数量上打主意，就能赚钱。”

《比尔·盖茨与微软公司》如是说：

“……与生俱来的商业意识和对未来的准确预测使他又一次获得了成功。微软把 BASIC 卖给 Commodore、苹果、Radio Shack、NCR、通用电气、得州仪器、英特尔及其他公司后，金钱潮水一样开始蜂拥而来。‘仅一张普通版本的 BASIC 磁盘就卖到 5 万美元，而我们几小时就可以完成’，其中的一位程序设计人员回忆说。”

“当时，除了微软公司，还没有任何一家公司具备这样的能力或者知识。当然其他人也不具备获得成功所必需的动力。微软第一次开始成为整个电脑界的标准。盖茨说，‘我们制定了标准’——他的话就是指的这个意思。”

亨利·福特和比尔·盖茨不仅受益于大量生产、低价出售策略，也带来了大众消费结构的改变。

T 型车的开发，既是一种对于新的消费需求的响应，也是一种对于新的消费需求的呼唤。它把本来处于潜在状态的需求变成了现实形态的需求，从而引起了整个社会消费结构的变动，T 型车走进平民百姓的生活，自然不可能一蹴而就。它经历了长达 20 多年的漫长过程。正是在这一过程中，它作为一项持续的创新，不仅以不断改变的设计和工艺，而且以其消费示范效应和新的市场营销手段，一方面不断满足业已成熟的社会消费需求；另一方面也引导着社会消费需求的改变。让汽车从富人的奢华享受物成为平民百姓的生活日用品。

比尔·盖茨充当了亨利·福特曾经的角色。Windows 在 1986 年的首发式，与 1914 年的 T

型车的推出具有相似之处。比尔·盖茨将我们的世界从工业时代拖入了信息时代。但一个关键的问题是，比尔·盖茨仍遵循着亨利·福特的标准化原理，每个家庭的电脑上都使用着不同版本的 Windows 或是 Office。唯一不同的是，福特先生只让 T 型车涂上黑色漆，而盖茨先生允许你采取个人定制的服务。比尔·盖茨的微软公司让电脑从复杂的庞然大物摆在了每个人的桌子上。

独特的组织机构理念。作为当今世界的两个顶级品牌，微软和福特的成功可谓来之不易，除了其管理人的过人才智以外，微软和福特的魅力和卓著更来自其自身。

实行管理职能分工是科学管理的主要内容，泰勒认为按照职能分工的原理，必须把计划职能与执行职能分开。作为科学管理实验场所的福特工厂，直线职能式的组织机构建制，在当时的福特公司既有利于保证集中统一的指挥，又可发挥各类专家的专业管理作用。可以说从“福特制”之前，所有的企业很少有完整或者说是科学的组织机构。自从福特首创了“流水线”的生产方式，福特公司的整个结构就像流水线一般，紧凑、流畅地自上而下地运转。专业化、细化的劳动分工大大提高了劳动生产率，也让福特汽车公司像机器一样有规律地运作。独特的组织机构不仅促进了福特汽车公司的成功，也为以后公司的组织模式提供了借鉴。正像《福特传》中所评价的那样：

“川流不息的传送带，把整个工厂联系在一起，如果说‘泰罗制’的更多成分还只是停留在理论上的话；那么从产生起就用在了生产中，用在了更多地榨取工人血汗的‘福特制’正式诞生了，它为以后汽车工业的发展奠定了基本模式。”

“历史证明，福特公司这些开创性的业绩，带来了世界工业史上一个新的时代——大规模自动生产时代的来临。福特工厂的专家们不仅生产了汽车，而且生产出一套方法，而后者更具深远意义。‘福特制’的诞生对于福特汽车公司以至于整个资本主义世界生产的影响都是巨大的。”

无独有偶，如今微软的数字神经系统就像福特的流水线一样，是整个公司的血脉，贯穿于整个组织，为其提供新鲜的“血液”。这也正是德鲁克在《巨变时代的管理》中所倡导的以信息为基础的组织变革。而这场变革之所以能发生，在于蓝领基层逐渐被数量庞大的知识工作者（Knowledge Worker）所取代。

《比尔·盖茨的微软帝国》一书中说：

“……微软有近十万多的正式员工，超过一半是做软件开发的，另一部分做营销，其他人分布在各管理职能部门和法律事务部。人事、财务、生产、流通等，所有的管理职能统称财务行政部门，人员精减但管理效率极高，靠的是功能无比强大的实时在线管理系统，并将所有可能外包的功能一概外包。IT 部门管理着微软自己的‘数字神经系统’。盖茨曾提出衡量企业数字神经系统的标准，但不管用什么标准衡量，微软自己的数字神经系统都可能是世界上所有企业中最好的管理系统。覆盖及至所有功能末梢，而具有不可想象的灵活……微软的所有营销都是通过 OEM 预装和分销零售两个渠道营销系统完成的，是少有的 100%的渠道营销模式。”

组织变革是组织为了适应内外环境和条件的变化，对组织规模、结构及构成要素等适时地进行调整，其目的是提高组织对环境的适应能力。20 世纪 80 年代，在全球化、市场化和信息化三大时代潮流的背景下，组织的发展表现出组织运行高速化、组织合作网络化、组织结构扁平化、组织构建柔性化、组织运作团队化、组织管理人本化，更重要的是组织要保持领先的唯一办法就是比竞争对手更快、更好地学习，这就是彼得·圣吉所提倡的学习型组织。

在《第五项修炼》的开篇，彼得就有诸如此类的结论："90年代最成功的企业将会是'学习型组织'，因为未来唯一持久的优势，是有能力比你的竞争对手学习得更快。"

组织结构的倒置——将来组织中权力的大规模转移是现在组织结构的趋势，也是微软成功的秘诀。福特公司是传统的金字塔式组织机构建制，最上面的是福特，然后是中间层，最后是基层。指挥从上到下，决策来自最上层，下面是执行层。但是，接触市场最多的是基层。随着商品的多样性，顾客的个性化日益突出，就要求将金字塔式结构倒置，成为顾客—一线工作人员—管理人员的网络型组织。现在决策由一线工作人员决定，而上层领导变为支持服务。为了保证公司能拥有这种文化，盖茨采用了扁平化的公司结构，没有设置中层经理。他按照不同的任务将员工组织起来，只有一个项目经理调节团队内的工作，但没有被授予凌驾于别人之上的权力。从公司招聘人员时看重的素质到公司面试、挑选人员时的问题和程序，到公司的待遇和福利，所有人力资源措施都帮助微软建立了一种日后对员工行为和公司业绩产生巨大影响的公司文化，也巩固了盖茨作为领导者的精神地位。从福特的直线职能到微软的扁平网络化，组织结构的变革正在朝着简单、快速、高效的方向发展。

其次是把服务置于利润之前的经营理念。利润是企业的生命之本，经济活动的根本目的就是利润最大化。但是，如果企业仅把利润视为一笔钱，管理者只将企业作为赚钱的机器，则会限制管理者的眼光，更会影响和制约企业的发展。

亨利·福特和比尔·盖茨之所以能取得如此辉煌的成就，重要的一点就是二者所做的一切都是致力于证明"把服务置于利润之前"的事业是一种高贵的职业，它能使世界变得更加美好。作为良好的服务的报酬，利润只能是服务的结果，而不是经营的基础。就像在其自传中所总结的自己的经营"黄金原则"：

"第一，不断提高生产规模，保证产品质量优秀、设计优美、实用并迅速推向市场。

第二，永远追求产品的高质量、低成本、低价格。

第三，永不间断地逐步提高工人工资——绝不降低工人工资。

第四，以最经济的手段把产品推向消费者，以期得到产品低成本的实惠。"

这些基本原则可以用一个词来概括——"服务"。"服务"是福特产业哲学的一个范畴，他认为真正的产业不是赚钱而是服务，是为"生产而生产"，是使一个死气沉沉的体制变得生机勃勃的精致艺术。

除了"黄金原则"，福特将"服务理念"贯穿于他整个的管理过程中，在《向前进》（亨利·福特自传）中，福特对其理念做了如下的解释："我只是明白以服务为基础而建立的企业必能得到发展，即使是在现有金融机制无法改变的情况下。"

"何为工业理念？工业理念的实质并非是赚钱。它是要以数以万计的需要这一理念的人来体现一种服务的理念。生产再生产，尽力去寻找可以使生产炼化为艺术的一种制度，使生产可以持续发展，以建设更多的车间及生产更多有价值的商品为基础而提供方法的才是真正的工业理念。"

亨利·福特有这样一段比喻很生动，也很富有哲理。"如果你遇到将企业比为河水，认为利益流到身边，就应当停下来的人，你就是遇到了一个认为停止企业产品的流通，企业还能持续发展的人。他想获得利润但只想通过这种停止生产利润的方式来获得。"

对于自己的这种基于服务的管理理念，亨利·福特信心十足。

"糟糕的经营管理必能在服务的原则下得到改善，从而让我们开始将服务与金融的原则应用于现实。"

能够触摸到福特境界的企业家大有人在。比尔·盖茨，这个改变了现代经济生活秩序的退学学生和世界首富，不只是把世界夷平，也为企业家构建了畅通无阻的沟通平台，而且提升了人类的福利层次。

比尔·盖茨是当今个人财富最多的人，虽然他生活俭朴但他并不吝啬。除了对员工、朋友外，盖茨对于慈善事业的捐赠更是慷慨大方。他不仅从金钱上改变着很多人的生活质量，他的思想也深深地影响着我们这个时代的人。1999年，盖茨撰写了《未来时速》一书，向人们展示了计算机技术如何以崭新的方式来解决商业问题。他的"服务理念"触角延伸到人们生活的各个角落。比尔·盖茨的所有开发和产品都是围绕着迎合消费者、服务消费者而展开的，特别是随着网络技术的发展和互联网的进步，为了在未来的计算机发展过程中处于有利地位，Microsoft积极推出了自己的.NET战略。作为微软公司的新的战略，所有的微软产品都将围绕这个战略开发。什么是.NET？用比尔·盖茨自己的话说：

".NET体验是最终用户与XML、Web服务交互的一种手段，是微软以服务的方式递交软件的一种策略。它是将Internet本身作为构建新一代操作系统和应用程序的基础，大大延伸了当前的网络和系统设计思想，这样，开发人员将能够彻底摆脱硬件设备和非兼容环境的束缚，轻松地实现各种环境的网络互接。Microsoft.NET能使用户通过Web与众多的智能设备交互，同时确保用户而不是应用程序控制这个交互，它能使用户对应用程序、服务、个性化设备的体验简单、一致而安全。无疑，Microsoft.NET是当今计算机技术通向计算机时代的一个里程碑。"

正是这种"服务理念"让微软在IT行业创立了一个又一个里程碑。也就是这个巨人，在一次访问偏远的印度乡村时，几个印度农民跑向比尔·盖茨，感谢微软提供的软件，使得远程诊断成为可能，解救了乡民的生命。看着他们朴实真诚的笑容，盖茨的眼泪夺眶而出。他真诚地说，提升人类福利层次，是他生命的全部意义。

最后，我们探讨的是最为重要的"以人为本"的员工管理理念。企业在本质上无非经营这三种资源，一是人力资源；二是客户资源；三是物质资源。其实企业本身生产什么产品或提供什么服务并不重要，最重要的是把经营管理的注意力聚焦在人力资源和客户资源上。这样，企业家和管理者的经营理念和思路境界就全然不同了。

福特时代是蓝领阶层成长的时代，那些刚刚擦净两腿从农田来到生产线旁的工人在福特的工厂学习标准化的操作流程，经过简单培训，就可以高效率、高质量地工作。这些雇员逐渐成为工业社会的中坚力量，作为一个脱离农民的崭新阶层推动着美国的发展。处于社会生产力水平正在经历从农业社会到工业社会的变化的"蓝领"大多是农民出身，受到的教育也十分有限，物质的相对匮乏，让人们更多的是去关注生理上的需求，生产者为了更多地创造财富，把人当成经济人，而忽略了人的社会属性和各种需要。工业时代的管理方式是由当时的生产力水平所决定的。这也决定了福特对员工的管理方式，但相对于当时的时代，福特做出了比其他领导者更明智的"员工管理方式"这是不容忽视的。

福特对于人才的重视达到前所未有的高度，而且许多先进的管理理论都可以从他的思想中找到影子。

1. 五美元薪酬制度，就是最好的证明

虽然现在的管理书籍一再强调薪水并不是唯一的激励手段，把工人单纯地定义为只想拿高薪的经济人是落后的。但是，在100年以前，在所有企业都奉行着传统的工资关系的时候，福特能够率先打破常规实行"五美元工资日"等创举，不得不再次说明亨利·福特对人性的理解以及对以人为本最完美的诠释。也证明了他对管理的独到见解，开辟了激励手段的新纪元。

福特曾在其自传中说过：

“工资的支付和领取绝不只是金钱的简单转移。对工人发放工资连同雇佣一起常常被传统的云雾所笼罩。一方面，在主与仆的传统关系中，主人要善良、有眼力，而仆人们要对主人感激、依赖；另一方面，认为公司应该像一个大家庭，其中质量意识、和谐气氛及民主管理至关重要。在我看来，工人的工资以及雇主与雇员的关系，绝对不是相对独立的小世界，它们都是社会的一部分，并依赖于整个社会而存在。这种工业生产关系由工人对社会做出的工作量以及社会从中的受益程度所决定，后者当然受到工人所提供的服务质量和强度的制约。只要愿意，我们完全有能力改善这些关系。但是，我们必须抛弃这种想法，即雇员和雇主之间的关系是一种主仆关系……如果他把工作做得很好，他就会得到好的薪水，就像他生产出优质产品一样，在他领导下的员工也可以获得好的报酬。事实上，这是效率问题，绝对不是慈善行为……”

正是对雇主与雇员关系独到的见解，使福特有理由向传统的工资关系挑战，同时也用高效率的生产改进了这种工资关系。1914 年年初，福特汽车公司宣布将立即把工人的常规薪水翻一倍。此举很快地就被称为“5 美元工作日”，和亨利·福特的名字永远联系在了一起。

首先，公司决定把工作日从 9 小时下调到 8 小时；其次，工厂把原来的两班制改为三班倒以使生产不间断地进行。第三项令所有记者们目瞪口呆的新政策：福特汽车公司宣布在一个星期之内为工人建立起每天 5 美元的基本薪酬率，总数大致为现有薪水的两倍。

福特在 1914 年整年的报界采访中，都声明新的薪资政策来源于若干人民主义原则。在库森斯眼中，“5 美元工作日”是一个准绳，能够衡量一个公司是否进步，是否达到了现代化和人性化。“一家公司如果能把每个员工当做个人和实体来对待，就会发现公司因此有了灵魂，就会做到不太明智的竞争者们所做不到的事情。”

5 美元日薪制产生了一系列的连锁反应，福特为此说：“我宁愿我的公司里有两万富裕起来的新一代的工人，也不愿我的公司里只有一小撮新贵族和百万富翁！”

这是一个人力资源管理中的跳跃，但这并非只是福特利他主义的决定，福特依靠保证他的工人具备购买轿车的能力，成功地为自己的产品创造了一个巨大的市场。但不管怎么说，福特的高薪制度不仅提高了当时工人的生活水平，更促进了一个工薪阶级的产生。

与福特的公司如出一辙，微软公司也并未放弃薪酬对员工的激励，但又不乏具有信息时代特征的薪酬改革。知识工作者已经越来越被大家所认可，德鲁克认为知识工作者不再是企业的成本，而成为利润中心。因此，知识工作者既是老板的雇员，也是雇员的老板。正因为如此，企业必须了解知识工作者的需要、要求及期望。这也是人性假说从 X 理论向 Y 理论过渡的现实基础。同时，知识工作者可自行掌握“生产工具”——知识，但知识却是必须终身学习才能持续拥有的。为此学习已成为知识工作者一生中最重要的工具。因此身为知识工作者的经理人对员工的管理，既要注意影响员工的保健因素，也要利用激励因素去激发职工的工作热情，并保持持续的创造动力。

在以信息为生存资源的微软，对知识员工的管理更是重中之重。盖茨正是意识到这一点，才让微软成为人才集聚的宝地。那到底盖茨用什么“特别方法”让更多的成功人士为其工作呢？

大家都知道，微软是使用股票奖励普通员工的企业之一。微软员工可以拥有公司的股份，并享有15%的优惠，高级专业人员还可以享受更大幅度的优惠。因此，微软员工主要的经济来源并非薪水，而是股票的升值。有了员工拥有股票的比例比其他任何上市公司都高的优势后，微软才得以把员工的薪水压得比竞争对手都要低。这种将员工的个人利益同公司的效益、管理和员工自身的努力等因素结合起来的做法，具有明显的激励功效。

在对微软应用部门进行的一次调查中，有88%的雇员认为微软是该行业的最佳工作场所之一。除了自由的工作空间、宜人的工作环境和具有挑战性的工作外，独特的薪酬制度更让绝大部分的员工得到了发展的保障。

在对员工的奖励方面，盖茨和微软一直是最慷慨的。微软的薪酬激励体现在股票和期权上。作为第一家用股票奖励普通员工的企业，毫无疑问微软乐意与员工分享财富，在这个方面其他公司绝无可以出其右者。在决定奖励的过程中，微软公司对员工的业绩考核采取经理和员工双方沟通的形式。他在人员管理上最富人情味、最富人性化的举措让微软这个拥有三万多名员工的庞然大物充满了生机。

在《比尔·盖茨的微软帝国》一文中，作者将这种方式定义为“让员工和公司共同致富”。文中如是说：“微软的人员管理是成功的，微软的员工管理最重要的一点就是让员工分享公司的利益。”

很多人知道，比尔·盖茨是世界首富，这并不在于他的工资，而在于他拥有公司的股票。当微软公司的股票价格持续上涨时，盖茨的财富就会水涨船高。同样，持有股票的微软员工也就有许多人成为百万富翁，约翰·希布鲁克在《纽约人》中这样写道：“世界上没有其他任何地方会像微软那样有那么多的百万富翁和亿万富翁每天都上班工作——其中1.5万员工中有2200名员工都拥有价值至少100万美元的微软股票……”

十年以后光是千万富翁就超过了2000人。现在虽然盖茨已经辞职，但他与员工共同致富的理念仍在微软延续。

随着管理理论与手段的不断进步，我们不难发现，工资在薪酬激励的组成中所占的比例越来越少。从福特的“5美元工作日”到微软的“股票奖励”，工资的身影越来越模糊，激励的形式在不断地上升到更高的层次。但无论怎样变化，我们必须要认识到这背后所隐含的真谛——了解人性，并能在一定程度满足人性，这也许就是盖茨和福特成功的奥秘所在。

2.“无头衔管理”所倡导的公平、自由、发展

对员工的重视，虽然两人采取了不同的手段和方式，况且二者所处的管理时代不同，所掌握的管理理论及管理理念自然会有差异。但是在合理地奖惩员工、废除头衔制度、挖掘员工潜力等方面二者却惊人的相似。在底特律工厂和微软里，亨利·福特和比尔·盖茨给员工的不仅是生活的保证，更是一种公平、自由、发展的工作环境和生存空间。

提供一个公平竞争的平台，把机会给有能力的下属，是福特一直秉承的用人原则。微软公司内部也实行独树一帜的达尔文式管理风格：“适者生存，不适者淘汰。”微软采取360度的全方位工作评估方法，即由员工本人、负责经理、直属下属、同事、客户对员工做全面的评价，以保证评估的客观性。

对于“无头衔管理”方式的态度，二者有高度的统一。

“树上沉甸甸地挂满了漂亮的圆圆的浆果……职责严格地限制在他的浆果的周长之内。”

农夫的儿子这样描述“办公室政治”。

在另一部自传《向前进》中，福特也曾谈到自己对员工管理的认识：

“企业头衔之风盛行，因而导致业绩低下。糟糕的特征之一是按衔论责，这种恶劣游戏

直接导致人人负责、人人没有责任。"

"一群人聚集在一起工作，不是为了给彼此写信；对人们来说，为了一起工作，用不着彼此相爱。"他认为，"大量的劳工骚动都是起源于那些下级管理人员不公正地行使权力。"

在内部管理上，福特公司提倡最大限度的"无头衔管理"："没有特别的职责附加在任何职位上，没有一系列的上下级权力等级，也几乎没有头衔，没有会议……没有繁文缛节。"这为员工提供了一个更为轻松、自由的空间，也为他们的晋升、提拔找到了依据。

福特说："一个人的晋升应该取决于他的工作业绩，而不是依赖于某个人的好恶。"

亨利·福特也曾表示：当你考虑的是把工作做好，而不是为一个想得到提升的人找一个合适的头衔时，那就不会有提升的困难了。

亨利·福特曾说过："头衔是权力的象征，头衔制度是僵化的管理体制。如果哪个公司还保存着这样一级级的森严的管理体制的话，那它的管理层和员工之间也肯定不会有融洽的关系。"福特认为工作不需要头衔而应该本色用人，所以废除多余的头衔，工人们每天都能看到他安详、和蔼和精力充沛的老板出现在各个场所，福特很随便地穿着工装和大伙儿混在一起，既出力也鼓气。福特汽车公司的早期雇员都很崇敬老板，因为他平易近人，对机械活有一种发自内心的热爱。福特也以其宽松的管理风格影响了公司的演化。他在日益壮大的工人队伍中游走晃荡，既提供鼓励也提出看法，努力营造轻松友好、同甘共苦的精神，大伙儿都称他为亨克或亨利。

比尔·盖茨也同样不喜欢制度森严的人员管理。有人说："微软员工的办公室看起来更像是一个大学的宿舍，在这里员工可以尽情地彰显自己的个性。他们可以在墙壁上涂鸦，可以悬挂各种照片，可以有各种个性化物品装饰，还可以把自己的臭袜子放在桌上，把电脑扔在地上……"

在微软，无论是开发、市场还是管理人员都可以保持自己的独立性。资深人员基本上没有"特权"，依然要自己回电子邮件，自己倒咖啡，自己找停车位，每个人的办公室基本上都一样大。

"有一次，一些从中国来访微软的教授在等待听 Jim Gray（发明数据库的著名科学家，图灵奖的获得者，加州研究院的院长）的演讲时，看见一个满头华发的老头趴在地上接电线，还以为他只是一名老工人。等他站起来时，大家却惊讶地发现，他就是演讲者 Jim Gray，这些教授都很震惊，没想到连 Jim 这样的人都亲自动手接线装电脑。"

微软就是这样一个崇尚技术、人人平等的公司。盖茨的这种崇尚自由的"办公室理念"不仅为员工创造了最理想的工作环境，而且突出了"办公平等"的意识。微软公司的人格化管理，特别是其中无等级的安排让许多其他公司的员工欣赏，也为提高微软员工的合作精神和合作能力打下了基础。

微软核心理念是"激发每个员工的潜能"。微软公司的高明之处就在于不是靠制度管理，而是靠文化渗透。"我们公司与其他公司最本质的区别就在于所雇用的员工素质不同。公司整个系统的基础就是员工们敏锐的思维方式和惊人的工作效率。"唐骏说："什么时候才能把你的潜能激发出来？很简单，当你充满激情的时候。"在盖茨看来，一个成就事业的人，最重要的素质是对工作的激情，而不是能力、责任及其他。他的这种理念，成为一种微软文化的核心。鲍尔默是天生激情派。他的管理秘诀，就是激情管理。激情管理，给人信任、激励和压力。这位更擅长团队管理和公关的微软新掌门一上台，就向媒体公开了"重组微软"的核心价值观：用激情主义在合作伙伴、客户和业界同仁中塑造微软诚信的商业新形象。虽然在工业时代，关注员工能动性的理论并不是很完善，甚至没有很成功的案例。但是福特工厂对员工的尊重和充分授权不得不说是那个时代的进步，也正因为如此，福特的流水线、T型车等才能走入百姓的视线。

亨利·福特和比尔·盖茨之所以采用一系列有利于员工的措施，根本点在于二者对员工的重视、对人才的重视。

人是企业管理中最重要的一环，而人才就是这个环节的关键点。一个企业人才的能力决定着企业发展的未来，并发挥着“二八法则”所说的那80%的贡献。所以，对人才的重视以及合理的管理是每个企业都不能忽视的。加强对核心人才的管理，提高核心人才的忠诚度，如何留住核心员工，做到“相退而不相碍”成为企业人力资源管理的重要职能。

福特汽车公司是世界上一家大名鼎鼎的公司，该公司有个显著特点，就是非常器重人才。一次，公司有一台马达坏了，公司所有的工程技术人员都未能修好，只好另请高明，这个人叫思坦因曼思，原是德国的工程技术人员，流落到美国后，一家小工厂的老板看重他的才能雇用了他。福特公司把他请来，他在电机旁听了听，之后要了一架梯子，一会儿爬上去，一会儿爬下来，最后在马达的一个部位用粉笔画了一道线，写上几个字：“这儿的线圈多了16圈。”果然，把这16圈线圈一去掉，电机马上运转正常。亨利·福特因此对这个人非常欣赏，一定要他到福特公司来。思坦因曼思却说：“我所在的公司对我很好，我不能见利忘义，跳槽到福特公司来。”福特马上说：“我把你供职的公司买过来，你就可以来工作了。”福特为了得到一个人才，竟不惜买下一个公司。

可谓“千军易得，一将难求”，福特求贤若渴的举动让人不难理解，因为市场竞争归根结底就是人才竞争，设备需要人才去操作，产品需要人才去开发，市场需要人才去开拓，人才意味着高效率、高效益，意味着企业的兴旺发达。没有人才即使硬件再好，设备再先进，企业仍然难以支撑长久。

几十年以后的盖茨更是深知在信息社会，人才对于微软的意义。曾经有人采访盖茨成功的秘诀。盖茨说：因为又有更多的成功人士在为我工作。盖茨对此充满了自豪感：“在我的事业中，我不得不说我最好的经营决策是必须挑选人才，拥有一个完全信任的人，一个可以委以重任的人，一个为你分担忧愁的人。”盖茨为了网络人才，无论是从薪酬上、工作环境上、激发个人潜力上都下了很大的工夫。微软公司之所以能迅速崛起，与之非常重视人的作用，愿意给员工提供充分的空间，发挥他们最大的作用和潜能密不可分。

不仅对人才如此，亨利·福特和比尔·盖茨都非常重视人性的因素，尊重每一位职工，并让员工参与生产决策，团结一致共建行业王国。

综上所述，我们可以看出：指导福特和盖茨的管理思想各不相同、二者所管理的对象也存在很大的差异，这导致了两者所采取的管理方式、方法特别是激励手段是不同的。这里有时代的特征，也受到当时管理领域大趋势的影响。但是从诸多不同中我们却可以看到对管理领域默认的假设、规律和惯例进行质疑和挑战是成就二者独特管理理念的关键。

从上面的比较分析中让我们看到了管理理论发展的轨迹，从泰勒的科学管理到战略管理、人性管理。管理理论是不断变化的，面对巨变作为管理者只有接纳巨变，甚至再造经营理论、把握管理的发展趋势，才能创造机会、创造经营的优势。

四、管理成就比较

在福特之前，没有一个企业家像福特那样通过持续不断地为顾客和职工创造价值来使自己获得价值。而他在管理上所获得的成就如一笔宝贵的遗产为以后的企业家提供了经验和方法。在这里我们暂不去探讨比尔·盖茨是否从福特的管理遗产中有所借鉴，但当比尔·盖茨辞去微软职务，在他的身后留下的是同福特同等分量的成就。

福特创造了一种不同于20世纪以前企业主实行的崭新的企业管理方式。

它再也不把"买者自当心"作为信条，一有机会就坑他们一把。它不但不与顾客为敌，而且把他们奉为"上帝"，尽可能满足他们从功能到质量到价格的多种多样和挑剔的需求；它也不再与职工为敌，而是尽可能公平地对待他们、满足他们。当然，这种新企业在福特时期还仅仅是个雏形。

《福特传》中，详细地介绍了福特崭新的企业管理理念：

"作为领导者，雇主的目标应该是，比同行业的任何一家企业都能给工人更高的工资。"亨利·福特的工资观念体现了"开明的利己思想"：工人得到每天6美元的最低工资；工作时间率先由9小时缩短为8小时。

他不主张雇用"双职工"，因为母亲出去工作是"对小孩作孽"。

"高工资"还有一个含义。经过分析，7882项工作中有4034项并不需要完全的身体能力。这成了福特工厂雇用残疾人士的理论基础。上万名残疾人士平等地获取正常工资。

除了工资，还有福利。享有福利的条件是：负担家庭生活的已婚男人，以及"生活节俭"的单身男人和抚养亲戚的妇女。

高工资结合福利有助于实现低成本。工人对工厂有深厚的感情，提高效率、增产节约的创造性办法就会层出不穷。

好的建议往往来自于认真工作的工人们。用高架传送装置把铸铁从铸造厂运送到机器车间，这为运输部节省了70个人。据估计，福特公司在节约上得到的收益超过4000万美元：如果每个零件都节省一分钱，一年的总数可达上百万美元；从清扫的垃圾中一年可以获取60万美元；采用一种特殊螺丝一年可节省50万美元……

"工资解决了9/10的精神问题。"亨利·福特总结道，"就像我们并不知道工资要高到什么程度一样，价格要低到什么程度我们也不知道。"

福利的享有者甚至包括了客户。

"1914年7月，也就是在新的工资制实施了几个月后，福特汽车公司又在全国宣布：如果福特公司在今后12个月内售出30万辆T型车的话，那么每个购买T型车的顾客将可以获得50美元的回扣作为报酬。这就意味着福特汽车公司又准备在未来的一年拿出1500万美元作为对消费者的回报……"

这种慷慨的举动又一次在全国范围内引起了轰动。一年后，成功地售出了31万辆车的福特公司信守了自己的诺言。顷刻间，分享了1550万美元的客户一下成为福特汽车公司的义务宣传员和福特本人的热心拥戴者。显然，这也是亨利公关行为的绝妙一笔。对于企业来讲，塑型与发展之间有着极其密切的关系。

同福特相同，比尔·盖茨在21世纪也创新性地开辟了崭新的企业管理方式。

众所周知，微软这个跨国公司拥有庞大的机构与组织，如何有效管理是至关重要的。管理有很多方式，一种成功的方式又并非是万灵药。如何在其时代中独领风骚，找到顺应时代发展的管理方式才是最重要的。而比尔·盖茨就是懂得如何审时度势创造适合自己、适合大环境的那个人。

21世纪是用信息链编织的互联网，要想在这个网中生存并壮大，就要求企业要有灵活的执行能力和敏捷的反应速度。而比尔·盖茨所创造的微软管理方式如福特的一样，也可以算是信息时代的创新。

通过网络上传下达了解各种相关的信息和发生的情况，把网络当成管理工具实时处理公司事务并与员工进行沟通，网络管理了公司的一切事务。可以说微软管理的方方面面都实现了网络化：网络化的财务系统、人事管理系统、培训系统等。

《比尔·盖茨的微软王国》也十分肯定这种管理方式的成功：

"提起微软公司和比尔·盖茨的成功原因，有人说比尔·盖茨靠的是知识，有人说比尔·盖茨靠的是自己的商业头脑，甚至还有人说比尔·盖茨靠的是运气，但更多的专家认为微软公司的比尔·盖茨成功的关键在于他和他采用的管理方式。"

通过美国记者采访微软部分高级员工，我们可以发现隐藏在微软公司背后，使比尔·盖茨成为世界首富的种种管理策略。

"尊重失败"是微软对每一个员工灌输的思想，比尔·盖茨告诫员工微软离破产永远只有18个月。"失败是成功之母"，微软的管理实践已验证了这句中国古话的正确性。

在《比尔·盖茨全传》中是这样写的：

"在盖茨的领导下，微软的使命是不断地提高和改进软件技术，并使人们更加轻松、更经济有效而且更有趣味地使用计算机。创业的过程就是在不断的失败中跌打滚爬。美国3M国内公司有一句关于创业的'至理名言'：为了发现王子，你必须与无数只青蛙接吻。"

这个面向互联网的软件开发过程说明了勇气和执著十分重要，但是它们背后应该不是一个盲目地执著和自信，是要有一个像比尔·盖茨这么有智慧的人，知道什么时候该执著，什么时候该有自信，什么时候该承认错误。

微软的这种管理境界和管理哲学是很多企业所不及的，这些也是很多企业应该向微软学习的。用微软自己的话说："失败是成功的一种需要。"

"释放信息"是微软提倡的一种管理方式。

"很多公司将信息视作一种权力或是私有财产，恰恰与此相反，微软已经将'释放信息'的工作方式发挥到极致。在这种形式的背后，盖茨创造的是一种互相信任、协助、高效率的工作气氛，培养了员工个人成功服从公司成功'任何人的工作都是为了公司的发展'的企业理念。"《未来之路》中写道。

"团队协作"在这个知识主导的时代更多地被比尔·盖茨所提倡。

"……IT业是一个出英雄的行业。但随着经济日益全球化，这个行业越来越理性，市场越来越规范，英雄也越来越少。团队协作更多地被提倡。单靠个人或者少数人的力量已经不行了，个人英雄的时代业已结束。"

领导方式与企业的发展是需要匹配的。松下幸之助说："当我的员工有100名时，我要站在员工最前面指挥部署；当员工增加到1000人时，我必须站在员工的中间，恳求员工鼎力相助；当员工达万人时，我只要站在员工后面，心存感觉即可。"

亨利·福特和比尔·盖茨在企业管理方式上的创新，既是二者对当下的理性分析又是他们大胆革命的结果。管理方式的创新不仅“惠顾”当代的企业，更为今后的企业提供了改进的依据。

福特创造了一个不同于20世纪以前的崭新的市场。

汽车并非福特发明，汽车行业也在福特汽车之前就已经存在。1886年德国工程师本兹(Karl Benz)发明了汽车。1893年美国工程师杜里埃兄弟造出美国第一部汽油汽车。1896年作为爱迪生照明公司主任工程师的福特，以“发烧友”的身份在自己的工作室造出了一辆汽车。到1899年美国共有30家汽车制造商，每年生产2500辆汽车，但美国汽车市场仍是欧洲车的天下。所有这些汽车都像今天的劳斯莱斯一样是“打造”出来的，而不是“生产”出来的。

但是正因为亨利·福特所倡导的“低廉策略”让汽车走进了千家万户。流水线产生的规模经济效应为“低价策略”打下了基础，而不断的薪酬改革提高了工人的购买水平，让贫民买车成为可能。

卖最便宜的东西才能赚最多的钱，它背后是经济学的一条基本原理，叫需求弹性：更便宜才能换来更多的需求，为消费者创造更多的价值（剩余），消费者才能更多地消费以回报给你更多的价值。福特恰好满足顾客在价格上的现实需求。

福特认为工人有了钱才能购买包括福特汽车在内的由于大规模生产而降低了价格的工业品，从而扩大整个工业品的市场。在这个市场中，消费者和生产者是统一的。企业通过创新，从降低价格和提高工资两方面使构成这市场的人获益，这就大大扩展了市场在质和量两方面的容量。大容量的市场提供了较大的激励，推动了各种各样的创新。

在1865~1923年的近60年间，美国的平均工资每30年大约增长1倍，而在1923~1929年的7年间就增长了1倍，同时劳动时间大大减少，工人队伍大大扩展，在整个20年代，构成了强大的购买力和生产力，使美国成长为世界最大的市场，促进美国经济的高速成长。

所以可以毫无疑问地说，亨利·福特在乡村广袤的土地上开辟了“大众汽车”的市场。《福特传》一书中作者对这一成就是如此描述的：

“……经过长期思想上的酝酿，一个崭新的和当时汽车产业的高档化、贵族化趋势背道而驰的生产经营理念逐渐呈现了出来，那就是要引导汽车消费的大众化趋势。而这一想法在多大程度上是可以实现的，亨利心里也没有底。然而不久N型车的畅销使得亨利彻底驱除了笼罩在心头的疑云，坚定了自己的信念……”

“亨利把几个月以来自己考虑的公司发展方案展现在大家面前：公司将致力于生产的标准化，生产规格统一、价格低廉、质量优越、能为广大公众接受的产品。昂贵就是灾难！大家的眼睛都不要光盯着那些富人的口袋，全美国的富人本来就少，况且有多少汽车厂商都在打那些富人的主意。我们要想立足，要想获得大发展，只有另辟蹊径，在社会公众中寻找市场，在中等收入阶层赢得我们的市场。”

比尔·盖茨也创造了一个不同于21世纪以前的崭新的市场——软件产业，来迎接信息时代的到来。

当所有人都盯着大型机目不转睛的时候，比尔·盖茨已经怀揣“让电脑摆在每一张桌子上面”的理想。盖茨之所以能够创业成功，其奥秘之一就是牢牢把握了时代的脉搏，掌握了市场的先机。快速掌握并合理利用信息成为盖茨成功的法宝。与其说盖茨是创业家，不如说是产业预言家，少年的他就已经洞察大型机的末日来临。而当所有人蜂拥而挤进小型电脑行业的时候，盖茨已经在悄悄地转向软件行业了。

《比尔·盖茨的微软帝国》写道：

"'计算机的普及势必到来。'艾伦不停地对盖茨重复这一点。他们不是顺应甚至领导这一场计算机革命，就是被这一革命抛到后面去……有段时间，他们考虑制造自己的计算机。艾伦比盖茨对计算机硬件更感兴趣，而盖茨对计算机软件情有独钟，软件才是计算机的生命。"

"……由于有了它们，软件行业发展成为独立的实体，软件行业如同出售其他任何消费品一样出售其产品，并确保了自己的尊严、信誉和财源。"

如今软件已经像比尔·盖茨相信的那样，成为电脑的灵魂。没有了软件的支撑，功能再强大的电脑也只是一台机器，无法发挥其功能。比尔·盖茨成功开创了电脑软件这个市场，并确立了软件市场在整个社会经济中不可或缺的地位。

需求有现实需求、偏好需求，更有潜在的需求。需求决定市场，市场也会影响需求。就像亨利·福特开辟的市场满足了消费者的现实需求，斯隆满足了顾客在偏好上的现实需求，但盖茨却创造了市场，挖掘到了顾客的潜在需求。

无论如何，二者所创造的崭新市场都让消费者得到了最大的实惠。

福特还创造了一个不同于20世纪以前的崭新的社会。

不可否认的事实就是，亨利·福特将美国从农村经济带入了工业时代。流水线的推广创造了工业化，高效率提供了高工资的可能。而5美元以至于不断提高的日薪，让福特创造了一个蓝领中产阶层。工人摆脱了马克思所说的"绝对贫困化"的命运，他们有了自己的汽车、住房和以后的股票。他们也有能力使自己和自己的后代接受更多的教育。

社会的大多数人历史性地告别贫困，这是自有人类历史以来的第一次。而这条道路是福特开辟的。福特还允许企业工会的成立。富裕了的工人可以出钱请律师来保护他们的利益。在《亨利·福特——他的生意和生活》的最后，作者史蒂芬·沃兹这样评价道：

"在漫长的生命旅途中，亨利·福特逐渐成为美国的象征。他采取大规模生产的方式把汽车带进了寻常人家，无可逆转地改变了公众生活。汽车引发了一场革命，打破了与世隔绝的乡村生活，推动了城郊发展，建立了道路和公路系统以及与之相配套的服务行业，使汽车工业成为美国现代经济的基石，通过分期付款而促使信贷系统得以扩展，还改变了男欢女爱的性质和模式。"

而福特对这种改变的认识更为清晰：

"旧时的种田方式，现在已快速地变为一种田园风景的记忆了。但这并不表示将从农场中见不到农活，'任何生产业的生活都无法没有工作。'但用动力于农业生产确实标志着乏味的劳作在农场中将日渐变没。将动力应用于农业生产即是将人体上所负担的工作转放在钢铁上面。我们的时代，正是动力应用于农业生产的扩展年代……"

任何人都有可能引领时代，只要他能把握住时代的走向。福特是这样，比尔·盖茨也不逊于工业时代的缔造者。他也站在了同亨利·福特一样伟大的时代的尖端——信息时代。

知识经济的理论家推崇盖茨为知识时代的英雄。

的确如此，是比尔·盖茨将信息时代的大门开启，将世界从工业化推向了信息化。不管以盖茨一人之力是否可以撑起"知识时代"的天空，但是他的贡献是至关重要的。是他让笨重的机器缩小化、智能化，更是让只能进行简单计算的电脑有了灵魂。除此之外，比尔·盖茨的神奇，不仅仅在于他在短时间内使自己成为世界首富，而且因为他改变了当今人类的思维模式，缩小了时间和空间的概念。虽然如今的盖茨饱受争议，但他的影响力是任何人都不能忽视的。《华尔街日报》著名专栏家虽毫不留情地抨击微软的"霸道"，但也毫不掩饰地赞叹道："不过，批评归批评，抨击归抨击，微软的垄断地位至今无人能动摇，因而对于用户而言，明知有陷阱，也不得不沿微软'指引的道路'前进。"

盖茨之所以有如此的成功，在于他像福特那样清楚自己正面临一个时代交替的路口。在比尔·盖茨的第二本书《未来时速》（Business @ The Speed-Of Thought）一书中，他继《未来之路》之后又具体描述了信息产业前景。在书中他认为：

"'80年代我们注重的是质量，90年代注重的是企划，21世纪注重的是速度。'比尔·盖茨在书中还论证了科技对未来社会的影响，'我有一个简单而强烈的信念，你怎样收集、管理和使用信息，将决定你事业的成败。'"

比尔·盖茨还描绘了信息时代的工作方式：

"这些新出现的硬件、软件和通信标准将会改变企业和消费者的行为。在10年之内，大多数人将会经常性地在工作时和在家中使用PC、例行使用电子邮件、链接到因特网，携带着存有他们个人的和企业信息的数字设备……在将来，便携式数字设备就会使我们经常地与其他系统和其他的人保持接触。日常生活使用的设备，如水表、电表、安全系统和汽车也将会连接起来，随时报告它们的使用情况和状态……"

"……这些数字信息的各种应用都在接近一个转折点即消费方式改变的突然性和大规模性。它们将一起根本性地改变我们的生活方式和商务世界……"

从个人道德角度看，福特是个独裁者，正像《财富》杂志指出：正如任何其他绝对权威一样，福特先生的权威已经倾向于走极端了。作者史蒂芬·沃兹在《亨利·福特——他的生意和生活》一书中说：

"福特在30年代对公司时断时续的管理产生了三大问题：

其一，公司的权力线索自早年以来就有些不明不白，现在则扭成了一团打不开的结，埃德赛尔、索伦森和马丁等人物占据了权力的制高点，但他们之中没有人能够统管全局或者得到公司首脑的充分信任。

其二，福特对更大的公共事务的判断和他的行政决策一样，事实证明是离奇怪诞的。

其三，福特在大萧条经济中对工业劳动者不断升温的不满情绪做出了不良反应，在红河厂区引发了一系列大规模的劳资暴力冲突。"

而彼得·德鲁克在《管理的实践》一书中也同样指出：

"亨利·福特的暴政中最为根本的就是他系统地、有预谋地、有意识地试图排除管理层，从而独自掌管这几十亿美元的商业帝国。只要他的助手试图做出决定，都必定会被密探报告给他。"

福特还是一个反犹太主义者、希特勒法西斯的支持者、自大狂和阴谋家。他幻想靠他的力量就能结束第一次世界大战。他散布谣言使小股东抛弃福特公司的股票，他却暗中收购，最终获得公司的完全控制权。

但是，从历史的角度看，福特是旧企业、旧社会的掘墓人，也是新企业、新社会的不情愿的拉幕人。这种历史和道德的二律悖反再次说明人类社会的复杂。

福特作为企业家的伟大之处还在于，他不仅创造了一种前所未有的企业和社会价值，而且创造了获得这种价值的内在逻辑。

比尔·盖茨也同样备受争议，虽然所有的人并不能离开他以及他的微软，但是他仍挣扎在"众矢之的"的困境中。但不管怎么说，谁也改变不了的事实就是比尔·盖茨发挥了同亨利·福特同样的作用——新企业、新社会的拉幕人。

五、福特和盖茨的管理局限

在以上各部分，我们更多的是分析了福特和盖茨之间相似的地方，有着这么多共同特点的他们最终都创造了辉煌的成就。一个是开启工业时代大门的领军者，另一个是信息时代的传奇人物，他们以及他们的公司，成了一个时代的标志和骄傲。但是，为什么开始同路的人却得到迥然不同的结局。

就是在福特大获全胜的那一刻，若干根深蒂固的问题开始产生出一种潜在的不安，有一小股评论家对福特处理劳工问题的方式、他的企业管理手段乃至他的改革家名声都提出了质疑。未雨绸缪，在更实际的层面投下了阴影：福特汽车的销量于 1923 年达到了新高随后在日益激烈的竞争中开始走下坡路。无法理解多元化的顾客需求而固守单一的 T 型车，使福特公司走上了漫漫的反思之路。福特后期的管理比较僵硬，有些不跟时代。

而微软较福特则显得更幸运，虽然经历了诉讼、工人流失等一系列问题，经过不断的反思与改变，今天的微软仍然是互联网界的老大。是什么导致了这样的两种结局呢？我想主要有以下四个方面的原因：

第一，对知识的认识。知识改变世界，没有知识的创新是粗糙的、原始的。而在对待知识方面，福特远比盖茨更轻视其作用。对教育、课本、知识福特可以说是嗤之以鼻的，比起教育亨利·福特更喜欢实用的教育。

“福特于 1934 年对《持家有方》杂志如是说：‘当一个孩子接受教育时，他所做的事情应该和他将来工作谋生时所做的事情非常接近，边干边学是我笃信的教育原则。’”

正是因为对知识的抵制和缺乏，才使后期的福特对背债，仍未真正赚来的富足以及推销技巧胜于商品品质等现象心怀疑惧，因而无法完全拥护现代消费者的道德观念。福特汽车公司在 20 世纪 20 年代反复无常的市场营销方针，反映了公司领袖对美国消费者价值观日益模糊的态度。与做广告的情况一样，福特公司有关货款购买与分期付款的政策走的也是一条崎岖的漫漫长路，在这个现代消费者经济中的关键机制中，落在了竞争对手的后面。而对“失业”等美国社会问题的错误解读，更是福特在方方面面衰败的迹象。

与福特不同，盖茨对知识的重视是有目共睹的。当然，这与他所处的知识经济时代有关，但是无论如何，掌握了知识的盖茨就掌握住了网络的命脉。

第二，对团队的认识。众所周知，微软是以其具有团队精神的企业文化著称的。比尔·盖茨曾说过：“微软的发展和成功来源于 28000 人的共同努力。”

但是福特却恰恰相反：

“有记者也曾对其儿子和福特做过比较：埃德赛尔笃信组织合作和团队精神，而他父亲却没什么组织合作观念，他要发号施令并把大球牢牢抱在怀里……”

从上文我们可以看出，二者对人才及员工都很重视，人性化的管理让更多的工人得到了激励。但是，一个人绝不能支起一个帝国。也许创业之初，一个英雄就可以建立一个企业，但是随着企业的不断壮大和成长，个人的力量越来越微少，个人英雄的时代已经过去。只有团队思考精神才是企业创造未来的宝贵财富。

第三，对权力的认识。企业家的成功，壮大的不仅是一个企业，更是领导者的权力。随着权力越来越大、越来越多，个人自我意识开始膨胀，如果无法牢记当初的使命，成功者就会在掌声中迷失方向。而后期的福特显然很陶醉属于自己的一切荣耀。当福特专制地管教其独生子时，曾有员工分析：

"我想他产生了一种感觉，觉得自己永远是对的，自己的决策也永远是正确的。在公司内部，他依靠的是他自己而不依靠团队合作或大家庭精神，他把公司弄成了一个私人公司，自己的权威是至高无上的。这种需要凌驾一切之上的本能在福特处理与公司内部的其他人的关系时已显而易见，现在又延伸到了儿子身上。"

就像《财富》杂志所报道的那样：正如任何其他绝对权威一样，福特先生的权威已经倾向于走极端了。

第四，对市场变化的认识。当盖茨以公司做赌注时，他是绝不允许失败的，甚至为了争取在新市场拔得头筹，他会砍掉正在赚钱的金牛。

"……譬如，微软最早是以 MS-DOS 起家，占有 80%~90%的软件市场，是微软最赚钱的商品。但是 DOS 终被窗口取代，不是由于竞争者的威胁，而是自我的更新。每一次微软拥有一个市场，就不断向自我挑战，推出更新的商品。"

Windows XP 值得引起人们的广泛关注，不仅因为它实现了 Dot Net 战略中的部分承诺，而且它还从程序代码上彻底告别了 MS/DOS 操作系统。这一曾经为盖茨和微软立下汗马功劳的系统就这样被一劳永逸地抹去了，虽然这个时代还是盖茨的时代。

与盖茨相比，福特对于即使不能赚钱的金牛也于心不忍。当面对市场的变化时，固执地坚守 T 型车，最终导致失败的下场。当通用汽车公司在阿尔弗雷德·P.斯隆领导下于 20 世纪 20 年代采取了一种现代销售和组织管理的规划，为消费者生产出了不同价格档次汽车：雪佛兰、庞蒂亚克斯、奥尔兹、别克和凯迪拉克，并提出了为"大小钱包和使用目标"生产汽车的口号时，福特却将公司新开发的车型砸得稀烂，并坚持认为 T 型车永远不会过时。

有人说：与其说盖茨是创业家，不如说是产业预言家。福特也曾被人这样赞誉过，但是几十年后的福特终因没有看清市场的变化而最终导致了"汽车大王"的悲情没落。

但是，微软目前的成功并不能证明盖茨的管理是完美无缺的，比尔·盖茨的管理局限确切地应当被称为管理"瑕疵"，具体地说就是"偷"别人的技术成果。从法院判决微软对其 BASIC 享有所有权的那一刻开始，微软就将他的触角延伸到了 IT 行业的各个领域。每一次的成功，都意味着太多的无辜公司成为盖茨的踏脚石。从微软花 25000 美元买下了 QDOS 的使用权开始，《比尔·盖茨与微软公司》一书这样评价：

"这或许是电脑行业短暂的历史上最大的一笔交易。"

微软把它修改和改进后提供给了 IBM。它成了 MS-DOS——微软磁盘操作系统——而且也成为微软走远的护身符。从此，不太正当的手段时常被盖茨所应用。从与 Lotus 争夺文字处理程序到"借鉴"苹果公司的先进程序，《比尔·盖茨与微软公司》这样描述："苹果公司控告微软非法复制，声称微软的 Windows 中使用的许多技术完全是苹果 Macintosh 构想的'纯真'的仿制品。"

只要是盖茨认为有利可图的领域，是不允许有任何的竞争者的。他这样"非有意"垄断确实招来了太多人的批判与憎恨。

从前面的分析中我们可以说二者在当时的管理是完美无瑕的，但正如安迪·格鲁夫在其著作《只有偏执狂才能生存》中所讲的："我们做经理的喜欢谈论变化。顺应变化已成为企业管理中的经典论调……"

世上没有一成不变的理论，再伟大的思想也有时代的局限性，作为现代经理人必须掌握

“管理趋势”并深入这“趋势的转变”中。能不断接受检验、有自我革新能力的管理理念，才是好的经营之道。

六、结论

经过上述分析比较，我们的基本结论是：亨利·福特和比尔·盖茨都是实战派的管理大家，他们都是工业时代和信息时代的标杆人物。他们都不仅为世界带来了先进的技术和创新的产品，更重要的是他们的管理理念影响着以后的管理者，更为管理史留下了宝贵的实践财产和管理遗产。

同时，分析比较二者更让我们对两者所属的时代有了更深刻的了解。生于1863年的福特，正处于美国的小农经济与工业时代交替的时代。土地、劳动、资本是最基本的生产要素，而当时的美国正好拥有广阔的土地和廉价的劳动力。在福特之前，当时社会都是采用一种粗放型的资本积累战略，福特主义关键性的基础是从一种粗放型的资本积累战略，向一种以泰勒制劳动组织（见泰勒制）和大规模生产消费性商品为特征的密集型资本积累战略的过渡。他首先以生产机械化、自动化和标准化形成的流水线作业及其相应的工作组织，通过大规模生产极大地提高了标准化产品的劳动生产率，并且劳资之间通过集体谈判所形成的工资增长与生产率联系机制诱发了大规模消费，促进了大规模生产的进一步发展。刚性生产、市场导向是当时的特点。

有学者曾指出：在特定的市场条件下对低成本制造技术的追求是单件生产方式向福特制转变的根本动因，而建立在标准化基础上的规模经济和范围经济则是实现低成本制造的基本途径。因而，在市场需求单一且扩张速度的条件下，大批量单品种和以生产为导向的福特制生产方式成为当时企业和产业国际竞争优势的主要来源。

但是，大规模生产方式因仅仅适应于单一的和不断持续增长的市场环境，难以适应20世纪70年代以来以个性化、多样化和快速发展为特点的市场环境而逐渐走向衰落。随着经济全球化的发展，特别是信息化的到来，在新环境中，知识及知识的主要载体人员在生产产品和服务的过程中起着越来越重要的作用，企业管理要求围绕企业的人员及知识展开管理。以知识为本的管理思想表明了企业知识资源是创新的源泉，为了充分开发和有效利用企业的知识资源，进行以创新为目的的知识生产，需要企业建立组织学习的机制，并有计划、有组织地进行各种组织培训活动以及与外部知识资源的融合。这样才能将企业的知识资源融入产品或服务及其生产过程和管理过程。比尔·盖茨恰是能成功把握这种脉向的企业家。他充分利用知识的杠杆撬动了这个地球跟着他一起转动。

除了能把握时代的走向，二者的所具有的企业家精神、高瞻远瞩、大胆创新、勇于实践都是现代企业家永远学习的对象。

最后我们想说的是，本文知识对亨利·福特和比尔·盖茨管理思想的一次粗略的分析和比较，主要参考书也仅有福特的自传以及《亨利·福特与福特公司》、《比尔·盖茨与微软公司》和《比尔·盖茨的微软帝国》等书。要想做详细的分析，还要参考更多的书籍与评论。

〔参考文献〕

[1] 彼得·德鲁克. 巨变时代的管理［M］. 朱雁斌译. 机械工业出版社，2006.

[2] 彼得·圣吉. 第五项修炼 [M]. 张成林译. 上海三联书店，2009.
[3] 大前研一. 专业主义 [M]. 裴立杰译. 中信出版社，2006.
[4] 彼得·德鲁克. 创新与企业家精神 [M]. 蔡文燕译. 机械工业出版社，2009.
[5] 史蒂芬·沃兹. 亨利福特——他的生意和生活 [M]. 黄豪译. 国际文化出版公司，2007.
[6] 詹姆斯·华莱士. 比尔·盖茨与微软公司的崛起 [M]. 石油工业出版社，1996.
[7] 于成龙. 比尔·盖茨全传 [M]. 新世界出版社，2008.
[8] 刘向先. 福特传 [M]. 中国广播电视出版社，2003.
[9] 陈玉章. 比尔·盖茨的微软帝国 [M]. 中国时代经济出版社，2004.
[10] 安迪·格鲁夫. 只有偏执狂才能生存 [M]. 安然译. 中信出版社，2002.
[11] 亨利·福特. 大管理 [M]. 龙婧译. 哈尔滨出版社，2004.
[12] 王云会. 福特——驰骋百年的梦想 [M]. 中信出版社，2004.
[13] 刘刚. 后福特制研究 [M]. 人民出版社，2004.
[14] 李之炜，李维嘉. 微软制胜之道 [M]. 中南大学出版社，2003.
[15] 亨利·福特. 亨利·福特财富笔记 [M]. 刘洋译. 中国工人出版社，2004.
[16] 罗长海. 微软文化 [M]. 清华大学出版社，2005.
[17] Richard Tanner Pascale. The Art of Japanese Management [M]. Science and Technology of China Translation Press，1990.
[18] Terrence E. Deal，Allan A. Kennedy. Corporate Cultures：The Rites and Rituals of Corporate Life [M]. Basic Books，1982.
[19] Thomas J. Peters and Robert H. Watorman，Jr. In Search of Excellenc，Lessons from American's Best-Run Companies. Happer & Row Publishers，New York，1982.
[20] William Ouchi. Theory Z. [M]. American Edison Wesley Publishing Company，1981.
[21] Peter F. Druker. Landmarks of Tomorrow. Transaction Pub，1959.
[22] Bill Gates，Nathan Myhrvold and Peter Rinearson. The Road Ahead [M]. Viking Penguin. Nov，1995
[23] Frances Hesselbein. et al. The Leader of The Future. Jossey-Bass Publishers，1996.
[24] Henry ford. 向前进 [M]. 张扬译. 江苏文艺出版社，2000.
[25] Henry ford. 我的生活与工作 [M]. 梓浪，莫丽芸译. 北京邮电大学出版社，2005.
[26] DAVID MARSHALL. 比尔·盖茨与微软公司 [M]. 世界图书出版社，1999.
[27] MICHAEL POLLARD. 亨利·福特与福特公司 [M]. 世界图书出版社，1999.
[28] http：//wiki.mbalib.com/wiki.
[29] http：//hi.baidu.com/raul201314/blog/item/7a1548437d850a1672f05d31.html.
[30] http：//baike.baidu.com/view/1330672.htm.
[31] http：//zhidao.baidu.com/question/2557392.html.

（沈阳建筑大学管理学院　杨兆宇　刘茜茜　王　远）

企业员工人力资源实践、组织承诺、职业承诺和离职行为

——日、韩比较

一、引言

20世纪90年代以来，在华外商投资企业在经营方式上呈现出明显的独资化趋势。近年来，北京市外商独资化趋势日趋明显，独资经营正成为外商进入北京最主要的投资方式。据2003年数字显示：北京市外商及港澳台地区工业增加值已占全市规模以上工业增加值的40%，外商直接投资已成为北京市经济发展的重要动力之一，而其投资方式也经历了中外合资为主到外商独资为主的变化过程（江俊瑞等，2004）。人才的成长对企业的生存和发展具有重要的战略意义，由于客观环境的变化和主观因素的影响，外商投资独资化在我国已经成为难以扭转的趋势，因此有必要在这种新形势下研究外商独资企业员工的情感、心理和行为特征以及员工和企业之间的互动。

目前，国内外关于企业员工职业承诺和职业承诺的结构、内涵和实质以及影响变量的研究有很多，但是基于不同企业文化价值体系下的企业员工组织承诺、职业承诺及相关变量间关系的比较研究却很少见。

本研究通过对日、韩几家不同经营规模的外商独资企业进行实地调研，着重进行对亚文化环境下日、韩企业员工的组织承诺和职业承诺的结构、内涵和意义的比较研究，开展组织人力资源实践、员工组织承诺、职业承诺及相关变量的研究，便于企业领导者在经营管理企业时尊重工人，实施有效的管理，使企业在物质和文化上实现“双赢”。

二、相关文献回顾及评述

（一）国内外职业承诺研究

国外专家学者对职业承诺的研究是多方向的，有的是从人对职业的情感依附的角度，有的是从人维持职业原因的角度，有的是从人的职业动机的角度，因此，没有普遍适用的职业承诺问卷（见表1）。

表 1 职业承诺的相关理论

职业承诺理论	代表人物	主要的测量工具
单维态度论	Blau；Nowday 和 Proter；Colarelli 和 Bishop	Nowday 和 Proter 编制的 OCQ；Blau 开发的问卷
动机论	Hall；London；Noe；Bedeian	Noe 的职业动机问卷；London 的职业动机问卷；Carsonde 职业承诺问卷
三维态度论	Meyer 和 Allen	Meyer 和 Allen 问卷
四维态度论	Blau	Carson 和 Bedeian，1995

资料来源：本研究整理。

从研究现状看，跨文化研究中对职业承诺的探讨主要有两个视角：①职业承诺与组织内个人的人口统计学变量的关系。Lee 等（2000）对 77 项研究的元分析表明，人口统计学变量如性别和婚姻状况与职业承诺不相关，但是职业承诺和收入达到了中等相关度（r＝0.17）。②职业承诺与其他和工作相关的变量的关系。Wallace（1995a）对发表在 1966~1989 年间的 15 篇研究进行了聚合分析，研究发现组织承诺和职业承诺达到中等程度的正相关（r＝0.452）；Eunmi Change（1999）通过对韩国 225 名来自 8 个商业性质的研究所的研究表明，韩国的研究员其职业承诺和组织承诺在情感承诺和持续承诺两个维度上与组织承诺不同，并且职业承诺中的情感承诺对离职倾向和组织承诺之间的关系起中介作用；Lee 等（2000）对国外职业承诺（主要指情感承诺 ）相关的 77 项研究（样本从 746~15774 人，涉及的变量有人口统计学变量和与工作相关的变量）进行了元分析，结果发现：职业承诺和工作的卷入度、工作满意度、组织承诺、职业生涯满意度正相关；职业承诺和组织承诺的相关度达到了 0.48；Munevver Olcum Cetin（2006）探讨了研究人员的工作满意度、组织承诺和职业承诺的关系，变量有性别、婚姻状况、年龄、教育程度、职称，通过 t 检验、方差和 Person 相关分析，证明了研究人员的工作满意度和组织承诺以及职业承诺的情感、规范承诺正相关（见图 1）。

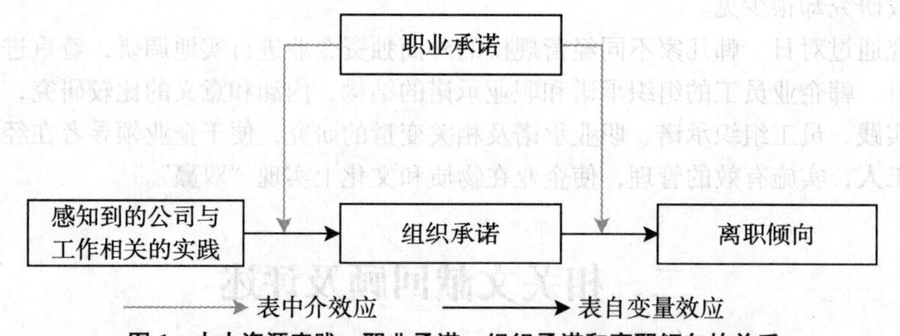

图 1 人力资源实践、职业承诺、组织承诺和离职倾向的关系

资料来源：Munevver Olcum Cetin（2006）。

近几年，国内的职业承诺研究主要集中在教师、护士等特定职业。龙立荣等编制了中小学教师的职业承诺问卷；孔庆秀（2005）开发出了中国文化环境下企业员工的职业承诺问卷，共包含 18 个条目，分为情感承诺、累计成本、可转化职业和规范承诺四个维度；梁润华（2004）通过对电信企业 430 名员工调研，编制了结构化的电信企业员工职业承诺问卷，得出电信企业员工职业承诺的四维结构，即情感承诺、规范承诺、继承承诺和理想承诺。可见国内研究中对企业员工的职业承诺的成分和结构存在差异。

(二) 国内外组织承诺研究

对组织承诺的研究最早来自美国社会学家 Becker (1960) 的研究。他认为，承诺是指员工随着其对组织的“单方面投入”的增加而产生的一种甘愿全身心地参与组织的各项工作的感情，为此，他提出了“单方投入理论”(Side-bet Theory)。Porter 等 (1974) 认为，组织承诺就是个体对某一特定组织的认同和卷入程度。Porter 和他的同事认为组织承诺是“个体认同和卷入特定组织的相对强度”，包括：①对组织目标和价值的高度信奉和接受；②愿意为实现组织目标付出极大的努力；③保持组织成员资格的强烈愿望。根据此定义，他们开发了组织承诺问卷 (Organizational Commitment Questionnaire，OCQ) 对承诺进行测量。

凌文铨、张治灿和方俐洛 (2000) 利用探索性因素分析等方法，获得了中国背景下的组织承诺五因子模型，包括情感承诺、理想承诺、规范承诺、经济承诺和机会承诺 (见表 2)。

表 2　中国职工组织承诺的结构和定义

因子	定　义
情感承诺	对单位认同，感情深厚；愿意为单位的生存和发展做出奉献，甚至不计较报酬；在任何诱惑下都不会离职跳槽
理想承诺	重视个人的成长，追求理想的实现。因此，非常关注个人的专长在该单位中能否得到发挥，单位能否提供各项工作条件、学习提高和晋升的机会，以利于实现理想
规范承诺	对企业的态度和行为表现均依社会规范、职业道德为标准；对组织有责任感，对工作、对单位尽自己应尽的责任和义务
经济承诺	因担心离开现单位会蒙受经济损失，所以才留在该单位
机会承诺	待在这个单位的根本原因是找不到别的满意单位；或因自己技术水平低，没有另找其他工作的机会

资料来源：凌文铨、张治灿和方俐洛 (2000)。

通过对已有文献的检索本文发现，现有的国内外研究中都很少有对亚文化价值下员工的组织承诺进行对比研究。

国外仅有的几篇涉及亚洲其他国家的员工的组织承诺，如 Sommer 等 (1996) 通过对韩国 27 家大企业中 1192 名员工的调查发现，员工职位、在岗时间和年龄都和组织承诺显著相关，工作年限和教育与组织承诺不相关。对于情境变量，除了管理风格之外，组织规模、员工导向、感受到的正面的组织氛围都和员工的组织承诺显著相关。Chen Li Yueh 等 (2004) 探讨了交易型、改造型的领导行为和员工行为之间的关系，以及它们是如何调节和作为中介变量影响组织文化和员工的组织承诺的。本文通过对 84 家中国台湾地区制造型和服务型企业中 1451 名员工的问卷调查，发现：改造型领导行为和员工组织承诺显著正相关。组织承诺、组织文化、工作满意度显著正相关。Silverthorne (2004) 采用 OCQ 问卷，通过对中国台湾地区企业员工的组织承诺、组织文化、工作满意度、人与组织的匹配的研究发现：组织文化影响员工的组织承诺，层级组织文化和支持性的组织文化中员工承诺存在显著差异 ($t=-3.26$，$p<0.01$)，而创新性的组织文化和层级组织文化的员工组织承诺也存在显著差异 ($t=-3.09$，$p<0.01$)，同时支持性的组织文化和创新性组织文化的员工组织承诺也存在显著差异 ($t=2.08$，$p<0.05$)。具体而言，支持性的组织文化中员工组织承诺最高，其次是创新性的组织文化，层级组织文化员工承诺得分最低。该研究还发现：人和组织匹配度越高，员工就会有高的组织承诺和低的离职率。另外，国外学者 Wong 等 (2002) 通过对影响中国内

地 4 家合资企业的 295 名员工的情感承诺研究发现，员工的情感承诺和离职倾向显著负相关（$\beta = -0.47$，$p < 0.01$），分配公平、程序公平和感受到的工作的安全性对情感承诺的正向影响是通过员工对组织的信任起作用的。

三、方法和程序

（一）研究对象

以韩国和日本独资企业为取样企业，本文在大连市保税区分别调研了 4 家日资企业和 4 家韩资企业。问卷在大连重工集团技工学校的老师和学生的协助下，由企业人力资源部代为发送。为了保证问卷的有效性，我们要求人力资源部负责人对问卷的作答规则给予充分说明。8 家样本企业平均每家有 35 人参加作答，最后回收问卷 255 份，有效问卷 245 份，其中韩国样本 120 份，日本企业样本 125 份，有效回收率为 96%。

回收的问卷填答人个人情况如下：男性 142 人，女性 113 人；30 岁以下 120 人，31~35 岁 79 人，36~40 岁 28 人，41~45 岁 12 人，45 岁以上有 16 人；工龄在 1 年以内有 20 人，1~5 年有 85 人，6~10 年有 64 人，11~15 年有 43 人，15 年以上有 43 人；未婚 99 人，已婚者 156 人；中专以下学历有 90 人，大专 64 人，本科 100 人，硕士及以上 1 人；初级及以下技术职称的有 161 人，中级职称 85 人，高级职称 9 人；管理人员 84 人，专业技术人员 49 人，普通员工 122 人；基层员工 212 人，中层员工 41 人，高层员工 2 人。

（二）测量工具

1. 人力资源实践量表

本研究对人力资源管理实践的测量采用苏中兴（2007）开发的“高绩效人力资源管理系统测量量表”，并对问卷的部分条目进行了修订。该问卷对中国背景下的高绩效人力资源管理实践进行了文献研究、访谈和问卷调查、统计后，形成了本土化的高绩效人力资源实践测量工具。该问卷包括 8 个方面的 28 项实践，分别是竞争与纪律、工作报酬、严格招聘、规范考核、广泛培训、信息共享、参与管理和内部劳动力市场。采用里克特的五点量表，从“完全不符合”到“完全符合”，量表的总体信度为 0.846。

2. 组织承诺量表

在凌文铨和方利洛等编制的中国员工组织承诺问卷基础上，本文建立了外商独资企业员工组织承诺的量表。该问卷共 25 道题，分别为情感承诺、理想承诺、规范承诺、经济承诺和机会承诺五个维度，其中 1~5 项为情感承诺，6~10 项为规范承诺，11~15 项为理想承诺，16~20 项为经济承诺，21~25 项为机会承诺。

3. 职业承诺量表

本研究在刘耀中（2006）开发的电信员工四维职业承诺结构模型的实证研究成果的基础上，依据专家和企业管理人员的反馈，对问卷的部分条目进行了修改。该研究在访谈、问卷调查的基础上，对其原有问卷进行修改。具体变动如下：原共有 17 个项目，其中 1~6 项为情感承诺，7~10 项为继续承诺，11~14 项为规范承诺，15~17 项为理想承诺，经修改后，保留之前的 17 个条目不变，在理想承诺的维度中加入“现职业与我的兴趣相符”。该量表采用

5 点等级法：1 代表非常不符合，5 代表非常符合。

4. 离职念头量表

考虑到文化环境的因素，本文对离职念头的测量采用较为含蓄的提问方式，如“对目前的工作，有时觉得十分厌烦而想换个工作”、“想在这公司再工作一段时间”、“我经常想辞去目前的工作”。采用里克特的六点量表，从“不想”到“总是想”。

5. 离职倾向量表

同样采用离职念头的测量原则，本文通过员工在职业发展上对未来的考虑来测量员工的离职倾向，三个条目有：“有时我会关注一些公司以外的工作信息”、“如果有非常合适的工作，我将接受”、“有时我会寻找其他的工作机会”。采用里克特的六点量表，从“极不可能”到“极可能”。

四、统计结果

（一）测量工具的信效度分析结果

由于其他的测量量表均具有较好的信效度，现主要对职业承诺量表进行信效度的检验。采用里克特的研究方法，对正式量表实测得到的结果将以折半信度做等值性检验，再以 Cronbach α 系数做同质性检验，考察量表结果的内部一致性水平（见表 3）。

表 3　各维度折半信度相关系数和 Cronbach α 系数

情感承诺	继续承诺	理想承诺	规范承诺
0.781	0.735	0.758	0.782
0.734	0.756	0.768	0.769

由表 3 可知正式量表中各维度折半信度的相关系数在 0.723~0.774，表现出较高的信度水平；而职业承诺量表中各子维度的 Cronbach α 系数范围在 0.735~0.782，显示出本量表具有较高的内部一致性水平。

使用 SPSS15.0 对问卷收集到的数据进行探索性因子分析，采用因子分析中的主成分分析法、正交旋转法，对因子分析中关于因子个数的抽取原则，采用凯泽（Kaiser，H.F.）特征值小于 1，停止抽取因素该问卷的取样适当性分析显示，KMO 值为 0.838，说明适合进行因子分析，但对量表的因子分析结果来看，共提取出 4 个因子，方差累计贡献率刚达到 59.931%（见表 4），大部分因子负荷在 0.50 以上，统计结果表明该问卷有较好的结构效度。

表 4　职业承诺量表的探索性因子分析结果（n=235）

量表条目	1	2	3	4	共同度
cc16 公司发展前景良好	0.556	—	—	—	0.414
cc17 现在的职业内容丰富	0.747	—	—	—	0.628
cc15 现在的职业令我有自信心	0.642	—	—	—	0.571
cc14 公司的管理机制健全	0.562	—	—	—	0.434
cc11 个人职业发展空间大	0.783	—	—	—	0.659

续表

量表条目	1	2	3	4	共同度
cc10 有机会较早接触先进的理念及技术	0.734	—	—	—	0.647
cc18 现在的职业与我的兴趣相符	0.783	—	—	—	0.638
cc4 如果离开现在的职业，代价太高了	—	0.661	—	—	0.511
cc6 离开现在的职业，难以找到更好的职业	—	0.823	—	—	0.744
cc5 现在的职业使生活有保障	—	0.435	—	—	0.749
cc2 离开现在的职业，会失去已有福利待遇	—	0.759	—	—	0.595
cc1 自认为干一行就应该爱一行	—	—	0.538	—	0.528
cc3 感觉到有责任从事现在的职业	—	—	0.760	—	0.759
cc9 自认为应该忠诚所从事的职业	—	—	0.710	—	0.658
cc8 觉得无论何原因都应该从事现在的职业	—	—	0.340	—	0.632
cc13 现在的职业可以掌握，不容易得罪人	—	—	—	0.753	0.580
cc12 公司有一些可以利用的资源	—	—	—	0.496	0.471
cc7 现在从事的职业竞争并不激烈较为稳定	—	—	—	0.688	0.571

（二）描述性统计结果

从日本和韩国组织承诺及其各维度得分的对比来看：

（1）从日本和韩国分年龄的职业承诺的对比来看，当韩国企业员工工作时间 1~5 年时，其情感程度最高，并且不同工龄的员工其情感承诺存在显著差异（F = 2.618，P = 0.039），最低的是工作时间在 6~10 年的员工，这一结果表明，韩国外商独资企业需要对工作时间在 1 年以上 5 年以下的员工给予更多的关注；从日本和韩国分年龄的组织承诺的对比来看，工作工龄长短的员工其理想承诺存在显著差异（F = 2.490，P < 0.05），员工基本上遵循，工作时间越长，理想承诺越高，但是在 6~10 年和 11~15 年间其理想承诺存在偏离；工作工龄长短的员工其经济承诺存在显著差异（F = 2.687，P < 0.05），工作时间在 1~5 年的日本企业员工其经济承诺最差，说明他们面临的物质诱惑也越多，他们离开工资更多地已经不再考虑工资、福利等物质待遇。

（2）从日本和韩国不同技术职务员工的职业承诺的对比来看，韩国员工其规范承诺这一维度上，初级以下、中级和高级存在统计上的差异（F = 4.679，P < 0.05），呈现随着技术职务的提升，其规范承诺程度降低，这是值得注意的一个现象。

（3）从日本和韩国不同职业类别的员工的组织承诺的对比来看，普通员工、专业技术人员和管理层其在情感承诺和规范承诺上存在差异。具体来说：普通员工情感承诺最高，而管理层最低；但是从规范承诺角度而言，专业技术人员的规范程度最高，而管理人员仍然最低。

（三）回归分析结果

员工离职倾向作为预测员工离职行为的有效指标，而离职倾向三个条目的因子分析得出其是单维结构，由此，离职倾向的得分就是该维度下的各种具体条目总和的平均分（见表 5）。

由回归结果可知，当人力资源实践和组织承诺同时进入到回归模型中时，回归方程 R 为 0.517，R^2 为 0.267，具体的回归方程如下：员工离职倾向（TI）= 6.358 +（−0.220）× 工作激励 +（−0.052）× 广泛培训 +（−0.048）× 晋升与流动 +（−0.107）× 规范考核 +（0.072）× 严格招聘 +

表5 外企人力资源实践、组织承诺对员工离职行为的回归

	未标准的回归系数		标准化回归系数	t	显著性
	B	Std. Error	Beta	B	Std. Error
(Constant)	6.358	0.487	—	13.067	0.000
工作激励	−0.220	0.112	−0.159	−1.957	0.052
广泛培训	−0.052	0.108	−0.043	−0.479	0.632
晋升与流动	−0.048	0.076	−0.044	−0.628	0.531
规范考核	−0.107	0.108	−0.076	−0.987	0.325
严格招聘	0.072	0.125	0.056	0.577	0.564
参与管理	0.100	0.140	0.063	0.716	0.475
情感承诺	−0.570	0.116	−0.450	−4.922	0.000
规范承诺	0.291	0.166	0.176	1.748	0.082
理想承诺	−0.205	0.110	−0.152	−1.873	0.062
经济承诺	0.083	0.100	0.061	0.822	0.412
机会承诺	−0.045	0.086	−0.038	−0.522	0.602

(0.100) ×参与管理+(−0.570) ×情感承诺+(0.291) ×规范承诺+(−0.205) ×理想承诺+(0.083) ×经济承诺+(−0.045) ×机会承诺。

由此可知，在回归方程中，工作激励、广泛培训、晋升与流动、情感承诺、规范考核、理想承诺和机会承诺与离职倾向呈负向变化，而参与管理、规范承诺和经济承诺与外资企业员工离职倾向呈正向变化。根据标准化回归系数，我们发现，组织承诺中情感承诺对员工离职的影响非常大，人力资源实践中工作激励较其他五个维度的影响要大（见表6）。

表6 ANOVA 检验

模型		平方和	自由度	平方均值	F	显著性
1	回归	77.811	11	7.074	7.690	0.000 (a)
	残差	213.411	232	0.920	—	—
	Total	291.222	243	—	—	—

五、日、韩比较

韩国企业主要通过转聘或外部劳动力市场。有资料显示，韩国企业中管理者有69%是从其他企业或者领域中转职过来的，同时在企业内部依靠个人聪明才智，通过提拔也可以成为企业管理者。但不管以什么方式进入企业，其学历都是至关重要的。研究表明，韩国外商独资企业员工在情感承诺和规范承诺两个维度上存在显著差异，特别是不同学历的韩国企业员工在情感承诺上，本科的情感承诺最高，大专及以下的情感承诺程度最低，因此考虑到员工对组织的忠诚，需要对一线员工更多的培训，增加他们的专业技能，提高他们对组织的认可，进而提高他们的工作效率。同时，企业在管理中要更加体现细节和人性化，对于那些家庭生活负担比较重的员工，企业要注重从精神上和物质上关怀他们，让他们亲身感受到组织的帮助和支持。再者，研究发现，韩国员工在其规范承诺这一维度上，初级以下、中级和高

级存在统计上的差异，呈现随着技术职务的提升，其规范承诺程度降低，对于此，企业在对普通员工进行教育和培训的时候，也要更加关注管理层本身的职业生涯发展。

日本企业不同岗位的劳动力来源由内部劳动力和外部劳动力提供，而一些专业技术人才、高级经理经常以合同雇用方式被中途选用。从工资分配机制来看，韩国企业强调以“能力+学历”为主要的分配原则，强调能力主义和学历主义，形成高职务、高收入机制；而日本本土企业，正在从年功序列制向职务能力工资制转变。为克服年功序列工资，许多日本企业实行“基本工资加期间业绩工资”相结合的新工资制。因此，日本企业的一个鲜明特点是注意关心员工的思想、干劲和能力开发，激励他们努力向上。本研究发现：日本企业员工在各个年龄段上的组织承诺得分存在显著差异，最高得分的是41~45岁组，其次是45岁以上组，最低的是31~35岁组，说明在日本企业，员工在进入职场的早期对组织认可度高，但是在31~35岁年龄段，他们可能面临职业生涯的关口，一旦能继续留在本单位，他们对公司的情感将随着年龄的增长逐渐强烈；日本企业员工在各个年龄段上的规范承诺得分存在显著差异，鉴于此，日本企业员工要更加关注年轻的员工，通过有效的岗前社会化以及企业文化的影响，提高他们对组织的认可。

六、研究不足

本文的研究对象为组织，每一个样本代表一个企业。最初的调查对象为中层管理者，但考虑到组织知识在企业各个层面都以显性或隐性的方式存在和转移，所以将调查对象扩展到企业的部分基层员工，但是这样的样本是否能代表其所属企业的实际情况还值得考虑。并且受研究条件所限，无法对调研地区之外的其他地方进行全面性的普查，加之调研的样本量不够大，可能会对研究结果带来一定的影响。

〔参考文献〕

［1］Becker H.S. Notes on the Concept of Commitment [J]. American Journal of Sociology，1960（66）：32-42.

［2］龙立荣，方俐洛，凌文辁. 职业承诺的理论与测量［J］. 心理学动态，2000，8（4）：39-45.

［3］凌文铨，方俐洛. 心理与行为测量［M］. 北京：机械工业出版社，2006.

［4］Sommer S.M. Bae，S. H. & Luthans F. Organizational Commitment across Cultures：The Impact of Antecedents on Korean Employees [J]. Human Relations，1996，49（7）：933-977.

［5］Chen Li Yueh. Examing the Effect of Organization Culture and Leadership Behavior on Organizational Commitment，Job Satisfaction，and Job Performance at Small and Middle-Sized Firms of Taiwan [J]. Journal of American Academy of Business，Cambridge，2004（9）：432-442.

［6］Colin Silverthorne. The Impact of Organizational Culture and Person-organization Fit on Organizational Commitment and Job Satisfaction in Taiwan [J]. Leadership & Organization Development Journal，2004，25（7/8）：592-603.

［7］Wong Yui-Tim，Ngo Hang-Yue and Wong Chi-Sum.Affective Organizational Commitment of Workers in Chinese Joint Ventures [J]. Journal of Management Psychology，2002，12（7/8）：580-598.

［8］刘小平，王重鸣. 不同文化下企业员工组织承诺概念的调查研究［J］. 科技管理研究，2004（3）：85-90.

[9] 孔庆秀. 中国文化背景下企业员工职业承诺结构模型的实证研究 [D]. 浙江大学，2005.

[10] 梁润华. 电信企业员工职业承诺状况实证研究 [D]. 暨南大学，2004.

[11] Eunmi Change. Career Commitment as a Complex Moderator of Organizational Commitment and Turnover Intention [J]. Human Relations，1999：150–153.

[12] Lee K.，Carswell J. J.，Allen N J. A Meta–analytic Review of Occupational Commitment：Relations with Person and Work–related Variables [J]. Journal of Applied Psychology，2000，85 (5)：799–811.

[13] Wallace，J. E. Organizational and Professional Commitment in Nonprofessional Organizations [J]. Administrative Science Quarterly，1995，40 (2)：225–228.

[14] Munevver Olcum Cetin. The Relationship between Job Satisfaction，Occupational and Organizational Commitment of Academics [J]. Journal of American Academy of Business，2006 (3)：1–78.

[15] 刘耀中. 电信员工职业承诺因素结构的研究 [J]. 心理科学，2006，29 (4)：944–997.

[16] 王弘钰. 日韩人力资源开发与管理机制的比较研究 [J]. 东北亚论坛，2003 (9)：23–28.

[17] 江俊瑞，王玉珍. 北京——外商独资化趋势愈演愈烈 [J]. 投资北京，2004 (7)：11–14.

（清华大学经管学院　陈许亚；中国人民大学劳动人事学院　张丽华）

基于制度视角的中德家族企业治理结构的对比分析

引　言

家族企业的常青和繁荣否定了家族企业封闭、落后和低效的看法，并不是只有股权分散、所有权与经营权分离的现代企业才有生命力。迄今为止，世界上最古老的企业仍是由家族控制和经营的企业。Berle 和 Means 在 1932 年的经典著作《现代公司与私有财产》中描述了美国企业股权逐渐呈分散状的趋势。接下来几十年，人们对现代公司特别是上市公司的所有权结构的看法几乎都是：它们的股权是分散的，企业由没有股权或只握有少量股权的职业经理人控制和管理着。近年来越来越多的研究提供了各个国家和地区（上市或非上市）企业所有权结构的实证证据，如美国、加拿大、澳大利亚、欧洲、东南亚等（如 La Porta et al.，1999；Claessens et al.，2000；Faccio et al.，2002）。虽然各个国家和地区的情况有些差别，但总的来说这些研究结果显示：公司所有权结构是相对集中的，没有达到如 Berle 和 Means 所言的分散程度，且所有权集中在家族或国家手中。特别是在一些发展中国家，所有权集中度更大。①

在欧美发达国家中，德国的所有权集中度是相对较高的，且多集中在家族或政府手中。中国与德国的所有权分布情况相似，所有权高度集中，控股股东多为个人、家族或政府。总体而言，中国和德国的企业在所有权的分布状态上是相似的，股权集中、占企业总数比重较大的家族企业和国有企业对两国经济的发展具有非常大的作用。然而，由于国家政治、经济和法律的不同，中国和德国的企业也存在不同之处，特别是深受特定社会习俗和文化因素影响的家族企业，在治理模式、所有权结构、家族涉入情况等方面存在某种程度的差异。对中国和德国的企业管理实践与模式作横截面的水平比较，同时结合两国自身的体制制度作更深层的分析研究，一方面能进一步揭示企业管理的特殊性与共同的规律，另一方面可以为建立适用于本国的具有规律性的企业管理模式提供思路和方案。

[基金项目] 国家自然科学基金项目（批准号 70732005；70872118）、教育部人文社科重点研究基地项目（批准号 07JJD820180）以及 2007 年国家建设高水平大学公派研究生项目的资助。

① Claessens et al.（2000）发现在东南亚地区，除日本外，上市公司的最终控制者都以家族为主，其中印度尼西亚上市公司的最终控制者 70%以上都是家族。

一、相关理论

一般来说，家族企业由多个家族成员控制且通常由他们管理（Shanker and Astrachan，1996；Lansberg，1999），并且有多代的继承（Anderson and Reeb，2003；Gomez-Mejia et al.，2001）。家族企业由于其独特的所有、管理、治理和继承制度使其具有独特性（Miller and Rice，1967；Chua et al.，1999）。相对于非家族企业来说，家族企业的所有权集中在个人或家族手上，很多经验分析都证明了这一点。

（一）家族所有权的影响作用

所有权集中在家族手中能消除现代公司中的第一类代理问题——股东与经理之间利益冲突（Jensen and Meckling，1976；Demsetz and Lehn，1985），从而使企业价值最大化（Demsetz and Lehn，1985）。尤其当家族财富与企业效益紧密联系在一起时，家族会有很强烈的动机去监督经理，使其与小股东的“搭便车”问题最小化（Anderson and Reeb，2003）。这些动机也会限制（但不能全部避免）大股东转移公司资源，从而保护了小股东的利益。另外，如果监督需要企业技能中的知识，那么家族（成员）拥有，因为长期在企业任职使得他们通过企业的学习曲线学到了更多（Anderson and Reeb，2003）。

建立家族企业的家族通常对企业持有永续经营的发展意愿。他们比其他股东拥有更长远的目光，所以他们会比短视的经理人员更青睐投资长期项目（Anderson and Reeb，2003；Bartholomeusz and Tanewski，2006；Bebchuk，1999；Stein，1988，1989）。James（1999）关于家族企业如何根据市场规律进行投资的两阶段模型显示家族企业的投资比非家族企业更有效，因为他们倾向于把企业传承下去。Casson 和 Chami（1999）也有相似的论断。永续经营的意愿使得供应商、资金注入者等外部团体更乐于与更长期的家族企业合作。同时，创立家族很关心企业和家族的声誉。相对于非家族企业来说，家族企业的声誉更能产生长远的经济效益。再者，利他主义能为家族企业带来优势（Schulze et al.，2001）。Eschel et al.（1998），Simon（1993）和 Jensen（1979）提出利他主义存在于家族成员个体的利益当中，每个个体通过提升家族其他成员的利益来追求自身的利益。这个观点反过来导致了忠诚、便于交流和延长决策制定的时间，最终降低了代理成本。

另外，由于拥有绝大部分的控制权，特别是当家族握有的控制权远远大于他们手中的现金流权时，家族大股东就有动力也有能力利用在企业中的控制性地位损害小股东的利益而攫取私人利益（Villalonga and Amit，2006；Anderson and Reeb，2003），这是第二种代理问题。Gomez-Mejia et al.（2001），Cronqvist 和 Nilsson（2003），Anderson 和 Reeb（2003）的研究结果显示，家族拥有较大的控制权与较高的管理沟壕和低绩效有关，说明他们攫取了大量的私人利益。众多研究认为控股家族确实利用拥有所有权的有利地位获得额外收益从而减少其他股东的剩余索取权；运用转移价格使自身获益，例如与其控制的其他企业形成合作关系；在企业价值低于市场价格时转移企业资产；利用公司资产作为担保来获得私人贷款；或者给予自己特殊的利益分红（Mork et al.，1988；Shleifer and Vishny，1997；Carlin and Mayer，1999；Johnson et al.，2000）。此外，家族企业还可能由于过度的风险规避（Anderson et al.，2003；Ben-Amar and Andre，2006）、追求特定的分红（DeAngelo and DeAngelo，2000）、不太愿意被其他企业收购（Barclay and Holderness，1989；Morck et al.，1988a）而影响企业扩展，降低了企业价值。

（二）家族管理的影响作用

家族企业的另一个重要特征就是家族成员参与企业管理——家族管理。家族管理会给企业带来优势。第一，如上所述，家族成员担任公司管理者可以降低甚至消除传统的股东与经理之间的代理问题。[①] 第二，当家族成员担任公司 CEO 或者其他高管位置时，更加容易使企业利益与家族利益一致，也就是说家族所有权对企业绩效的积极作用在家族 CEO 的情况下将有可能扩大。[②] 企业中的家族成员会充当管家的角色，非常认同企业并将企业绩效看成自身福利的延伸（Davis et al.，1997）。在企业中工作的家族成员比非家族成员拥有较高的组织承诺和效率（Rosenblart et al.，1985；Moskowita and Levering，1993）。第三，企业运营需要特殊的技能知识，创立者或创立家族可以提供这些外部经理人不具有的、关键的创业技能和与公司相关的特异性知识（Morck et al.，1988），因而能更有利地监控企业，使企业更有效地运营（Bartholomeusz and Tanewski，2006）。此外，家族企业所有者以尽量灵活的方式进行工作和管理（Goffee and Scase，1985；Poza，Alfred and Maheshwari，1997），快速做出决策，更积极地应对商业环境的变化（Ward，1997；Dreux，1990），提高决策的效率和效果（Tagiuri and Davis，1996）。Silva 和 Majluf（2007）认为如果企业的治理机制能充分利用家族中的协调、沟通以及相互信任，家族联合（family affiliation）和家族涉入（family involvement）会对企业绩效产生正的影响作用。

然而，这些有利面会被家族管理产生的成本所抵消。Shleifer 和 Vishny（1997）指出，即使大股东不具备运营公司的资格或能力，他们也能使自己仍留在管理位置，这将给企业带来巨大的成本。如果雇用的职业经理人比创立者或其后代更优秀更专业的话，家族管理将带来成本增加（Burkart et al.，2003）。Schulze et al.（1999）指出如果任期、功绩和才能都不符合高层管理位置的要求，任命家族成员为 CEO 会招致来自非家族高层管理人员的抱怨，导致家族管理人员和非家族管理人员之间冲突的产生。然而，家族往往更倾向于任命自己的成员作为 CEO 或董事直接进入企业经营，特别是当家族成员的消费目标能通过企业而不是自身得到更好的满足时，家族更有可能向企业提供高级管理者（Demsetz and Lehn，1985）。但是这样的直接涉入会有利于财富侵占行为的发生，从而导致较大的代理成本。[③]

集中的家族所有权和控制权，以及家族管理既会为企业带来收益，也会给企业产生成本。如何设置有效的治理机制使家族企业充分发挥其独特的优势，是创业家族或个人面临和亟待解决的问题，也是制度制定者关心的问题。下面通过比较中德家族企业的治理结构，分析它们的治理机制和所有权结构的特点。

---

① Villalonga 和 Amit（2006），Morck et al.（1988），Adams et al.（2003），和 Fahlenbrach（2004）发现相对于非家族企业来说，创立者担任 CEO 代理成本最低。

② Anderson 和 Reeb（2003）的实证结果发现家族成员任 CEO，企业绩效优于使用外部 CEO 的家族企业。

③ Smith 和 Amoako-Adu（1999）和 Pe“rez-Gonza”lez（2001）的实证结果发现股票市场对任命家族成员为经理人员有消极的反应。

二、中德家族企业治理结构情况对比

中国和德国都是所有权相对集中、家族企业数量较多的国家。相对于中国而言，德国的家族企业历史悠久、规模较大、[①]经济绩效较好。英国《家族企业》杂志给出了世界最古老的100个家族企业的排名，其中德国家族企业有14家；德国企业100强中有38家至今仍然控制在家族手中。[②]德国家族企业所处的行业主要集中在商业服务、工业及其相关产品、电气和电子设备、建筑材料、交通运输设备、通信、化学、娱乐及保健服务。[③]由于历史的原因，中国目前的家族企业[④]大多是改革开放后建立起来的，相对于德国的家族企业来说是全新的，只有极少的企业可以追溯到1978年以前。由于发展时间短，中国的家族企业规模也较小，大部分属于中小型企业，大型的跨国企业很少。下面分别从家族企业治理模式、所有权集中度、两权分离度和家族涉入管理情况等方面对德国和中国的家族企业的治理结构进行对比。

德国的公司治理模式是银行主导的治理模式。德国企业（包括家族企业）主要是通过银行融资，以债权为主、股权为辅。Andres（2007）的实证证据和笔者收集的2008年德国上市公司的所有权结构数据表明样本中的德国家族企业比非家族企业在资本结构中更多地使用债务。公司治理的关键是解决债权人和经营者之间的代理问题。在这种治理结构之下，投资者手中的股票流动性较差，股东们往往通过一个可以信赖的中间机构，通常是一家银行来行使他们对公司的监控权。

在治理机制方面，德国股份公司设有两个治理机构，分别是监事会（Supervisory Board）和管理会（Management Board）。监事会高于管理会，监事会是公司股东、职工利益的代表机构和公司的监督机构。按照德国《股份公司法》的规定，监事会有权任命和罢免董事会成员并决定其报酬，董事会应就法定事项向监事会报告，董事会在执行公司章程或监事会规定的业务时要经监事会同意。监事会的成员一般不能兼任董事。对于员工数超过一定数量的企业，其监事会必须有一半员工代表。[⑤]这是德国公司治理的另一个重要特征——员工参与决定制度。在某种意义上，德国的公司治理机制是股东和员工共同治理的模式。由于员工代表通常会提出扩大生产规模及加薪的要求，所以家族企业通常会有家族成员参加监事会，且一般是监事会主席。但法律限制进入公司治理机构的家族成员人数，因而员工代表参加监事会自然会减弱家族对企业的控制权，进而降低了对小股东的剥削程度，并且实现了公司治理的优化。但是，按照德国有关法律只有股份有限公司必须设立监事会和管理会，其他公司可以选择。德国的家族企业中只有1/3的企业选择这种双重治理结构，而非家族企业选择双重治理结构的比例高达2/3（苏启林等，2003）。欧洲发达国家的大量家族企业，包括德国的家族

① 德国的家族企业绝大部分是中小规模的，这里所说的“规模较大”的意思是德国的大企业中有相当比例的家族企业。

② 数据来源：德国之声中文网，www.dw-world.de/chinese。

③ 数据来源：Andres（2007），以及笔者收集的2008年德国上市公司数据。

④ 本文所述的中国家族企业指中国内地的家族企业，不包括港澳台地区及东南亚的华人家族企业。

⑤ 德国股份公司法规定，500人以下的小公司没有员工代表，500~2000人的中型公司有1/3监事会成员为员工代表，2000人以上的大公司有1/2监事会成员为员工代表。

企业，已经积极借鉴现代非家族企业的公司制度，建立了科学合理的公司治理结构、财务和投资决策机制、员工管理等方面的管理机构和制度。

德国家族企业的控股股东虽然是家族，但其所有权分散度相对于中国要高。特别是一些大型的跨国企业或寿命较长的上市企业，目前家族持股率已低于 10%，如西门子。[①] 很多家族企业经过两三代的发展，所有权和经营权已达到一定程度的分离，有的企业的监事会和管理会已完全没有家族成员涉入。笔者收集的 2008 年 6 月德国上市企业的所有权结构数据显示，德国的家族企业基本上是合伙制和引入陌生的非家族经理人员的混合家族式企业。CEO 是职业经理人的家族企业占样本中所有家族企业的 42%，监事会中没有家族成员的家族企业占样本中所有家族企业的 85%。

中国家族企业的资本结构以家族为核心，家族以合股和合资等形式形成家族控股企业。虽然近年来融资来源呈现多元化趋势，例如银行贷款、证券市场筹资、政府优惠贷款等，家族资本在家族企业资本结构中仍居于控制地位。国内家族企业一般利用自有资金或者个人借贷来解决资金不足问题。有数据显示，中国民营企业从银行所得到的贷款不足银行贷款总量的 2%；通过发行股票融资的民营企业在我国证券市场的上市公司中只占 9%左右，在债券市场上占有的份额则几乎为零。[②] 除了民营企业融资难的原因，由于想掌握控制权，效益良好并达到相当规模的企业也往往不愿意公开上市。

中国家族企业整体上仍处于家族企业的初级阶段。企业产权更加封闭，家族资本持股比例很高。股权集中度很高，一股独大，这体现了十分浓厚的家族主义。[③] 虽然上市家族企业中，规模越大的家族控制权和现金流权的标值越低[④]（苏启林、朱文，2003），但中国家族企业的所有权和控制权是高度集中在家族手中（我国控制性家族大部分通过控制上市公司的非流通股实现控制权目标），形成较严重的内部人控制问题。李新春等（2008）的研究表明监督效应与侵占效应在中国民营上市公司中发挥作用，企业大股东易于勾结起来和高管形成串谋侵占小股东利益。在中国家族企业中，公司治理结构要解决的主要是控股家族股东与小股东之间的代理问题。

大部分的中国家族企业形式是业主制（业主一人拥有和管理控制）或合伙企业，家庭作坊式的企业即创业者家庭成员管理经营的企业，企业主家族成员垄断经营控制权和企业所有权的纯家族式企业，以及有朋友、乡亲等熟人担任部门经理的准家族式企业（王宣喻，储小平，2002）。中国家族企业的所有权和经营权高度合一，除了通过"金字塔"式控股，创业主或家族成员都会通过担任董事长/总经理涉入企业来控制和管理企业。企业主要由创业者或其家族人员控制，家族在公司治理中起着主导作用，主要表现在对于关键管理岗位上用家族成员或自己人、家族成员的内部继任方式（接班），以及内部管理上的非制度化所带来的决策的随意性和非程序化，管理更多地基于人情和面子（黄光国，1985）。一般来说，家族企业不太可能有正式的道德行为章程，更多的是用人物角色作为模范（Adams，Taschian and Shore），更多地依赖于非正式的控制（Dailey and Dollinger，1992）。这种管理方式在处于发展初期、规模较小的中国家族企业中更加常见。企业常常管理粗放，战略模糊，缺少规范的

---

① 数据来源：笔者收集的 2008 年德国上市公司所有权结构数据。

② 资料来源：郭斌，刘曼路（2002）. 民间金融与中小企业发展：对温州的实证分析. 经济研究，2002（10）.

③ 李新春、黄焕明（2002）指出："华人企业包括中国的企业管理行为被认为是家族主义色彩十分浓厚的，这不仅仅包括家族对于企业所有权的控制，同时，更为重要的是在控制权上的把握。"

④ 绪论来自苏启林和朱文（2003）的实证研究。苏启文，朱文. 上市公司家族控制与企业价值. 经济研究，2003（8）.

章程和正式科学的决策过程，往往带来较大的管理成本和较高的决策失败率。虽然我国的《公司法》对企业也有设立监事、外部董事的要求，但我国公司治理机制刚起步，监事和外部董事的设立大都流于形式，没有像德国和美国一样真正发挥其应有作用。中国家族企业缺少有效的监督机制。

企业主在华人企业中的地位和作用是极其重要的（郑伯壎，1995）。中国家族企业是企业主型企业，创立者的知识、能力决定着企业的生存与发展。主要体现在：企业主是信息中枢和决策中心，公司重大决策，例如开办新业务、人事任免、公司接班人的选拔，往往由家族中的核心人物决定，而这个核心人物很多时候就是创立者——企业中的家长。家长式领导被认为是华人家族企业高阶领导的特色，企业的家长在企业中拥有至高无上的权力和威严，但也有着照顾、体谅部属以及道德领导的成分在内（樊景立、郑伯壎，2000）。此外，企业主的个人关系资源对中国家族企业开发机会、获取资源具有关键的作用。企业主是企业社会资本的开发者、获得者和分配者。

综上所述，我们可以得出以下结论：德国家族企业主要通过银行贷款，中国家族企业资金主要来源于自有资金或个人借贷企业，因而中国家族企业中家族资本占企业资本比重较大，其受到的资金约束比德国家族企业大；中国家族企业的家族控股比例高于德国，管理权更多地掌握在控股家族手中；相对于德国正式的公司治理机制，中国的家族企业更多地运用人治，缺少有效的监督机制。

三、影响中德家族企业治理结构的制度因素

制度经济学认为制度决定组织形式，会影响经济绩效。一种政治—经济体制下的经济个体（家庭、厂商）的行为方式和行动空间都受到该体制下制度安排的制约，而表现出独特的行为方式（李新春、李善民，1996）。因此，不同的制度安排下的经济个体，其行为方式和行动空间会不同。诺斯在论制度及制度变迁的著作中将制度定义为“社会的博弈规则”，“或更严格地说是人类设计的制约人们相互行为的约束条件……用经济学的术语说，制度是定义和限制个人的决策集合。”（青木昌彦，2000）这些约束条件可以是非正式的（如社会规范、惯例、道德律），也可以是有意识设计或规定的正式约束。正式规则包括政治规则（宪法、政府管制）、经济规则和契约。正式制度和非正式制度都会影响组织形式，从而影响经济绩效。下面从正式制度和非正式制度两方面对中德家族企业治理结构的差异进行解释。

（一）正式制度

德国是一个有着上百年市场经济发展历史的西方发达国家，它实行的是社会市场经济制度，即竞争性市场机制与面向经济效益的社会政策相结合。其健全、有序的市场秩序，与完善的法律体系是企业经营活动的最根本基础和条件。中国从改革开放进入市场经济以来只有30年的时间，经济体制仍处于从计划经济向市场经济过渡的时期。处于过渡经济中的中国，无论市场环境、法律保护，还是资本市场和经理人市场的建立都是不完善的。裙带主义中的私营企业主需要通过控制企业、传统的家族式管理和培养人际关系来弥补正式的制度支持。

1. 企业制度

德国的现代公司治理机制完善，其企业制度明确企业独立经营的地位，明确划分企业中

所有权、经营权和监督权，以及充分发挥职工对于企业经营管理和建设的积极作用。所以德国家族企业控制权集中度相对中国较低，所有权与经营权分离，更多地引入有能力的外部人员进入管理层。而对于年轻的中国家族企业来说，由于缺乏建立完善的现代公司治理机制和激励约束机制，为了降低代理成本、获得剩余控制权和收益权，只有牢牢把握住所有权和控制权，在关键岗位上任用家族成员。

2. 法律体系

完善的法律制度和健全的司法体系是德国经济成功的经验之一。德国的公司法律随着市场经济的产生和发展，至今已经多次修改和调整并且日臻成熟。它不仅体例完整，而且规定详尽，从公司分类直至具体经营规范都有详细规定，很适于市场经济体制的企业活动，再加上完善的司法体系，使企业复杂的市场经济活动变得简单规范。2003 年 2 月 15 日，德国联邦司法部长和财政部长共同提出了《联邦政府改善公司治理的措施目录》，此后又颁布了《德国公司治理准则》，以上合称为德国公司治理改革法案，该法案从强化对股东权利的保护、加强对董事的约束和激励、强化监事会的监督职能、完善信息披露机制、完善审计制度以及设立独立的财务监控主体等主要方面对德国公司治理进行一系列革新。在完善有力的法律体系保护下，德国的家族企业倾向于采用正式的公司治理机制和规范的管理。

无论是对小股东还是对私有产权的界定和保护，我国的法律体系都是不力的。La Porta 等（1999）认为对小股东的法律保护是影响所有权分布的主要原因。他们对来自 27 个国家和地区的实证经验说明，在低保护度的国家和地区，公司的所有权集中度高于高保护度国家和地区。因为在投资者保护较低的环境中，集中的所有权可能是抑制经理侵占行为唯一起作用的关键因素（Cronqvist and Nilsson，2003）。对私有产权，尤其是企业产权保护不力，就会使得采取委托代理制的家族企业将有可能面临高昂的资产风险成本（叶国灿，2004），因而中国家族企业主倾向于集中所有权和控制权，更大比例地依靠和信赖家族成员。

3. 金融市场

相对于美国，德国的资本市场发育也不健全。德国企业增加外来资本主要是向银行贷款。目前德国中型以上企业自有资本占全部资本的比率不超过 25%，大企业也不超过 40%（陈秀山、佟达宁，1994），其主要原因是根据德国税法，自有资本要交纳财产税，而外来资本公司只需支付利息。另外，德国对金融机构较为宽松的管制和证券市场严格的限制也促进了德国以银行间接融资为主的资本结构的形成。然而，对于上市公司而言，通过发行股票融资的成本低于向银行借款。

中国家族企业基本上只能通过自有资本或私人借贷，因而发展受到限制。除了企业由于规模小、偿债能力低、缺乏信用和担保等自身原因外，金融机构对民营企业的不公平态度以及金融制度的完善是重要的原因。我国四大国有商业银行拥有全国 70%以上的信贷资金，但由于国有商业银行一直受行政过分干预的准财政运作体制的约束，导致其对民营企业的“歧视”现象①。相对于国有企业，民营企业贷款手续繁杂，抵押条件苛刻。担保公司和各类基金制度还未完善，缺少对国有商业银行中小企业贷款的考核和专门从事中小企业贷款的金融机构，使民营企业信用贷款、抵押担保难以运作（厉以宁，2006）。目前我国资本市场整体发展不够，使得融资渠道狭窄。为中小企业融资的创业板在深圳上市仅一年左右，中小企业发行债券、股票的难度较大。

---

① http：//finance.sina.com.cn/g/20070705/13503756769.shtml.

4. 经理人市场

目前我国尚未形成统一规范的职业经理人市场，由于经理人的非职业性，以及无法有效地对职业经理人的机会主义行为进行有效的约束，因而企业主不轻易引入外部经理人或者不轻易地让非家族成员的经理掌握较全面的信息（储小平，2002），害怕他们（非家族成员经理）一旦获得信息，最后可能另立门户，成为自己的竞争对手。因为在利用雇主的信息资源不会受到社会谴责和法律追究的情况下，经理人在自己创业与作为职业经理人之间转移的成本很低（李新春，2003），如果经理人获得现时报酬和预期之间存在巨大落差，就会使得经理人的创业冲动异常强烈。发达的市场经济拥有完善的经理人市场，较好的激励和约束机制降低了家族企业聘请职业经理人的风险，如果他们采取机会主义行为、非道德行为，将玷污自己的声誉，以致断送了自己的职业生涯，甚至受到法律制裁。因而我们看到，在经理人市场相对发达的德国，家族企业职业经理人聘用比例较高；相反，在中国，家族企业的所有者往往也是经营者。

（二）非正式制度

家族企业的独特性在于作为社会基本构成单位的家庭对企业的运营产生不可忽视的影响作用。家族与企业的交融使得社会规范、伦理、价值观等非正式制度对家族企业比对非家族企业影响更大。中国社会的信任结构、家族主义等文化背景使中国家族企业的治理结构和管理模式表现出不同于德国家族企业的特征。

中国社会的信任结构也是导致家族企业采取传统的家族式管理，如关键岗位使用自己人、经理人市场失灵等重要原因。高承恕认为中国人的信任的建立是特定的、主观的，而非基于客观的标准，是由“亲”而“信”。李新春（2002）指出相对于高信任度的发达市场经济，中国缺乏社会信任，而私人信任较发达。这种内外有别的差序结构的私人信任，即家族主义信任是建立在“忠诚”之上，而非西方的基于“信心”之上。当代中国的私营企业处在社会转型的背景中，传统的道义信用规则的功能弱化，超出血缘情的家族关系以外的社会网络联结出现重大破损，以法律契约为基础的信任制度又残缺不全（储小平、罗头军，2001）。由于当今信任这种社会资本严重稀缺，使绝大多数民营企业不得不呈现为家族制形态，并难以从家族治理向现代专业化管理转变。由于家族企业在某种程度上的“隐私”经营，家族要将企业独特性知识保存在家族内部以获得持久控制，就会使得家族企业选择将控制权和管理权交给值得信赖的具有血缘、亲缘、地缘、学缘和业缘等关系的“自己人”。

中国社会受传统儒家文化的影响，家族观念浓厚。按照杨国枢的观点，中国人的家族主义包含了以家为重的基本的情意内涵，以及有关家人关系、家族组织及其运作原则的基本知识与体验。相对于家族观念淡薄的德国社会，中国人强烈的家族主义使得中国的家族企业表现出以下特点：①华人企业领导者有意无意地会形成家长式的权威，且将此种权威建立在道德或伦理基础之上；②企业内部强调家庭气氛，特别重视和谐，鼓励团队精神，形成组织是个大家庭或大家都是一家人的一体感；③企业内形成类似家庭伦理中之长幼与辈分，并建立私人感情以维系这种特殊伦理关系；④依照关系亲疏形成企业内的差序格局，进而导致以组织领导者为中心的内团体，使企业内的层级化更为明显；⑤企业内强调“以家为本”的经营理念与文化内涵，重视吃苦耐劳、脚踏实地、勤俭朴实及任劳任怨等价值观念及行为表现（杨国枢，1998）。雷丁在分析中国为什么保持了传统的家族企业形式时认为防御性、家长制和“人情至上”的思想三个因素是原因。其中，家长制的基础是儒教提倡的家庭主义和专制主义的长期传统，这种传统产生了依赖和接受等级制度的社会规范（雷丁，1993）。

四、结束语

家族企业集中的所有权结构在一定程度上能减少企业的代理成本，但集中的控制权也会带来第二重代理问题；家族管理既能放大家族所有权对企业绩效的正面影响作用，也能使企业产生低效率，有损企业价值，使代理成本最小化的有效的治理机制对于家族企业发挥独特的竞争优势显得尤其重要。通过比较分析中德家族企业的治理结构，我们发现德国家族企业治理模式更加正式、规范和科学，代理成本较低，企业价值较高；中国家族企业治理中人治的成分较多，小股东权益被侵犯，代理成本较高。正式制度的不完善和非正式制度的影响使中国家族企业更多地集中控制权，采用传统的家族式管理。要使中国家族企业摆脱人治色彩浓厚的家族化治理，进入现代公司治理结构，需要建立完善的配套的正式制度体系，同时正式制度的建立也能使一些非正式规则逐渐改变。

［参考文献］

［1］Anderson，R. C.，Reeb，D.M. Founding-family Ownership and Firm Performance：Evidence from the S&P 500［J］. Journal of Finance，2003，LVⅧ（3）.

［2］Anderson，Ronald C.，Sattar A. Mansi and David M. Reeb. Founding Family Ownership and the Agency Cost of Debt［J］. Journal of Financial Economics，2003，68：263-285.

［3］Andres，C. Family Ownership as the Optimal Organizational Structure？［M］. SSRN，2007.

［4］Bebchuk，L. A. A Rent-Protection Theory of Corporate Ownership and Control［M］. SSRN，1999.

［5］Bebchuk，Lucian，Reinier Kraakman，and George Triantis. Stock Pyramids，Cross-Ownership，and Dual Class：The Creation and Agency Costs of Separation between Control and Cash Flow Rights［C］. NBER Working Paper，1999，No. 6951.

［6］Claessens，S.，S. Djankov，Lang. The Separation of Ownership and Control in East Asian Corporations［J］. Journal of Financial Economics，2000，58（1-2）：81-112.

［7］Claessens，Djankov，Lang. Disentangling the Incentive and Entrenchment Effects of Large Shareholdings［J］. Journal of Finance，2002，57（6）.

［8］Cronqvist，H.，Nilsson，M. Agency Costs of Controlling Minority Shareholders［J］. The Journal of Financial and Quantitative Analysis，2003，38：695-719.

［9］DeAngelo，H.，DeAngelo，L. Controlling stockholders and the Disciplinary Role of Corporate Payout Policy：A Study of the Times Mirror Company［J］. Journal of Financial Economics，2000，56：153-207.

［10］Demsetz，H.，Lehn，K. The Structure of Corporate Ownership：Causes and Consequences［J］. The Journal of Political Economy，1985，Vol. 93，No. 6：1155-1177.

［11］Gomez-Mejia，L.，Nunez-Nickel，M.，Gutierrez，I. The Role of Family Ties in Agency Contracts［J］. Academy of Management Journal，2001，44：81-95.

［12］Jensen，M.，Meckling，W. Theory of the Firm：Managerial Behavior，Agency Costs and Ownership Structure［J］. Journal of Financial Economics，1976，3：305-360.

［13］La Porta，R.，Lopez-de-Silanes，F.，Shleifer，A. Corporate Ownership around the World［J］. The Journal of Finance，1999，Vol. LIV，No. 2：471-517.

［14］Miller，D.，Le Breton-Miller，I.，Lester，R.H.，Cannella Jr，A.A. Are Family Firms Really Superior

Performers? [J]. Journal of Corporate Finance, 2007: 1-30.

[15] Shleifer, A., Vishny, R.W. A Survey of Corporate Governance [J]. The Journal of Finance, 1997, Vol. 52, No. 2: 737-783.

[16] Villalonga, B. and R. Amit. How Do Family Ownership, Control and Management Affect Firm Value? [J]. Journal of Financial Economics, 2006, 80 (2): 385-417.

[17] 陈秀山，佟达宁. 德国的企业制度及其借鉴意义 [J]. 经济理论与经济管理，1994 (1).

[18] 储小平，罗头军. 信任与中美家族企业演变的比较及其启示 [J]. 学术研究，2001 (5).

[19] 雷丁 (GRedding). 海外华人企业家的管理思想——文化背景与风格 [M] (中译本). 上海三联书店，1993.

[20] 李新春，黄焕明. 家族企业的控制权革命 [J]. 学术研究，2002 (11).

[21] 李新春. 信任、忠诚与家族主义困境 [J]. 管理世界，2002 (6).

[22] 李新春，杨学儒，姜岳新，胡晓红. 内部人所有权与企业价值——对中国民营上市公司的研究 [J]. 经济研究，2008 (11).

[23] 厉以宁. 切实解决民营企业融资难问题 [J]. 民营视界，2006 (2).

[24] 青木昌彦. 什么是制度？我们如何理解制度？[J]. 周黎安，王珊珊译. 经济社会体制比较，2006 (6).

[25] 苏启林，万俊毅，欧晓明. 家庭控制权与家族企业治理的国际比较 [J]. 外国经济与管理，2003 (5).

[26] 王宣喻，储小平. 私营企业内部治理结构演变模式研究 [J]. 经济科学，2002 (3).

[27] 叶国灿. 家族企业控制权的转移与内部治理结构的演变 [J]. 管理世界，2004 (4).

[28] 杨国枢. 家族化历程、泛家族主义及组织管理 [C]. 转引自郑伯壎，黄国隆，郭建志主编. 海峡两岸之组织与管理. 远流出版公司 (台北)，1998.

[29] 郑伯壎. 差序格局与华人组织行为 [C]. 转引自李新春，张书军. 家族企业：组织、行为与中国经济. 格致出版社，上海三联书店，上海人民出版社，2008.

(中山大学管理学院　李宜静　李新春)

传统文化与公司治理：中、日、韩企业模式的比较分析

日本、韩国同属东亚国家，作为东方文化的代表，在一个有别于西方文化的环境中建立起了不同于盎格鲁—撒克逊模式的经济制度。日本和韩国的经济发展被誉为近代世界史上的一个“经济奇迹”。创造这种经济奇迹的原因何在？对此，经济学家大致有三种不同的看法：①一是经济决定论；二是文化决定论；三是文化经济折中论。本文认同第三种看法，认为日、韩模式是一种适合本国社会、文化、历史和经济发展需要的模式。传统文化在经济发展过程中发挥着不可忽视的作用。日、韩的社会文化是东方儒家文化和西方文化的混合体，其突出特点是尚贤重教，勤勉节俭，强调集体主义和对集体的忠诚感。其独特的历史文化传统是日、韩模式运行的社会背景和精神基础。日、韩社会文化中国家至上、集体主义、和谐统一的思想，为国家在经济赶超过程中能够有效实施对企业的管理提供了强大的精神基础。

在讨论社会文化等非经济因素对一国经济的影响时，本文以文化因素对不同社会之间社会组织的差异为切入点，以传统文化对企业的组织以及公司治理的影响为中心加以论述。中国与日本、韩国的地理、文化相近，较之英、美的外部治理模式，中国对日、韩的治理模式具有较大的认知性。借鉴日、韩在公司治理方面的经验和教训，以此为中国国有企业的改革与发展提供可行性建议。

一、传统文化与企业组织

在日、韩企业内就职的中国人常常感受到日本和韩国企业组织的构成和运作方式与中国明显不同。这其中除了因社会制度不同而导致的差异外，还有一个重要的原因，就是文化传统、价值观和行为方式的差异。我们知道企业组织是由人组成的，而人的行为受价值观和习俗的支配，我们都从传统中继承了“遗产”，今日的企业组织可以说是在传统社会集团构成方式的基础上建立起来的。这里我们从传统文化对企业组织的统治方式、企业组织的参与方式、个人的责任权利模式等影响出发分析中、日、韩企业组织的特点。

（一）企业组织的统治方式

中、日、韩模式的精髓在于东方儒家文化的内在约束。日、韩的大多数企业都实行“非重大责任的终身雇佣制”。注重劳资关系的长期稳定忠诚，通过这种“熟人式公司关系”来

[基金项目] 辽宁大学亚洲研究中心项目“中日韩政府主导经济发展模式与路径问题研究”。

① 青木昌彦. 日本经济中的信息、激励与谈判. 商务印书馆，1994.

督促经营者尽心尽力。这种公司治理不注重“利”（利益均沾），而注重“义”（个人名望和社会责任之类）。但日、韩模式把太多的希望寄托在“义”上，过多地依靠经营者的内在约束，这在现代市场观念和经济人理性的法则下，显得缺乏刚性。

日本民族的伦理观表现为“集体内部的互相合作”，即“家族主义”的价值观。以这种民族文化特征为基础，日本企业管理奉行集体主义价值观。这种集体主义价值观主要体现为以下两个方面：第一，日本企业特别强调集体负责观念。日本企业文化强调企业是一个大家庭式的命运共同体，每个人都是这个共同体的一员，这个共同体中融合着每个人的权利和责任。正因为如此，在日本没有某一个单独的人对某件特殊事情承担责任，而是由一组职工对一批任务有共同责任。其中每个人对所有的任务都负有完全的责任，并且共同分担这个责任。这种集体负责的价值观使得人们和睦地在一起工作并互相鼓励做得更好，因而在经济上是高效率的。第二，强调企业与职工之间、同事之间的密切关系。以“和”的思想为指导，日本企业注重人际关系，强调人与人之间融洽相处、和亲一致，在企业中营造和谐的工作环境。日本企业同职工保持着整体关系，强调企业利益高于一切，职工个人目标和企业目标相一致的观念，并开展一些活动，以强化职工与企业的整体意识。企业鼓励他们的职工在工作之中和工作之余加强相互关系，以培育“和”的精神。

日本企业组织的权利和责任模式有较大的柔和性。企业内成员轮流从事不同的工作，在广泛的范围内积累经验、协调工作。个人的责任和权利较不明确，决定通常是集体做出的，有时甚至看不出谁是真正的决策人，因此当企业组织出现问题时也很难找出真正的责任担当者。日本企业通常要开各种各样的会议，通过“合意”做出决定。日本企业重视“禀议”（传阅）和“根回”（事先疏通）。有的参加会议的人与所讨论的事情没有直接的关系。决定通常由几个人做出。这种模式下决策过程较长，但好处是决定一旦做出，实行起来较顺利。①

在中国企业组织内，个人的分工比较明确，权力趋于集中在企业的领导者手里，个人通常有较大的决定权并带有独断的特点，这一点与美国的企业相似而与日本模式不同。但由于关系主义的影响，掌握权力者趋于利用这种权力为关系亲近者牟利，权力容易变成个人占有的对象和获得特别利益的领域。而且，由于缺乏美国企业那样权威性很强的关于权力和责任的条文规定，个人的权力较少受到制约，权力实行者也通常较少承担责任的压力。也由于缺乏日本企业组织内那种自觉的信赖和对组织体的忠诚心，在这个模式下人与人的合作通常建立在某种特殊关系之上，故而较难形成更大范围的合作与协调关系。

韩国和日本的家族企业不仅把儒家关于“和谐”和“泛爱众”的思想用于家族成员的团结上，而且还推广应用于对员工的管理上，在企业中创造和培育一种家庭式的氛围，使员工产生一种归属感和成就感。这种家族企业对员工的家庭式管理，不仅增强了员工对企业的忠诚感，提高了企业经营管理者和员工之间的亲和力和凝聚力，而且还减少和削弱了员工与企业间的摩擦和矛盾，保证了企业的顺利发展。例如，日、韩企业都为员工提供各种福利设施如宿舍、食堂、通勤班车、职工医院、浴池、托儿所、员工进修条件等。这种企业对员工的家庭式管理，不仅增强了员工对企业的忠诚感，提高了企业经营管理者和员工之间的亲和力和凝聚力，而且还减少和削弱了员工和企业间的摩擦和矛盾，保证了企业的顺利发展。

受家庭传统的强烈影响，韩国财阀的领导者尤其是创始人往往倾向于按照管理家庭或家族的方式来治理企业。在传统的韩国家庭里，父亲是无可争议的受到尊敬的头领。只要他愿

① 尚会鹏，徐晨阳著. 中日文化——冲突与理解的事例研究. 中国国际广播出版社，2004：66.

意，他就几乎拥有绝对的权力去做任何事情。传统韩国家庭中的父亲承担着养家糊口的责任和决定孩子未来前途的义务。这样一种家庭传统给韩国企业的领导权造成的最大影响，就是管理程序上强烈的上级权威体制。但是，独裁体制并不是专横的。韩国财阀的领导者们也受到韩国人行为中一种关键价值观的影响，这就是所谓“和睦”，类似于日本的“禀议”。不过，和睦并不像禀议那样强调集团的各个组成元素，而是强调在等级、权力和声望上都不平等的人之间的和睦。韩国财阀的管理者重视与下属之间建立良好的人际关系。此外，和睦还有一层含义，就是每个派别都有责任支持其他的派别。

和睦导向型的领导体制在韩国管理者的决策模式中得到了印证，管理者们通常总是试图与下属保持良好的人际关系，即使保持这种关系有时会损害集团的绩效。企业管理者在做出决策的时候一般都会征得下属的同意，这种非正式的达成一致意见的决策程序被称为Sajeonhyupui，类似于日本的“根回”，不过，韩国企业中的下属一般都不愿意表达他们的意见。作为一种替代，管理者与下属之间的和睦和相互信任更多地体现为一种非正式的互动，建立在这样一种非正式互动关系之上的独裁领导体制，也构成了韩国财阀最主要的特征。

（二）企业组织的参与方式

日、韩同属于东方儒家文明体系。如果说英、美类似于个人主义型社会的话，日、韩社会则类似于集体主义社会。在日、韩社会中，社会成员之间的相互关系更多地受制于隐含契约的约束，而在类似美国这样的社会中，明确契约被置于社会关系的主导地位，法制和规则制约着人们的绝大多数社会经济活动。在这两种信誉水平不同的社会中，自然会有不同的企业行为、经营目标和市场运行机制。起源于不完全信息、外部性、“搭便车”效应、败坏行为的市场缺陷现象在美国被认为是难以克服的，而在日本经济中则被大大地缓解。

日本传统企业文化受制于日本社会的传统文化，并在企业之间激烈的生产竞争中形成。在象征理念层次上，日本企业文化表现为浓烈的家族观念和浓烈的整合意识。职工一旦进入企业就得按照传统对企业坚守忠诚，团结合作；尊奉家规，下级服从上级。企业则十分强调自己的社会责任，强调以社会利益作为企业经营理念的一个出发点，维护国家的全体利益，自觉承担社会的责任。许多企业都有自己的口号，如松下公司的松下七精神中就有“工业报国”、“感恩育德”等信条。在制度典章层次下，日本企业文化表现在企业制度建设等方面。如职工一经录用，就有固定的职业保障和收入保障，薪水随工龄增长；此外，职工也能从企业中得到可观的福利回报，从而将职工利益与企业发展紧密联系起来。

日本企业组织本身的“家”是统合的主要方式。这与日本集团的缔结更重视“家”而非资格的特性相关联。企业组织是一个专门性、条文性和集权性不太明确的、独特的社会生活的“家”，仅仅依靠这个“家”就能把成员高度凝聚起来，对组织体起到统合作用。日本人常把自己工作的地方称作“我家的”，而把别人工作的单位称为“你的家”，这反映出日本社会组织具有浓厚的“家”的色彩。[①] 公司与职员之间也有条文化了的契约，但一般不甚重视细节，他们更愿意靠道义和信赖关系来决定行为方式。日本企业统合的特点是个人对企业有较大的忠诚心和一体感，高度协调、默契，个人全身心地投入到企业中。例如即便没有让加班的指示，员工也主动提出加班等。上下级关系以及劳资之间带有某种亲子关系的特点。企业的运转可以没有条文化的规则，甚至也可以不要领袖人物。日本企业喜欢录用完全没有经

① 张旅平. 文明的冲突：日本现代化研究［M］. 天津出版社，1993.

验的新人，原因就在于新人更容易被改造而融合到集团中。但这种模式的缺点是个人高度献身，留给个人的自由空间较少，组织体更像一个高速运转的机器，个人被镶嵌其中并随着整个机器运转而无法自己停下来。一旦受到排斥，对个人来说是致命的。而集团的头人一旦出了问题，几乎整个集团都无法逃脱。

在中国企业组织内，建立在人与人相互依赖基础上的“人格关系”是企业组织统合的重要方式。这与中国社会亲属原则占优势地位相关联。中国企业的统合不是美国那样的机械统合而是一种有机的统合形式，这一点与日本相似，但与日本不同的是相互依赖的人际“关系”。网络在统合方面起更大作用，而且这种“人格关系”所适用的范围比日本人的集团更为狭窄。它不是日本那样的高度一体化的统合而是靠一种以自我为中心的“人格关系”的统合。对上司的信赖关系是中国企业组织统合的最大力量。企业的责任人成功的重要经验之一是尽可能多地创造与职工的良好的人际关系，但“关系”也常常影响企业组织体的协调。中国企业组织内也有条文化了的、详细的契约、合同之类，但一般来说比日、韩企业更不受重视，条文化了的规定更有任意解释、任意运用和任意更改的倾向，个人一般对契约、法律、体制和权力有更大的不信任感。中国企业组织留给个人的空间比日本企业留给个人的空间要大，但同时企业组织一体化的程度和协调性较低。

韩国人具有很强的工作动力，常以能够忍受长时间工作而著称。韩国企业员工的工作动力主要受到传统价值观和现实需要的双重影响。儒家文化中的勤劳和谐价值观是企业员工形成相对较高的职业道德的基础。韩国的近代史充斥着贫穷和不安定，这些状况萦绕在韩国人的心头，因而求生的本能也是促使他们努力工作的动力。因此，强烈的职业道德和和睦的人际观已经成为韩国企业员工最为珍惜的价值观。

从现实的需要看，虽然具体的工作动机根据企业规模的大小和职位的高低而各不相同，但高工资和工作安全性无疑是最为重要的因素。根据韩国贸易产业部 1984 年的一份调查，大企业的管理者倾向于认为“有利于主动参与的环境”是最有效的激励，而小企业的管理者则认为“目标管理”体制是提高员工积极性的最好方式。根据报道，60 岁以上的老员工认为工资是努力工作的最重要动力，而 30 岁以下的年轻管理人员则将“有利于主动参与的环境”视为激励员工和提高生产力的最有效方式。

显然，作为一个整体，韩国企业的员工更倾向于把外在因素（如工资、工作条件和工作安全性），而不是创造力和成就等内在因素，作为工作的主要动力。然而对成绩和被认可的需求通常在一个给定的群体内就可以得到满足。既然和睦是一个群体内人际关系的主导价值，那么对于韩国企业员工而言，外在的因素就成为更加重要的动力。

（三）企业组织内的交流与沟通

在日本企业，人们有一个共识：那就是企业是“一群人”，是一个人的群体，而不是像美国那样把企业看成“一堆资本”；企业管理应以人为中心，充分发挥人的聪明才智。在人本主义思想指导下，日本企业特别重视职工的教育培训。“经营即教育”的经营理念已深入人心。企业录用新职工要进行严格的挑选，不仅要看是否能忠诚于本企业，还要看是否有发展潜力。日本企业尤其大企业不惜巨资进行人才培养，松下每年支出的人员培训费和科研开发费占其营业额的 8%左右。日本企业技术训练比较独特的一个重要方式是岗位轮换制，其目的是培养一专多能的人才，以备必要时可以轮换工作岗位。以人本主义思想为基础，日本建立了独具特色的企业管理制度。日本企业管理制度的核心是：终身雇佣制、年功序列工资制和企业内工会制。三者互相联系、互为依托，紧紧围绕“人”这个中心，成为日本企业管理制度的三大支柱。

与美国的个人主义相对照，日本人则是以集团的方式参与企业组织的。也就是说，个人不是以独立的个体直接参与而是以小集团的形式间接参与。这一点与日本传统社会中个人参与“家”的方式相一致。个人参与企业组织也是自由的，这一点与美国相同；但与美国不同的是，企业组织带有某种共同体性质，个人加入企业的时候一般要举行隆重的“入社式”，一旦加入某个企业组织便处在一个充满共同体气氛的集团之中，个人被集团高度一体化。虽然加入和退出在理论上是自由的，但实际上加入某个企业后几乎不辞职。企业内有高度协调的小集团，在这种企业组织中较容易形成“企业一家”的思想，企业组织体有较强的团体生存和发展的愿望。

中国人的参与方式则是另外一种情况。在改革开放前，中国人的工作由国家分配，参加企业组织后几乎不能调动工作。在没有加入和退出自由这一点上与中国家族组织的特点十分相似。现在情况有了变化，即个人有了更大的选择自由。但中国人参与企业组织的方式仍不像美国人那样以完全独立的个人参与。中国人一般有一个以近亲、熟人、朋友等组成的人际关系圈子，在参与企业组织时一般也将这个圈子带到组织中去或者在企业组织中趋于缔结这样的圈子。在不是以独立的个人参与企业组织、企业组织带来某种共同体性质方面，中国人与日本人相似，但与日本人不同的是中国人的这个圈子是以强烈的自我为中心的，企业较难将其成员一体化，也较难形成“企业一家”的思想。个人加入企业组织时也有“迎新会”之类的仪式，但通常并不严格，所以，可以说中国企业组织的共同体性质没有日本那么高。在中国人生活中以个人为中心而形成的关系网络，对于个人加入企业组织以及在企业组织内提升、成功等至关重要。

韩国财阀内部组织交流的一个显著特征是正式的交流主要通过垂直的层级制来实现。组织交流严重地依赖层级关系，而这些关系又是由一些因素联合决定的，比如正式的权威和非正式的地位、工作年限以及年龄等。在垂直的交流过程中，通常是由上级做出一定的指示，而下级主要是理解和执行这些指示。上级通常会给出一个概括性的指示，而不是具体和详尽的安排；与此相应，下级在上级的指示不是很清晰、很具体的情况下，通常也会努力自己去判断，而不是请求上级解释清楚。

韩国财阀内部组织交流的另一个显著特征是，企业员工往往更加重视层级之间与上级的正式交流，而不重视部门之间的水平交流。造成这种状况的主要原因恐怕要归之于韩国企业的高度集权化。严格的层级结构决定了水平和垂直交流的性质。对于雇员来说，垂直交流同水平交流相比与工作的联系更大，因此也就显得更为重要。

上级对于用概括性词语进行沟通的偏好与一个层次非常明晰的权力界限相结合，成为韩国企业内部信息误解的主要原因。对于一个下级而言，培养一种从上级的概括性指示中分析上级话语的意图和精神的能力十分重要。一般来说，和上级领导建立良好的个人关系有助于克服下级和上级之间交流沟通的层级障碍，而亲缘关系和同乡或校友关系也会提高相互间的理解和信任，因此有助于直接、清晰的交流的实现。在通常情况下，那些有着更好的交流的员工之间往往会在企业内部发展成一个非正式的管理派别。

许多韩国企业的雇员都不太擅长在正式会议上公开发表自己的观点，尤其是表达反对意见。一个公开的不同观点可能会令上司或同事感到尴尬，或者招致他们的敌意。此外，韩国的文化也不鼓励与他人公开分享信息资源，除非有很亲密的个人关系。然而，很多韩国人都很擅长在非正式的场合进行自由交流，尤其是与上司之间进行一对一的沟通。上下级之间的非正式沟通有很多机会，一些老于世故的上级会不断制造这样的机会，例如，他们可能会邀请下属到饭店或家里聚会。另外，下属也有可能主动到上司的家里去拜访，顺便进行私下的交流。如同所有的韩国企业，在韩国财阀里非正式场合的交流和沟通对于上下级之间保持相互理解和信任是十分重要的。

二、企业文化对公司治理模式的影响

（一）企业观与公司治理

公司治理结构是与“经营者为谁”、“如何经营”、“企业的本质是什么”、“应该如何看待企业”等企业观相关联的。中、日、韩和英、美相比，分属于两种不同的文化。

日、韩企业集团在构造方面的共同特点是：都不是建立在强调个人的基础之上的，而是建立在强调群体的基础之上的，社会集团都带有某种共同体性质以及社会的连带原则都不是明确契约原则等。它们之间存在的一些重要差别是，中国人的集团缔结更重视“资格”而日本人更重视“场”（立场）；中国人的社会连带原则主要是亲属原则而日本人是“缘约”（动机）原则。① 如何理解这些现象之间的内在联系，研究各国传统文化给企业观带来的影响是本节的关键所在。为了说明中、日、韩三国企业经营目标的特点，以美国作为第三参照物（见图 1）。

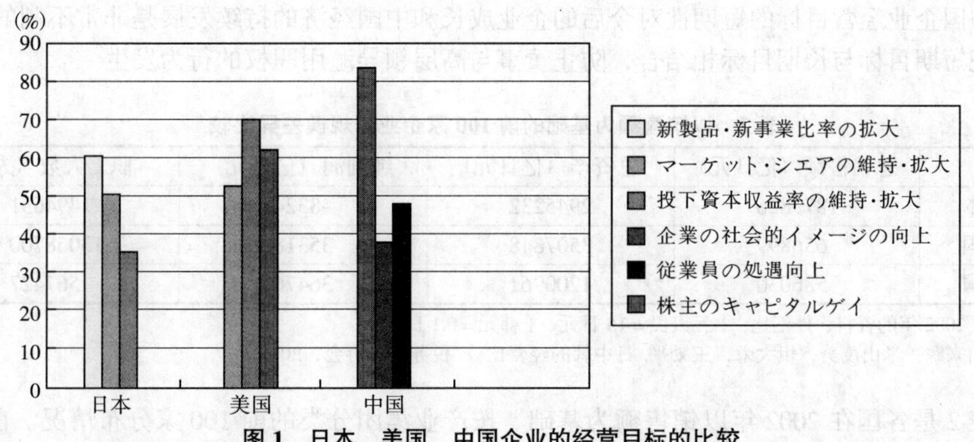

图 1　日本、美国、中国企业的经营目标的比较

注：问卷调查是从 12 个问题中选出具有战略性意义的经营目标而实施的。图中记载的数据是各项回答比例。
资料来源：经济同友会《1988 年度企业白皮书》；中国企业家调查系统的问卷调查（1993 年和 1994 年）。

从图 1 中可以看出，日本企业经营目标前三位的顺序依次为：新产品、新事业比率的扩大（60.8%），市场占有率的维持、扩大（50.6%），投入资本收益率的维持、扩大（35.6%）；美国前三位的顺序依次为投入资本收益率的维持、扩大（78.1%），股东红利（63.0%），市场占有率的维持、扩大（53.4%）；中国前三位的顺序依次为股东红利（83.5%），企业社会形象

① 尚会鹏. 中国人与日本人：社会集团行为方式与文化心理的比较研究［M］. 北京大学出版社，2000.

的提高（47.1%），职工待遇的提高（38.0%）；韩国前三位顺序依次为提高营业额、市场占有率、投资收益率。[①]

表 1 中、日、美企业的经营目标的比较（%）

	日本	中国	美国
新产品、新事业比率的扩大	60.8		11.0
市场占有率的维持、扩大	50.6		53.4
投入资本收益率的维持、扩大	35.6		78.1
企业社会形象的提高	18.6	47.1	6.8
从业人员待遇的提高	7.7	38.0	0.0
股东分红	2.7	83.5	63.0
国际化战略的强化	32.8		12.3

资料来源：经济同友会《昭和 63 年度企业白皮书》；中国企业家调查系统的问卷调查（1993 年和 1994 年）。

企业的经营目标与企业组织相关联的，从表 1 中可以看出中、日、美企业观的差异。首先，日本企业重视职工的利益（7.7%），不重视股东的利益（2.7%）；[②] 相反美国企业重视股东的利益，不重视职工的利益；中国企业比美国更重视股东利益，比日本更重视职工的利益。概括起来可以认为，日本企业是多元的企业观；美国企业是以股东利益为中心的一元的企业观；中国是以职工利益和股东利益为中心的二元的企业观。这种企业观的差异反映出各国公司治理结构的不同。日本企业重视新产品及新事业的开拓、市场占有率等成长性的目标；美国企业重视投资收益率、股票收益率等收益性的目标；中国企业为了能够在股市上筹集资金，重视短期内上扬股价，提高企业形象。而且，在创办新事业的时候，比较注重短期收益性。中国企业经营目标的短期性对今后的企业成长和中国经济的持续发展是非常不利的。今后应把短期目标与长期目标相结合，防止董事与高层领导滥用职权的行为发生。

表 2 以销售额为基础的前 100 家企业总规模差异比较

	总销售额（亿日元）	总资产（亿日元）	纯利润（亿日元）	职工人数（人）
日本	1879826	2945232	–8324	1494631
中国	656899	3507848	35318	13058700
韩国	586030	1200961	36476	567427

注：2002 年的资料、外汇比：1 元人民 = 15 日元、1 韩元 = 0.1 日元。

资料来源：米山茂美，伊大栄，王劲平. 日中韩的经营比较. 税务经理协会，2005：77.

表 2 是各国在 2002 年以销售额为基础、按产业集团分类的前 100 家分布情况。前 100 家的总销售额合计，日本企业是中国的 2.86 倍、韩国的 3.21 倍。职工数中国企业最多，是日本的 8.74 倍、韩国的 23 倍。中国企业的总资产额也超过了日、韩，是日本的 1.9 倍，韩国的 2.92 倍。

从经营业绩指标来看，2002 年日本前 100 家企业中亏损企业有 33 家，亏损合计额比营利企业多，100 家亏损额合计 8324 亿日元。韩国企业的亏损企业是零（但有 3 家没有数

① 安熙锡. 多元化战略的日韩比较. 税务经理协会，1996.

② 投入资本收益率的扩大也是间接地以股东利益为中心的。

字)，中国是 7 家（1 家没有数字），[①] 这是与日本景气的低迷、韩国经济改革的成果以及中国的持续增长相关联的（见表 3）。

表 3　日、中、韩企业经营业绩指标

国名	亏损企业数（家）	销售利益率（%）	资本利益率（%）	1 人平均销售额（万日元）	1 人平均利润（万日元）	总资本回转率
日本	33	–0.44	–0.28	12577	–56	0.64（0.67）
中国	7	5.38	1.01	503	27	0.19（0.45）
韩国	0	6.22	3.04	10328	643	0.49（0.70）

注：韩国企业无数据的有 3 家，中国企业 1 家。资本回转率是倍数、括号里数字是除了金融系列企业的数字。
资料来源：米山茂美，伊大栄，王効平. 日中韩的经营比较. 税务经理协会，2005.

企业究竟是谁的？谁应该支配企业？对这一公司治理结构根本问题的回答，各国也有不同的答案。在韩国一般认为企业是大股东个人的，因此企业的经营应尽可能地满足大股东的要求，使大股东的利益最大化；日本的企业是以经营者和职工为中心的，也可以认为是由多数的利益相关者构成的制度模式；中国的企业观是以股东利益和职工的利益为中心的二元企业观。然而，仅此回答争论并没结束。人们所寻求的答案并不仅仅停留在表面，而是通过企业治理的实证研究，弄清企业的利益相关者究竟是谁？并且为了保护他们的利益需要怎样的治理结构。对此，韩国公司治理结构的课题是从中小企业的立场对大企业的肆意行为进行检查和监督。因此，为了维持和增强其他企业的利益，有时不得不对财阀企业进行大量裁减；日本企业与欧美各国相比，注重维持企业之间的长期持续协调的交易关系，与特定交易对手保持极其紧密的关系；中国企业对所有者不但具有资产保全和增加的责任，而且对职工也必须负有责任。

（二）企业观与经营体制

2003 年在对日本、韩国、中国三国 300 名企业家进行的关于企业竞争力问题的问卷调查中，对于什么是企业竞争力最重要的因素这一问题的回答，日、韩、中 300 名企业家想法有很大差别。从问卷的结果来看，日本回答为财务、现场工作人员；中国、韩国则认为经营者是重要的因素。即中国、韩国重视经营者的资质、市场能力；日本则认为产品开发能力、新产品、成本竞争力是企业竞争的重要源泉。[②]

日本企业的重大决策是自下而上型或 U 形，一般由集体作出。日本企业主张，企业是有组织的追求盈利的生活共同体，其内部的每个成员要共同参与企业的各项经营决策，企业的生存和发展要靠大家共同努力。企业遇到什么问题，应奉行集体主义，采用集体决策方式。这种决策方式，其程序是自下而上进行的。决策前要由企业各层有关人员充分讨论，经层层商议酝酿后，直到“一致同意”时，才由高级领导做出最后决定。这种决策方式决策制定时间较长，但决策执行较容易。日本企业战略方针策定是由许多人参加，依靠集体进行的。[③] 这是从日本人的集团主义和对公司的忠诚心而产生的。[④]

① 米山茂美，伊大栄，王効平. 日中韩的经营比较. 税务经理协会，2005.
② 通産省产业政策局企业行動課编. 关于企业竞争力的问卷调查. 1984.
③ 加護野忠男など. 日本企业の経営比较. 日本経済新聞社，1989.
④ 日本経済新聞社编. テラスで読む日本經営. 日本経済新聞社，1983.

与此相对照、韩国企业重大决策是自上而下的。通常 80%的权力集中在上层管理者手中，中下层管理者的权力非常有限。独裁的领导体制在韩国财阀已成为一种普遍接受的管理方式。下级的被动服从又进一步助长了独裁体制的发展。传统的决策体制（即征求意见，进一步商讨）更多的是为了分散责任而不是为了达成共识。

中国企业的重大决策也是自上而下型的。中国企业的董事长和总经理握有绝对的权限，其决定的事情以向下传达的方式来控制经营。日、韩企业间看到的“集权化程度”的不同之处，在日、中企业间也能见到。集权化程度的不同之处，主要是意见决定方式不同。需要果断决策时自下而上的日本企业决策方式比中、韩企业要缓慢得多。

中、日、韩企业经营体制的比较如表 4 所示。

表 4　中、日、韩企业经营体制的比较

	日本企业	中国企业	韩国企业
经营目标	利益志向	成长与利益志向	利益志向
	长期的安定利益	规模扩大中获得利益	保证优先短期利益
	长期的经营视野	短期的经营视野	短中期的经营视野
组织特征	自下而上经营	自上而下经营为中心	自上而下经营
	决策时财务、会计部门的影响大	决策时董事会的影响力强	决策受各行政部门的影响
	部门的独立性	部门限定的独立性	部门限定的独立性
管理特性	终身雇用（长期雇用）	合同制（短期雇用）	长期雇用
	成果主义工资制度	职务工资制、成果工资制相结合	成果主义工资制度
	内部晋升	外部晋升	内部晋升

资料来源：安熙锡. 多元化战略的日韩比较. 税务经理协会，1996

（三）经营者激励约束双重化

在日、韩的家族企业和中国的民营企业中，经营者受到了来自家族利益和亲情的双重激励和约束。对于家族第一代创业者而言，他们的经营行为往往是为了光宗耀祖或使自己的家庭更好地生活，以及为自己的子孙后代留下一份产业。对于家族企业第二代经营者来说，发扬光大父辈留下的事业、保值增值作为企业股东的家族成员资产的责任、维持家族成员亲情的需要，是对他们的经营行为进行激励和约束的主要机制。

因此，与非家族企业经营者相比，家族企业的经营者的道德风险、利己的个人主义倾向发生的可能性较低，用规范的制度对经营者进行监督和约束已经成为不必要。但这种建立在家族利益和亲情基础上的激励约束机制，使家族企业经营者所承受的压力更大，并为家族企业的解体留下了隐患。

（四）企业所有权主要由内部人控制

由于受儒家伦理道德准则的影响，在韩国家族企业中，企业的决策被纳入了家族内部序列，企业的重大决策如创办新企业、开拓新业务、人事任免、决定企业的接班人等都由家族中的同时是企业创办人的家长一人做出，家族中其他成员做出的决策也须得到家长的首肯，即使这些家长已经退出企业经营的第一线，但由家族第二代成员做出的重大决策，也必须征询家长的意见或征得家长的同意。当家族企业的领导权传递给第二代或第三代后，前一代家长的决策权威也同时赋予第二代或第三代接班人，由他们做出的决策，前一辈的同一辈的其他家族成员一般也必须服从或遵从。但与前一辈的和家族家长相比，第二代或第三代家族家长的绝对决策权威已有所降低，这也是家族企业在第二代或第三代出现矛盾或冲突的根源所在。

三、传统文化的改革方向

随着经济的衰退，中、日、韩企业再也无法承诺终身就业，也无力向新毕业大学生提供就业岗位，而且企业也意识到强调终身雇佣制不利于强化竞争机制，企业也无法进行人力资本结构的调整以满足产业结构调整的需要，从而使企业的终身雇佣制发生动摇，降低了职工对企业的忠诚度和归属感。同时，随着教育水平的提高，不少年轻人尤其是新一代的大学生对传统企业文化彻底丧失了信心，他们再也不视企业为自己的唯一归属，而是渴望通过岗位变换来寻找展示自身价值的舞台。传统的企业文化要求职工绝对忠诚，而现在择业时往往把目标投向更好的企业、更好的机会。

在日、韩企业文化中，更强调发挥集体的作用，个人只是作为集体的一员存在，个性得不到尊重；但现今日、韩青年受西方价值观影响较多，越来越重视个人价值的存在，他们对工作之外的生活享受寄予很高的希望，力图摆脱“经济动物”的束缚，去善待生活、享受生活。而这种观念与传统企业文化是格格不入的，青年人感觉个性在企业受到忽视，英雄无用武之地，结果导致很多年轻人离开大企业而到中小企业去供职，有的甚至到国外去发展。尤其日、韩企业更强调等级观念，这种方法虽然有加强企业和职工联系的优点，但这种论资排辈制度也压制了年轻人的创造力，使许多优秀人才失去了脱颖而出的机会，从总体上导致企业创造力的匮乏。这一问题在强调大批量生产的工业化时代并不突出，甚至还可能看做是一种优势，因为工业化社会对个性化的创造力要求并不高；进入信息时代以后，人类社会便进入个性化社会，个性化与创新思维对企业发展至关重要。因此，为适应经济发展和社会变革的挑战，必须对日本传统企业文化进行改造，以提高企业的创新能力。

在企业文化的制度典章层次上，虽然各国的企业制度让职工有着高度的心理上的安全感，但它缺乏流动的自由。随着劳动力结构由体力劳动者为主转向知识劳动者为主，有专业知识的年轻人已日益厌倦对流动性的限制，这不仅出于他们自身的心理需要，也出于人力资源的优化配置的市场要求。这就要求各国社会建立和健全劳动力市场以及相应的福利制度和失业保障制度，为劳动力资源的合理流动创造条件。同时，企业也应实行弹性的用工制度，不断根据市场的发展来调整职工的结构，以适应产业结构升级的需要。

企业组织的上述特点都不是一成不变的。现在中国和日本企业都发生了并仍在发生着变化。在集团参与方面，中国人的“关系主义”倾向和日本人的“集团主义”倾向正在受到严峻挑战，企业的共同体性质削弱了。在企业统合方面，日本的企业在泡沫经济崩溃以后，过去那种仅仅依靠企业这个“场”凝聚人们的力量削弱了，“公司主义”（它的核心内容是“终身雇佣”和“年功序列”制度这一曾支撑日本经济高速成长的力量源泉也发生了变化，企业间出现了较频繁的人员流动。集团主义仍是现在日本企业的特点，但日本企业出现了下述方向的变化：给个人更多的空间和自由、规则更明确，内外规则更趋一致。中国企业现在情况也有了变化，“铁饭碗”打破以后，出现了失业现象和人员的流动。现在“关系主义”仍起着较大作用，但已受到挑战，企业组织朝着更强调个人能力、更重视条文化的规则、内外规则更趋一致的方面变化了。当前中国的改革试图通过扩大企业的自主权和自由度使企业组织更具活力。

日本和韩国传统的企业经营方式具有家族主义和人情主义的特点，表面看来这种模式似乎更适合中国的文化风土。但中国的民众文化本质上不是以一种集团关系为基础的文化。在中国，仅仅靠企业组织的“场”很难使人凝聚，较难培养起一种超越关系主义的一体感，所以导入日本企业的统合模式可能会增强企业组织内部的关系主义而无法促进企业整体的协调。而且，泡沫经济崩溃以后，暴露了日本模式压抑个性的弊端，所以，中国企业无法导入日本式的统合模式，不能完全走日本企业的道路。

中国企业目前似乎正在接受美国的企业统合模式，即更强调个人独立参与和个人的权利和责任、更重视法规契约。提高人们对法规的敬畏态度和遵守以限制人格关系的滥用等，正是中国现在建立“现代企业制度”的主要内容。但如何避免美国模式的弊端，是面临的重大课题。

〔参考文献〕

［1］青木昌彦.日本经济中的信息、激励与谈判［M］. 商务印书馆，1994.

［2］张旅平. 文明的冲突：日本现代化研究［M］. 天津出版社，1993.

［3］尚会鹏，徐晨阳著. 中日文化——冲突与理解的事例研究［M］. 中国国际广播出版社，2004.

［4］尚会鹏. 中国人与日本人：社会集团行为方式与文化心理的比较研究［M］. 北京大学出版社，2000.

［5］斯蒂格利茨等编. 东亚奇迹的反思［M］. 中国人民大学出版社，2003.

［6］［日］深尾光洋，森田泰子. 企業ガバナンス構造の国際比較［M］. 日本経済新聞社，1997.

［7］李向阳. 企业信誉、企业行为与市场机制——日本企业制度模式研究［M］. 经济科学出版社，1999.

［8］安熙锡. 多元化战略的日韩比较［M］. 税务经理协会，1996.

［9］米山茂美，伊大荣，王効平. 日中韩的经营比较［M］. 税务经理协会，2005.

［10］通産省产业政策局企业行動課编. 关于企业竞争力的问卷调查［M］. 1984.

［11］日本経済新聞社编. テラスで読む日本経営［M］. 日本経済新聞社，1983.

［12］宮沢健一. 産業の経済学［M］. 東洋経済新報社，1989.

［13］成啓禎. アジア経済の発展モデルとその深化［M］. 北京週報，1996.

［14］加護野忠男等. 日米企業の経営比較. 日本経済新聞社，1989.

［15］日本経済新聞社编. テラスで読む日本経営. 日本経済新聞社，1983.

（辽宁大学国际关系学院　孙　丽）

裁员与雇佣：对日本企业员工心理的影响分析*

一、引　言

日本在20世纪90年代后期出现了大企业倒闭的现象，以大企业为中心实行了大规模的雇佣调整。同时，雇佣状况的特征是失业率开始增加，非正式员工的比率也开始急速上升。以此为契机，出现了绩效工资以及年薪制等薪酬体系的变更，以及为了保证雇佣而采取的削减工资等情况。正如骏河（2002）所指出的那样，以前实行劝退这种强硬的雇佣调整手段的单位多是规模小的企业，而到了90年代后期却出现了大企业实行强硬的调整雇佣手段的趋势。

从非正式雇佣来看，根据总务省统计局的“劳动力调查”显示，周不满35小时的短时间雇佣者的雇佣人数比例随着女性雇员的增加而持续增长。1973年为8.5%（男性4.9%，女性16.1%），而2001年则增加到22.9%（男性12.0%，女性39.1%）。进入90年代以后，男性短时间雇佣者的比率一直在上升。

以全员为对象削减工资的现象在以前是很少发生的，可是现在实行全员工资削减的现象却越来越多。劳务行政研究所（2002）总结了有关削减工资的报道，其中以两年内削减5%左右工资的内容居多，其中也有削减工资和劝退并用以及进行常规性工资削减的报道。

本文将以20世纪90年代后期的这种雇佣形势为背景，探讨雇佣调整手段和裁员的实行是如何影响后来正式雇佣的变动问题。同时，研讨非正式雇佣比率、长期雇佣思想以及薪酬体系的变化等对正式雇佣的变化产生的影响。

正如骏河认为的那样，当雇佣调整断续进行，企业出现较大赤字或连续两个季度出现赤字时，就要考虑大量削减雇员，加快雇佣调整速度，使雇佣接近最合适的程度。因此，可以想象雇佣过剩感将逐渐减少。本文的第二个目的是，考察裁员和雇佣调整手段的实施、薪酬体系的变化等将给不同部门或不同年龄段员工的均衡感带来的影响。

作为雇佣调整手段，一般有加班限制、调换岗位、外派、劝退以及解雇等。通常，随着企业业绩的恶化，雇佣调整手段将伴随着时间变量开始实行。可是，关于各个手段滞后结构方面的调查研究几乎为零。本文的第三个目的就是要探讨能否确认各个解释变量的实际存在。

为了对以上三个目的进行实证研究，本文使用的是日本劳动研究机构于1998年8月实施的“关于裁员实际状况的调研”的调查表格。该调查问卷寄送给全日本拥有500人以上员

---

* 本文的部分内容已在日本神户大学《国民经济杂志》2008年6月第197卷第6号上发表。

工的 5779 个企业，有 663 家企业对问卷做了回答，回收率为 11.5%。数据由东京大学社会科学研究所数据库提供，在此表示感谢。

二、雇佣调整、非正式员工率、薪酬体系变化对正式雇佣变动带来的影响

樋口（2001）利用“企业活动基本调查”，分析了 1988~1990 年进行企业组织变更、分公司化、事业领域调整等，对其后 6~8 年的产量、雇佣人数（包括非正式雇佣）、劳动生产率将产生怎样的影响。结果是，企业组织变更和分公司化措施的雇佣削减的效果大于雇佣增加的效果，而事业领域的调整措施，在实行后不久虽然呈现出雇佣量增加的现象，但 6~8 年以后其效果就消失了。

对此，本论文将探讨实行劝退、解雇这种强硬的雇佣调整手段之后，雇佣的增长情况会如何的问题。可以认为，通过实行劝退、解雇这种强硬性雇佣调整手段，雇佣会接近最合适的程度。这与只采用柔和的雇佣调整手段的企业相比，随着景气的恢复，雇佣将逐渐增多。另外也可以反过来考虑，即实施强硬的雇佣调整措施的企业对员工雇佣非常慎重，反而雇佣增速会降低。不过由于没有获得长期的数据，在此只能探讨短期的效果。

正如上节所述，非正式化的扩大已形成一种趋势，很难预测到非正式员工的比率将上升到什么程度。最适度的非正式比率决定的模型创建者是中马和樋口（1995）。中马和樋口以 Kanemoto MacLeord（1989）的理论框架为基础创建了相关理论模式，推导出不确定性的增大使短期雇佣比率增加，技术进步使短期雇佣者的比率减少这一命题。这一模型也说明在 20 世纪 90 年代后期短期雇佣比率增加的一个方面，即由于技术进步出现停滞，对未来的不确定性出现增大。

宫本和中田（2002）使用 1987~1999 年百货公司和商场的上市公司报告中的数据资料，对非正式雇佣比率给予正式雇佣比率的影响进行了实证分析。结果表明，对 0%以上的削减虽然没有特别有意义的结果，但对 5%以上的削减，非正式雇佣比率对正式雇佣削减带来了负面影响。也就是说，一旦非正式雇佣率高，结果就会抑制正式雇佣的削减。关于这个问题，宫本和中田作了如下说明。通过非正式员工的增加，正式员工将集中到要求更高技能的职务，正式员工的生产率将会上升。因此，由于削减正式员工的雇佣费用增加，就要抑制非正式员工比率的增加，就会抑制正式员工的雇佣削减。

这样就出现一个问题，即正式雇佣与非正式雇佣是相互替代的还是相互补充的呢？“平成 14 年（2002）版劳动经济白皮书”根据厚生劳动省“雇佣动向调查”的特别统计，以事业部比例分析一般劳动者的增减与临时劳动者增减的关系。如表 1 所示，有正式雇佣者的增减与非正式雇佣者的增减呈现同一倾向的，也有一方面增加而另一方面减少的情形（1991 年为 16.6%，2000 年为 20.0%），很难立即做出判断。根据日本劳动研究机构“关于裁员实际状况的调查”（1998）制作了相同的表格，见表 2。一般劳动者减少与临时劳动者增加的组合以 24.4%为最多，而两者的增加或减少合计也有 39.6%。从这一计算可以看出，可能是由于没有非正式雇佣者而不在统计范围内，或与厚生劳动省的计算方法不同，由于它还包括了派遣职员在内，所以出现很大差异。代替性和互补性可以考虑使用 CES 等的生产函数及费用函数进行推算的方法。在这一计算中，必须用某种方法来推算由正式劳动者和非正式劳动

者所产生的附加价值等数值。这里所使用的数据资料由于没有关于薪酬的数据，所以没有进行推算。

表 1 按一般劳动者与临时劳动者增减不同事务部的比例

1991 年（单位：%）

	临时工增加	临时工不变	临时工减少
一般增加	10.4	27.4	10.0
一般不变	2.5	9.0	2.2
一般减少	10.1	22.1	6.2

2000 年（单位：%）

	临时工增加	临时工不变	临时工减少
一般增加	8.5	19.5	8.3
一般不变	3.8	9.0	3.9
一般减少	11.7	24.7	10.7

注：①数值表示针对统计事务部的该事务部的比例数值。②“不变”是指与前年比增减率不满 1%。
资料来源：厚生劳动省. 劳动经济白皮书. 平成 14 年（2002）版.

表 2 按一般劳动者与临时劳动者增减不同企业的比例

（单位：%）

	临时工增加	临时工不变	临时工减少
一般增加	21.27	2.92	9.09
一般不变	10.63	1.72	7.72
一般减少	24.36	3.95	18.35

可以想见，由于管理职务、事务职务、营业职务、现场职务等的不同，其与非正式雇佣的替代性和互补性也将不同，有必要使用因工种不同进行分类的数据资料进行分析。例如，骏河（1991，2002）指出，由于银行的第二次联机，女职员和分行员工大幅减少，而非正式职员增加，对此，男职员和总部机构的职员有增加的倾向。即女职员与非正式劳动者是替换性关系，男职员与非正式劳动者是互补性关系。

另外，非正式劳动者不单纯是数量的扩大，对正式劳动者所承担的管理业务、指导业务、判断业务等也要熟练掌握，这一质的方面也在发生变化，即非正式劳动者的核心劳动力化。有质的方面的变化就有可能带来非正规劳动者比率的扩大。

如果把绩效薪酬和年薪制解释为使现行薪酬更接近于劳动者现在的生产率的一个尝试的话，那么就可以认为它将使薪酬弹性化，也将使维持雇佣更容易。不过，绩效薪酬和年薪制更多是只适用于管理职务等一部分员工，所以对雇佣的影响有可能不会太大。

（一）推算公式

为了探讨非正式雇佣和薪酬制度的变化对正式雇佣的影响，作为被解释变量，将使用一年中正式雇佣的变化率进行推算。对于解释变量，作为销售额变化率、雇佣调整实施的变数在一期以前（1~3 年前，以后同）是否实行了劝退、削减薪酬、削减薪酬以外的劳动费用、削减福利费、削减承包订货。为了探讨产业、临时工以及派遣职员与正式职员的关系，还使用了与正式职员相对应的临时工的比率、派遣职员的比例。有关对长期雇佣的看法，出现了“今后也要尽可能维持长期雇佣”、“针对景气的变动比以往更要进行正式员工的人员调整”、“今后长期雇佣惯性的维持将出现困难”、“没有长期雇佣”之类的变量对雇佣变化的影响。为了弄清员工的年龄构成对雇佣变化的影响，还使用了全体员工中 50 岁以上员工的比率。因此，用于推算的公式如下：

$$\Delta Li = a1 + a2 \cdot \Delta Yi + a3 \cdot EAi + a4 \cdot CLi + a5 \cdot LEi + a6 \cdot AGi + a7 \cdot Xi + Ui \quad (1)$$

这里，ΔLi 为正式雇佣的变化率；ΔYi 为销售额变化率；EAi 为一期以前的雇佣调整和薪酬调整的实施；CLi 为临时工和派遣职员的比率；LEi 为长期雇佣的想法；AGi 为高龄者比率；Xi 为产业；Ui 为各种杂项。

代替上述有关雇佣调整的变量，还引进了过去 1~3 年是否实行了对正式员工的裁员（提前退休的导入语扩大、转籍外、劝退、解雇）；作为对于薪酬的雇佣管理，在过去的三年间，是否实行了“薪酬体系（基本工资）的绩效工资和能力工资”、“年薪制的导入”等变量。在推算中作为实施基准，针对长期雇佣的想法是“今后也将尽量地维持长期雇佣”，产业是指制造业。

可以预计的结果是，销售额的提高会增加正式雇佣人数，一期以前的雇佣调整和薪酬调整的影响不明显，非正式员工的比率对正式雇佣具有正面影响。关于长期雇佣的想法，如果打算结合景气指数来调整正式职员，认为正式职员比较容易雇佣，那么系数就是正。关于高龄者比率，因为可以预测即将退休，所以年龄大的容易增加成正式职员。

（二）推算结果

推算结果总结成表 3。如果把一期以前的劝退等的雇佣调整手段作为解释变量加进去，临时工雇佣比率的增高必然地导致增加正式雇佣，得出与宫本和中田（2002）相同的结果。另外，销售额变化率的上升导致增加正式雇佣，如果一期以前进行劝退，必然会出现正式雇佣减少这一效果。但是，与薪酬相关的雇佣调整、与长期雇佣相关的想法没有出现必然的效果。在产业方面，与制造业相比，电力、煤气、服务行业、运输、通信业会出现雇佣增加的趋势。

表 3　正式员工的变化

	推算 1	推算 2	推算 3
临时工比率	0.005*	0.005*	0.004
派遣比率	0.003	0.003	0.004
销售额变化率（1997）	0.002***	0.002***	0.002***
销售额变化率（1996）	0.001***	0.001***	0.001***
劝退（1 期前）	−0.024**	−0.023**	
薪酬等的削减（1 期前）	0.000	0.001	
薪酬等以外的劳动费用的削减（1 期前）	0.000	0.001	
福利费的削减（1 期前）	−0.017*	−0.015	
承包、厂外订货的削减（1 期前）	−0.011	−0.010	
比原来更需要调整		−0.008	
维持困难		−0.014	
非常规		0.000	

续表

	推算 1	推算 2	推算 3
50 岁以上比率	−0.006	−0.007	−0.008
建设	−0.010	−0.012	−0.011
电、煤气、水、其他	0.026***	0.024**	0.025**
运输、通信	0.017*	0.017*	0.019*
批发、零售、餐饮	0.003	0.003	0.007
金融、保险、不动产	0.032***	0.031***	0.036***
服务业	0.022**	0.021**	0.024***
薪酬体系的业绩能力工资化			−0.007
年薪制的导入			0.009
裁员（1 期前）			−0.017**
常数项	−0.018***	−0.014*	−0.019***
样品数	526	522	526
adj R−squared	0.2611	0.2637	0.2608

注：*** 为 1%水准，** 为 5%水准，* 为 10%水准，有必然性。

与一期以前的劝退等雇佣调整的实施相反，如果把 1~3 年前的裁员和 3 年间的薪酬制度的变化作为解释变量，那么临时工比率虽然是正，但不具有必然的效果。在其他的变量中，只有销售额的变化和裁员变量是必然的，薪酬制度不是必然的。产业的系数也几乎相同。但是，金融、保险、不动产将重新变成必然的正的系数。

下面探讨一下在前期所实行的劝退、非正式员工比率的增高、薪酬制度的弹性对削减 5%以上雇佣这一行为的影响，结果如表 4 所示。因为是削减雇佣 5%以上为 1，反之为 0 这样一种被解释变量，所以必须注意符号的正负意义与上表正相反。如果在前期实行劝退，当然会容易产生雇佣削减，在前期实行薪酬等的削减的企业就会加大力度削减雇佣。虽然临时工和派遣比率的符号是负，但不是必然的。我们认为维持长期雇佣很困难的企业则有大量削减雇佣的倾向。如推算 4，如果在第一年到第三年前的裁员中替换解释变量，就不是必然的。由于用包括许多产业在内的断面图数据进行分析，因此非正式劳动和正式劳动的关系以及非正式劳动所起的作用在产业间是不同的，非正式劳动比率的系数符号有可能不明确。

表 4　5%以上的雇佣削减的实施

	推算 1	推算 2	推算 3	推算 4
临时工比率	−0.013	−0.022	−0.022	−0.013
派遣比率	−0.020	−0.019	−0.021	−0.020
销售额变化率（1997）	−0.008***	−0.007***	−0.007***	−0.008***
销售额变化率（1996）	−0.003***	−0.003**	−0.003**	−0.003***
劝退（1 期前）		0.154**	0.148**	
薪酬等的削减（1 期前）		0.206***	0.204***	
薪酬等以外的劳动费用的削减（1 期前）		−0.024	−0.030	
福利费的削减（1 期前）		0.074	0.065	
承包、厂外订货的削减（1 期前）		0.022	0.019	

续表

	推算 1	推算 2	推算 3	推算 4
比原来更需要调整			0.051	
维持困难			0.085*	
非常规			0.094	
50 岁以上比率	–0.068	–0.099	–0.106	–0.085
建设	0.077	0.056	0.075	0.077
电、煤气、水、其他	–0.103**	–0.105**	–0.097*	–0.104**
运输、通信	–0.035	–0.041	–0.038	–0.033
批发、零售、餐饮	0.026	0.038	0.034	0.027
金融、保险、不动产	–0.147**	–0.122**	–0.106*	–0.141**
服务业	–0.022	–0.018	–0.010	–0.015
薪酬体系的业绩能力工资化				–0.032
年薪制的导入				0.011
裁员（1 期前）				0.054
常数项	0.208***	0.183***	0.159***	0.207***
样品数	523	523	519	523
adj R–squared	0.0947	0.1251	0.1291	0.0941

注：*** 为 1%水准，** 为 5%水准，* 为 10%水准，有必然性。

三、雇佣调整对员工均衡感的影响

上部分中否定了在实行劝退那样强行雇佣调整的企业中，正式员工的数量接近最合适的规模后雇佣就会增长的说法，结果显示雇佣非但不会增长，反而会大量削减。在本节中，将按照部门、年龄不同对实行强行雇佣调整后雇佣的过剩感是否会消除的问题进行明确。

可以想见，劝退这样强行雇佣调整的目的是缩减企业人员、消除雇佣过剩、减少劳动成本、恢复企业收益。企业恢复收益是希望新的投资项目更容易进行，同时不久能够产生新的雇佣。

在“关于裁员实际状况的调查”中，按照雇佣形态不同（正式员工、除去派遣员工的非正式员工）、部门不同（管理企划事务部门、营业销售部门、研究开发部门、现场作业部门）、年龄不同（29 岁以下、30~39 岁、40~49 岁、50~59 岁），对 1998 年 9 月的员工的均衡感（过剩、适当、不足、不明）进行了调查。作为被解释变量，制定了“过剩”的情况为 1、“适当”或“不足”为 0 的变量，并用回归分析法进行分析。解释变量则如同上部分分析（1）式，使用与销售额变化率、非正式率、雇佣调整手段的实施、薪酬调整手段的实施、对长期雇佣的想法、员工年龄构成等几乎相同的变量。

期望得到的结果是：如果认为劝退会充分消除正式员工过剩的情形，那么一期以前的劝退针对正式员工的过剩感就是“负”。按照年龄不同，在大企业中，设定要在一定年龄以上人员中实行劝退规定的情况比较多。所以，可以想见尤其是对 50 岁以上的员工有过剩感觉的情形会减少。另外，还可以预见非正式员工比率高将有助于缓解正式员工过剩的感觉。

推算结果归纳为表 5 和表 6。表 5 是把一期以前的劝退等雇佣手段调整的实施作为解释变量，而表6是把过去3年间裁员的实施和薪酬体系的变化作为解释变量。一期以前的劝退的实施，关于全体劳动者和正式劳动者的结果与预想的正相反，不但没有消除雇佣过剩感，反而出现了雇佣过剩感仍然存在的结果。可是，按照雇佣部门的不同，一期以前的劝退对于雇佣过剩感具有必然效果的部门并不存在。按照年龄不同，通过劝退使高龄层的员工退休，如预期的一样，对50岁以上年龄段的雇佣过剩感虽然不是必然的，但是对30岁以上和40岁以上的雇佣过剩感却是必然的“正”效果。这就意味着通过劝退虽然雇佣调整的速度上升了，但是并未达到最合适的程度。尤其是在30岁以上和40岁以上的核心层中存在承担工作的可能性非常高。

表5 员工过剩感之一

	全体员工	全体正式员工	非正式员工	管理企划事务
销售额变化率（1997）	−0.018***	−0.024***	−0.002	−0.020
销售额变化率（1996）	−0.004	−0.003	−0.007	−0.004
临时工比率	0.034	0.004	0.056	−0.026
派遣比率	−0.806	−1.983*	−0.306	−0.306
劝退（1期前）	0.459*	0.494**	−1.022*	0.303
薪酬等的削减（1期前）	−0.032	0.434	0.930***	−0.153
薪酬等以外的劳动费用的削减（1期前）	0.153	0.058	−0.483	0.187
福利费的削减（1期前）	0.185	0.337*	−0.446	0.658
承包、厂外订货的削减（1期前）	0.670***	0.514**	0.771***	0.341
比原来更需要调整	0.147	0.464***	0.079	0.305
维持困难	0.690***	0.744***	−0.130	0.482
非常规		−0.349		
50岁以上比率	−0.539	−0.289	−0.852	0.269
建设	0.074	0.011	0.056	0.433
电、煤气、水、其他	−0.454**	−0.432**	−0.250	−0.206
运输、通信	−0.215	−0.163	−0.346	0.096
批发、零售、餐饮	−0.443**	−0.378**	−0.389	0.101
金融、保险、不动产	−0.673**	−0.793***	−0.996**	−0.167
服务业	−0.447**	−0.425**	−0.226	−0.065
常数项	−0.315**	−0.301*	−0.869***	−0.631
样品数	509	519	509	509
Pseudo R^2	0.1224	0.1602	0.1132	0.1055
Log likelihood	−283.935	−288.50751	−163.70665	−300.34157
	营业销售	研究开发	现场作业	29岁以下
销售额变化率（1997）	−0.022***	−0.025***	−0.008	−0.018
销售额变化率（1996）	−0.003	−0.011	−0.005	0.000
临时工比率		0.200**	−0.311*	0.169
派遣比率		−0.099	−0.543	−3.292
劝退（1期前）	0.100	0.403	−0.044	−0.055
薪酬等的削减（1期前）	0.286	−0.527	0.409	−0.631
薪酬等以外的劳动费用的削减（1期前）	0.302	−0.101	0.009	−0.135

续表

	营业销售	研究开发	现场作业	29 岁以下
福利费的削减（1 期前）	-0.189	0.263	0.017	0.240
承包、厂外订货的削减（1 期前）	0.316	0.390	0.704***	-0.089
比原来更需要调整	0.057	0.124	0.348**	0.137
维持困难	0.385*	0.478*	0.574***	0.627
非常规			0.416	
50 岁以上比率	0.689	0.089	-0.335	-1.775
建设	0.400	0.173	-0.029	0.498
电、煤气、水、其他	-0.255	-0.712*	-0.935***	-0.124
运输、通信	-0.346		-0.246	-0.562
批发、零售、餐饮	0.387*	-0.703**	-0.688***	-0.379
金融、保险、不动产	-0.428		-1.761***	-0.747
服务业	-0.182	-0.628*	-0.768***	0.129
常数项	-1.448***	-1.360***	-0.285*	-1.109
样品数	523	422	519	509
Pseudo R^2	0.1059	0.1697	0.1797	0.1168
Log likelihood	-177.262	-106.04746	-250.6167	-130.18163

	30~39 岁	40~49 岁	50~59 岁
销售额变化率（1997）	-0.012	-0.013**	-0.014**
销售额变化率（1996）	-0.013	-0.011*	-0.010**
临时工比率	-0.115	-0.048	-0.025
派遣比率	-0.276	-1.430	0.042
劝退（1 期前）	0.792**	0.451*	0.277
薪酬等的削减（1 期前）	-0.513	-0.082	0.170
薪酬等以外的劳动费用的削减（1 期前）	0.694**	0.112	0.217
福利费的削减（1 期前）	-0.534	0.243	0.895***
承包、厂外订货的削减（1 期前）	0.449	0.199	0.451**
比原来更需要调整	-0.118	0.383***	0.284*
维持困难	0.915***	0.352*	0.281
非常规		-0.375	-0.331
50 岁以上比率	-3.797***	-1.933***	1.560***
建设		0.388	0.168
电、煤气、水、其他	-0.316	-0.342	-0.416**
运输、通信	0.353	-0.054	-0.156
批发、零售、餐饮	-0.153	0.123	0.291
金融、保险、不动产	0.050	-0.139	-0.185
服务业	0.077	-0.157	-0.319*
常数项	-1.206***	-0.337**	-0.178
样品数	478	519	519
Pseudo R^2	0.1915	0.0974	0.1421
Log likelihood	-90.6269	-278.34237	-302.61962

注：*** 为 1%水准，** 为 5%水准，* 为 10%水准，有必然性。

表 6　员工过剩感之二

	全体员工	全体正式员工	非正式员工	管理企划事务
销售额变化（1997）	−0.018***	−0.024***	−0.006	−0.021***
销售额变化（1996）	−0.006	−0.004	−0.007	−0.006
临时工比率（1 期前）	0.048	0.040	0.042	0.008
派遣比率（1 期前）	−0.945	−1.941*	−0.296	−0.379
薪酬体系的业绩能力工资化	−0.095	0.005	−0.263	0.205
年薪制的导入	−0.251	−0.289	0.002	−0.108
裁员（1 期前）	0.590***	0.595***	0.003	0.543***
50 岁以上比率	−0.798	−0.468	−1.007	0.149
建设	0.047	0.061	0.005	0.401
电、煤气、水、其他	−0.551***	−0.534**	−0.397	−0.292
运输、通信	−0.250	−0.127	−0.358	0.079
批发、零售、餐饮	−0.535***	−0.450**	−0.518**	−0.013
金融、保险、不动产	−0.953***	−1.070***	−1.123***	−0.453*
服务业	−0.571***	−0.495***	−0.183	−0.175
常数项	0.007	0.057	−0.676***	−0.418***
样品数	523	523	523	523
Pseudo R^2	0.098	0.117	0.051	0.082
Log likelihood	−298.006	−305.832	−176.926	−314.468
	营业销售	研究开发	现场作业	29 岁以下
销售额变化（1997）	−0.029***	−0.025***	−0.011*	−0.016**
销售额变化（1996）	−0.006	−0.013	−0.007	0.001
临时工比率（1 期前）	0.105	0.191**	−0.289*	0.144*
派遣比率（1 期前）	−0.242	−0.181	−0.601	−3.639
薪酬体系的绩效能力工资化	−0.373**	−0.057	−0.221	−0.076
年薪制的导入	0.120	−0.077	−0.181	−0.292
裁员（1 期前）	0.368**	0.463**	0.347**	−0.363
50 岁以上比率	0.508	0.053	−0.684	−1.939**
建设	0.277	0.036	−0.054	0.487
电、煤气、水、其他	−0.361	−0.775**	−1.037***	−0.258
运输、通信	−0.36		−0.205	−0.642
批发、零售、餐饮	0.311	−0.801***	−0.738***	−0.373
金融、保险、不动产	−0.659*		−1.997***	−0.891*
服务业	−0.287	−0.772**	−0.796***	−0.031
常数项	−1.223***	−1.170***	0.126	−0.804***
样品数	523	431	523	523
Pseudo R^2	0.105	0.155	0.148	0.107
Log likelihood	−173.977	−108.698	−263.205	−134.881

	30~39 岁	40~49 岁	50~59 岁
销售额变化（1997）	−0.009	−0.013**	−0.016***
销售额变化（1996）	−0.018*	−0.012**	−0.011**
临时工比率（1 期前）	−0.045	−0.027	0.017
派遣比率（1 期前）	−0.441	−1.422	0.030

续表

	30~39 岁	40~49 岁	50~59 岁
薪酬体系的业绩能力工资化	−0.151	−0.025	−0.010
年薪制的导入	−0.249	−0.203	−0.425**
裁员（1 期前）	0.259	0.569***	0.677***
50 岁以上比率	−3.478***	−1.943***	1.416***
建设		0.343	0.131
电、煤气、水、其他	−0.323	−0.409*	−0.508**
运输、通信	0.147	−0.099	−0.144
批发、零售、餐饮	−0.173	0.064	0.198
金融、保险、不动产	−0.344	−0.359	−0.441*
服务业	−0.179	−0.231	−0.335*
常数项	−0.809***	−0.143	0.077
样品数	491	523	523
Pseudo R^2	0.077	0.089	0.119
Log likelihood	−104.221	−282.066	−313.454

注：*** 为 1%水准，** 为 5%水准，* 为 10%水准，有必然性。

在其他雇佣手段中，一期以前的薪酬等的削减对于非正式雇佣来说增加了过剩感。福利费削减让全体正式雇佣、管理企划事务、50 岁以上的雇佣增加了过剩感。承包和厂外订货让全体受雇人员、正式雇佣、非正式雇佣、管理企划事务、现场作业、50 岁以上的受雇者增加了过剩感。在长期雇佣的想法中，针对长期雇佣的维持，在回答“比原来更需要整顿”的情况下，全体正式雇佣、管理企划事务、现场作业、40 岁以上人中雇佣过剩感增加了。与此相反，回答“长期雇佣维持困难”中，全体受雇人员、营业销售、研究开发、29 岁以下、30 岁以上人也都增加了过剩感。如果 50 岁以上的比率高，那么 50~59 岁的雇佣过剩感就会增加，从而使其他年龄层的雇佣过剩感减少。如果临时工比率高，研究开发、29 岁以下的雇佣过剩感就会高涨，现场作业的雇佣过剩感就会降低。如果派遣比率高，全体正式雇佣的过剩感就会降低，而从不同部门、不同年龄来看，其效果就不会是必然的。

下面探讨一下将 1~3 年的裁员和 3 年间的薪酬制度的解释变量代替一期以前的劝退等雇佣调整，得出表 6 的结果。裁员不仅是劝退还包括更柔和的手段，所以裁员的实施与劝退相比雇佣过剩感必然会增加。实际上，除去非正式劳动者和 29 岁以下的员工，所有部门和年龄层的过剩感都增加了。薪酬体系的绩效工资和能力工资使得营业销售的雇佣过剩感减少。有关年薪制的导入还没有看到必然的影响。

四、雇佣调整手段的滞后效果

在雇佣调整手段的实施过程中，有各种手段同时使用的情形，不过一般情况下认为存在着一种滞后现象。随着业绩的恶化，逐渐使用强硬的雇佣调整这一滞后手段。按照从限制加班开始到岗位调换、外派、劝退、解雇这一顺序进行。这一部分将明确这种滞后结构的存在。所得到的数据资料将粗略地分为两期，即 1~3 年前各种雇佣调整手段是否已经实施；1

年内各种调整手段是否已经实施。所以会有一定的局限，对少量的几个月内的滞后效果无法确定。可是，某种程度的滞后结构应该能够得到验证。虽然骏河（2002）关于调换岗位和外派能够减少多少劝退这一问题进行了分析，但对雇佣调整手段之间的时间关系分析几乎没有。

把本期内是否实施了雇佣调整手段作为被解释变量，把从一期以前开始是否实施了柔和的雇佣调整手段作为解释变量来进行回归分析，并把其他的销售额变化率、临时工比率、派遣比率、产业作为解释变量添加进去进行控制。销售额的增加减少了雇佣调整手段实施的必要性，非正式雇佣比率的增高使雇佣调整弹性化，同样也减少了雇佣调整手段实施的必要性。

推算的结果归纳为表 7。前期所实施的加班限制，在本期提高了实施岗位调换和外派的概率。但是，对劝退却没有产生必然的影响。临时工比率的增高降低了实施外派的概率，派遣比率的增高降低了岗位调换的概率。

表 7 雇佣调整手段的滞后结构之一

	调换岗位	外派	劝退
加班限制	0.626***	0.409***	−0.130
销售额变化率（1997）	−0.004	−0.020***	−0.026***
销售额变化率（1996）	−0.010*	−0.008	−0.012
临时工比率	−0.070	−0.289**	−0.004
派遣比率	−1.489*	−1.446	−0.072
建设	0.175	−0.170	0.215
电、煤气、水、其他	−0.230	−0.765***	0.252
运输、通信	0.054	−0.243	0.322
批发、零售、餐饮	0.262	−0.148	−0.038
金融、保险、不动产	−0.781***	−0.033	−0.834*
服务	−0.320*	−0.740***	−0.325
常数项	−0.471***	−0.422***	−1.336***
样品数	555.000	555.000	555.000
Pseudo R^2	0.100	0.127	0.080
Log likelihood	−313.278	−272.764	−141.421

	外派	劝退
调换岗位	1.073***	0.232
销售额变化率（1997）	−0.020***	−0.025***
销售额变化率（1996）	−0.009	−0.011
临时工比率	−0.227*	−0.005
派遣比率	−1.452	−0.055
建设	−0.117	0.246
电、煤气、水、其他	−0.783***	0.312
运输、通信	−0.212	0.339
批发、零售、餐饮	−0.359*	−0.053
金融、保险、不动产	0.159	−0.711
服务	−0.709***	−0.241
常数项	−0.669***	−1.479***
样品数	555.000	555.000
Pseudo R^2	0.212	0.084
Log likelihood	−246.243	−140.813

续表

	劝退
外派	0.254
销售额变化率（1997）	–0.026***
销售额变化率（1996）	–0.011
临时工比率	0.001
派遣比率	–0.060
建设	0.260
电、煤气、水、其他	0.332
运输、通信	0.355
批发、零售、餐饮	–0.020
金融、保险、不动产	–0.806*
服务	–0.225
常数项	–1.484***
样品数	555.000
Pseudo R^2	0.085
Log likelihood	–140.751

注：*** 为 1%水准，** 为 5%水准，* 为 10%水准，有必然性。

前期外派的实施，对本期劝退实施没有产生必然的影响。临时工和派遣比率也不具有必然的影响。在加班限制、调换岗位和外派之间，虽然出现具有滞后实施的倾向，但劝退与其他三个雇佣调整手段之间却看不出具有滞后实施的倾向。这支持了一种可能性，正如在骏河（1997，2002）的分析中所显示的那样，以巨大的赤字和两季度连续赤字这样的收益关联指标为基础，劝退的决定与其他雇佣调整手段不会连续实施。

虽说在加班限制的下一期会进行岗位调换，但也有加班限制与调换岗位同时实施，并在下一期也实施调换岗位的可能性。为了排除这种可能性，只使用在第一期没有实行调换岗位的数据进行相同的推算，结果如表 8 所示。对外派和劝退也采取相同的处理措施。从结果看，关于前面的推算结果与雇佣手段调整间的滞后不尽相同，只在于前期的加班限制对于调换岗位来说不是必然的，所以看不出它们之间的滞后关系。如果从 2 年左右的期间看，可以理解为是因为加班限制和调换岗位在同一期间内实施所造成的。在其他项目中，都出现了从加班限制到外派、从岗位调换到外派这一滞后现象。而在从加班限制、外派、调换岗位到劝退中，却没有看出具有滞后实施的倾向。关于临时工比率和派遣比率，没有有意义的案例。

表 8 雇佣调整手段的滞后结构之二

	调换岗位	外派	劝退
加班限制	0.256	0.348*	–0.082
销售额变化率（1997）	–0.001	–0.031***	–0.023**
销售额变化率（1996）	–0.011	0.003	–0.007
临时工比率	–0.026	0.014	–0.632
派遣比率	–0.489	–0.595	–0.023
建设	0.382	0.008	0.072

续表

	调换岗位	外派	劝退
电、煤气、水、其他	0.005	-0.991***	-0.379
运输、通信	0.208	-0.281	0.102
批发、零售、餐饮	0.048	-0.555*	-0.136
金融、保险、不动产	-0.541	-0.192	-0.544
服务	-0.075	-0.769**	-0.199
常数项	-1.196***	-1.200***	-1.492***
样品数	405	429	518
Pseudo R^2	0.038	0.148	0.084
Log likelihood	-135.946	-105.414	-83.339

	外派	劝退
调换岗位	0.531**	0.067
销售额变化率（1997）	-0.030***	-0.022**
销售额变化率（1996）	0.002	-0.006
临时工比率	0.037	-0.629
派遣比率	-0.733	-0.014
建设	0.040	0.082
电、煤气、水、其他	-1.048**	-0.350
运输、通信	-0.215	0.112
批发、零售、餐饮	-0.617**	-0.136
金融、保险、不动产	-0.127	-0.493
服务	-0.760**	-0.166
常数项	-1.228***	-1.551***
样品数	429	518
Pseudo R^2	0.159	0.084
Log likelihood	-104.008	-83.358

	劝退
外派	-0.155
销售额变化率（1997）	-0.023**
销售额变化率（1996）	-0.007
临时工比率	-0.631
派遣比率	-0.037
建设	0.057
电、煤气、水、其他	-0.385
运输、通信	0.081
批发、零售、餐饮	-0.123
金融、保险、不动产	-0.497*
服务	-0.207
常数项	-1.483***
样品数	518
Pseudo R^2	0.086
Log likelihood	-83.223

注：*** 为 1%水准，** 为 5%水准，* 为 10%水准，有必然性。

五、结束语

在本文中，关于劝退、非正式比率、薪酬体系的变化等对正式雇佣有何影响，劝退、薪酬体系的变化对雇佣过剩感有何影响，在雇佣手段间是否有滞后结构三个问题进行了考证。数据资料使用的是 1998 年日本劳动研究机构“关于实施裁员的调查”的部分表格。

根据推算可得出下列结论：

（1）前期的劝退反而抑制了本期的雇佣增长，具有推进大幅度削减雇佣的倾向。关于薪酬的雇佣调整以及薪酬体系的变化，前期的薪酬等的削减促进了本期对雇佣的大量削减。临时工比率的增大虽然有促进雇佣增长的倾向，但是看不出有阻止大量削减的作用。在对于长期雇佣的想法中，认为维持长期雇佣困难的企业具有大量削减雇佣的倾向。

（2）前期劝退的实施，对于全体正式雇佣者、20 世纪 30 年代和 40 年代的正式雇佣者还残留有雇佣过剩感。而按部门不同，并没看出什么特别的效果，也没有减少雇佣过剩感的部门和年龄层。通过劝退的实施未必就能达到雇佣的最合适点，在核心年龄层中还有对雇佣的责任感。在前期削减承包和厂外订货的企业中，感觉雇佣过剩的案例比较多。认为维持长期雇佣很难的企业，感到雇佣过剩的比例较高。还发现一些非正式员工比率和绩效工资化的有意义案例。

（3）针对从加班限制到外派、从掉换岗位到外派可以看出具有滞后实施的倾向，但在劝退中却看不出具有滞后的调整雇佣手段。

本文是根据雇佣能力开发机构以及财团法人关西社会经济研究所“关于雇佣和失业的调研报告”（2003 年）进行改写的。

附表　记载统计

	样品数	平均	标准偏差	最小值	最大值
临时工比率（本期）	592	0.284	1.021	0	20.889
派遣比率（本期）	592	0.048	0.416	0	9.271
劝退（1 期前）	663	0.059	0.235	0	1
薪酬等的削减（1 期前）	663	0.051	0.221	0	1
薪酬等以外的劳动费用的削减（1 期前）	663	0.092	0.289	0	1
福利费的削减（1 期前）	663	0.107	0.309	0	1
承包、厂外订货的削减（1 期前）	663	0.095	0.293	0	1
加班限制	663	0.294	0.456	0	1
加班限制（1 期前）	663	0.262	0.440	0	1
调换岗位	663	0.321	0.467	0	1
调换岗位（1 期前）	663	0.261	0.439	0	1
外派	663	0.243	0.429	0	1
外派（1 期前）	663	0.220	0.415	0	1
薪酬体系的绩效能力工资化	663	0.288	0.453	0	1
年薪制的导入	663	0.097	0.296	0	1

续表

	样品数	平均	标准偏差	最小值	最大值
裁员（1期前）	663	0.187	0.390	0	1
维持长期雇佣	652	0.607	0.489	0	1
比原来更需要调整	652	0.256	0.437	0	1
维持困难	652	0.115	0.319	0	1
非常规	652	0.021	0.145	0	1
50岁以上的比率	589	0.193	0.151	0	1

〔参考文献〕

[1] Kanemoto, Y. and B. MacLeord. Optimal Labor Contracts with Non-contractible Human Capital [J]. Journal of the Japanese and International Economies, Vol.3, 1989: 385-402.

[2] 厚生労働省（2002）『平成14年版労働経済白書』日本労働研究機構.

[3] 駿河輝和（1991）「銀行業のコンピュータ化の雇用への影響」『日本労働研究雑誌』No.380, pp. 28-38（日本労働研究機構編『技術革新』リーディングス日本の労働第11巻，1999年，pp.91-103に再録）.

[4] 駿河輝和（1997）「日本企業の雇用調整—企業利益と解雇」中馬和駿河編『雇用慣行の変化と女性労働』東京大学出版会，第1章，pp.13-46.

[5] 駿河輝和（2002a）「銀行業の経済環境変化と雇用」大阪府立大学『経済研究』第47巻第3号，pp.1-20.

[6] 駿河輝和（2002b）「論点整理；解雇の経験則は今もあてはまるか」『日本労働研究雑誌』No. 501，pp.54-56.

[7] 駿河輝和（2002c）「希望退職の募集と回避手段」玄田·中田編『リストラと転職のメカニズム』東洋経済新報社，第5章，pp.103-123.

[8] 中馬宏之樋口美雄（1995）「経済環境の変化と長期雇用システム」猪木和樋口編『日本の雇用システムと労働市場』日本経済新聞社，第1章，pp.23-56.

[9] 樋口美雄（2001）『雇用と失業の経済学』日本経済新聞社.

[10] 宮本和中田喜文（2002）「正規従業員の雇用削減と非正規労働の増加：1990年代の大型小売業を対象に」玄田和中田編『リストラと転職のメカニズム』東洋経済新報社，第4章，pp.81-102.

[11] 労務行政研究所（2002）「雇用調整の現状と動向」『労政時報』第3523号，pp.2-16.

（本文由辽宁大学工商管理学院副教授、日本大学大学院商学研究科博士刘建华译；
日本神户大学研究生院国际合作研究科　骏河辉和）

管理理论范式的比较分析

管理学成为一门科学出现在20世纪初期，在第二次世界大战之前，管理理论范式大多出自有实际管理经验的工作者，如弗雷德里克·泰罗（Frederick W. Taylor）、亨利·法约尔（Henri Fayol）、詹姆斯·穆尼（James D.Mooney）、切斯特·巴纳德（Chester I. Barnard）等人之手，管理理论范式主要是在这些实际工作者对管理经验的总结、概括和归纳基础上形成的。从比较的角度说，第二次世界大战之前的管理理论范式主要分为科学主义范式和人本主义范式两种。

管理学家和实际管理工作者在第二次世界大战之后的不同贡献形成了不同的管理分析方法，结果形成在管理理论流派或研究取向（Orientation）有了很大的发展和变化的同时，也出现了研究方法或路径的不同以及各种不同的观点导致的一些混乱。美国著名管理学家、美国加州大学洛杉矶分校（UCLA，USA）教授哈罗德·孔茨（Koontz，1961）在著名论文《管理理论丛林》中评价各种管理理论时指出："当前这股学术浪潮，带来了众说纷纭、莫衷一是的局面。……管理理论的一些早期的萌芽，现在已经过于滋蔓，成了一片各种管理理论学派盘根错节的丛林。……不难想象，现在要想穿过我们称之为管理理论的这个丛林会有多么不容易"（Harold Koontz，1961）。哈罗德·孔茨承认每一个学派都对管理理论的发展作出了贡献，但孔茨指出："无疑形成一种适用的管理理论和科学的进程是缓慢的，无疑我们仍旧未能就管理的科学基础获得明确的认识，也还不能清楚地表达合格管理者的确切含义"（Harold Koontz，1980）。

严格地说，"管理理论的丛林"的形成是与管理学众多的管理分析方法和方法论有关，不同的分析方法和方法论出现的结果造就了管理学的学派林立。这一方面是管理学者和实际管理工作者的不同贡献，推动了管理学的发展；但另一方面，各种分析方法和方法论又导致了各种不同的观点和迥异的理论范式的出现，形成了管理学的混乱。

人们一般认为，管理理论范式就是一种管理学的科学理论模式（Theoretical Model）。管理理论界较普遍认为，管理理论范式的作用主要包括两方面：①解释现存的管理实务；②预测或指导未来的管理实务。或者说，建立管理学理论范式的意图是对现行的管理理论、原理和原则进行论证和批判，而管理学理论范式形成的主要动力来自必须对管理人员所做或期望要做之事提供论据。因此，管理理论范式又要接受管理实务的验证。

在管理学的研究中，到今天为止，还没有人对管理理论范式的种类进行过严格的比较分析。本文尝试对管理理论范式（Theoretical Paradigm）进行粗略的比较分析。

一、科学主义范式和人本主义范式的比较分析

按照管理理论范式追求的目标来比较分析，可以把管理理论范式分为追求使管理更有效率的科学主义范式（Scientist Paradigm）和追求使管理更加人性的人本主义范式（Humanist Paradigm）。[①] 管理学家们分化到科学主义范式和人本主义范式两面旗帜下的根本原因，在于对管理学追求的目标和本质属性的认识差异。这种分类方法的突出意义正如卡尔·波普尔（Popper，1935）所指出的那样，科学方法是由科学目标决定的，研究方法和手段只相对于具体目的才有意义（Karl Raimund Popper，1935）。当然，并不是所有的管理理论范式都可以截然区分为这两类，实际情形要复杂得多。科学主义范式和人本主义范式及它们的研究方法俨然相互对立、相互排斥，对立与排斥似乎成了这两大管理理论范式分野及它们的方法论范式间关系的本质特征。

科学主义范式以弗雷德里克·泰罗为代表，人们往往把科学主义范式称为泰罗范式。泰罗范式就是将操作分为最基本的机械元素并进行分析，然后再将它们最有效地加以组合。泰罗范式的核心是如何使工作更加多产和高效，“科学管理”注重的是如何改进职工的工作表现，演示了工作要素的可辨识性和可重复性，泰罗坚信通过确定出工人完成某项作业的最佳时间，管理者就可能判断工人是否干得出色。泰罗（Taylor，1911）写道：“要发现和发展这个最佳办法和最佳工具，只有通过对应用的一切办法和工具进行科学的研究和分析，结合着进行准确、精密的动作研究和工时研究。这就意味着通过机械工艺逐步以科学替代单凭经验的办法”（Frederick，W. Taylor，1911）。

随着管理学的发展，在泰罗范式基础上发展起来的科学主义范式以实证主义、经验主义为哲学基础，把人的认识局限在人的经验所及的领域，其方法论深受自然科学方法论的强烈影响。这种范式认为，组织及其管理现象与自然现象一样，具有一般性的普遍规律，管理学的任务就是要运用自然科学的实证方法，从观察经验事实出发，研究和发展组织及其管理领域内的一般性普遍规律。

泰罗范式一直是管理学人本主义者（Humanist）憎恨的对象，人本主义者指责泰罗的科学管理方法是不道德的，是将工作“非人性化”（Dehumanization），并把极具人性色彩的管理变成了简单的效率衡量。从某种意义上说，正是古典管理学的原罪（Sins of the Classical Management）促成了人本主义范式的兴起。

人本主义范式以新康德主义（Neo-Kantianism）、现象学（Phenomenology）、诠释学（Interpretation）等哲学思潮为理论基础，强调管理学与自然科学的差异，认为组织及其管理现象其本质是人的主体精神的外化或客体化，是“精神世界”和“文化世界”。因此，认识组织及其管理现象不能用反映的方式，更不能用自然科学的方法，唯一可行的是“理解”、“感受”、“分析”或“解释”。管理学研究对象是“一种个别的、仅仅一度发生于一定时间内的事件”，它只能运用“个别化方法”去进行研究（Wilhelm Windelbend，1894）。

人本主义范式强调应把人放在管理学研究的中心位置。德国哲学家康德的伦理哲学说明了这个道理：“理性生物之所以叫做人是因为它们的本质属性突出了它们作为目的的自

① Humanist 这个英文单词最早来源于拉丁文 Humanus。

身——也就是它们不应当仅仅被当做手段——因而，在很大程度上就限制了对它们的随意摆布。”“你的行为应当这样：绝不要总是把人仅仅当成手段，同时还要总是把人当做目的，不管是代表你自己还是代表任何别的人”（Immanuel Kant，1964）。人本主义范式说明了组织中最宝贵的资源不是原材料、资本、机器、土地或能源，而是人。人的潜能是管理所能开发到的最重要的资源或资本。管理就等于人，人能够开发自身。与此有关的观念应当是“管理学研究对象就是人本身”，或者说“衡量管理效果的标准就是人”。

人本主义范式抓住了工作场所人性表现的核心所在：人天生就具有生产力和主动性。美国哈佛商学院教授克里斯托弗·巴特列特和英国伦敦商学院教授舒曼特拉·高沙尔（Bartlett and Ghoshal，1997）所著的《个性主义的公司》就是人本主义范式的鼎力之作。他们指出，公司的力量不仅在于员工的能动性，而且在于“对个人价值的坚定信赖”。巴特列特和高沙尔写到，基于发挥经理人员的个性创造力和各个层次员工的个人积极性，“这种故事也许令人印象深刻，但如果不是因为另外一个特点，它也不过是一次平淡无奇的转变……变革成效是由以前业绩平平、勉强能够获利的同一班管理人马取得的”。他们是怎样做到这一点的呢？依靠委托责任制和密切的交流，来激发公司上下各个层次员工的个人积极性（Chrishopher A. Bartlett，Sumantra Ghoshal，1997）。

事实上，一些管理学家一直主张科学主义范式和人本主义范式二者应密不可分（Indivisible）。早期的美国政治学家、管理学家玛丽·帕克·福列特（Mary Parker Follett，1868~1933）指出：“我们应当记住，我们永远不能把人与机械截然分开。”福列特（Follett，1941）在其所著的《动态的行政管理》一书中预言说：“对工商领域中人际关系的研究与对生产技术的研究密不可分”（Mary Parker Follett，1941）。加里·哈默尔（Hamel，2001）指出：“现代管理理论的发展无非就是对两样东西的追求：让管理更加科学，让管理更富人性色彩。认为对后者的追求比对前者更开明，这是一种完全错误的看法”（Gary Hamel，2001）。

我们认为，管理学从诞生之日起，科学主义范式和人本主义范式就是管理理论中注重技术与注重人的两个主要方面，这两个侧翼的发展构成了早期管理学发展的历史，它们都是管理学范式的重要组成部分，是同一个硬币的两面，是交互共生的（Symbiosis），都对管理学的发展做出了重要的贡献。那种将管理理论范式人为地划分为科学主义范式或人本主义范式的做法，那种为了发展一种管理理论范式而把另一种范式视为假想之敌的做法，都是极为错误的，将会严重地阻碍管理学的发展。正如玛丽·帕克·福列特（Follett，1941）所说的：“当我们的思想挣脱不出‘非此即彼’的桎梏时，我们将会鼠目寸光，左右碰壁，成功渺茫。千万不要让‘非此即彼’埋没了我们。比‘此’、‘彼’两种选择更好的办法极有可能存在。”她指出，整合（Integration），“这是唯一具有积极作用的方法”。这种方法可以通过先“暴露”（Exposure）出真正的冲突所在，然后把“双方的冲突分解后再变成相互关联的部分”的方法来实现（Mary Parker Follett，1941）。美国管理学家和管理思想史学家，美国伊利诺斯大学教授丹尼尔·雷恩（Wren，2004）博士指出：“当我们学会把组织的技术问题同人群问题更好地联系起来，综合就会实现”（Daniel A.Wren，2004）。

在我们看来，科学主义范式的认识论把管理学看成是纯理性的事业，理性的认识结果必须由经验事实裁决，即管理学是由组织及其管理过程的技术规律决定的，人只能被动地反映组织及其管理过程，而且管理学的发展与人无关；人本主义范式的认识论把管理学看成是完全由人建构的事业，管理学不完全是对组织及其管理过程的描述，而是心理性地、社会性地建构起来的，管理不完全是由理性和规则支配的活动，管理知识的真伪也并非由经验证据裁决，而且技术规律对人的社会心理没有影响作用，或者说是影响有限，管理知识是管理学家各种不同认识的结果。

我们既不赞同极端的科学主义范式，也不赞同极端的人本主义范式，因为前者是绝对主义（Absolutism），而后者是相对主义（Relativism），它们的错误在于"非此即彼"。在我们看来，管理学知识是技术与人共同决定的，是理性、经验与人的心理活动共同决定的。因此，管理学的方法应当是一种语境化（Contextualism）的方法，这样才能够在技术、组织和人之间建立起必要的联系，从而才能突破科学主义范式的"技术—人"的架构和人本主义范式的"组织—人"的架构，建立起"组织—人—技术"的语境化的架构。

二、多方位、多角度的管理理论范式的比较分析

按照"管理理论的丛林"的角度或从多方位、多角度来看待管理理论来分，可以把管理理论范式分为经验主义范式（The Empirical Paradigm）、人际行为范式（The Interpersonal Behavior Paradigm）、群体行为范式（The Group Behavior Paradigm）、协作社会系统范式（The Cooperative Social System Paradigm）、社会技术系统范式（The Social Technical System Paradigm）、决策理论范式（The Decision Theory Paradigm）、系统理论范式（The Systems Theory Paradigm）、"管理科学"范式（The "Management Science" Paradigm）、权变理论范式（The Contingency Theory Paradigm）、运筹方法范式（The Operation Research Paradigm）等。这种比较分析方法最早来源于美国管理学家哈罗德·孔茨（Harold Koontz，1961）。

经验主义范式是通过案例研究经验，鉴别管理实务成败的因素的方法；人际行为范式是以个人心理学为基础，注重人际行为、人际关系、领导艺术和激励的研究方法；群体行为范式是以社会学和社会心理学为基础，注重和强调在群体中人的行为的研究方法。这种范式主要研究群体行为模式，对大型群体的研究常称为"组织行为"；协作社会系统范式把概念扩大到任何一个具有明确目的的协作集体，注意把人际行为和群体行为两个方面的研究引导到一个协作系统之下来进行的研究方法；社会技术系统范式注重技术系统对于社会系统有巨大影响（个人态度群体行为），着重在生产、办公室业务以及在技术系统和人际之间具有紧密关系的其他方面的研究；决策理论范式强调决策的制定，做决策的人或群体以及决策过程。一些理论家把决策看做研究所有企业活动的出发点。现在这一研究范围已经扩大而没有明确的界定；系统理论范式注重系统概念的广泛适用性，强调组织是一个与外部环境相互影响的开放系统，注重研究一个组织和许多子系统内的计划组织和控制的内部关系；"管理科学"范式把管理工作看成是数学过程、概念符号和模型，把管理看成是一种纯粹的逻辑过程，用数学符号和数学关系来表示的研究方法；权变理论范式注重管理实务中环境因素的影响，强调管理方式要随机制宜或因情况而异，重视已知的解决方法对企业行为模式的影响；运筹方法范式注重把其他数学、计算机科学领域和管理方法的概念、原理、技术和知识会聚在一起，旨在发展实用性的科学和理论的研究方法。

管理理论范式的分化，在一定程度上导致了各个学派独自为战、互相排斥，阻碍了管理学的深入研究与探索。美国管理学家丹尼尔·雷恩（Wren，2004）博士将这种"管理理论的丛林"称为这是从亨利·法约尔（Henri Fayol）创建第一代一般管理理论（管理过程理论）之后的第二代管理理论。所以，客观上需要有一种理论学说能够将各种学说统一起来，形成

较为全面、较为系统的管理学一般理论（Daniel A.Wren，2004）。

我们认为，“管理理论的丛林”的出现虽然推动了管理理论范式的发展，促使管理学研究者们从各种不同的方向、不同的角度和采用不同的方法进行研究和探索，使管理理论研究的层面比较广泛，各个层面的研究也比较充分和深入，但却使管理学难于形成一套完整的管理理论体系和方法体系。管理理论范式既需要反映管理学不同侧面，又需要对各种管理理论范式的内容保持关联性。这就是说，不论其采用何种研究方法，解决何种问题，都必须保持高度的科学性和实践的有效性，并能从理论上论证其可靠性。

在我们看来，作为一种科学系统的理论，管理学必须综合各流派的研究成果，使之融为一体，更加逼近现实生活；同时，也只有这样才能取长补短，并通过实践来解决各管理理论流派的纷争，使之更好地成为一门普遍适用的、经得起实践检验的、有效的管理学。当然，我们也应注意到，管理学的体系还不完善，内容还有待进一步深入，这样就要求各流派加强研究，使管理理论走向统一。丹尼尔·雷恩（Wren，2004）博士在展望管理理论范式的综合时指出：“理论中的统一还没有实现，也许永远不会实现。只有未来以及在未来所作的回顾能更清楚地认识这一探求。但探求在继续着，而且应当继续下去。如果要从历史中吸取什么教训的话，那就是：我们必须学会拆除学术嫉妒之墙，更好地评价我们的知识传统，以及认识到我们只是占有历史长河中的一点”（Daniel A.Wren，2004）。

三、不同作用标志的管理理论范式比较分析

按照管理理论范式的不同作用，管理理论范式可分成三个不同作用标志的理论范式：结构性理论范式、诠释性理论范式和行为性理论范式。

（1）结构性理论范式（Paradigms of the Structural Theory），又称为与管理框架相关的理论范式，它主要企图说明现存管理实务，并预测在某种情况下管理人员如何通过管理制度、原则和管理政策来管理既定情况产生的具体管理事项。所以，这种理论范式主要说明的只是人怎样组织起来、管理制度应如何建立，以及管理职能和管理原则应如何应用于实践的方法、程序。如果类比于句法学（Syntax），这种管理学理论范式着重描述组织及其管理的结构形式（Structural Forms），所以也可以称其为“句法性理论范式”（Paradigms of the Syntactical Theory）。

（2）诠释性理论范式（Paradigms of the Interpretative Theory），这一理论范式不仅仅是要描述管理实务的方法、程序的外表形式和结构，更重要的是要借助社会学、心理学、经济学、人类行为学等其他学科的概念来诠释管理实务。也就是说，管理的原理、原则、政策、制度规则和人的行为的含义都应当以多种学科的理论解释为依据，并使管理学理论范式能再现或反映现实世界中的管理现象和特定组织中人的行为含义。这一理论范式的作用在于坚持管理实务的逻辑性（Logicality），又可称为“语义性理论范式”（Paradigms of the Semantical Theory）。

（3）行为性理论范式（Paradigms of the Behavioral Theory），这一理论范式的作用在于强调管理行为发出者的需要，以及这些需要如何影响管理者的决策行为和被管理者的反应行为。例如，管理应提供有助于改善被管理者行为的理论范式或行为模式。如果管理者的决策行为不能影响被管理者的行为，管理理论范式或行为模式显然是无用的。行为性理论范式也

考虑组织行为对个体行为和群体行为的影响及作用，并注重组织的社会人文环境对人行为的引导作用。这种理论范式企图说明，如果采用一种新的管理文化和新型的领导方式，将如何评估由此引起的个体行为和群体行为的改变，以及它们对组织活动的社会心理、技术、人际关系等各方面影响（罗珉，2003）。

管理学形成这几种理论范式是有着深刻的原因的。这是因为管理学是一个极广的范畴，其研究的问题从企业组织层面看，可以分为三个方面或三类基本问题来展开：一是企业组织的活动方向问题；二是企业活动的组织问题；三是组织内人的活动问题。这三类基本问题就其研究方法和理论范式所展现的特征是不同的。

作为企业组织的活动方向问题，往往是企业经营问题和高层管理问题（当然也包括管理理念和经营哲学），属于组织的战略问题，具有非结构化的特征。以彼得·德鲁克为代表的经验学派的本体论和实在论的方法论，注重案例研究和简单假设检验，具有极强的可操作性和应用性，其理论范式特征是高度语境化或“语义性理论范式”，即不仅仅是要描述管理实务的方法、程序的外表形式和结构，更重要的是要借助社会学、心理学、经济学、人类行为学等其他学科的概念来诠释管理实务。

企业活动的组织问题，属于各项具体的管理职能问题及其结构的设计问题，具有结构化的特征。基于案例研究或经验研究的最大缺点在于缺乏系统的理论，因而自然会受到管理学结构主义各学派的攻击。用战略管理学家理查德·鲁梅尔特等人（Rumelt，Schendel and Teece，1991）的话说，在20世纪80年代，“一个基于演绎方法，特别是波普尔证伪主义（Falsificationism）哲学方法的，以经济计量学的多变量统计分析为主要工具的研究传统出现了”（Richard P.Rumelt，Dan Schendel，David J.Teece，1991）。

特别是20世纪80年代之后，由于经济学理论和规范研究方法的大举入侵，形成了一个足以同基于案例研究或经验研究本体论和实在论的方法论相抗衡的基于人的认知发展和学习过程的社会建构主义方法论（Socially Constructivist Methodology）。社会建构主义方法论认为，管理学的知识不是已有知识的理性、逻辑延伸，而是不同社会、文化、历史过程的偶然产物。社会建构主义方法论的最大优点在于，它能够较好地解释学习如何发生、意义如何建构、概念如何形成，较为有效地说明管理学学习过程的认知规律。

20世纪80年代之后形成的管理学研究的社会建构主义方法论同传统的实证研究、归纳研究和演绎研究有所不同，但它们在很大程度上接受了托马斯·库恩的科学对事实的观察和说明总要通过现存的“范式”或理解的框架（Framework of Understanding），认识到知识的产生依赖于“理论和经验的双向互动”的关系，承认了管理学的发展是一种经验观察和先验范式之间互动的双向过程。

作为组织内人的活动问题，或者说组织内的人际关系问题往往要求从研究人的行为、社会心理方面入手进行研究。管理学需要利用社会心理学方法（Social Psychological Approach）来研究人与人之间的行为，研究集体行为与个人行为如何相互影响和相互制约。不可否认，行为性理论范式的出现与人们对“科学管理”的质疑有关。始于20世纪20年代末期美国哈佛大学心理学家乔治·埃尔顿·梅奥（George Elton Mayo）、弗里兹·罗特利斯伯格（Fritz J. Roethlisberger）等人进行的著名的霍桑试验（Hawthorne Experiment），梅奥提出的以人际关系为中心的非理性因素越来越被人们所认识。在此期间，弗洛伊德所揭示的复杂的心理学过程已经被大众所逐渐了解，而法籍意大利经济学家维尔弗雷多·帕累托（Paredo，1935）也得出了经济学理论永远不可能解释现实世界中人的行为的结论，帕累托把这种行为称为非理论（因素）的产物（Vilfredo Paredo，1935）。

我们认为，管理学研究始终强调把语义性理论范式、句法性理论范式和行为性理论范式这几种范式的基本追求联系在一起。从管理学未来的发展来看，管理学是生成的（Generative）、演化的（Evolutionary），信息运动与对话在其中扮演了重要的角色，因而理论的描述将会涉及语法、语义、语用三个领域的内容。我们发现，管理学研究从早期的本体论转向了认识论，今天又从认识论转向了语言论，语言在建构管理学理论时正在起着重要的作用。

管理学研究的困境在于：它既是高度结构化的，又是高度语境化的和高度人性化的；既是创造性的，又是结构性的；既是艺术性的，又是工具性的；既是普遍主义的，又是特殊主义的；既是诠释性的，又是实证主义的……这反映出这样一个事实：管理理论范式同时是它今天的结构化范式和它渴望成为的人性化诠释性范式。

这说明管理理论范式的多极始终同时存在，在一定的时期，它们可能是相互排斥的。这种内在冲突在于管理学研究有不同的侧重点和突破的方向，多元化的管理学研究是一个基本的事实。管理学研究自身并不是完美的、和谐的和完整的，我们面对的是不同的管理学派对管理学研究方向的选择和侧重点的冲突，管理学研究正是这种多元化的研究。

我们注意到，托马斯·库恩的知识产生依赖于“理论和经验的双向互动”已经成为管理学认识论，各个学派都承认管理学的发展是一种经验观察和先验范式之间互动的双向过程，这就有效地防止了在研究的过程中出现或形成霸权规则以主导研究进程的情况，使管理学研究向有组织的和被承认的科学转型。当然也承认这种科学转型从本质上说是一个持久的、艰难的和开放的过程（Anju Seth，George M.Zinkhan，1991）。

四、管理理论范式的组成部分比较分析

按照范式在管理学理论研究和实际运用中的不同作用，范式大体上可以分为五个组成部分：

第一部分，研究主题所表现出来的基本意向、潜在知识假设和理论假定。这和伊姆雷·拉卡托斯（Lakatos，1971）的“科学研究纲领的方法论”（Methodology of the Scientific Research Programmes，MSRP）的“硬核”（Hardcore）、“保护带”（Protective belt）[①] 比较接近。我们说比较接近，可以理解为路德维格·维特根斯坦（Wittgenstein，1953）的“家族相似性”（Family Resemblance）概念（Ludwig Wittgenstein，1953）和爱德华·希尔斯（Shils，1981）的“传统的延传变体链”（Chain of Transmitted Variants of a Tradition）概念（Edward Albert Shils，1981），用“家族相似性”和“传统的延传变体链”来说明范式转换的连续性和继承性，比“不可通约性”更有说服力。因为按照“家族相似性”和“传统的延传变体链”，管理学表现出的“科学主义范式”和“人本主义范式”等学术传统，既有持续过程，又有革命性继承的链条和传统（Chain and Tradition）。

---

①“硬核”是拉卡托斯方法论中的一个技术术语，代表团结一个科学研究框架的领导者们的纯属形而上学的信仰；环绕硬核的是可检验理论的“保护带”。See Imre Lakatos. History of Science and Its Rational Reconstruction [A]. in Roger C. Buck and Robert S. Cohen, eds. *Boston Studies in the Philosophy of Science*, Vol. VIII [C]. Dordrecht, Holland: D. Reidel Publishing Company, 1971, 91-135.

从某种意义上说，管理理论范式是管理学家对他们的研究主题所表现出来的基本意向和潜在知识假设。根据这一见解，管理理论范式最重要的部分包含管理学家对他们所研究主题的基本意向，用以描述和分析这一主题的概念选择，为观察和调查而对具体现象和问题的挑选，以及在分析过程中所运用的策略。作为一种潜在的知识假设，管理理论范式还包括管理学家的基本价值前提，虽然这种基本价值前提并未言明，但它必然要影响到选择什么特定领域作为研究主题（罗珉，2003）。

例如，古典管理学的基本意向、潜在知识假设和理论假定认为，管理学理性是永恒的定律，暂时性仅仅是一种幻影，没有科学的价值。因此，通过科学调查方法所确立的组织及其管理定律具有普适性和永恒性。由此，古典管理学认为，稳定态是成功的标志，这就意味着秩序应当从上而下地施加，从而导致垂直性的、管理—控制型的领导关系以及科层制结构和等级。这种科层制结构和等级模型及“科学化”管理，保证了规则、秩序、预测和效率，并使一种长时期的计划和对未来的预测成为可能。如果说弗雷德里克·泰罗“科学管理”研究纲领的硬核是让管理更有效率，那么其保护带就是所谓的个体主义（Individualism）和“理性经济人”（学名：Homo Oconomicus）、技术规律、集权（Centralization）式组织、封闭式系统（Closed System）和“心理革命”（Mental Revolution）（Frederick W.Taylor，1911）。如果有人说泰罗的纲领中包含有人性，那也是效率优先于人性，这并不意味着泰罗纲领硬核的改变。

又如，人际关系学说（The Theory of Human Relations）的基本意向、潜在知识假设和理论假定认为，管理的对象不仅是物的管理问题，更重要的是对人的管理问题，因而提出了管理中的人的因素和新型领导方式问题。人是每一个组织中的核心，是具有社会性的动物，应当重视人的积极性对提高劳动生产率的影响和作用；管理学不能脱离特定的社会和组织环境来讨论单个行为主体，管理中的任何行为主体都不可以从社会历史背景中抽象出来，应当强调社会的整体性以及在变动中考察个人与组织人文环境的相互作用关系。单个行为主体不是被动的、孤立的个体，他们的行为不仅仅受工资的刺激，影响生产效率的最重要的因素是工作中的人际关系（Interpersonal Relations）。

可以这样说，管理学人本主义各个学派研究纲领的硬核和保护带是大同小异的，具有“家族相似性”，但仍然有一些差异。例如，乔治·埃尔顿·梅奥“人际关系学说”研究纲领的硬核是让管理更有人性，其保护带是所谓的“社会人”、“非正式组织”（Informal Organization）、工作组合（Work Group）和新型的领导风格（Leadership Style）（George Elton Mato，1933）。同样的道理，如果有人说梅奥的纲领中包含对效率的追求，那也是对人性的追求优先于效率，因此，这并不表示梅奥纲领硬核的改变。“行为科学学说”研究纲领的硬核虽然也是让管理更有人性，但其保护带却与“人际关系学说”有很大的不同，进行了一些调整。其保护带是“复杂的社会人”（Complex Man）、参与式管理（Participative Management）、自我控制（Self-control）、团队精神（Teamwork）和“自我实现”（Self-actualization），等等。

应当看到，管理学不同于自然科学，管理学的基本意向、潜在知识假设和理论假定具有浓郁的文化背景条件和人文色彩。因此，应当特别注重各国传统民族文化对管理的影响，这就说明理性思维和技术属性的思维的结论绝不可能替代社会文化属性的思维和判断。因而，我们必须注意管理理论的硬核和保护带的人文色彩。例如，我国传统国有企业管理理论的硬核是坚持党对企业的绝对领导，其保护带是在公有制和计划经济作为制度前提条件下，实现民主集中制原则、党委领导下的厂长（经理）负责制、职工代表大会制和“两参一改三结合”（马文桂，1965）。又如，以美籍日本管理学家、美国加州大学洛杉矶分校（UCLA，

USA）教授威廉·大内（Ouchi，1981）“Z理论”为代表的“日本管理模式”（Japanese Model），其硬核是“人和”或者说是“文化决定效率”，即威廉·大内所认为的日本式的J型文化模式所表现的一种人际关系融洽的、接近理想的模式。日本模式的保护带是“终身雇佣制”、“年功序列制”和追求全员创造知识的现场管理。威廉·大内在说到“Z理论”的保护带时，非常明确地指出，Z型模式的核心是Z理论文化价值观，Z型文化一般应包括：①长期雇佣、信任及亲密的人际关系；②职工属于企业整体的信念（即团队精神）；③人性化的工作条件；④职工心情舒畅愉快会使工作更有绩效（William G. Ouchi，1981）。

第二部分，范式也包括把基本定律应用到各种不同类型中所使用的标准方法。例如，泰罗的范式将包括把泰罗研究纲领的硬核和保护带应用到组织的原则、组织结构设计、劳动定额、物资消耗定额、时间研究与动作研究、标准成本管理与控制、质量检验体系、员工的职业培训制度和计件工资加计时工资的激励制度以及其他诸如此类的方法。

但是，管理理论范式比较分析中怎样区分辅助性假说（Auxiliary Hypothesis）和初始条件（Initial Condition）① 的调整是科学的还是伪科学的，理论的变化是进步还是退步，这是我们不得不正视的问题。否则，保护带理论很难与诡辩论（Sophism）区别开来。保护带的不断修正必须以启发法为根据。我们认为，真正的区别在于是否使用了特设性假说（Ad Hoc Hypothesis）。管理学家一般不应该使用人为的特设的方法来对付反常（Anomaly），因为特设性假说脱离了基本理论的思路，完全是附加上去的，专门设立条件的。面对着反常情况，如果专为它引进某种特设性假说，或者特地为这个目的重新解释这个理论，使它逃避反驳。这种手法总是办得到的，但是这样营救理论（Rescue Theory）免予被驳倒，却付出了破坏至少降低理论的科学地位的代价。在反常的情况下，如果死守旧范式，不断地为其添加特设性假说，以保护核心理论，这是一种教条主义（Dogmatism）的态度。在新的实验成果和观察事实面前，应当采取的态度是抛弃旧有的范式——包括其核心理论、基本公设或假设以及某些传统的研究手段，另辟蹊径，建立新范式，范式的转换就随之而来。使用特设性假说的代价往往是不容易有新的重大理论的突破，因为使用特设性假说意味着死守旧范式的核心不放，总是说是观察本身错了，或者是外围理论和方法有误。

例如，乔治·埃尔顿·梅奥（Mayo，1933）在“人际关系学说”中设置的保护带是“社会人”。其核心观点是，职工是社会人，个人不仅受经济因素的激励，而且受各种不同的社会和心理因素的激励。管理学研究必须从社会—心理方面来鼓励职工提高生产率，而不是单纯从技术条件着眼。也就是说，要着重于对“人”的内在特性的研究，而不是着重于或仅仅从“人”的外在特性出发去看待和研究管理中的人的问题（George Elton Mayo，1933）。该保护带的辅助性假设和初始条件包括以下几个基本点：①人们基本上是由社会需求来激励的，并且从与其他人的关系中得到他们是否受到平等和公平待遇的基本感觉；②由于产业革命和工作合理化的结果，工作本身的很多意义已经消失了，因而应该从职务的社会联系中去寻求满足；③人们对由同事们结合成的团体的社会力量比对管理的刺激和控制更敏感；④人们在主管人员能够满足下级的社会需求及承认需求的范围内对管理更为敏感。

又如，在“行为科学学说”中设置的保护带是“复杂的社会人”。其核心观点是，人不仅是复杂的，而且是高度可变的；人们通过他们的组织经验是能够熟悉新的动机的；人们在不同组织或同一组织的不同部门中的动机可能是不同的；人们能够对各种不同的管理策略做

① 初始条件原来是一个数学上的用语，这里借用这个概念，意指系统现在的状态。

出反应。该保护带的辅助性假设和初始条件包括以下几个基本点：①个人的事是人们自己所主要关心的事情；②如果利益超过代价，那么，个人会为满足他们基本性质的需求而工作的；③个人是能够受人引导的，人们会响应领导；④个人要求在一种社会环境下生活和工作；⑤个人促进组织的创建以服务于自己的需求；⑥一般的人并不存在，把人假设成都是相似的，试图对人进行算术平均，那是注定要失败的；⑦个人能够应付对他们的全部能力的挑战。

第三部分，为使管理理论范式的原则和方法能够对现实管理世界产生影响所必需的各种设备、管理软件及其使用技术，也应包括在理论范式之内。例如，现代计划和控制理论运用于管理实践，包括各种商用电子计算机的选用、根据组织业务流程重组所设计计算机管理软件的技术路线选用，以及管理信息系统的网络安全技术和对用商用电子计算机收集到的资料加以分析、处理的各种技术。

在今天的管理实践中，对一些企业而言，知识管理策略的核心是计算机。经过精心编码的知识储存在数据库中，企业员工都可以方便地调用。我们称之为知识管理的信息化策略或编码策略（Codification Strategy）。信息化策略主要依赖于信息技术。成员们利用数据库存储和分类知识，可以由适合的成员来评价或使用这些知识。信息化策略使企业有可能通过知识重复利用实现规模效应，并得以发展（Hansen，1999）。这种策略最适合于实体形式的知识，能够从员工、报告和其他信息源中获取，然后整合成有意义的类型，称为“知识产品”，重新运用于各种用途。支撑这种信息化策略或编码策略的经济学理论是一次投资于知识资产，然后不断地使用。

信息化策略在知识创造与传递过程中起着重要的作用，强调隐性知识的显性化。但有可能使人们错误地认为知识的编码、存取完全依赖于信息技术，甚至片面地认为知识管理就是将知识进行编码，知识管理就是通过信息技术方便地存取编码的知识。的确，电视电话会议系统、传真、E-mail等通信和信息技术能够强化和方便人们的沟通和交流，因而对促进隐性知识向显性知识的转化有重要作用。但信息技术在知识创造与传播过程中只不过是一种使用工具，它并不是知识管理的内生力量（Endogenous Power）。

第四部分，由一些非一般的形而上学原则所组成，这些原则对范式内的工作起指导作用。例如，古典管理学对人性的基本假设是“经济人”，这就是古典管理学的从大量经验事实中抽象出来的形而上学原则，由此推导出自利性行为（Self-interested Behavior）是人性中不可改变的弱点的理论，并进一步提出要建立一套对人进行制衡管理的制度，管理不是“人管人”，而是“制度管人”。因此，人人都应毫无例外地受到监督。

又如，根据“复杂的社会人”的假设，在启发法（Heuristic）方面产生了一种新的管理理论，称之为权变理论（Contingency Theory）。“权变”本来就是与必然性（Necessity）对立的，它是指根据具体情况采取适当的管理措施。这种启发法强调，人的需求可以分成很多种，需求是随人的发展阶段、生活条件和社会地位的不同而有所变化的，每个人的需求各不相同，需求的层次因人而异；人在同一时间内会有各种需求和动机，有相互作用、相互结合，形成一个错综复杂的动机体系；人在组织中，可以产生新的需求和动机，在特定条件下，其动机模式的形成总是内在的需求和外界的环境相互作用下形成的；一个人在不同的单位或在一个单位的不同部门工作时，也会形成不同的需求；一个人是否感到满足，是否充分发挥积极性，一方面取决于自己的动机模式，另一方面也取决于他同组织的关系（一个人的能力、工作性质、跟同事的关系都会影响一个人的积极性）；由于人的需求各不相同，能力也有差别，对各种管理方式反映也不相同，没有一套适合任何时代、任何人的万能的管理方法。

事实上，在管理学研究领域内的确存在着大量既无法证实也无法证伪的形而上学理论，这是管理学作为人文科学理论的一个特点。在管理学中，主要是有关人性假设的理论和行为科学中若干理论。如乔治·埃尔顿·梅奥的“社会人”假设（George Elton Mayo，1933），美国的心理学家、行为科学家道格拉斯·麦克雷戈的“X 理论”（Theory X）和“Y 理论”（Theory Y）（Douglas M. McGregor，1957），约翰·莫尔斯和杰伊·洛希的“超 Y 理论”（Jay W. Lorsch，John J Morse，1970），美国卡内基—梅隆大学（Carnegie-Mellon University）赫伯特·西蒙的“有限理性论”（Bounded Rationality）（赫伯特·A.西蒙，1989）和亚伯拉罕·马斯洛（Maslow，1943）的“需求层系论”（Hierarchy of Needs）（Abraham H.Maslow，1943），美国哈佛大学戴维·麦克莱兰的获取需求理论（Acquired Needs Theory）（David C. McClelland，1965），美国耶鲁大学克莱顿·奥尔德法的“生存、关系和成长理论”（ERG Theory）（Claytom P.Alderfer，1969）等。

第五部分，所有的范式都包含一些非常一般的方法论规定，我们往往把这种包含着研究方法的范式称为方法论范式（Methodological Paradigm）。正如哲学家查尔默斯所说，方法论范式是“认真努力使你们的范式与自然匹配”（艾伦·F.查尔默斯，1982）的一种有用方法。他提醒人们应当“把使范式与自然匹配的努力的失败看成是严重的问题”（艾伦·F.查尔默斯，1982）。

一般来说，管理学方法论规定是指人们研究管理学理论与实践问题的理性思维形式。管理学理论一般可理解为原理性体系，是系统化的理性认识。方法论规定是使人们理性认识系统化的思维形式。这种思维形式在实践中应用很多，如系统方法就是运用系统理性思维来处理一个系统内和各个有关问题的一种管理方法。这种理性思维形式在研究管理学理论与实践问题时是重要的，是建构管理理论范式的科学方法和工具。

方法论范式的不同，就构成了各种不同的管理理论流派的天然尺度（the Natural Criteria）或评判单位（the Unit of Judgment）。这些不同管理流派常常围绕着某些管理问题，还没有做详细解释就先说出来了，即是由在特定的主导思想下的方法论范式表现出来的（罗珉，2003）。因此，我们可以说，方法论范式是各种管理理论流派的天然尺度或评判单位。

五、结束语

应当看到，管理学如同其他学科一样，是建立在意见分歧、长期论战和各种不同观点共存基础之上的。比较分析管理理论范式本身是一种科学探索，同时它又是寻求管理实践中遇到的实际问题的解决方案，因而具有自身价值。

在我们看来，只要管理学家自觉意识到管理学的演进科学性质，对自己的基本预设、原理、方法作一些不断演化的说明和修正，给自己存在和证伪的条件，划定自己所能解决问题的范围，设定合理的研究方法，多元化的管理理论范式在现阶段的存在仍将是合理的。

我们认为，对管理学发展来说，比较分析那些富有特色的管理理论范式甚至是反对意见，是十分有用的。这些管理理论范式或反对意见多半出现于各种管理理论流派的发展过程中，并在一次次的争论中辩明是非，从而起到推动管理理论范式发展的作用。反之，各管理理论流派之间如果没有“相互摩擦”，管理学也就失去了发展的动力，甚至导致一些理论流派和管理理论范式在沉默中悄悄地走向终结。为此必须提倡：管理学研究应通过相互批评形成积极的思想竞争局面，竞争性的学术环境之于管理学的发展，犹如市场竞争之于经济的发展，不可或缺（罗珉，2003）。

［参考文献］

[1] Harold Koontz. Management Theory of Jungle [J]. Academy of Management Journal，1961，3 (4)：174–188.

[2] Harold Koontz. The Management Theory of Jungle Revised [J]. Academy of Management Journal，1980，5 (2)：175–187.

[3] Karl Raimund Popper. The Logic of Scientific Discovery [M]. London：Routledge，1935.

[4] Frederick W. Taylor. The Principles of Scientific Management [M]. New York：Harper–Row Publishing House，1911.

[5] Wilhelm Windelband. History and Natural Science (1894) [A]. In C. Collingwood，The Idea of History (Selected Readings in Philosophy of History) [C]. Oxford：Oxford University Press，1961，165–176.

[6] Immanuel Kant. Groundwork of the Metaphysics of Morals [C]. Translated by H. J. Paton. New York：Harper Torchbooks，1964，96.

[7] Christopher A. Bartlett and Sumantra Ghoshal. The Individualized Corporation [M]. Boston Massachusetts：Harvard Business Press，1997.

[8] Mary Parker Follett. Dynamic Administration：The Collected Papers of Mary Parker Follett [M]. New York：Harper & Brothers Press，1941.

[9] Gary Hamel. Revolution vs. Evolution：You Need Both [J]. Harvard Business Review，2001，79 (5)：150–153.

[10] Daniel A. Wren. The Evolution of Management Thought [M]. 4th Edition，New York：John Wiley & Sons Inc.，August，2004.

[11] 罗珉. 管理学范式理论研究 [M]. 成都：四川人民出版社，2003.

[12] Richard P. Rumelt，Dan Schendel and David J. Teece. Strategic Management and Economics [J]. Strategic Management Journal，Winter Special Issue，1991，12 (WI)：5–29.

[13] Vilfredo Paredo. The Mind and Society [M]. New York：Harcourt，Brace，1935.

[14] Anju Seth and George M. Zinkhan. Strategy and the Research Process：A Comment [J]. Strategic Management Journal，1991，12 (1)：75–82.

[15] Ludwig Wittgenstein. Philosophical Investigations [M]. Oxford，London：Blackwell，1953.

[16] Edward Albert Shils. Tradition [M]. Chicago，Illinois：The University of Chicago Press，1981.

[17] George Elton Mayo. The Human Problems of an Industrial Civilization [M]. New York：Macmillan，1933.

[18] 马文桂. 中国社会主义国营工业企业的管理制度 [J]. 北京周报，1965 (7)：1–8.

[19] William G. Ouchi. Theory Z：How American Business Can Meet the Japanese Challenge [M]. Reading，Massachusetts：Addison–Wesley，1981.

[20] Morten T. Hansen，Nitin Nohria and Thomas Tierney. What's Your Strategy for Managing Knowledge [J]. Harvard Business Review，1999，77 (3/4)：106–116.

[21] Douglas M. McGregor. The Human Side of Enterprise [A]. In Adventure in Thought and Action [C]. Proceedings of the Fifth Anniversary Convocation of the M.I.T. School of Industrial Management，June 1957，23–30；also (in condensed form) in [J]. The Management Review，1957，46 (11)：22–28.

[22] Jay W. Lorsch and John J. Morse. Structural Design of Organizations [M]. Homewood Illinois: Irwin and Dorsey, 1970.

[23] 赫伯特·A.西蒙. 现代决策理论的基石 [M]. 杨砾、徐立译. 北京：北京经济学院出版社，1989.

[24] Abraham H. Maslow. A Theory of Human Motivation [J]. Psychological Review, July 1943, 50 (3): 370-396.

[25] David C. McClelland. The Achieving Society. Princeton [M]. New Jersey: Van Nostrand, 1961; David C. McClelland. Achievement Motivation Can Be Learned [J]. Harvard Business Review, 1965, 43 (11/12): 6-24.

[26] Clayton P. Alderfer. An Empirical Test of a New Theory of Human Needs [J]. Organizational Behavior and Human Performance, 1969, 4 (2): 142-175.

[27] 艾伦·F.查尔默斯. 科学究竟是什么？——对科学的性质和地位及其方法的评价 [M]. 查汝强，江枫，邱仁宗译. 北京：商务印书馆，1982.

[28] 罗珉. 管理理论的新发展 [M]. 成都：西南财经大学出版社，2003.

（西南财经大学企业管理研究所　罗　珉）

管理学方法论的辨析

管理学方法论（Management Methodology）属于基础工具理论研究的范畴，而基础工具理论研究的深度，今天已经成为衡量一门科学成熟与否的标志。管理学方法论主要是从科学哲学角度探讨与学科体系和基本假设有关的一般原理问题，即指导管理研究的原则、逻辑基础以及学科的研究程序和研究方法等问题。管理学方法论是以管理学为研究对象的学科，所以它既有"元管理学"（Metamanagement）的性质，又具有科学哲学的性质，它属于与本体论（Ontology）、认识论（Epistemology）和语言论相联系的一个独立学科。管理学方法论与管理学之间的关系是互相关联又互相区别、互相作用又互相促进的。它们之间的互相联系和互相作用表现在：管理学方法论为管理学提供一般原理和概念构架，而管理学也为管理学方法论提供概念、方法和材料。它们之间的区别是：管理学所强调的是对特殊现象的观察，根据事物起作用的方式即根据自然规律和人类行为规律对它们进行分类；而管理学方法论所强调的是一般研究法则和方法论。

今天，管理学这一人类智慧结晶的产物，已经深深地镌刻和内化于我们现实的社会生活之中。然而，在基础工具理论研究方面，管理学"与大多数其他学科相比，管理学只能算是刚刚踏上历史舞台"。可以这样说，从20世纪下半叶开始，管理学基础工具理论研究才进入起步阶段。

在管理学领域中，之所以存在不同种类或学派的管理理论，都是与建构管理理论的思维方式或方法论有关。实际上，这些方法论的数量繁多，都是以特定的视角和层次看待和分析管理问题。作为管理学重要组成部分的工具性理论——方法论是管理最基本的理论问题，它包括方法论或者说是各种理论的研究方法。由于方法论在管理学理论体系中占有极为重要的作用，并且在近几十年间发展迅速，因而对它进行专门性的研究具有重要的理论意义。

一、管理理论研究的方法论分类

在追溯各种管理理论流派的发展历史时，人们很快就会碰到这样一个事实：各种管理理论流派的代表人物不只是把兴趣集中于单独的理论或孤立的局部问题，相反，他们所关心的是相当广泛而复杂的问题。在各种不同的管理理论流派中，研究问题的侧重点有所不同，研究方法或方法论也有所不同，对管理的含义和理解也不尽相同。

因此，进行理论研究的方法论不同，就构成了各种不同的管理理论流派的天然尺度（The Natural Criteria）或评判单位（The Unit of Judgment）。这些不同管理流派常常围绕着某些管理问题，还没有做详细解释就先说出来了，即是由在特定的主导思想下的方法论表现出来的。因此，我们可以说，方法论是各种管理理论流派的天然尺度或评判单位。

英国组织理论学家布赖尔和摩根（Burrell and Morgan，1979：1）认为："所有的组织理论皆根植于科学哲学与社会科学理论之上。"以此假定，管理学方法论主要有两个维度：第一个维度代表着管理学本质属性的连续体，是有关管理学本质的假定，并包括本体论、认识论、人性论与方法论的相关问题。上述"四论"的问题皆能以从客观到主观两种表达方式回答。第二个维度代表着社会（组织）本质属性的连续体。这个维度反映了有关社会（组织）本质的假定和社会学中所探讨的主要论题（秩序与冲突的争论）的基本区别。

从管理学本质属性的连续体来看，可以分为从客观到主观两种表达方式，即对管理学本质属性的解答归类后形成了"主观与客观表达方式：从以强调人类事物主观本质的德国唯心论到以运用自然科学研究程序于人类行为分析的社会学实证论"。主观表达方式是"一种认识的方法，认为人可以创造、修正并诠释世界而使其发现自我"。而客观表达方式是寻找"解释并掌控所观察到的实体的普通法则"（Burrell and Morgan，1979：3）。从社会（组织）本质属性的连续体来看，可以分为从"稳定的管理学"到"急剧变革的管理学"的两种表达方式。前者强调作为整个人类体系基础的秩序，后者则为社会的激进变迁寻求解释。

这两根轴线汇合在一起，就构成了四个不同的象限。管理学方法论就可以分为职能主义方法论（Functionalist Methodology）、诠释型方法论（Interpretive Methodology）、激进的人本主义方法论（Radical Humanist Methodology）和激进的结构主义方法论（Radical Structuralist Methodology）（Burrell and Morgan，1979：3）。

社会（组织）本质属性

		稳定的社会科学	急剧变革的社会科学
科学本质属性	客观	职能主义方法论（Functionalist Methodology）	激进的结构主义方法论（Radical Structuralist Methodology）
	主观	诠释型方法论（Interpretive Methodology）	激进的人本主义方法论（Radical Humanism Methodology）

图1　方法论分类图

（一）职能主义方法论

职能主义方法论也称为实证主义方法论（Positivist Methodology），它认为管理学是一门经验科学（Experiential Science），必须观测现实世界以弄清这些概括、推断、臆测是否符合事实。职能主义方法论主张，管理学理论要依靠可以由实证检验的信息，使不同的人在不同的地点和不同的时间运用同样的方法可以得出同样的结论，即管理学应具备可重复性（Replicability）的特点，这样管理学才具备可推广的外部效度（External Validation）。所谓的外部效度，是指管理学研究者论证组织及其管理世界各变量之间关系的可推广性，也就是适用于其他对象、情境、时间和空间以及观测方式和研究方法的程度，或者可以看成是研究人员进行研究之后，希望能对同类事物加以有效解释、预测与控制，即研究结果能推广到某种总体的有效程度。

职能主义方法论有两个鲜明的特点：一是非批判性（Non-critical），因为人们无法质疑正常的假设条件和合乎逻辑的答案；二是将组织及其管理世界看成是一种可以脱离生活在其中的个体生命的具体实在（Realities），并且深信理论有能力对组织及其管理世界进行重构。

这里，我们清楚地看到，职能主义方法论信奉着这样一种假设（Hypothesis），即组织及其管理世界是客观的、实在的和个体的，而管理学家只有独立于这个世界，才能如实地记录和积累有关组织及其管理世界的各种事实。因此，作为主体的研究者和作为客体的组织及其管理现象应当是分离的，这样才能使研究者保持客观、中立的立场，使研究的结果具有客观真理应当具有的客观性，具有假定的普遍主义（Presumed Universalism）的意义。

这种方法论主张，万物皆有职能或功能，都要指向于某种终极关怀。所有事物都是有条不紊的，其组织及其管理的秩序应当首先得到认同。管理学家的责任仅仅只是去发现指导组织及其管理世界结构内部的规律。

从组织理论的视角看，职能主义方法论一再追问的是，如果组织及其管理的存在是一个既定的事实，那么，怎样才能提高和改善组织及其管理的效率与效能呢？因此，职能主义方法论始终把努力的目光放在组织及其管理的效率与效能上，无论是马克斯·韦伯的科层制对组织效率与效能的研究，还是新制度经济学所热衷的交易成本模型，都把重点放在组织自身的效率与效能上，而把组织与环境、组织与组织内外复杂的社会关系等复杂的社会现象抽象掉，或者是将其简化为一组可控的约束条件。

严格地说，在职能主义方法论中并不存在一个观点统一、结构缜密的完整理论体系。从某种意义上说，职能主义方法论是一个学派林立、观点并不集中的理论集合群。但是，这些表面看似没有什么共同之处的方法论，却在很多方面“共享着相同的职能主义假设”（Functionalist Hypothesis）。这些假设归纳起来，可以说是源于培根的经验哲学和牛顿、伽利略的自然科学方法的实证主义、本体论与方法论的自然主义、认识论的经验主义、行为主义、逻辑实证主义和一般系统理论。现行的组织及其管理理论，绝大多数都属于职能主义方法论。威廉·福斯特（Foster，1986：118）认为：“绝大多数的西方传统组织理论都能毋庸置疑地划归到职能主义方法论之内。”

（二）激进的结构主义方法论

激进的结构主义方法论也称为规范方法论（Normative Methodology），它强调以客观性（Objectivity）、规范性（Normalization）和概括性（Generalization）为特征的获取新知识的方法。规范方法论的研究目标是回答“应该怎样”或“应然”（Ought To）问题，力求构建一种规范的理论体系和概念架构（Conceptual Framework）。

从这个意义上讲，激进的结构主义方法论同职能主义方法论分享了某些相同的假设，特别是组织结构是“外在的”、可以研究的这一点上，它们相当一致。但在宣称这些结构具有物质利益并成了统治力量这一点上，又背离了职能主义方法论。激进的结构主义方法论主张，组织及其管理世界并非是秩序井然的、和谐融洽的，而是充满着利益的矛盾与斗争，正因为如此，该方法论往往把自己的研究方向定位于那些因制度原因而产生的种种管理问题上。

从管理学或组织理论的视角看，结构主义方法论与目的论（Teleology）有着相同的一面，这就是强调组织及其管理有其存在的自我价值，突出组织发展的目的性，强调战略选择对组织及其管理的效率与效能的影响，突出人的积极性与创造性，强调人在选择与利用组织、管理及其制度来服务于自己。在如何解释组织及其管理世界的事物和现象以及它们之间关系的问题上，目的论认为，某种观念的目的是预先规定事物、现象存在和发展以及它们之间关系的原因和根据。然而，一个尴尬的事实是，组织的发展越来越像是一个自组织的主体，有着按照自身的逻辑运行的轨迹，原本作为人的手段设计出来的组织及其管理有逐渐脱离人的控制的趋势，甚至成为人的对立面。

因此，激进的结构主义方法论特点或框架强调的重点是重视现实生活中的客观局势，如特定生产模式下的组织的正式科层制结构、管理制度、决策模式和工作程序，而不是个人的主观感受和主观机制（如意识）。

从本体论的角度看，激进的结构主义方法论在某种意义上是一种唯实论（Realism）。唯实论认为，我们之所以可以在许多个别事物间看出它们在某个方面是一致的，理由很简单，那是因为客观上有"同样的一个东西"，同时出现在这许多事物身上，或同时被这许多事物所"展现"。唯实论者因此将客观世界中的事物区分成两类：一种是"整个儿"同时只能出现在一个空间区域的东西，叫做"殊相"（Particulars）或个别事物（Individuals）；另一种则是"整个儿"能够同时出现在许多空间区域的东西，叫做"共相"（Universal）。[①] 唯实论认为，组织及其管理世界中除个别的东西外，还存在着一般的规律性。在较为严格的唯实论者看来，一般先于个别，个别是由一般分化而来的。组织及其管理世界存在于个人的感知之外，它是由坚实的、有形的、相对不可改变的结构构成的真实世界。组织及其管理本身就是一种实在，它存在于个人之中。组织及其管理现象只能由抽象的、普遍的本质加以说明而不能归结为个人因素。因为组织及其管理中存在着集体意识、集体特征，它们具有外在性和强制性，必须把它当做一种客观事物。唯实论者重视整体研究，主张摒弃个人的主观因素，对组织及其管理现象作客观的描述。对管理学的研究者来说，唯实论最鲜明的特点是它无条件地支持本质论，其精髓就在于个人、群体、组织都可以被合法地认为它们有自己的真实性。

激进的结构主义方法论认为，从认识论的角度看，管理学研究之所以采取唯实论的立场，是因为管理学家希望通过研究与组织及其管理世界相关的规律性及彼此间的因果关系来解释组织及其管理世界中已经发生的事情，预测组织中将要发生的事情。

（三）诠释型方法论

诠释型方法论也被称为"后实证主义"方法论（Post-positivist Methodology），它是运用直觉判断和个人洞察力获取知识的思辨方法（Speculative Approach），它着重个人的主观感受，认为社会现象实际上为个人主观经验。

诠释型方法论强烈主张，组织及其管理世界与其说是一种客观存在，毋宁说是一种社会建构（Social Construction），是主观或共享主观（Inter Subjectivity）的产物，是一个为他人所共享的理念，所以不能用研究自然科学的方法来研究组织及其管理现实问题。

诠释型方法论强调，个体是实在的，而指引行为的是那些共同的决定和共识。组织及其管理世界的大多数事情就是不断地建构和解释意义。在该方法论看来，管理科学原本就是由导致社会建构的常识（General Knowledge）实际所组成，管理学家作为观察者的作用就在于试图理解常识概念和作为人类交往基石的那些内在假设。管理学研究者的身份不是观察者（Observer），也不是观察者身份的参与者（Participant-as-observer），更不是组织及其管理的立法者，而是积极的参与者或是以参与者身份出现的观察者（Observer-as-participant），是科学共同体中实践社群的组成部分。这种情况正如美国社会学家肯尼斯·贝利（Bailey，1994）所言："自然科学家一般不是他所正在研究的现象的参与者，而社会科学家则是。"

诠释型方法论批评了传统管理学不假思索地采取偏重于狭窄的归纳法的实证主义方式，他们主张直接调查个体的理解、他/她的行为和经历。从自己的经验出发来解释这个世界，

① "共相"是欧洲中世纪经院哲学的术语。在哲学领域中，共相亦即普遍、一般或同一性概念。

从管理学者自己作为股东和行动主义者而不是被动的旁观者的立场，在复杂的动态的关系中不断地形成和再造我们的未来。在他们看来，组织及其管理世界是管理学者被迫与它产生联系的世界，管理学者被迫成为这个世界的一部分；管理学者应当适应并成为这个世界的一分子，从而形成一个不同于管理学社会建构论者所认识的理性的、客观化的语境世界。

从本体论的角度看，诠释型方法论在某种意义上是一种唯名论（Nominalism）。唯名论认为，现象是通过个人的感知而构成的，外部世界由人们心目中形成的主观创造而构成。诠释型方法论者相信，我们其实可以不诉诸"共相"而去解释组织及其管理的这些现象。既然我们可以这样做，唯名论者因此认为，基于哲学上所谓的"奥坎姆剃刀"（Ockam's Razor）原则——不要假设在解释上不必要的东西——我们便应该彻底放弃"有会分身的'共相'存在"这个想法。如何能够不诉诸共相，而又能够对这些现象做出令人满意的解释？关于这个挑战，不同的唯名论者有着不同的答案。

诠释型方法论认为，个体所处的组织及其管理的空间被重新发现，展现出的是"殊相"的特征，共相失去了意义，职能主义方法论和结构主义方法论的构成瓦解了，管理学方法论分崩离析为杂乱无章的单体（Singularities）。那正是职能主义方法论和结构主义方法论解体后的处境，唯实论的理念被唯名论批判摧毁了，理性和规律性在新发现的现象面前黯然失色。

诠释型方法论强调人的直觉、情感、创造力等个人的内心体验和意识，认为这比纯粹的感官世界重要得多。这就是说，我们通过感官获得的关于现实世界的信息最终仍然要受到内在意识的影响。1981年度诺贝尔生理学和医学奖（Les Prix Nobel in Physiology or Medicine 1981）获得者、神经科学家罗杰·斯佩里（Sperry，1991）在他的《寻找与科学共存的信仰》一文中，明确反对"科学根本不必依赖意识的头脑和精神的力量"的看法，他强调人的信仰是"生物圈的命运将取决于人类对价值优先次序的定位，而这种定位取决于关于人类生命及其意义的假定"。

从诠释型方法论的研究角度来看，它认为组织及其管理是研究者与实际操作者共同建构的行为空间，有关组织知识本身就是社会建构的产物。就这一点来说，诠释型方法论与职能主义方法论有很大的不同，传统的职能主义方法论认为，作为主体的研究者和作为客体的组织及其管理现象应当是分离的，这样才能使研究者保持客观、中立的立场，使研究的结果具有客观真理应当具有的客观性，具有普遍主义的意义。但在诠释型方法论者的眼里，管理学研究是语境驱动的，管理学研究者不再是组织及其管理实践的观察者和立法者，而是积极的参与者，是科学共同体中实践社群的组成部分（注意它与库恩的科学共同体有所不同，库恩的科学共同体是指具有同一研究兴趣的学者，一般不包括实际工作者）。

不管是在实际生活中，还是在认知逻辑上，管理学方法论都意味着实践社群的成员围绕着管理学特定学科或特定专业领域建立起来的共同信念、共同取向和共同的研究范围。这个实践社群通过一系列基于规则和案例的讨论，制度化或结构化地产生有关组织及其管理的知识，而研究者在决定哪种结构和哪种知识可能易于被采纳的过程中扮演了关键的角色。正如彼得·克拉克（Clark，2000）所说："研究者被看成观察者和立法者，还是被看成参与者和解说者是刻画管理研究不同的本体论（Ontology）和认识论（Epistemology）的根本标志。"

（四）激进的人本主义方法论

激进的人本主义方法论这种研究方法对研究人的行为有很大的作用，它已经成功地应用在其他许多社会科学和自然科学的各领域中，并且它提供了有关已经成为现成学科的人的行为的知识。

激进的人本主义方法论避开用职能主义和实证主义的方法来分析组织及其管理事实方面，与诠释型方法论有许多共通之处。但在强调被创造的社会性结构也具有物质利益方面，却拓展了诠释型方法论。在激进的人本主义方法论看来，结构不是被重新创造的，而是一个历史性存在。正是这种历史存在导致了权力差异，并最终形成了一部分人对另一部分人的统治。也就是说，人被组织"异化"，组织反复通过规则、标准和习俗来复制人，是制度在同化人，而不是人在选择和利用制度来服务于人类自己。

事实上，许多管理学家在有关人性论（Humanism，来源于拉丁语 Humanus）的问题上有着不同的看法，特别是在人是自主行动还是被动行动问题上。有些管理学家认为个人可以创造组织及其管理世界，有些管理学家则把个人视为环境的产物。在管理学理论中，对这两个不同的假定，有些管理学家着重于个人转变中价值观的作用，有些管理学家则着重于影响个人行为的结构设计方式。

在我们看来，要对组织及其管理现象进行认识，需要我们转换思维观念：组织及其管理现象不是被认知的客体，而是管理学研究者以参与者身份的观察者（Observer-as-participant）共同建构的行为空间，有关组织及其管理知识本身就是社会建构的产物。这种情况正如1977年度诺贝尔化学奖得主伊利亚·普里高津和历史学家伊沙贝尔·斯唐热（Prigogine and Stengers，1984）所说的那样："自然界不能'从外面'来加以描述，不能好像是被一个旁观者来描述。描述是一种对话，是一种通信，而这种通信所受到的约束表明我们是被嵌入在物理世界中的宏观存在物。"

二、对现有管理学方法论的反思与批判

事实上，各种管理理论流派的方法论，都可以纳入布赖尔和摩根的方法论分类体系中。这如同法国后现代主义哲学家米歇尔·福柯（Foucault，1972）所说："学科构成了话语生产的一个控制体系，它通过同一性的作用来设置其边界，而在这种同一性中，规则被永久性地恢复了活动。"

不可否认，布赖尔和摩根的方法论分类体系，广泛地影响了组织及其管理问题的理论研究。加拿大著名教育管理学家托马斯·格林菲尔德（Greenfield，1993）评价道："在管理和组织研究这一领域，由于布赖尔和摩根的作用，方法论概念已变得有些流行起来。"许多管理学家在布赖尔和摩根理论的启示和推动之下，对管理理论流派进行了反思和批判，提出了许多新的极富创意的方法论主张。

应当看到，管理学如同其他学科一样，是建立在意见分歧、长期论战和各种不同观点共存基础之上的。探讨管理学方法论本身是一种科学探索，同时它又是寻求管理实践中遇到的实际问题的解决方案，因而具有自身价值。

威廉·福斯特（Foster，1986）认为，布赖尔和摩根区分激进的人本主义方法论和激进的结构主义方法论的依据并不充分。从某种意义上说，即使是这两者之间存在着差异，这种差异也没有得到明确的澄清。因此，威廉·福斯特主张用批判理论来修正、综合和取代这两种方法论。威廉·福斯特提出的方法论体系是以批判理论为主体的分析、探讨组织与管理理论的三大视角，即职能主义方法论、主观主义方法论和批判框架方法论。西罗特尼克和奥克斯

(Sirotnik and Oakes，1986）等人则认为，职能主义、诠释主义和批判理论的方法论并不是分离的，它们应当整合在一起而成为一种实际的方法论，他们将自己的主张冠以“批判探究”(Critical Inquiry)。托马斯·格林菲尔德（Greenfield，1993）认为：“布赖尔和摩根的概念在理解上有明显的强求一致的特性，它也落入了人所共知的2×2桌面但又不相关的笛卡儿尺度（Descartesian criteria）里。其结果就是，种种新的和令人激动的思想又会回归到一个框架之中；这种框架与那种安逸于熟悉结构的经验主义者的旨趣是完全一致的。”

然而，不少管理学家是从实用主义的角度（Positivist Perspective）来看待管理学方法论的，其核心思想就是各种概念的含义要从它们的结果中去寻找，思想的职能在于作为行动的指南，而真理要明显地根据信念的实际结果去验证。艾尔·巴比（Babbie，2006）认为，社会科学中的所谓“方法论”，无所谓对或错，都只是提供了观察人们社会生活的不同方式和思路。不同的方法论代表对社会和现实本质的不同看法。就本质而言，方法论本身是一种对理论“形而上”的抽象。在社会科学研究中，通常理论是指“一套相互联系的用来解释某类社会生活的命题”，而方法论则“提供一种观察社会生活的角度和方法，其往往基于对社会现实本质的一系列基本假定（Assumptions）”。美国著名管理学家、组织行为学家斯蒂芬·罗宾斯（Robbins，1985）指出，探讨管理学方法论“关键是要能够把每一种观点在什么条件下是正确的或错误的解释清楚”。美国著名管理学家、组织行为学的重要代表性人物本尼斯和奈纳斯（Bennis and Nanus，1985）指出，探讨管理学方法论“充满了尝试和错误，胜利和失败……这里没有简单的公式，没有严格的科学，没有能够直接告诉你成功秘诀的烹调书”。他们的结论是直接从经验中学习，方法论的制定者应该对现实进行再检验，因为在他们有信心着手把目标变为现实或者验证自己的观点之前，他们必须对自己目前的形势有一个清醒的认识。

或许我们可能发现，理性主义学派（Rationalist School）的管理学方法论或管理学哲学都用一套超历史的标准来理性地规定管理学，用简单的图式来重建管理学说史，希望找出一套超历史的规范作为科学方法。例如，管理科学学派的理性主义方法论用一些超历史的逻辑范畴来规定方法论要素，如观察、理论、事实、发现、论证等来建构管理学方法论，希望用一整套精确的、固定的逻辑方法来刻画管理学的发展史。按照他们的假定，管理学知识的各个要素——理论、观察、事实、论证原理都是超时间的实体，它们有着相同的完善程度，全都同样地易于理解，并且独立于产生它们的事件而相互联系。它们都奉行“事实自主性”这条原则，即组织及其管理事实的发现和描述独立于一切理论化程序。按照理性主义学派的说法，组织及其管理都是离散的实体和事件。

在我们看来，理性主义学派的管理学方法论的主要缺陷在于主张所谓“一致性条件”，即主张要求管理学提出的新假说必须同已得到充分确证的（Corroborative）现有理论相一致。美国加州大学柏克利分校（Berkeley）哲学教授和瑞士苏黎世联邦理工学院科学哲学教授、奥地利科学哲学家保罗·费耶阿本德（Feyerabend，1978：25）指出，这个条件必然导致理论的一元论，因为它迫使“实际工作的科学家将把经验上可能的替代理论撇开，专心致志于一个理论”。战略管理学家约翰—克里斯多夫·斯潘德（Spender，1996）从认识论的角度明确指出：“非常清楚的是，我们领域中关于知识的流行观念主要是来自于逻辑实证主义者，如艾耶尔（Alfred Jules Ayer）[①]和亨普尔（Karl Gustav Hempel），[②]以及证伪主义者波普尔，但

① 阿尔弗雷德·艾耶尔（Alfred Jules Ayer，1910年生），英国当代哲学家，逻辑实证主义学派的主要代表人物。
② 卡尔·G. 亨普尔（Karl Gustav Hempel），美国哲学家，逻辑实证主义学派的主要代表人物。

这样的认识论基础是不足以完成我们现在所要面对的目标的。”

三、发展管理学的多元化方法论

我们认为，组织及其管理是复杂、异质的历史过程，不能用这些精确的、固定的逻辑范畴来刻画，组织及其管理事实的描述不可能独立于理论。如果仅仅采用单一的管理学方法论，用纯客观立场来进行管理学研究，就只会使我们丧失必要的自觉性与批判性。强调管理学研究理性和事实自主性，“我们就会丧失自发性、创造性和责任感等有价值的东西，而这些才恰是人性的价值所在。如果全部实现那些应被视作和感觉成极度规律和精确的东西，每一事件的发生都是由其先前的环境决定的，那么不管我们实际上做什么，我们都不敢越雷池一步。那样，我们便不成其为负责任的力量。”管理学家阿什特利（Astley，1985）明确指出：“管理学的语言变化是不可避免的，既然这反映了具有不同背景、价值观和哲学基础的研究者之间深层次的元理论（Metatheory）差异，没有一个理论能用中性的语言简单地描述经验事实，所有理论视野都要受到内在于特定世界观的偏见的污染。”后现代哲学家理查德·罗蒂（Richard M. Rorty）指出：“是我们的信念和愿望形成了我们的真理标准……因为我们没有一个天钩可以把我们吊离我们自己的信念和愿望，而达到某个较高的‘客观立场’。”保罗·费耶阿本德（Feyerabend，1978：60）认为：“一个理论之所以可能和证据不一致，并非因为它不正确，而是因为证据是已被玷污了的。”而托马斯·库恩则把这种情况称为“观察渗透着理论”（Theory-laden of Observation）、“理论和经验的双向互动”，这说明管理学知识的产生是一种经验观察（Experiential Observation）和先验范式（Prior Paradigm）之间互动的双向过程。

事实上，信息在我们对客观关系的认识中扮演了极为重要的角色。要认识组织及其管理的实在，就必须注意到信息与组织及其管理的实在之间的密切关系。信息标志着组织及其管理的间接存在，由于信息始终是处于流动状态的，因而组织及其管理的存在方式和状态的显示也随信息变化而发生变化，信息表征着组织及其管理的特定物理构成、结构、功能、状态、行为、属性、演化趋势等方面的内容，这些内容的大部分都是以客观关系而不是以客观实体体现出来的。因此，我们的认识就是要转移到搜索那些我们还没有给予重视的关系信息方面，从而全面地把握和认识组织及其管理的特定关系。

在我们看来，管理理论可以同组织及其管理事实不完全一致，事实是不依赖人的意识而独立存在的，是客观的（Objective），但更为重要的是生成的（Generative）、演化的（Evolutionary）和涌现的（Emergent）；理论是一种意识形态（Ideology），是主观的（Subjective）。理论与事实不一致，不是事实不独立，而是人们拥有的直接经验和看事实的视角不同所致，因而同样一个事实就变成了多个事实，于是就出现了管理理论的多样性（Multiplicity）。

可以这样说，管理学家视野中的组织及其管理事实是生成的、演化的和涌现的，而不是固定不变的。而管理学家作为观察者，也不是外在独立的观察者，而是处于内在过程中的观察者，或者说是参与者身份的观察者。这里，我们就看到，组织及其管理事实和观察者二者都是生成的、演化的和涌现的以及二者演化的相互作用，使观察者观察的事实并不完全等同于组织及其管理事实。因此，今天管理学理论中的实体已经不是泰罗科学管理时代的客观的实体（Objective Reality），而是视野中的实体（Perspectival Reality）。这也就是说，认识与实在的差距是永远存在的，而这正是管理理论不断进步的动力所在。

或许可以这样说，组织及其管理事实犹如万花筒中的东西，轻轻一动万花筒（如环境变化、制度调整或技术进步等原因），我们所看到的东西就发生了变化。这种情况可能并不完全是这个东西发生了变化，而是我们直接经验的差异和视角发生变化所致。这就如同盲人摸象一样，从不同的角度或视角所了解到的东西不一样，这样，理论就自然同事实存在差异了。正如库恩（Kuhn，1970）所说："当他们从相同的问题出发按相同的方向看时，看到的是不同的东西……两者都在看这个世界，而他们所看的东西没有改变。但是在某些领域里，他们看到了不同的东西，而且他们是在不同的相互关系中看这些东西的。"

从这个意义上讲，管理学方法论的转变是经验和视角的转变，属于不同方法论的管理学家拥有不相同的直接经验。因此，没有独立于方法论之外的中立观察事实。"与作为外部的观察者来观察自然世界不一样，我们现在必须去理解我们人类自己的生命和活动作为存在于自然界中的一个因素是如何运作的。因此，我们理应发展一种更加兼收并蓄的协调的世界观，将自然界与人类世界包容在一起——这样的观点，它能整合，而非仅仅聚集我们的科学理解，同时它能与实践协调一致。"

这说明管理学应当把与组织及其管理看成是事实和价值、观察者与世界的二元论的彻底决裂，管理学家为这种决裂所付出的代价是不再享受把自己看成是超道德的、中立的知识专家，而必须在这个充满着价值和道德责任的世界上重新获得他们的位置，承担起一种居于主客体之间的充满尊重的、同情的和理解的观察任务。

这样的结论就告诉我们一个重要的信息，这就是我们不能通过异质的结果，来比较"看待"各种各具特色方法论的优劣。或许可以这样说，从不同的角度或视角所得到的方法论可能就是解开某种难题的专用工具，但它不能解决组织及其管理中的所有问题。

这就是说，我们的思维应当从实体性思维向关系思维转变，从物实在转向关系实在。组织及其管理世界是普遍联系的，一定层次的实体按照一定的方式联系起来就形成了一种特定的组织系统，从而确定了一种特定的相互关系。这种客观关系比客观实体有更复杂、更丰富的内容。因此，要求我们必须用一种关系思维来进行思考，这种思维突出客观实体是在关联性关系中存在的，从某种意义上说，客观关系的重要性超过了客观实体本身。

今天，我们无法期盼管理学能够给我们提供一系列强有力的"分析工具"（Analytical Tools），能够用一套较为简明的图像模型和数学结构帮助人们深入地分析纷繁错综的组织及其管理行为和现象。对于这一点，保罗·费耶阿本德（Feyerabend，1978：146）指出："科学是一个复杂的、异质的历史过程，其中既包含了高度复杂的系统，以及古老和僵化的思维形式，也包含了思想体系的含糊和不协调的预期。其中的一些成分可以以简洁的书面形式得到表述，另一些则是隐藏的，并且只有通过对照，通过与新的不寻常的观点加以比较才能得到认识。"因此，科学活动就不应当也不可能被完全纳入任何一种方法论的框架。当代法国著名社会学家皮埃尔·布迪厄（Pierre Bourdieu）等人指出："社会学/社会科学的真正成熟不是等待一个牛顿，而是揭示社会世界中各个场域的运行逻辑，使社会学/社会科学成为一门关于社会实践的科学。知识告诉我们，一门充满争议、饱含真正的冲突活力的科学，比起充斥着不瘟不火的共识的科学更发达、完善。在后一种科学场域内，占支配地位的是一些左右逢源的概念、含混不清的纲领、息事宁人的论辩和曲意删改的著作编辑。一个真正的科学场域，其实应该是这样的空间：在这里，研究者们对各自所持异议的根据，对应用哪些方式或途径解决这些异议，能取得共识，除此以外，别无其他共识。”

多重视角能够使我们克服个人的片面性，从而有利于把握以前所忽视的东西。“一种多视角的社会理论从多个视角来观察社会。一个视角就是一种观察方法，一种分析特定现象的有利位置或视点。‘视角’一词意味着每个人的视点或分析框架绝不可能完全如实地反映现象，它总是有所取舍，总是不可避免地受到观察者本人现有的假设、理论、价值观及兴趣的中介。视角这一概念同时也意味着没有哪个人的视点能够充分地说明任何一个单一现象的丰富性与复杂性，更不用说去完全地说明一切社会现实的无穷的联系和方面了。”在德国哲学家弗里德里希·尼采看来，一个视角是一只眼睛、一种看事物的方式，一个人所拥有的视角越多，他能够看到的东西就越多，他对特定现象的理解和把握就越好。一个人要避免一叶障目、以偏赅全，就应该学会“如何运用多重视角和解释所用的知识”。“人的每一次提升都是对更狭隘解释的克服；其力量的每一次加强和增加都打开了新的视野和意味着对新的地平线的信任。”

我们应该保持一种理智的谦虚，对不了解的东西保持沉默，并应该以一种开放的心态来看待与自己不同的乃至对立的方法论或视角。管理学的研究可以用不同的方法论以及不同的角度来进行，并没有一个特定的对或者错的方法。重要的是能够采纳不同的看法，从多方位、多角度来看待和考虑管理问题，采用多元化的方法论。

四、结束语

从根本上说，管理学方法论是与构成管理理论的基本观念有关。这些基本观念可能包括：①关于研究对象的属性和作用过程的本体论视角（Ontological Perspective）；②关于怎样认识和把握研究对象的认识论方法论（Epistemological Methodology）观念；③研究者所选定的研究主题和理论的兴趣领域；④关于有关上述观念所影响决定的作为理论体系和研究活动出发点的研究主题所表现出来的基本意向、潜在知识假设和理论假定。

在我们看来，一种管理学方法论并不是另一种方法论的假想敌，管理学方法论之间更多的不是替代性的，而是互补性的，这是由作为某种管理学理论或学术传统下的每个研究者视角的有限性和知识储备的有限性决定的。要求每个研究者都从整体上把握组织及其管理世界是不现实的，也是不可能的。

我们很难用一种方法就能够分析组织及其管理世界的复杂性，每一种理论和方法都有自己难以克服的盲点，同时每一种理论和方法都能够为理解组织及其管理现象提供一把钥匙。我们没有理由用一种研究方法或方法论去贬斥另一种研究方法或方法论。方法本身就是多元的、可变的，它只是相对于具体的研究过程而存在。

我们认为，对管理学发展来说，那些富有特色的方法论甚至是反对意见，作为管理研究多元化的变动形式，是十分有用的。这些方法论或反对意见多半出现于各种管理理论流派的发展过程中，并在一次次的争论中辩明是非，从而起到推动管理理论和方法论发展的作用。反之，各管理理论流派之间如果没有“相互摩擦”，管理学也就失去了发展的动力，甚至导致一些理论流派和方法论在沉默中悄悄地走向它的终结。为此必须提倡：管理学研究应通过相互批评形成积极的思想竞争局面，竞争性的学术环境之于管理学的发展，犹如市场竞争之于经济的发展，不可或缺。

［参考文献］

［1］Stuart Crainer. Ultimate Business Guru Book：50 Thinkers Who Made Management［M］. 2nd Edition, London：Wiley，December 2002，6–7.

［2］Gibson Burrell and Gareth Morgan. Sociological Paradigms and Organizational Analysis［M］. London：Heinemann，1979，1.

［3］William P. Foster. Paradigm and Promises：New Approaches to Educational Administration［M］. Buffalo，New York：Prometheus Books，1986，118.

［4］Linda L. Putnam and Michael E. Pacanowsky（Eds）. Communication and Organizations：An Interpretive Approach［M］. Beverly Hill，California：Sage Publications，1983.

［5］Kenneth D. Bailey. Methods of Social Research：Qualitative and Quantitative Approaches［M］. 4th Edition，New York：Free Press，1994，48.

［6］Roger W. Sperry. "Search of Beliefs to Live by Consistent with Science"［J］. Journal of Religion & Science，1991，26（2）：237–258.

［7］Peter Clark. Organizations in Action：Competition between Contexts［M］. London and New York：Routledge，2000，301.

［8］Ilya Prigogine and Isabelle Stengers. Order Out of Chaos：Man's New Dialogue With Nature［M］. New York：Bantam Books，1984，357.

［9］Michel Founcault. The Archaeology of Knowledge and the Discourse on Language［M］. New York：Pantheon，1972：224.

［10］Thomas B. Greenfield. "Re–forming and Re–valuing Educational Administration：Whence and When Cometh Phoenix?". In Greenfield on Educational Administration：Towards a Humane Science. eds. Thomas B. Greenfield and Peter M.Ribbins［C］. London Routledge，1993：177–178.

［11］Kenneth A. Sirotnik and Jeannie Oakes. Critical Perspectives on the Organization and Improvement of Schooling［M］. London：Routledge，1986.

［12］Earl R. Babbie. The Practice of Social Research：Guided Activities［M］.（11th Edition）. Belmont，California：Wadsworth Publishing Company，2006：51.

［13］Stephen P. Robbins. Organizational Behavio［M］. 4th edition，Englewood Cliffs，New Jersey：Prentice–Hall，1989.

［14］Warren G.Bennis and B. Nanus. Leaders：The Strategy for Taking Charge［M］. New York：Harper and Row，1985.

［15］Paul Karl Feyerabend. Against Method：Outline of an Anarchistic Theory of Knowledge［M］. New York and London：Verso，1978.

［16］John–Christopher Spender. "Making Knowledge the Basis of Dynamic Theory of the Firm"［J］. Strategic Management Journal，Winter Special Issue，1996，17（WI）：45–62.

［17］大卫·R. 格里芬（David Ray Griffin）等. 后现代精神：科学魅力的再现［M］. 马季方译. 北京：中央编译出版社，1998.

［18］Graham W. Astley. "Administrative Science as Socially Constructed Truth"［J］. Administrative Science Quarterly，1985，30（4）：497–513.

［19］理查德·M.罗蒂（Richard M. Rorty）. 后哲学文化［M］. 上海：上海译文出版社，1992.

［20］Thomas S.Kuhn. The Structure of Scientific Revolutions［M］. 2nd Edition，Chicago，Illinois：The University of Chicago Press，1970：142.

［21］Stephen Toulmin. "The Construal of Reality：Criticism in Modern and Post–modern Science". in The Politics of Interpretation. ed. W. J. T. Mitchell［C］. Chicago，Illinois：The University of Chicago Press，1982：256.

[22] 皮埃尔·布迪厄，康华德. 实践与反思——反思社会学引导 [M]. 李猛、李康译，邓正来校. 北京：中央编译出版社，1998.

[23] Steven Best and Douglas Kellner. Postmodern Theory：Critical Interrogation [M]. New York：The Guilford Press，1991：339-340.

[24] Fridrick Nietzche. Twilight of the Idols [M]. New York：Penguin Books，1968.

（西南财经大学企业管理研究所　罗　珉）

管理层次论

所谓的管理层次论的论纲是一个纲领性的东西，严格意义上不是一篇严谨的学术论文，主要是一些思想或者借鉴的各个方面的比较，主要目的在于能够提供学术研究的一些启示。

一、管理层次论概述

管理层次论借鉴的是马斯洛的"需求层次论"。"需求层次论"是管理学界的一个普遍理论，它从低到高可以划分为五种需求（后来曾演变成六种需求等）。马斯洛的需求层次理论主要研究员工需求，进而研究如何对员工进行激励约束。但对管理者而言，不应只局限于马斯洛需求层次论的本身内容，而应该更深层次地探寻需求层次理论新的启示，包括对社会问题的关注、对管理者需求的关注。根据需求层次论的思想和观点，进行激励的同时，更重要的还需要进行约束，从两个方面入手，这是需求层次论的基本思路，即需求层次论的逐次。

对应需求层次论，管理层次论可以分为三层：低层、中层、高层。此三层对应着四项基本职能，即管事、用人、建制及立言。

第一，管事。具体做事、亲自指挥，大体上相当于车间主任或办公室主任层次，相当于管家。

第二，用人。不再直接做事、管事，而是用人去做事、管事，侧重于用人、选人、管人，这一层次相当于将才。

第三，建制。处于管事与用人的中间层次，不侧重用人或管事，而是用规章制度去用人、管事，是一种新的层次。大多数企业的经理，或者组织部门的领导，包括国家领导人属于该层次。

第四，立言。这是一个高级层次，即很多人向往的立功、立德、立言。立功容易，立德也容易，做点儿事就能立功，不贪不占就能立德，但立言比较难。问题不是不想立，很多人想立，但立不住。尤其按照老子的《道德经》，"行不言之教，处无为之事"的方式指导建制、用人、管事就更难。中国比较典型的人物"无冕之王"邓小平可以归属于此层次。

二、管理层次论体系

管理层次论分成三个层次、四项职能，由低到高。这种划分不一定是严格意义上的非常离散，可以是连续性的，也可以是含义比较模糊的。但从低到高，对应着此三层次或四个职能可以依次划分成多个方面，即管理层次论分论。

1. 分论的基本关系认识

管理层次论分论中最基本的有普适与例外、柔与刚、情商与智商三对关系。其他的关系大体上可以认为是次生的，即所谓一生二，二生三，三生万物，属于万物层次。如此，假如用直角坐标系表示，纵坐标代表管理层次由低到高的四种职能，横坐标则表示各种对应关系；同样也可以借用数学上的微分求导思维，大体上相当于求取偏微分或偏导数，即找到每一层次所对应一对变量与某个变量之间的关系，并通过偏微或偏导找出其相关关系。在此，强调的是双向思维，而不是单独一项，比如单拿情商或者智商比较与管理层次的关系，只能是单向思维。按照中国传统文化，阴阳学说讨论的都是一对关系。正如看待太极图一样，通过一对关系来研究它们之间的相关关系，中华文化也是比较文化的特点。

2. 相关概念区分

研究管理层次论分论，必须区分三个重要概念：组织层级、治理结构、管理层次。区分于现代流行的说法对其进行重新定义：组织层级就是一层一层的组织关系，如中央政府—地方政府—县乡—村等或者是企业母公司—子公司—孙公司—孙孙公司乃至十几层子公司等。严格来说，分公司不算一个层级，只能算是一个附属机构，没有独立的法人地位。治理结构就是在纵向层级的每一个横向层次上，出现一个软机构和一个硬机构，即一般所谓的董事会和经理班子，或者人民代表大会或其常设机构——人大常委会与市长和省长的关系。这个定义是比较狭义的治理结构，与公司治理结构的概念有点儿相近。如图 1 所示，圆圈代表软机构即董事会，三角形（或所谓金字塔）相当于命令层级代表经理班子，圆圈和经理班子的组合就是管理体制下治理结构的特征，如果两者全部组合，代表内部人员全部进入董事会；若完全分离，则表示内部执行人员一个也不进入董事会。管理层次是指在每一个管理层级中存在一刚一柔两个配套的班子，其中经理班子所存在的行政层级，比如总经理、副总经理、部门经理到车间主任一直到下边，如此层次。

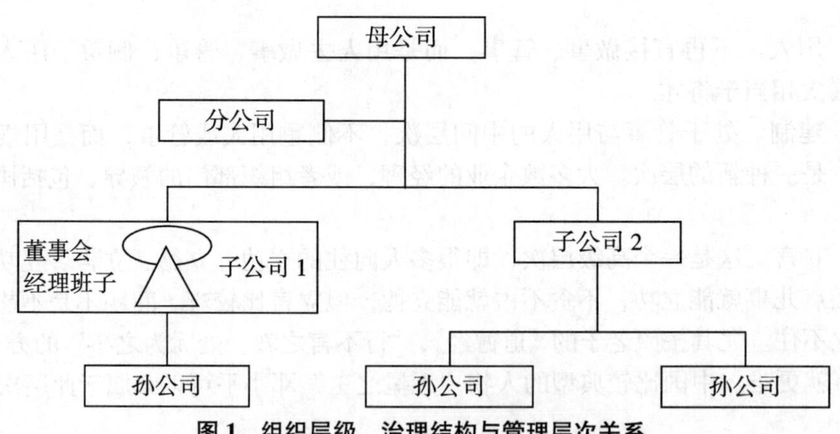

图 1　组织层级、治理结构与管理层次关系

组织层级又可称作整体纵向，就是指一个组织中如中央政府或者一个集团，从上到下所有的层级关系。相对应，单级横向，即指治理结构，如在一个同平面的层次上，横向配套一软一硬两个组织。管理层次下，称作局部纵向，就是在一个具体的经理班子内部或者具体的市政府内部、具体的省政府内部所形成的管理层级。用这三个概念，可以用来研究总的管理层次论基本思想。

3. 管理层次论的管理原则

管理层次有低层、中层、高层三个层次，其中建制和用人属于中层，立言属高层，管事属低层（见图 2）。对一个单级横向的治理结构，一般可以采用一软一硬的配套组织，方式上柔管大事，软硬兼施。所以对于一个组织机构不能只注重一个方面，要同时兼顾软的机构和硬的机构，即所谓治理结构。例如董事会实行议决制，少数服从多数，即探讨机制；经理班子实行层级制，上下服从，下级服从上级，副职服从正职。董事会没有层级关系，董事会向股东负责，经理班子向董事会负责。董事会没有管理层次，经理层有管理层次。董事会成员包括董事长开会时，都是一票的权利（德国的公司董事长特殊情况下有投两票的权利，但其本身也不表示一个管理层次的概念），包括人大常委会也是如此。董事会管例外，管大事，经理班子管普适，管日常事务。研究发现，一刚一柔，议决制和层级制符合管理规律，柔管大事，硬机构管小事，亦符合道家文化。

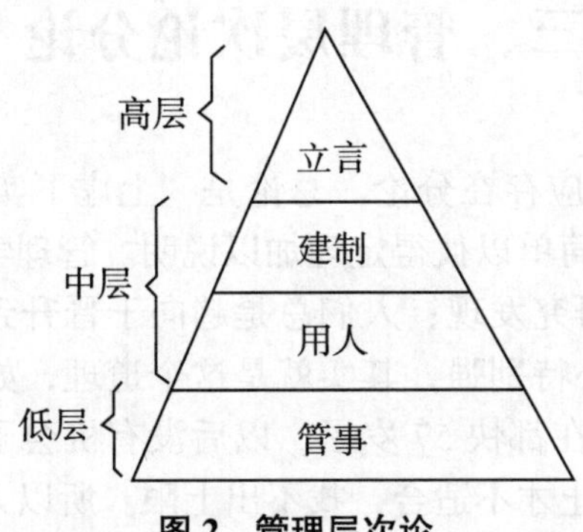

图 2 管理层次论

（1）管理层的层次特点。组织层级是整体纵向，从上至下纵向层级结构，对于每一层级应该各行其是。例如对于省、地这一级概念，有些事情在上下分级中不一定全部服从中央，要向本地的人民代表大会负责，包括向当地的党代会负责。完全向中央、向全体全国负责，则失去本地人民代表大会的作用。或如子公司一级，也不一定全部事项都向母公司负责，要各行其是。尤其是在中国目前体制下，更应该强调上下协调、各行其是。对于治理结构这个层次，应秉持“单级横向、一软一硬”原则。委员会实行少数服从多数，没有管理层次，而经理层实行下级服从上级，副职服从正职。管理层次是局部纵横，其机构运营机制称“令行禁止”，属行政层次。

如此三套机构，总的原则是“柔管大事，色字当先”，其中“色字当先”与“色戒”的“色”道理基本上一样。“柔管大事”非常有效，讲求以柔克刚、水滴石穿，而不是硬碰硬，而小事则可以由硬的机构管。“柔管大事”是总的原则之一，“色字当先”是另一原则。“色与戒”是一个永恒的主题，按照阴阳学说，有色有戒，有戒必有色，例如感情与理性、激励与约束、追求利润与社会责任、解放思想与坚持原则、部分先富与共同富裕、例外与普适、效率与公平、特色与规范等，都是色与戒的关系。如此还可以划分很多，从中可以找出治理的规律即“色字当先”治理。例如我国讲“效率优先兼顾公平”，这一原则在当时甚至到现在仍然可能符合中国特色（现在也出现了贫富差距过大的一些问题，那是另外问题）。“色字当先”对高层一般是重色，而对老百姓一般讲求平均。高层重色，百姓重戒，是普遍规律。

（2）领导层的层次特点。领导者的层次特点，应用老子的一句话可以概括之：“太上不知有之，其次亲而誉之，其次畏之，其次侮之。”（《老子·十七章》）

4. 管理原则创新

对比上述分析，笔者提出一个全新视角的管理原则："因能设职，按功付酬。"具体上，对于特殊人物，具有特殊企业管理作用的人物，包括党和机关重要人物，对这些重要人物要根据潜能安排职位，而不应以"他现在做了什么，现在怎么样"来决定其职位。例如中国管理界杰出人物李维安教授的职位安排就应属于此原则，不必经过副校长的台阶，可以直接当校长，如此比较合适，符合因能设职的原则。确定职位后则按照贡献确定薪酬，房子、车、工资等均按照贡献确定，这与赵匡胤的"杯酒释兵权"及邓小平同志后来设的顾问委员会，道理上是一致的。位置让出来，待遇提高，按贡献确定薪酬，但重要的首先是按潜能安排职位，不是按台阶走。对企业包括对党政重要岗位的特殊人物应该秉持此原则，但对于普通人该原则不适用。

三、管理层次论分论

管理层次论有总论，也相应存在分论。总论是"上虚下实"，管理层次越高越讲究虚，层次越低越讲究实。分论可以简单以彼得定理加以说明。管理学上，每个人隶属组织的某个层次。美国学者劳伦斯·彼得研究发现：人们总是趋向于晋升到其不称职的层次。此规律简称"彼得定理"。中国人上进心特别强，其实就是这个道理，如某人当处长好多年，他就会想为什么不让我当局长，我现在都快 57 岁了，以后没有机会了等。人们都是如此，但每个人都不知道自己到哪个层次为止才不适合，找不出上限。所以人们一般对自己估量过高，这是管理学上一个基本道理。所以当教授后想当校长，运动员想当体育主管等。我国组织机构、管理机构中还有一条根据贡献决定晋升以及台阶论等，实际上都受此思想影响。

1. 分论：情商与智商

"智商高"是担任高层职位的大碍，对管理部门，对组织部门是一个重要启示。古往今来，有很多的例子，智商高者做不了大事，但可以当科学家，而"中智商，高情商"为担任企业领导或者国家领导人的最佳人选。智商非常高只能当参谋，当副手，当科学家。一般意义上所说的"傻子"是低智商与高情商的组合，而所谓的"疯子"则是高智商与低情商的组合。

2. 分论：艺术与科学

艺术与科学，其本身很有特点。管理学既是科学性的又是艺术性的，课程有侧重艺术也有侧重科学的。案例教学是进行艺术教学比较好的办法，科学性的课程则可以安排大课，甚至看录像自学都可以，而艺术性的东西需要讨论。再者，从管理层次的效果论上讲，理解得好不在于教师教得好，而在于学生的领悟程度，例如，日常教学中，如果某个学生学了十八门课后觉着自己学的脑子很清楚，包括概念等都很清楚，则该学生实际上不应该毕业，相反，越学越糊涂的人应该毕业，这主要是由于管理的很多东西尤其是管理高层的一些理论根本说不清道不明，越是深入学习问题越多。一般来讲，一流教授讲寓言，二流教授讲案例，三流教授讲课本，这就是所谓的管理学的层次论。

3. 分论："高人重道，常人重术"

层级越高越重视"道"，此"道"等同《道德经》的"道"。"术"是雕虫小技。财经类院校一般都是培养雕虫小技，一般培养不出大师，而综合性大学不同，可以培养出道术兼备的大师，其道理即如此。所以，对于领导者最好是道术兼备，“精于术而以道为本，守于道而以术御事”，但问题也很突出，一般人很难能够做到。如中国管理学杰出人物席酉民教授在某种程度上有此造诣。

4. 分论：刚柔相济，天人合一

“刚与柔”、“刚柔相济，天人合一”，越柔越管大事，越刚越管小事。例如科学与艺术，是刚与柔的关系，普适与例外、法治与德治、智商与情商也是刚与柔的关系。“色字当先”，也属于这个分论。

5. 分论：普适与例外

管理学上很多理论、原理是普适的，当然也有例外。普适需由普适的人去做，例外则由例外的人去做。例外的层次高，需要大量的创新，委员会讨论，例外切忌议而不决，普适强调分工明确，二者之间的工作相互区别。越高层越应重视例外，例如公司的董事长，如果一天到晚都在研究普适，处理日常事务，则该董事长失职。相应来讲，董事长大部分时间应该用来打高尔夫球，或者打桥牌，研究例外，其他事情不研究才是董事长的主要职责。诚然若把例外研究通，有章可循，则可以把例外转为普适，下次以此办理，这也是董事会的职责。同样，如果是一次性例外，下不为例，也是董事会的职责。这是两套不同的处理办法。

6. 分论：文武（德与法）之道

越高层次越重视德，越低层次越讲究法，严刑酷律。对此，可以借用一副对联，大体上加以反映，武夫上联：两舟并行，橹速（鲁肃）不如帆快（樊哙）。鲁肃是文官，樊哙是武将，其意思是两舟并行，比速度的情况。文人下联：八音齐奏，笛清（狄青）怎比萧和（萧何）。大体意思讲德与法，狄青是武将，萧何是文官，强调八音齐奏，讲的是社会和谐，文官比较重要。两舟并行，比速度，为了打仗，为了 GDP，则武官重要一些，讲究的是法治效果快，速效快。综观我国古代社会，法家治国见效很快，但问题是多不长久。而对于管理者而言，“内用黄老，外示儒术”（内圣外王，不折腾），这是中国改革开放 30 多年的基本经验。胡锦涛同志对此概括为“不折腾”。“不折腾”体现了中国传统文化“内用黄老，外示儒术”的基本道理，也符合管理层次论的思想。日常所说的内“不折腾”，外“八荣八耻”，其实就是“内用黄老，外示儒术”的典型代表。

（天津财经大学　于　立）

（本文由李伟、王帅帅根据录音整理，未经本人审阅）

知识管理的东西方理论流派的比较

一、西方知识管理的理论流派

伦敦商学院信息管理教授 Michael Earl（2001）对世界知识管理做得最好的几家公司做深度访谈（In-depth Interview）、调查，归纳出目前知识管理的施行可分为三大类：技术导向、行为导向和经济导向。根据自己的调查，他将知识管理分为七大学派，各种不同学派和知识管理重点如下（见表 1）：

表 1　知识管理的七大学派

特色 \ 学派 \ 类别	技术导向			经济导向	行为导向		
	系统学派	制图学派	工程学派	商用学派	组织学派	空间学派	战略学派
重点	IT	知识人脉图	流程的知识管理	知识的价值收入	知识的学习网络	讨论知识的空间	组织的核心能力
目标	知识库的建立	知识目录的建立	知识流的流畅	无形智力资产管理	知识收集与分享	知识交换空间的提供	知识能力
单位	特殊领域的知识	企业集体的知识	知识管理流程活动	Know-how、专利权、知识产权	知识学习社群	提供资源与地点	企业竞争优势
关键成功因素	知识内容的精确和鼓励分享动机	分享动机、知识人脉图汇总	知识学习、大量知识的传递	正式的智力资产管理制度	互动文化、知识中介	鼓励参与有目的的知识讨论	知识化核心能力
IT 的贡献	知识库专家系统	企业内部网络的知识地图	分享知识库、资料库	智力资产管理系统	群组软件、企业内部网络	知识呈现与获取系统	促进知识综合效能的产生
哲学观	知识编码（Codification）	知识联结（Connectivity）	知识能力（Capability）	知识的商业价值（Commercialization）	知识的协同合作（Collaboration）	知识的接触（Contactivity）	知识的意识（Consciousness）

（一）系统学派（System School）

系统学派注重将专家知识存入知识库，让其他人存取。强调利用 IT 来储存有利公司经营的各种领域且为外显的知识，如知识库、专家系统、CD-ROM 来储存有利于公司经营的

［基金项目］西南财经大学“211”三期项目：“中国式组织理论与组织间关系理论研究”阶段性成果。

各种领域、较为外显的知识、解决方案与手册及蓝图等；知识的储存要经过专家的验证，力求其精确，并鼓励员工分享，设计良好的分类及搜寻机制。

（二）制图学派（Cartographic School）

制图学派注重建立类似通讯簿的东西（知识地图），供同人查阅寻找知识渠道，而非储存知识。强调知识的对应与联结（Connectivity），如员工需要的知识在哪里可以找到？哪些人是专家？对于企业内各种专家要利用相关的 IT 来建立专家名录（知识地图）。因此，企业内必须建立知识目录，并通过企业内部网络（Intranet）来进行知识交流，这个学派所提出的理论类似于 Hansen 提出的“个人化的知识管理战略”。

（三）工程学派（Engineering School）

工程学派主张共同的企业文化，提供有关其工作的相关知识，以提高企业营运流程的整体效益。强调运用企业内外最好的知识与最佳实务，来强化提升企业内部的工作流程，尤其是核心流程。系统学派强调知识内容、解决方案、文件等 Know-what，是内容导向；而工程学派则是流程导向，强调搜寻、获取及分享最佳流程设计的知识，是 Know-how 流程程序的知识导向，而流程则分为管理流程（Management Process）与工作流程（Operating Process），前者牵涉到的内隐知识较多，也较为复杂；而后者则都较为外显，企业应以知识库最佳实务的分享来强化流程的效率。

工程学派强调搜寻、获取和分享最佳流程设计的知识。企业应以知识库最佳实务的分享来强化流程的效率。

（四）商用学派（Commercial School）

商用学派关注如何利用公司的知识产权去产生收益，如专利、商标、著作权、技术（Know-how）。强调企业知识的利用与知识价值的最大化，而非知识的开发或分享。由于企业内部存在许多专利、知识产权、商标等智力资产，传统上许多公司都没有好好利用这些知识的商业价值来创造利润，因此，商用学派学者主张要设计良好的智力资产管理制度与管理系统，以寻求其价值最大化。

（五）组织学派（Organization School）

组织学派注重结合外显与内隐两种知识管理策略，强调建立企业内部虚拟知识社群，企业可依据企业目标来推动各种相关的学习型虚拟团队，利用企业内部网络（Intranet）、电子视频会议、群组软件来链接这些知识工作者，以形成一个知识网，让知识的买方与卖方通过该网络互动分享。

（六）空间学派（Spatial School）

空间学派主张以空间的利用与设计，达到知识交换的效果。强调要提供员工社会互动的空间，以便经由自由闲谈而提高分享知识的机会。目前许多办公室重视隔间及个人隐私的设计都会妨碍知识分享，组织应设计有利于互动的建筑物设计，不仅是隔间设计、特设的茶水间、咖啡室、聊天室、办公室间的动线，即所谓的“知识建筑”设计，都要让员工常常“不期而遇”地碰到工作上本来不会碰到的人，而强迫员工可以“打成一片”，并促进社会网络与自由度高的知识分享。

（七）战略学派（Strategic School）

战略学派把知识管理视为公司的核心竞争战略，强调智力型资产是企业的战略资产、核心竞争能力，企业战略规划中要融入知识的管理战略，指导企业所有流程、组织结构、文化、制度的设计与资源的配置；无形的智力资产对于企业价值的贡献大于有形资产，企业的目的是要以知识整合各种资源而能产生综合效能的核心能力。

二、东方知识管理的理论流派

与西方知识管理研究所注重的外显知识、知识复制、知识市场建立与短期利得等不同，以野中郁次郎为代表的东方知识管理学者认为，隐性知识、知识创造、知识社群建立与组织长期优势是知识管理研究的重点。他们指出，在组织内部知识转换（或知识创造）的过程中，经常是从个体、群体逐步扩散至组织，进而从组织或群体逐步落实至个人。有效的组织知识创造是一种动态、向上提升的过程。野中郁次郎及其研究团队在 1991 年发现卓越日本企业创造知识的特质，1994 年、1995 年发展出 SECI 知识创造论之后，便把研究焦点置于勾勒促进知识创造的情境。野中郁次郎等人明确提出，“知识创造”（Knowledge Creation）需要一些基本条件与场所，或者说需要某种特定的情景。因此，东方知识管理学派是一种情景学派。

在 1997 年加州大学柏克莱分校哈斯商学院举办的“知识与企业研讨会”首届年会上，野中郁次郎与今野登共同发表了“场所”的概念，即为“知识创造”营建一个基础。野中郁次郎和今野登（Nonaka & Konno，1998）认为，知识有其特性，与其他生产性资源有别，有必要探讨“知识创造”（Knowledge Creation）的基本条件与场所。野中郁次郎和今野登提出“Ba”的概念，认为它是建立知识创造的基础。“Ba”是知识创造的地方，体现为知识存在的三种相互关联的空间形式：物理的、虚拟的、精神的。知识驻留在“Ba”中，是无形的；信息独立于“Ba”中，是有形的。它超越某一个体本身所能体现出来的有限的观点；它是某一时间和空间的知识资源整合；是创造者的梦幻。

严格地说，“Ba”这个概念最初是由日本哲学家西田喜多郎（Kitaro Nishida，1933/1970）提出来的，由清水宏（Shimizu，1995）加以发展，认为知识要有一个背景环境才能生存，“Ba”是一个“情境的概念”。“Ba”被定义为知识分享、创造和使用的背景环境。在知识创新过程中，“Ba”的创造和再创造是一个关键（Nonaka and Konno，1998）。野中郁次郎和今野登根据西田喜多郎与清水宏的“Ba”的概念，经精心研究后提出“SECI”模型（the SECI Model），以说明知识创造的过程及其转化与演变。野中郁次郎和今野登（Nonaka & Konno，1998）进一步阐述了知识与知识创造情境的关系，以及情境对知识创造的重要性。他们宣称，知识是嵌入共享的情境或时空，人们通过参与该情境拥有直接经验，以及（或）通过对他人经验的反思，再通过个体原有观点或意识的超越，而获得或创造知识。他们指出，“情境”（Ba）是大家所共同享有的空间，是“知识创造的一个基础”。“情境”（Ba）与英文中的“地点”（Place）意义大体相同，一旦加入人，就构成特定的情景。我们通过情境来提升个人或集体的知识。知识一旦脱离了情境，便成为信息；信息存在于媒体中，而知识存在于情境

(Ba) 中；知识的运用也必然是与特定的情境相结合 (Context-specific)。

以野中郁次郎为代表的情景学派关注两个方面的问题：一是组织知识创造情境的类型；二是组织知识创造情境的建构。

野中郁次郎和竹内广隆 (Nonaka and Takeuchi，1995) 曾经提出有助于组织知识创造的五种情境因素：组织的意图 (Organizational Intention)、组织成员拥有的自主权 (Autonomy)、能刺激组织与外在环境互动的波动与创造性混沌 (Fluctuation and Creative chaos)、组织活动或职责的信息公开化 (Information Openness) 以及组织内必要的多样化 (Requisite Variety)。

第一种情境因素是组织的意图。组织的意愿反映了组织目标和组织高层领导人的个人抱负，组织必须有明确的目标，确认出实现组织战略目标所需要开发的特定知识，并愿意为知识的开发付出努力。组织意图一方面为组织知识的创造提供价值判断标准，另一方面有助于凝聚员工的共识与投入，而投入或承诺是人类知识创造活动的基础 (Nonaka and Takeuchi，1995)。

第二种情境因素是组织成员拥有的自主权，这有助于组织知识创造。这种自主性不仅包括了向组织职工和组织内各群体赋予较大的自主权，而且包括了组织能够容忍和允许人们犯错误，解除职工的思想包袱，这样有利于激发职工和组织内各群体的主动性和创造性，发现和把握一些新的意想不到的机会。自主权不但可以提高员工创造知识的动机，更让他们在寻找、诠释和联想信息时，维持较高的弹性，因而能将个人观点扩大，并提升至更高的层次。

第三种有助于组织知识创造的情境因素是，能刺激组织与外在环境互动的波动与创造性混沌。波动是指一种事先无法准确预计其形态的秩序，也就是事无定式。创造性混沌或无序是指组织内有利于激发创造力的“危机”或“混乱”状态。在组织内部环境中有意识地形成波动和创造性混沌或无序，意在鼓励人们对习惯的做事方法和原有的思维模式进行反思，刺激组织与环境之间的交互作用。

第四种促进组织知识创造的情境因素是组织活动或职责的信息公开化。信息公开化的一个重要作用在于组织内有关的组织活动、管理职责等信息具有可重复性 (Redundancy) 和可分享性的特点，能够为组织成员所共享，这要求做到信息公开化，而不是仅仅只将信息提供给相关的管理层或决策者，这样有利于集思广益，促进隐性知识的转化。野中郁次郎和竹内广隆 (Nonaka and Takeuchi，1995) 认为，组织成员共享重复的信息，有助于成员间隐性知识的分享，并因而有机会引入不同观点来提供新信息或建议，协助新概念的发展。

第五种促进组织知识创造的情境因素是组织内必要的多样化。组织内部各单位、各群体和每个职工在对信息的处理和解释、思维模式、技能和专长等方面必然存在着差异，对这些差异组织应当鼓励，只要是信息的处理和解释不会引起组织的混乱，就应当容忍。差异性有助于组织适应力的增强，有利于组织对付外部环境的多变性和复杂性，而这种差异性也有助于组织结构的多样化，有利于组织向柔性化、灵活的组织结构转化。

他们指出，在知识创造的过程中，大体上会历经下列四种不同的情境：①原始情境 (Originating Ba)；②互动情境 (Interacting Ba)；③信息情境 (Cyber Ba)；④应用情境 (Exercising Ba)。他们认为，对应知识创造的 SECI 模式，促进知识创造的情境也可大致分为四类：

原始情境有助于知识的社会化。所谓原始情境，指的是有助于群体成员分享、体验相互的感情、情绪、经验和心智模式 (包括知识愿景和组织文化) 的情境或时空。原始情境可说是组织知识创造的起点，人们借由直接参与这一情境，产生共鸣、相互关怀、信任、爱与承诺。

互动情境有助于知识外显化。所谓互动情境，指的是有助于成员将隐性知识转换为外显知识的情境或时空。人们在互动情境中运用隐喻与模拟，进行建设性对话与反思。通过互动成员的选择，人们对互动情境较有掌控的能力。

信息情境有助于知识联合化。所谓信息情境，指的是有助于成员将新创和原有外显知识结合的情境或时空，现代信息科技（如数字化、网络、数据库）是信息情境中不可或缺的要素。

应用情境有助于知识的内部化。所谓应用情境，指的是有助于成员实际参与、见习、实习、实验或实践新知的情境与时空。

野中郁次郎和今野登（Nonaka and Konno，1998）指出，通过组织结构的设计或安排，可以建构促进知识创造的情境。譬如，夏普公司（Sharp）是以新产品开发团队（Urgent Project Team）以及创造性生活方式研究中心（Creative Lifestyle Focus Center），建构促进知识创造的情境；东芝公司（Toshiba）是以新事业部（ADI Group）作为促进组织知识创造的平台；而执全球第一工业冷冻器牛耳的前川公司（Maekawa），则将全公司2500名员工打散成一百多家平均员工数为25人的独立小公司，借此鼓励集团内独立小公司各自寻求自己的活动领域与知识创造情境。

我们认为，野中郁次郎和今野登主张知识嵌入知识情境中，强调组织唯有提供相关的知识情境，才能确保组织知识的创造。因此，组织知识创造的情境建构，其重要性几乎要等同于组织知识创造本身了。

野中郁次郎、竹内广隆和宫本克洋（Nonaka and Takeuchi，and Umemoto，1996）根据知识创造的四种模式，强调知识创造需要的促动因素（Triggers）。他们指出，SECI模型虽然澄清了知识与知识创造的意义，但知识创造的过程还需要促动因素来启动。

他们指出，知识社会化（Socialization）的起点在于互动场域（Field of Interaction）的建构，因为互动场域可以促进成员之间经验与心智模式的交流；知识外显化或明晰化（Articulation）则由有意义的对话或集体反思（Meaningful Dialogue or Collective Reflection）所促动。此时，隐喻和模拟有助于隐性知识的外显化；知识综合化或联合化（Combination）由最近外显化的新知识与原有的外显知识交流所促动，进而促成新产品、新服务或新流程的产生；而知识的内部化（Internalization）则由“行动中学习”或“干中学”（Learning by Doing）所促动。

野中郁次郎、远山涼子与今野登（Nonaka，Toyama and Konno，2000）进一步提出四种形式的空间来连接SECI模式的四种情境。

野中郁次郎和今野登（Nonaka and Konno，1998）强调，隐性知识社会化是组织知识创造的起点，而隐性知识的社会化要在原始情境才能产生。野中郁次郎、竹内广隆和宫本克洋（Nonaka and Takeuchi，and Umemoto，1996）将原始情境称为“互动场域”，将此时的知识转换称之为社会化（Socialization）。也就是说，原始情境要求人际间面对面的接触、相当时间的交往，以及良好而有深度的互动。我们相信，只有这样，组织成员之间对情境内的事物和所蕴涵的知识（个人有充分根据的信仰），才能产生共鸣、相互关怀、信任、爱与承诺。我们认为，建构原始情境组织一方面应该提供人事稳定、有利于成员互动的工作环境与组织文化；另一方面也应该确保组织成员具备适当的人际交流能力。

组织必须提供启动组织知识创造的情境（Enabling Conditions），要建构分享隐性知识的启动情境，最关键的要素便是组织中的人际关怀（Care）。瑞士圣加伦大学（University of St. Gallen，HSG）教授 Von Krough（1998）指出，由于分享隐性知识，等于公开检验个人的认知过程与论证逻辑，将让其面对不确定性与利益冲突的挑战，扼杀个人分享隐性知识的动机。Von Krough（1998）强调，组织以团队诱因制度取代个人诱因制度、将人际关怀列入考核项目、安排不同团体间的活动简报（Project Debriefings）与建设性对话、各式各样的社交活动、实施促进人际关怀的员工训练，以及公开强调人际关怀的组织价值观，均有助于确保组织普遍地拥有人际关怀的情境。我们认为，组织中的人际关怀体现在相互信任、积极的同理心、乐于协助、宽容对待以及勇于实验五个维度。当组织拥有较高的人际关怀时，组织中的知识扩散过程将从缺乏效率的个人获取与交易（Capturing and Transacting），转换为团队作业形态的相互给予与合一（Bestowing and Indwelling）。

互动情境的功能在于促进组织知识的外显化。此时，隐喻、模拟、建设性对话与反思是这一情境的基本要素。我们认为，组织应确保成员具备运用上述思考工具对话的能力（如举办训练），慎选成员以确保团队内拥有多元观点，以及建立鼓励成员寻找新意、发挥创意的组织文化，这是建构互动情境的关键。

野中郁次郎等人对信息情境建构的着墨最少，只宣告现代信息技术是建构信息情境的必要条件。然而，信息情境的建构，却经常是知识管理实务的焦点，并且成为信息服务业的主要业务之一。常见的实务包括：知识储存库、专家网络、非结构化文件的储存、人才技能知识库、技术文件在线查询、专业术语辞库、在线辅助查询系统、技术支持网站、专家查询数据库及企业外部数据库等，而要建立上述的现代化信息情境，需要结合数据库、网络、文件管理、群体软件、网络技术平台、多媒体、专家系统和人工智能等信息技术（Davenport，1997）。

应用情境的功能在于促使外显知识内部化（或知识技能化）。为了建构这类情境，组织必须安排成员实际参与、见习、实习、实验或实践新知的情境。此外，根据野中郁次郎等人历年来所举的事例，参与新产品发展的机会与 OJT（在职训练），更是建构应用情境的典型。

我们认为，创造一种情境，使人得以超越其本身有限的视野或格局，能将个人的理性（Rationality）与直觉（Intuition）结合成“魔术性整合”（the Magic Synthesis），因而激发了创意，并使人获益。情境是一个组织框架，有其时间与空间性。情境是知识孕育的所在，让人从中获取一种创造性资源，这一思路无疑是正确的。但野中郁次郎等人在关于实践中组织该如何建构相关的知识情境却着墨有限。

三、对东西方知识管理理论流派的评价

在我们看来，Michael Earl（2001）对知识管理七大学派的分类是一种诠释学（Hermeneutics）的研究取向（Approach），对每一个学派的理论没有那么明确、严格的定义，而认为知识管理理论可以是对团体的意义系统如何产生与维持的描述。这种分类的优点在于使我们可以了解与描述行动的主观意义，并且重视事物的独特性，甚至以掌握此独特性为知识的重要旨趣。但缺点在于这种分类虽然会借用常识的某些概念，但是常识里有许多松散的、不合逻辑、缺乏系统以及偏误的部分。

我们赞赏野中郁次郎等人关于将知识嵌入情境中、“组织知识创造的钥匙，在于隐性知识

的运用和转化”、“隐性知识社会化是组织知识创造的起点”等观点，因为知识与情境是密不可分的。但野中郁次郎的理论仍然存在许多不足：一是知识创造论假定，组织知识最初蕴藏于情境与情境中的某些个人，而未曾阐述个人原创性隐性知识的来源或产生过程，而假定所有的组织知识都来自于原始情境中人际交流的社会化。我们相信，并非所有的组织知识都来自于原始情境中人际交流的社会化，还有相当数量的组织知识起始于少数人原创的体会、领悟或研究结果。二是野中郁次郎提出的知识创造的四种情境均是组织知识创造的促动或必要条件。我们认为，组织知识创造的成效仍有赖于组织知识创造意图的引导、波动或混沌环境的激发、组织成员多样才能的配合，以及组织知识价值认定机制是否存在、知识创造价值后的利益分配机制是否健全合理而定。三是我们发现，野中郁次郎等人的知识创造论和他们所列举的事例，多半偏重于市场导向或应对演进式变革（Evolutionary Change）的改良式或渐进式知识创新（Incremental Innovation）和维持性创新（Sustaining Innovation），而非应对革命性变革（Revolutionary Change）和技术发展导向的突破式知识创新（Disruptive Innovation）。这表明，野中郁次郎理论所提示的组织知识创新情境，受限于该理论的特质与特定的范围，或许无法对组织发展突破式知识创新的组织提供有效指引。

事实上，西方与东方的知识管理理论有很大的差别。1997 年在美国加州大学柏克莱分校哈斯商学院举办的“知识与企业研讨会”首届年会上，哈佛大学商学院教授竹内广隆（Hirotaka Takeuchi）在大会发言中指出，由于东西方的文化差异，日本人与美国人的研究方法与经验有显著的差异，因而对知识的理论与实务的看法有很大的差别。例如，在西方知识管理的研究传统中，知识分享或知识转移的分析重点在于知识的重复使用，其效率决定于知识市场机制是否健全。在美国，大部分有关知识的作业都集中在搜集、发布、重新利用与统计已编制好的知识与信息。知识管理的负责人经常注视信息技术，以便搜集和传播这种“显性知识”。通常较注重在市场交易或知识网络合作方面能彼此互惠和获益。公司对“知识投资”（Knowledge Investment），一般是以某一时期的经济回收作为评量该项投资是否可行的准绳；但在野中郁次郎等人的眼中，人际间的知识分享或知识转移，属于知识创造的一环，与知识社群的建立息息相关，取决于知识创造的情境与情境中的某些个人。在日本，“知识创造”较受重视，特别强调要建立一些条件或环境，以利于个别的知识所有人彼此能相互交换“隐性知识”。日本人很重视这项有利新知识发展的“社会过程”（Social Process）。在一个群体或实验室中本着善意、互信、彼此相爱或抱持慷慨情怀，共同合作来开创知识。公司希望通过“创新”来强化其追求成功的长期能力，并以此来评价知识管理的成败。正如美国 the Ernst & Young Center for Business Innovation 研究者 Don Cohen（1998）所说，野中郁次郎等人的组织知识创造论代表的是日本或东方的知识管理理论，这种偏重隐性知识、知识创造、知识社群建立与组织长期优势的理论，有别于西方偏重外显知识、知识复制、知识市场建立与短期利得的理论。

尽管知识已有明确定义，但东西方知识管理学者所强调深究的知识本质却可能不同。传统西方认识论着重于知识“真实性”的探讨，然而野中郁次郎和竹内广隆（Nonaka & Takeuchi，1995）则强调知识为“有充分根据的信仰”的本质。此外，西方传统知识理论强调知识为绝对的、静态的和非人性化的本质，野中郁次郎和竹内广隆（Nonaka & Takeuchi，1995）则强调知识是个人以“真相”为目标，不断调整个人信仰的动态人文过程。在知识的理论与实务上，东方人（日本人）较注重“社会合作”（Social Cooperation），东方人（日本人）对知识管理的着重点在于：①注重隐性知识（Focus on Tacit Knowledge）；②强调创造

(Creation);③注重培育知识文化(Knowledge Cultures);④重视知识社群(Knowledge Communities);⑤注重培育与爱心(Nurturing and Love);⑥重视长期优势(Long-term Advantage)。而西方人(美国人)在知识的理论与实务上较强调"竞争性个人主义"(Competitive Individualism),对知识管理的着重点在于:①注重显性知识(Focus on Explicit Knowledge);②强调重复使用(Re-use);③看重知识项目与计划(Knowledge Projects);④重视知识市场(Knowledge Markets);⑤注重管理与衡量(Management and Measurement);⑥重视近期利益(Near-term Gains)。

我们认为,东方人与西方人对知识管理的不同见解,有着深刻的哲学背景,或者说东西方对"知识"与更广泛的"人生存在价值"(Human Existence)存在着歧见。这种歧见来源于笛卡儿(Rene Descartes,1596~1650)与日本哲学家西田喜多郎(Nishida Kitaro,1870~1945)① 两人不同的哲学思想。笛卡儿拒斥自中世纪以来将亚里士多德哲学(Aristotelian Philosophy)与基督的启示(Christian Revelation)相结合的欧洲传统经验派哲学思想(Scholasticism),自创了一套推理方法与哲学,被称为笛卡儿哲学(Cartesianism)。他在1637年的著作中表明,他完全放弃所有原先的信念,凭自我所察觉到的生存事实来重建他自己所信得过的信念。他说:"我疑,故我思;我思,故我在。"借着直觉(Intuition)与推论(Deduction),他揭示了他自己存在的真理,并以存在论(或称本体论)来解说神的存在。这表明,笛卡儿将个人视为他所处环境的局外人,是站在环境之外来评论环境的。应当这样说,笛卡儿哲学成为现代西方管理科学主义的哲学基础,西方知识管理就是建立在这一基础上的。相反地,西田喜多郎将个人视为他所处环境的局内人,认为人与环境是一体的。他主张:"我爱,故我在"。因此,应当让许多个人齐聚一堂,生活在同一环境之中,通过"社会化"过程,使大家能相互了解彼此的想法与感觉。大家应彼此互信,相亲相爱,且都须自我超越,以"大我"的无私与大爱,彼此相惜,而且毫无保留地相互交换"隐性知识",要以真心彼此倾囊相授。

四、结束语

我们认为,隐性知识社会化是组织知识创造的起点。知识管理可以引入社会网络结构的概念,强调人际间所呈现的社会结构能反映个人、制度、技术所表现出的模式,且不同的社会结构具有不同的知识创造模式。西方过去对知识管理研究所强调的都是个人能力或人力资

---

① 西田喜多郎(Nishida Kitaro,1870~1945),日本哲学家,创建了日本近代哲学史上的京都学派,他试图建立一个超越于唯心主义和唯物主义的哲学体系。西田喜多郎的第一部著作是1911年出版的《善的研究》。这本书曾经是日本明治维新以后销售最多、影响最大的一本哲学著作。他声称,他研究哲学的根本动机是为了解决人生问题。书中第一次提出并且阐述他的基本概念"纯粹经验",即所谓"主观和客观合一"的直接经验,他认为,有了经验才有个人,"纯粹经验"是唯一的"实在",而主观与客观是这"实在"中统一着的两个方面,"善"就是实现主客合一的意识状态,也是自我的发展完成。西田喜多郎后来把"纯粹经验"表述为先验的自觉,展开了他特有的所谓"场所逻辑"。西田喜多郎认为,自我与非我、意识与对象要发生联系,就必须有一个把两者联系起来的"场所",这个"场所"就是东方宗教哲学中的"无"。西田喜多郎把"场所"分为"有的场所"、"相对无的场所"、"绝对无的场所"三个阶段,认为"绝对无的场所"才是"真无的场所"。"绝对无"既非"有",也非"无",它的根本作用就是像镜子一样,把"对象按照原样反映出来",把"场所"观点具体化为"个体互相规定即一般者自己规定"的"辩证法一般者"观点,形成所谓"多和一"的"绝对矛盾的自己同一"逻辑。

本（Human Capital）或是通过制度、法规来改变知识创造模式，而忽略了人际间互动关系所产生的社会资本。

中国人的知识创造模式必须依赖中国人所信赖的人际间互动社会网络，而这些社会网络中所蕴涵的正是社会学家在20世纪80年代提出的社会资本（Social Capital），如信任、承诺、团体间的规范、认同、共同的语言、社会交换的义务等，因此，非正式网络对人类行为和知识创造有重大影响。非正式网络通常是无形的，而人们在面对问题时往往恐惧这无形网络对于决策或行动的影响，因此人们更积极拓展自己的无形网络，期望让自己更具有影响力。所以，西方的谚语说："It's not what you know，it's who you know"。而中国人更重视这种关系，西方学者不以关系（Relationships）称呼中国人的关系，而直译"关系"（Guanxi）来强调其特殊性。

在我们看来，实践中仍然有许多企业迷失在知识管理项目当中，而无法综观整个知识管理的全貌。我们主张，为了加深对知识管理的理解，人们应摆脱自己的偏见，进入被研究者（实际工作者）本身的立场，以其方式来进行思维。有鉴于此，我们认为，知识管理理论的研究者应当尝试使用一套更具逻辑一致性、更精心思考淬炼出来的概念体系，发展出一个整合性的新理论架构将是知识管理理论发展的新课题。

〔参考文献〕

［1］Michael J. Earl. Knowledge Management Strategies：Towards A Taxonomy［J］. Journal of Management Information Systems，2001，18（1）：215-233.

［2］Ikujiro Nonaka & Noburo Konno. The Concept of "Ba"：Building A Foundation for Knowledge Creation［J］. California Management Review，1998，40（3）：1-15.

［3］Kitaro Nishida（1933）. Fundamental Problems of Philosophy：The World of Action and the Dialectical World［M］. Translated with An Introduction by David A. Dilworth. Tokyo：Sophia University Press，1970.

［4］Hiroshi Shimizu. Ba-principle：New Logic for The Real-time Emergence of Information［J］. Holonics，1995，5（1）：67-79.

［5］Ikujiro Nonaka & Hirotaka Takeuchi. The Knowledge Creating Company：How Japanese Companies Create the Dynamics of Innovation［M］. New York：Oxford University Press，1995.

［6］Ikujiro Nonaka，Hirotaka Takeuchi & Katsuhiro Umemoto. A Theory of Organizational Knowledge Creation［J］. Special Publication on Unlearning and Learning，1996，11（7/8）：833-845.

［7］Ikujiro Nonaka，Ryoko Toyama，Noboru Konno. SECI，Ba and Leadership：a Unified Model of Dynamic Knowledge Creation［J］. Long Range Planning，2000，33（7）：5-34.

［8］George von Krogh. Care in Knowledge Creation［J］. California Management Review，1998，40（3）：133-153.

［9］Thomas H. Davenport. Why We Build Systems That Users Don't Use［J］. Computer-world，September，1997，15（9）：1-11.

［10］Don Cohen. Toward A Knowledge Context：Report on the First Annual U.C. Berkeley Forum on Knowledge and the Firm［J］. California Management Review，1998，40（3）：22-40.

（西南财经大学工商管理学院 甘元霞）

公司治理模式：一个比较制度分析的视角

一、引　言

在20世纪80年代末90年代初，“公司治理”这个词突然开始受到经济学家们的关注（青木昌彦，2004）。引起经济学家关注公司治理的直接原因，是德国和日本公司的竞争威胁使美国企业产生恐慌。虽然经济学家们普遍关注公司治理问题只有近30年的时间，但追溯学者们研究公司治理和企业家们实施公司治理，已有近百年历史（玛丽·奥沙利文，2007）。概括起来，对企业而言，公司治理的重要性凸显的原因主要有：建立在“两权分离”的现代企业控制权结构使然，全球化与各国企业竞争力的演变的作用，对经理责任和激励机制的反思，企业股权结构的改变与“股东运动”的结果和企业社会责任观的形成等。

学者们从不同角度对公司治理下了不同的定义。如哈特从控制权分配角度把公司治理看成是分配公司剩余控制权的决策机制。科克伦和沃特科从公司治理基本问题角度把公司治理概括为高级管理阶层、股东、董事会和公司其他利益相关者相互作用过程中产生的问题。钱颖一从公司治理制度功能角度把公司治理定义为用于支配若干在企业中有重大利害关系的团体之间关系，并从这种联盟中实现经济利益的一套制度安排。费方域从合约关系角度把公司治理确定为一种产权关系合同（费方域，1998）。

以上有关公司治理的概念有助于我们把握公司治理的内容和理解公司治理的实质。但我们认为，如果从公司治理的本质和功能看，①公司治理是企业参与人权力博弈的结果。从这个角度考虑，我们更赞同青木昌彦的公司治理概念，他把公司治理界定为治理参与人策略互动的自我实施机制（青木昌彦，2001）。具体地讲，公司治理是一组自我实施的规则（正式或非正式），这些规则随着发展状态不同而控制着博弈参与人的行为选择（青木昌彦，2001）。

学者们还对各国公司治理的特征进行了归纳描述。典型的分类方法是根据一个国家公司治理的主导机制进行分类，通常把公司治理分成三类：英美模式、德日模式、东亚与东南亚家族治理模式（李维安，2001）。这种分类方法对于人们归类分析公司治理问题，理解不同国家公司治理的主要特征有一定的参考意义，但也存在一些问题。因为一个国家的公司治理应是内外机制兼备，且在制度环境函数下，进化博弈的结果；公司治理又是演化的，是相互学习借鉴的结果；另外，最近几年，公司治理的目的和目标也发生了很大的变化，传统的公司治理模式分类特征也应随之发生改变。

鉴于以上认识，本文采用比较制度分析视角，对中外公司治理进行比较分析，以反映不

① 按照费方域的观点，公司治理的本质是一种关系合同，公司治理的功能是配置权、责、利。

同公司治理模式的概要特征。分析的逻辑思路是，公司治理的目的是创造社会财富（玛丽·奥沙利文，2007），公司行为人都是在一定的规则框架下行事，在预期的引导下，行为人根据自身条件做出最优决策和形式选择，影响公司治理结果；同时，治理规则又是社会制度环境变量的函数，具有进化博弈的特点，那么，公司治理模式特征是行为人基于社会制度环境、治理规则和自身条件多重约束限定前提下，博弈均衡的结果。本文共有五部分内容，第二部分是分析框架；第三部分是各国公司治理的概要特征和产生的原因分析，主要从信息体制和制度化关联角度论证；第四部分探讨了技术变革、制度演化与公司治理演化的关系和可能的进化路径；最后是结论。

二、公司治理中外比较的分析框架

（一）作为分工结果的企业

企业是什么？企业存在的原因是什么？这些问题是企业理论的基础问题，许多学者做了精辟的论证。科斯提出企业是市场的一种替代（科斯，2000）；张五常沿用交易费用思路提出企业是市场的互补机制（Cheung，Steven N. S.，1983）；威廉姆森借助于资产专用性的概念论证了企业作为资产专用性风险内部化的工具作用（奥利弗·E.威廉姆森，2001）；阿尔钦和德姆塞茨讨论了企业逃避责任的机会主义行为倾向的“队生产结构”特性（Alchian，Aomen A.，Demsetz H.，1972）。但如果假设企业存在的目的是创造更多社会财富的话（无论是更高效生产产品，还是节约更多交易费用），那么，我们有理由认为，企业是分工的结果。分工带来专业化，进而带来更高的生产效率，同时，分工带来协调成本。无论从大的产业链分工合作，还是从小的工序和岗位的分工合作，人们必须计算专业化经济和整合化经济的完全成本，以确定配置资源的组织类型。按照威廉姆森的比较治理成本的选择依据，我们可以最终确定“组织分立结构”的具体形式（奥利弗，2001）。

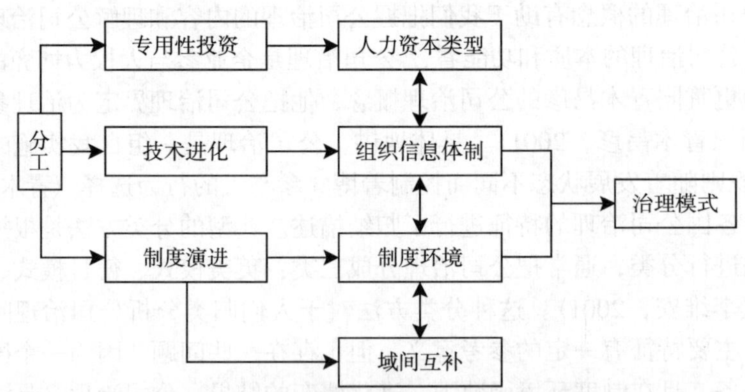

图 1　公司治理中外比较的基本分析框架

（二）组织协调的核心：组织信息体制与人力资本类型的调适

“组织是指群体内人们交流的复杂模式和其他关系。该模式给群体中每个人提供了决策所需的大量信息、假设、目标和态度，同时也给他提供了关于群体内其他人所作所为和别人对自己而言的反应的一些稳定和可理解的预期”（赫伯特·A. 西蒙，2004）。这说明组织的作用除了通过认知的分工，部分克服个人能力和活动范围的局限性外，还可以通过设计控制交流和决策的组织章程、程序和文化来更有效地利用分散的信息，并实现生产性任务的分工。组织内部的信息搜集、信息交流、信息利用和信息生产系统，称之为组织信息体制。组织间信息体制可能存在很大的差异，同时，不同的组织信息体制还会产生差异化的组织效率。这一方面需要信息技术的支撑和任务单元之间信息联结方式的科学选择；另一方面，必须事先组织信息体制与人力资本类型的合理适配，因为具有特定时间和环境知识的信息只有与相适的人力资本类型结合才能产生“信息决策的倍增效应”。

信息体制是组织结构最重要的“构造元件”之一。从信息体制视角研究组织结构的话，可把组织信息体制的基本要素概括为：层级分解、信息同化和信息包裹（青木昌彦，2001）。这些基本要素和任务单元信息关联方式共同构成组织信息体制，同时也决定了公司治理的类型和特征。

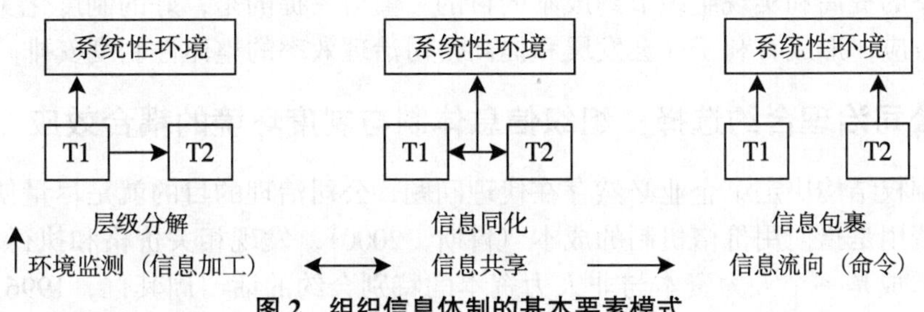

图 2 组织信息体制的基本要素模式

如果把资产分成物质性的和信息性的，[①] 人力资本分解为个人型和背景型（Brynjolfsson E.，1994），按照青木昌彦的观点，不同的组织信息体制需要对应的人力资本类型，构成了如图 3 所示的匹配关系（青木昌彦，2001）。

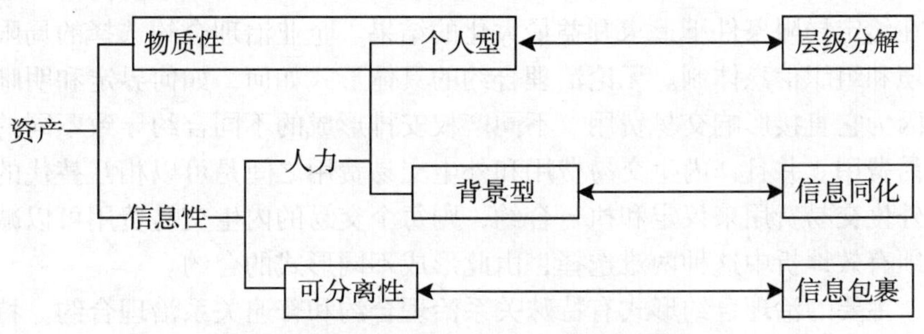

图 3 组织信息体制与人力资本类型的调适

（三）域间互动：关联博弈与制度互补

哈耶克认为在一个人以上的任何组织中，合作总是不仅取决于组织，而且还取决于自发

① 按照青木昌彦的观点，无论是个人型还是背景导向型，人力资产都是固化在人身上的信息加工能力，不可能将他和个人分开，因此称之为“不可分离的信息资产”。与之相对应，诸如软件、编码内容、发明等非人力和非物质的信息资产称之为“可分离的信息资产”，原因在于，它们的所有权可以和它们的生产者相分离，用于交易。不过，虽然这些生产过程的信息资产不容易被产权化，但确实可以带来经济价值，所以，那些生产可分离的信息资产的信息加工活动（如创新活动）被相互隐蔽（包裹），以防止具有公共产品性质的信息资产的“外部性”问题的发生（青木昌彦，2001）。

秩序。哈耶克的观点意味着组织行为和结果不仅仅取决于组织自身，而且还取决于具有均衡策略组合的共享的、稳定的、具有概要特征的制度。也就是说，制度环境影响到公司治理模式的选择。进一步说，制度是进化博弈的结果，同时，制度又具有整体性安排的特征，博弈域间制度是相互影响的，也需要制度的域间协调。

制度的域间互动的方式主要包括关联博弈和制度互补。关联博弈使人们在不同域协调其策略，创造一定的外部性，使所有或部分参与人从中获得租金，从而促进这种关联的延续，进而产生单独在不同的域分别作决策所不能导致的行为结果。即使由于决策空间或认知程度有限，无法在不同域协调其策略决策，但其决策在参数上受到其他域流行的决策规则的影响，也可能影响原有制度安排，形成制度之间跨域的制度互补性。

制度化关联的形式多种多样，如社会嵌入、关联合同、整合性捆绑、中介性捆绑、以市场为中介的关联、制度互补等（青木昌彦，2001）。无论哪种形式造成制度关联，并形成域间互动，其结果都增加了原有不可能的制度进化成为可能的概率，同时，制度化关联有利于促进制度效率的提高和实现组织节约成本的目的。值得一提的是，好的制度化关联可以借助于“绑定”效应，形成有利于社会发展和提高公司治理效率的整体性制度安排。

（四）公司治理合约选择：组织信息体制与制度环境的耦合效应

现代控制权结构决定了企业必然存在代理问题，公司治理的目的就是尽量使代理成本最小化。交易费用是指使用价格机制的成本（科斯，2000），发现相关价格和执行合同的成本。如果把企业看成是一个人力资本与非人力资本的特别合约的话（周其仁，1996），那么，交易费用内化为企业治理成本。借助于杨小凯的观点，我们把交易费用分成内生交易费用和外生交易费用（杨小凯、张永生，2003）。内生交易费用是市场均衡同帕累托最优之间的差别，外生交易费用是指在交易过程中直接或间接发生的那些费用。也就是说，治理成本相当于治理合约的总交易费用。

一般合约的选择是人们在给定局限条件下追求利益最大化的结果，同样，企业的治理合约也是人们在给定局限条件下追求利益最大化的结果。企业治理合约选择的局限条件，是企业的制度环境和组织信息体制。无论治理合约的具体形式如何，如何界定和明晰产权都是十分重要的，因为它直接影响交易费用。不同产权安排形成的不同合约导致不同的内生交易费用和外生交易费用。并且，内生交易费用和外生交易费用之间是可以相互替代的，如果人们支付更多的外生交易费用来议定和执行合约，则每个交易的内生交易费用可以减少，反之亦然。人们必须有效地折中这种两难选择，由此形成不同形式的合约。

现实中，主要的治理合约形式有特殊关系治理合约和普遍关系治理合约。特殊关系治理合约是指人们并不非常依赖潜在同行竞争者对现有伙伴施压来影响，而是更依赖与现有伙伴加深关系。普遍关系治理合约与特殊关系治理合约正相反，它主要是依靠市场中同行相互替代对合作伙伴产生压力，而不过多依赖合作伙伴之间加深关系取得。由此可见，相对而言，特别关系治理合约是建立在合作关系基础之上，合约的精确度相对较低，而普遍关系治理合约建立在竞争关系基础之上，对合约的精确度要求相对较高。也就是说，在确定某一具体合约时，信任与竞争是可以相互替代的，合约的产权精确度并非越高越好，要考虑合约的总交易费用的大小，通盘权衡合约的内生交易费用和外生交易费用（高闯、刘冰，2003）。

（五）分工的自发演进：技术进化、人力资本专用性投资“锁定”和制度的历时关联

分工的演进除了伴随着交易费用的改进而演进外，还具有随时间的流逝自发演进的机制。这种随时间自发演进的动力来自于人们动态自利交互决策的结果。在分工后专业化加速学习动态效果和未来时点效用贴现总和最大化的双重刺激下，分工具备了演进的自生力（杨小凯、张永生，2000）。分工的自发演进进一步促使了技术进化和人力资本专用性投资，同时，组织实验的深化和交易效率的提高，又进一步促进了制度的演化。进一步，人力资本专用性投资更加“锁定”了人力资本类型。技术进化与组织信息体制的耦合，一方面进一步强化原有的组织信息体制，另一方面也为组织信息体制提供了变革的空间；而制度的演化通过路径依赖原理，强化着原有制度环境，同时，“松绑和重新捆绑的熊彼特过程”又可能演绎出制度“分叉”的结果，但制度演进最终还是需要制度性互补的。

三、组织信息体制、制度化关联与各国公司治理概要特征的均衡选择

（一）各国典型的组织信息体制类型

我们常用组织层级之间垂直的信息联结方式和任务单元水平的信息联结方式的组合表示组织信息体制。遵从青木昌彦的组织信息体制的表示方法，用T1表示组织层级中的上级，行使管理任务；T2表示组织层级中的下级，从事操作性任务，它又可以分解成T2a和T2b两个子单元。一般认为，T1和T2之间主要处理影响生产效率的系统性环境的信息，T2a和T2b之间主要处理影响生产效率的特质性环境的信息。信息体制的基本构成要素分别用HD、IA、IE表示。进一步细分，用IA（d）和IA（t）分别表示数字式和意会式的信息同化，前者指的是通过组织内部正式的数字式通信网络进行的信息共享，后者指的是主要通过面对面交流而进行的信息共享。那么，组织信息体制就可以用垂直关系和水平关系的组合表示。如果垂直或水平关系是两种信息连接模式的混合，其中一种为主，另一种为辅，则用符号［.］表示两种混合模式中的一个附属模式（青木昌彦，2001）。

根据传统的公司治理模式的分类标准，重点选择美国模式、德国模式和日本模式进行组织信息体制和公司治理结构的分析。传统的美国公司信息体制是典型的功能层级制模式（Functional Hiearchies，FH），用HD-IE表示。在该模式中，T1负责监测环境的系统性部分，根据观察值相应地调节其行动变量，并将其决定以公共信息的形式发布给每个下属。T2相互独立地观察它们层级共同的局部环境和它们各自的特质性环境部分，并在一定的噪声下得到指示，噪声是相互独立的。另外，每个任务单元的观察和决策均在T2层级各自完全包裹。传统的德国公司的信息体制为参与层级制模式（Participatory Hiearchies，PH），HD［IA］-IE［IA］表示。这是在功能层级制的总体框架下以跨边界信息共享为特征的一种结构。它的典型特征是在垂直和水平关系上都具有信息同化的表现，具体地讲，T2层级利用信息处理能力较强的优势将层级对系统环境的观察传递给T1层级，同时，由于操作性任务单元的互补性的增强，信息同化共享成为常态。传统的日本公司信息体制是典型的水平层级制模式

(Horizontal Hiearchies，HH)，用 HD［IA(t)］- IA(t) 表示。这种模式的典型特征是双向信息交流扩展到垂直关系，行动决策体现了集体智慧，具体地讲，T1 和 T2 在总的层级制的框架下意会地同化它们关于系统环境的信息，在 T2 层级上，操作性单元共享有关局部公共环境的信息。也就是说，信息同化贯穿于组织的整个过程。

（二）不同组织信息体制下各国公司治理结构的对应特征

按照进化博弈论的观点，公司治理是治理参与人策略互动的自我实施机制。治理机制是各种制度环境和域间关联博弈的结果，特别是组织域和金融域关联博弈的结果。在人力资本专用性价值的共同作用下，形成与组织信息体制相对应的公司治理结构特征。

1. FH 模式下公司治理结构的特征

HD–IE 组织信息体制模式的原始类型，是债务合同约束下的所有者控制形式（哈特—穆尔型企业）。这类企业具有典型的所有者和经营者兼于一身的特征。其治理结构的典型特征是“雇主权威治理”、“清算威胁”和“效率工资约束”。具体地讲，雇主享受“剩余控制权”，负责加工有关组织环境的系统性信息，并向下级下达行动指令；工人加工与他的工作相关的特质信息，根据生产效率获得工资，并决定以后的人力资本专用性投资和工作努力程度；债务人获得利息收入，并在无法收到投资回报的情况下，向第三方申请强制清算，追回部分投资。

随着现代企业控制权结构的改变，股东治理成为常态。金融域的融资方式的改变，导致职业经理人员的出现，由于与工人的人力资本相比，经理的人力资本是“基础性”的，大幅度增加了治理的难度，激励机制被重新设计，剩余索取权分享成为公司常选择的主要机制（如签订与业绩挂钩的激励合同等）。同时，控制权市场也影响着公司治理和参与人的行为，接管机制和管理者更替机制从侧面影响着在职经理的努力程度。另外，企业重组可能导致工人原有的人力资本投资化为“泡影”或价值降低，工人努力程度可能受到影响，甚至出现不合作的情况。但只要股东的股票价值上升，接管市场的作用就有动力发挥，况且企业重组如果增进总体福利水平，股东同意补偿工人的私人损失，工人合作的可能性和努力程度都会增加。与哈特—穆尔型企业相比，组织信息体制和人力资本的类型都没有发生实质的改变，整个组织信息体制和运作内涵保持不变。

2. PH 模式下公司治理结构的特征

与 FH 模式相比，PH 模式不同表现在层级关系上的信息同化和相互影响，导致“队生产结构”的组织收益难以量化个人贡献和出现“搭便车”的道德风险，FH 模式下的公司治理机制不适应 PH 模式出现的新情况。“回报策略”治理机制成为解决 PH 模式出现的新情况的可能方法之一，即企业采取剩余控制权分享制。这种治理机制得到法律制度的固化，形成正式的企业控制权分享，工人和投资者都可以对经理实施单独的控制行为，形成独特的“共同决定的公司治理体制”。[①] 不可否认，分享剩余控制权使工人可能降低努力成本，但考虑到社会契约性社团主义制度环境下的工资水平的决定是由整个社会范围内谈判决定而非外部市场竞争解决的现实，组织域和政府域的关联博弈和制度互补的结果，使得回报策略相对于哈特—穆尔交换策略的优势明显（青木昌彦，2001），所以，企业权力分享制成为 PH 模式下

① 德国的共同决定法规规定，任何一个雇员超过 2000 人的公司必须设置监事会，监事会对公司的主要决策和经理人拥有投票权。监事会成员一半的席位有雇员代表出任，另一半由股东代表出任。

公司治理的显著特征。另外，在企业所有者面临资金约束必须从外部金融市场筹集资金时，出于尽量保留对剩余控制权的掌控，企业所有者愿意选择债券融资方式。同时，从自身利益出发，相对于股权融资，工人也愿意债权人的进入。[①] 在工人享有部分企业控制权的情况下，企业控制权市场的外部机制的作用会受到工人的不合作威胁导致“接管治理”的作用不明显。所以，导致 PH 模式下公司治理的外部治理更多地依靠签订长期合同的债权治理方式。同时，PH 模式的共同决定体制，加深了人力资本的背景型专用性投资，使信息同化效率和深度都较 FH 模式加深。

3. HH 模式下公司治理结构的特征

与 PH 模式相比，HH 模式进一步强化了信息同化的程度，并且扩展到更多双向的垂直关系层级，任务层级共同同化局部公共环境的信息。水平层级制的继续深化，使得原本已出现的“搭便车”现象更加严重，影响到团队生产结构的效率。为克服存在的问题，阿尔钦和德姆塞茨提出了由获得剩余索取权的企业所有者充当第三方控制和监督的角色（Alchian, Aomen A., Demsetz H., 1972）。但实施有效监督的先决条件，是监督人可以获得完全的信息，这与团队生产结构的特性不吻合。霍姆斯特朗提出了能够对业绩不佳的团队实施严重惩罚的改进的第三方监督方法（Holmstrom B., 1982），但也存在“秘密合谋”和“财富约束”问题。HH 模式的关键问题，是该模式的组织信息体制决定了水平层级企业中具有背景型、专用性的集体人力资本，如果企业解散或倒闭，这些集体资产将随之化为乌有，所以，每个企业内部成员都有保持企业生存的动机，这为解决“霍姆斯特朗难题”提供了基础。解决的办法是，把金融合同的实施委托给特定的关系型监督者（Relational Monitor），并实施相机治理机制。具体地讲，就是根据控制权转移点和企业解散点，分别确定不同类型人的控制权行使区间和确定行动策略，即根据企业经营业绩把企业控制权分别赋予内部人和关系监督者，并让他们根据具体情况决定行动方案（如继续生产、救助企业或解散企业）。内部人的集体人力资本价值和企业破产后的“集体损失”，限制了关系监督人与内部人事前合谋以换取利益的可能，但现实中也存在关系监督人的“双重承诺问题”（青木昌彦，2001），即硬预算约束和软预算约束现象。[②] 这说明在关系型相机治理机制无法明确写入合同的情况下，只要监督人面临的环境导致的成本和租金相对稳定，监督人的行为容易被人们预期到，并稳定地积累组织专用性资产，相机治理机制就能发挥很好的效应。现实中，充当关系型监督人的组织类型主要包括：银行（如日本的主银行制度）、母公司、风险资本、政府等。

（三）制度化关联与公司治理合约的选择依赖

不同域之间的制度相互关联，并直接影响到公司治理合约的选择。由于历史选择和路径依赖的作用，各个国家的公司面临的不同域的制度环境有所差异，主要关联域包括组织域、市场域和社会域。具体来讲，在组织域中，由于分工程度不同，导致经济专业化程度存在差异，并形成不同特征的人力资本类型。在市场域中，市场发育程度特别是资本市场的发育程

① 青木昌彦指出由于公认的非工资收益相对于企业收益来说比较固定，债券合同的收益曲线是凹性的，所以，在避免企业的过度冒险方面，工人和债权人具有一致的利益。同时，债权人也可以依赖工人分享企业控制和监督企业的冒险行为，比在单纯的哈特—穆尔型企业下更愿意与企业签订长期合同（青木昌彦，2001）。

② 硬预算约束现象是指当企业因不可控的环境因素而出现一定的经营困难，关系监督人不愿救助企业，使富有价值的组织专用性资产因此化为乌有的倾向。软预算约束现象是指如果出面救助的租金很高，关系监督人将愿意在不该救助时采取解困行动的倾向。

度存在高低之分，导致可利用的外部治理机制的数量和效率不同。在社会域中，社会行为价值和意识形态取向不同，导致社会权力分配和社会承诺方式的差异。与此同时，制度的域间作用和长期演化，形成互补的整体性制度安排。最终，制度性关联造就了两种典型的资本主义社会制度形式和公司的制度环境，即股票资本主义制度和福利资本主义制度。对应于不同的社会制度类型，公司治理合约也形成两种典型的模式化的合约形式，即普遍关系治理合约和特殊关系治理合约。对应于现实中的公司治理模式，英美模式的企业治理合约是典型的普遍关系治理合约，而日德模式的企业合约是典型的特殊关系治理合约。

两种典型的差异化的企业治理合约的形成和选择，与其各自所对应的社会制度基础和由此决定的不同治理形式所形成的交易费用的大小有直接的关系。在英美国家，历史所形成的市场体系完善、分工细化、股权分散等制度基础，导致在确定产权的费用中，人们更愿意在拓展潜在贸易关系和实现不同利益主体竞争方面投入更多的费用。这必然形成外部的市场化治理和产权界定准确度高的企业治理合约。虽然，此策略的外生交易费用可能较高，但相对而言其内生交易费用较小。并且，完善的市场功能为市场交易提供了必要条件，部分降低了外生交易费用。综合而言，在既定的制度基础条件下，相对于选择特殊关系式企业治理合约而言，选择普遍关系式企业治理合约是总交易费用最小的最优选择。同样，在企业内部设立董事会（包括规定董事会内必须引入一定比例的外部董事），引入不同利益主体的竞争和形成制衡的权力结构，主要的目的是克服由于未加深现有关系可能带来的内生交易费用，并借助完善的市场体系的信号显示机制与控制权争夺，节约可能增加的外生交易费用。

在日德国家，历史所形成的市场体系相对不完善、分工不细化、股权相对集中等制度基础，导致在确定产权的费用中，人们更愿意在加深现有关系方面投入更多的费用。因为，由于企业的股权集中，市场体系也不完善，有些股东持有企业的股票比例大，对于这些股东而言，采取用脚投票的方式不可取，那样会产生很大的外生交易费用，而此时采取同合作伙伴加深关系的策略，降低企业治理合约的准确度，模糊产权界定，反而可以节约外生交易费用，但由此可能增加内生交易费用。企业大股东通过进入企业内部董事会，参与经营决策或采取相机式的治理，可以对企业经营者产生压力，以此降低内生交易费用。日、德模式的特殊关系治理合约是以内部治理为主，通过采取加深现有关系和引入“控制权回报”激励等措施，强化声誉约束和信任约束机制，形成潜在的压力，由此“套牢”人力资本所有者（高闯、刘冰，2003）。

从以上分析可以看出，如果把公司治理作为一个系统来看，有效的公司治理合约的具体治理方式可以是不同的。具体治理方式的选择，一方面具有制度依赖性，另一方面具有自适应性特征。这就决定了在一个公司治理系统中，所有的子系统之间应具有相互依赖性和自适应性，只有这样才能保证公司治理系统的有效性。这从一个方面也反证了治理合约的选择要依赖于社会制度环境，只有这样，才能保证总交易费用最低。这说明虽然在一个治理合约中，治理工具具有一定的相互替代性，但不能简单地认为，“个别治理工具的软弱会削弱整个结构的有效性”，但更有理由认为，同其他治理工具相比，某一社会制度基础要求的特定治理工具绝不能软弱，否则会使治理系统的效率大大降低，治理合约的总交易费用急剧上升。

四、技术变革、制度演化与公司治理的进化博弈分析

（一）技术变革下的组织信息体制的创新

分工不仅导致专业化组织的繁荣，而且，促使技术的快速进步，同时，技术变革又影响到组织场、组织域和金融交易域的信息体制形式。这些年来，最重要的技术变革是信息通信技术的快速发展和迅速普及。信息通信技术的发展，一方面促进了企业信息的数码化，有利于信息的传播和共享，形成了超大型的全球性企业；另一方面，电子商务在全球虚拟空间的发展真正把全球的交易域联结在一起，产生许多小型（模块）组织，并通过新的中介性和咨询性组织联结到一个有效的大系统中。典型的创新组织信息体制形式，是硅谷的研发模式和模块化生产方式，其基本的组织信息体制为信息包裹模式，具体形式为：IA-IE。该组织信息体制的主要特征是，操作性任务单元（T2）通过第三方中介（T1）同化本来相互包裹的信息。一方面，借助于创业资本家、大企业、专业服务商这些第三方中介组织传递系统性环境信息；另一方面，处于特定缝隙市场的企业和企业家相互沟通模仿，创造界面的公共标准，共同同化和推动对系统性环境的认识。同时，承担操作性任务的企业、研发团队相互竞争，内部包裹化独自信息。

（二）技术变革与公司治理机制的联动

技术变革诱发了公司治理机制的变革，典型形式是硅谷的第三方中介式企业集群模式（简称 SV 模式），具体的治理特征为 VC—联赛式博弈治理。具体的治理机制是：①“捆绑”相同的两家创业企业，激发创新企业的努力程度；[①] ②实施“赢者通吃”的竞争规则，进一步激发工作潜力；③“阶段性资本承诺”，分段注资，保留拒绝注资的退出权，强化创业资本的治理控制；④“达标”企业的创业企业家有权自己决定增加个人持有的所有权的“增值”激励；[②] ⑤作为积极股东——创业投资者进入董事会，并拜访企业家、提供建议和咨询服务等。

（三）制度演进与公司治理模式的进化

近些年来，世界经济格局和经济环境发生了一系列的变化，各国的制度基础也出现不同程度的改变。在英美国家，机构投资者的兴起，促使法律对投资者在一个企业持股比例最高限制规定的废止，以及银行不能从事除借贷生意以外的其他金融活动的金融制度的松动。企业股权呈现集中化趋势，机构投资者的力量正在加强，它们对参与企业经营的积极性正在提高，但并未表现出与过去做法的本质区别，真正参与企业决策和经营的机构投资者很少。并且为进一步防止公司对股东的欺诈和误导，修改后的《公司法》主要加强了公司董事和高级管理人员的受托责任，规定了公司信息披露的签字制度，限制了公司董事和高级管理人员的

① 实施“捆绑”的主体一般是创业资本家。

② 美国硅谷的许多企业的典型持股合同允许企业家在达到某些绩效目标之后可以不管投资者的利益，增加自己的所有权份额（通常以普通股的形式），而被解雇的企业家将丧失未来可能得到的股票收益。

免责行为，并重新强调外部审计的独立性。不过，从总体上看，美国社会制度的变化，主要还是沿着原有的股票资本主义轨道演进，变化的目的是进一步强化市场的功能和市场机制在资源配置过程中的主导作用。但2008年爆发的金融危机，使人们反思股票资本主义的恰当性，未来如何变化现在还不得而知（高闯、刘冰，2003）。

日德国家的社会制度变化相对大些。在德国，受欧洲经济一体化和英美模式再生力量的影响，平民主义兴起和经济金融化趋势明显，主要表现为：对银行的政治压力增大和共同决策机制进一步增强。在日益增大的政治压力下，德国银行在推动收购方面的力度降低。另外，银行宣布将不会再抵制对委托投票权的限制。不过，与美国相比，对德国银行的限制是非正式的和自愿实施的，目的在于免受正式的限制（马克·J.洛，2000）。共同决策机制也进一步弱化了银行对企业的控制作用。在日本，由于经济陷入衰退的影响，导致日本的社会制度变化更大，主要表现为：主银行制度陷入困境，商业法进行修正，价值观发生一定程度的改变，关系贸易弱化。过去几年中，主银行进行监控的积极性受到了金融自由化引起的银行部门准租金（“特权价值”）长期下降的影响；银行不良贷款呈现逐步上升态势，银行净价值下降，引起了贷款行为的巨大变化，一些主银行不再扮演“可以最后求助的借款人”的角色(鹤光太郎，2001)。在立法上，进一步明确了股东至上的立法思想，对管理不善设定集体诉讼法律条款，并降低了集体诉讼的费用。随着越来越多的人去海外读书，日本社会的集体主义正在降低，个体主义正在兴起。但调查和研究表明，日本公司治理主要机制没有发生本质改变（古村典久，2008）。可能的原因是，社会制度具有整体性安排特性，制度的互补性和演化的路径依赖性影响着制度演化的方向，进而影响到公司治理模式进化的结果。

综上分析，组织信息体制分类标准下公司治理模式的特征如下：

表1 公司治理模式的主要特征

特征变量 治理模式	组织信息体制	组织结构惯例	层级信息联结类型	人力资本类型与转移风险	产权规则及实施	内部治理主体及治理机制	融资方式偏好	制度环境状态	外部治理机制强度	治理合约形式	交易费用特征
FH模式	HD-IE	功能等级	层级分解	个人型，转移风险较小	法院做出解释	经营者控制	股权融资为主	市场体系完善，股权分散	市场治理强度大	普遍关系治理合约	内生交易费用小，外生交易费用高
PH模式	HD[IA]-IE [IA]	参与等级	部分同化	混合型，转移风险大	联合的规制	利益相关者联合决定	债权融资为主	市场体系不完善，股权集中	银行治理强度相对大	特殊关系治理合约	内生交易费用较高，外生交易费用较小
HH模式	HD［IA(t)］–IA(t)	水平等级	信息同化	背景型，转移风险巨大	事后的再谈判	关系监督人治理	债权融资为主	市场体系不完善，股权集中	银行治理强度大	特殊关系治理合约	内生交易费用高，外生交易费用小
SV模式	IA-IE	囊括多样性	信息包裹	个人型，转移风险较大	律师设计合同且进行交易	创业资本家联赛治理	股权融资为主	市场体系完善，股权分散	创业资本治理强度大，竞争强度大	特殊竞争性关系治理合约	内生交易费用较小，外生交易费用较高

五、结 论

由于历史捆绑和路径依赖等原因，各个国家的企业表现出独具特色的治理特征，形成不同类型的治理模式。以前，公司治理模式根据主要治理机制的特征进行分类，从一个侧面概括出治理模式的主要特征。但考虑到公司治理的进化博弈特征和制度化关联演化特性，我们采用了比较制度分析视角，借助于组织信息体制、人力资本类型特性、制度化关联等比较制度分析概念，总结了主要类型的公司治理模式特征，使人们对公司治理模式有了新的认识。逻辑分析表明，组织信息体制与制度环境交互作用影响着各国公司治理合约的选择结果和演进方向，要想实现最优治理模式的选择，就必须实现组织信息体制与人力资本类型的调适和整体性制度安排的匹配。在技术不断进化和制度不断演化的情况下，组织信息体制和制度环境也必然发生改变，进而影响到公司治理模式的变革。我们迫切需要做的是，准确评估技术进化和制度环境演进对公司治理可能产生的影响，不断调整公司治理机制，以适应整体性制度安排变化的内在需要。

〔参考文献〕

[1] 青木昌彦. 公司治理的比较制度分析 [J]. 载胡鞍钢，胡光宇编. 公司治理中外比较. 北京：新华出版社，2004.

[2] 玛丽·奥沙利文. 公司治理百年 [M]. 北京：人民邮电出版社，2007：1-10.

[3] 费方域. 企业的产权分析 [M]. 上海：上海三联书店，上海人民出版社，1998：164-170.

[4] 青木昌彦. 比较制度分析 [M]. 上海：上海远东出版社，2001：283.

[5] 李维安. 公司治理 [M]. 天津：南开大学出版社，2001：159-220.

[6] 科斯. 企业的性质 [J]. 载路易斯·普特曼，兰德尔·科洛茨纳. 企业的经济性质. 上海：上海财经大学出版社，2000：75-98.

[7] Cheung，Steven N.S. The Contractual Nature of the Firm [J]. Journal of Law and Economics，1983，26 (1)，1-22.

[8] 奥利弗·E. 威廉姆森. 治理机制 [M]. 北京：中国社会科学出版社，2001：96-132.

[9] Alchian，Aomen A.，& Demsetz，H. Production，Information Costs，and Economic Organization [J]. American Economic Review，1972，62，777-795.

[10] 赫伯特·A. 西蒙. 管理行为 [M]. 北京：机械工业出版社，2004：15.

[11] Brynjolfsson，E. Information Assets，Technology，and Organization [J]. Management Science，1994，40，1645-1662.

[12] Hayek，F.A. Law，Legislation and Liberty：Rule and Order [M]. Vol.1.Chicago：University of Chicago Press and London：Routledge & Kegan Paul，1973.

[13] 周其仁. 市场里的企业：一个人力资本与非人力资本的特别合约 [J]. 经济研究，1996 (6)：71-80.

[14] 杨小凯，张永生. 新兴古典经济学和超边际分析 [M]. 北京：中国人民大学出版社，2000：98-100.

[15] Hart，O. & Moore. Property Right and the Nature of the Firm [J]. Journal of Political Economy，1990，98，1119-1158.

[16] Holmstrom，B. Moral Hazard in Teams [J]. Bell Journal of Economics，1982，10，324-340.

[17] 马克·J. 洛. 强管理者，弱所有者 [M]. 上海：上海远东出版社，2000.

[18] 高闯，刘冰. 公司治理合约的制度基础、演进机理与治理效率 [J]. 中国工业经济，2003（1）：71-77.

[19] 吉村典久. 日本公司治理改革的动向 [J]. 产业经济评论，2008（4）：138-148.

（山东工商学院经济学院　东北财经大学产业组织与企业组织研究中心　刘冰）

基于资本来源差异的创业比较研究

一、引　言

最早从学术意义上研究创业活动的是美国的一些教育机构和学者。美国第一次创业学术会议 1970 年在普度大学召开，此后该会议每 5 年召开一次。随着更多学者在各自的领域关注创业现象，创业研究吸引了很多学者的关注。自 1987 年《管理科学》正式开辟创业研究专题以来，许多学者对创业问题给予了更多的关注。他们从各自的学科出发，运用不同的理论观点对一些相关的问题做出了积极的探索。但是，因为创业研究涉及多领域、多学科，在具体的研究中各学科采用的理论观点和关注的研究焦点都有所不同。Venkataraman 对国际创业研究领域的成果进行了全面总结，认为创业研究学者应该特别关注机会的来源和机会与创业者个体的关联。Venkataraman 的观点显然成了 12 年来全球创业研究的基本框架，理论研究解决了他所关注的大量问题，但显然并没有解决他所提出的全部问题。我国创业研究虽然起步较晚，但随着学术研究与教育的发展，目前也形成了一些创业研究小组。

创业资本的研究起源于 20 世纪 50 年代的美国。现有文献通常把创业资本解释为专门以股权形式投资于有发展潜力的中小型企业，以获取企业发展壮大后所带来的收益为目的的一种投资资本。有关创业资本的研究主要集中在创业资本市场、创业资本体系构建、创业资本管理与运行、创业资本与经济发展关系等几个方面。国外对创业资本运行的研究存在两种路线：一种是技术路线，主要研究筹资数量变动因素、创业投资决策优化、创业基金回报以及创业资本退出等方面；一种是制度路线，主要研究创业基金治理结构、创业企业的控制权争夺以及影响创业资本运行的政策法规、金融体系、社会文化和主体构成等宏观制度变量的相关因素（刘志阳、施祖留，2005）。王东静（2006）认为，美国的创业投资最发达，以色列与澳大利亚的创业投资发展得较快，欧洲部分国家的创业投资缺乏活力，我国创业资本则一直处于低迷萎缩状态。

目前虽然有不少文献针对创业资本进行了研究，但其研究对象都局限于创业投资资本的范畴，并没有对个人创业资本等进行研究。在论文后续研究中，创业资本将被界定在企业创设范畴，而不仅仅是创业投资资本。在本文中，所有用来创设新企业的资本都被称为创业资本，既包括专业的创业投资资本，也包括其他类型的企业创设资本。此外，从文献检索结果看，并没有发现有学者针对新创企业资本来源的差异来研究创业行为问题；忽视资本来源差异的创业行为研究，显然并不符合创业的实践。本文将在分析新创企业创业资本来源特征的基础上，深入探讨不同来源创业资本对创业战略选择、创业机会识别与利用、创业资源的占用的影响，并在此基础上探讨我国政府对创业资本的引导政策问题。

二、创业资本来源分析

创业资本的研究更多的是指向了创业投资资本，但事实上创业投资资本只不过是形成了企业创业资本的一部分；尤其是在我国，创业投资资本对新创企业的资本贡献非常小。目前创业资本组织形式主要有以下几种：有限合伙投资公司，政府扶持的投资机构，金融机构附属创业投资部门，产业或企业附属投资公司，小型私人投资公司，富有的家庭或个人投资者。陈业宏、肖蓓（2005）指出，创业投资主要有六个来源：银行及非银行金融机构资本，保险公司、退休基金等机构投资者资金，个人资本，大企业资本，大学等科研事业单位积累资金，政府财政资金。我国创业投资的发展开始于 1985 年，由于相关制度、政策环境不配套，创业资本在中国的发展较为缓慢。2008 中国创业投资年度研究报告指出，经过 20 多年的艰难发展，我国创业投资资本构成已经日趋多样化，原来主要靠政府出资进行创业投资的情况已经发生了较大改变。但创业投资资本和 IPO 尚未成为我国新创企业资金的主要来源，非正式投资依然占据主导地位，我国新创企业资金主要来自于创业者本人以及其他个人的投资。

本文旨在从新创企业的注册资本构成的角度来探讨创业资本的来源问题。新创企业的注册资本通常由以下资金成分构成：境外资金、本国政府资金、境内机构资金、境内个人资金。因此，新创企业资本可能表现为四种具体形式：境外资本、境内国有资本、境内机构资本、境内私人资本。新创企业的创业资本可以是其中某一种资本，也可能是由多种资本组成的一个混合投资体。早期创业者往往采用单一资本来源筹措创业资本，但随着经济的不断发展和资本运作理念的改变，创业者开始寻求创业资本来源渠道的多元化。具有创业资本混合来源的新创企业的行为过于复杂，难以进行准确描述，而且事实上混合资本企业常常表现出其主体资本的基本属性。因此，本文在分析中并没有单独列出混合资本来源这一特殊情形，而是按照其主要资本来源属性将其归入到相应类型。境内机构资本也是新创企业的一个重要资本来源，在一定程度上为创业者的资金不足提供了补充来源。从前述分析看，创业投资资本的来源是复杂的，但无论其来自何种渠道，其最终所形成的创业投资资本都应归属于机构资本的范畴。考虑到机构资本本身往往并不单独作为新创企业的投资主体，而是作为私人资本的补充而存在，本文后续分析中也没有对机构资本创业行为进行特别分析。从机构资本具体来源看，其或者是来自境外资本，或者是来自境内国有资本、境内私人资本，因此，机构资本本身并非是一种特殊的创业资本形式。综合上述分析结果，本文将新创企业资本来源归结为三个组成部分：境外资本、境内国有资本、境内私人资本。与之相对应，这些创业资本所形成的新创企业即表现为外资企业、国有企业和私营企业。

表 1 根据 2008 年《中国统计年鉴》所提供的资料，对我国企业投资资本来源进行了汇总整理。在统计整理时，统计年鉴中的国家预算内投资被归入到境内国有资本的范畴；银行贷款、个人投资及其他投资被归入到境内私人资本的范畴，因为银行贷款最终是要由企业来偿还的，显然属于私人资本的提前使用。表 1 所列的虽然只是当前企业资本来源的静态分布情况，并非新创企业资本来源数据，但也能从一定程度上说明新创企业的资本来源。从企业静态资本分布状况看，在我国以往各年度新创企业中，境外资本和境内国有资本新创企业所占的比重都不大，二者对新创企业的资本贡献所差无几；境内私人资本是我国新创企业创业资

本的主要来源，在企业创业过程中占有绝对的主导地位。

表1 我国企业资本来源结构统计表

年 份	1998	1999	2000	2001	2002	2003	2004	2005	2006	2007
境外资本	9.1	6.7	5.1	4.6	4.6	4.4	4.4	4.2	3.6	3.4
境内国有资本	4.2	6.2	6.4	6.7	7.0	4.6	4.4	4.4	3.9	3.9
境内私人资本	86.7	87.1	88.5	88.7	88.4	91	91.2	91.4	92.5	92.7

资料来源：根据2008年《中国统计年鉴》整理。

三、创业战略的差异性比较

创业战略是在创业资源的基础上，描述未来方向的总体构想，它决定着新创企业未来的成长轨迹以及资源配置的取向。从新创企业所针对的市场看，创业战略可以区分为国际化创业战略和本土化创业战略；① 从创业者创设企业的目的看，创业战略可以区分为生存型创业战略和机会型创业战略；② 从新创企业所进入的行业属性看，创业战略可以区分为技术优势型创业战略、分散竞争型创业战略和垄断型创业战略。不同资本来源的新创企业必须依据创业者自身的自然条件和创业时的客观环境，以及兼顾创业资本所能掌握和利用的资源情况，来确定新创企业的创业战略。

（一）境外资本的创业战略

境外资本在中国内地的创业基本上都采取国际化战略、机会型创业战略和技术优势创业战略。而且对境外资本来说，这三个战略往往是一体化的。也就是说，境外资本是寻求在自己拥有技术优势的领域发现创业机会，并且从国际化经营的角度来利用既有的机会进行创业。即使存在一些本土化创业战略的境外资本创业者，其往往也是创业资本来源渠道多元化的结果。

首先，境外资本谋求进行机会型创业。进入中国内地进行投资的境外资本，必然是那些具有丰富的经营经验和成熟的经营理念的资本，它们的创业行为绝非一时冲动，也不会是为了维持自身的生存。境外资本在中国进行投资的根本目标就是获取高额投资利润（李希义，2009）。境外资本在中国的创业，必然是通过前期的市场调查，经过深入、谨慎的创业机会分析，在对创业机会进行详细论证的基础上做出的慎重决策。所以，境外资本创业表现出明显的机会型创业特征，并且寻求尽可能回避创业经营的风险。如改革开放初期的日资企业的进入，都是经过市场机会分析的结果；日本投资者认为，我国的改革开放必将为家用电器产品的需求提供巨大的市场机会，这为日本家电企业在中国设立企业提供了巨大机会。正是因为外资的机会寻求倾向，所以境外资本的创业成功率远远高于境内私人资本。

---

① 创业研究最早关注的是本土创业问题的研究。20世纪90年代初期，一批学者就把目光投向了国际化创业这个充满希望和诱惑的新领域。近年来，国际创业成为国外创业研究的热点。与之相对应，本文将创业战略区分为本土化创业战略和国际化创业战略。

② 2001年GEM报告中提出了生存型创业与机会型创业的概念，国内的张玉利、薛红志等人对生存型创业和机会型创业进行了一些研究。

其次，境外资本创业往往表现出技术领先优势。在中国内地创设企业的境外资本，都是那些在生产技术上拥有领先优势的投资主体。对中国的投资管理机构来说，我们要求境外投资者为我国带来先进技术，以实现“以市场换技术”的基本设想。1992年上海大众汽车公司的批准设立，其目的就是希望能够以市场换取德国大众的汽车制造技术，虽然这一目标至今我们也没有能够实现。对境外资本来说，正是因为其技术的领先优势，推动了其对外投资行为的发生与发展；因为一方面，技术优势本身能为创业经营创造机会；另一方面，技术优势也是构建境外资本竞争优势的关键基础。

最后，境外资本创业都表现出一定程度的国际化战略。在对外开放的早期，境外资本天生就是国际化战略的；早期外资企业产品中有高达90%都出口到国外市场，只有极少数留在国内销售。这种状况虽然已经有了较大改变，但境外资本创业的国际化战略并没有发生根本变化。境外资本创设企业的技术与资本密集型特征，使其产品价格往往超出了本地消费者的支付能力，因而并不适合于在中国本土销售，必须针对国际市场来经营，从而表现出国际化创业战略。即使是那些本身不具备技术优势的产品，譬如来料加工型外资企业，根据中国有关政策的规定，产品也必须以外销为主。所以，这类外资企业的创设也必然是以国际化经营为战略的。此外，境外资本在中国本土社会关系网络资源的缺乏也在很大程度上推动了其国际化创业的发展。

（二）境内国有资本的创业战略

我国国有资本的全民所有属性，决定国有资本必须承担特殊的责任。国有资本除了确保资本的保值增值之外，还必须承担起引领我国工业化升级的历史使命，必须承担起我国民族精神塑造、创建我国自主品牌、引领我国民营资本健康发展等社会责任（沈志渔、刘兴国，2008）。国有资本的这些责任决定了国有资本首先必须确保创业经营的安全；其次，国有资本的创业必须先致力于推动国内经济和本土市场的发展，而不是为国际经济发展承担责任。因此，国有资本创业战略更多地表现为本土化创业、机会型创业和垄断型创业。

首先，国有资本创业必须坚持以本土化创业为主。虽然国有资本也在寻求国际化生存空间，但本土市场将始终是其创业与发展的基础。只有坚持本土化创业战略，坚持有效利用本土资源为本土消费者提供其所需要的产品与服务，国有资本才能充分实现其全民所有的根本属性所决定的基本责任。国有资本管理者必须首先研究本土市场需求，然后结合市场需求来提出创业设想，因此，国有资本创业并不追求技术的领先性，而是追求生产技术的本土适应性，即以合适的技术来为我国广大消费者制造和提供产品，并在此基础上推动我国经济与技术的发展。

其次，国有资本在创业过程中也必须寻求对合适机会的有效利用。国有资本经营者的一个重要任务就是实现国有资本的保值增值。要实现这一目的，国有资本必须尽量降低创业经营的风险。国有资本既不是为了谋取生存而进行创业，也不应以追求利润的最大化作为创业经营目标。对国有资本来说，最根本的要求是国有资本的社会责任，然后才是实现国有资本的保值增值。国有资本的管理者必须对各种可能的创业机会进行深入论证，然后以谨慎原则来对创业机会的利用做出决策。因此，大量国有资本往往都是投向那些具有较高安全边界的创业机会。

最后，垄断型创业是国有资本创业的一个与众不同的重要特征。无论是境外资本，还是境内私人资本，都不可能以垄断型创业作为自己的创业战略选择。但国有资本的特殊属性使得其可以进行垄断型创业。出于国家经济安全的需要，一国政府往往将那些关系到国计民生的自然垄断产业交给国有企业来进行经营，中国也不例外。我国自然垄断产业，无论是亏损产业还是盈利产业，无一例外地都被国有资本所控制，这也将是国有资本未来的一个创业方向。此外，随着我国国有企业改革的不断深入，国有企业不断从竞争性行业退出，国有资本投资越来越关注那些需要大规模使用资源的产业。

（三）境内私人资本的创业战略

境内私人资本创业明显表现出行为的复杂性和创业战略的不确定性，私人资本的私有属性使得其在投资决策上拥有更多的灵活性与创业战略选择的自由（吴有君，2004）。境内私人资本在总投资中占绝对优势地位，这使得其更容易表现出创业战略的不确定性。总体上看，境内私人投资的创业战略倾向于以下主要选择：本土化战略、生存型创业战略和分散竞争型创业战略。

首先，境内私人创业多数是本土化战略的。虽然的确有一部分境内私人资本选择了国际化创业战略，致力于在国际市场上进行经营，但考虑到私人资本国际关系网络资源与国际化经营能力的缺乏，更多的境内私人资本自觉地选择了本土化创业战略，以本国市场作为新创企业的服务对象。私人资本既熟悉本土文化，又拥有深厚的人际关系资源；既能适时把握消费需求的变化，又能有效地进行市场渗透。因此，本土化创业无疑成了境内私人资本创业的首选。

其次，境内私人资本创业更多地表现为生存型创业。[①]与境外资本、境内国有资本所不同的是，境内私人资本创业更多地表现出生存型创业战略。虽然资本的根本属性同样要求境内私人资本通过对有效创业机会的利用来实现资本增值，但私人资本的处境决定了其必须以生存作为基本要求，尤其是那些个体经营资本。在我国创业领域，大量创业活动都由个体资本完成。对为数众多的个体创业资本来说，其创业的基本出发点就是维持生存。虽然一些较大规模私人资本的创业活动正逐步从生存型创业向机会型创业转变，但这并不能改变私人资本在总体上所表现出来的生存型创业属性。私人资本生存型创业战略带来的结果是，与境外资本、境内国有资本相比，私人资本新创企业的存活率显得非常低。

最后，境内私人资本创业表现出明显的分散竞争型创业战略。一方面，由于政府政策的限制以及自身资本规模的弱小，境内私人资本不可能进入到垄断性产业；另一方面，与境外资本相比，境内私人资本也不占有先进技术，很难进行技术型创业。因此，对大多数的境内私人资本而言，进入到那些对资本规模要求和技术要求不高、竞争相对充分、分散型的传统产业是可行的创业选择。拥有弱关系网络的境内私人资本创业者通常只能支配有限的创业资源，因而更多地选择进入竞争性行业，如日常工业品和小五金类产品。

四、创业机会提供与利用的比较

凡是有市场有经营的地方，客观上就存在着创业机会。但对一个具体的创业者来说，创

① 清华大学姜彦福等编写的《GEM 全球创业观察 2002 中国报告》中指出，我国创业活动中有 60%以上属于生存型创业，远高于全球观察国家的平均水平。如果扣除掉基本上属于机会型创业的国有资本创业和境外资本创业，我国境内私人资本创业活动中生存型创业的比重将会更高。

业机会的发现和捕捉带有很大的不确定性。创业机会利用指通过全方位运营，而从机会中赢得回报的活动和投资（Choi & Shepherd，2004）。新创企业能否成功利用创业机会并实现成长，并不取决于它们的组织结构、行为惯例等因素，而在很大程度上取决于创业者的个人特质（韩炜、薛红志，2008）。此外，智力资本的拥有情况对新创企业创业机会利用能力也具有重要的影响。显然，不同创业资本来源的新创企业，其创业者或管理者在个人特质、智力资本控制量上存在明显的差异。

（一）境外资本创业机会的提供与利用

虽然自从2001年底加入世界贸易组织以来我国政府根据承诺大幅放开了对境外资本经营范围的限制，但并没有从根本上改变创业机会提供在境内外资本上的不公平性结构。1978年以前，境外资本不允许在国内创设企业；改革开放以后，我国逐步放开了对境外资本在国内设立企业的限制，但外资企业的产业经营范围一直都受到政府的严格控制。境外资本只被允许在特定产业范围内利用创业机会，并且可能还会受到有关持股比例的限制。从创业机会获取通道看，境外资本只能通过自身的市场研究来发现市场中存在的机会。

虽然境外资本在创业机会的来源范围上受到明显的限制，但在创业机会的利用上，境外资本却表现出非常突出的能力优势。一个潜在的创业机会一旦被境外资本所确认，它们往往能迅速地对这一创业机会进行充分利用，所以，外资企业与内资企业相比，通常具有更高的经济效益。境外资本这种强大的创业机会利用能力来自以下几个方面：首先，境外资本舍得在创业前的市场调研上进行投入，所有的创业机会都是通过深入的市场调研来进行鉴别与确认，因而在创业机会的把握上具有更高的确定性；其次，境外资本在企业管理方法与管理能力上表现出明显优势，这显然有助于境外资本新创企业加强企业运营管理，从而提高新创企业对创业机会的利用能力；[①] 再次，境外资本在技术上的优势有助于新创企业增强对创业机会的利用能力，因为技术优势可以帮助企业构建市场竞争优势；最后，境外资本新创企业往往在政策上享有我国各地方政府的优惠性待遇，这显然有助于提升境外资本新创企业利用创业机会的能力。

（二）境内国有资本创业机会的提供与利用

从当前现状看，境内国有资本创业机会来源面最为广泛，几乎包括一切可能的创业产业领域。虽然从原则上说，我国国有资本应逐步退出竞争性产业，更多地进入那些具有垄断性特征的产业领域，但事实上政府并不禁止国有资本进入那些可盈利的竞争性产业领域。从创业机会来源渠道看，境内国有资本既可以从产业限制政策中获得创业机会，也可以从政策扶持中获得创业机会；既可以从市场研究中获得创业机会，也可以从与政策制定者的近关系接触中获得创业机会，甚至可以从行政命令中直接获得创业机会（沈志渔、刘兴国，2009）。国有资本所独享的这些特殊优势，使得国有资本在创业时可以有更多的选择余地，能够更为从容地从众多创业机会中进行判断与选择，以尽可能确保其创业投资的安全。

令人遗憾的是，虽然国有资本在创业机会的获取上具有十分明显的优势，但国有资本对

---

① 管理能力不足是企业成长的最大障碍，即所谓的“彭罗斯效应”。陈高生认为，这一观点同样适应企业创业的情况，即管理能力不足也是企业创业与成长的重要阻碍因素。

创业机会的利用能力却在三者之中处于最低水平。[①] 创业资本对创业机会的利用能力似乎与其对创业机会的获取能力呈现反向相关关系。来自以下几个方面的不利影响，决定了境内国有资本创业绩效低下的必然结果。首先，境内国有资本新创企业在智力资本的占有上明显处于劣势；境外资本新创企业所能提供的高薪待遇显然对智力资本更有吸引力，即使是与境内私人资本新创企业相比较，同等规模的国有资本新创企业也并不具有明显优势。其次，国有资本新创企业制度化有余灵活性不足的特性，也在很大程度上影响了其新创企业的活力，弱化了国有资本新创企业对各类资源进行充分利用的能力。最后，国有资本所具有的机会冗余属性，在很大程度上弱化了国有资本新创企业的发展动力；对创业者来说，可以利用的创业机会越多，创业机会的利用效果反而可能越差。与境外资本相比，国有资本缺乏境外资本所拥有的技术优势和薪酬福利优势；与境内私人资本相比，国有资本缺乏私人资本所具有的灵活性优势，也不具备私人资本所必须面对的生存压力环境，这些差异决定了国有资本新创企业绩效比显然处于三者中的较低水平。

（三）境内私人资本创业机会的提供与利用

境内私人资本创业机会的获取范围在三者之中显然处于中间状态，比境外资本创业机会的获取范围要宽，但却明显窄于国有资本的创业机会获取范围。与国有资本创业对政策的高依赖度相比，私人资本的创业更多地依赖于创业者对市场创业机会的识别与利用；研究市场现状并从中发现创业机会，是境内私人资本创业的唯一路径。但与境外资本相比，境内私人资本显然具有一些优势。作为本国创业资本，私人资本在创业机会的产业分布上并不存在太多的限制；与境外资本相比，可以自由进入更多的产业进行创业。而且，即使是在那些境外资本也可以同等机会自由进入的产业领域，境内私人资本因为其本土化属性，相对更容易及时把握市场需求的变化趋势，从而更好地识别创业机会。

从创业机会利用能力层面看，境内私人资本在三种创业资本中大致居于中间水平。与境内国有资本相比，私人资本表现出更强烈的利润追求欲望；为了实现资本收益的最大化，私人资本创业者往往愿意承担更高的风险并付出更多的努力；创业者的努力程度在很大程度上影响着新创企业的经营绩效，私人资本创业者的更多付出显然有效提高了私人资本新创企业的绩效。与国有资本相比，私人资本更为关注企业决策的时间效果，力求实现快速决策和快速响应，从而提高了私人资本新创企业对市场机会的把握与利用能力。同时，私人资本所面对的创业机会的相对稀缺性，以及产权的私人所有属性，在很大程度上增强了新创企业的生存发展压力，从而增强了私人资本新创企业必须有效利用现有创业机会的内在推动力。但与境外资本相比，境内私人资本的创业机会利用能力明显处于劣势。总体而言，境内私人资本在技术上处于明显劣势，境内私人资本新创企业缺乏自主知识产权技术，缺乏自主创新能力；而且企业管理方法与能力也显得不足，这在很大程度上降低了私人资本对创业机会的利用能力，尤其是那些中小型私人资本新创企业更是如此。但私人资本的本土化属性所带来的同源文化优势和社会关系网络资源优势在一定程度上弥补了其创业机会利用能力的不足。

---

① Tian（2000）研究了上海股票交易市场的 825 家公司，其中包括 513 家混合所有制企业和 312 家私有企业。研究发现私有企业绩效优于混合所有制企业。Majumdar（1996）比较了印度国有、混合、私有部门的效率，发现私有和混合所有制的效率高于国有。外资企业的效益则普遍高于内资企业。

五、创业资源占用的比较

本文所指的创业资源主要包括技术资源、财务资源、信息资源、关系网络等资源。本文所关注的是不同来源创业资本表现出占有的不公平性的资源；那些能够通过市场渠道公平占有的资源并没有被纳入到分析的范畴，譬如原材料资源、劳动力资源等。创业者在创建新企业时，必须考虑是否可以获得创业所需的这些资源，或者是否具备获得这些资源所必需的能力以及如何去获得所需的资源。创业资本对各类创业资源的占用，都是基于创业资本自身的比较优势。不同来源的创业资本具有不同的比较优势，从而更多地占有与使用某些特殊的创业资源。

（一）境外资本的创业资源占用

境外资本的比较优势在于技术与资金。西方发达资本主义国家经过长期的发展，显然已经积淀了深厚的技术基础，其各个领域的生产制造技术都在国际上处于领先地位。以发达资本主义国家为背景的境外资本，其在技术上所占有的领先优势是境内资本所不能比的。科学技术是第一生产力，先进技术即意味着企业的低成本与高效益，先进的生产制造技术可以直接推动企业生产效率的提高和经营绩效的改善。此外，先进生产技术的使用，还能帮助企业在竞争中取得核心竞争优势。境外资本在中国的新创企业，承继与使用了境外资本的先进技术。从国际产业分布结构看，境外资本在中国的新创企业其实承担的就是发达资本主义国家产业梯度转移的任务，即将境外资本所在国拟淘汰而在中国具有相对技术优势的产业转移到中国境内继续进行生产。正是基于境外资本新创企业对先进技术资源的更多占用，所以能够创造出比境内资本更高的创业经营绩效。

资金一直都是阻碍我国企业发展的一个关键变量；中小企业融资问题一直都是中小企业发展研究的关注重点。境外创业资本或者是来自境外的大型企业，或者是来自大规模的专业投资机构，它们都具有十分雄厚的资金实力，能够为境外资本在我国的新创企业提供强大的资金支持。虽然拥有资金的支持并不一定就能取得良好的创业经营绩效，但对新创企业来说，缺乏资金支持就不可能取得经营的成功。自身雄厚的资金基础和对外部资金资源的易得性，使得境外资本新创企业能够游刃有余地进行资金的调配。企业既可以采取强有力的营销手段来快速进入市场，也可以适时地根据需要来进行技术的持续开发，从而进一步强化新创企业的市场竞争优势。

（二）境内国有资本的创业资源占用

与境外资本、境内私人资本所不同的是，境内国有资本的优势并不都是来自于其自身的努力。境外资本、境内私人资本都必须通过市场化渠道建立优势，而国有资本则可以通过非市场化道路获得优势地位（沈志渔、刘兴国，2009）。事实上，国有资本的优势可能更多的是来自国有资本的制度优势。因为国有资本的国有属性，社会主义国家政治体制本身就赋予了它一些独特优势。

与境外资本、境内私人资本相比较，境内国有资本创业者相对拥有更广泛、更高层级的信息通道，国有资本新创企业相对能够更快速、更多地获得企业经营所需要的信息。在现代信息社会，信息已经成为影响企业发展的关键因素。信息不仅决定着创业资本对创业机会的识别与利用，而且影响着新创企业经营战略的制定与调整。令人遗憾的是，信息并不会公平地被所有新创企业所获取和使用。首先，信息的产生方式并非都是公开的，大量信息产生于半公开或隐蔽状态，只会被某些特殊群体所观察到。其次，信息传递渠道是有限的，信息传递渠道并不公平地通向所有需要信息的人。因此，当一个企业可以接触到特殊的信息观察者，或者可以有效连通信息传递渠道时，该企业将能够获得比其他企业更多的信息。国有资本的特殊性使得其新创企业有更多的可能接触到境外资本、境内私人资本所不能接触到的信息观察者，譬如政府部门的官员、关键研究机构的研究人员。此外，国有资本新创企业除了一般的市场化渠道之外，还可以通过行政渠道、党内渠道获得信息，而这些渠道一般是不会指向境外资本、境内私人资本新创企业的。

此外，国有资本的规模与境外资本相比不一定占有优势，但与境内私人资本相比，国有资本新创企业显然可以获得更有效的资金支持。无论是现有企业，还是新创企业，国有企业的规模都呈现出逐步增长的趋势。这一方面可能和国有企业改革中的抓大放小的基本政策有关系，另一方面不可避免地也会受到国有资本自身属性的影响。经过长期发展所积累起来的国有资本，其总量规模本身就很大，国有资产管理机构足以为国有资本新创企业的发展提供资金支持。即使不考虑国有资产管理机构对国有资本新创企业的资金支持，国有资本新创企业还可以凭借其国有属性的优势，相对更为容易地从银行体系中获得信贷资金支持。而私人资本新创企业除了少数大型企业外很难从银行体系中获得企业发展所需要的资金。

（三）境内私人资本的创业资源占用

与境外资本、境内国有资本相比，境内私人资本的优势在于其灵活性。境外资本在中国境内的行为是受到一定程度的限制的，而国有资本的行为也因为其国有的属性而更多地受到严格制度的约束。私人资本既不具有大规模调度经营资金的能力，也不在生产制造技术上拥有优势。也就是说，私人资本新创企业很难借助于其创业资本的自然属性获得对任何实质性创业资源的进入权。为推进新创企业的发展，私人资本必须努力突破因为资本自然属性而带来的创业发展的不利局面。广泛建立、维持与发展关系网络显然是私人资本新创企业摆脱困境的一个重要路径（刘兴国等，2009）。

因为其行为的受限和创业资本的非本土化属性，境外资本在中国难以有效建立与利用关系网络资源。事实上，境外资本及其管理者很难深入了解与把握中国语义环境中关系的广泛内涵。境内国有资本的高度规范化属性，使得国有资本新创企业往往主观规避了关系网络资源对企业的影响。在某些国有资本新创企业，因为创业机会商业价值的易于实现，管理者往往放弃了在社会关系网络建立与维护上的努力。但私人资本新创企业却不一样，私人资本的灵活性使得其可以自由地去构建其社会关系网络体系，并充分挖掘、利用社会关系网络资源对新创企业发展的潜在价值。

社会资本理论提出之前，关系网络资源的价值并没有受到应有的重视。20 世纪 80 年代以来，全球范围内兴起了一股研究社会资本的热潮。社会关系网络资源无疑也被归入到了社会资本的研究范畴，第一次被真正当作一种资本来进行研究。社会资本虽然不能被我们所具体观察到，但其对企业发展的重要作用是不容忽视的（刘兴国，2008）。企业广泛的社会关系网络和外部信任体系的建立可以帮助企业建立和完善企业关系营销体系，可以有力地促进产品的销售，加快产品的流转和销售实现；同时，关系网络和信任的建立还可以简化企业促销工作，从而有效降低促销成本，帮助企业更好地实现销售利润和提高单位产品的利润率(刘兴国、周小虎，2008)。而且，社会关系网的建立还有助于私人资本新创企业从外部获得其自身所不拥有的资源，包括技术资源、资金资源与信息资源，这在很大程度上弥补了私人资本自然属性的缺陷。

六、结 论

本文根据新创企业资本来源的基本性质，将新创企业所使用的创业资本区分为境外资本、境内国有资本和境内私人资本三种形式。改革开放以来，我国创业活动出现了快速发展的势头，尤其是随着最近几年来就业形势的恶化和就业观念的改变，个人创业已经成为提供新就业机会的一种重要方式。在各种创业资本来源中，私人资本的比重在逐年提高；境外资本的使用量虽然仍在继续增长，但增长速度明显放缓；而国有资本正在致力于进行抓大放小的改革，其创业活动呈现出明显减少的趋势，在我国创业活动的贡献越来越小。

本文分别从主导创业战略、创业机会提供与利用、创业资源占用三个角度对境外资本、境内国有资本与境内私人资本的创业进行了比较。首先，对境外资本而言，由于其拥有长期经营所积淀的成熟技术与经验，并致力于在全球范围内进行经营，因此更倾向于采用国际化战略、机会利用战略和技术优势战略，以寻求利用自己的技术优势在全球范围内进行商业机会的有效利用；而且，它们的创业活动之所以选择在中国进行，是因为我国经济环境为其创业经营提供了低成本运作的机会。出于对民族产业的保护，我国对境外资本的经营领域进行了限制，境外资本只能在规定的领域内去识别与利用创业机会，但境外资本所拥有的资金与技术优势却使得其在优先创业机会的前提下表现出较强的机会利用能力，并获取了相对最高的创业绩效。其次，对境内国有资本来说，其所承担的社会责任决定了国有资本必然更多地倾向于本土化创业，而且国有资本的独特性也使得其在我国经济环境中能够获得更多的创业机会，并且能够获准进入那些自然垄断行业与政策性垄断行业；国有资本虽然可以最大范围地获得创业机会，而且也占有信息资源优势和一定程度的资金优势，但其所处的机会冗余环境在很大程度上弱化了国有资本的进取精神，使得其表现出相对较弱的机会利用能力，并只实现了相对最低的创业绩效。最后，对境内私人资本而言，由于国内需求的有效性、本土经营环境的熟悉性及其创业者本身的局限性，使得其在创业导向上更多地选择了本土化战略。

表 2 创业资本来源差异的影响效果分析

创业资本来源 / 比较项目	境外资本	境内国有资本	境内私人资本
主导创业战略	国际化战略、机会利用战略、技术优势战略	本土化战略、机会利用战略、垄断战略	本土化战略、生存战略、分散竞争战略
创业机会提供	有限制的提供	最大范围提供	中间水平提供
创业机会利用	强的利用能力	相对较弱的利用能力	较强的利用能力
资源占用	技术资源、资金资源	信息资源、一定程度的资金资源	社会关系网络资源
创业绩效	相对最高绩效	相对最低绩效	中间绩效

资料来源：作者根据本文内容整理。

作为私人资本创业的主体，多数的创业者都来自我国农村或城市低收入阶层，他们的创业更多的是为了维持生存。由于私人资本的规模相对较小，事实上私人资本创业都发生在那些规模高度分散的竞争性行业中。对私人资本来说，其唯一可以建立优势的领域是社会关系网络资源，正是凭借私人资本在社会关系网络资源开发上的努力，私人资本在有限创业机会获取条件下表现出了较强的机会利用能力，并实现了中间水平的创业绩效。

基于上述研究结论，我们认为，要有效促进我国创业活动的发展，政府必须从以下几个方面对创业资本进行引导。

首先，政府必须努力推进私人资本创业战略的结构变革，积极引导私人资本进行机会型创业和国际化创业。从当前情况看，我国境内私人资本在创业时多以谋求个人与家庭的生存为基本导向，这在很大程度上降低了私人资本新创企业的存活水平。随着私人资本本身的不断成熟，虽然已经有一些较大规模的私人资本开始转向于机会型创业，也有部分私人资本开始进行国际化创业尝试，但并没有从根本上改变私人资本的低层次化创业结构。私人资本创业的生存战略选择，一方面是因为其生存困境的推动，另一方面也反映了私人资本对创业机会识别与利用能力的欠缺。基于私人资本的小规模、分散化特征，私人资本往往很难自主地进行创业机会的识别，更难以实施国际化创业战略。各级地方政府的相关经济职能部门有必要在私人资本创业战略结构变革中发挥积极作用，致力于帮助私人资本收集和分析市场信息，有效推动私人资本与创业机会的对接，从而引导私人资本创业逐步从生存型向机会型和国际化方向转变。

其次，政府必须努力促进创业机会的公平化提供。出于国家经济安全和不同创业资本社会责任差异的考虑，我国创业机会的提供在一定程度上存在不公平性。尤其是在改革开放的初期，国内创业机会更多的是提供给了国有资本，私人资本创业问题并没有引起足够的重视，境外资本在国内的投资创业活动也受到较多的限制。这种不公平的创业机会提供，的确在一定程度上促进了早期我国国有企业的发展。随着私人资本的不断发展，以及经济全球化的持续推进，政府必须逐步改变这一局面，致力于推进国内各个经济领域中创业机会对不同类型创业资本的公平化提供。创业机会的公平化提供，可以有效消除创业领域中的创业资本歧视，使境内国有资本、境内私人资本与境外资本获得同等创业机会，从而推进私人资本与境外资本的创业发展。

最后，政府必须加强国有资本新创企业对创业机会和创业资源的有效利用，努力提高国有资本创业绩效。虽然经济领域为国有资本提供了更多的创业机会，国有资本新创企业也能够凭借其国有资本的特殊优势而占用更丰富的创业资源，但事实上国有资本新创企业却往往在运营效率上处于最低水平。如何有效提高国有资本对创业机会和创业资源的利用以改善国有资本创业绩效，是国有资本管理者必须尽快解决的一个难题。也许通过创业机会的公平化提供可以在一定程度上改善国有资本的创业绩效，但这并不能从根本上解决问题。从企业运营能力角度看，要有效提高国有资本创业绩效，国有资本管理者必须致力于提高国有资本新创企业管理者的管理能力和技术人员的自主创新能力。增强国有资本新创企业管理能力和自主创新能力，是提高国有资本创业绩效的关键。基于社会资本对企业发展和营销的重要作用，国有资本新创企业必须加强对社会资本的建设与利用，以增强企业对创业机会与创业资源的利用能力，从而提高国有资本的创业绩效。

〔参考文献〕

[1] 陈高生. 国有企业创业管理的一个研究框架 [J]. 财经科学，2006（3）：46-53.

[2] 陈琦伟. 创业资本概论 [M]. 东北财经大学出版社，2002.

[3] 陈业宏，肖蓓. 我国创业资本筹集的法律对策探讨 [J]. 河北法学，2005（6）：19-22.

[4] 韩炜，薛红志. 基于新进入缺陷的新企业成长研究前沿探析 [J]. 外国经济与管理，2008（5）：14-21.

[5] 姜彦福等. GEM 全球创业观察 2002 中国报告 [M]. 北京：清华大学出版社，2003.

[6] 李希义. 外资创业投资对我国经济发展的作用研究 [J]. 中国科技论坛，2009（5）：63-68.

[7] 刘兴国. 社会资本与企业发展 [J]. 华东经济管理，2008（3）：101-104.

[8] 刘兴国，周小虎. 社会资本对企业营销的影响研究 [J]. 经济管理，2008（3）：32-35.

[9] 刘兴国，沈志渔，周小虎. 社会资本对创业的影响研究 [J]. 中国科技论坛，2009（4）：102-106.

[10] 刘志阳，施祖留. 国外创业资本运行的技术路线考察 [J]. 中国科技论坛，2005（3）：144-148.

[11] 沈志渔，刘兴国. 基于社会责任的国有企业改革研究 [J]. 中国工业经济，2008（9）：141-149.

[12] 沈志渔，刘兴国. 国有企业自主创新能力发展的阻碍因素分析 [J]. 新视野，2009（5）：141-149.

[13] 王东静. 创业资本融资来源与投资特点的国际对比研究 [J]. 经济理论与经济管理，2006（9）：44-48.

[14] 吴有君. 民营企业进军石化行业的现状与策略分析 [J]. 石油化工技术经济，2004（5）：2-9.

[15] 薛红志，张玉利，杨俊. 机会拉动与贫穷推动型企业家精神比较研究 [J]. 外国经济与管理，2003（6）：2-8.

[16] 周奎君. 论社会资本与创业道路的选择 [J]. 沿海企业与科技，2006（8）：189-191.

[17] 朱仁宏，陈灿. 创业研究前沿理论发展动态 [J]. 当代经济管理，2005（1）：13-20.

[18] Choi Y.R.，Shepherd D.A.. Entrepreneurs' Decisions to Exploit Opportunities [J]. Journal of Management，2004（3）：377-395.

[19] Venkataraman S. The Distinctive Domain of Entrepreneurship Research：An Editor's Review [J]. Advances in Entrepreneurship，Firm Emergence And Growth，1997 No.1：119-138.

（中国社会科学院工业经济研究所　刘兴国；南京理工大学经济管理学院　沈志渔）

"上位解"与"下位解"的比较管理

一、问题的提出

"解"是什么？我个人认为"解"就是解决问题的思路或方案，管理就是在解决问题。过去，我们在解决问题的过程和思路中重视的是下位解，现在我们要提出一个原创性的概念——上位解，要树立上位解的思维，懂得上位解的理论。

那么在下位解中，有一种思考叫"一分辛苦一分收获"，这是老师和父母在我们上学时说的"孩子，好好努力，一分辛苦一分收获"，我们称为等式思维，这是下位解。现在经过感悟，我们说在上位解中搞得好是一分辛苦十分、百分、千分、万分收获；搞得不好，一点儿失误就不是一点儿损失，而是十、百、千、万的损失，这就是不等式思维，"上位解"就是不等式思维，其实就是我们平常所说的"四两拨千斤"。小时候我们理解不了"四两拨千斤"，四两和千斤怎么能够平衡，这是不等式思维。过去，我们把下位解当成了唯一解和最高解，现在看来我们必须转变思维方式，要找到问题的上位解，只有找到上位解，才能做到成本最低、效益最高。如果一件事情干得很苦、很累，效益又很低，就说明你还没找到问题的上位解。

二、上位解和下位解的关系

下面用三组理论来讲上位解和下位解的关系。

1. 国学中包含的五组关系

第一，"虚"与"实"的关系。过去我们特别注重"实"，对不对？对！但现在看来，"实"是下位解，"虚"是上位解。过去对"虚"这个词我们认为是贬义的，说这个人虚头花脑、净玩虚的，不干实的。现在看来的话，我们说中央在做重大决策之前，开务虚会，我们讲的"务虚"包括虚拟企业、虚拟资本、虚拟经营和虚拟发展，这都要比"实"厉害得多，所以要想务实，首先要务虚。现在看来是高层务虚、低层务实，"虚"是上位解，"实"是下位解。

第二，"软"与"硬"的关系。过去我们打硬仗，做硬汉，这是下位解。现在玩软的，我们叫"用软绳捆硬柴"，"软"能够战胜"硬"，例如博得"软实力"就最厉害。

第三，"柔"与"刚"的关系。如于立老师所讲，"柔"管大事，"刚"管小事，这点我非常同意，我们是异曲同工。以柔克刚，高层要"柔"，基层、下级要"刚"，所以"柔"是上位解。

第四，“动”和“静”的关系。特别是“动”，要动起来对不对？对！但现在看来“动”是不够的，对高层来说需要“静”。过去有句话叫“生命在于运动”，现在看来时运还在于“静”。“静”养心，“动”养身，养心高于养身。所以，要成大事者要心静，以静制动、宁静致远。“动”是下位解，“静”是上位解。越是高层越需要静，越是基层越需要动，基层要动起来，高层要静下来。

第五，“无”与“有”的关系。过去我们强调“有”，“有”是好事。但实际上，“有”是下位解，“无”是上位解。老子的“无为而治”和后边有个老师讲的“自组织”都是管理的最高境界，“无”是什么，“无为而治”、“无中生有”等。现在我给企业家讲课，“什么是企业”，企业就是把无形理念变成有形利润的组织。利润是有形的，思想是无形的，把无形思想变成有形利润，简称“无中生有”。“无中生有”、“无为而治”、“不战而胜”，还有“无招胜有招”等，都是“无”的概念。

这里所讲的上位解与下位解，在国学里面可以找到依据，即虚、软、柔、静、无，这是第一组。

2. 企业运作中包含的五组关系

第一，选择与努力的关系。过去我们特别强调每个人要努力，努力，再努力，现在看来努力是下位解，选择是上位解。选择对了努力才管用，选择不对努力是不管用的，所以说选择很重要。老板负责拍板，拍对了才有利润，拍不对下边就白干了，拍板就是个选择，人生也是如此，所以选择要比努力重要。

第二，做得对与做得好的关系。过去我们的教育就是怎么做得好，做得好就是做到极致，对不对？对！但远远不够，做得好是下位解，做得对才是上位解，首先要做得对，然后做得好。做得对才有利润，做得好不见得有利润，做得对和选择是一个道理。

第三，作势与做事的关系。高层构布局就是作势，天下大势、顺势而为、乘势而为等，做管理必须和“势”对接，顺应大势。那么根据国学讲的“势”，我们叫上者造势，上者有话语权，成本很低，效益很高；中者要插势和借势，这个成本低；下者要顺势和付势，这个最重要。“不懂势者，不可为商也，不可为官也，甚至不可为人也”，这是国学中的话，说高层做事很厉害，所以作势是上位解。

第四，能力和资源的关系。过去我们做事情基于资源来做，巧妇难为无米之炊，有多少资源办多少事情，这是一种等式思维。现在要基于能力思考，能力为上位解，没有资源也可以办事情。我们可以通过整合能力来整合资源，过去我们说有多少钱办多少事儿，现在是能力化，是不等式思维。所以能力（核心能力）是上位解。基于能力思考，没有钱也可以办事儿。

第五，经营和管理的关系。过去我们特别强调管理，现在看来管理是下位解，经营高于管理，现在很多企业偏重于管理，管理为下位解，经营是上位解。一个企业的利润不是来自管理，而是来自经营。管理是学出来的，经营是悟出来的；管理注重方法，经营注重方向；管理注重效率，经营注重效益；管理注重内部，经营注重和外部对接，在内部的资源是有限的，小部分的利润来自管理，大部分的利润来自经营。我们将管理叫做小数点以后的思维，经营是小数点以前的思维，所以只有经营才是四两拨千斤，才是低成本高效率，才是不等式思维。

3. 日常生活中包含的五组关系

第一，文化与知识的关系。文化是上位解，知识是下位解。很多教授、博导是有知识没文化，很多企业家是有文化没知识，文化是选择做正确事儿的能力，知识是正确地做事情，做正确事儿的能力远远比正确地做事情更重要。

第二，品位与品质的关系。以前企业产品讲究品质、质量，现在产品不仅要讲品质、质量，还要讲究品位，品位比品质更重要，制造出品位比制造品质难。

第三，气质与素质的关系。过去说这个人素质很高，这是下位解，还要注重气质，气质是动态美，是骨子里的东西，素质能培养，气质需要三代才能培养出来一个贵族。

第四，搬家与搬山的关系。过去愚公移山，搬山是上位解，现在我们必须搬家，这个成本很低效益很高，所以要进行愚公移山的批判，要有搬家的思维。

第五，中医思维和西医思维的关系。中医是上位解，西医是下位解。西医只注重部分，头痛医头，脚痛医脚，是系统思维，是天人合一的思维。中医预防为主，是前管理思想，西医治疑病，是后管理思想。

三、结　语

第一，一定要找到解决问题的最高解，即上位解。

第二，下位解的功效大小要取决于上位解，上位解决定了下位解的空间。

第三，上位解和下位解并存，两者并不矛盾，不是对立的，要融为一体。融为一体的途径：一是传统思路，即从下位解到上位解，下位解做完后找到上位解；二是现代思路，即从上位解到下位解，先找到上位解，搞清了以后再找下位解，要想务实首先务虚，首先选择好，要想做得好首先要做得对；三是上位解和下位解并行，高层偏重上位解，下层偏重下位解，要把上位解和下位解融为一体。

（中国社会科学院工业经济研究所　李海舰）

（本文由郭斌、李伟根据录音整理，未经本人审阅）

辩证经济组织

——嵌入式企业与科层制企业的范式比较

引言：问题和嵌入式企业的提出

经济组织的典型和基本形式是企业。通常认为，企业是自然存在的经济实体，追逐经济利益是其本能。但是具有同样资源禀赋和同样管理制度的企业在同样的市场环境下，经济运营的绩效却有天壤之别，有的屡屡凯歌高奏，有的却常常铩羽而归。成功和失败的背后是什么，在企业作为经济组织的经济属性之外，是否还存在着相反的属性和因素，影响甚至决定着企业的绩效和生存发展？辨析和解读此类问题和困惑，有重要的意义。

事实上，企业不仅是自然存在，也是社会存在或“社会的一种器官”；不仅是经济组织，更是复杂的社会组织，“社会维度是关系企业生存发展的一个维度”（德鲁克，2002）。企业经济组织的这种经济非经济的属性和特征，实质反映着企业和社会的嵌入关系。所谓的“嵌入”（Embeddedness），在新经济社会学中指的是“经济的社会嵌入”（Social Embeddedness of The Economy）。最早提出这个概念的波兰尼认为，“人类经济嵌入并缠结于经济与非经济的制度之中”，在19世纪以前的前工业社会，经济行为是嵌入在社会关系之中的。经济行为的根源或动机，是由各种非经济因素所造成的，而不单单是图利（Polanyi，1968）。后来，格兰诺维特将波兰尼的“经济嵌入于社会”的概念一般化，指出无论是在工业社会还是在前工业社会，嵌入现象始终存在。“行动者有目的、有意识的行为往往是嵌入于真实存在并不断发展变化的社会关系系统中的。”这个嵌入理论的核心观点包括：一是经济目标的追逐通常是伴随着一些非经济目标的实现；二是经济行为不被独立的单个主体而是被嵌入社会关系网络之中的行动者所实行和解释；三是经济性的制度不会以必然的形式从外部环境中自动生成，而是“被社会地建构”。

企业用上述嵌入的理论和话语来表述，就是嵌入于社会或嵌入于由特定主体构成的具象社会网络中的经济组织，其具体的经济行为受各种非经济因素或具体社会关系网络的影响。这种社会网络中蕴涵着企业可资利用的社会资源，可以形塑企业和被企业所形塑。如果一个企业不仅认识到嵌入的客观事实，而且能够能动地嵌入，与具象的社会和谐匹配，本文称这种企业为社会嵌入式经济组织或简称嵌入式企业。这种企业既不是“关起门来朝天过”的脱离社会的企业，也不是玩偶式的过度社会化企业，而是一种适度嵌入社会的经济组织或是在

［基金项目］辽宁省教育厅创新团队项目“社会网络嵌入与后现代营销创新”（批准号：2008T040）；辽宁省社科联项目“关于经济组织的非经济嵌入战略的研究”（批准号：2009lslktglx-10）。

高度不确定性社会环境条件下的组织新范式（李怀斌，2009）。它和传统的科层制企业相比，有多方面的不同。

一、嵌入式企业与科层制企业的属性和行为辩证

（一）科层制企业有现代性，嵌入式企业有后现代性

“现代性”（Modernity）具有主体性、理性至上和对知识和科学的崇尚的特征（张世英，2007）。后现代性（Postmodernity）是与“现代性”对应的一个概念，作为一种思潮、主义、社会批判理论和文化批判运动，是“对元叙述的怀疑”和“把现代的等级秩序颠倒过来”的解构（Deconstruction）。它“以背离或抛弃被认可的或传统的风格和价值为特征”，主张“破权威”、“去中心”、“拆结构”（刘北成，2004），其原则和方法论是“天知道”、“大胆地闯”和“怎么都行”（Leotar，1984；费耶阿本德，1990）。二者的特征比较见表1。

表1 现代性和后现代性的特征比较

现代性特征	后现代性特征
1. 主体性，强调人的独立自主性	1. 消解现代性的主体观念
2. 理性至上，任何事物都要由理性来衡量	2. 否定传统的因果观念（确定性）
3. 崇尚认识论、普遍性和同一性（张世英，2007）	3. 解构线性的时间观，强调碎片化（任红杰，2005）

按表1的特点和标准来考察上述两种企业，可以发现，科层制企业是一种典型的现代经济组织范式，这种金字塔式的企业曾经备受推崇，泰罗赞之曰“工业社会中进行领导的一种基本哲学”；法约尔认为它是实施法定权力的最完美形式，并预言这种范式注定要取代在原始状态下执行所有职能的机构，成为几乎全部人类企业用此协调其企业运作的典型企业形式。它“采取一种纯粹经济的立场”（Holt，2002），所凸显的主要是其经济和管理的特征，具有如前所述的现代性。目前，具有这些特征的科层制企业仍是主流的经济组织范式。

嵌入式企业是一种具有后现代特征的经济组织范式。目前，关于后现代组织还没有统一的认识和表述。有人认为，推崇混乱、解放员工、解体组织、不要时钟、不要办公室、不要规章制度的企业组织就是后现代的，这种企业组织不像由硬石头垒成的金字塔，而像一个嘉年华式的聚会场所。例如，著名的麦肯锡咨询公司“没有工作说明书，没有组织图，没有年度目标，业绩评估制度也深奥难懂。但在今天由知识创造附加值的时代，这家组织奇怪的知识商团，几乎成为每家公司的楷模”（彼得斯，2003）。又如，有人提出，组织的未来发展是“企业转变成网络，部门转变成市场、员工转变成公司、客户转变成员工、有边界企业转变为无边界组织”（李海舰，2007）。本文认为，这种发展的结果，就具有解构现代经济组织的后现代特征。而嵌入式企业是一种嵌入经济环境和非经济环境的复杂系统，除了其经济的效率的和技术的属性，还具有非经济的、社会的属性。其经济行为不仅是经济、市场、技术和偏好的函数，以及分析、计划、执行和控制的管理过程，还是一个社会性交际、交易和“传递生活标准”的社会过程。这些都具有与科层制企业不同的后现代特征。因此，嵌入式企业也属于后现代组织，或者更有分寸地说，它是一种现代向后现代过渡的经济组织。

（二）科层制企业实行经济战略，嵌入式企业实行经济和非经济对策

经济组织是一种嵌入经济环境和非经济环境的“技术—社会”系统，其绩效和增长不仅受经济（市场的竞争的）因素的影响，也同样受非经济或社会因素的影响。因此，经济组织不仅要有经济对策，更应该有非经济或社会性对策（包括大的战略和具体的策略）。

科层制企业实行的主要是经济对策。如营销上，科层制企业通过利用内部可控因素，制定和实施市场营销组合策略（生产出适当的产品，定出适当的价格，利用适当的分销渠道，并辅之以适当的促销活动），去适应企业的外部经济环境，满足目标市场需求，实现企业目标（Kotler，2006）。其所有目的在于建立、发展和维持同顾客成功的交换关系（Morgan & Hunt，1994）。这些营销策略，都具有理性的、正式的、显性的和程序化的特征。

嵌入式企业所实行的除了上述经济性对策之外，更有非经济对策。非经济对策就是经济组织针对非经济环境要素所采取的战略和策略。其中的非经济环境要素，包括渗入经济交易、能够为其提供秩序、使之有效地运转，并弥补它们失灵缺陷的“非市场”（Nonmarket）的社会性因素。例如，西方企业的非经济对策就有游说和其他沟通关系的活动、竞选捐款、选民培养、公益性捐款、社会舆论、参加各种顾问委员会和提供国会证词及提起法院诉讼和公开抗议等。中国企业的非经济对策分直接参与、代言人、信息咨询、调动社会力量、经营活动政治关联、财务刺激、制度创新等（田志龙等，2003）。这些非经济对策具有隐性和因人而异的具象性特征，不容易被识别、学习和模仿。

二、嵌入式企业与科层制企业的结构和权力辩证

（一）科层制企业由内部要素构成，嵌入式企业由内外部要素构成

企业是一个由各种互相依赖的“组织要素”构成的复合体。科层制企业以分工为基础的金字塔状封闭系统，其组织要素基本是企业内部的，既不包括没有产权隶属关系的经济伙伴（如纵向上的供货商、中间商和客户、横向的竞争者和互补者等），更没有非经济的外部社会主体。

嵌入式企业的组织要素不仅存在于企业内部，而且也包括企业外部的，是由内部组织要素和外部社会环境要素构成的关系集合。国内外学者的下列论述也证明了这一点。科斯认为企业就是“当一个企业家控制某种资源时出现的关系体系”（Coase，1937）。詹森（1976）把企业定义为“一组契约关系”，其职能是充当一组契约关系的连接点。如果仅从字面看，这个定义涉及的各种要素和关系似乎没有内外之分，但若从贯彻落实契约关系的主体看，则有内外之分。内部的是劳动者与其他各方的关系，它通过行政命令贯彻完成，如企业主和劳动者的佣工合同。外部的是消费者、原料供应商、要素所有者与其他各方的关系，它通过市场贯彻完成，如企业主和消费者的买卖合同。许激（2004）认为，组织具有开放性、目的性、整体性。根据这三种性质，把组织的构成要素确定为组织环境、组织目的、管理主体和管理客体。其中，组织开放性说明组织的要素应当含有组织环境。其组织成员多于正式组织结构图示，其资源远远超出会计报表所限范围，常常将客户卷入到生产过程中，使之成为企业名义上的新成员从而实现价值的共创（Gummesson，1996）。由以上学者的观点可见，嵌

入式企业的组织要素并非都是企业内部的，它既可以存在于企业外部，同时也可以存在于企业内部，企业实际是这些组织要素构成的关系集合。

（二）科层企业结构是一元分形，社会嵌入式企业是双模分形

企业是一种具有自相似结构的分形组织。分形（Fractal）是部分与整体以某种形式相似的形（Mandelbrot，1975），具有自相似结构或扩展对称性，即对一类具有无穷嵌套的几何对象，适当地取出其一部分并加以放大，所看到的结果与其整体对象完全相同。比如，从管理组织机构树型图上任取一层进行放大，然后将其与相邻的管理层次比较，则可以看出，它们在结构或形状上均惊人的相似（王成恩，1998；柯昌英，2004）。具有分形特征的企业称为分形组织，其中心思想是将系统划分为分形单元，这些分形单元具有自治性、自相似、自优化和自组织的特点，能够彼此分工协作，通过目标驱动机制完成一定的功能，成功地适应企业环境的巨变（Warnecke，1993）。

科层制企业结构是单纯和一元分形的。例如，工业企业的班组作为基本的分形元，班组通过动态组合为车间，车间通过动态组合为分形工厂（Ivakhnenko，1995）；商业企业的分形单元定为若干个销售人员组成的销售柜组，负责某一品牌的产品销售，由若干个销售同类产品的柜组组成销售该类产品的经营部，而这些经营部的总和就构成整个分形商场（见图1a）；笔者新近提出，多层次直销组织也是一种典型的分形组织，其分形结构和自相似迭代（对称性扩展）如图1b所示。

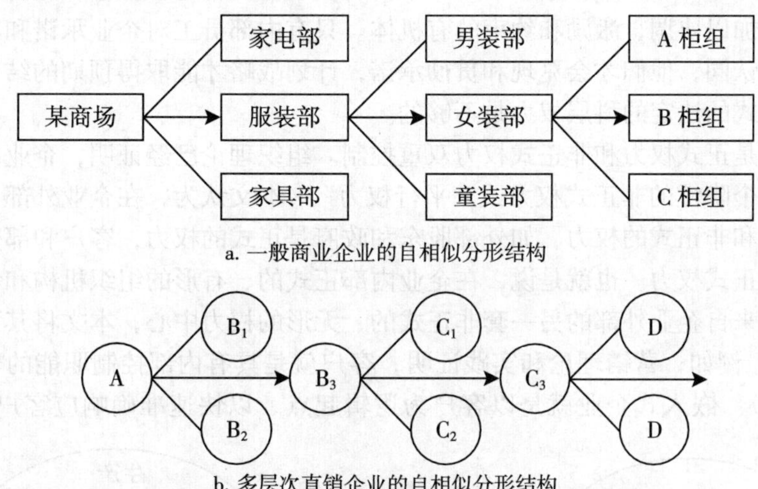

图1 科层制企业的一元分形结构和自相似迭代（扩展对称性）

资料来源：图1a来源于柯昌英. 企业自组织分形公司结构探讨. 武汉理工大学学报，2004（2）：148；图1b由作者整理。

嵌入式企业的结构则是双模分形的。双模一是基本和稳定的模块，二是动态和多样的模块。从总体结构上而言，嵌入式企业是"两个对立环节的统一"和"可容纳或统一相反倾向"的双模系统。上述比较和笔者以往的实证研究表明，从单体企业的产品和价格、生产业务流程、边界和人员，到多企业的网络，也都有这种双模结构特征（李怀斌，2005）。由此可以归纳出，嵌入式企业的结构不仅是双模，而且是自相似和"无穷嵌套"迭代的分形双模（见图2）。

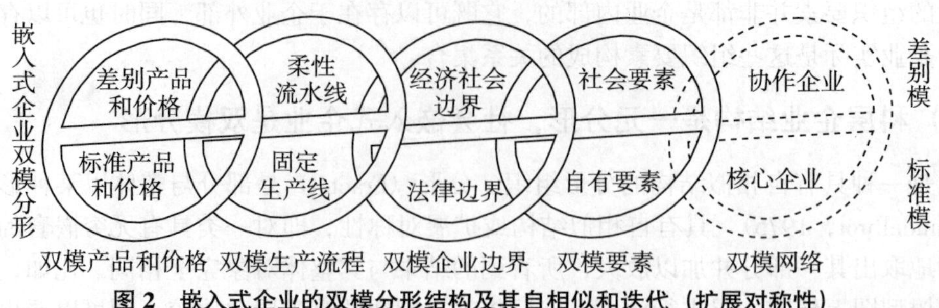

图 2　嵌入式企业的双模分形结构及其自相似和迭代（扩展对称性）

（三）科层制企业是正式权力控制，嵌入式企业是正式和非正式双权力控制

权力是一种社会关系中的某一行动者能处在某个尽管有反抗也要贯彻他自己的意志的地位上的概率（韦伯、布劳，1988）。企业管理中的权力可以定义为企业为了达到组织目标所拥有的影响、指挥别人行动的能力。

科层制企业的权力是正式或法定的权力。主要是用企业内部的直线命令实行由上而下的金字塔式控制，下向上汇报情况，上对下发号施令。这种组织结构带来了规范化和令行禁止，但也有反应速度慢、下属只想讨好上级而不是伺候好客户等弊端。而且，它的效力实现隐含着一个未加证明的前提——企业已经具有了一定的观念和文化，各个部门和每个人都能够大公无私地互相支持配合，协调一致地贯彻执行落实企业对客户和社会的承诺，以及相应的外部战略。而实际并非如此，企业不是一架自动高效地执行老板设想和兑现其市场承诺的机器，而是需要加以协调、激励和约束的有机体。只有内部员工对企业承诺和所制定的计划战略充分理解和认同，他们才会兑现和贯彻承诺，计划战略才能取得预期的结果。而要做到这一点，单靠正式的法定的科层权力是不够的。

嵌入式企业是正式权力和非正式权力双重控制。组织理论已经证明，企业内部的正式权力之外，还有一个隐性的非正式权力或“平行权力”。①本文认为，在企业外部，也存在对企业有影响的正式和非正式的权力。如外部股东和政府是正式的权力，客户和部分利益相关者的权力就属于非正式权力。也就是说，在企业内部正式的、有形的组织机构和领导班子的背后，客观存在着来自企业外部的另一套非正式的、无形的权力中心，本文将其称为“影子内阁和虚拟总裁”。例如，营销理论和实践证明，客户就是具有内部控制职能的非正式隐性权力中心（见图 3）。嵌入式企业就是以客户为逻辑起点、以快速准确响应客户要求为原则、

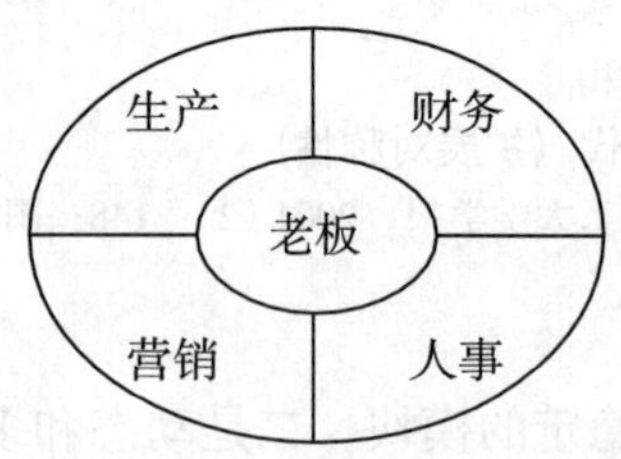

a. 科层制企业的正式权力中心是老板

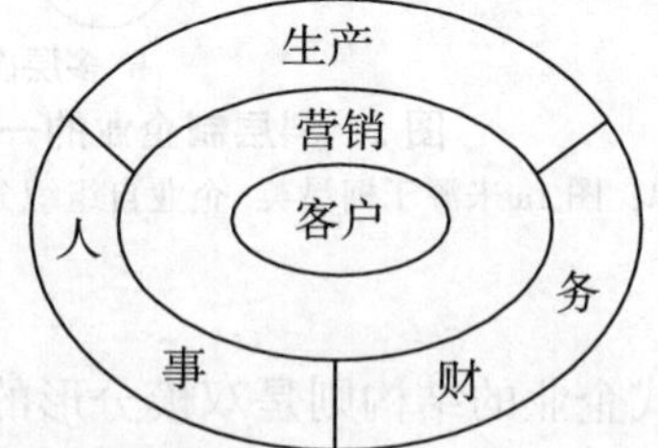

b. 嵌入式企业的非正式权力中心是客户

图 3　科层制企业和嵌入式企业的权力中心比较

资料来源：图 3b 来源于［美］菲利浦·科特勒. 营销管理. 第 12 版，梅清豪译，上海人民出版社，2006.

① 克罗齐埃注意到在企业内部存在的正式权力之外，还有一种权力，来源于对正式权力鞭长莫及的非确定领域。他举例说，在法国的一些国家单位里，一些级别不高的小职员之所以在解决重要问题时能发挥决定性的作用，仅仅由于他们在一个规定过死的组织体系中占据着某个位置（Crozier，1964）。

上级支持下级工作的员工从讨好上级中解脱出来，全心讨好客户（魏志勇，1998）。

三、嵌入式企业与科层制企业的边界和机制辩证

（一）科层制企业的边界是法律和经济的，嵌入式企业是经济和社会的

企业边界是由企业诸多子系统构成的与其外部环境相联系的界面（Inter-face）。科层制企业的边界是具有交易性质的法律边界和经济边界。其中，法律边界（Legal boundaries，也称为物质边界或规模边界），它和所有权相联系，由企业所有或自有的资源要素构成。经济边界（也称为虚拟边界或能力边界），由企业外部的经济利益相关群体和其他可利用经济资源构成；它与经营使用权和战略控制中心等概念相联系，而与所有权基本无关，如企业集团中的核心企业或总公司（车间、分厂、事业部）、集团联合核算对象的紧密层企业（子公司和关联公司），以及与核心层有持股关系的半紧密层企业（外包和外协企业）。

社会嵌入式企业是经济和非经济双边界。经济或交易性质的边界如完全独立的但与集团有长期契约关系的协作层企业；非经济性质的社会边界（也称为关系边界）是指利益相关者在特定情形下的互动行为而建立起来的社会关系网络的限度与范围。它不仅涉及内部利益相关者，而且充分考虑外部利益相关者（陶厚永，2007）。两种企业的边界比较如图4所示。

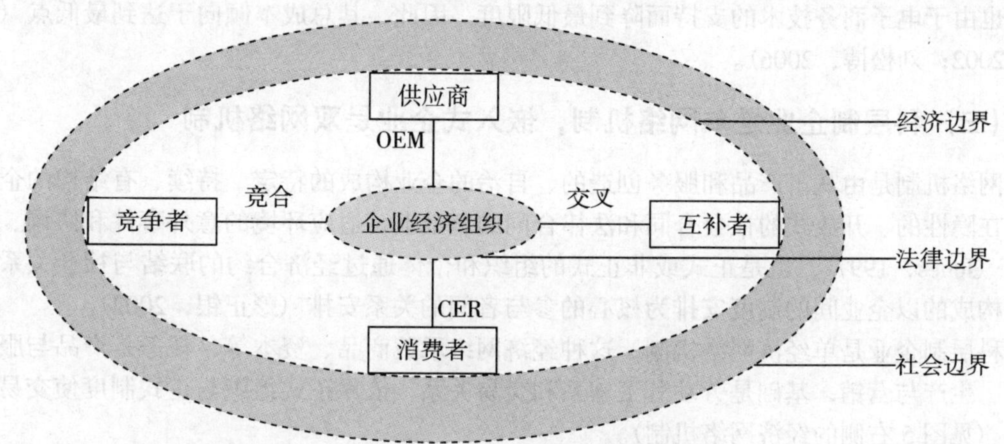

图4 科层制企业和嵌入式企业的边界比较

注：科层制企业包括图内部的两个边界，嵌入式企业包括图中的三个边界。

由图4可以看出，科层制企业主要是单体企业，或与其他有产权关系企业交互而成的企业集团，其关系主要是内部的隶属配合关系和经济交易关系。而嵌入式企业不仅是单体企业或经济合作网络，还是其社会边界和其他社会主体的社会边界交叉形成的社会网络；其成员企业之间的关系既非市场上独立的交易者关系，也不是纯粹一体化企业内部的隶属配合关系，而是包含和超乎二者的多重性嵌入关系。通过这种关系，企业能够把外部的市场资源和社会性战略要素吸纳和掌控起来，用有限的自有资源“四两拨千斤”，获得更多和更大范围的经济和社会资源。

（二）科层企业的发展趋向是规模巨大，社会嵌入式企业则是网络巨大

科层制企业是“规模巨大”的单体企业或企业集团。它有两种发展趋势：一种是不断地进行兼并，追求纵向一体化；另一种则是不断加强对经济伙伴的剥削，把他们的利润压到最低。也就是说，科层企业在组织结构上倾向于纵向一体化和垂直控制，通过资产的纵向一体化和明示契约，形成以自己拥有和直接控制的能力所决定的“规模巨大”的企业或企业集团。

社会嵌入式企业则是“网络巨大”的小企业大网络组织。它同时向两个方向嬗变：一方面是“业务”网络变得越来越大，大到一个单体企业或超大型企业集团都无力独自承担，只能以“战略联盟”的形式来完成；另一方面是其规模向小的方向发展。“企业”将变得越来越小，小到只需要突出其以隐性知识和无形资产为支撑核心竞争能力就可以使其在市场上立足。二者合成为“弱组织，强网络”（Weak Organization & Strong Linkages），企业的关键资源、成员及组织过程可以在其法律边界包括正式财务报表和组织结构图之外存在和管理（朱涛，2006），所实现的是一种“新的巨大”。这种巨大不是“规模巨大”，而是以市场力量为衡量标准，由处于流动和半永久状态的伙伴们所具有的能力所形成的“网络巨大”（Peters，1988），其形成壮大的过程表现为组织间关系从双边到多边，由单纯经济属性到经济社会多重属性，由单体企业到企业团簇或产业集群甚至复杂利益集团、由经济网络到经济社会网络叠套的立体化网络。相对于科层制企业的纵向一体化和明示契约来说，嵌入式企业依靠隐性契约形成的虚拟一体化，不管是在生产成本方面，还是在管理费用方面都最低，而市场交易费用也由于电子商务技术的支持而降到最低限度。因此，其总成本倾向于达到最低点（王凤彬，2002；刘松博，2006）。

（三）科层制企业是单网络机制，嵌入式企业是双网络机制

网络机制是由从事产品和服务创造的、自治的企业构成的特定、持续、有结构的企业群体，在隐性的、开放式的社会合同和法律合同的基础上，适应环境的意外事件和协调、维护交易（Jones，1997），也是正式或非正式的组织和个体通过经济合约的联结与社会关系的嵌入所构成的以企业间的制度安排为核心的参与者间的关系安排（彭正银，2002）。

科层制企业是单经济网络机制，这种经济网络承载商品、资本等，任务是产品与服务的开发、生产与营销，基础是劳动分工体系和交易关系，依靠正式组织与正式制度使交易成本降低（见图 5 右侧的经济网络机制）。

嵌入式企业双网络机制，因为它既嵌入在由分工和交易形成的经济网络中，也嵌入于一个由地缘、血缘、友谊等社会关系构成的社会网络中，因而也就存在着由经济网络和社会网络互为嵌套和相互作用的“双网络”机制。其中，社会网络承载信任、信息、情感、权力、规范等，其任务是关系与知识的产生、沟通与扩散，社会网络机制的基础是社会关系的构建和知识的转移，指向是社会资本的增值，途径是非正式组织与非正式制度（见图 5）。

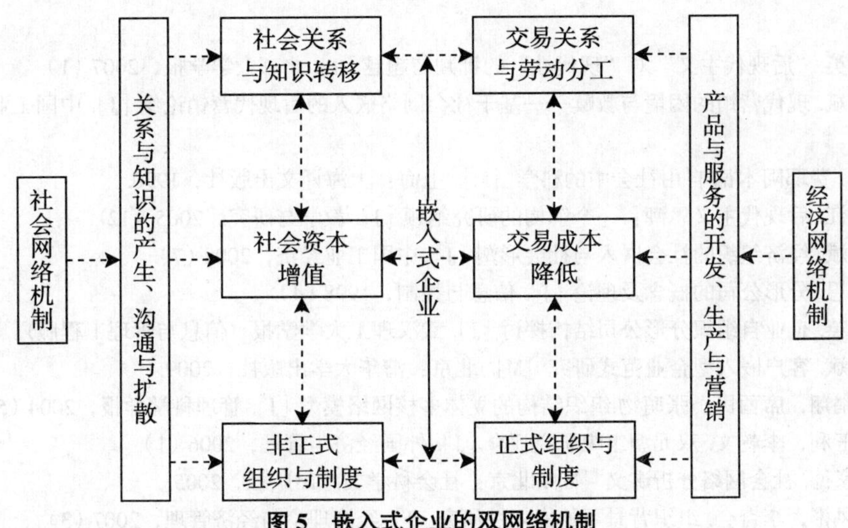

图 5 嵌入式企业的双网络机制

资料来源：孟韬. 网络视角下的产业集群组织研究. 中国社会科学出版社，2008.

四、结语：综合比较和意义

综合起来，具有后现代性的嵌入式企业和现代科层制企业相比，有多维度的不同。比如，在网络的属性上，若科层企业主要是显性和正式的内部网络或主要是半显性和半正式的经济网络，社会嵌入型企业则是前两种企业网络和非正式的隐性的社会关系网络叠套而成的立体化网络。本文将这种企业区别于科层企业的不同之处归纳如下（见表 2）。

表 2 嵌入式企业与科层制企业的组织特征比较

组织类型	组织边界	正式显性程度	构成人员或要素	成员关系属性	网络形式
科层企业	法律边界	正式和显性	内部成员	内部行政隶属关系	内部网
企业集团 企业网络	法律边界+ 经济边界	正式和显性+ 半正式半显性	内部成员+ 外部经济伙伴	内部行政隶属关系+ 外部经济协作关系	内部网+ 经济组织网
嵌入式 企业	法律边界+ 经济边界+ 社会边界	正式和显性+ 半正式半显性+ 非正式和隐性	内部成员+ 外部经济合作伙伴+ 关键利益相关者	内部行政隶属关系+ 外部经济协作关系+ 社会支持关系	内部网+ 经济组织网+ 社会关系网

从表 2 可以发现，科层制企业主要是一个有法律边界和隶属关系的单体企业，其次是一个有经济边界和广泛经济协作关系的企业集团或企业网络；而嵌入式企业首先是一个有法律边界和隶属关系的科层企业，其次是一个有经济边界和广泛经济协作关系的虚拟企业网络，最后是一个具有社会边界或嵌入于具象社会的经济社会网络和适应社会和市场环境变化的经济组织新范式。这种新企业范式不仅初步回答了经济组织的非经济或社会嵌入特征、经济组织与它所嵌入的社会之间的复杂关系等基本问题，还解读了同样的企业但绩效不同的现象和非经济动因。

〔参考文献〕

[1]［美］M.格兰诺维特.镶嵌——社会网与经济行动［M］. 罗家德译，北京：社会科学文献出版社，

2007.

[2] 张世英."后现代主义"对"现代性"的批判与超越［J］. 北京大学学报，2007 (1).

[3] 李怀斌. 现代营销的困境与救赎——基于社会网络嵌入的后现代营销论纲［J］. 中国工业经济，2009 (6).

[4]［美］费耶阿本德.自由社会中的科学［M］. 上海：上海译文出版社，1990.

[5] 杨鸿江. 后现代主义思潮：一个解构的研究纲领［J］. 教学与研究，2005 (12).

[6] 李怀斌. 经济组织的社会嵌入与社会形塑［J］. 中国工业经济，2008 (7).

[7] 王成恩. 分形公司的概念及理论［J］. 信息与控制，1998 (4).

[8] 柯昌英. 企业自组织分形公司结构探讨［J］. 武汉理工大学学报（信息与管理工程版），2004 (2).

[9] 李怀斌. 客户嵌入型企业范式研究［M］. 北京：清华大学出版社，2009.

[10] 李鹏翔，席酉民，张萌物.组织结构的立体多核网络模型［J］. 管理科学学报，2004 (5).

[11] 张玉利，李乾文. 双元型组织研究评介［J］. 外国经济与管理，2006 (1).

[12] 罗家德. 社会网络分析讲义［M］. 北京：社会科学文献出版社，2005.

[13] 王凤彬，李奇会. 组织背景下的嵌入性研究［J］. 经济理论与经济管理，2007 (3).

[14] 陶厚永，刘洪. 企业的关系边界及主体关系模式的影响［J］. 中国工业经济，2007 (9).

[15] 欧阳锦. 初析动态隐性的组织结构［J］. 甘肃理论学刊，2004 (5).

[16] 许激. 效率管理——现代管理理论的统一［M］. 经济管理出版社，2004 (5).

[17] 孟韬. 网络视角下的产业集群组织研究［D］. 东北财经大学博士论文，2008 (6).

[18] 刘松博，胡威. 国内组织设计研究的发展与现状［J］. 经济理论与经济管理，2006 (9).

[19] 刘洪. 组织结构的复杂适应系统观［J］. 南开管理评论，2004 (3).

[20] 王松涛. 无边界组织：企业组织结构变革的新模式［J］. 同济大学学报（社会科学版），2008 (4).

[21] Polanyi. K. Primitive, Archaic And Modern Economies: Essays of Karl Polanyi［J］. Boston: Beacon Press, 1968.

[22] Mark. Granovetter. Economic Action And Social Structure: The Problem of Embeddedness［J］. American Journal of Sociology, 1985, 91 (3).

[23] O'Reilly C, A. Tushman M. The Ambidextrous Organization［J］. Harvard Business Review, 2004.

[24] Firat A. F. Fragmentations in The Postmodern［J］. Advances in Consumer Research, 1992 (19).

[25] J. F. Leotar. Postmodern Condition［M］. Minnesota, Introduction, 1984.

[26] Tom J. Peters. Thriving on Chaos: Handbook for Management Revolutions［M］. New York: Alfred P. Knopf, 1988.

（东北财经大学工商管理学院　李怀斌）

产学研合作创新与企业间合作创新的比较研究

一、引言

20 世纪 80 年代，国际技术创新领域开始出现不同的主体间合作共享资源和能力，共同进行技术开发和应用的现象，称之为“合作创新”（Malmberg，Solcell 和 Zander，1996；赵树宽、王慧军、张晶敏，2010）。根据参与主体的不同，合作创新可以分为产学研合作创新和企业间合作创新两类。其中产学研是我国目前普遍采用的一种形式，通过较长时间的发展积累了一定的经验并取得了显著成果，但此类合作常会出现主体间有关专利、技术购买、知识产权等方面的纠纷和问题，这也导致近年来产学研合作创新的比例在逐步降低。1999 年我国产学研技术输出合同成交额的比例高达 68.3%，2005 年降为 30.8%，2008 年仅为 12%（何爽、谢富纪，2010）。

随着企业开始成为技术创新的主导力量，由多个企业联合起来参与完成技术创新已经逐步成为目前我国日益兴起和发展的合作创新方式，并受到越来越多学者的关注。世界最大的 150 家跨国公司中，已有 90%的企业与其他企业存在合作创新关系（卢福财、周鹏，2006）。然而在企业间合作创新的发展过程中也存在众多的问题，如合作的范围、伙伴的选择、利益的分配和获取政府支持等，这些实践问题尚缺少理论上的指导（阮国祥、毛荐其，2007）。这就引发我们去思考，在两种合作创新模式并存的现实环境中，如何处理好这两种合作创新的关系？它们可否借鉴各自在发展中的成功经验来引导合作创新的顺畅发展？本文通过构建比较研究框架对产学研合作创新和企业间合作创新进行比较分析，希望从中发掘出可以借鉴之处来为合作创新的发展提供参考和依据。

二、文献回顾

竞争背景下的合作创新管理问题已经吸引了越来越多的学者们的关注和兴趣（Malmberg，Solcell 和 Zander，1996）。作为一种由不同类型主体（如企业、高校、研究机构等）所构成的复杂组织体系（Mierlo et al.，2009），合作创新不仅是当前企业降低风险和缩

［基金项目］山东省自然科学基金青年项目“企业合作技术创新的界面管理与知识共享研究”（批准号 2009ZRB02426）；山东省博士后创新项目“企业合作技术创新的界面管理研究”（批准号 200903085）。

减成本的重要战略，更是企业获取外部知识、资源和能力的重要途径（Badaracco，1991）。其中产学研合作创新是指企业、高等院校、科学技术研究开发机构或其他组织机构，以企业的发展需求和各方的共同利益为基础，以创新为驱动，以市场为导向，以具有法律约束力的契约为保障形成的联合开发、优势互补、利益共享、风险共担的技术创新合作行为（李恒，2010）；企业间合作创新则是指由多个企业主体组成同类型组织体系的合作技术创新行为（任荣，2009）。两类合作创新活动存在一个共同之处，即企业是这一组织体系的核心（喻科，2010）。另外，两种合作创新模式会因其在规模、投入、创新源等方面产生的诸多不同而显著地影响合作创新过程的行为，进而在一定程度上决定最终产出（曹静、范德成、唐小旭，2010；车维汉、张琳，2010）。两类合作模式中，处于主导位置的企业会与属性不同的主体产生对接，例如产学研是通过技术研发、中试、商业化过程的任务交错来实现不同社会分工在功能与资源优势上的协同与集成化（孙伟、高建等，2009）；企业间合作创新则是在每一个技术创新时间点上伙伴企业实现任务的共同介入（罗炜，2002）。

虽然目前两种合作创新模式并存于中国经济环境中，但就发展而言，已经开始出现产学研合作创新模式让位于企业间合作创新模式的趋势（卢福财、周鹏，2006）。然而不可忽视的是，产学研合作创新模式已经经历了长期的运用、积累和发展，必然存在一些优秀的做法值得继承。如果能将其经验移植到企业间合作创新模式中，则可以促进后者进一步发展。同样地，如果能总结和提炼出企业间合作创新模式的新做法、新经验来服务于产学研创新模式，也可以使这种传统的合作创新模式得到不断完善、继续发展。因此，辨析和认识这两种合作创新模式的差异性是企业投入技术创新合作的重要基础。在这个基础上进行相应的技术创新管理才能得到最佳效果，这也是比较管理学应用的前提和基础。然而在以往的研究中，鲜有学者对此展开研究，这也导致现有的研究中将两种创新模式隔离开来而未能实现有效的融合。

比较管理理论是一种非常好的针对和利用对象差异性特征进行对比分析的工具（刘兰剑、党兴华，2007；陈华、付春、邓群钊，2008），它能较好地反映两个内外部特征相异的组织间的差异，以及如何在比较的基础上进行管理经验的移植来提升各自的运行效率（Courpasson 和 Gaillard，2000）。但目前的比较管理研究处于分散状态，缺少集成的模式，且许多研究只是简单地指出比较对象的异同点，缺乏对原因及可靠性的分析（Barratt 和 Bass，1976）。Beaty 和 Mendenhall（1990）认为在比较管理学科中缺乏具有普适性的理论构建，而且十分缺少对于研究框架的探讨（Sullivan，1992）。同样，Bass（1965）和 Roberts（1970）也对此提出了批评。因此，本文试图建立一个比较管理理论在合作创新研究领域应用的分析框架，在此框架指导下，对不同类型合作创新的特征及其涉及的部分内外部影响因素进行对比分析，寻找和辨析两种合作创新模式取得卓越成效的条件，并指导企业的技术创新管理实践。这不仅是对以往合作创新理论的进一步延伸，还可以帮助实践中企业对上述两种模式进行更好的认知，并使其服务于企业总体战略目标。

三、产学研合作创新与企业间合作创新的比较研究

1. 一个新的比较研究框架

比较管理可以探讨不同环境和背景下企业和管理体系的异同点（江西茜，1998）。由于

参与主体在构成及其承担责任等方面的差异，产学研合作创新和企业间合作创新分属于不同网络节点的创新网络体系（张靓、何龙飞，2010），其管理方式和手段存在显著差异。为此，要构建一个具有相对普遍适用性的比较管理分析模型，既兼顾比较管理的理论价值，又体现合作技术创新的实践，就显得十分必要，以 Child（1981）、Sechrest（1977）、Bhagat 和 McQuaid（1982）、Bhatt 和 Miller（1983）、Boyacigiller 和 Adler（1991）、Triandis（1992）和 Redding（1994）为代表的学者均对此进行过论述。

一般而言，比较管理研究包括三种类型：纵向比较、横向比较和系统比较（袁治平，1997）。合作创新属于某对象系统（一个企业、一个地区、一个国家或一种管理方法）和其他系统间的比较，因此当属横向比较。针对此类比较研究，Bhatt 和 Miller（1983）提出了从企业具体情况、地区特定条件和相关国际环境三个要素进行的多层次比较分析法，Sechrest（1977）则根据从粗到细的研究思路对跨文化管理进行了比较研究，虽然学者们对于比较研究的出发点各不相同，思路也有所差异，但总体而言，学者们对于两个存在差异的事物间的比较研究应该遵循由外而内或由内而外的脉络有共识（黄群慧、张艳丽，1998），即可以从研究对象的系统内部和系统外部两个角度进行比较分析。通常我们将系统外部的比较研究称为环境比较，系统内部的比较研究称为系统内比较。就合作创新而言，环境比较则是对合作创新外部的政府、顾客以及其他利益相关者对合作创新活动产生影响的对比分析。系统内比较主要是指合作主体的构成、特征、关系及其权责划分等，包括规模、数量、实力和责任担当等方面的对比分析。根据上述原理和思路，本文构建了一个基于比较管理理论的合作创新比较研究框架，如图 1 所示。

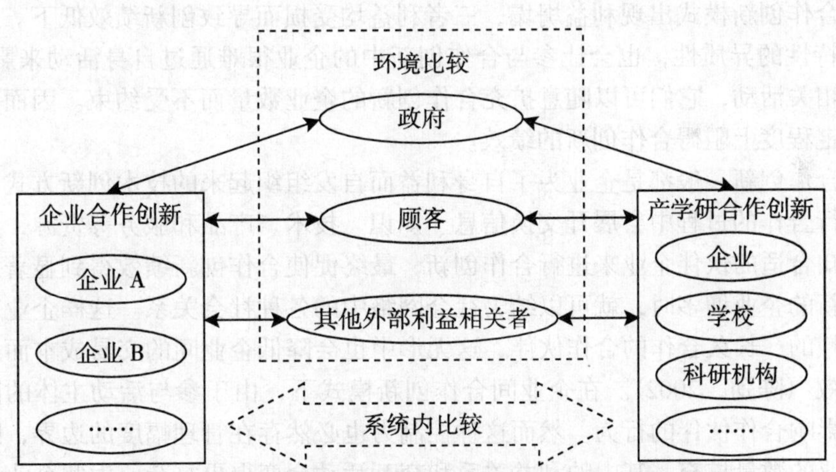

图 1　产学研合作创新与企业间合作创新比较研究框架

2. 研究框架指导下的两类合作创新比较

合作创新条件下，企业可以在利用其他主体专有知识、资源、能力的同时，进入新市场，降低交易成本，并有效化解创新风险（Hakanson 和 Sjolander，1995）。目前的企业经营活动中已经开始广泛采取此种模式，但还是面临着一系列的管理难题（Pavitt，1997）。例如，知识外溢会导致潜在的威胁和风险，是否存在合理的管理方式可以降低这种威胁和风险；合作中存在的异质性会导致不对等状态，如何处理合作创新中不同质主体间的关系；政府是影响企业社会化活动的核心因素之一，合作创新过程中如何寻求政府的合适位置；客户需求是技术市场化和企业价值实现的重要导向，在合作创新中如何照顾到客户的利益。这些问题的存在为合作创新的管理带来了挑战，如何解决这些难题是合作创新获得理想绩效的关键。而这些管理难题在两类不同的合作创新模式下又会存在一些显著的差异性，如何区分和认识这些差异，并以此指导企业根据自身特点制定和实施合理的管理手段是合作创新管理研究中十分有价值的问题。本文以两类合作创新为研究对象，比较两者在运行和管理过程中的差异，寻求适合不同企业的管理措施，并恰当实施管理移植，以获得合作创新的更大绩效。

（1）参与合作创新的企业数量与两类合作创新。参与合作创新的企业数量反映了主导企业在合作创新活动中的号召力和吸引力，它是影响合作创新产出的重要因素之一。Schilling和 Hill（1998）认为，基于管理幅度理论管理者只能管理有限数量的合作，随着合作伙伴的增加，企业的管理效率会下降。这不仅可能导致合作各方所得的回报减少，甚至当合作企业数量太大的时候会出现亏损。陈劲（2002）也提出，企业所拥有的合作伙伴的数量与合作创新的绩效存在着某种关联。可以看到，要使创新风险最小化，企业需要仔细选择合作伙伴，限制合作创新伙伴的数量，并建立正确的管理机制来控制机会主义行为（Williamson，1985）。

在产学研合作创新模式下，"学"和"研"都是创新技术的供给方，而"产"则是需求方。随着市场竞争环境的日益激烈，企业为了实现速度竞争会不断追寻在产业中可能出现的创新成果，而源泉又来自于上游的"学"和"研"。在经济利益的驱动下，很容易导致在合作创新的过程中出现机会主义或者背叛行为。同时，由于很多参与合作创新的企业都是中小企业，它们也很难获得足够的资金来购买创新成果的全部知识产权。因而，在合作创新中只能共享创新成果，继而导致企业继续从事同质化竞争而未能实现差异化。这在一定程度上也会使产学研合作创新模式出现利益坍塌，三者利益均受损而导致创新绩效低下。此外，由于产学研主体特性的异质性，也会让参与合作创新中的企业很难通过自身活动来影响到"产"和"研"的相关活动，它们可以随意扩充合作创新的企业数量而不受约束。因而，合作伙伴数量会在一定程度上阻碍合作创新的绩效。

企业间合作创新一般都是企业为了自身利益而自发组织起来的技术创新方式。企业在同伙伴企业进行合作的过程中会展开交换信息、知识、技术、产品和服务等资源，继而通过不断发掘、认知合适的伙伴企业来进行合作创新，最终促使合作创新绩效得到显著提高。当参与到合作创新的企业增多时，就可以结为社会网络中的各种社会关系。这样企业就能在其中找到可以信赖的、长久合作的合作伙伴，这无形中也会降低企业间的交易成本而提升企业合作创新的绩效（陈劲，2002）。在企业间合作创新模式下，由于参与活动主体的同质性，企业会更容易影响合作伙伴的行为。然而这种控制力也必然存在管理幅度的边界，随着参与合作创新的企业的数量扩充，其中的利益关系和交互活动会变得更复杂，为此企业也需要投入到更多的管理成本和协调成本。当这种管理幅度超过企业可控范围，则企业在合作创新中所付出的成本将会超过通过合作创新所得的收益，风险也会相应增加，此时就会导致整体创新绩效降低。根据以上分析，本文提出以下假设：

假设 1：在产学研合作创新模式中，参与合作的企业数量越多，则合作创新绩效越差。

假设 2：在企业间合作创新模式中，参与合作的企业数量与合作绩效呈倒 U 形关系。

（2）主导企业规模与两类合作创新。作为一种伙伴间技术互补的发展战略，合作创新能让企业接触到更多的知识与信息（Ahuja，2000）。在合作契约的规制下，企业会为合作创新投入相应的有形或无形资源，例如，原材料、技术、信息、品牌等。虽然不同性质主体组成的合作研发团队能够为合作创新提供更多的外部信息，成员的多样性也可以有效地提升合作创新绩效（Janis，1972）。但是相对于一般主体而言，主导企业的特征对于合作创新系统绩效的影响更为显著，尤其是主导企业的规模，它不仅体现着主体间的异质性，而且还反映出合作中的议价能力对比。这在很大程度上也影响着合作创新的绩效（Cohen 和 Levin，1998；Saloner，1986；Gilder，1994）。

在产学研合作创新模式下，当主导企业规模较大时，首先，它们有足够的能力为了自己的未来发展，而积极主动地从学、研机构中获取创新成果。并且它们还会将自己的合作创新成果在众多的附属群体中实现更大范围、更深程度上的传播和推广。这样创新成果也能迅速地得到各方的接受和认可，从而使合作各方均能从中受益。其次，当主导企业的规模较大时，也会自然承担领导者的角色。它们不仅需要带领其他合作主体进行同步发展，而且还要主动参与到协调产业内分工的相关活动，这样也在很大程度上提升了创新成果转化为市场绩效的效率，而相应节约了成本。此外，规模较大的主导企业一般都具有相当的市场活动经验，它们可以更低的交易成本处理好合作创新活动中的各方利益平衡问题，实现互惠，并减少其中可能存在的潜在风险。

在企业间合作创新模式下，参与主体都是具有同质性特征的企业。相对产学研模式来说，会存在更多的同质性竞争，其中必然会存在控制合作创新活动的主导企业。在合作创新的初期，主导企业推动着合作创新的发展方向，其他企业则起到配套和协调的作用。为了与主导企业在创新活动中保持一致性，它们不得不为此投入相对于主导企业来说“更多的”资源。合作创新过程的中期，主导企业会比合作伙伴更深刻地了解市场，并调动相关的资源参与到创新过程中，这个阶段很容易导致小企业利益的损害。当合作创新成果进行推广时，主导企业还能在彼此博弈的过程中获得更多的优势，例如，市场介绍、营销推广、客户谈判等。这使得合作创新的一切活动都是按照主导企业既定的计划实施和执行的，而小规模企业则往往被困于有限资源约束的境地，收益相对较低。虽然合作创新的目的在于实现所有企业的共同利益，然而由于现实中竞争性的存在，会很容易背离最初的目标。这会导致合作创新过程中存在许多潜在的风险，从而损害合作创新的产出。根据以上分析，本文提出以下假设：

假设 3：产学研合作创新中，主导企业规模与合作创新绩效正相关。

假设 4：企业间合作创新中，主导企业规模与合作创新绩效负相关。

（3）政府支持与两类合作创新。在合作创新的过程中不可避免地会遇到一些体制性、法律性的问题。无论是产学研模式中的主体，还是企业间合作模式中的主体，它们都无法通过自身力量对此进行处理。此时它们必须寻求第三方的帮助，而政府可以以恰当的身份介入并合理解决部分问题。此外，政府的一个重要任务就是制定合理的科技规划。这种宏观指导可以克服不同主体在微观上视野的局限性，使它们认清未来的长期发展远景，并实现自我调整。为此政府需要通过多种方式为合作创新提供支持，例如，组建专门机构进行创新指导；通过政策导向、立法等方式提供法律保障；设立科研基金来提供帮助；构建创新联系平台和通道等。

在产学研合作创新模式中，活动参与方不仅包括“产”、“学”、“研”这三者，还包括政府这个特殊的利益主体。其中，“学”与“研”是合作创新的基础和前提，“产”则是合作的根本目的所在，政府则是可以提供配套支持服务的机构，也是这种合作关系存在的保证之一。需要注意的是，产学研合作创新毕竟是一种异质性主体间的互动而导致的活动，其交流通道往往很难保持畅通，其维持还需要政府出面进行正确的引导和协调，这样才可以使大学、科研机构和企业及时把握相关科研资源和需求的信息。就各自的具体活动而言，“学”与“研”

需要通过为社会和市场服务体现其价值。但在通常情况下，它们会遇到科研经费不足的问题。除了通过实现技术市场化来换取资金以外，很重要的渠道还来自于国家层面对创新活动的支持。通过获取政府的支持，三者之间会建立一个共同利益着眼点，并以此推动彼此的协同互动，使三者均能从合作创新活动中持续受益。

在企业间合作创新模式中，主要通过上下游合作、同业竞争者合作、不同产业的企业联盟等形式实施技术创新，具体的活动方式包括：资源共享、合作生产、共同研发、共同营销等（Inkpen，2000；Sivadas 和 Dwyer，2000；Bastos，2001），即在企业间合作创新的过程中，其行为主体具有同质性。企业作为市场中最基本的经济利益体，其行为都具有极强的趋利性和有限理性，其活动也一般建立在最终绩效的考虑上。这种共同的价值取向通常会帮助它们更好地进行标杆对比并对彼此的优劣势进行认知，同时还能通过合适的上下游、网络交易等关联建立适合的互动通道。因而，在其自主活动中除非是出现了彼此间利益损害而导致的冲突需要借助公正机构来裁决，否则一般很少需要第三方参与其中。特别是当政府参与到企业的自主经济行为中时，很容易出现企业在社会化活动中还是眼睛盯着政府，忽略市场的作用，从而损害合作创新活动的经济绩效。根据以上分析，本文提出以下假设：

假设 5：产学研合作创新比企业间合作创新更需要获得政府的支持。

（4）顾客参与两类合作创新。合作创新的本质是一种创新网络（惠青、邹艳，2010）。其中企业、学校、科研机构、政府及其他利益相关组织都会作为主体共同参与其中（朱向梅，2010），并承担不同的创新任务。然而需要认识的是，所有创新活动都需要围绕市场中客户的需求来进行。以 Enos（1962）、Shah（2000）和 Gans 和 Stern（1999）为代表的学者指出，顾客在合作创新中扮演重要的战略角色。顾客对创新的期望和要求是合作创新网络的核心和起点（Urban 和 Von Hippel，1988；Gao 和 Wang，2007），顾客同时也是合作创新技术进行市场化、商业化来获得价值实现的终点（Hirschman，1980）。

产学研合作是技术创新过程中上、中、下游的对接与耦合（车维汉、张琳，2010）。产学研合作创新将技术创新的任务按阶段分隔开来，合作各方承担的责任、风险、任务各不相同，学校和科研机构负责距市场最远端的初始技术研发，企业负责技术的商业化转化，学校和科研机构的客户即为企业，研发的技术主要考虑企业的需求，对于技术如何实现市场化和商业化则关注不足，因此，市场中顾客如何评价创新技术和产品实际上对学校进行研发的指导意义相对较低。来自顾客的认可和意见是合作创新能否成功的重要参考和标准（Von Hippel，1986）。只有企业才面向真正的顾客，关注和重视使用者和购买者对新技术商业化形式的看法和意见。

企业间合作创新则不同，参与合作创新的企业都是直面市场和顾客需求的创新主体。在客户需求多样化的市场环境中，企业需要付出更多的成本来服务于这些客户。企业在进行研发活动时，会将顾客的创新要求和意见直接反映和贯穿于技术开发的全过程，因此，顾客的参与程度对于技术创新的方向和最终成果十分重要（Mowyer，et al.，1996；Kuada，2002）。对此，Cummings（2004）也提出创新网络成员的多样性有助于企业获取多方位的知识资源，并有利于提高企业合作创新的效果。顾客作为创新网络的成员之一，其参与必定会为企业合作创新提供更广泛的知识资源和创新机遇。根据以上分析，本文提出以下假设：

假设 6：与产学研合作创新相比，企业合作创新要求更高的客户参与度。

四、企业调研与数理统计

1. 企业调研

由于合作创新是一个由多元化主体构成的组织系统，无论产学研合作创新还是企业间合作创新，都是一个包含众多利益相关体的技术协同活动，此次调研并未以单个参与合作创新的主体为调查对象，而是以一个合作创新组织系统为对象进行调研。本次调研采取人员走访和问卷调查相结合的方式，共走访和调查了山东省、山西省、北京市、上海市、四川省的31个经当地相关管理部门推荐的具有典型代表性的合作创新系统，其中产学研合作创新18个，企业间合作创新13个。

2. 变量选择与测量

合作创新的产出是指创新主体在本身所具有的创新能力的基础上，通过各种资源的有效开发和配置所取得的创新成果。合作创新系统的产出不仅包括专利数量、新产品数量、发表论文数量等直接产出，还包括科技成果的产业化、区域技术水平的提高、技术环境的改善等间接产出。具体而言，本文的合作创新绩效包括合作创新效益和合作创新效率两个方面，其中合作创新效益包括合作创新产品的销售额占销售总额的比例、合作创新所获的专利数量、合作创新技术的成功率三项指标。合作创新效率包括合作创新产品数占新产品总数的比例、合作创新技术的开发速度两项指标。同时，由于合作创新的绩效需要时间来体现，也为了更加准确地衡量合作创新的绩效，本文对合作创新绩效的测度（INNOV）是最近三年内的平均数，这和OSLO手册里定义的测度是一致的。

同时，本文选择参与合作创新的企业数量、主导企业的规模、顾客为合作创新提供各类创新信息的频数、政府支持资金/企业申请资金① 等指标作为本研究的自变量。另外，从调查的情况来看，合作创新系统建立的年限很可能影响整个系统运行过程的顺畅程度，进而影响系统的创新产出，因此在本文中将其作为控制变量。

3. 统计分析

首先对合作创新绩效的5个测量题项进行指定数目的因子分析，并进行正交旋转，使得每个因子的内涵变得更加清晰，结果见表1。

表1 合作创新绩效因子分析结果

因子	旋转后的方差贡献率		
	特征值	方差贡献率	累积方差贡献率
P_1	1.014	20.271	20.271
P_2	1.013	20.265	40.537
P_3	1.011	20.213	60.750
P_4	0.985	19.704	80.454
P_5	0.977	19.546	100.000

① 这一指标需要体现合作创新获得政府支持的难易程度，因此不宜直接采取政府支持金额的数量，而采取政府支持和企业申请的比例。

表 1 描述了合作创新绩效的 5 个因子及其相应的因子载荷，本文用 P 代表合作创新系统绩效的总体指标，在后面的多元回归分析中将把这一指标作为因变量，根据这 5 个因子对合作创新绩效的方差贡献率来计算合作创新绩效总体指标 P，具体计算公式如下：

$$P = P_1 \times \lambda_1 + P_2 \times \lambda_2 + P_3 \times \lambda_3 + P_4 \times \lambda_4 + P_5 \times \lambda_5$$

公示中，P_1、P_2、P_3、P_4、P_5 分别代表析出的 5 个因子，λ_1、λ_2、λ_3、λ_4、λ_5 分别表示这 5 个解释因子的方差贡献率，因子与方差贡献率的乘积之和即为合作创新系统的绩效 P。

同时，根据本文的研究需要，构建两个多元回归方程，以区分产学研合作创新和企业间合作创新，具体方程如下：

$$Y_i = \beta_0 + \beta_1 X_{cy} + \beta_2 X_{cq} + \beta_3 X_{ms} + \beta_4 X_{cs} + \beta_5 X_{gs} + \varepsilon_i$$

将其写成矩阵的形式为：$Y = X\beta + \varepsilon_i$。

模型中，Y 表示合作创新的绩效，X_{cy} 表示合作创新系统建立的年限，X_{cq} 表示参与合作创新的企业数量，X_{ms} 表示合作创新系统中主导企业的规模，X_{cs} 表示顾客对合作创新系统的参与和贡献，X_{gs} 表示政府对合作创新系统的支持程度。

在信度、效度分析的基础上，对多个方程的自变量分别进行多重共线性诊断，分析结果显示，所有自变量的 VIF 值均在 2 以下，远远小于临界值 10。因此，可以拒绝自变量之间存在多重共线性的假设。

根据前面的模型构建和假设分析，对自变量和因变量进行多元回归，结果如表 2 所示。

表 2 多元回归分析结果

因变量 / 自变量	方程 1 产学研合作创新绩效		方程 2 企业间合作创新绩效	
控制变量				
CY	0.0514**		-0.0263	
自变量				
CQ	-0.081*		-0.012	
MS	0.1521*		-0.0218*	
CS	0.0687*		0.1364**	
GS	0.1417**		0.0623*	
Ad.R^2		0.1956**		0.2023***

注：* P < 0.1；** P < 0.05；*** P < 0.01。

根据方程 1，调整后的 R^2 为 0.1956，F 检验在 0.05 水平上显著，说明该方程拟合度较好，参与合作创新的企业数量、主导企业规模、顾客参与、政府支持四个自变量能够解释 19.56%的产学研合作创新绩效的变异。方程 1 中，控制变量对因变量的标准回归系数为 0.0514**，说明合作创新系统成立年限对产学研合作创新的最终绩效存在显著正向影响，即成立时间越长越有利于高绩效的取得。方程 2 中，调整后的 R^2 为 0.2023，F 检验同样在 0.01 水平上显著，说明该方程拟合度较好，参与合作创新的企业数量、主导企业规模、顾客参与、政府支持四个自变量能够解释 20.23%的企业间合作创新绩效的变异。方程 2 中控制变量对因变量的标准回归系数为-0.0263，但不显著，无法验证合作创新系统成立年限对最终绩效存在显著影响。

对比方程 1 和方程 2，参与合作创新的企业数量对创新绩效的标准回归系数分别是-0.0081*

和-0.012，可以说明在产学研合作创新中，参与合作创新的企业数量会对合作创新绩效的取得产生反作用，即参与合作创新的企业数量越多会导致合作创新绩效降低，假设1得到验证。但在企业合作创新模式中，参与合作创新的企业数量的标准回归系数是-0.012，但不显著，无法验证两变量之间的线性关系。

于是我们构建参与合作创新的企业数量与合作创新绩效之间的二次方程：$Y=\alpha+\beta_1X_{cq}^2+\beta_2X_{cq}+\varepsilon$，其中，Y表示合作创新的绩效，$X_{cq}$表示参与合作创新的企业数量。本文首先描绘了$X_{cq}$与Y之间的散点图，基本判定两者之间的关系类型，通过相关分析发现两变量之间的相关系数为0.378**，证明这两个变量之间的确存在某种关联，但由于多元线性回归结果无法验证两者之间的线性关系，我们考虑两者之间的非线性关系，通过构建二次方程进行检验，X_{cq}对Y的二次回归系数β_1为-0.105*，证明两变量之间存在非线性的倒U形关系，即在企业间合作创新模式中，参与合作创新的企业数量与最终绩效呈倒U形关系，假设2得证。

方程1中，主导企业规模的标准回归系数为0.1521*，说明在产学研合作创新中，主导企业规模与最终绩效正相关，假设3得证。在方程2中，主导企业规模的标准回归系数为-0.0218*，说明在企业间合作创新中，主导企业规模与最终绩效负相关，假设4得证。

对比方程1和方程2，在产学研和企业间两种类型的合作创新系统中，政府支持对最终绩效的标准回归系数分别是0.1417**和0.0623*，说明产学研合作创新系统比企业间合作创新系统需要更多的政府支持，假设5得证。同时，在两个方程式中，客户参与度对最终绩效的标准回归系数分别是0.0687*和0.1364**，说明企业间合作创新系统比产学研合作创新系统需要更多的政府支持，假设6得证。

五、结论与政策建议

本文在界定产学研合作创新和企业间合作创新内涵和特征的基础上，基于比较管理理论的基本原理和研究思路，构建了一个具有相对普适性的合作创新比较研究框架，从环境比较和系统内比较两个角度入手，对产学研合作创新和企业间合作创新两种合作创新模式间的差异进行了分析和解释，并采取实证研究的方法对企业数量、主导企业规模、顾客参与和政府支持等因素与合作创新绩效间的关系进行了验证，以此寻求企业在技术创新实践中如何根据自身特点选择适合的合作模式，并进行相应管理的有效路径。

本文的理论价值体现在以下三个方面：第一，构建了一个基于比较管理理论的、兼顾环境要素与系统内要素的横向比较分析框架，尽管这个框架在本文中仅被用于产学研合作创新与企业间合作创新两种模式的对比分析，但这一框架也可经过适当修改后应用于相关研究领域，因为对于任何两类存在差异的事物间的比较研究必须遵循内外兼顾的分析脉络以及系统论的相关原则。第二，相对于单独分析产学研合作创新或是单独分析企业间合作创新的研究，本文不仅把比较管理的思想引入到合作创新管理研究中，探讨两类合作创新之间存在的差异性，以此指导企业实践中的具体管理问题，而且以合作创新组织系统而非单个企业为研究对象，使研究结论更具系统性、综合性、全面性。第三，采取定量的方法对企业创新管理问题进行比较研究，完善了相关领域采取定性方法进行研究的理论结论。

基于以上研究结论和研究价值，本文对企业合作创新实践提出以下三个政策建议：第一，在产学研合作创新模式中，企业必须严格控制体系中参与的企业数量，尽可能使较少的企业参与其中。事实上，现实中合作创新成功的案例大多数都仅有一个企业（即合作创新的产出的受益者）参与其中，因为这样不仅可以使单一企业从最终产出中获得的收益最大化，还能避免由于多企业参与而造成的诸多负面问题。另外，产学研合作创新需要更多的政府支持，参与其中的主体应该尽可能多地寻求政府的帮助。第二，在企业间合作创新模式中，要注意保持均衡的企业参与数量，密切关注多企业参与带来的优势和劣势间的平衡，因为多企业能为合作创新带来更多的资金、知识、信息等资源，但参与企业超过一定数量时，这种优势就会小于多企业参与而造成的负面影响，进而导致合作创新绩效下降。同时，企业间合作创新还要努力提高最终用户对合作创新的参与程度，因为顾客的参与往往会为合作创新带来更高的收益，而且这一点在企业间合作创新模式中体现得更为明显。第三，在企业对两种合作创新模式中进行选择时，一个可供参考的标准是主导企业的规模：主导企业规模较大则更适合选择产学研合作创新模式，反之则更适合选择企业间合作创新模式。

当然，本文的研究也存在一些不足，如本文的对比分析过程重点是横向比较，对于两类合作创新系统的纵向发展路径和特征比较涉及不多。同时由于调查取样的难度较大，本文选择的调查对象的数量不大，这可能对实证结果产生一定的影响，另外在对比指标和自变量的选取上还有很多值得研究的其他方面，这些都是未来值得研究的方向。

〔参考文献〕

[1] Culpan R. A. Comparison of U.S. and Japanese Management Styles and Unit Effectiveness [J]. Management International Review, 1993, 33 (1): 27-43.

[2] Jong H. E., Keun L., Guisheng Wu. Explaining the "University-Run Enterprises" in China: A Theoretical Framework for University-Industry Relationship in Developing Countries and Its Application to China [J]. Research Policy, 2006 (35): 1329-1346.

[3] Frieder M. K. & Ulrich S. Science-Based Technologies: University-Industry Interactions in Four Fields [J]. Research Policy, 1998 (27): 835-851.

[4] Redding S. G. Comparative Management Theory: Jungle, Zoo or Fossil Bed? [J]. Organization Studies, 1994, 15(3): 323-359.

[5] Tamer C. S. & Das A. Methodological Issues in Empirical Cross-Cultural Research: A Survey of the Management Literature and a Framework [J]. Management International Review, 1997, 37 (1): 71-96.

[6] Yan Zhang & Haiyang Li. Innovation Search of New Ventures in a Technology Cluster: the Role of Ties With Service Intermediaries [J]. Strategic Management Journal. DOI: 10.1002/smj. 806.

[7] 曹静，范德成，唐小旭. 产学研结合技术创新绩效评价研究 [J]. 科技进步与对策，2010，27 (7): 114-118.

[8] 陈爱贞，刘志彪. 西方产学研联合推动机制的理论与实践及对中国的启示 [J]. 当代财经，2010 (4): 62-70.

[9] 陈立泰，林川. 政府在产学研联盟中的角色及行为研究 [J]. 科技管理研究，2010 (7): 123-126.

[10] 郭斌. 知识经济下产学合作的模式、机制与绩效评价 [M]. 北京：科学出版社，2007.

[11] 惠青，邹艳. 产学研合作创新网络、知识整合和技术创新的关系研究 [J]. 软科学，2010，24 (3): 4-9.

[12] 孙伟，高建，张帏，王德保，冯冠平. 产学研合作模式的制度创新：综合创新体 [J]. 科研管理，2009，30 (5): 69-75.

[13] 闫进宏. 比较管理和跨文化管理研究方法述要 [J]. 学术研究，2008 (5): 97-98.

[14] 游文明，周胜，冷得彤等. 产学研合作动力机制优化研究 [J]. 科学学与科学技术管理，2004（10）：9-12.

[15] 袁治平. 多重比较管理研究方法论及其应用 [J]. 西安交通大学学报，1997，31（增刊Ⅰ）：104-109.

（山东大学管理学院 徐向艺 任 荣）